채권법 제1부

1905 제2·7권
보성전문학교 교과서번역사업 7
고려대학교 仁星기금 후원

채권법 제1부

債權法 第一部

석진형 지음
명순구 옮김

KOREA
UNIVERSITY
PRESS
고려대학교
출판문화원

인성기금

"인성기금은 유휘성 회장이
고려대학교에 기부하여 조성된 연구기금입니다"

역자 서문

고려대학교가 개교 110주년을 맞이한 2015년 고려대학교와 대한민국의 역사가 의미있게 교차하는 부분을 연구 · 정리한다는 목적으로 "1905" 시리즈를 창설했다. 그 사업의 일환으로 보성전문학교 교과서 번역 사업을 시작한 것이 2017년이었다. 2017년 《민법총론(民法總論)》(제2·1권)을 출간한 이후, 2018년 《물권법 제1부(物權法 第一部)》(제2·2권), 2019년 《국가학(國家學)》(제2·3권), 2020년 《행정법대의(行政法大意)》(제2·4권), 2021년 《물권법 제2부(物權法 第二部)》(제2·5권)와 《전시국제공법(戰時國際公法)》(제2·6권)이 빛을 보았다. 이에 이어서 이번에 《채권법 제1부(債權法 第一部)》(제2·7권)를 출간하게 되었다.

한민족 역사의 격동기에 설립된 보성전문은 민족의 미래를 이끌어갈 인재들을 길러내기 위하여 근대적 실용학문을 본격적·체계적으로 교수한 고등교육기관이다. 그러므로 보성전문에서 시행된 교육과 연구는 대한민국의 학문사(學問史)에 진한 방점을 찍어야 할 부분이다. 이와 같이 보성전문의 교과서는 우리나라 근대 학문의 초기 모습을 보여주는 매우 귀중한 자료이다. 그러나 많은 한자어, 언문일치가 되지 않은 문장 스타일, 종서 형식의 인쇄 등으로 인해 요즘 사람들이 그 내용을 이해하기가 쉽지 않다. 그러므로 보성전문 교과서 번역 사업은 학문을 하는 사람들과 자료를 공유하기 위한 작업의 일환이다. 이 사업은 우리나라에 있어서 법학·경제학·경영학의 초기 모습을 정확히 인식하는 계기를 제공한다. 보성전문 교과서 번역 사업이 성숙 단계에 이르면 저자에 관한 연구, 교과서의 계보에 관한 연구 등 심도있는 후속 작업을 수행할 수 있을 것이다. 이 사업은 대한민국 학문사의 시계바늘을 지금보다 훨씬 뒤로 돌려 학문 수준을 높이는 계기가 될 것이다.

보성전문의 채권법 교과서는 모두 네 책으로 구성되어 있다. 《채권법 제1부(債權法 第一部)》(현대의 체계로는 채권총론에 해당), 《채권법 제2부(갑)(債權法 第二部(甲))》(현대의 체계로는 계약총론에 해당), 《채권법 제2부(을)(債權法 第二部(乙))》(현대의 체계로는 계약각론에 해당), 《채권법 제3부(債權法 第三部)》(현대의 체계로는 법정채권관계에 해당)가 그것이다. 대부분의 보성전문 교과서가 그러하듯 《채권법 제1부(債權法 第一部)》에도 저자가 석진형(石鎭衡: 1877~1946)이라는 것 외에는 출판사항에 대한 기록이 정확하지 않다.* 다만 표지에 '普成專門學校發行'이라는 문구가 인쇄된 것은 다른 교과서와 구별되는 점이다. 여러 정황으로 볼 때 1907년에 출간된 것으로 추정된다.** 확인할 필요가 있다. 수문서관(脩文書館)이 낸 1910년 3월 16일 자의 황성신문(皇城新聞) 법학서적 광고에는 석진형의 채권법 제2부와 함께 게재되어 있다(채권법 제1부 75전, 제2부 50전). 석진형은 1905년 4월 3일 개교 당시 강사로 초빙되어 1912년 12월까지 보성전문학교에서 채권법과 평시국제공법을 담당하였다.*** 석진형은 일본 간다(神田)중학교와 와부츠(和仏)법률학교(현 호세이〈法政〉대학)을 졸업한 후 귀국하여 관계 및 학교(보성전문학교·법관양성소·대동법률학교·양정의숙·경성전수학교 등), 경제계(한성은행, 동양척식회사 등) 등 다양한 분야에서 화려한 이력을 쌓았다고 할 수 있다.**** 일제강점기 동안 도지사라는 고위 관직을 지내며, 시세에 순응할 것을 강조하는 강연이나 시국강연회에 참여한 활동 등을

---

* 김봉희,《한국 개화기 서적 문화연구》, 이화여자대학교 출판부, 1999, 221쪽은 이 책이 1907년 普成社(이용익 선생이 보성전문과 함께 설립한 출판사)에서 출판된 것으로 소개하고 있음.

** 李允榮, "普成專門學校의 法學 · 經濟學 教科課程에 대한 研究",《近代西歐學問의 受容과 普專》(高麗大學校, 1986), 443쪽 참조.

*** 丘秉朔, "法學教育 및 研究論著에 관한 研究 — 公法分野 —", 위《近代西歐學問의 受容과 普專》, 194, 197쪽; 金亨培, "普專의 法學教育과 韓國의 近代化 — 私法分野를 중심으로 —" 위《近代西歐學問의 受容과 普專》, 260쪽.

**** 석진형에 대한 자세한 소개는 김효전,《법관양성소와 근대한국》(소명출판, 2013), 274~282쪽; 최종고,《한국의 법률가》(서울대학교출판부, 2007), 86~100쪽; 민족문제연구소 편,《친일인명사전》(민족문제연구소, 2009), 281~284쪽; 이명화, "석진형 총독부 신임 두터웠던 절대 맹종파",《친일파 99인 1》(돌베개, 1993), 275~278쪽 등.

근거로 친일인사로 분류되며, 본인 스스로 해방 후 "石鎭衡의 思想及過去調査"[*]라는 참회의 글을 남기기도 하였다. 위와 같은 경력에 비해 친일파로서의 재산축적은 없었던 것 같다.

석진형은 유학하면서 채권법을 쓰카다(塚田), 니이타(仁井田)로부터 배웠다고 한다.[**] 그러나 이 사람들의 강의록은 검색되지 않고, 강의록으로는 水町袈裟 講述《民法第三編債權》(和仏法律學校29年度講義錄)(和仏法律學校, 1896)가 검색된다. 책의 목차를 비교하면 平沼騏一 講述, 《債權法總則》(早稻田大學出版, 1899)과 유사하나, 서술 내용을 살펴보면 梅謙次郎, 《民法要義 卷之三》(和仏法律學校, 明治 30年〈1897〉)을 가장 많이 참고하였다. 이 외에도 岡松参太郎, 《註釋民法理由 下卷(債權編)》(有斐閣, 1897)을 참고한 것으로 보인다. 이 시기에 저술된 교과서는 저자들이 유학 중에 배운 일본 교과서를 모방하거나 번역 또는 번안한 것이 대부분이었다. 이와 달리 이 책은 그와 같은 틀을 벗어난 저서라 할 수 있다. 각주를 붙이지 않았으나, 본문 안에 괄호를 하고 참고문헌을 소개하거나 본문 주를 붙여 학술적인 형식을 보이고 있다.

이 번역서는 인성기금(仁星基金)의 후원의 결과이다. 이 기금은 유휘성 회장님께서 고려대학교 법학전문대학원

---

* 김효전, 앞의 책, 280~282쪽.
** 김효전, 앞의 책, 285쪽.

에 조성해 주신 연구진흥기금이다. 유 회장님의 후원이 없었다면 이 사업을 시작할 수 없었다. 대한민국과 고려대학교의 역사를 소중히 여기시는 유 회장님의 안목에 깊은 존경과 감사의 마음을 드린다.

2023년 5월

옮긴이 명순구

차례

緖 言

石 鎭 衡

我大韓이아직法律의制度가具備치못ᄒᆞ야明律或大典會通을適用ᄒᆞ다가近年에至ᄒᆞ야ᄂᆞᆫ刑法大典을適用ᄒᆞ대其內部ᄅᆞᆯ解釋ᄒᆞ면今日新進ᄒᆞᆫ二十世紀社會에矛盾이不無ᄒᆞᆯ뿐아니라所謂民商事에關ᄒᆞᆫ規定은殆無ᄒᆞ야如何히重大ᄒᆞᆫ財產上關係라도法官의思量ᄒᆞᄂᆞᆫ바이卽法典이오勢力이優有ᄒᆞᆫ者의思量ᄒᆞᄂᆞᆫ바이卽法律을成ᄒᆞ야財產與奪을左右ᄒᆞᄂᆞᆫ確定判決로社會上에發表ᄒᆞ나噫라然則人民의生命을保全ᄒᆞᄂᆞᆫ財產은擔保ᄒᆞᆯ標準이無ᄒᆞᆫ同時에人民은法官을疑心ᄒᆞ고法官은人民을疑心ᄒᆞ야上下가相疑ᄒᆞ면結局은朝家와人民間에間隔을成ᄒᆞ야國家存立上에一大不好影響을及ᄒᆞᆯ지니엇지愼懼ᄒᆞᆫ者아니리오今此世界ᄂᆞᆫ海陸에交通이便利ᄒᆞ야國家와國家間及人民과人民間에交涉과關係가日增月加ᄒᆞ야到底히一便的不完全ᄒᆞᆫ法理로ᄂᆞᆫ國家事ᄅᆞᆯ完全히行得치못ᄒᆞᆯ지로다是以로土耳其와如ᄒᆞᆫ國은歐羅巴洲中의國家로拿巴

채권법 제1부

석진형

머리말

우리 대한(大韓)이 아직 법률제도를 갖추지 못해 명률(明律) 또는 대전회통(大典會通)을 적용해 오다가 근년에 와서 형법대전(刑法大全)을 적용하고 있다. 그러나 그 내부를 해석해보면 오늘날 신진(新進)한 20세기 사회와 모순이 없지 않다. 그뿐만 아니라 이른바 민·상사에 관한 규정은 거의 없어 아무리 중대한 재산상의 관계라도 법관이 어떻게 생각하고 헤아리는가에 따라 이것이 곧 법전인데, 세력이 우세한 자가 생각하고 헤아리는 바가 곧 법률을 형성하여 재산의 여탈(與奪)을 좌우하는 확정판결로 사회에 발표되고 있다. 슬프도다! 그렇게 되면 인민의 생명을 보전하는 재산은 담보할 표준이 없는 동시에, 인민은 법관을 의심하고 법관은 인민을 의심하여 상하가 서로 의심하게 되면, 결국은 국가와 인민 사이에 간격이 생겨 국가 존립에 아주 좋지 않은 영향을 미치게 될 것이다. 어찌 삼가고 두려워해야 하지 않겠는가. 현재 이 세계는 해상과 육상의 교통이 편리하여 국가와 국가 사이 및 인민과 인민 사이에 교섭과 관계가 나날이 늘어나고 다달이 많아져, 도저히 임시방편적인 불완전한 법리로는 국사(國事)를 완전하게 행할 수 없다. 이에 따라 터키와 같은 나라는 유럽 중의 국가로 나폴레

崙法典에基因ᄒᆞᆫ法律을施行ᄒᆞ대其方法과制度와慣習이土耳其的에不過ᄒᆞ야其宜ᄅᆞᆯ不得ᄒᆞᆷ으로領事裁判制度의設置ᄅᆞᆯ未免ᄒᆞ얏고日本國에設置ᄒᆞ얏던各國領事裁判制度의撤廢ᄅᆞᆯ企圖ᄒᆞᄂᆞᆫ新條約도新法律의發布ᄅᆞᆯ條件으로定ᄒᆞᆫ後에成立ᄒᆞᆫ事가有ᄒᆞ니라然則我大韓도國家ᄂᆞᆫ國家上으로此世界에共通ᄒᆞᄂᆞᆫ法理라도得謂ᄒᆞᆯ法理ᄅᆞᆯ取ᄒᆞ야一定ᄒᆞᆫ標準이有ᄒᆞᆫ法典을制定ᄒᆞᆯ必要가有ᄒᆞ고人民은人民이各自로此法理ᄅᆞᆯ研鑽ᄒᆞ야生存競爭場에適用ᄒᆞᆯ必要가有ᄒᆞᆯ지니是卽吾人이此法理ᄅᆞᆯ研究ᄒᆞᄂᆞᆫ目的에不外ᄒᆞᆯ지로다蓋此債權法은民法中의一部分이라現今世界에各國이法典을編纂ᄒᆞᄂᆞᆫ規模ᄅᆞᆯ觀ᄒᆞ건대民法法典을五編에分ᄒᆞ야第一編에總則編、第二編에物權編、第三編에債權編、第四編에親族編、第五編에相續編을置ᄒᆞᄂᆞ니此規模ᄂᆞᆫ日耳曼法系에屬ᄒᆞᆫ邦國의規模오羅馬法系에屬ᄒᆞᆫ邦國의規模ᄂᆞᆫ不然ᄒᆞ야親族、相續等人事編은法典第一第二에排置ᄒᆞ고物權、債權等財産編은第三、第四에排置ᄒᆞᄂᆞ니라此等事ᄂᆞᆫ本講義範圍以外로되突然히債權法이라講義ᄒᆞ면債權法은如何ᄒᆞᆫ法律인지疑慮ᄒᆞᆯ弊端이不無ᄒᆞ기로玆에數言을說明ᄒᆞ노라

옹 법전을 기초로 한 법률을 시행하였으나, 그 방법과 제도와 관습은 터키적인 것에 지나지 않아, 그 마땅함을 얻지 못하였고, 영사재판제도의 설치를 면하지 못하였다. 일본에 설치하였던 각국 영사재판제도의 철폐를 도모하는 신조약*도 신법률의 공포를 조건으로 정한 후에 성립한 것이었다. 그렇다면 우리 대한도, 국가는 국가적으로 이 세계에 공통하는 법리라고 일컬을 수 있는 법리를 취하여, 일정한 표준을 갖춘 법전을 제정할 필요가 있고, 인민은 인민 각자 나름으로 이 법리를 깊이 연구하여 생존경쟁의 장에 적용할 필요가 있다. 이것이 바로 필자가 이 법리를 연구하는 목적이다. 대개 이 채권법은 민법 중의 일부분이다. 오늘날 각국이 법전을 편찬하는 체계를 살펴보면, 민법전을 5편으로 나누어 제1편에 총칙편, 제2편에 물권편, 제3편에 채권편, 제4편에 친족편, 제5편에 상속편을 두고 있다. 이 체계는 게르만법계에 속하는 나라의 체계이다. 로마법계에 속하는 나라의 체계는 그렇지 않다. 친족, 상속 등 인사편을 법전 제1·제2에 배치하고 물권, 채권 등 재산편을 제3·제4에 배치하고 있다. 이러한 사항은 이 강의의 범위를 벗어난다. 다만 갑자기 채권법이라고 강의하면, 채권법은 어떠한 법률인지 의심하고 우려할 폐단이 없지 않다. 이에 두어 마디 말로 설명한다.

---

* 역자 주: 1894년 7월에 조인된 일영통상항해조약을 가리킨다.

總論

第一章 債權의定義

債權은財産權의一種이니特定ᄒᆞᆫ一人或數人이特定ᄒᆞᆫ一人或數人의게對ᄒᆞ야特定ᄒᆞᆫ行爲의作爲不作爲ᄅᆞᆯ要求ᄒᆞᄂᆞᆫ權利니라

債權定義에學說이紛紜ᄒᆞ야或은自由의思想으로起論ᄒᆞ야立說ᄒᆞᄂᆞᆫ者도有ᄒᆞ며或은法律關係라稱道ᄒᆞᄂᆞᆫ者도有ᄒᆞ며或은權利邊으로解釋치아니ᄒᆞ고義務邊으로解釋ᄒᆞ야立說ᄒᆞᄂᆞᆫ者도有호ᄃᆡ余輩ᄂᆞᆫ以上의定義로써穩當ᄒᆞᆫ者ㅣ라信ᄒᆞᄂᆞᆫ故로左에右定義ᄅᆞᆯ更히細密分析ᄒᆞ야說明코져ᄒᆞ노라

債權을說明코저ᄒᆞᆯ진대爲先其債權의本體되ᄂᆞᆫ私權의性質을分明히說明ᄒᆞᆯ必要가有호ᄃᆡ私權의性質을說明ᄒᆞᆷ은本講義範圍內에所屬이아니기로此ᄂᆞᆫ法學通論講義에一任ᄒᆞ고玆에ᄂᆞᆫ但其債權定義에關ᄒᆞᆫ特點만講述코져ᄒᆞ노라

第一 債權은財産權의一種이라

財産權意義에關ᄒᆞ야도學者의議論이亦紛紜호대普通은外部의利益과物質

총론

제1장 채권의 정의

채권은 재산권의 일종이다. 특정한 1인 또는 수인이 특정한 1인 또는 수인에 대해 특정한 행위의 작위 · 부작위를 요구하는 권리이다.

채권의 정의에는 학설이 분분하다. 더러는 자유의 사상에서 논의를 일으켜 학설을 세우는 사람도 있으며, 어떤 사람은 법률관계라고 일컫기도 한다. 또는 권리 중심으로 해석하지 않고 의무 중심으로 해석하여 입론하는 사람도 있다. 나는 이상의 정의를 온당하다고 믿는다. 따라서 다음에 위 정의를 다시 세밀하게 분석하여 설명하고자 한다.

채권을 설명하고자 하려면, 먼저 그 채권의 본체가 되는 사권(私權)의 성질을 분명하게 설명할 필요가 있다. 그러나 사권의 성질을 설명하는 것은 이 강의의 범위 내에 속하지 않는다. 따라서 이는 법학통론 강의에 일임하고, 여기에서는 다만 그 채권의 정의에 관한 특징만을 강의하여 설명하기로 한다.

〈1〉 채권은 재산권의 일종이다.

재산권의 의의에 관해서도 학자의 이론이 또한 분분하다. 보통은 외부의 이익과 물질

上의利益을給與ᄒᆞᄂᆞᆫ者로指稱ᄒᆞᄂᆞ니라然이나余輩의觀察ᄒᆞᄂᆞᆫ點을依ᄒᆞᆫ진대財産權이란者ᄂᆞᆫ權利者其人을爲ᄒᆞ야存在ᄒᆞᆫ權利라謂ᄒᆞᆷ을可謂ᄒᆞᆯ지로다何故오物權、債權等財産權은權利者其人을爲ᄒᆞ야存在ᄒᆞᆫ者ㅣ니其人의利益을保護ᄒᆞᆷ이本旨를成ᄒᆞᄂᆞᆫ故로玆에所謂財産權이로대是와相反ᄒᆞ야生命權及自由權等權利ᄂᆞᆫ權利者其人만爲ᄒᆞ야存在ᄒᆞᆷ이아니오一便으로ᄂᆞᆫ國家의利益을爲ᄒᆞ야도存在ᄒᆞᆫ者ㅣ라故로此等權利ᄂᆞᆫ財産權이아니니라盖國家ᄂᆞᆫ各人이物權及債權等權利를有ᄒᆞᆷ에關ᄒᆞ야ᄂᆞᆫ直接으로利害關係가無ᄒᆞᆷ으로其得失을各人의自由에放任호대各人의生命權及自由權에至ᄒᆞ야ᄂᆞᆫ直接으로國家에利害關係가有ᄒᆞᆷ으로各人으로ᄒᆞ야곰各自隨意處分ᄒᆞᆷ을不得케ᄒᆞᆷ이라又戶主權及親權等權利도亦權利者其人만爲ᄒᆞ야存在ᄒᆞᆷ이아니오家族及子孫을爲ᄒᆞ야도存在ᄒᆞᆫ者ㅣ니是以로此等權利도亦財産權은아니니라

第二 債權은特定ᄒᆞᆫ行爲의作爲不作爲를目的ᄒᆞᄂᆞᆫ權利니라

作爲란者ᄂᆞᆫ某種事를爲케ᄒᆞᆷ을謂ᄒᆞᆷ이니卽某種物件을供給ᄒᆞ며又ᄂᆞᆫ某種勞務에服役케ᄒᆞᄂᆞᆫ者ㅣ是오

상의 이익을 급여하는 것으로 지칭한다. 그러나 내가 관찰하는 바에 따르면, 재산권이란 권리자 그 사람을 위해 존재하는 권리라고 말할 수 있다. 왜냐하면 물권, 채권 등 재산권은 권리자 그 사람을 위해 존재하는 것이고, 그 사람의 이익을 보호하는 것을 근본 취지로 삼기 때문이다. 이에 이른바 재산권이라 한다. 그러나 이에 반해 생명권과 자유권 등의 권리는 권리자 그 사람만을 위해 존재하는 것이 아니라, 한편으로는 국가의 이익을 위해서도 존재하는 것이다. 따라서 이들 권리는 재산권이 아니다. 대개 국가는 개개인이 물권과 채권 등의 권리를 가지는 것에 관해서는 직접적인 이해관계가 없으므로, 그 득실을 개개인의 자유에 방임한다. 그러나 개개인의 생명권과 자유권에 관해서는 직접적으로 국가와 이해관계가 있으므로, 개개인이 각자 임의 처분할 수 없게 한다. 또한 호주권과 친권 등의 권리도 마찬가지로 권리자 그 사람만을 위해 존재하는 것이 아니라, 가족과 자손을 위해서도 존재한다. 이에 따라 이들 권리도 또한 재산권이 아니다.

〈2〉 채권은 특정한 행위의 작위 · 부작위를 목적으로 하는 권리이다.

작위란 어떤 종류의 일을 하게 하는 것을 말한다. 즉 어떤 종류의 물건을 공급하거나, 또는 어떤 종류의 노무에 이바지하게 하는 것이 이에 해당한다.

不作爲란者ᄂᆞᆫ某種事ᄅᆞᆯ不爲케ᄒᆞᆷ을謂ᄒᆞᆷ이니卽他人의게妨害되ᄂᆞᆫ行爲ᄂᆞᆫ行치못ᄒᆞ게ᄒᆞᄂᆞᆫ者ㅣ是니라

大抵債權의目的은吾人의行爲라後章에至ᄒᆞ야도更히說明ᄒᆞᆯ處가有ᄒᆞᆷ과如히債權의目的되ᄂᆞᆫ行爲ᄂᆞᆫ반다시債權者의게對ᄒᆞ야生活上의利益을與ᄒᆞᆷ을要ᄒᆞᄂᆞ니債權은結局此生活上의利益을債權者의게附與ᄒᆞ기爲ᄒᆞ야存在ᄒᆞᆫ者ㅣ라故로債權은債權者의最終目的이아니오但債權의目的을達ᄒᆞᄂᆞᆫ一手段에不過ᄒᆞ다謂ᄒᆞᆷ을可得ᄒᆞᆯ지로다盖此手段은法律의保護ᄅᆞᆯ依ᄒᆞ야資產의一部ᄅᆞᆯ得成ᄒᆞᄂᆞᆫ故로其歸着ᄒᆞᄂᆞᆫ바ᄂᆞᆫ債權者가現存金錢或其他生活上의利益을持有ᄒᆞᆷ과無異ᄒᆞᆯ지니라要컨ᄃᆡ債權의本體ᄂᆞᆫ債權者로ᄒᆞ야곰某種特定行爲ᄅᆞᆯ要求ᄒᆞᄂᆞᆫ權利ᄅᆞᆯ保有케ᄒᆞᆷ이니債權者ᄂᆞᆫ其債權에基因ᄒᆞ야生活上의利益을享受ᄒᆞ야써其目的을達ᄒᆞᆷ을可得ᄒᆞᆯ지로다

以上에講述ᄒᆞᆷ과如히債權과債權者가債權에基因ᄒᆞ야享受ᄒᆞᆯ生活上의利益과ᄂᆞᆫ實로手段과目的의關係가有ᄒᆞᆷ으로써如左ᄒᆞᆫ結果ᄅᆞᆯ生ᄒᆞᄂᆞ니라

(甲) 第三者가債務者ᄅᆞᆯ代身ᄒᆞ야實際의債務ᄅᆞᆯ履行ᄒᆞᄂᆞᆫ境遇에ᄂᆞᆫ債權者

부작위란 어떤 종류의 일을 하지 못하게 하는 것을 말한다. 즉 다른 사람에게 방해되는 행위를 하지 못하게 하는 것이 이에 해당한다.

무릇 채권의 목적은 우리의 행위이다. 뒷장에서 다시 설명할 곳이 있는 바와 같이, 채권의 목적으로 되는 행위는 반드시 채권자에 대해 생활상의 이익을 부여하는 것이 있어야 한다. 채권은 결국 이 생활상의 이익을 채권자에게 부여하기 위해 존재하는 것이다. 따라서 채권은 채권자가 최종 목적이 아니고, 다만 채권의 목적을 달성하는 하나의 수단에 불과하다고 말할 수 있다. 대개 이 수단은 법률의 보호에 따라 자산 일부를 형성할 수 있다. 이에 따라 그 귀착하는 바는, 채권자가 현존하는 금전 또는 그 밖의 생활상의 이익을 보유하는 것과 다르지 않다. 요컨대, 채권의 본체는 채권자가 어떤 종류의 특정 행위를 요구하는 권리를 보유하게 하는 것이다. 채권자는 그 채권에 근거하여 생활상의 이익을 누리는 것으로써 그 목적을 달성할 수 있다.

이상에서 강의하여 설명한 바와 같이 채권과 채권에 근거하여 누릴 생활상의 이익은 실로 수단과 목적의 관계가 있기에 다음과 같은 결과가 발생한다.

〈1〉 제3자가 채무자를 갈음하여 실제의 채무를 이행할 경우에는 채권자가其第三者의履行을拒絶ᄒᆞᆷ을不得ᄒᆞᆷ이本則이니라何故오此境遇에ᄂᆞᆫ債權者가債務者自身이債務ᄅᆞᆯ履行ᄒᆞᄂᆞᆫ境遇와同一ᄒᆞᆫ實際의目的ᄅᆞᆯ貫徹ᄒᆞᄂᆞᆫ所以라假令甲者가乙者의게對ᄒᆞ야一百圓의債務ᄅᆞᆯ負擔ᄒᆞᆫ時에第三者되ᄂᆞᆫ丙者가甲者ᄅᆞᆯ代身ᄒᆞ야乙者의게百圓金額을償還ᄒᆞ기로提請ᄒᆞ면債權者되ᄂᆞᆫ乙者ᄂᆞᆫ何人으로브터償還을受ᄒᆞᆯ지라도自己의目的은達ᄒᆞᆷ을可得ᄒᆞᆷ으로써丙者의提請은拒絶ᄒᆞ지못ᄒᆞᆷ이本則이로대是와相反ᄒᆞ야甲者가乙者의게對ᄒᆞ야一幅繪畵ᄅᆞᆯ寫給ᄒᆞᆯ債務ᄅᆞᆯ負擔ᄒᆞᆫ時에ᄂᆞᆫ債權者되ᄂᆞᆫ乙者ᄂᆞᆫ專히其甲者의技術을信賴ᄒᆞ야其繪畵ᄅᆞᆯ取得코져ᄒᆞᆷ이니甲者의寫出ᄒᆞᆫ繪畵가아니면債權者自己의目的을達ᄒᆞ기難ᄒᆞᆷ으로써假令第三者되ᄂᆞᆫ丙者가甲者ᄅᆞᆯ代身ᄒᆞ야其繪畵ᄅᆞᆯ寫出ᄒᆞ기ᄅᆞᆯ提請ᄒᆞᆯ지라도債權者되ᄂᆞᆫ乙者ᄂᆞᆫ自己의目的을達ᄒᆞ기不能ᄒᆞᆷ으로斷然히此ᄅᆞᆯ排斥ᄒᆞᆷ을可得ᄒᆞᆯ지니是乃第三者가債務者ᄅᆞᆯ代身ᄒᆞ야其債務ᄅᆞᆯ代行ᄒᆞ기難ᄒᆞᆫ境遇니라

(乙) 債權은債務者로ᄒᆞ야곰債權者의게一定ᄒᆞᆫ某種目的을達케ᄒᆞ기爲ᄒᆞ야存在ᄒᆞᆫ事ᄂᆞᆫ前述과如ᄒᆞ거니와或境遇에ᄂᆞᆫ一債權者가貫徹코져ᄒᆞᄂᆞᆫ一

가 그 제3자의 이행을 거절할 수 없는 것이 본칙이다. 왜냐하면 이 경우에는 채권자가 채무자 자신이 채무를 이행하는 경우와 동일한 실제의 목적을 관철하기 때문이다. 가령 甲이 乙에 대해 100원의 채무를 부담하였을 때, 제3자인 丙이 甲을 갈음하여 乙에게 100원의 금액을 상환할 것을 제의하면, 채권자인 乙은 누구로부터 상환을 받을지라도 자기의 목적은 달성할 수 있으므로 丙의 제의를 거절할 수 없는 것이 본칙이다. 이에 반해 甲이 乙에 대해 한 폭의 그림을 그려 줄 채무를 부담하였을 때는, 채권자인 乙은 오로지 甲의 기술을 신뢰하여 그 그림을 취득하고자 한 것이다. 따라서 甲이 그린 그림이 아니면 채권자는 자기 목적을 달성하기 어려우므로, 가령 제3자인 丙이 甲을 갈음하여 그 그림을 그려줄 것을 제의하더라도, 채권자인 乙은 자기의 목적을 달성할 수 없으므로 단연코 이를 배척할 수 있다. 이것은 제3자가 채무자를 갈음하여 그 채무를 갈음하기 어려운 경우이다.

〈2〉 채권은 채무자가 채권자에게 일정한 어떤 종류의 목적을 달성하게 하려고 존재하는 것이라는 점은 전술한 바와 같다. 그러나 경우에 따라서는 한 채권자가 관철하고자 하는 하

箇目的上에數箇債權이並立ᄒᆞᄂᆞᆫ事가不無ᄒᆞ니卽

(一) 一人債務者가同一ᄒᆞᆫ目的上에重疊債務를負擔ᄒᆞᄂᆞᆫ境遇가是라假令物件賣買에物件買主가其代價를支撥ᄒᆞᄂᆞᆫ義務를擔負ᄒᆞᆫ境遇에其支撥을確實케ᄒᆞᆯ次로代價에相當ᄒᆞᆫ遞換魚驗을書出ᄒᆞ야其遞換義務ᄭᆞ지負擔ᄒᆞᆫ時ᄂᆞᆫ債務者되ᄂᆞᆫ買主가債權者되ᄂᆞᆫ賣主로ᄒᆞ야곰同一目的을達케ᄒᆞ기爲ᄒᆞ야二箇義務를負擔ᄒᆞᄂᆞᆫ者ㅣ라故로萬一買主가重疊償還을行ᄒᆞᄂᆞᆫ時ᄂᆞᆫ卽債權者賣主의게對ᄒᆞ야不當利得의償還을請求ᄒᆞᆷ은可得ᄒᆞᆯ지로대盖遞換魚驗及其他有價證券은數人乃至數十人手裏에轉環ᄒᆞᄂᆞᆫ者ㅣ되ᄂᆞᆫ故로其現時所持人의게對ᄒᆞ야ᄂᆞᆫ債務者가業已其債權者卽最初에魚驗領受者되얏던債權者賣主의게遞換魚驗의基本되ᄂᆞᆫ債務를辦償ᄒᆞᆫ理由로ᄡᅥ魚驗金額의支撥을拒絶치못ᄒᆞᆯ지니如此ᄒᆞᆫ境遇에ᄂᆞᆫ往往히重疊으로一債務를辦償ᄒᆞᆯ事가有ᄒᆞᆯ지니라

(二) 數人債務者가同一ᄒᆞᆫ目的上에當ᄒᆞ야義務를負擔ᄒᆞᄂᆞᆫ境遇가是라卽數人의不可分債務者와連帶債務者가有ᄒᆞᆫ境遇及主債務者並保證人이有ᄒᆞᆫ境遇에ᄂᆞᆫ其數人債務者中의一人이其債務를償還ᄒᆞᄂᆞᆫ時ᄂᆞᆫ債權者ᄂᆞᆫ自己의目

나의 목적 위에 여러 개의 채권이 병립할 때도 없지 않다. 즉

① 한 사람의 채무자가 동일한 목적 위에 중첩하여 채무를 부담하는 경우가 이에 해당한다. 가령 물건 매매에서 매수인이 그 대가를 지급하는 의무를 부담하는 경우에, 그 지급을 확실하게 할 차제로 대가에 상당한 환어음을 배서하여 그 환어음 의무까지 부담하였을 때에 채무자인 매수인은 채권자인 매도인이 동일한 목적을 달성하게 하려고 두 개의 의무를 부담한 것이다. 따라서 만일 매수인이 중첩하여 상환했을 때는, 곧 채권자인 매도인에 대해 부당이득의 상환을 청구할 수 있다. 그러나 대개 환어음과 그 밖의 유가증권은 수인 또는 수십 인의 수중으로 전전한다. 이에 따라 그 현재의 소지인에 대해서는, 채무자가 이미 그 채권자 즉 최초에 환어음 수령자로 되었던 채권자인 매도인에게 환어음의 기본이 되는 채무를 변제하였다는 이유로 어음금액의 지급을 거절할 수 없다. 이 같은 경우에는 이따금 중첩으로 하나의 채무를 변제하게 되는 일도 있다.

② 수인의 채무자가 동일한 목적에 대해 의무를 부담하는 경우가 이에 해당한다. 즉 수인의 불가분채무자와 연대채무자가 있는 경우 및 주된 채무자와 보증인이 있는 경우에는, 그 수인의 채무자 중 1인이 그 채무를 상환하였을 때는 채권자는 자기 목

的을完全히得達ᄒᆞ는故로他債務者는其義務를免脫ᄒᆞᆯ지니라

第三 債權은特定ᄒᆞᆫ一人或數人과特定ᄒᆞᆫ一人或數人間에存在ᄒᆞᆫ權利니라

特定ᄒᆞᆫ一人或數人과特定ᄒᆞᆫ一人或數人은特定ᄒᆞᆫ債權者의一人或數人과特定ᄒᆞᆫ債務者의一人或數人이니本來債權關係는一人이一人의게對ᄒᆞᆫ關係도有ᄒᆞ며一人이數人의게對ᄒᆞᆫ關係도有ᄒᆞ며又或數人이數人의게對ᄒᆞᆫ關係도有ᄒᆞᆫ故로特定ᄒᆞᆫ一人或數人과特定ᄒᆞᆫ一人或數人間에存在ᄒᆞᆫ權利니라換言ᄒᆞᆯ진대債權은特定ᄒᆞᆫ當事者間에存在ᄒᆞᆫ者ㅣ되는故로債權者及債務者의誰某됨이特定치아니ᄒᆞᆫ時는決코債權이成立ᄒᆞᆷ을不得ᄒᆞᆯ지니라然이나玆에所謂債權의當事者가特定치아니ᄒᆞᆫ事와債權의當事者가一定치아니ᄒᆞᆫ事는此를區別치아니치못ᄒᆞᆯ지니當事者가一定치아니ᄒᆞᆷ이라ᄒᆞ는事는當事者가種種變更ᄒᆞ야一定치아니ᄒᆞᆫ意義가是라凡債權者와債務者되는資格이一種關係를伴ᄒᆞ야發生ᄒᆞ는時는其關係에在ᄒᆞᆫ者가何人됨을不問ᄒᆞ고或債權者도되며又或債務者도되ᄂᆞ니假令無記名債權及指示債權等에關ᄒᆞ야는債權者가一定ᄒᆞᆫ事가無ᄒᆞ고自由로變更ᄒᆞᆷ을可得ᄒᆞᄂᆞ니라

적을 완전히 달성할 수 있다. 따라서 다른 채무자는 그 의무를 면하게 된다.

〈3〉 채권은 특정한 1인 또는 수인과 특정한 1인 또는 수인 사이에 존재하는 권리이다.

특정한 1인 또는 수인과 특정한 1인 또는 수인은 특정한 채권자의 1인 또는 수인과 특정한 채무자의 1인 또는 수인이다. 본래 채권관계는 1인이 1인에 대한 관계도 있고, 1인의 수인에 대한 관계도 있으며, 때로 수인의 수인에 대한 관계도 있다. 따라서 특정한 1인 또는 수인과 특정한 1인 또는 수인 사이에 존재하는 권리이다. 바꾸어 말하면 채권은 특정한 당사자 사이에 존재하는 것이다. 이에 따라 채권자와 채무자가 누구로 되는지가 특정되지 않는 때는 결코 채권이 성립할 수 없다. 그러나 여기에서 이른바 채권의 당사자가 특정되지 아니한 경우와 채권의 당사자가 일정하지 아니한 경우는 이를 구별해야 한다. 당사자가 일정하지 않다는 것은 당사자가 종종 변경되어 일정하지 않다는 뜻이다. 무릇 채권자와 채무자로 되는 자격이 일종의 관계에 따라 발생하였을 때는, 그 관계에 있는 자가 어떤 사람인가를 불문하고, 때로 채권자가 되거나, 또는 채무자가 된다. 가령 무기명채권과 지시채권 등에 관해서는, 채권자가 일정한 경우가 없고 자유로이 변경될 수 있다.

第四　債權은他人의行爲를要求ᄒᆞᄂᆞᆫ權利니라

債權은他人의行爲卽作爲不作爲를要求ᄒᆞᄂᆞᆫ權利라故로債權者ᄂᆞᆫ實際其債權의償還을受ᄒᆞᆷ에債務者가負擔ᄒᆞᆫ行爲의作爲及不作爲를待치아니치못ᄒᆞᆯ지니如此히債權은他人의行爲를要求ᄒᆞᄂᆞᆫ權利의性質이有ᄒᆞᆷ으로物權과ᄀᆞᆺ치直接으로物에對ᄒᆞ야行ᄒᆞᄂᆞᆫ權利가아니니라此結果로債權이物權과相異ᄒᆞᆫ點을擧ᄒᆞᆯ진대左와如ᄒᆞ도다

物權은直接으로物에對ᄒᆞ야行ᄒᆞᄂᆞᆫ權利로ᄃᆡ債權은直接으로債務者의게對ᄒᆞ야作爲不作爲의行爲를要求ᄒᆞᄂᆞᆫ權利에不過ᄒᆞ고但間接으로物上에對ᄒᆞ야其債務者의行爲를施行케ᄒᆞᆷ을得ᄒᆞᄂᆞ니라此性質上으로브터出來ᄒᆞᄂᆞᆫ兩種權利의區別을擧ᄒᆞᆯ진대〔一〕物權에ᄂᆞᆫ優先權이有ᄒᆞᄃᆡ債權에ᄂᆞᆫ此權이無ᄒᆞᆫ故로各債權者ᄂᆞᆫ原則上債務者의게對ᄒᆞ야平等의權利가有ᄒᆞᆷ으로萬一債務者의全財產이總債務를償還키不足ᄒᆞᆫ時ᄂᆞᆫ各債權者ᄂᆞᆫ其債權額에應ᄒᆞ야二分의一、三分의一或四分의一의多寡를依ᄒᆞ야償還을受ᄒᆞᆷ에止ᄒᆞᆯ지니라蓋物上擔保를不有ᄒᆞᆫ債權者ᄂᆞᆫ債務者財產上에對ᄒᆞ야直接權利ᄂᆞᆫ不有ᄒᆞᆷ으로

〈4〉 채권은 다른 사람의 행위를 요구하는 권리이다.

채권은 다른 사람의 행위 즉 작위·부작위를 요구하는 권리이다. 따라서 채권자는 실제 그 채권의 상환을 받을 때에 채무자가 부담한 행위의 작위와 부작위를 기다려야 한다. 이처럼 채권은 다른 사람의 행위를 요구하는 권리의 성질을 지니므로, 물권과 같이 직접 물건에 대해 행사하는 권리가 아니다. 이 결과에 따라 채권이 물권과 다른 점을 열거해보면 다음과 같다.

물권은 직접 물건에 대해 행사하는 권리이나, 채권은 직접 채무자에 대해 작위·부작위의 행위를 요구하는 권리에 불과하다. 다만 간접적으로 물상에 대해 그 채무자의 행위를 시행하게 할 수 있다. 이 성질에서 비롯하는 두 가지 권리의 구별을 열거해 보면,

① 물권에는 우선권이 있으나, 채권에는 이 권리가 없다. 따라서 각 채권자는 원칙적으로 채무자에 대해 평등한 권리를 가지므로, 만일 채무자의 전 재산이 모든 채무를 상환하기에 부족할 때는, 각 채권자는 그 채권액에 따라 2분의 1, 3분의 1 또는 4분의 1의 많고 적음에 따라 상환을 받는 것에 그칠 뿐이다. 대개 물상담보를 가지지 아니한 채권자는 채무자의 재산상에 대해 직접 권리를 갖지 않으므로,

債務者가其債務를償還치아니ᄒᆞᄂᆞᆫ時를當ᄒᆞ야其財産上에强制執行을施行코져ᄒᆞᆯ지라도各債權者間에甲乙을區別ᄒᆞ기不能ᄒᆞ야勢不得已平等의分數로償還치아니치못ᄒᆞᆯ지로대是와相反ᄒᆞ야物上擔保를有ᄒᆞᆫ債權者ᄂᆞᆫ物上에直接權利를有ᄒᆞᆷ으로債權者의資格으로ᄂᆞᆫ他債權者와平等償還을受ᄒᆞᆯ지나物權者資格으로ᄂᆞᆫ權利가其目的物에對ᄒᆞ야優先權이生ᄒᆞᄂᆞ니是所謂物上擔保의効力이니라〔二〕物權에ᄂᆞᆫ追及權이有호대債權에ᄂᆞᆫ此權이無ᄒᆞ니라是以로債務者가其財産을他人의게讓與ᄒᆞᆫ時에通常債權者ᄂᆞᆫ此에對ᄒᆞ야其權利를直接으로物에對ᄒᆞ야行ᄒᆞᆷ을不得호대是와相反ᄒᆞ야物上擔保를有ᄒᆞᆫ債權者ᄂᆞᆫ債務者가他人의게讓與ᄒᆞᆫ財産에對ᄒᆞ야도其權利를行ᄒᆞᆷ을尙得ᄒᆞᆯ지로다盖物上에直接으로權利를有ᄒᆞᆫ者ᄂᆞᆫ假令債務者가其物에關ᄒᆞ야權利를他人의게讓與ᄒᆞᆯ지라도是로因ᄒᆞ야自己의權利를妨害ᄒᆞᄂᆞᆫ事가無호대通常債權者ᄂᆞᆫ如此境遇에直接으로敢히其物上에自己의權利를施行ᄒᆞᆷ을不得ᄒᆞ고但債務者의게對ᄒᆞ야行爲의作爲不作爲를要求ᄒᆞᆯ뿐이라故로假令其行爲가目的物에關ᄒᆞ거나또債務不履行의結果로債務者財産에强制執行을行ᄒᆞ

채무자가 그 채무를 상환하지 않을 때에 그 재산상에 강제집행을 시행하고자 할지라도, 각 채권자 사이에 甲·乙을 구별할 수 없어, 어쩔 수 없이 평등한 분수로 상환할 수밖에 없다. 이에 반해 물상담보를 가진 채권자는 물상에 직접 권리를 가지므로, 채권자의 자격에서는 다른 채권자와 평등한 상환을 받게 되나, 물권자의 자격에서는 권리가 그 목적물에 대해 우선권을 발생하게 한다. 이것이 이른바 물상담보의 효력이다.

② 물권에는 추급권이 있으나, 채권에는 이 권리가 없다. 이에 따라 채무자가 그 재산을 다른 사람에게 양도하였을 때, 통상의 채권자는 이에 대해 그 권리를 직접 물건에 대해 행사할 수 없으나, 이에 반해 물상담보를 가진 채권자는 채무자가 다른 사람에게 양도한 재산에 대해서도 그 권리를 여전히 행사할 수 있다. 대개 물건 위에 직접 권리를 가진 자는, 가령 채무자가 그 물건에 관해 권리를 다른 사람에게 양도할지라도, 이로 말미암아 자기 권리를 방해받는 일이 없다. 그러나 통상의 채권자는 이 같은 경우에 직접 감히 그 물건 위에 자기 권리를 시행할 수 없다. 다만 채무자에 대해 행위의 작위 · 부작위를 요구할 뿐이다. 따라서 가령 그 행위가 목적물에 관한 것이거나, 채무불이행의 결과에 따라 채무자의 재산에 강제집행을 하

는境遇라도債務者가他人의게既與ᄒᆞᆫ財産에對ᄒᆞ야는債權者가其權利를行及치못ᄒᆞᄂᆞ니是卽債權者가債務者財産에對ᄒᆞ야其權利를行ᄒᆞᆯ지라도既已財産이債務者의게不屬ᄒᆞᆫ以上은權利가無ᄒᆞᆫ所以니라

大抵債權은恒常人과人의關係되는事는首章의定義를依ᄒᆞᆯ지라도分明ᄒᆞ거니와玆에所謂債權의債權二字는權利邊으로觀察ᄒᆞᆫ名稱이로대若債務邊으로觀察ᄒᆞ는時는債務或義務라謂ᄒᆞᆷ을可得ᄒᆞᆯ지로다然이나義務二字는意義가浩廣ᄒᆞ야恒常權利二字에對用ᄒᆞ는名稱이니假令各人의所有權을侵犯치못ᄒᆞ는義務及妻는夫와同居ᄒᆞ는義務等意義에至ᄒᆞ기ᄭᆞ지라도包含ᄒᆞᆫ者ㅣ라故로各國의新編纂ᄒᆞᆫ民法上에는債務二字로써債權에對用ᄒᆞ고義務二字는債權二字에對用ᄒᆞ지아니ᄒᆞ나或義務二字도全히不用ᄒᆞᆷ은아니니債權法中에義務二字는債務에代用ᄒᆞ는者로知ᄒᆞ면大差가無ᄒᆞᆯ지로다

債權을或人權이라云ᄒᆞᄂᆞ니此는物權에對ᄒᆞ야云ᄒᆞ는名稱이라物權은直接으로物에對ᄒᆞ야行ᄒᆞ는權利의性質이有ᄒᆞᆫ故로物權이라稱ᄒᆞ고債權은人과人의關係라直接으로人에게對ᄒᆞ야行ᄒᆞ는權利의性質이有ᄒᆞᆫ故로人權이라云ᄒᆞ는

는 경우라도, 채무자가 다른 사람에게 이미 양도한 재산에 대해서는 채권자가 그 권리를 행사할 수 없다. 이는 곧 채권자가 채무자의 재산에 대해 그 권리를 행사할지라도, 이미 재산이 채무자에게 속하지 않는 이상은 권리가 없기 때문이다.

무릇 채권이 항상 사람과 사람의 관계로 되는 것은, 제1장의 정의에 따를지라도 분명하다. 그러나 여기에서 이른바 채권의 채권이라는 두 글자는 권리 중심으로 관찰한 명칭이고, 만약 채무 중심으로 관찰할 때는 채무 또는 의무라고 말할 수 있다. 그러나 의무 두 글자는 의의가 광범위하여 항상 권리 두 글자에 대응하는 명칭이다. 가령 개개인의 소유권을 침범해서는 안 되는 의무와 처가 부(夫)와 동거하는 의무 등의 의의에 이르기까지도 포함하는 것이다. 따라서 각국이 새로 편찬한 민법에서는 채무 두 글자를 가지고 채권에 대응하고, 의무 두 글자는 채권 두 글자에 대응하지 않기도 하나, 때로 의무 두 글자를 전혀 사용하지 않는 것은 아니다. 채권법 중에 의무 두 글자를 채무에 갈음하여 사용하는 것으로 안다면 큰 차이가 없을 것이다.

채권을 때로 인권이라고 말한다. 이는 물권에 대응해서 말하는 명칭이다. 물권은 직접 물건에 대해 행사하는 권리의 성질을 가진다. 이에 따라 물권이라 일컫는다. 채권은 사람과 사람의 관계라서 직접 사람에 대해 행사하는 권리의 성질을 가진다. 이 때문에 인권이라고 말하는

法典이不無ᄒᆞᄃᆡ人權二字ᄂᆞᆫ假令各人의天賦人權이라謂ᄒᆞᄂᆞᆫ意義가包含ᄒᆞ야慣習上에債權과同一ᄒᆞᆫ意義에使用ᄒᆞᆷ이甚히穩當치아니ᄒᆞᆷ으로債權二字ᄅᆞᆯ採用ᄒᆞ노라然이나法國法系諸國은人權이라稱ᄒᆞ고日本舊民法財産編에도債權을人權이라名稱ᄒᆞᆫ事가有ᄒᆞ니라

第二章　債權發生의原因

羅馬法에ᄂᆞᆫ債權을分ᄒᆞ야契約에基因ᄒᆞᆫ者及不法行爲에基因ᄒᆞᆫ者의二種으로區別ᄒᆞ야契約에基因ᄒᆞᆫ債權은相續ᄒᆞᆷ을得ᄒᆞ되不法行爲에基因ᄒᆞᆫ債權은相續ᄒᆞᆷ을不得ᄒᆞ며또契約에基因ᄒᆞᆫ債權은債權者의財産上利益을保護ᄒᆞᆷ으로써目的ᄒᆞ되不法行爲에基因ᄒᆞᆫ債權은加害者ᄅᆞᆯ罰ᄒᆞ야加害者의게苦痛을與ᄒᆞᆷ으로써目的ᄒᆞ니라如此히羅馬法에ᄂᆞᆫ債權發生의原因을契約及不法行爲의二種으로區別ᄒᆞ얏스나債權發生의原因은但此二種에不止ᄒᆞᆷ으로羅馬法에도契約及不法行爲以外의原因上으로出來ᄒᆞᄂᆞᆫ債權은此ᄅᆞᆯ準契約準不法行爲에基因ᄒᆞᆫ債權이라名稱ᄒᆞ야契約及不法行爲에基因ᄒᆞᆫ債權에關ᄒᆞᆫ法則을適用ᄒᆞᆷ에至ᄒᆞ니라

법전이 없지 않다. 그러나 인권 두 글자는 가령 개개인의 천부인권이라고 하는 의의를 포함하고 있어, 관습상 채권과 같은 의의로 사용하는 것은 매우 온당하지 아니하므로 채권 두 글자를 채택하는 것이다. 그러나 프랑스법계의 여러 나라는 인권이라 일컫고, 일본 구민법 재산편에서도 채권에 대해 인권이라는 이름을 붙이기도 하였다.

제2장 채권 발생의 원인

로마법에서는 채권을 구분하여 계약에 따른 것과 불법행위에 따른 것 두 종류로 구별하고, 계약에 따른 채권은 상속할 수 있으나, 불법행위에 따른 채권은 상속할 수 없으며, 또 계약에 따른 채권은 채권자의 재산상 이익을 보호하는 것을 목적으로 하고, 불법행위에 따른 채권은 가해자를 벌하여 가해자에게 고통을 주는 것을 목적으로 한다고 보았다. 이처럼 로마법에서는 채권 발생의 원인을 계약과 불법행위 두 종류로 구별하였다. 그러나 채권 발생의 원인은 다만 이 두 종류에 그치지 아니하므로, 로마법에서도 계약과 불법행위 이외의 원인에서 발생하는 채권은 이를 준계약 · 준불법행위에 따른 채권이라는 이름을 붙이고, 계약과 불법행위에 따른 채권에 관한 법칙을 적용하게 되었다.

羅馬法의債權發生原因은右述ᄒᆞᆷ과如ᄒᆞ나今日에ᄂᆞᆫ羅馬法의區別을採用ᄒᆞᆯ必要가無ᄒᆞᆷ에至ᄒᆞ얏스니何者오近世에ᄂᆞᆫ不法行爲에基因ᄒᆞᆫ債權이刑罰上의目的을不有ᄒᆞ야財産上의目的을有ᄒᆞᄂᆞᆫ契約에基因ᄒᆞᆫ債權과差異가無ᄒᆞᆫ所以라是以로今日의債權發生原因을分類코져ᄒᆞᆯ진대大別ᄒᆞ야法律行爲及法律行爲以外의原因二種으로ᄒᆞᄂᆞ니라

法律行爲의種類ᄂᆞᆫ其種이甚多ᄒᆞ야一一히列擧ᄒᆞ기ᄂᆞᆫ極難ᄒᆞ나其中에最重ᄒᆞᆫ者ᄅᆞᆯ契約이라謂ᄒᆞᆷ을可得ᄒᆞᆯ지로다契約이란者ᄂᆞᆫ當事者兩便의意思合致ᄅᆞᆯ云ᄒᆞᆷ이니當事者兩便의表示ᄒᆞᆫ意思가合致ᄒᆞᄂᆞᆫ時에ᄂᆞᆫ契約이効力을卽生ᄒᆞᄂᆞᆫ지其外에ᄯᅩ特別方式을待ᄒᆞ야契約의効力을始生ᄒᆞᄂᆞᆫ지此問題ᄂᆞᆫ沿革法理上에有名ᄒᆞᆫ問題라大凡契約이効力을生ᄒᆞᆷ에ᄂᆞᆫ特別方式을要ᄒᆞᆷ이라規定ᄒᆞᄂᆞᆫ立法上의理由ᄂᆞᆫ各契約의種類ᄅᆞᆯ依ᄒᆞ야多少間差異ᄂᆞᆫ有ᄒᆞ나其本을求ᄒᆞᆯ진대一般當事者의表示ᄒᆞᆫ意思ᄅᆞᆯ確實히ᄒᆞ기爲ᄒᆞ야定ᄒᆞᆷ에不外ᄒᆞᆯ지로다

蓋羅馬法에ᄂᆞᆫ當初口頭約束의格式을經由치아니ᄒᆞ면當事者兩便의合致ᄒᆞᆫ意思表示라도契約되ᄂᆞᆫ効力을不生ᄒᆞᆷ이라ᄒᆞ얏스니所謂口頭約束은債權者가契

로마법의 채권 발생 원인은 위에서 설명한 바와 같다. 그러나 오늘날에는 로마법의 구별을 채용할 필요가 없게 되었다. 왜냐하면 근세에는 불법행위에 따른 채권이 형법상의 목적을 갖지 않게 되어, 재산상의 목적을 가지는 계약에 따른 채권과 차이가 없게 되었기 때문이다. 이에 따라 오늘날 채권 발생 원인을 분류하고자 할 경우, 크게 법률행위와 법률행위 이외의 원인 두 종류로 구별한다.

법률행위의 종류는 그 갈래가 매우 많아 일일이 열거하기는 매우 어려우나, 그중 가장 중요한 것을 계약이라고 말할 수 있다. 계약이란 당사자 쌍방의 의사 합치를 말한다. 당사자 쌍방이 표시한 의사가 합치하였을 때, 계약이 효력을 곧바로 발생하는지 그 외에 또 특별한 방식을 기다려 계약의 효력이 비로소 발생하는지의 이 문제는 연혁법리상 유명한 문제이다. 무릇 계약이 효력을 발생할 때에 특별한 방식이 있어야 한다고 규정하는 입법상의 이유는, 각 계약의 종류에 따라 다소간 차이는 있다. 그러나 그 기본을 탐구해보면 일반 당사자가 표시한 의사를 확실하게 하려고 정한 것에 지나지 않는다.

대개 로마법에서는 애초 구술약속 방식을 거치지 아니하면, 당사자 쌍방의 합치된 의사표시라도 계약으로 되는 효력이 발생하지 않는다고 하였다. 이른바 구술약속은 채권자가 계

約의條項을擧ᄒᆞ야問ᄒᆞ되汝가是를約乎아ᄒᆞ면債務者가答曰諾다홈을依ᄒᆞ야契約이成立ᄒᆞᄂᆞᆫ者ㅣ라要컨대契約의主旨를明確케ᄒᆞ기爲ᄒᆞ야口頭問答의格式을用홈이러니羅馬後世에至ᄒᆞ야ᄂᆞᆫ或種類의契約은何等의格式을不要ᄒᆞ야도其効力을生홈이라ᄒᆞ얏스니賣買、賃貸、組合、委任等諸成의契約이卽是라然이나挽近에至ᄒᆞ야ᄂᆞᆫ債權의原因되ᄂᆞᆫ契約은當事者의表示ᄒᆞᆫ意思合致와同時에其効力을生ᄒᆞ고特別格式은不要홈이原則이오但贈與契約과如ᄒᆞᆫ特種契約에至ᄒᆞ야만例外가有ᄒᆞ니라日本民法上으로論ᄒᆞᆯ지라도債權發生의原因되ᄂᆞᆫ契約은特別의格式을强要치아니ᄒᆞᄂᆞᆫ主旨를採用ᄒᆞ고但贈與契約에至ᄒᆞ야만書面에基因치아니ᄒᆞᆫ贈與ᄂᆞᆫ此를繳消홈을得ᄒᆞᄂᆞᆫ規定이有ᄒᆞᆯ뿐이라如此히贈與에만例外를置홈은贈與의性質上에不得已ᄒᆞᆫ理由가有ᄒᆞᆫ所以니라

債權發生의原因되ᄂᆞᆫ契約에法律이特別名稱을付ᄒᆞᆫ者ᄂᆞᆫ贈與、賣買、交換等所謂講學上에有名契約이라稱ᄒᆞᄂᆞᆫ者ㅣ니有名契約은實地로吾人耳目에頻繁聞觸ᄒᆞᄂᆞᆫ者ㅣ라此에對ᄒᆞ야法律이特別規定을設홈은立法上에極히緊要ᄒᆞᆫ事오法律이特別의名稱을付치아니ᄒᆞᄂᆞᆫ契約卽講學上에所謂無名契約이라稱ᄒᆞᄂᆞᆫ

약 조항을 들어서 묻기를 "당신이 이를 약속하는가?" 하면 채무자가 답하기를 "그렇다"라고 하는 것에 따라 계약이 성립하는 것이었다. 요컨대, 계약의 주요 취지를 명확하게 하려고 구술 문답 방식을 채용한 것이다. 로마 후세에 이르러서는 따로 어떤 종류의 계약은 아무런 방식을 갖추지 않아도 그 효력이 발생한다고 하였다. 매매, 임대, 조합, 위임 등의 낙성계약이 곧 이에 해당한다. 그러나 근세에는 채권의 원인으로 되는 계약은 당사자가 표시한 의사의 합치와 동시에 그 효력이 발생하고, 특별한 방식은 필요하지 않다고 하는 것이 원칙이다. 다만 증여계약과 같은 특별한 종류의 계약에 대해서만 예외가 있다. 일본 민법상으로 논하더라도 채권 발생의 원인으로 되는 계약은 특별한 방식을 강요하지 않는 주의를 채택하고, 다만 증여계약에 대해서만 서면에 의하지 아니한 증여는 이를 취소할 수 있다고 하는 규정이 있을 뿐이다. 이처럼 증여에만 예외를 둔 것은 증여의 성질상 부득이한 이유가 있기 때문이다.

채권 발생의 원인이 되는 계약 중에 법률이 특별한 명칭을 붙인 것, 즉 증여, 매매, 교환 등은 이른바 강학상 유명계약(有名契約)이라고 일컫는 것이다. 유명계약은 실지로 우리가 눈과 귀로 빈번하게 듣고 접촉하는 것이다. 이에 대해 법률이 특별규정을 두는 것은 입법상 매우 중요한 일이다. 법률이 특별한 명칭을 붙이지 아니한 계약, 즉 강학상 무명계약(無名契約)이라고 일컫는

者ᄂᆞᆫ有名契約에比ᄒᆞᆯ진대其種類가少ᄒᆞᆷ은아니로ᄃᆡ實地에頻繁히行ᄒᆞᄂᆞᆫ者ᄂᆞᆫ아니라故로此에關ᄒᆞ야ᄂᆞᆫ特別ᄒᆞᆫ規定을設ᄒᆞᆯ必要가無ᄒᆞ니라

羅馬法에ᄂᆞᆫ最初에無名契約에基因ᄒᆞ야債權、債務의關係ᄅᆞᆯ不生ᄒᆞᆷ으로規定ᄒᆞ고此等契約上으로辨償을得ᄒᆞᆫ者ᄂᆞᆫ不法行爲의原則을依ᄒᆞ야返還케ᄒᆞᆷ을得ᄒᆞ얏더니後世에及ᄒᆞ야ᄂᆞᆫ履行ᄒᆞᆫ當事者一便으로ᄒᆞ야곰相對人에게對ᄒᆞ야反對給付ᄅᆞᆯ請求케ᄒᆞ얏스나挽近文明諸國의法律制度에ᄂᆞᆫ法律에禁치아니ᄒᆞᆫ契約은明文有無에不拘ᄒᆞ고其効力이生ᄒᆞᆷ으로原則을作ᄒᆞᄂᆞᆫ故로無名契約에基因ᄒᆞᆯ지라도亦債權이發生ᄒᆞᆷ은多言을不待ᄒᆞᆯ지로다然이나公共ᄒᆞᆫ秩序와善良ᄒᆞᆫ風俗에反ᄒᆞᄂᆞᆫ事項을目的ᄒᆞᄂᆞᆫ法律行爲와如ᄒᆞᆷ은無効로대無名契約이라도公共ᄒᆞᆫ秩序와善良ᄒᆞᆫ風俗에違反치아니ᄒᆞᄂᆞᆫ以上은法律上에有効히成立ᄒᆞᆷ을可得ᄒᆞᆯ者ㅣ니라

法律行爲以外에도債權發生의原因되ᄂᆞᆫ種類가不尠ᄒᆞ니假令不法行爲、不當利得、事務管理及其他法律에直接規定이是라又此四種의原因을一一히詳論코져ᄒᆞ나各其後章에說明ᄒᆞᆯ處가各有ᄒᆞᆫ故로或重疊될疑慮가不無ᄒᆞ야大綱其

것은, 이를 유명계약과 비교해보면 그 종류가 적지 않으나, 실지에서 빈번하게 행해지는 것은 아니다. 따라서 이에 관해서는 특별한 규정을 둘 필요는 없다.

로마법에서는 최초에 무명계약에 따라서는 채권, 채무관계가 발생하지 않는 것으로 규정하고, 이들 계약으로 변제를 받은 자는 불법행위의 원칙에 따라 반환하게 할 수 있었다. 후세에 이르러서는 이행한 당사자 일방이 상대방에 대해 반대급부를 청구하게 하였다. 최근 문명국가의 법률제도에서는 법률에 금지되지 아니한 계약은, 명문의 유무와 관계없이 그 효력이 발생하는 것으로 원칙을 삼았다. 따라서 무명계약에 따른 것일지라도 또한 채권이 발생하게 되는 것은 많은 말이 필요 없다. 그러나 공공질서와 선량한 풍속에 반하는 사항을 목적으로 하는 법률행위와 같은 것은 무효이나, 무명계약이라도 공공질서와 선량한 풍속에 반하지 않는 이상 법률상 유효하게 성립할 수 있다.

법률행위 이외에도 채권 발생의 원인으로 되는 종류가 적지 않다. 가령 불법행위, 부당이득, 사무관리와 그 밖에 법률의 직접 규정이 이에 해당한다. 또 이 네 종류의 원인을 하나하나 자세하게 논하고자 하나, 각각 뒷장에서 설명할 곳이 따로 있다. 따라서 혹시 중첩될 우려가 없지 않아 대강 그

要意만說明ᄒᆞ노라

不法行爲ᄂᆞᆫ或犯罪、准犯罪라稱ᄒᆞ야羅馬法以來로債權發生의原因으로認ᄒᆞᆫ者ㅣ니라

民事上의犯罪와刑事上의犯罪ᄂᆞᆫ決코相混치아니홈을要ᄒᆞᄂᆞ니何故오刑事上의犯罪라도民事上의犯罪ᄂᆞᆫ不成ᄒᆞᄂᆞᆫ者ㅣ有ᄒᆞ고民事上의犯罪라도刑事上의犯罪ᄂᆞᆫ不成ᄒᆞᄂᆞᆫ者ㅣ甚多ᄒᆞᆫ所以니라假令未遂犯과如ᄒᆞᆫ罪ᄂᆞᆫ大概損害가生홈이姑無ᄒᆞᆫ故로民事上에犯罪되ᄂᆞᆫ事가稀少ᄒᆞ나刑事上에ᄂᆞᆫ犯罪를成ᄒᆞ야處刑을受ᄒᆞᄂᆞᆫ事가有ᄒᆞ고또故意、過失을因ᄒᆞ야他人의權利行使를妨害ᄒᆞ야莫大ᄒᆞᆫ損害를釀成ᄒᆞ면此境遇에ᄂᆞᆫ民事上에犯罪가有ᄒᆞ나刑事의犯罪ᄂᆞᆫ無ᄒᆞᆫ故로刑事上處罰은不受호대民事上의責任은未免ᄒᆞᆯ지니라

犯罪란者ᄂᆞᆫ故意로써他人의게損害를加홈을謂홈이오准犯罪란者ᄂᆞᆫ過失及怠慢을因ᄒᆞ야他人의게損害를加홈을謂홈이라假令故意로他人의所有物을毀壞홈은犯罪오自己의不注意를因ᄒᆞ야他人의財產을毀壞홈은准犯罪니라

不當利得이란者ᄂᆞᆫ法律上의原因이無ᄒᆞ고他人의財產及勞務를因ᄒᆞ야利益을

중요한 뜻만 설명한다.

불법행위는 때로 범죄, 준범죄라고 일컫고, 로마법 이래 채권 발생의 원인으로 인정되었다.

민사상의 범죄와 형사상의 범죄는 결코 서로 혼동되어서는 안 된다. 왜냐하면 형사상의 범죄라도 민사상의 범죄로는 성립되지 않는 경우도 있고, 민사상의 범죄라도 형사상의 범죄로는 성립되지 않는 경우도 매우 많기 때문이다. 가령 미수범과 같은 죄는 대개 손해가 발생하는 경우가 거의 없다. 따라서 민사상 범죄로 될 경우가 매우 적으나, 형사상으로는 범죄를 구성하여 처벌을 받을 경우도 있다. 또 고의, 과실로 인해 다른 사람의 권리행사를 방해하여 막대한 손해를 빚어내면, 이 경우에는 민사상으로는 범죄가 있으나 형사상의 범죄는 없다. 따라서 형사상 처벌은 받지 않지만, 민사상의 책임은 면하지 못한다.

범죄란 고의로 다른 사람에게 손해를 끼치는 것을 말하고, 준범죄란 과실과 태만으로 인해 다른 사람에게 손해를 끼치는 것을 말한다. 가령 고의로 다른 사람의 소유물을 훼손한 것은 범죄이고, 자기의 부주의로 인해 다른 사람의 재산을 훼손하는 것은 준범죄이다.

부당이득이란 법률상의 원인이 없이 다른 사람의 재산과 노무로 인해 이익을

受ᄒᆞᆷ으로他人의게損害를及ᄒᆞᆷ을謂ᄒᆞᆷ이니是故로其利益의存ᄒᆞᆫ바를限ᄒᆞ야此를返還ᄒᆞᄂᆞᆫ義務가有ᄒᆞᆫ者ㅣ是니라

事務管理란者ᄂᆞᆫ義務가無ᄒᆞ고他人을爲ᄒᆞ야事務를管理ᄒᆞᆷ이니盖契約을依ᄒᆞ야他人의事務를管理ᄒᆞᄂᆞᆫ者ᄂᆞᆫ受任者오法律上의義務를依ᄒᆞ야事務를管理ᄒᆞᄂᆞᆫ者ᄂᆞᆫ法定代理人이라此等事ᄂᆞᆫ委任과代理의規定을依ᄒᆞ야權利義務를有ᄒᆞᄂᆞᆫ者ㅣ로대但事務管理란者ᄂᆞᆫ契約에基因ᄒᆞᆫ者도아니오또法律上義務에基因ᄒᆞᆫ者도아니라自意로他人을爲ᄒᆞ야事務를管理ᄒᆞᆫ者ㅣ니以上에所謂受任代理人과ᄂᆞᆫ性質이同一치아니ᄒᆞᆷ으로써各國民法上에總히事務管理를債權發生의原因으로認ᄒᆞᄂᆞ니라

其他法律의直接規定이라云ᄒᆞᄂᆞᆫ者ᄂᆞᆫ各項法律에記在ᄒᆞᆫ規定으로直接債權發生의原因되ᄂᆞᆫ者를云ᄒᆞᆷ이라以上諸原因은各論後章에詳述ᄒᆞᆯ時가有ᄒᆞᆷ으로大略說明ᄒᆞ노라。

法律行爲의一部分되ᄂᆞᆫ單獨行爲도亦債權發生의一原因됨을得ᄒᆞᄂᆞ니債權은恒常契約을依ᄒᆞ야發生ᄒᆞᄂᆞᆫ者ㅣ로대或單獨으로發生ᄒᆞᄂᆞᆫ者도全無ᄒᆞᆷ은아니

얻으므로 다른 사람에게 손해를 미치는 것을 말한다. 이에 따라 그 이익이 현존하는 것에 한해 이를 반환하는 의무가 있는 것이 이에 해당한다.

사무관리란 의무 없이 다른 사람을 위해 사무를 관리하는 것이다. 대개 계약에 따라 다른 사람의 사무를 관리하는 자는 수임인이고, 법률상의 의무에 따라 사무를 관리하는 자는 법정대리인이다. 이러한 경우는 위임과 대리의 규정에 따라 권리의무를 취득하게 된다. 다만 사무관리란 계약에 따른 것도 아니고 또 법률상의 의무에 따른 것도 아니다. 자기 의사로 다른 사람을 위해 사무를 관리하는 것이다. 이처럼 이른바 위임대리인과는 성질이 같지 않으므로, 각국 민법상 모두 사무관리를 채권 발생의 원인으로 인정한다.

그 밖에 법률의 직접 규정이란 각 항목의 법률에 기재되어 있는 규정으로, 직접 채권 발생의 원인으로 되는 것을 말한다.

이상의 여러 원인은 각론 뒷장에서 상세히 설명할 때가 있으므로 대략만 설명하였다.

법률행위의 한 부분인 단독행위도 또한 채권 발생의 한 원인으로 될 수 있다. 채권은 항상 계약에 따라 발생하나, 때로 단독으로 발생하는 경우도 전혀 없는 것은 아니라故로近世에至ᄒᆞ야ᄂᆞᆫ單獨行爲로써債權發生의原因을成ᄒᆞᄂᆞᆫ境遇ㅣ漸次增加ᄒᆞ니라今에其單獨行爲로債權發生의原因되ᄂᆞᆫ數件을擧ᄒᆞᆯ진대左와如ᄒᆞ도다

一、寄附行爲　寄附行爲란者ᄂᆞᆫ公益上의目的을爲ᄒᆞ야報酬가無ᄒᆞᆫ財産을醵出ᄒᆞ야法人을設立코져ᄒᆞᄂᆞᆫ行爲가是라盖寄附者ᄂᆞᆫ財産을醵出ᄒᆞᆷ에當ᄒᆞ야其財産權을法人의財産으로定ᄒᆞᆯ主旨를表示ᄒᆞᄂᆞᆫ事도有ᄒᆞ며或法人이設立ᄒᆞᆫ後에至ᄒᆞ야一定ᄒᆞᆫ期限에一定ᄒᆞᆫ財産을法人의게給與ᄒᆞᆯ意思를表示ᄒᆞᄂᆞᆫ事도有ᄒᆞᄂᆞ니以上第一境遇에ᄂᆞᆫ寄附財産이法人의設立許可가有ᄒᆞᆫ時로브터卽時法人의財産을成ᄒᆞᄂᆞᆫ故로寄附者ᄂᆞᆫ法人이財産을請求ᄒᆞᄂᆞᆫ時에此를傳授ᄒᆞᆯ義務가生ᄒᆞ고第二境遇에도一定ᄒᆞᆫ期限內에寄附者ᄂᆞᆫ一定ᄒᆞᆫ財産을法人의게醵給ᄒᆞᆯ義務를負擔ᄒᆞᆯ지니라

二、無記名證券及指示證券의發行　玆에所謂無記名證券과指示證券에關ᄒᆞᆫ詳細說明은後章에有ᄒᆞ려니와今此二種의證券이單獨行爲의性質이有ᄒᆞᆫ者歟아契約의性質이有ᄒᆞᆫ者歟아云ᄒᆞᄂᆞᆫ問題에關ᄒᆞ야ᄂᆞᆫ學者間에議論이有ᄒᆞ

다. 이 때문에 근대에는 단독행위로써 채권 발생의 원인을 이루는 경우가 점차 증가하고 있다. 이제 그 단독행위로 채권 발생의 원인이 되는 몇 가지를 들어보면 다음과 같다.

〈1〉 기부행위

기부행위란 공익상의 목적을 위해 대가 없이 재산을 갹출하여 법인을 설립하고자 하는 행위가 이에 해당한다. 대개 기부자는 재산을 갹출할 때에 그 재산권을 법인의 재산으로 정할 주요 취지를 표시하는 경우도 있고, 때로 법인이 설립한 후에 일정한 기한에 일정한 재산을 법인에게 급여할 의사를 표시하는 경우도 있다. 이상의 첫 번째 경우에는 기부재산이 법인의 설립허가가 있는 때부터 곧바로 법인의 재산을 형성한다. 따라서 기부자는 법인이 청구할 때에 이를 인도할 의무가 발생한다. 두 번째 경우에도 일정한 기한 내에 기부자는 일정한 재산을 법인에게 급여할 의무를 부담하게 된다.

〈2〉 무기명증권과 지시증권의 발행

여기에서 이른바 무기명증권과 지지증권에 관한 상세한 설명은 뒷장에 두려고 한다. 이제 이 두 종류의 증권이 단독행위의 성질을 가지는가 아니면 계약의 성질을 가지는가 하는 문제에 관해서는 학자 사이에 의론이 있야結論이尙無ᄒᆞᆫ대余輩의信ᄒᆞᄂᆞᆫ바ᄂᆞᆫ無記名證劵及指示證劵의發行이單獨行爲의性質이有ᄒᆞᆫ者ㅣ라謂ᄒᆞᆷ을可得ᄒᆞᆯ지로다然而此等證劵의發行을依ᄒᆞ야도債權이發生ᄒᆞᆷ은玆에容疑ᄒᆞᆯ者ㅣ아니니라

三、承諾의期間을定ᄒᆞ고行ᄒᆞᆫ契約의申請及承諾의期限을不定ᄒᆞ고隔地者의게對ᄒᆞ야行ᄒᆞᆫ契約의申請　承諾의期間을定ᄒᆞ야契約을申請ᄒᆞ거나또承諾의期間을不定ᄒᆞ고隔地者의게對ᄒᆞ야契約을申請ᄒᆞᄂᆞᆫ時ᄂᆞᆫ申請者가一定ᄒᆞᆫ期間內에此ᄅᆞᆯ繳銷ᄒᆞᆷ을不得ᄒᆞᄂᆞ니盖承諾의期間을定ᄒᆞ야契約을申請ᄒᆞ거나又ᄂᆞᆫ承諾의期間을不定ᄒᆞ고契約을隔地者의게申請ᄒᆞᆫ者가其契約을自意로一定ᄒᆞᆫ期間內에繳銷ᄒᆞᆷ을不得ᄒᆞᆷ은法律이其繳銷ᄅᆞᆯ不許ᄒᆞᆷ이오請求者의게義務ᄅᆞᆯ負擔케ᄒᆞᆷ은아니라ᄒᆞᄂᆞᆫ者ㅣ不無ᄒᆞᆫ대余輩의所見으로ᄂᆞᆫ右契約申請者가一定ᄒᆞᆫ期間內에其契約申請을繳銷ᄒᆞᆷ을不得ᄒᆞᆷ은申請者와相對者間에業已債權債務의關係가發生ᄒᆞᆫ所以라說明ᄒᆞᆷ이妥當ᄒᆞᆯ지로다

第三章　債權의目的

第一節　債權目的의意義

고 결론이 아직 없다. 그러나 필자가 믿는 바는 무기명증권의 발행은 단독행위의 성질을 지니는 것이라고 할 수 있다. 그렇지만 이들 증권의 발행에 의해서도 채권이 발생하는 것은 여기에서 의심할 바가 아니다.

〈3〉 승낙의 기간을 정하고 행한 계약의 청약과 승낙의 기한을 정하지 않고 격지자에 대해 행한 계약의 청약

승낙의 기간을 정하여 계약을 청약하거나 또 승낙의 기간을 정하지 않고 격지자에 대해 계약을 청약하였을 때는, 청약자가 일정한 기간 내에 이를 철회할 수 없다. 대개 승낙의 기간을 정하여 계약을 청약하거나, 또는 승낙의 기간을 정하지 않고 계약을 격지자에게 청약한 자가 그 계약을 임의로 일정한 기간 내에 철회할 수 없게 한 것은, 법률이 그 철회를 허용하지 않는 것이지, 청약자에게 의무를 부담하게 한 것은 아니라고 하는 사람도 없지 않다. 그러나 필자의 소견으로는 위 계약 청약자가 일정한 기간 내에 그 계약 청약을 철회할 수 없게 한 것은, 청약자와 상대방 사이에 이미 채권·채무 관계가 발생한 까닭이라고 설명하는 것이 타당하다.

제3장 채권의 목적

제1절 채권 목적의 의의

債權의目的은債權者가債務者의게對호야要求홈을可得홀行爲를謂홈이오債權의目的되는行爲는名稱호야或給付라謂호는事도有호니라從來로債權目的에關혼用語가區區頗多홈으로써意義가甚히繁雜호야或債權의目的을人이라指稱호는者도有호나然이나從來의立法例及學說이物로써債權의目的이라指稱혼事實이最多호니竊想컨대其理由는債權의目的되는行爲가物의占有權、所有權及使用權等을與홈에在혼境遇에는其物의存不存이即其債務履行의能不能을決호야物과債權은甚히密接혼關係가有혼故로物로써債權의目的이라稱홈은其物을與호는行爲로써債權의目的이라稱홈과實際의結果가同一혼所以오物로써債權의目的이라稱홈은實地에便宜가有혼故로法典에往往히物을指호야債權의目的이라稱호는事가有호니라

第二節 債權目的에必要혼條件

第一、債權의目的은確定호거나或은確定홈을可得홀事를要호느니라 債權의目的은반다시確定호거나或은確定홀事를要홈은無他ㅣ라萬若債權의目的이不確定호거나或은確定홈을不得홀時는債務者는恒常債額의最少혼給

채권의 목적은 채권자가 채무자에 대해 요구할 수 있는 행위를 말한다. 채권의 목적이 되는 행위는 이름하여 때로 급부라고 일컫는 경우도 있다. 종래 채권의 목적에 관한 용어가 각각 다르고 매우 많았다. 그 때문에 의의가 몹시 번잡하여 때로 채권의 목적을 사람이라 지칭하는 사람도 있었다. 그러나 종래의 입법례와 학설이 물건으로써 채권의 목적으로 지칭한 사실이 가장 많다. 그윽이 생각해보면 그 이유는 채권의 목적으로 되는 행위가 물건의 점유권, 소유권 및 사용권 등을 허여하는 것에 있는 경우에는, 그 물건의 존재·부존재가 곧 그 채무이행의 가능·불능을 결정하여 물건과 채권은 매우 밀접한 관계가 있고, 이에 따라 물건으로써 채권의 목적이라 일컫는 것은, 그 물건을 허여하는 행위로써 채권의 목적이라 일컫는 것과 실제의 결과가 같기 때문이다. 물건으로써 채권의 목적이라 일컫는 것은 실제 편의가 있다. 따라서 법전에서 자주 물건을 가리켜 채권의 목적이라 일컫는 경우가 있다.

제2절 채권 목적에 필요한 조건

1. 채권의 목적은 확정되거나, 확정될 수 있어야 한다.

채권의 목적은 반드시 확정되거나, 확정될 수 있어야 하는 것은, 다름이 아니라 만약 채권의 목적이 불확정되거나, 확정될 수 없을 때는, 채무자는 항상 가액의 최소한의 급

付로써自己의債務를得免코저ᄒᆞᆯ지오又債權者는債權의目的이不定ᄒᆞᆷ으로債務者의게對ᄒᆞ야債務履行을要求ᄒᆞᆯ標準이無ᄒᆞᆯ뿐아니라最多額의給付를要求코저ᄒᆞᆯ지니是卽債權의目的은반다시確定ᄒᆞ거나或은確定ᄒᆞᆯ事를要ᄒᆞ는所以니라

債權의目的이確定이라ᄒᆞᆷ은債權發生의原因中特히法律行爲를因ᄒᆞ야其目的의種類及範圍가一定ᄒᆞ야다시何等의行爲及節次를不要ᄒᆞ는者를謂ᄒᆞᆷ이오債權의目的이確定ᄒᆞᆷ을可得ᄒᆞᆯ事란者는債權이發生ᄒᆞᆯ當時에其目的을將來에可히確定ᄒᆞᆯ標準이業已存在ᄒᆞ야更히當事者의協議를不要ᄒᆞᆯ지라도確定ᄒᆞᆷ을可得ᄒᆞᆯ事를謂ᄒᆞᆷ이라萬若當事者ㅣ法律行爲를ᄒᆞᆷ에當ᄒᆞ야債權의目的을確定치아니ᄒᆞ거나或은確定ᄒᆞᆯ標準을不定ᄒᆞᆫ時는決코其法律行爲에基因ᄒᆞ야債權이發生ᄒᆞᆷ을不得ᄒᆞᄂᆞ니라然이나法律行爲의意義가不分明ᄒᆞᆫ所以로債權의目的物이何物됨을不知ᄒᆞ는境遇는當事者가法律行爲를ᄒᆞᆷ에當ᄒᆞ야債權의目的을不確定ᄒᆞ거나或은確定ᄒᆞᆯ標準을不定ᄒᆞᆫ境遇와는此를混同치아니ᄒᆞᆷ을要ᄒᆞᄂᆞ니法律行爲의意義가不分明ᄒᆞᆫ所以로債權의目的이何

부로써 자기 채무를 면하려고 할 수 있고, 또한 채권자는 채권의 목적이 정해지지 않아 채무자에 대해 채무이행을 요구할 표준이 없을 뿐만 아니라, 가장 많은 액수의 급부를 요구하려고 할 것이다. 이것이 곧 채권의 목적은 반드시 확정되거나, 확정되어야 하는 이유이다.

채권의 목적이 확정된다고 함은, 채권 발생의 원인 중 특히 법률행위에 따라 그 목적의 종류와 범위가 일정하여 다시 어떠한 행위와 절차가 필요하지 않은 것을 말한다. 채권의 목적이 확정될 수 있을 것이란, 채권이 발생할 당시에 그 목적을 장래에 확정할 수 있는 표준이 이미 존재하여 다시 당사자의 협의가 필요하지 않을지라도 확정될 수 있는 것을 말한다. 만약 당사자가 법률행위를 할 경우에 채권의 목적을 확정하지 않거나, 확정할 표준을 정하지 않았을 때는, 결코 그 법률행위에 따라 채권이 발생할 수 없다. 그러나 법률행위의 의의가 불분명한 까닭으로 채권의 목적물이 어떠한 물건으로 되는지를 알 수 없는 경우는, 당사자가 법률행위를 할 때에 채권의 목적을 확정하지 않거나, 확정할 표준을 정하지 아니한 경우와 이를 혼동해서는 안 된다. 법률행위의 의의가 불분명한 까닭으로 채권의 목적이 어떠한

物됨을不知ᄒᆞᆫ時에ᄂᆞᆫ當事者의表示ᄒᆞᆫ意思와或其他의事情을依ᄒᆞ야此ᄅᆞᆯ明白히ᄒᆞᆷ을可得ᄒᆞᆯ지니라

債權의目的을確定ᄒᆞᆷ을可得ᄒᆞᆯ原因은第三者의指定과當事者一便의指定과其他의事實을依ᄒᆞ야定ᄒᆞᄂᆞᆫ事가有ᄒᆞ니라此三者ᄅᆞᆯ左에略說ᄒᆞᆯ진대

〔一〕 第三者의指定　第三者가指定ᄒᆞᆯ境遇에ᄂᆞᆫ當事者가第三者의身上關係ᄅᆞᆯ重視ᄒᆞᄂᆞᆫ事도有ᄒᆞ며或은第三者의身上關係ᄅᆞᆯ重視케아니ᄒᆞ고其人의有ᄒᆞᆫ바一定ᄒᆞᆫ資格及智識을重視ᄒᆞᄂᆞᆫ事도有ᄒᆞᆯ지니라然而此第一境遇에萬若第三者가指定을行ᄒᆞ기不能ᄒᆞ거나指定치아니ᄒᆞᄂᆞᆫ時ᄂᆞᆫ債權의目的이確定ᄒᆞᆷ을不得ᄒᆞᄂᆞᆫ故로其債權은不得已ᄒᆞ야消滅ᄒᆞᆷ에至ᄒᆞᆯ지니要컨대此境遇ᄂᆞᆫ債權에解除條件이附在ᄒᆞᆫ者ㅣ라謂ᄒᆞᆷ을得ᄒᆞᆯ지로다然이나是와相反ᄒᆞ야第二境遇에ᄂᆞᆫ指定된第三者가指定을行ᄒᆞ기不能ᄒᆞ거나指定ᄒᆞ기ᄅᆞᆯ拒絶ᄒᆞᄂᆞᆫ時ᄂᆞᆫ此第三者와同一ᄒᆞᆫ資格或智識이有ᄒᆞᆫ他人으로ᄒᆞ야곰指定을行ᄒᆞ게ᄒᆞᄂᆞ니是以로一次發生ᄒᆞ얏던債權效力에ᄂᆞᆫ何等의影響이無ᄒᆞᆯ지니라

물건인가를 알 수 없는 때는, 당사자가 표시한 의사와 또는 그 밖의 사정에 따라 이를 명백히 밝힐 수 있다.

채권의 목적을 확정할 수 있는 원인은 제3자의 지정과 당사자 일방의 지정 및 그 밖의 사실에 따라 정하는 경우가 있다. 이 세 가지를 다음에 간략히 설명해보기로 한다.

(1) 제3자의 지정

제3자가 지정할 경우에는 당사자가 제3자와의 신뢰 관계를 중시하는 경우도 있으며, 또는 제3자와의 신뢰 관계를 중시하지 않고 그 사람이 가지는 바의 일정한 자격과 지식을 중시하는 경우도 있다. 그런데 이 첫 번째 경우에 만약 제3자가 지정을 할 수 없거나 지정하지 않았을 때는, 채권의 목적이 확정될 수 없다. 따라서 그 채권은 부득이 소멸하게 된다. 요컨대 이 경우는 채권에 해제조건이 붙어 있는 것이라고 말할 수 있다. 그러나 이에 반해 두 번째 경우에는 지정된 제3자가 지정을 할 수 없거나 지정하기를 거절할 때는, 이 제3자와 동일한 자격 또는 지식이 있는 다른 사람이 지정하게 한다. 이에 따라 한번 발생하였던 채권의 효력에는 어떠한 영향도 없게 된다.

〔二〕 當事者一便의指定　當事者는法律行爲를行홈에當ᄒᆞ야債權目的의指定을當事者一便에委託ᄒᆞ는事가有ᄒᆞ니此境遇에는其委託을受ᄒᆞᆫ一便의當事者가債權의目的을指定홈에關ᄒᆞ야반다시遵據치아니홈을不得홀一定ᄒᆞᆫ標準이存在ᄒᆞᆫ時에限ᄒᆞ야債權이發生ᄒᆞᄂᆞ니라假令當事者가賣買를行홈에當ᄒᆞ야一定ᄒᆞᆫ範圍內에賣主로ᄒᆞ야곰物品의代價를定ᄒᆞ게ᄒᆞᄂᆞᆫ境遇와如ᄒᆞᆫ者ㅣ是니라然이나債權目的의指定委托을受ᄒᆞᆫ當事者의一便이債權의目的을指定홈에關ᄒᆞ야何等標準이存在치아니ᄒᆞᆫ時는其委托을受ᄒᆞᆫ者ㅣ其拘束을受ᄒᆞᄂᆞᆫ理由가毫無홈으로决코債權이發生홈을不得홀지로다

〔三〕 某種事實　當事者가某種의事實을依ᄒᆞ야債權의目的을確定코져ᄒᆞᄂᆞᆫ境遇도亦屢屢히目睹ᄒᆞᄂᆞᆫ바ㅣ라假令興成塲의市勢로써賣買의價額을定ᄒᆞ거나또買主의工塲에要ᄒᆞᄂᆞᆫ一個年分의石炭을購買홀事로定ᄒᆞᄂᆞᆫ境遇와如ᄒᆞᆫ者ㅣ是니此等境遇에는債權의目的이確定ᄒᆞᆫ者는아니로대確定홈을可得홀者는되ᄂᆞ니라

(2) 당사자 일방의 지정

당사자는 법률행위를 할 때에 채권의 목적의 지정을 당사자 일방에게 위탁하는 경우가 있다. 이 경우에는 그 위탁을 받은 일방 당사자가 채권의 목적을 지정하는 것에 관해 반드시 준거할 수밖에 수 없는 일정한 표준이 존재할 때에 한해 채권이 발생하게 된다. 가령 당사자가 매매를 하는 경우에 일정한 범위 내에서 매도인이 물품의 대가를 정하게 하는 경우와 같은 것이 이에 해당한다. 그러나 채권 목적의 지정 위탁을 받은 당사자 일방이 채권의 목적을 지정하는 것에 관해 어떠한 표준도 존재하지 않을 때는, 그 위탁을 받은 자가 그 구속을 당할 이유가 전혀 없으므로, 결코 채권이 발생할 수 없게 된다.

(3) 어떤 종류의 사실

당사자가 어떤 종류의 사실에 따라 채권의 목적을 확정하고자 하는 경우도 또한 자주 목격된다. 가령 흥정이 이루어지는 시장의 시세로 매매의 가액을 정하거나, 매수인의 공장에 필요한 1년분의 석탄을 구매할 것으로 정하는 경우와 같은 것이 이에 해당한다. 이 경우에는 채권의 목적이 확정되는 것은 아니지만 확정할 수 있는 것으로 된다.

第二、債權의目的은可能됨을要ᄒᆞᄂᆞ니라　債權의目的이可能됨을要ᄒᆞᄂᆞᆫ所以ᄂᆞᆫ無他ㅣ라萬若債權의目的이不能되ᄂᆞᆫ時ᄂᆞᆫ債權者가債務者의게對ᄒᆞ야如何히要求ᄒᆞᆯ지라도實行ᄒᆞᆷ을不得ᄒᆞᆯ所以니라如此히債權의目的은可能됨을要ᄒᆞᆷ으로써債權이發生ᄒᆞᆯ時에際ᄒᆞ야其目的이不能되ᄂᆞᆫ時ᄂᆞᆫ債權이決코發生ᄒᆞᆷ을不得ᄒᆞᆯ지오一次發生ᄒᆞᆫ後에至ᄒᆞ야도債權의目的이不能되ᄂᆞᆫ時ᄂᆞᆫ반다시其債權의消滅을見ᄒᆞᆯ지니以上第一境遇에ᄂᆞᆫ其不能의狀態가繼續ᄒᆞᆯ者와또將來에消滅ᄒᆞᆯ者ᄅᆞᆯ不問ᄒᆞ고每樣債權은發生ᄒᆞᆷ을不得ᄒᆞᆯ지니라然이나第二境遇卽債權의目的이其效力을生ᄒᆞᆯ時에可能될性質이有ᄒᆞᆫ時ᄂᆞᆫ債權發生의原因이成立ᄒᆞᆯ際에ᄂᆞᆫ其目的이비록不能이라도其債權의發生을妨害ᄒᆞᄂᆞᆫ事가無ᄒᆞᆯ지로다假令將來에發生ᄒᆞᆯ物件으로써賣買의目的을定ᄒᆞᄂᆞᆫ境遇에至ᄒᆞ야ᄂᆞᆫ其賣買ᄂᆞᆫ卽停止條件을附ᄒᆞᆫ者ㅣ라其物件의發生을待ᄒᆞ야可히債權債務의關係ᄅᆞᆯ生ᄒᆞᆯ者ㅣ되ᄂᆞᆫ故로賣買契約이成立ᄒᆞᆯ當時에ᄂᆞᆫ其目的이비록不能이라도債權을發生ᄒᆞᆷ에ᄂᆞᆫ影響이無ᄒᆞᆯ지니라

債權目的卽給付의不能은是ᄅᆞᆯ分ᄒᆞ야絕對的不能及相對的不能、客觀的不

2. 채권의 목적은 가능한 것이어야 한다.

채권의 목적이 가능해야 하는 까닭은 다름이 아니라, 만약 채권의 목적이 불능으로 되는 때는 채권자가 채무자에 대해 어떻게 요구하더라도 실행할 수 없기 때문이다. 이처럼 채권의 목적은 가능한 것이어야 하므로, 채권이 발생할 때에 그 목적이 불능으로 되었을 때는 채권은 결코 발생할 수 없고, 한번 발생한 후에도 채권의 목적이 불능으로 되었을 때는 반드시 그 채권은 소멸하게 된다. 이상의 첫 번째 경우에는 그 불능 상태가 계속되는 것과 또 장래에 소멸하게 될 것을 불문하고, 언제나 채권은 발생할 수 없다. 그러나 두 번째 경우 즉 채권의 목적이 그 효력을 발생할 때에 가능으로 될 성질을 가졌을 때는, 채권 발생의 원인이 성립할 즈음에는 그 목적이 비록 불능이라도, 그 채권의 발생을 방해하는 일이 없게 된다. 가령 장래에 발생할 물건을 매매의 목적으로 정한 경우에는, 그 매매는 곧 정지조건을 붙인 것이어서, 그 물건의 발생을 기다려 채권 · 채무 관계가 발생할 수 있는 것으로 된다. 따라서 매매계약이 성립할 당시에는 그 목적이 비록 불능이라도 채권이 발생하는 것에는 영향을 미치지 않는다.

채권의 목적 즉 급부의 불능은 이를 구분하여 절대적 불능과 상대적 불능, 객관적 불

能及主觀的不能、事實上不能及法律上不能으로區別ᄒᆞᆷ을可得ᄒᆞᆯ지로다

給付의絕對的不能이란者는給付가其性質上에全혀不能됨을謂ᄒᆞᆷ이오相對的不能이란者는給付가其性質上에可能되는者가或境遇에不能되는者를謂ᄒᆞᆷ이니假令天에昇ᄒᆞ야星을摘ᄒᆞᆫ다ᄒᆞᆷ과泰山을挾ᄒᆞ고北海을超ᄒᆞᆫ다ᄒᆞᆷ은皆絕對的不能에屬ᄒᆞᆯ者ㅣ오生在ᄒᆞᆫ馬匹을賣給ᄒᆞ기로契約ᄒᆞ고既死ᄒᆞᆫ馬匹을給付ᄒᆞᆷ과如ᄒᆞᆫ者는相對的不能에屬ᄒᆞᆯ지로다何故오天에昇ᄒᆞ야星을摘ᄒᆞᆷ은人生이本來行ᄒᆞ기不能ᄒᆞᆫ者로대生在ᄒᆞᆫ馬匹의賣給ᄒᆞ기로契約ᄒᆞ고既死ᄒᆞᆫ馬匹을給付키不能ᄒᆞᆷ은其馬匹이既死ᄒᆞᆫ所以니라

客觀的不能이란者는何人의게對ᄒᆞ야도不能되는者를謂ᄒᆞᆷ이오主觀的不能이란者는債權者又債務者其人의게對ᄒᆞ야만不能되는者를謂ᄒᆞᆷ이니假令前例에引證ᄒᆞᆷ과如히天에昇ᄒᆞ야星을摘ᄒᆞᆫ다云ᄒᆞ는者는卽客觀的不能에屬ᄒᆞᆯ者ㅣ오現在에相對者가占有ᄒᆞᆫ物을相對者의게傳致ᄒᆞᆫ다云ᄒᆞ는者는卽當事者一身에關ᄒᆞᆫ者ㅣ되는故로主觀的不能에屬ᄒᆞᆯ지니라

事實上不能이란者는自然界의原則을依ᄒᆞ야不能되는者를謂ᄒᆞᆷ이오法律上

능과 주관적 불능, 사실상 불능과 법률상 불능으로 구별할 수 있다.

급부의 절대적 불능이란 급부가 그 성질상 완전히 불능인 것을 말하고, 상대적 불능이란 급부가 그 성질상 가능으로 되거나, 경우에 따라 불능으로 되는 것을 말한다. 가령 하늘에 올라가 별을 따오는 일과 태산(泰山)을 끼고 북해(北海)를 건넌다는 일 같은 경우는 모두 절대적 불능에 속하고, 살아있는 말을 매각하기로 계약하고 이미 죽은 말을 급부하는 것 같은 경우는 상대적 불능에 속한다. 왜냐하면 하늘에 올라가 별을 따온다는 일은 사람이 처음부터 할 수 없는 것이나, 살아있는 말을 매각하기로 계약하고 이미 죽은 말을 급부할 수 없는 것은 그 말이 이미 죽은 까닭이다.

객관적 불능이란 누구에 대해서도 불능으로 되는 것을 말한다. 가령 앞에서 예로 인용하여 증거로 삼은 바와 같이 하늘에 올라가 별을 따온다고 하는 것은 곧 객관적 불능에 속한다. 현재 상대방이 점유한 물건을 상대방에게 인도한다고 하는 것은 곧 당사자 일신에 관한 것으로 되기 때문에, 주관적 불능에 속한다.

사실상 불능이란 자연계의 원칙에 따라 불능으로 되는 것을 말하고, 법률상

不能이란者는法律上의原則을依ᄒᆞ야不能되는者를謂홈이니假令前例에引証홈과如히旣死ᄒᆞᆫ馬匹을給付홈은事實上의不能이오相對者의所有ᄒᆞᆫ物의所有權을給與홈과又는不融通物을讓與홈과如ᄒᆞᆫ者는皆法律上의不能이니라

以上에論述홈과如히給付가不能되는時는其給付를目的ᄒᆞ는債權이決코發生홈을不得홀지로대當事者가故意로給付의不能되는事를隱蔽ᄒᆞ고其給付를約束ᄒᆞ야相對者의게損害를加ᄒᆞᆫ時는不法行爲에關ᄒᆞᆫ原則을依ᄒᆞ야損害賠償을請求홀債權이發生홈은當然ᄒᆞᆫ事ㅣ니라然이나給付의不能되는事와困難되는事는決코此를混同치아니홈을要ᄒᆞᄂᆞ니假令丐乞이萬金價額의家屋을購求ᄒᆞ야代金을支撥코져홈은給付가困難홈은未免홀지라도決코不能되는者는아니니라故로其契約이當事者間에當然히權利義務의關係를生홈은多言을不待홀지로다

第三、債權의目的은債權者의게正當ᄒᆞᆫ利益되는者를要ᄒᆞᄂᆞ니라 債權者는債務者의給付를依ᄒᆞ야正當ᄒᆞᆫ利益을受홀者ㅣ아니면債權의目的을成ᄒᆞ기

불능이란 법률상의 원칙에 따라 불능으로 되는 것을 말한다. 가령 앞에서 예로 인용하여 증거로 삼은 바와 같이 이미 죽은 말을 급부하는 것은 사실상의 불능이고, 상대방이 소유한 물건의 소유권을 급여하는 것이나, 불융통물을 양도하는 것 같은 경우는 법률상의 불능이다.

이상에서 논술한 바와 같이, 급부가 불능으로 되는 때는 그 급부를 목적으로 하는 채권은 결코 발생할 수 없다. 그러나 당사자가 고의로 급부가 불능인 사실을 은폐하고, 그 급부를 약속하여 상대방에게 손해를 입혔을 때는, 불법행위에 관한 원칙에 따라 손해배상을 청구할 채권이 발생하는 것은 당연한 일이다. 그러나 급부가 불능으로 된 경우와 곤란하게 되는 경우는 결코 이를 혼동해서는 안 된다. 가령 걸인이 만금(萬金)의 가옥을 구입하고 대금을 지급하고자 하는 것은, 급부가 곤란한 것을 면할 수 없을지라도 결코 불능으로 되는 것은 아니다. 따라서 그 계약이 당사자 사이에 당연히 권리의무의 관계를 발생하는 것은 많은 말이 필요 없다.

3. 채권의 목적은 채권자에게 정당한 이익으로 되어야 한다.

채권자는 채무자의 급부에 따라 정당한 이익을 받는 것이 아니면 채권의 목적을 달성할 수

不能ᄒᆞ니라羅馬法에在ᄒᆞ야ᄂᆞᆫ最初에債權의目的은債權者自身의利益에可充ᄒᆯ者를要ᄒᆞ얏더니其後에至ᄒᆞ야비록第三者의게利益되ᄂᆞᆫ者ㅣ라도亦債權者의게正當ᄒᆞᆫ利益됨을可得ᄒᆯ者ㅣ라ᄒᆞ야今日에至ᄒᆞ야ᄂᆞᆫ直接으로自己의利益에可充ᄒᆯ者를限ᄒᆞ지아니ᄒᆞ고他人으로ᄒᆞ야곰利益을得케ᄒᆞᄂᆞᆫ者도卽吾人의正當ᄒᆞᆫ利益을成ᄒᆞᄂᆞᆫ者ㅣ라ᄒᆞᄂᆞ니라然而吾人이他人으로ᄒᆞ야곰利益을得케ᄒᆞ고져ᄒᆞᆷ은或親族上關係에基因ᄒᆞᆫ事도有ᄒᆞ며或社交上關係에基因ᄒᆞᆫ事도有ᄒᆞ며又或一片慈善心關係에基因ᄒᆞ야出來ᄒᆞᄂᆞᆫ事도有ᄒᆯ지로다假令吾人이他人으로ᄒᆞ야곰自己의子女의게金錢을給與ᄒᆯ事로約束ᄒᆞ거나自己의朋友의게某種利益을給與ᄒᆯ事로約束ᄒᆞ거나或은他人으로ᄒᆞ야곰貧者의게物品을贈與ᄒᆯ事로約束ᄒᆞᄂᆞᆫ事ᄂᆞᆫ世間에種種히有ᄒᆞᆫ事實이라如此히雖他人의게一定ᄒᆞᆫ利益을與케ᄒᆞᄂᆞᆫ者ㅣ라도是亦吾人의關係上으로出來ᄒᆞᆫ者ㅣ되ᄂᆞᆫ故로卽吾人의正當ᄒᆞᆫ利益이라認ᄒᆞᆷ을可得ᄒᆯ者ㅣ니라

債權의目的되ᄂᆞᆫ給付ᄂᆞᆫ債權者以外人에利益에可充ᄒᆯ者ㅣ라도尙且債權을發生ᄒᆞᄂᆞᆫ事ᄂᆞᆫ前述ᄒᆞᆷ과如ᄒᆞ거니와債權의目的이債務者自身의利益에可充

없다. 로마법에서는 맨 처음에는 채권의 목적은 채권자 자신의 이익으로 충족될 수 있어야 하였으나, 그 후에는 비록 제3자에게 이익이 되는 것이라도 또한 채권자에게 정당한 이익이 될 수 있다고 하였다. 오늘날에는 직접 자기의 이익으로 충족될 수 있는 것에 한하지 않고, 다른 사람이 이익을 얻는 것도 곧 자기의 정당한 이익을 이룬다고 한다. 그런데 내가 다른 사람이 이익을 얻게 하려고 하는 것은, 때로 친족 상의 관계에 따른 경우도 있고, 때로 사교상의 관계에 따른 경우도 있으며, 때로 일방적인 자선심의 관계에 따라 비롯하는 경우도 있다. 가령 내가 다른 사람이 자기 자녀에게 금전을 급여할 것을 약속하게 하거나, 자기 친구에게 어떤 종류의 이익을 급여할 것을 약속하게 하거나, 다른 사람이 가난한 사람에게 물품을 증여할 것을 약속하게 하는 경우는 세간에 종종 있는 사실이다. 이처럼 비록 다른 사람에게 일정한 이익을 부여하게 하는 것일지라도, 이 또한 나와의 관계에서 비롯하는 것이다. 따라서 이것은 곧 나의 정당한 이익이라고 인정될 수 있는 것이다.

채권의 목적인 급부가 채권자 이외의 사람에게 이익으로 충족될 수 있을지라도, 오히려 또한 채권이 발생되는 것은 전술한 바와 같다. 그러나 채권의 목적이 채무자 자신의 이익으로 충족될

ᄒᆞᆯ者ㅣ되ᄂᆞᆫ時ᄂᆞᆫ債權이發生치아니ᄒᆞᄂᆞ니라何故오此境遇에在ᄒᆞ야ᄂᆞᆫ債權者가其債權目的에關ᄒᆞ야正當ᄒᆞᆫ利益이無ᄒᆞᆫ所以니라假令當事者一便이相對者로ᄒᆞ야곰禁酒ᄅᆞᆯ約束ᄒᆞ거나又ᄂᆞᆫ一定ᄒᆞᆫ時間에業務（業務ᄂᆞᆫ卽債務者自身의業務ᄅᆞᆯ謂ᄒᆞᆷ이라）ᄅᆞᆯ行ᄒᆞᆯ事로約束ᄒᆞᆯ지라도債權은發生치아니ᄒᆞᄂᆞ니라

債權의目的은金錢으로豫筭ᄒᆞᆷ을可得ᄒᆞᆯ者ᄅᆞᆯ要不要에對ᄒᆞ야ᄂᆞᆫ從來로學者間에一定ᄒᆞᆫ學說이無ᄒᆞ니라盖羅馬法에ᄂᆞᆫ學者가債權의目的은金錢으로豫筭ᄒᆞᆷ을可得ᄒᆞᆯ者ᄅᆞᆯ要ᄒᆞᆷ이라每稱ᄒᆞ야今日에至ᄒᆞ야도羅馬法系에屬ᄒᆞᆫ法律에ᄂᆞᆫ大槪此主義ᄅᆞᆯ採用ᄒᆞ나然이나此ᄂᆞᆫ實로理由가無ᄒᆞᆫ制限이라謂ᄒᆞᆯ지로다何故오人生은반다시金錢ᄲᅮᆫ으로利益을作ᄒᆞ야其需要가有形的事物에만止ᄒᆞᆯ者ㅣ아니라故로債權의目的도金錢에만豫筭ᄒᆞᆯ者ᄅᆞᆯ要치아니ᄒᆞᄂᆞ니假令教師、醫師、辯護士等의勤勞ᄂᆞᆫ此ᄅᆞᆯ金錢에豫筭ᄒᆞᆷ은困難호대債權의目的됨이不能이라ᄒᆞᆷ은事實上에不便이頗有ᄒᆞ야到底히文明國의需要에適當ᄒᆞᆫ主義라謂ᄒᆞᆷ을不得ᄒᆞᆯ지니라是以로日本舊民法에ᄂᆞᆫ原則上으로ᄂᆞᆫ金錢에豫

수 있는 것이었을 때는 채권이 발생하지 않는다. 왜냐하면 이 경우에는 채권자가 그 채권의 목적에 관해 정당한 이익이 없기 때문이다. 가령 당사자 일방이 상대방에게 금주를 약속하거나, 일정한 시간에 업무(업무는 곧 채무자 자신의 업무를 말한다)를 할 것을 약속할지라도 채권은 발생하지 않는다.

채권의 목적은 금전으로 환산할 수 있어야 하는가 그렇지 아니한가에 대해서는 종래 학자 사이에 일정한 학설이 없다. 대개 로마법에서는 학자가 채권의 목적은 금전으로 환산할 수 있어야 한다고 항상 일컬었고, 오늘날에도 로마법계에 속하는 법률에서는 대개 이 주의를 채택한다. 그러나 이는 실로 이유가 없는 제한이라고 할 수 있다. 왜냐하면 사람은 반드시 금전만으로 이익을 삼아 그 수요가 유형적 사물에만 그치는 것이 아니기 때문이다. 따라서 채권의 목적도 금전으로만 환산할 것을 요구하지 않는다. 가령 교사, 의사, 변호사 등의 근로는 이를 금전으로 환산하기 곤란하나, 채권의 목적으로 될 수 없다고 하는 것은 사실상 불편이 매우 많아 도저히 문명국의 수요에 적당한 주의라고 말할 수 없다. 이에 따라 일본 구민법에서는 원칙적으로는 금전으로 환

筭홈을不得홀者는債權의目的됨을不許홀事로規定홈에不拘ᄒᆞ고間接으로有法을設ᄒᆞ야此를目的ᄒᆞ는債權을保護ᄒᆞ얏스나然則찰아리表面上으로正當히此等債權을保護홈이오히려勝事됨만不如홀지로다且人의名譽及苦痛等無形事에關ᄒᆞ야도損害가生ᄒᆞᆫ時는此를金錢에豫筭ᄒᆞ야賠償케홈을可得홀지니盖此天下의事物은皆金錢에豫筭홈을不得홀者는殆無홀지로다如此ᄒᆞᆫ廣義를取홀진대債權의目的은金錢에豫筭홈을得홀者를要홈이라홀지라도別로弊害가無ᄒᆞᆫ同時에特히金錢에豫筭홈을得홀者를要홈이라ᄒᆞ는趣旨를明言홈도亦不必要ᄒᆞᆫ者ㅣ되는故로新進ᄒᆞᆫ法典에는債權은金錢에豫算홈을不得홀者ㅣ라도債權의目的됨을得홈으로規定ᄒᆞ는所以니라

第三節　債權目的의種類

第一、特定物과不特定物의給付

〔一〕、特定物의給付　特定物이란者는當事者가債權의目的物로特別히指定ᄒᆞᆫ物을謂홈이니假令當事者가法律行爲를行홈에當ᄒᆞ야其債權의目的物로給付홀物을特別히某署第幾統第幾戶家屋一座로指定ᄒᆞ거나又는某人

산할 수 없는 것은 채권의 목적으로 삼는 것을 허용하지 않는다고 규정하였음에도 불구하고, 간접적인 방법을 두어 이를 목적으로 하는 채권을 보호하였다. 그렇다면 차라리 표면상으로 정당하게 이들 채권을 보호하는 것이 오히려 능사로 되는 것만 같지 못하다. 또한 사람의 명예와 고통 등 무형의 사항에 관해서도 손해가 발생하였을 때는 이를 금전으로 환산하여 배상하게 할 수 있다. 대개 이 천하의 사물은 모두 금전으로 환산할 수 없는 것은 거의 없다고도 할 수 있다. 이와 같은 넓은 의의를 취한다면, 채권의 목적을 금전으로 환산할 수 있어야 한다고 할지라도 따로 폐해가 없는 동시에, 특히 금전으로 환산할 수 있어야 한다고 하는 취지를 분명히 말하는 것도 또한 불필요한 것으로 된다. 이 때문에 새로운 법전에서는 채권은 금전으로 환산할 수 없는 것일지라도, 채권의 목적이 될 수 있다고 규정하는 것이다

제3절 채권 목적의 종류

I. 특정물과 불특정물의 급부

1. 특정물의 급부

특정물이란 당사자가 채권의 목적물로 특별히 지정한 물건을 말한다. 가령 당사자가 법률행위를 할 때에 그 채권의 목적물로 급부할 물건을 특별히 어떤 마을 제 몇 통 제 몇 호 가옥 1채로 지정하거나, 어떤 사람

所有의某馬一頭로指定ᄒᆞᄂᆞᆫ時ᄂᆞᆫ其物이特定物이니라然이나特定物과不代替物은其性質이互相不同홈으로決코此兩者ᄂᆞᆫ混合치아니홈을要ᄒᆞᄂᆞ니何故오不代替物은物의性質에基因ᄒᆞᆫ名稱이오特定物은人의指定에基因ᄒᆞᆫ名稱이되ᄂᆞᆫ所以니라然而債務者가特定物의給付義務를負擔ᄒᆞᆫ境遇에ᄂᆞᆫ債權의目的이特定홈으로써其物이債務者의게可히歸責홈을不得ᄒᆞᆯ事由를依ᄒᆞ야滅失ᄒᆞ거나毁損ᄒᆞᆫ時ᄂᆞᆫ債務者가其義務를得免홈에至ᄒᆞᄂᆞ니라

債權의目的이特定物되ᄂᆞᆫ時ᄂᆞᆫ債務者ᄂᆞᆫ其特定物을傳致ᄒᆞ기ᄭᆞ지善良ᄒᆞᆫ管理者의注意로써其物을保存홈을要ᄒᆞᄂᆞ니라是以로若債務者가此注意를懈怠히ᄒᆞ야其物의滅失或毁損을招ᄒᆞᆫ時ᄂᆞᆫ債務者가債權者의게對ᄒᆞ야損害賠償의責任을未免ᄒᆞᆯ지로다此ᄂᆞᆫ其特定物을傳致ᄒᆞᆯ責任이有ᄒᆞᆫ債務者의게其物을保存ᄒᆞᄂᆞᆫ義務를論홈이오兼ᄒᆞ야其物을保存홈에如何ᄒᆞᆫ注意로써保存홈을分明케홈이라盖此注意의程度에關ᄒᆞ야ᄂᆞᆫ古來로許多ᄒᆞᆫ標準이有ᄒᆞ니卽羅馬法에ᄂᆞᆫ過失의程度를重過失、輕過失及最輕過失의

소유의 어떤 말 1필로 지정하였을 때는 그 물건이 특정물이다. 그러나 특정물과 부대체물은 그 성질이 서로 같지 아니하므로, 결코 이 양자를 혼동해서는 안 된다. 왜냐하면 부대체물은 물건의 성질에 따른 명칭이고, 특정물은 사람의 지정에 따른 명칭이기 때문이다. 그러나 채무자가 특정물의 급부의무를 부담한 경우에는, 채권의 목적이 특정되므로 그 물건이 채무자에게 책임을 돌릴 수 없는 사유에 따라 멸실되거나 훼손되었을 때는 채무자가 그 의무를 면할 수 있게 된다.

채권의 목적이 특정물이었을 때는 채무자는 그 특정물을 인도하기까지 선량한 관리자의 주의로 그 물건을 보존해야 한다. 이에 따라 만약 채무자가 이 주의를 게을리하여 그 물건의 멸실 또는 훼손을 초래하였을 때는, 채무자가 채권자에 대해 손해배상책임을 면할 수 없다. 이는 그 특정물을 인도할 책임이 있는 채무자에게 그 물건을 보존하는 의무를 논한 것이다. 아울러 그 물건을 보존할 때에 어떠한 주의를 가지고 보존할 것인가를 분명하게 한 것이다. 대개 이 주의의 정도에 관해서는 예부터 많은 표준이 있었다. 즉 로마법에서는 과실의 정도를 중과실, 경과실 및 최경과실의

三種으로分ᄒᆞ야各其境遇를隨ᄒᆞ야責任을負擔케ᄒᆞ얏도다此三種의區別은古來로有名ᄒᆞᆫ區別이라然이나其學理에適合치아니ᄒᆞᆷ은既已一般學者의承認ᄒᆞᄂᆞᆫ바ㅣ로대唯輕過失을分ᄒᆞ야抽象的、成形的二種으로分ᄒᆞᆷ은專히理由가無ᄒᆞ다謂ᄒᆞᆷ을不得ᄒᆞᆯ지로다假令賣主가賣却ᄒᆞᆫ物을保存ᄒᆞᆷ에關ᄒᆞ야ᄂᆞᆫ善良ᄒᆞᆫ管理者(西語에所謂良家父)가通常으로加ᄒᆞᄂᆞᆫ바의注意를加ᄒᆞᆷ을要호대無償으로寄託을受ᄒᆞᆫ者ᄂᆞᆫ其受託物을保存ᄒᆞᆷ에關ᄒᆞ야但自己가平生自己의財產에對ᄒᆞ야加ᄒᆞᄂᆞᆫ바의注意를加ᄒᆞ면足ᄒᆞᆫ者ㅣ라謂ᄒᆞᆷ과如ᄒᆞᆫ者ㅣ是니卽甲은抽象的이오乙은成形的이라然而其理由ᄂᆞᆫ竊想컨대賣主ᄂᆞᆫ恒常賣買契約을依ᄒᆞ야利益을受ᄒᆞᄂᆞᆫ者ㅣ되ᄂᆞᆫ故로其賣却ᄒᆞᆫ物을買主의게傳致ᄒᆞ기ᄭᆞ지ᄂᆞᆫ充分ᄒᆞᆫ注意로써其物을保存ᄒᆞᆯ지오設令自己가平常自己財產에關ᄒᆞ야ᄂᆞᆫ其注意를等閒히ᄒᆞᄂᆞᆫ癖性이有ᄒᆞᆯ지라도其賣却ᄒᆞᆫ物에對ᄒᆞ야ᄂᆞᆫ敢히是를等閒히ᄒᆞᆷ을不得ᄒᆞᆯ지니라然이나無償으로寄託을受ᄒᆞᆫ者ᄂᆞᆫ此와性質이相殊ᄒᆞ야他人의利益을爲ᄒᆞ야無償으로受託物을保存ᄒᆞᄂᆞᆫ者ㅣ되ᄂᆞᆫ故로寄託者ᄂᆞᆫ必是受託者의平常注意의如何를察

세 종류로 나누고, 각각 그 경우에 따라 책임을 부담하게 하였다. 이 세 종류의 구별은 예부터 유명한 구별이다. 그러나 그 학문상의 이론에 적합하지 않은 바는 이미 일반학자가 승인하고 있다. 다만 경과실을 나누어 추상적, 구체적 두 종류로 구분하는 것은 전적으로 이유가 없다고 말할 수 없다. 가령 매도인이 매각할 물건을 보존하는 것에 관해서는 선량한 관리자(서양어에 이른바 좋은 가부〈家父〉)가 통상적으로 베푸는 바의 주의를 다해야 한다. 그러나 무상으로 임치를 받은 자는 그 임치물을 보존하는 것에 관해 다만 자기가 평소 자기 재산에 대해 베푸는 바의 주의를 다하면 족하다고 말하는 그것 같은 경우가 이에 해당한다. 즉 전자는 추상적이고 후자는 구체적이다. 그러면 그 이유를 가만히 생각해보기로 한다. 매도인은 항상 매매계약에 따라 이익을 받는 자가 된다. 따라서 그 매각한 물건을 매수인에게 인도하기까지는 충분한 주의로써 그 물건을 보존할 것이고, 설령 자기가 평소 자기 재산에 관해서는 그 주의를 등한히 하는 버릇이 있을지라도, 그 매각한 물건에 대해서는 감히 이를 등한시할 수 없는 것이다. 그러나 무상으로 임치를 받은 자는 이와 성질이 서로 달라 다른 사람의 이익을 위해 무상으로 임치물을 보존하는 자이다. 따라서 임치인은 반드시 이 수치인의 평소 주의가 어떠한가를 살

ᄒᆞ야但其受託者가平常自己의財産에關ᄒᆞ야加ᄒᆞᄂᆞᆫ바의注意를寄託物에加ᄒᆞ고저ᄒᆞᆷ에不過ᄒᆞᆷ이라看做ᄒᆞᆷ이當然ᄒᆞᆯ지로다雖然이나玆에所謂成形的過失로써注意의程度를定ᄒᆞᆷ은今日法律에在ᄒᆞ야ᄂᆞᆫ例外에屬ᄒᆞᄂᆞᆫ故로原則上으로ᄂᆞᆫ所謂抽象的過失로써注意의程度를定ᄒᆞ고例外의境遇ᄂᆞᆫ特히規定을設置ᄒᆞ야明言ᄒᆞᆷ이妥當ᄒᆞᆯ지니라

（二）、不特定物의給付　不特定物給付에ᄂᆞᆫ給付ᄒᆞᆯ物이當事者의指定을依ᄒᆞ야特定치아니ᄒᆞ고但一定ᄒᆞᆫ屬性을依ᄒᆞ야定ᄒᆞᄂᆞᆫ者ㅣ라蓋債務者ᄂᆞᆫ不特定物給付의義務를負擔ᄒᆞᆫ境遇에ᄂᆞᆫ其給付ᄒᆞᆯ物이天災及不可抗力等事에因ᄒᆞ야滅失或毀損ᄒᆞᄂᆞᆫ時라도債務者ᄂᆞᆫ其給付의責任을免치못ᄒᆞᄂᆞ니故로不特定物給付의義務를負擔ᄒᆞᆫ債務者ᄂᆞᆫ物의滅失及毀損의危險을負擔ᄒᆞᆫ者ㅣ라謂ᄒᆞᆯ지로다其關係가如此히重大ᄒᆞᆷ으로不可不不特定物을目的ᄒᆞᄂᆞᆫ債權에關ᄒᆞ야ᄂᆞᆫ左의二問題를研究ᄒᆞ야分明히ᄒᆞᆯ必要가有ᄒᆞ니卽第一、不特定物은如何ᄒᆞᆫ品質의物되ᄂᆞᆫ事와第二、如何ᄒᆞᆫ時期에特定物되ᄂᆞᆫ事가是라左에順次로右問題를說明코저ᄒᆞ노라

펴, 다만 그 수치인이 평소 자기 재산에 관해 베푸는 바의 주의를 임치물에 다하고자 하는 것에 불과하다고 간주하는 것이 당연하다. 비록 그러하더라도 여기에서의 이른바 구체적 과실로써 주의의 정도를 정하는 것은, 오늘날 법률에서는 예외에 속한다. 따라서 원칙적으로는 이른바 추상적 과실로써 주의의 정도를 정하고, 예외의 경우는 특히 규정을 두어 명시하는 것이 타당하다.

2. 불특정물의 급부

불특정물 급부에서는 급부할 물건이 당사자의 지정에 따라 특정되지 않고, 다만 일정한 속성에 따라 정해진다. 대개 채무자가 불특정물 급부의 의무를 부담한 경우에는, 그 급부할 물건이 천재(天災)와 불가항력 등의 사유에 따라 멸실 또는 훼손하였을 때일지라도, 채무자는 그 급부의 책임을 면하지 못한다. 따라서 불특정물을 급부할 의무를 부담한 채무자는 물건의 멸실과 훼손의 위험을 부담한다고 말할 수 있다. 그 관계가 이처럼 중대하므로 부득이 불특정물을 목적으로 하는 채권에 관해서는, 다음의 두 문제를 연구하여 분명히 할 필요가 있다. 즉 첫째, 불특정물은 어떠한 품질의 물건으로 되는가와 둘째, 어떠한 시기에 특정물로 되는가가 이에 해당한다. 다음에 차례대로 위 문제를 설명하고자 한다.

第一、不特定物品質에關ᄒᆞ야ᄂᆞᆫ從來로大凡三主義가有ᄒᆞ니(一)債權者ᄂᆞᆫ最上等의物을請求치못ᄒᆞᆯ지로대債務者도亦最下等의物을給付치못ᄒᆞᆯ者ㅣ라ᄒᆞᄂᆞᆫ主義(二)中等以上의物을給付ᄒᆞᆯ者ㅣ라ᄒᆞᄂᆞᆫ主義(三)반다시正中等의物을給付ᄒᆞᆯ者ㅣ라ᄒᆞᄂᆞᆫ主義가是라日本舊民法及羅馬法系에屬ᄒᆞᆫ諸國法律은第一主義ᄅᆞᆯ採用ᄒᆞ얏스나日本新民法及新進ᄒᆞᆫ法律에ᄂᆞᆫ第三主義ᄅᆞᆯ採用ᄒᆞᄂᆞ니是蓋債權者、債務者ᄅᆞᆯ偏愛치아니ᄒᆞᄂᆞᆫ主義上으로出來ᄒᆞᆫ者ㅣ라然이나立法論上으로ᄂᆞᆫ右三主義가皆得當ᄒᆞᆫ者ㅣ라謂ᄒᆞ기難ᄒᆞ도다如此ᄒᆞᆫ問題ᄂᆞᆫ他日에深究ᄒᆞᆯ時가更有ᄒᆞᆷ으로玆에省略ᄒᆞ노라

以上은當事者間에特約이無ᄒᆞ고法律行爲의性質을因ᄒᆞ야스ᄉᆞ로其品質이定치못ᄒᆞᄂᆞᆫ境遇에만適用을見ᄒᆞᆯ者ㅣ나當事者가契約ᄒᆞᆯ當時에利川의上米라云ᄒᆞᆯ진대其米ᄂᆞᆫ반다시上米의性質이有ᄒᆞᆫ者ㅣ니是蓋債權의目的物種類가單利川米라云ᄒᆞᆷ에不在ᄒᆞ고利川의上米ᄅᆞᆯ確指ᄒᆞᆫ者ㅣ라謂ᄒᆞᆷ이可ᄒᆞ고又或美屋을粧飾ᄒᆞ기爲ᄒᆞ야紙類ᄅᆞᆯ注文ᄒᆞᆫ境遇에ᄂᆞᆫ分

〈1〉 불특정물의 품질에 관해서는 예부터 무릇 세 가지 주의가 있다. ① 채권자는 최상등의 물건을 청구하지 못하나, 채무자도 또한 최하등의 물건을 급부해서는 안 된다고 하는 주의, ② 중등 이상의 물건을 급부할 것이라고 하는 주의, ③ 반드시 정 중등의 물건을 급부할 것이라고 하는 주의가 이에 해당한다. 일본 구민법과 로마법계에 속한 여러 나라 법률은 ①의 주의를 채택하였으나, 일본 신민법과 새로운 법률에서는 ③의 주의를 채택하고 있다. 이는 대체로 채권자, 채무자를 편애하지 않는 주의에서 비롯한다. 그러나 입법론상으로는 위 ③의 주의가 수긍할만하다고 말하기 어렵다. 이와 같은 문제는 다른 날 탐구할 때가 다시 있으므로, 여기에서는 생략한다.

이상은 당사자 사이에 특약이 없고 법률행위의 성질에 따라 스스로 그 품질이 정해지지 않는 경우에만 적용된다. 그러나 당사자가 계약할 당시에 이천(利川)의 상등미(上等米)라고 말하였다면, 그 쌀은 반드시 상등미의 성질을 지녀야 하므로, 이는 대개 채권의 목적물의 종류를 단지 이천 쌀이라고 하지 않고, 이천의 상등미로 확실하게 지정한 것이라고 할 수 있다. 또 때로 아름다운 방을 장식하기 위해 종이류를 주문한 경우에는, 분

明히其品質은定치아니ᄒᆞ얏스나또반다시上等의物됨을要ᄒᆞᆷ은其法律行爲의性質上으로分明ᄒᆞᆫ者ㅣ라

第二、債權이不特定物로써目的ᄒᆞᄂᆞᆫ境遇에ᄂᆞᆫ其不特定物이畢竟特定物되ᄂᆞᆫ時期가有ᄒᆞᆷ은的確ᄒᆞᆫ事ㅣ라何故오其債權을履行ᄒᆞᆷ에當ᄒᆞ야ᄂᆞᆫ반다시物을傳致치아니ᄒᆞᆷ을不得ᄒᆞᆯ지니若此를傳致코져ᄒᆞᆯ진대또반다시其物을特定치아니치못ᄒᆞᆯ所以니라然이나但其時期如何에關ᄒᆞ야ᄂᆞᆫ些少間疑點이不無ᄒᆞᆷ으로近世의立法者ᄂᆞᆫ特別히法典에條項을設ᄒᆞ야時期를定ᄒᆞᄂᆞ니卽債權者와債務者가一致ᄒᆞ야給付ᄒᆞᆯ物을指定ᄒᆞᆫ時에其指定을依ᄒᆞ야不特定物이特定物되ᄂᆞᆫ境遇를除ᄒᆞᆫ外에債務者가物을給付ᄒᆞᆷ에必要ᄒᆞᆫ行爲를完了ᄒᆞᆫ時로써其變化의時期를定ᄒᆞᄂᆞ니盖債務者가業己物을給付ᄒᆞᆷ에必要ᄒᆞᆫ行爲를完了ᄒᆞᆫ時ᄂᆞᆫ債務者가其債務를履行ᄒᆞᆷ에當ᄒᆞ야其權力內에在ᄒᆞᆫ事를盡行ᄒᆞᆫ故로其物을給付ᄒᆞᆯ意思가確定ᄒᆞᆫ者ㅣ라謂ᄒᆞᆷ을可得ᄒᆞᆯ지라然則此時期로써目的의性質이變化ᄒᆞᄂᆞᆫ時期라謂ᄒᆞᆷ은事理에當然ᄒᆞᆫ者ㅣ니라

명하게 그 품질은 정해지지 않았으나, 반드시 상등의 물건이어야 하는 것은 그 법률행위의 성질상 분명하다.

〈2〉 채권이 불특정물을 목적으로 하는 경우에는, 그 불특정물이 끝내 특정물로 되는 시기가 있는 것은 확실하다. 왜냐하면 그 채권을 이행할 때는 반드시 물건을 인도해야 하는데, 만약 이를 인도하고자 하려면 또한 반드시 그 물건을 특정하지 않을 수 없기 때문이다. 그러나 다만 그 시기가 어떠해야 하는가에 관해서는 다소 문제점이 없지 않으므로, 근세의 입법자는 특별히 법전에 조항을 두고 시기를 정하고 있다. 즉 채권자와 채무자가 일치해서 급부할 물건을 지정하였을 때, 그 지정에 따라 불특정물이 특정물로 된 경우를 제외하고는, 채무자가 물건을 급부하는 데 필요한 행위를 완료하였을 때로 그 변경의 시기를 정하고 있다. 대개 채무자가 이미 물건을 급부하는 데 필요한 행위를 완료하였을 때는, 채무자가 그 채무를 이행할 때에 그 권력 내에 있는 일을 모두 한 것이다. 따라서 그 물건을 급부할 의사가 확정된 것이라고 말할 수 있다. 그렇다면 이 시기로 목적의 성질이 변경된 시기라고 하는 것은 사리상 당연하다.

第二、金錢의給付

金錢이란者ᄂᆞᆫ貨幣의定ᄒᆞᆫ數量을指稱ᄒᆞᆷ이니貨幣란者ᄂᆞᆫ財產上의價額을算定ᄒᆞᄂᆞᆫ標準이오且價額을表示ᄒᆞᄂᆞᆫ者ㅣ라凡物은如何ᄒᆞᆫ物이라도自然히貨幣되ᄂᆞᆫ性質을有ᄒᆞᆫ者ㅣ아니오但去來上에一定ᄒᆞᆫ或物로써財產上의價額을算定ᄒᆞᄂᆞᆫ標準으로定ᄒᆞ며且其價額을表示ᄒᆞᄂᆞᆫ者로認ᄒᆞᆫ時에其貨幣되ᄂᆞᆫ性質의結果ᄅᆞᆯ始生ᄒᆞᄂᆞ니故로果然如何ᄒᆞᆫ物이貨幣됨은畢竟去來上慣習을依ᄒᆞ야定ᄒᆞᆯ者ㅣ라不謂ᄒᆞᆷ을不得ᄒᆞᆯ지로다然이나國家ᄂᆞᆫ經濟上去來의便宜ᄅᆞᆯ圖ᄒᆞ야或一定ᄒᆞᆫ物로써貨幣ᄅᆞᆯ制定ᄒᆞ고強制通用을命ᄒᆞᄂᆞᆫ事가有ᄒᆞ니라如此히國家가強制通用의効力을付ᄒᆞᆫ者ᄂᆞᆫ狹義的貨幣卽普通貨幣라稱ᄒᆞᄂᆞᆫ者ㅣ是니日本新民法法典에도金錢이라稱ᄒᆞᄂᆞᆫ文字ᄂᆞᆫ卽此狹義的貨幣의一定ᄒᆞᆫ數量ᄅᆞᆯ意味ᄒᆞᆷ이오強制通用의効力을不付ᄒᆞᆫ貨幣ᄂᆞᆫ學者가此ᄅᆞᆯ慣習上貨幣라稱ᄒᆞᄂᆞ니強制의効力이無ᄒᆞᆫ銀行紙幣와外國의貨幣等이是니라貨幣에強制通用을命ᄒᆞᆫ다云ᄒᆞᆷ은無他ㅣ라假令金銀貨의時勢價額은或隨時騰貴ᄒᆞ며或隨時低落ᄒᆞᄂᆞᆫ事가有ᄒᆞᆯ지라도一定ᄒᆞᆫ價額을付ᄒᆞᆫ金貨銀貨ᄂᆞᆫ其當時의

II. 금전 급부

금전이란 화폐의 정해진 수량을 가리켜 말한다. 화폐란 재산상의 가액을 산정하는 표준이고 또 가액을 표시한다. 무릇 물건은 어떠한 물건일지라도 자연적으로 화폐로 되는 성질을 가지지 않는다. 다만 거래상에서 일정한 어떤 물건으로써 재산상의 가액을 산정하는 표준으로 정하며, 또 그 가액을 표시하는 것으로 인정할 때, 비로소 그 화폐로 되는 성질이 발생한다. 따라서 과연 어떠한 물건이 화폐로 되는가는 끝내 거래상의 관습에 따라 정해진다고 말하지 않을 수 없다. 그러나 국가는 경제에서의 거래의 편의를 도모하여 때로 일정한 물건으로써 화폐로 정하고 강제통용을 명령하기도 한다. 이처럼 국가가 강제통용력의 효력을 부여한 것을 좁은 의미의 화폐 즉 보통화폐라고 일컫는 것이다. 일본 신민법전에서도 금전이라고 하는 문자는 곧 이 좁은 의미의 화폐의 일정한 수량을 의미하고, 강제통용의 효력을 부여받지 아니한 화폐는 학자가 이를 관습상의 화폐라고 일컫는다. 강제의 효력이 없는 은행 지폐와 외국 화폐 등이 이에 해당한다. 화폐에 강제통용을 명령한다고 말하는 것은, 다름이 아니라, 가령 금 · 은화의 시세 가액은 때로 수시로 값이 오르거나, 수시로 떨어지는 경우가 있지만, 일정한 가액을 부여한 금·은화가 그 당시의

金銀時勢의低落騰貴를隨ᄒᆞ야其定價額에增與不及의差異가有ᄒᆞᆯ지라도此金銀時勢의變動을稱托ᄒᆞ야債務履行에影響을不及ᄒᆷ이라ᄒᆞᄂᆞᆫ者ㅣ是니라現今外國에强制通用의効力이有ᄒᆞᆫ貨幣를觀ᄒᆞᆯ진대卽金銀貨、白銅貨、政府發行紙幣及兌換紙幣等이是라假令日本國으로論ᄒᆞᆯ지라도金貨로元貨를定ᄒᆞ고銀銅으로補助貨를鑄造ᄒᆞ야其通用額數를制限ᄒᆞ얏시니五十錢以下의銀補助貨ᄂᆞᆫ一時支撥通用額이十圓에超過ᄒᆷ을不得ᄒᆞ며白銅及赤銅補助貨ᄂᆞᆫ一時支撥額이一圓에超過ᄒᆷ을不得ᄒᆷ으로써日本法律上에ᄂᆞᆫ債務者가其制限을不顧ᄒᆞ고金錢을支撥ᄒᆞᄂᆞᆫ境遇에ᄂᆞᆫ不可不債權者의承諾이有ᄒᆷ을要ᄒᆞᆯ者ㅣ니라

我韓의貨幣沿革及其他의詳細ᄒᆞᆫ說明은經濟學部分에至ᄒᆞ야硏究ᄒᆞᆯ者ㅣ되ᄂᆞᆫ故로此債權法上에講義ᄒᆞᆯ必要ᄂᆞᆫ無ᄒᆞᆫ者ㅣ로대此에關係가有ᄒᆷ으로大略說明코져ᄒᆞ노라我國의貨幣制度ᄂᆞᆫ元來各樣의貨種을使用ᄒᆞ야或外國의貨種을使用ᄒᆞᆫ時代도有ᄒᆞ며葉錢을使用ᄒᆞᆫ時代도有ᄒᆞ며當百當五錢을使用ᄒᆞᆫ時代도有ᄒᆞ얏시나大槩其制度가不完全ᄒᆷ을未免ᄒᆞ얏더니輓近以來로世界의貨幣原理

금·은 시세의 내리고 오름에 따라 그 정가액에 늘어남과 부족함의 차이가 있을지라도, 이 금·은 시세의 변동을 핑계 삼아서는 채무이행에 영향을 미치지 않는다고 하는 것을 말한다. 오늘날 외국에서 강제통용의 효력이 있는 화폐를 살펴보면, 곧 금·은화, 백동화, 정부발행 화폐와 태환지폐 등이 있다. 가령 일본으로 논하더라도, 금화를 본위화폐로 정하고 은·동으로 보조화폐를 주조하여, 그 통용 액수를 제한하여 50전 이하의 은 보조화폐는 일시지급 통용액이 10원(圓)을 초과할 수 없으며, 백동(白銅)과 적동(赤銅) 보조화폐는 일시 지급액이 1원(圓)을 초과할 수 없게 하였다. 이에 따라 일본 법률상으로는 채무자가 그 제한을 고려하지 않고 금전을 지급할 경우에는, 반드시 채권자의 승낙이 있어야 한다.

우리 대한의 화폐 연혁과 그 밖의 상세한 설명은 경제학 분야에서 연구할 사항이다. 따라서 이 채권법상에서 강의할 필요는 없다. 다만 여기에서 관계가 있으므로, 대략 설명하고자 한다. 우리나라의 화폐제도는 원래 여러 가지의 화폐 종류를 사용하여, 때로 외국 화폐 종류를 사용한 시대도 있었으며, 엽전을 사용한 시대도 있었고, 당백전(當百錢)·당오전(當五錢)을 사용한 시대도 있었다. 그러나 대개 그 제도가 불완전하였음을 면할 수 없었다. 근래 이래로 세계의 화폐 원리를採用ᄒᆞ야光武二年에至ᄒᆞ야新貨章程을發布ᄒᆞ야銀貨로本位貨를定ᄒᆞ고白銅及赤銅으로補助貨를製造ᄒᆞ야使用ᄒᆞ얏시나經濟上의「그레샴」法則을依ᄒᆞ야補助貨가元位貨를代表ᄒᆞᄂᆞᆫ惡結果를生ᄒᆞᆷ에至ᄒᆞ니라其後光武五年에至ᄒᆞ야又貨幣條例를發布ᄒᆞ야金으로本位貨를定ᄒᆞ고亦其他의補助貨를定ᄒᆞ얏시나實際ᄂᆞᆫ但法令이有ᄒᆞᆷ에止ᄒᆞᆯ뿐이오施行ᄒᆞᆷ을不得ᄒᆞ야尙且舊葉錢及白銅貨가本位貨와洽如히行用ᄒᆞᆷ에至ᄒᆞ니라光武九年에至ᄒᆞ야一月에勅令을發布ᄒᆞ야整理에着手ᄒᆞ고法令으로認ᄒᆞᆫ바貨種이五個가有ᄒᆞ니〔一〕、金貨〔二〕、日本國第一銀行券〔三〕、銀貨〔四〕、白銅貨〔五〕、赤銅貨五種이러라此五種貨幣中에本位貨에關ᄒᆞ야ᄂᆞᆫ通用額에制限이無ᄒᆞ나補助貨에關ᄒᆞ야ᄂᆞᆫ通用額에制限을設置ᄒᆞ야當事者間에承諾이有ᄒᆞ면已어니와若不然ᄒᆞ면銀補助貨ᄂᆞᆫ十圓以上을一時에支撥ᄒᆞᆷ을不得케ᄒᆞ고白銅及赤銅補助貨ᄂᆞᆫ一圓以上을一時에支撥ᄒᆞᆷ을不得케ᄒᆞ얏더라

債權이金錢으로써其目的을삼ᄂᆞᆫ境遇에至ᄒᆞ야ᄂᆞᆫ以上에略述ᄒᆞᆷ과ᄀᆞᆺ치金錢에金銀白銅赤銅或紙幣의種類가有ᄒᆞᆫ대法律上에ᄂᆞᆫ皆同一히視ᄒᆞᄂᆞᆫ者ㅣ니

를 채택하여, 광무 2년(1898년)에 신화폐 장정(章程)을 공포하여 은화를 본위화폐로 정하고, 백동과 적동을 보조화폐로 제조하여 사용하였다. 그러나 경제상의 「그레샴」법칙에 따라 보조화폐가 본위화폐를 대표하는 나쁜 결과가 발생하였다. 그 후 광무 5년(1901년)에 다시 화폐조례(貨幣條例)를 공포하여 금을 본위화폐로 정하고, 또 그 밖의 보조화폐를 정하였다. 그러나 실제는 다만 법령이 있었을 뿐이고 시행할 수 없었다. 오히려 또한 구 엽전과 백동화가 본위화폐와 흡사하게 통용되기에 이르렀다. 광무 9년(1905년) 1월에 칙령(勅令)을 공포하여 정리에 착수하여, 법령으로 인정된 바의 화폐 종류 다섯 개가 있게 되었다. ① 금화, ② 일본국 제1은행권, ③ 은화, ④ 백동화, ⑤ 적동화 다섯 종류가 이것이다. 이 5종의 화폐 중에 본위화폐에 관해서는 통용액에 제한이 없으나, 보조화폐에 관해서는 통용액에 제한을 두어 당사자 사이에 승낙이 있으면 그만이지만, 만약 그렇지 아니하면 은 보조화폐는 10원(圓) 이상을 일시에 지급할 수 없게 하였고, 백동과 적동 보조화폐는 1원(圓) 이상을 일시에 지급할 수 없게 하였다.

채권이 금전으로써 그 목적을 삼았을 경우에는, 이상에서 약술한 바와 같이 금전에 금·은·백동·적동 또는 지폐의 종류가 있으나, 법률상으로는 모두 동일시된라(其中에種類를依ᄒᆞ야通用額의制限은有ᄒᆞ대)故로假令金銀兩本位國에在ᄒᆞ야ᄂᆞᆫ金貨百圓을貸與ᄒᆞᆫ者가其期限에至ᄒᆞ야銀貨百圓의返償을拒絶치못ᄒᆞᆯ지오또十圓의債務를負擔ᄒᆞᆫ者ᄂᆞᆫ一圓銀十箇를給與ᄒᆞ던지十錢銀百箇를給與ᄒᆞ던지皆不可ᄒᆞᆷ이無ᄒᆞᆯ지오唯通用額의制限이有ᄒᆞᆯ뿐이로대此ᄂᆞᆫ一般의通則이니라若當事者가此에相殊ᄒᆞᆫ意思를有ᄒᆞᆫ時ᄂᆞᆫ本來其意思가有効ᄒᆞᆷ은無論이니라假令金錢貸借에貸主가借主의게對ᄒᆞ야別로金貨의返還을要求ᄒᆞ야借主가承諾ᄒᆞᆫ以上은반다시金貨로返還치아니ᄒᆞᆷ을不得ᄒᆞᆯ지니라

右述ᄒᆞᆷ과ᄀᆞᆺ치特種의通貨로債權의目的을定ᄒᆞᆷ은法律이必禁치아니ᄒᆞ대其指定ᄒᆞᆫ通貨의種類가返還期에至ᄒᆞ야强制通行의効力을失ᄒᆞᄂᆞᆫ事가或專無ᄒᆞ다謂ᄒᆞᆷ을不得ᄒᆞᆯ지니此境遇에至ᄒᆞ야ᄂᆞᆫ果然何如히處置ᄒᆞᆷ이得當ᄒᆞᆯ가純然ᄒᆞᆫ法理上으로論ᄒᆞᆯ진ᄃᆡ此境遇의債權目的은或種類의通貨로써專히其目的을定ᄒᆞᆷ이오單金錢을目的ᄒᆞᄂᆞᆫ者ㅣ아니니찰아리其通貨의一種을商品으로看做ᄒᆞ야此를債權의目的으로定ᄒᆞᆫ者ㅣ라謂ᄒᆞᆯ지라도可ᄒᆞᆯ지니라故로其通貨가假令强制通行의効力을失ᄒᆞᆯ지라도債務者ᄂᆞᆫ依然히其貨種을給付ᄒᆞᆷ

다(그중 종류에 따라 통용액의 제한은 있다). 따라서 가령 금·은 양 본위국에서는 금화 100원을 대여한 자가 그 기한에 은화 100원의 상환을 거절할 수 없다. 또한 10원의 채무를 부담한 자는 1원 은화 10개를 급여하든지 10전(錢) 은화 100개를 급여하든지 모두 가능하다. 오직 통용액의 제한이 있을 뿐이고, 이는 일반 통칙이다. 만약 당사자가 이와 서로 다른 의사를 가졌을 때는, 본래 그 의사가 유효한 것은 물론이다. 가령 금전대차에서 대주가 차주에 대해 따로 금화의 상환을 요구하고 차주가 승낙한 이상은 반드시 금화로 상환해야 한다.

위에서 서술한 바와 같이, 특종의 통화로 채권의 목적을 정하는 것은 법률이 반드시 금지하지 않는다. 그러나 그 지정한 통화의 종류가 상환기에 이르러 강제통행의 효력을 잃는 경우가 때로 전적으로 없다고 말할 수 없다. 이 경우에는 과연 어떻게 처리해야 하는가? 순수하게 법리상으로 논한다면, 이 경우의 채권의 목적은 오로지 어떤 종류의 통화로써 그 목적을 정한 것이고, 단순히 금전을 목적으로 하였던 것은 아니므로, 차라리 그 통화를 일종의 상품으로 간주하여 이를 채권의 목적으로 정한 것이라고 말할 수 있다. 따라서 그 통화가 가령 강제통행의 효력을 잃었을지라도 채무자는 여전히 그 통화의 종류를 급부할 이可ᄒᆞᆯ지오若政府가其貨幣ᄅᆞᆯ沒數히替入ᄒᆞ야更히可得ᄒᆞᆯ道理가無ᄒᆞᆫ時ᄂᆞᆫ卽履行不能의境遇ᄅᆞᆯ成ᄒᆞᄂᆞᆫ故로債務者ᄂᆞᆫ其義務ᄅᆞᆯ得免ᄒᆞᆯ지나然이나是ᄂᆞᆫ恒常當事者의意思에違反되ᄂᆞᆫ者ㅣ라盖當事者ᄂᆞᆫ金貨가金이오銀貨가銀됨으로써此ᄅᆞᆯ得코져ᄒᆞᆷ이아니라其貨幣가特히他種의貨幣보다自己의게便利ᄒᆞᆫ者ㅣ라ᄒᆞᆷ에不過ᄒᆞ다云ᄒᆞᆷ이可ᄒᆞᆯ지니是以로其貨種이强制通用의効力을失ᄒᆞᆫ後에至ᄒᆞ야ᄂᆞᆫ假令此ᄅᆞᆯ得ᄒᆞᆯ지라도다시其所用이無ᄒᆞ야他種의貨幣ᄅᆞᆯ得ᄒᆞᆷ이便利ᄒᆞ다ᄒᆞᆷ이普通의意思가될지로다法律은此意思ᄅᆞᆯ推測ᄒᆞ야債權의目的되ᄂᆞᆫ特種의通貨가償還期에至ᄒᆞ야强制通用의効力을失ᄒᆞᆫ時ᄂᆞᆫ債務者ᄂᆞᆫ他種의通貨로써償還케ᄒᆞᄂᆞ니라然이나若當事者가特別ᄒᆞᆫ意思ᄅᆞᆯ表示ᄒᆞᆫ時ᄂᆞᆫ其意思에從ᄒᆞᆷ은多辯을不待ᄒᆞᆯ지로다

大抵貨幣ᄂᆞᆫ元來法律의結果로貨幣되ᄂᆞᆫ効力이有ᄒᆞᆫ者ㅣ되ᄂᆞᆫ故로其法律이行ᄒᆞᄂᆞᆫ地域內에만効力이有ᄒᆞᆫ者ㅣ니外國의貨幣ᄂᆞᆫ實로眞正ᄒᆞᆫ貨幣로視ᄒᆞ기難ᄒᆞ도다然이나交際가頻繁ᄒᆞ고貿易이絡繹ᄒᆞᆫ今日에至ᄒᆞ야ᄂᆞᆫ如此히狹隘ᄒᆞᆫ法理ᄅᆞᆯ固守ᄒᆞ기不能ᄒᆞ니假令外國에旅行코져ᄒᆞᄂᆞᆫ者ᄂᆞᆫ其外國의貨幣

수 있는 것이다. 만약 정부가 그 화폐를 전부 폐기하고 거둬들여 다시 취득할 방법이 없는 때는, 곧 이행불능의 경우로 된다. 따라서 채무자는 그 의무를 면할 수 있다. 그러나 이는 항상 당사자의 의사에 반한다. 대개 당사자는 금화가 금이고 은화가 은이기 때문에, 이를 취득하고자 한 것이 아니라, 그 화폐가 특히 다른 종류의 화폐보다 자기에게 편리하다고 한 것에 불과하다고 할 수 있다. 이에 따라 그 화폐의 종류가 강제통용의 효력을 잃은 후에는, 가령 이를 취득하더라도 다시 그 소용이 없고, 다른 종류의 화폐를 취득하는 것이 편리하다고 여기는 것이 보통의 의사가 될 것이다. 법률은 이 의사를 추측하여 채권의 목적으로 되는 특정 종류의 통화가 상환기에 이르러 강제통용의 효력을 잃었을 때는, 채무자는 다른 종류의 통화로써 상환해야 한다. 그러나 만약 당사자가 특별한 의사를 표시하였을 때는 그 의사에 따르는 것은 많은 말이 필요 없다.

무릇 화폐는 원래 법률의 결과에 따라 화폐로 되는 효력을 갖는다. 따라서 그 법률이 시행되는 지역 내에서만 효력이 있고, 외국 화폐는 실제 진정한 화폐로 보기 어렵다. 그러나 교제가 빈번하고 무역이 성행하는 오늘날에는 이처럼 편협한 법리를 고집할 수 없다. 가령 외국에 여행하고자 하는 사람은 그 외국 화폐를不持ᄒᆞ면其國에서ᄂᆞᆫ生活에必要ᄒᆞᆫ衣食住三者를如何히ᄒᆞᆯ道理가無ᄒᆞᆷ으로其外國에遊歷코져ᄒᆞᄂᆞᆫ者에至ᄒᆞ야ᄂᆞᆫ外國의貨幣라도亦內國의貨幣와同一히有用ᄒᆞᆷ은交通世界에不得已ᄒᆞᆫ事勢라是以로內國人間에外國貨幣로써債權의目的을定ᄒᆞᆫ時라도以上의原則을適用ᄒᆞᆯ지로다假令英貨若干磅이라ᄒᆞᆯ진대如何ᄒᆞᆫ英貨를給付ᄒᆞᆯ지라도不可ᄒᆞᆷ이無ᄒᆞ나然이나若特約이有ᄒᆞ야特別貨種으로써債權의目的을定ᄒᆞᆫ境遇에ᄂᆞᆫ其特別貨種을給付치아니ᄒᆞᆷ을不得ᄒᆞᆯ지며又其貨種이辨償期에至ᄒᆞ야英國에서强制通用의効力을失ᄒᆞᆫ時ᄂᆞᆫ其當時에强制通用의効力이有ᄒᆞᆫ貨種으로써辨償ᄒᆞᆷ과如ᄒᆞᆫ者ㅣ是니라又特히外國의通貨로써債權額을指定ᄒᆞᆫ時ᄂᆞᆫ債務者ᄂᆞᆫ履行地의時勢를從ᄒᆞ야內國의通貨로辨償ᄒᆞᆷ이可ᄒᆞᆯ지로다假令東京에書籍을注文ᄒᆞ야其代價日貨千圓되ᄂᆞᆫ境遇에若漢城에서其代價를支撥ᄒᆞ면當時의漢城日貨時勢를從ᄒᆞ야日貨百圓에韓貨二百圓加計라假定ᄒᆞᆯ진ᄃᆡ韓貨二千圓을支撥ᄒᆞᆷ과如ᄒᆞᆫ類가是라若此境遇에外國貨幣로써償還ᄒᆞᆷ은亦債務者의隨意니라

第三、利息의給付

를 소지하지 아니하면, 그 나라에서는 생활에 필요한 의식주 세 가지를 어떻게 할 도리가 없으므로, 그 외국에 유람하고자 하는 사람에게는 외국 화폐라도 또한 내국 화폐와 마찬가지로 유용한 것은 교통하는 세계에 부득이한 추세이다. 이에 따라 내국인 사이에 외국 화폐로 채권의 목적을 정하였을 때일지라도 이상의 원칙이 적용될 것이다. 가령 영국 화폐 약간의 파운드라고 하였다면, 어떠한 영국 화폐로 급부하더라도 가능하다. 그러나 만약 특약이 있어서 특별한 화폐의 종류로 채권의 목적을 정한 경우에는, 그 특별한 종류의 화폐를 급부해야 하며, 또 그 화폐의 종류가 변제기에 영국에서 강제통용의 효력을 잃었을 때는, 그 당시에 강제통용의 효력이 있는 화폐의 종류로 변제하는 그것 같은 경우가 이에 해당한다.

또한 특히 외국의 통화로 채권액을 지정하였을 때는 채무자는 이행지의 시세에 따라 내국의 통화로 변제할 수 있다. 가령 동경(東京)에 서적을 주문하여 그 대가가 일화(日貨) 1,000원인 경우에 만약 한성(漢城)에서 그 대가를 지급한다면, 당시의 한성 일화 시세에 따라 일화 100원을 한화 200원으로 계산한다고 가정해서 환화 2,000원을 지급하는 것과 같은 유형이 이에 해당한다. 만약 이 경우에도 외국 화폐로 상환하는 것은 또한 채무자의 임의이다.

III. 이자의 급부

債權은往往히利息을生ᄒᆞ는事가有ᄒᆞ니利息이란者는金錢과其他物의使用對價로主債權額에應ᄒᆞ야債權者의게支給ᄒᆞ는者ㅣ라本來民法에債權은利息을不生홈이本則이로대法律의特別規定과當事者의特約이有ᄒᆞᆫ時는利息을附ᄒᆞᄂᆞ니如此히利息을附ᄒᆞ는境遇에法律의特別規定과當事者가特히其利率을定ᄒᆞᆫ時는無論其法律과其特約을依홈이當然호대萬若法律上에特別規定이無ᄒᆞ고當事者間에特約이無ᄒᆞᆫ時는如何히措處ᄒᆞ는規定이不無ᄒᆞᆯ지라故로如此ᄒᆞᆫ境遇에는法律에其相當ᄒᆞᆫ利率을定ᄒᆞᄂᆞ니盖外國에現行ᄒᆞ는法規를觀ᄒᆞᆫ건ᄃᆡ大槩年五分으로定ᄒᆞᄂᆞ니라(年五分이라홈은假令百圓에對ᄒᆞᆫ利率이一年間에五圓이오十圓에對ᄒᆞᆫ一年間利率이五十錢과如ᄒᆞᆫ者ㅣ니此는大槩普通銀行利息에比ᄒᆞ야定ᄒᆞᆫ者ㅣ니라)

以上에略述홈은利息에關ᄒᆞᆫ說明이어니와利息에利息을加ᄒᆞ는問題에當ᄒᆞ야는各國이大槩此를禁ᄒᆞ는制度를取ᄒᆞᄂᆞ니라玆에所謂利息에利息을加ᄒᆞ는事를重利라謂ᄒᆞᄂᆞ니大抵法律의制度는其國의文明程度를隨ᄒᆞ야各其差異가有홈은自然ᄒᆞᆫ事勢로대元來法律이契約의自由를認ᄒᆞ야當事者의意思合致로契約이効力을生ᄒᆞ는者ㅣ라ᄒᆞ는以上은强히禁制ᄒᆞᆯ必要가無ᄒᆞᆯ뿐아

채권은 때로 이자가 발생하기도 한다. 이자란 금전과 그 밖의 물건의 사용대가로 주된 채권액에 따라 채권자에게 지급하는 것이다. 본래 민법상 채권은 이자를 발생하지 않는 것이 본칙이다. 그러나 법률의 특별규정과 당사자의 특약이 있는 때는, 이자를 부가하기도 한다. 이처럼 이자를 부가한 경우에 법률의 특별규정과 당사자가 특히 그 이율을 정하였을 때는, 물론 그 법률과 그 특약을 당연히 따른다. 다만 만약 법률상 특별규정이 없고 당사자 사이에 특약이 없는 때는, 어떻게 조치하는가에 관한 규정이 없지 않다. 따라서 이 같은 경우에는 법률에 그 상당한 이율을 정한다. 대개 외국의 현행하는 규정을 살펴보면 대체로 연 5분으로 정하고 있다.*

이상에서 약술한 것은 이자에 관한 설명이다. 그러나 이자에 이자를 부가하는 문제에서는 각국이 대개 이를 금지하는 제도를 취하고 있다. 여기에서 이른바 이자에 이자를 부가하는 것을 복리라고 한다. 대체로 법률제도는 그 나라의 문명 정도에 따라 각각 그 차이가 있는 것은 자연스러운 추세이다. 그러나 원래 법률이 계약의 자유를 인정하여 당사자의 의사 합치로 계약이 효력을 발생한다고 하는 이상은, 억지로 이를 금지할 필요가 없다. 그뿐만 아

* 연 5분이란 가령 100원에 대한 이자가 1년 동안에 5원이고, 10원에 대한 1년 동안의 이자가 50전과 같은 것이다. 이는 대개 보통 은행이율에 견주어 정한 것이다.

니라此를禁ᄒᆞᆷ은往往히當事者의意思에違背됨이有ᄒᆞᆷ으로新進ᄒᆞᆫ民法上에ᄂᆞᆫ此를禁치ᄂᆞᆫ아니ᄒᆞ나防限이無ᄒᆞᆫ時ᄂᆞᆫ弊害가層生ᄒᆞᆷ으로左記ᄒᆞᆫ條件下에重利를許ᄒᆞᄂᆞ니라

一、利息이一箇年分以上延滯된事

債權者ᄂᆞᆫ欲望所致에重利를加ᄒᆞ야債務者의게多額을要求ᄒᆞᆯ意思가有ᄒᆞᆷ으로假令一分一厘라도元金에筭入ᄒᆞ야利息을生케ᄒᆞᆯ지니今日의利息을明日에元金에筭入ᄒᆞ고今月의利息을來月에元金에筭入ᄒᆞ면債權者의게ᄂᆞᆫ利益이되나債務者의게ᄂᆞᆫ不公平ᄒᆞᆫ念慮가有ᄒᆞᆷ으로債權者가利息을生ᄒᆞᆯ債權에債務者가其利息을一箇年分以上이延滯ᄒᆞᆫ時에元金에筭入ᄒᆞᆷ을始得케ᄒᆞᄂᆞ니라

二、利息이一箇年以上이延滯ᄒᆞ야債權者가催告호대債務者가其利息을支撥치아니ᄒᆞᄂᆞᆫ事

重利를加ᄒᆞᆷ에債權者가債務者의게如何ᄒᆞᆫ通知催告도無ᄒᆞ고月月年年으로利息을元金에筭入ᄒᆞ게ᄒᆞ면債務者ᄂᆞᆫ意外의事를當ᄒᆞᆷ과如ᄒᆞᆫ念慮가有

니라, 이를 금지하는 것은 때로 당사자의 의사에 반하므로 새로운 민법에서는 이를 금지하지 않는다. 다만 제한이 없을 때는 폐해가 거듭 발생하기에 아래와 같은 조건 아래 복리를 허용한다.

1. 이자가 1년분 이상 연체된 경우

채권자는 욕망의 소치(所致)에서 복리를 부가하여 채무자에게 많은 액수를 요구할 의사를 가지므로, 가령 1분 1리라도 원금에 산입하여 이자를 발생토록 하려 한다. 오늘의 이자를 내일의 원금에 산입하고, 이번 달의 이자를 다음 달의 원금에 산입하면, 채권자에게는 이익이 되나, 채무자에게는 불공평한 우려가 있다. 그러므로 채권자가 이자를 발생하게 하는 채권에 채무자가 그 이자를 1년 이상 연체하였을 때에 비로소 원금에 산입할 수 있게 하는 것이다.

2. 이자가 1년 이상 연체되어 채권자가 최고를 하였으나, 채무자가 그 이자를 지급하지 않는 경우

복리를 부가할 경우에 채권자가 채무자에게 어떠한 통지·최고도 없이 매월 매년으로 이자를 원금에 산입하게 하면, 채무자는 의외의 일을 당하는 것과 같은 우려가 있

ᄒᆞᆫ故로此重利를加ᄒᆞᆷ에當ᄒᆞ야ᄂᆞᆫ以上의二條件을附ᄒᆞ야此二條件에欠缺이有ᄒᆞᆫ時ᄂᆞᆫ雖既加ᄒᆞᆫ重利라도其効力이不生케ᄒᆞᄂᆞ니라換言ᄒᆞᆯ진대假令年年히利息을支撥ᄒᆞᆯ境遇에ᄂᆞᆫ其利息을支撥ᄒᆞᆯ期限에至ᄒᆞ야債權者로브터一次催告을行ᄒᆞ야도債務者가尙且支撥치아니ᄒᆞᄂᆞᆫ時ᄂᆞᆫ卽時此를元金에筭入ᄒᆞᆷ을可得ᄒᆞᆯ지오又月月히利息을支撥ᄒᆞᆯ境遇에ᄂᆞᆫ十二個月間은假令債務者가利息을支撥치아니ᄒᆞᄂᆞᆫ事가有ᄒᆞᆯ지라도元金에筭入ᄒᆞᆷ은不得ᄒᆞᆯ지니라十二個月前이라도一個月로其利息의支撥時期를定ᄒᆞᆫ時ᄂᆞᆫ每月末에督促ᄒᆞᆷ을可得ᄒᆞᆷ은無論이오或利息에만關ᄒᆞ야强制執行을行ᄒᆞᆷ을可得ᄒᆞᆷ은無論이라然이나延滞利息이業已十二箇月分에及ᄒᆞ야債權者가一次催告ᄒᆞᆯ지라도尙且支撥치아니ᄒᆞᄂᆞᆫ時ᄂᆞᆫ卽時元金에筭入ᄒᆞ야重利를附ᄒᆞᆷ을可得ᄒᆞᆯ지니라

第四節 選擇債權

選擇債權이란者ᄂᆞᆫ債權의目的이二箇以上이有ᄒᆞ야當事者의一方或第三者의選擇을依ᄒᆞ야其一箇의給付로써債務를履行ᄒᆞᄂᆞᆫ者ㅣ니假令債務者가債權者의게對ᄒᆞ야馬나或牛를給與ᄒᆞ기로約束ᄒᆞ거나又ᄂᆞᆫ米千石이나金千圓을給與

다. 따라서 이 복리를 부가하는 경우에는 이상의 두 번째 조건을 덧붙여, 이 두 번째 조건에 흠결이 있는 때는, 비록 이미 부가한 복리라도 그 효력이 발생하지 않게 한다. 바꾸어 말하면, 가령 매년 이자를 지급할 경우에는, 그 이자를 지급할 기한에 이르러 채권자가 1차 최고를 하여도 채무자가 여전히 지급하지 않을 때는 곧바로 이를 원금에 산입할 수 있다. 또 매월 이자를 지급할 경우에는 12개월 동안 가령 채무자가 이자를 지급하지 않더라도 원금에 산입할 수 없다.* 그러나 연체이자가 이미 12개월분에 달해 채권자가 1차 최고를 하였어도 여전히 지급하지 않을 때는, 즉시 원금에 산입하여 복리를 덧붙일 수 있는 것이다.

제4절 선택채권

선택채권이란 채권의 목적이 2개 이상이 있어서 당사자의 일방 또는 제3자의 선택에 따라 하나의 급부로 채무를 이행하는 것이다. 가령 채무자가 채권자에 대해 말(馬)이나, 소(牛)를 급여하기로 약속하거나, 또는 쌀 1,000석이나 일금 1,000원을 급여

---

* 12개월 전이라도 1개월로 그 이자의 지급시기를 정하였을 때는, 매월 말에 독촉할 수 있는 것은 물론이고, 때로 이자에 관해서만 강제집행을 할 수 있는 것도 물론이다.

ᄒᆞ기로約束홈과如ᄒᆞᆫ境遇가是ㅣ라然이나從來로選擇債權의性質에關ᄒᆞ야ᄂᆞᆫ衆說이紛紜ᄒᆞ니今에其學說을列擧ᄒᆞ야將來斯學에從事ᄒᆞᄂᆞᆫ者의材料에供코져ᄒᆞ노라

第一說　選擇債權은同時에數箇의給付ᄅᆞᆯ目的ᄒᆞᄂᆞᆫ者ㅣ라然이나債務者ᄂᆞᆫ數箇의給付中一箇의給付ᄅᆞᆯ履行ᄒᆞ야其債務ᄅᆞᆯ得免ᄒᆞᄂᆞᆫ者ㅣ라ᄒᆞ며

第二說　選擇債權은數箇給付中에選擇을依ᄒᆞ야其目的이確定ᄒᆞᄂᆞᆫ者ㅣ라故로選擇을行ᄒᆞ기前에ᄂᆞᆫ數箇給付中에何給付던지債權의目的을不成ᄒᆞᆫ者ㅣ라ᄒᆞ며

第三說　選擇債權은數箇의債權이라其一을行使ᄒᆞ면其行使ᄅᆞᆯ依ᄒᆞ야他債權은同時에消滅ᄒᆞᄂᆞᆫ者ㅣ라ᄒᆞ며

第四說　選擇債權은數箇의債權이라其一을行使ᄒᆞ면其行使行爲ᄂᆞᆫ他債權을消滅ᄒᆞᄂᆞᆫ者ㅣ라ᄒᆞᄂᆞ니라

以上四說의主張ᄒᆞᄂᆞᆫ바ᄂᆞᆫ各各其一理가不無호대各國民法에ᄂᆞᆫ第二說을採用ᄒᆞᄂᆞᆫ者가甚多ᄒᆞ니라日本新民法도此第二學說을採用ᄒᆞ야第四百六條에「債

하기로 약속하는 것 같은 경우가 이에 해당한다. 그러나 예부터 선택채권의 성질에 관해서는 학설이 분분하다. 이제 그 학설을 열거하여 장래 이 학문에 종사하려는 사람의 자료로 제공하고자 한다.

① 제1설: 선택채권은 동시에 여러 개의 급부를 목적으로 한다. 그러나 채무자는 여러 개의 급부 중 한 개의 급부를 이행하여 그 채무를 면할 수 있다.

② 제2설: 선택채권은 여러 개의 급부 중에서 선택에 따라 그 목적이 확정되는 것이다. 따라서 선택하기 전에는 여러 개의 급부 중에서 어느 것을 급부하든지 채권의 목적을 이룰 수 없다.

③ 제3설: 선택채권은 여러 개의 채권이고, 그중 하나를 행사하면 그 행사에 따라 다른 채권은 동시에 소멸되는 것이다.

④ 제4설: 선택채권은 여러 개의 채권이고, 그중 하나를 행사하면 그 행사행위는 다른 채권을 소멸하게 하는 것이다.

이상의 네 가지 학설의 주장하는 바는 각각 그 이치가 없지 않으나, 각국 민법에서는 제2설을 채택하는 경우가 매우 많다. 일본 민법도 이 제2설을 채택하여 제406조에 "채

權의目的이數箇給付中에選擇을依ᄒᆞ야可定ᄒᆞᆯ時ᄂᆞᆫ」이라規定ᄒᆞ얏시나然이나此에對ᄒᆞ야도亦學者의反對가不無ᄒᆞ니假令斯法에有名ᄒᆞᆫ梅博士의所著民法要義中에選擇債權은附條件數箇債權이라說明ᄒᆞᆷ과如ᄒᆞᆫ者ㅣ是라（梅博士所著民法要義第四百六條解釋叅照）

選擇債權이物로써目的ᄒᆞᄂᆞᆫ時ᄂᆞᆫ其目的物이特定物되ᄂᆞᆫ時도有ᄒᆞ며不特定物되ᄂᆞᆫ時도有ᄒᆞ니假令債務者가債權者의게對ᄒᆞ야其所持ᄒᆞᆫ時計나或磁石을給與ᄒᆞᆯ事로約束ᄒᆞᆫ時ᄂᆞᆫ其選擇債權의目的은特定物이로대債務者가馬나或牛를給與ᄒᆞᆯ事로約束ᄒᆞᆫ時ᄂᆞᆫ其選擇債權의目的은不特定物이니라

債權法上에選擇債權과酷似ᄒᆞᆫ任意債務라ᄒᆞᄂᆞᆫ者ㅣ有ᄒᆞ니盖此任意債務의境遇에ᄂᆞᆫ債權의目的이確定ᄒᆞᆫ者ㅣ로대債務者ᄂᆞᆫ他給付를履行ᄒᆞ야債務를得免ᄒᆞᆯ權利가有ᄒᆞᆫ者ㅣ라假令債務者가馬를與ᄒᆞᆯ境遇에馬代에鹿을與ᄒᆞ야써其債務를得免ᄒᆞᄂᆞᆫ權利가有ᄒᆞᆫ者의類가是라然이나此任意債務ᄂᆞᆫ其性質이債權의代物辨償을豫約ᄒᆞᆷ과差異가毫無ᄒᆞᆷ으로近來의新進ᄒᆞᆫ法典에ᄂᆞᆫ特別히此任意債務를規定치아니ᄒᆞᄂᆞ니라

권의 목적이 여러 개의 급부 중에서 선택에 따라 정해질 수 있는 때는"이라고 규정하였다. 그러나 이에 대해서도 또한 학자의 반대가 없지 않다. 가령 이 법에 유명한 우매(梅) 박사의 저서 민법요의(民法要義) 중에 선택채권은 조건부의 여러 개의 채권이라고 설명하는 것 같은 경우가 이에 해당한다(우매 박사 저서 민법요의 제406조 해석 참조*).

선택채권이 물건을 목적으로 할 때는, 그 목적물이 특정물이었을 때도 있으며 불특정물로 되는 때도 있다. 가령 채무자가 채권자에 대해 소지하고 있는 시계나 자석(磁石)을 급여할 것을 약속하였을 때는, 그 선택채권의 목적은 특정물이다. 그러나 채무자가 말이나 소를 급여할 것을 약속하였을 때는 그 선택채권의 목적은 불특정물이다.

채권법상 선택채권과 아주 비슷한 임의채무라고 하는 것이 있다. 대개 이 임의채무의 경우에는, 채권의 목적은 확정되어 있으나 채무자가 다른 급부를 이행하여 채무를 면할 수 있는 권리를 가진다. 가령 채무자가 말을 급여할 경우에 말 대신 사슴을 급여하여 그 채무를 면할 수 있는 권리를 가지는 경우가 이에 해당한다. 그러나 이 임의채무는 그 성질이 채권의 대물변제를 예약한 것과 차이가 거의 없으므로, 근래의 새로운 법전에서는 특별히 이 임의채무를 규정하지 않고 있다.

---

* 역자 주: 梅謙次郎, 『民法要義』 卷之三(和仏法律學校, 明治 30年〈1897〉), 27頁 이하.

選擇債務ᄂᆞᆫ此를附停止條件債權과混合치아니홈을要ᄒᆞᄂᆞ니라何故오選擇債務境遇에ᄂᆞᆫ債務者가債務를負擔ᄒᆞ고負擔치아니홈이不確定에關係가有ᄒᆞᆫ者ㅣ아니라其目的이數箇가有홈으로其數個給付中에何給付가目的됨이不確定에不過호대是와相反ᄒᆞ야附停止條件債權은債務者가債務를負擔ᄒᆞ고負擔치아니홈이姑且不確定홈에在ᄒᆞᆫ所以니라

選擇債務境遇에債權의目的은數箇給付中으로選擇을依ᄒᆞ야可定ᄒᆞᆯ事ᄂᆞᆫ以上에略述홈과如ᄒᆞ거니와此境遇에其債權의目的을確定ᄒᆞ기爲ᄒᆞ야數箇目的을一箇로選擇ᄒᆞᄂᆞᆫ權은何人의게在ᄒᆞᆯ者歟아換言ᄒᆞᆯ진대卽選擇權이當事者何便에在ᄒᆞᆯ가ᄒᆞᄂᆞᆫ問題에至ᄒᆞ야ᄂᆞᆫ其法理를深究ᄒᆞᆯ趣味가頗有ᄒᆞ니라盖多數의境遇ᄂᆞᆫ當事者或第三者가明示或默認의契約으로定ᄒᆞᆯ者ㅣ나然이나若契約上에選擇權이何人의게在홈을定치아니ᄒᆞᆫ境遇에至ᄒᆞ야法律의規定이無ᄒᆞᆯ진대何人으로ᄒᆞ야곰選擇ᄒᆞᆯ바를不知ᄒᆞᆯ지니故로選擇權이何人의게在홈을法律에豫定홈은大槩各國의法典이均一ᄒᆞᆫ바ㅣ니라若契約當時에當事者가選擇權이何人의게在홈을特別히定치아니ᄒᆞᆫ時ᄂᆞᆫ法律이其選擇權은其目的의履行者卽債

선택채무는 이를 정지조건부 채권과 혼동해서는 안 된다. 왜냐하면 선택채무의 경우에는 채무자가 채무를 부담하고 부담하지 않는 것이 목적의 불확정과 관계가 있는 것이 아니라, 그 목적이 여러 개가 있어서 그 여러 개의 급부 중에서 어떤 급부가 목적으로 될 것인가가 불확정한 것에 불과하나, 이에 반해 정지조건부 채권은 채무자가 채무를 부담하고 부담하지 않는 것이 일시 불확정한 것에 있기 때문이다.

선택채무의 경우에 채권의 목적은 여러 개의 급부 중에서 선택에 따라 정해질 수 있는 것은 이상에서 약술한 바와 같다. 그러나 이 경우에 그 채권의 목적을 확정하기 위해 여러 개의 목적을 한 개로 선택하는 권리는 누구에게 있는 것인가? 즉 바꾸어 말하자면 선택권이 당사자 어느 쪽에 있는가 하는 문제에 관해서는 그 법리를 탐구할 흥미가 매우 많다. 대개 다수의 경우에는 당사자 또는 제3자가 명시 또는 묵시의 계약으로 정해진다. 그러나 만약 계약에서 선택권이 누구에게 있는가를 정하지 아니한 경우에는, 법률의 규정이 없다면 누가 선택할 것인가를 알 수 없다. 따라서 선택권이 누구에게 있는가를 법률로 예정하는 것은 대개 각국의 법전이 한결같다. 만약 계약 당시에 당사자가 선택권이 누구에게 있는가를 특별히 정하지 아니하였을 때는, 법률이 그 선택권은 목적의 이행자 즉 채

務者의意思에在ᄒᆞᆷ으로認ᄒᆞᄂᆞ니其理由ᄂᆞᆫ無他ㅣ라契約當時에債權者ᄂᆞᆫ能히自己의欲ᄒᆞᄂᆞᆫ바ᄅᆞᆯ定ᄒᆞ야債權을成立케ᄒᆞᆯ것이어ᄂᆞᆯ債權者가其目的을確定치아니ᄒᆞ야選擇의餘地ᄅᆞᆯ置ᄒᆞᆷ은其選擇權을債務者의게任ᄒᆞᆫ者ㅣ라推測ᄒᆞᆷ이穩當ᄒᆞᆯ지로다或選擇債權에選擇權이債務者의게在ᄒᆞᆫ理由ᄅᆞᆯ說明ᄒᆞ야曰凡事實이有疑ᄒᆞᆫ境遇의契約은債務者의利益便으로解釋ᄒᆞᆷ이原則이라故로選擇權은元來債務者의게屬ᄒᆞᆫ者ㅣ아니로대此解釋의原則을適用ᄒᆞ야不可不債務者의게在ᄒᆞᆫ者ㅣ라ᄒᆞᆷ이妥當ᄒᆞ다ᄒᆞ나然이나元來法律은契約當事者中에唯獨債務者一便을特히保護ᄒᆞᆯ理由가無ᄒᆞᆯᄲᅮᆫ아니라法律의公平을失ᄒᆞᆯ念慮가有ᄒᆞ고又或人은自由物이라義務ᄅᆞᆯ負ᄒᆞᆷ은天性에反ᄒᆞᄂᆞᆫ故로義務者ᄅᆞᆯ保護ᄒᆞᆷ이妥當ᄒᆞ다ᄒᆞ나然이나此ᄂᆞᆫ法律上言論이아니오無理由ᄒᆞᆫ斷言이라故로以上과如히解釋ᄒᆞᆷ이穩當ᄒᆞᆯ지로다

選擇債權이債權者又債務者卽當事者一便에屬ᄒᆞᆫ時ᄂᆞᆫ其選擇權을行使ᄒᆞᆷ에不能될境遇가無ᄒᆞᆯ지라何故오當事者가死亡ᄒᆞᄂᆞᆫ時ᄂᆞᆫ其相續人이其選擇權을行使ᄒᆞᆷ을可得ᄒᆞᆯ지오又當事者가無能力者ᄅᆞᆯ成ᄒᆞᄂᆞᆫ時ᄂᆞᆫ其法定代理人이其選擇

무자의 의사에 있는 것으로 인정한다. 그 이유는 다름이 아니라, 계약 당시 채권자는 능히 자기가 의욕하는 바를 정해 채권을 성립시킨 것인데, 채권자가 그 목적을 확정하지 않고 선택의 여지를 둔 것은, 그 선택권을 채무자에게 맡긴 것으로 추측하는 것이 온당하기 때문이다. 어떤 사람은 선택채권에서 선택권이 채무자에게 있는 이유를 설명하여 말하기를 "무릇 사실에 의심이 있는 경우의 계약은, 채무자의 이익 쪽으로 해석하는 것이 원칙이다. 따라서 선택권은 원래 채무자에게 속하는 것은 아니나, 이 해석 원칙을 적용하여 부득이 채무자에게 있다고 해야 하는 것이 타당하다"라고 한다. 그러나 원래 법률은 계약당사자 중에 오로지 채무자 일방을 특히 보호할 이유가 없을 뿐만 아니라, 이는 법률의 공평을 상실할 우려가 있다. 또 어떤 사람은 자유물이라서 의무를 부담하는 것은 천성에 반하고 이에 따라 의무자를 보호하는 것이 타당하다고 한다. 그러나 이는 법률상의 논쟁이 아니고 이유 없는 단언이다. 따라서 이상과 같이 해석하는 것이 온당하다.

선택채권이 채권자와 채무자 즉 당사자 일방에게 속할 때는, 그 선택권을 행사하는 것이 불능으로 될 경우가 없을 것이다. 왜냐하면 당사자가 사망하였을 때는 그 상속인이 그 선택권을 행사할 수 있고, 또 당사자가 무능력자로 되었을 때는 그 법정대리인이 그 선택

權을行使홈을可得홀所以니라然이나是와相反ᄒᆞ야第三者가選擇權을行使홀境遇에ᄂᆞᆫ其相續人이當然히其選擇權을行使홈을不得홀지니라

選擇權을有ᄒᆞᆫ者가選擇을行ᄒᆞᆫ時ᄂᆞᆫ債權의目的이確定ᄒᆞᆫ者ㅣ라故其目的이不能되ᄂᆞᆫ時ᄂᆞᆫ債務者가其義務ᄅᆞᆯ得免ᄒᆞ야他給付의履行을不要ᄒᆞ고又選擇後에確定ᄒᆞᆫ給付ᄅᆞᆯ履行ᄒᆞᆫ時ᄂᆞᆫ假令債權者가第三者로브터追奪을受ᄒᆞᆫ時라도債權者ᄂᆞᆫ他給付ᄅᆞᆯ請求홈을不得홀지니라

選擇債權의目的이確定ᄒᆞᄂᆞᆫ境遇卽選擇債權이單一債權을成ᄒᆞᄂᆞᆫ境遇ᄂᆞᆫ惟獨選擇을依ᄒᆞ야生홀뿐아니라其他의原因을依ᄒᆞ야도發生호대爲先選擇權行使의境遇로브터說明홀진대選擇權을行使홀者가選擇을行홈에ᄂᆞᆫ相對者의게對ᄒᆞ야選擇ᄒᆞᆫ意思ᄅᆞᆯ表示홈이可ᄒᆞ니라然이나選擇을行홀者가第三者되ᄂᆞᆫ時ᄂᆞᆫ選擇ᄒᆞᆫ意思ᄅᆞᆯ債權者及債務者의게對ᄒᆞ야表示홈이可ᄒᆞ니라

選擇權을行코져ᄒᆞᄂᆞᆫ者ᄂᆞᆫ相對者又債權者及債務者의게對ᄒᆞ야選擇의意思ᄅᆞᆯ表示홈을依ᄒᆞ야其効力을生ᄒᆞᄂᆞᆫ者ㅣ오選擇의意思表示ᄅᆞᆯ受ᄒᆞᆫ者의承諾을要ᄒᆞᄂᆞᆫ者가아니라故로選擇權의行使ᄂᆞᆫ一種의單獨行爲라謂홈을得홀지로다

권을 행사할 수 있기 때문이다. 그러나 이에 반해 제3자가 선택권을 행사할 경우에는 그 상속인이 당연히 그 선택권을 행사할 수는 없다.

선택권을 가진 자가 선택했을 때는 채권의 목적이 확정된다. 따라서 그 목적이 불능으로 되는 때는 채무자가 그 의무를 면하게 되고 다른 급부의 이행을 할 필요가 없다. 또 선택 후에 확정된 급부를 이행하였을 때는, 가령 채권자가 제3자로부터 추탈을 받았을 때라도 채권자는 다른 급부를 청구할 수 없다.

선택채권의 목적이 확정되는 경우 즉 선택채권이 단일채권으로 되는 경우는 오직 선택에 따라 발생할 뿐만 아니라 그 밖의 원인에 의해서도 발생하나, 우선 선택권 행사의 경우부터 설명해보면, 선택권을 행사할 자가 선택을 할 때에는 상대방에 대해 선택의 의사를 표시할 수 있다. 그러나 선택하는 자가 제3자인 때는 선택의 의사를 채권자와 채무자에 대해 표시해야 한다.

선택권을 행사하고자 하는 것은, 상대방과 채권자 및 채무자에 대해 선택의 의사를 표시하는 것에 따라 그 효력을 발생하게 하는 것이고, 선택의 의사표시를 받은 자의 승낙이 있어야 하는 것은 아니다. 따라서 선택권의 행사는 일종의 단독행위라고 할 수 있다.

選擇은明示或默示를依ᄒᆞ야定ᄒᆞᄂᆞᆫ事가有ᄒᆞ니假令選擇權을有ᄒᆞᆫ債權者가數箇의給付中의一給付를裁判上及裁判外로請求ᄒᆞ거나又ᄂᆞᆫ債務者가數箇給付中의一給付를提供ᄒᆞ거나其全部或一部를履行ᄒᆞᆫ時等이是라然이나默示의選擇을認ᄒᆞᆯ境遇ᄂᆞᆫ選擇을行ᄒᆞᄂᆞᆫ者가選擇權이自己의게有ᄒᆞᆷ을知ᄒᆞᆫ時에限ᄒᆞᆯ者ㅣ됨은無論이니라

選擇權이其行使를依ᄒᆞ야消滅ᄒᆞᆷ은無論이로대亦拋棄를依ᄒᆞ야도消滅ᄒᆞᄂᆞ니라然而選擇權의拋棄ᄂᆞᆫ債權의拋棄卽免除와同一히相對者의게對ᄒᆞᆫ意思表示를依ᄒᆞ야行ᄒᆞᆷ을要ᄒᆞᄂᆞ니라然이나選擇權은其行使의怠慢을依ᄒᆞ야ᄂᆞᆫ決코消滅ᄒᆞᄂᆞᆫ事가無ᄒᆞᆯ지로다

選擇債權이變ᄒᆞ야單一債權을成ᄒᆞᄂᆞᆫ境遇ᄂᆞᆫ選擇權을行使ᄒᆞᆷ에止ᄒᆞᆯ뿐아니라若債權者及債務者가契約으로써選擇債權을變ᄒᆞ야單一債權으로定ᄒᆞᆯ事를約束ᄒᆞᆫ時ᄂᆞᆫ選擇債權이單一債權으로變ᄒᆞᆷ은無論이오又選擇債權의目的되ᄂᆞᆫ給付中에當事者의게歸責ᄒᆞᆷ을不得ᄒᆞᆯ事由와選擇權을有ᄒᆞᆫ當事者의게歸責ᄒᆞᆷ을可得ᄒᆞᆯ事由를依ᄒᆞ야其給付가單一되ᄂᆞᆫ時도亦選擇債權이單一債權으로變ᄒᆞᆷ

선택은 명시 또는 묵시에 따라 결정되는 경우가 있다. 가령 선택권을 가진 채권자가 여러 개의 급부 중 하나의 급부를 재판상 및 재판외로 청구하거나, 채무자가 여러 개의 급부 중 하나의 급부를 제공하거나 그 전부 또는 일부를 이행할 때 등이 이에 해당한다. 그러나 묵시의 선택을 인정할 경우에는 선택을 하는 자가 선택권이 자기에게 있다는 것을 알았을 때에 한하는 것은 물론이다.

선택권이 그 행사에 따라 소멸하는 것은 물론이고 또한 포기에 의해서도 소멸한다. 그런데 선택권의 포기는 채권의 포기 즉 면제와 마찬가지로 상대방에 대한 의사표시로 해야 한다. 그러나 선택권은 그 행사의 태만에 의해서는 결코 소멸되는 경우는 없다.

선택채권이 변하여 단일채권으로 되는 경우는, 선택권을 행사는 경우에 그칠 뿐만 아니다. 만약 채권자와 채무자가 계약으로 선택채권을 변경하여 단일채권으로 정할 것을 약속하였을 때는, 선택채권이 단일채권으로 변하게 되는 것은 물론이다. 또 선택채권의 목적으로 되는 급부 중에 당사자에게 책임을 돌릴 수 없는 사유와 선택권을 가진 당사자에게 책임을 돌릴 수 있는 사유에 따라 그 급부가 단일한 것으로 되는 때도, 또한 선택채권이 단일채권으로 변하는 것

은再次說明홀處가有홈으로玆에省略ᄒᆞ노라

選擇權을有ᄒᆞᆫ當事者의一便이選擇을行홈은權利오義務가아니니라故로相對者ᄂᆞᆫ此에對ᄒᆞ야選擇權의行使ᄅᆞᆯ强制홈은不得홀지로대選擇權을有ᄒᆞᆫ當事者一便이選擇을不行ᄒᆞᄂᆞᆫ境遇에至ᄒᆞ야相對者로ᄒᆞ야곰他手段이無케ᄒᆞ면此債權은必竟實効가無홈에歸ᄒᆞ야原權利者의게不利益됨이多大홀지로다蓋債權者가選擇權을有ᄒᆞᆫ境遇에債務의辨償期가到來ᄒᆞ야도債權者가選擇을不行ᄒᆞ면債權의目的은確定홈을不得ᄒᆞ야債務者의債務得免홀時期ᄅᆞᆯ難知홀지오又債務者가選擇權을有ᄒᆞᆫ境遇에辨償期가到來ᄒᆞ야도債務者가選擇을不行ᄒᆞ면亦債權의目的은確定홈을不得ᄒᆞ야債權者ᄂᆞᆫ一定ᄒᆞᆫ給付ᄅᆞᆯ請求홀事ᄂᆞᆫ不能ᄒᆞ고但其給付의履行을請求홈에不過홀지라故로債權이辨償期에在ᄒᆞᆫ境遇에相對者가相當ᄒᆞᆫ期間을定ᄒᆞ야催告ᄒᆞ야도選擇權을有ᄒᆞᆫ當事者가其期間以內에選擇을不行ᄒᆞᄂᆞᆫ時ᄂᆞᆫ其選擇權은相對者의게歸ᄒᆞᄂᆞ니라今에當事者一便及第三者가選擇을行홀境遇에選擇을不行ᄒᆞᄂᆞᆫ時ᄂᆞᆫ如何ᄒᆞᆫ結果가生홈을左에說明코져ᄒᆞ노라

은 다시 설명할 곳이 있으므로 여기에서는 생략한다.

선택권을 가진 당사자의 일방이 선택을 하는 것은 권리이지 의무가 아니다. 따라서 상대방은 이에 대해 선택권의 행사를 강제할 수 없다. 그러나 선택권을 가진 당사자 일방이 선택을 하지 않는 경우에 상대방이 다른 수단을 가질 수 없게 한다면, 이 채권은 끝내 실효가 없는 것으로 귀결되어 원 권리자에게 불이익으로 되는 것이 많고 크다. 대개 채권자가 선택권을 가진 경우에 채무의 변제기가 도래해도 채권자가 선택을 하지 아니하면, 채권의 목적은 확정될 수 없어 채무자가 채무를 면할 시기를 알기 어렵게 된다. 또 채무자가 선택권을 가진 경우에 변제기가 도래해도 채무자가 선택을 하지 아니하면, 또한 채권의 목적은 확정될 수 없어 채권자는 일정한 급부를 청구할 수 없게 되고, 다만 그 급부의 이행을 청구하는 것에 불과하게 된다. 따라서 채권이 변제기에 있는 경우에 상대방이 상당한 기간을 정해 최고해도, 선택권을 가진 당사자가 그 기간 이내에 선택하지 않을 때는, 그 선택권은 상대방에게 귀속되는 것이다. 이제 당사자 일방과 제3자가 선택을 할 경우에 선택을 하지 않을 때는, 어떠한 결과가 발생하는가를 다음에 설명하고자 한다.

第一、債務者가選擇權을有ᄒᆞᆫ境遇

債務者가選擇權을有ᄒᆞᆫ境遇에數箇의給付中으로一給付ᄅᆞᆯ履行ᄒᆞᄂᆞᆫ時ᄂᆞᆫ卽選擇權을行使ᄒᆞᆫ者ㅣ나今에若債務者가債務ᄅᆞᆯ履行치아니ᄒᆞ고又選擇을行使치아니ᄒᆞᄂᆞᆫ時ᄂᆞᆫ債權者ᄂᆞᆫ相當ᄒᆞᆫ期間을定ᄒᆞ야其期間以內에選擇을行ᄒᆞᆯ事로債務者의게催告ᄒᆞᆷ을可得ᄒᆞᆯ지라然이나債務者가此催告을受ᄒᆞ고도猶且其相對者의定ᄒᆞᆫ期間內에選擇을不行ᄒᆞᄂᆞᆫ境遇에ᄂᆞᆫ債權者가其選擇權을自行ᄒᆞ야自己의選擇ᄒᆞᆫ給付의履行을債務者의게請求ᄒᆞᆯ지로다此債權者의定ᄒᆞᆫ期間이相當ᄒᆞ고不相當ᄒᆞᆷ에關ᄒᆞ야爭議가有ᄒᆞᆫ時ᄂᆞᆫ裁判所에셔此ᄅᆞᆯ決ᄒᆞᆯ者ㅣ니라

第二、債權者가選擇權을有ᄒᆞᆫ境遇

債權者가選擇權을有ᄒᆞᆫ境遇에選擇權을行使치아니ᄒᆞᄂᆞᆫ時ᄂᆞᆫ債權의目的이確定ᄒᆞᆷ을不得ᄒᆞ야債務者ᄂᆞᆫ債權者의게對ᄒᆞ야債務ᄅᆞᆯ履行ᄒᆞᆯ道理가無ᄒᆞᆷ으로永久히債務ᄅᆞᆯ負擔ᄒᆞᆯ結果가生ᄒᆞᆯ지라故로亦債務者ᄂᆞᆫ相當ᄒᆞᆫ期間을定ᄒᆞ야其期間內에選擇權을行使ᄒᆞ기ᄅᆞᆯ債權者의게催告호대債權者가其選擇權

I. 채무자가 선택권을 가진 경우

채무자가 선택권을 가진 경우에 여러 개의 급부 중에서 하나의 급부를 이행하였을 때는 이것이 선택권을 행사하는 것이다. 그러나 이제 그 채무자가 채무를 이행하지 않고 또 선택권을 행사하지 않을 때는, 채권자는 상당한 기간을 정해 그 기간 이내에 선택권을 행사할 것을 채무자에게 최고할 수 있다. 그런데 채무자가 이 최고를 받고도 여전히 그 상대방이 정한 기간 내에 선택하지 않는 경우에는, 채권자가 그 선택권을 스스로 행사하여 자기가 선택한 급부의 이행을 채무자에게 청구할 수 있다. 이 채권자가 정한 기간이 상당하고 상당하지 아니한가에 관해 다툼이 있는 때는 재판소가 이를 결정한다.

II. 채권자가 선택권을 가진 경우

채권자가 선택권을 가진 경우에 선택권을 행사하지 않을 때는, 채권의 목적이 확정될 수 없어서 채무자는 채권자에 대해 채무를 이행할 도리가 없게 되고, 영구히 채무를 부담하게 되는 결과가 발생한다. 따라서 마찬가지로 채무자는 상당한 기간을 정해 그 기간 내에 선택권을 행사할 것을 채권자에게 최고하고, 채권자가 그 선택권

을倘且行使치아니ᄒᆞᄂᆞᆫ時ᄂᆞᆫ債務者ᄂᆞᆫ自己의選擇ᄒᆞᆫ給付ᄅᆞᆯ履行ᄒᆞ야債務ᄅᆞᆯ得免ᄒᆞᆯ지니라

第三、第三者가選擇權을有ᄒᆞᆫ境遇

第三者가選擇을行使ᄒᆞᆯ境遇에其第三者가死亡或其他事情을依ᄒᆞ야選擇權을行使ᄒᆞ기不能ᄒᆞ거나又ᄂᆞᆫ選擇權을行使ᄒᆞ기ᄅᆞᆯ不肯ᄒᆞᄂᆞᆫ時ᄂᆞᆫ其選擇權이何處에歸着ᄒᆞᆯ者歟아又ᄂᆞᆫ消滅ᄒᆞᆯ者歟아此問題ᄂᆞᆫ多少間理由가有ᄒᆞᆫ問題라蓋索遜民法及普魯西民法等에ᄂᆞᆫ此境遇에當事者ᄂᆞᆫ第三者의選擇을一條件으로認ᄒᆞ야第三者가選擇을不行ᄒᆞ거나不能ᄒᆞᆫ時ᄂᆞᆫ債權은消滅에歸ᄒᆞᄂᆞᆫ者ㅣ라ᄒᆞ나是와相反ᄒᆞ야日本新民法은第三者가選擇에關ᄒᆞ야不能或不肯ᄒᆞᄂᆞᆫ境遇의選擇權은債務者의게歸屬ᄒᆞᆫ다規定ᄒᆞ니라然이나當事者의特別ᄒᆞᆫ意思表示가有ᄒᆞ야第三者의選擇으로써一條件을定ᄒᆞᆫ時ᄂᆞᆫ第三者의選擇의不能及不肯事實은債權을消滅ᄒᆞᄂᆞᆫ者ㅣ라謂ᄒᆞᆯ지오又當事者가第三者로ᄒᆞ야곰選擇을行케ᄒᆞᄂᆞᆫ境遇에其意思가相當ᄒᆞᆫ資格及智識을要ᄒᆞᆷ에在ᄒᆞᆫ時ᄂᆞᆫ以上境遇에選擇權이債務者의게不屬ᄒᆞ고其他同一의資格과相當ᄒᆞᆫ智識이

을 여전히 행사하지 않을 때는, 채무자는 자기가 선택한 급부를 이행하여 채무를 면할 수 있다.

III. 제3자가 선택권을 가진 경우

제3자가 선택권을 행사할 경우에 그 제3자가 사망 또는 그 밖의 사정에 따라 선택권을 행사할 수 없거나, 선택권을 행사하는 것을 수긍하지 않을 때는, 그 선택권은 어느 곳으로 귀착될 것인가? 또는 소멸되는가? 이 문제는 다소 이유가 있는 문제이다. 대개 작센 민법과 프로이센 민법 등에서는, 이 경우에 당사자는 제3자의 선택을 하나의 조건으로 인정하여, 제3자가 선택권을 행사하지 않거나 불능이었을 때는 채권은 소멸하게 된다고 한다. 그러나 이에 반해 일본 신민법은 제3자가 선택에 관해 불능이거나, 수긍하지 않는 경우의 선택권은 채무자에게 귀속한다고 규정하고 있다. 그러나 당사자의 특별한 의사표시가 있어서 제3자의 선택을 하나의 조건으로 정하였을 때는, 제3자의 선택이 불능인 사실 및 수긍하지 않는 사실은 채권을 소멸하게 한다고 할 수 있다. 또 당사자가 제3자에게 선택을 하게 한 경우에, 그 의사에 상당한 자격과 지식이 필요할 때는, 이상의 경우에 선택권이 채무자에게 귀속되지 않고 그 밖의 동일한 자격과 상당한 지식이

有ᄒᆞᆫ第三者의게選擇을行使케ᄒᆞᆷ을可得ᄒᆞᆯ지니라

選擇權을有ᄒᆞᆫ當事者의一便或第三者가選擇을行ᄒᆞᆫ時ᄂᆞᆫ其選擇은債權이發生ᄒᆞ던當時에遡及ᄒᆞ야效力을生ᄒᆞ고其選擇된給付ᄂᆞᆫ債權의目的物을始成ᄒᆞᆯ지라故로選擇權을有ᄒᆞᆫ者가特定ᄒᆞᆫ馬一匹或鹿一頭를債權者의게給與ᄒᆞᆯ境遇에選擇을依ᄒᆞ야馬一匹이債權의目的을成ᄒᆞᄂᆞᆫ時ᄂᆞᆫ其馬가契約當時에遡及ᄒᆞ야債權의目的을成ᄒᆞᆷ과如ᄒᆞᆫ者ㅣ是라然이나選擇의結果로第三者의權利를妨害ᄒᆞᆷ은不得ᄒᆞᄂᆞ니라

債權의目的되ᄂᆞᆫ數箇給付中에或給付가自初로不能되ᄂᆞᆫ時ᄂᆞᆫ債權은其餘存ᄒᆞᆫ給付에就ᄒᆞ야成立ᄒᆞᄂᆞ니何故오盖當事者가法律行爲를行ᄒᆞᆷ에當ᄒᆞ야此事實을知ᄒᆞᆫ時ᄂᆞᆫ債權이其餘存ᄒᆞᆫ給付에成立ᄒᆞᄂᆞᆫ意思를有ᄒᆞᆫ事가通常되ᄂᆞᆫ所以니라然이나債權의目的되ᄂᆞᆫ數箇給付中에或給付가追後에至ᄒᆞ야不能되ᄂᆞᆫ境遇ᄂᆞᆫ不可不區別ᄒᆞ야說明ᄒᆞᆷ을要ᄒᆞᆯ지로다

第一、當事者의게歸責ᄒᆞᆷ을不得ᄒᆞᆯ事由又ᄂᆞᆫ選擇權을有ᄒᆞᆫ當事者의게歸責ᄒᆞᆷ을可得ᄒᆞᆯ事由에基因ᄒᆞ야給付의不能을生ᄒᆞᆫ時

있는 제3자에게 선택권을 행사하게 할 수 있다.

선택권을 가진 당사자의 일방 또는 제3자가 선택을 하였을 때는 그 선택은 채권이 발생한 당시에 소급하여 효력이 발생하고, 그 선택된 급부는 처음부터 채권의 목적물로 된다. 따라서 선택권을 가진 자가 특정한 말 1필 또는 사슴 1마리를 채권자에게 급여할 경우에, 선택에 따라 말 1필이 채권의 목적으로 되었을 때는, 그 말이 계약 당시에 소급하여 채권의 목적으로 되는 것 같은 경우가 이에 해당한다. 그러나 선택의 결과에 따라 제3자의 권리를 방해할 수는 없다.

채권의 목적이 되는 여러 개의 급부 중에 때로 처음부터 불능이었을 때는, 채권은 그 나머지 남은 급부에 대해 성립한다. 왜냐하면 대체로 당사자가 법률행위를 할 경우에 이 사실을 알았을 때는, 채권을 그 나머지 남은 급부에 대해 성립시키려는 의사를 가진다고 보는 것이 통상이기 때문이다. 그러나 채권의 목적이 되는 여러 개의 급부 중에 때로 급부가 나중에 불능으로 된 경우는 부득이 구분해서 설명해야 한다.

I. 당사자에게 책임을 돌릴 수 없는 사유 또는 선택권을 가진 당사자에게 책임을 돌릴 수 있는 사유에 따라 급부의 불능이 발생하였을 때

數箇給付中에或給付가當事者의게歸責홈을不得홀事由假令天災及其他事變을依ᄒᆞ야不能되ᄂᆞᆫ時ᄂᆞᆫ債權이其餘存ᄒᆞᆫ給付에就ᄒᆞ야成立홀지라故로當事者의게歸責홈을不得홀事由에基因ᄒᆞ야數箇給付中에或給付가不能되ᄂᆞᆫ境遇에ᄂᆞᆫ債權者가其損失을負擔홀지로대債務者가選擇權을有ᄒᆞᆫ境遇에債務者의게歸責홈을可得홀事由에基因ᄒᆞ야給付에不能을生ᄒᆞᆫ時ᄂᆞᆫ債務者ᄂᆞᆫ不能된給付를選擇ᄒᆞ고自己의게歸責홀事由에基因ᄒᆞᆫ債權者의損害를賠償ᄒᆞ야債務를得免치못홀者ㅣ되ᄂᆞᆫ故로반다시餘存ᄒᆞᆫ給付를履行홀지오又債權者가選擇權을有ᄒᆞᆫ境遇에債權者의게歸責홀事由에基因ᄒᆞ야數箇의給付中或給付에不能을生ᄒᆞᆫ時ᄂᆞᆫ債權은餘存ᄒᆞᆫ他給付에就ᄒᆞ야成立되ᄂᆞᆫ故로債權者가其餘存ᄒᆞᆫ給付를請求홈은可得홀지로대不能된給付를選擇ᄒᆞ야債務者의게負擔될損害가有ᄒᆞᆫ時ᄂᆞᆫ其損害를賠償ᄒᆞᄂᆞᆫ義務ᄂᆞᆫ得免치못홀지니라

第二、選擇權을不有ᄒᆞᆫ當事者의過失을依ᄒᆞ야數箇給付中에或給付가不能된時

右境遇ᄂᆞᆫ選擇債權에影響을及ᄒᆞᄂᆞᆫ事가別無홀지로다今에更히二箇의境遇

여러 개의 급부 중에 때로 급부가 당사자에게 책임을 돌릴 수 없는 사유, 가령 천재(天災)와 그 밖의 사변에 의해 불능으로 되었을 때는, 채권이 그 나머지 남은 급부에 대해 성립한다. 따라서 당사자에게 책임을 돌릴 수 없는 사유에 따라 여러 개의 급부 중에 때로 급부가 불능으로 되었을 경우에는, 채권자가 그 손실을 부담한다. 그러나 채무자가 선택권을 가진 경우에 채무자에게 책임을 돌릴 수 있는 사유에 따라 급부에 불능이 발생하였을 때는, 채무자는 불능으로 된 급부를 선택하고 자기에게 책임을 돌릴 수 있는 사유에 따라 채권자의 손해를 배상하고 채무를 면할 수 없게 된다. 따라서 반드시 나머지 남은 급부를 이행해야 한다. 또 채권자가 선택권을 가진 경우에 채권자에게 책임을 돌릴 수 있는 사유에 따라 여러 개의 급부 중 때로 급부에 불능이 발생하였을 때는, 채권은 나머지 남은 그 밖의 급부에 관해 성립한다. 따라서 채권자가 그 나머지 남은 급부를 청구할 수 있으나, 불능으로 된 급부를 선택하여 채무자가 부담하게 될 손해가 있는 때는, 그 손해를 배상하는 의무는 면할 수 없다.

II. 선택권을 보유하지 아니한 당사자의 과실에 따라 여러 개의 급부 중에 때로 급부가 불능으로 된 때

위 경우는 선택채권에 영향을 미치는 일이 따로 없다. 이제 다시 두 가지 경우

를區分ᄒᆞ야說明ᄒᆞᆯ진대

〔甲〕選擇權을不有ᄒᆞᆫ債權者의過失을依ᄒᆞ야數箇給付中에或給付가不能된境遇、此境遇에選擇權을有ᄒᆞᆫ債務者가不能된給付를選擇ᄒᆞᆫ時ᄂᆞᆫ實際에何等給付를不行ᄒᆞᆯ지라도其債務를得免ᄒᆞᆯ지니라何故오此境遇ᄂᆞᆫ債務者의게歸責ᄒᆞᆷ을不得ᄒᆞᆯ事由에基因ᄒᆞ야給付의不能을生케ᄒᆞᆫ所以,니라然이나是와相反ᄒᆞ야債務者가他餘存ᄒᆞᆫ給付를選擇ᄒᆞᆫ時ᄂᆞᆫ其給付를履行ᄒᆞᆯ지로대債權者의게歸責ᄒᆞᆯ事由에基因ᄒᆞ야給付에不能을生ᄒᆞᆷ으로損害를被ᄒᆞᆫ事가有ᄒᆞ면其損害의賠償을債權者의게對ᄒᆞ야請求ᄒᆞᆷ을可得ᄒᆞᆯ지니라

〔乙〕選擇權을不有ᄒᆞᆫ債務者의過失을依ᄒᆞ야數箇給付中에或給付가不能된境遇、此境遇에選擇權을有ᄒᆞᆫ債權者가餘存ᄒᆞᆫ給付를選擇ᄒᆞᆫ時ᄂᆞᆫ債務者ᄂᆞᆫ其給付를履行ᄒᆞᆷ이當然호대若債權者가不能된給付를選擇ᄒᆞᆫ時ᄂᆞᆫ債務者ᄂᆞᆫ自責에可歸ᄒᆞᆯ事由를依ᄒᆞ야給付의不能을致ᄒᆞᆫ者ㅣ되ᄂᆞᆫ故로債權者의게對ᄒᆞ야損害賠償의責任을得免치못ᄒᆞᆯ지니라要컨ᄃᆡ右境遇에選擇權을有ᄒᆞᆫ債權者ᄂᆞᆫ其選擇을依ᄒᆞ야損害賠償或餘存給付中에其一을請求ᄒᆞᆷ을

를 구분하여 설명한다.

〈1〉 선택권을 보유하지 아니한 채권자의 과실에 따라 여러 개의 급부 중에 때로 급부가 불능으로 된 경우

이 경우에 선택권을 가진 채무자가 불능으로 된 급부를 선택하였을 때는, 실제로 어떠한 급부를 이행하지 않더라도 그 채무를 면할 수 있다. 왜냐하면 이 경우는 채무자에게 책임을 돌릴 수 없는 사유에 따라 급부의 불능이 발생하였기 때문이다. 그러나 이에 반해 채무자가 그 밖의 나머지 남은 급부를 선택하였을 때는, 그 급부를 이행해야 한다. 그러나 채권자에게 책임을 돌릴 수 있는 사유에 따라 급부에 불능이 발생하였기 때문에, 손해를 입은 일이 있으면 그 손해배상을 채권자에 대해 청구할 수 있다.

〈2〉 선택권을 보유하지 아니한 채무자의 과실에 따라 여러 개의 급부 중에 때로 불능으로 된 경우

이 경우에 선택권을 가진 채권자가 나머지 남은 급부를 선택하였을 때는, 채무자는 그 급부를 이행하는 것이 당연하다. 그러나 만약 채권자가 불능으로 된 급부를 선택하였을 때는, 채무자는 자기에게 책임으로 돌릴 수 있는 사유에 따라 급부의 불능을 일으킨 것이다. 따라서 채권자에 대해 손해배상책임을 면할 수 없다. 요컨대 위 경우에 선택권을 가진 채권자는 그 선택에 따라 손해배상 또는 나머지 남은 급부 중에서 그 하나를 청구할 수

可得ᄒᆞᆯ者ㅣ니라

以上에略述ᄒᆞᆫ바ᄂᆞᆫ選擇債權의目的되ᄂᆞᆫ數箇給付中에或給付가自初로不能되ᄂᆞᆫ境遇及追後로不能되ᄂᆞᆫ境遇에關ᄒᆞᆫ說明이라然이나若選擇債權의目的되ᄂᆞᆫ數箇의給付가自初로悉皆不能되ᄂᆞᆫ境遇及追後로悉皆不能되ᄂᆞᆫ境遇에至ᄒᆞ야ᄂᆞᆫ一般原則을依ᄒᆞ야解決ᄒᆞᆯ問題라假令數箇의給付가自初로悉皆不能되ᄂᆞᆫ境遇ᄂᆞᆫ選擇債權이發生ᄒᆞᆷ을不得ᄒᆞᆯ지오又選擇債權이發生ᄒᆞᆫ後에債權者의게歸責ᄒᆞᆯ事由ᄅᆞᆯ依ᄒᆞ야數箇의給付가悉皆不能되ᄂᆞᆫ境遇ᄂᆞᆫ債務者가完全히其債務ᄅᆞᆯ得免ᄒᆞᆯ뿐아니라債權者의게歸責ᄒᆞᆯ事由ᄅᆞᆯ依ᄒᆞ야給付의不能을生ᄒᆞᆷ으로損害ᄅᆞᆯ被ᄒᆞᆫ事가有ᄒᆞ면債務者ᄂᆞᆫ債權者의게對ᄒᆞ야損害賠償을請求ᄒᆞᆯ者ㅣ니라然이나是와相反ᄒᆞ야債務者의게歸責ᄒᆞᆯ事由ᄅᆞᆯ依ᄒᆞ야數箇의給付가悉皆不能되ᄂᆞᆫ境遇ᄂᆞᆫ選擇權을有ᄒᆞᆫ債務者ᄂᆞᆫ其選擇ᄒᆞᄂᆞᆫ給付에就ᄒᆞ야損害ᄅᆞᆯ賠償ᄒᆞ고其債務ᄅᆞᆯ得免ᄒᆞᆯ지오又選擇權을有ᄒᆞᆫ債權者ᄂᆞᆫ其選擇ᄒᆞᄂᆞᆫ給付에就ᄒᆞ야債務者의게對ᄒᆞ야損害賠償을請求ᄒᆞᆷ을可得ᄒᆞᆯ지니라

第四章 債權의効力

있는 것이다.

이상에서 약술한 바는 선택채권의 목적이 되는 여러 개의 급부 중에 때로 급부가 처음부터 불능으로 된 경우와 나중에 불능으로 된 경우에 관한 설명이다. 그러나 만약 선택채권의 목적이 되는 여러 개의 급부가 처음부터 모두 불능으로 된 경우 및 나중에 모두 불능으로 된 경우에는 일반원칙에 따라 해결할 문제이다. 가령 여러 개의 급부가 처음부터 모두 불능으로 된 경우에는, 선택채권이 발생할 수 없다. 또 선택채권이 발행한 후에 채권자에게 책임을 돌릴 수 있는 사유에 따라 여러 개의 급부가 모두 불능으로 된 경우에는, 채무자가 완전히 그 채무를 면할 수 있다. 그뿐만 아니라 채권자에게 책임을 돌릴 수 있는 사유에 따라 급부의 불능이 발생하여 손해를 입은 일이 있으면, 채무자는 채권자에 대해 손해배상을 청구할 수 있다. 그러나 이에 반해 채무자에게 책임을 돌릴 수 있는 사유에 따라 여러 개의 급부가 모두 불능으로 된 경우에는, 선택권을 가진 채무자는 그 선택하는 급부에 대해 손해를 배상하고 그 채무를 면할 수 있고, 또 선택권을 가진 채권자는 그 선택하는 급부에 대해 채무자에 대해 손해배상을 청구할 수 있다.

제4장 채권의 효력

第一節 履行

凡債權은他人의게對ᄒᆞ야行爲의作爲不作爲를要求ᄒᆞᄂᆞᆫ權利라故로元來其効力은履行을請求ᄒᆞᆷ에在ᄒᆞ다謂ᄒᆞᆯ지니履行에關ᄒᆞ야ᄂᆞᆫ其處所와時期의區別이有ᄒᆞᆷ으로其區別을從ᄒᆞ야以下에說明코져ᄒᆞ노라

第一、履行의處所

履行의處所ᄂᆞᆫ債務者가其負擔ᄒᆞᆫ給付를不可不行ᄒᆞᆯ處所오亦債權者가債務者로브터債務의履行을不可不受ᄒᆞᆯ處所를指ᄒᆞᆷ이라履行의處所ᄂᆞᆫ債務者의負擔ᄒᆞᆫ給付의性質上으로브터的定되ᄂᆞᆫ事도有ᄒᆞ며（假令不動産을目的ᄒᆞᄂᆞᆫ債務의履行은其不動産所在地에就ᄒᆞ야履行ᄒᆞᆯ者와如ᄒᆞᆫ者ㅣ라）又ᄂᆞᆫ當事者의明示或默示의意思表示를依ᄒᆞ야履行의處所를豫定ᄒᆞᆯ時도有ᄒᆞ나給付의性質及當事者의特別意思에所定이無ᄒᆞᆫ時ᄂᆞᆫ債權이發生ᄒᆞ던當時에其物이存在ᄒᆞ던處所와債權者의住所에서其負擔ᄒᆞᆫ債務를履行ᄒᆞᆯ지니假令賣主가或倉庫에積在ᄒᆞᆫ白米를悉皆賣却ᄒᆞᆯ事로約束ᄒᆞᆫ時ᄂᆞᆫ其倉庫에就ᄒᆞ야白米의傳授를行ᄒᆞᆯ者ㅣ오又金錢을借受ᄒᆞᆫ借主가別로當事者間에履行處所에

제1절 이행

무릇 채권은 다른 사람에 대해 행위의 작위·부작위를 요구하는 권리이다. 따라서 원래 그 효력은 이행을 청구하는 것에 있다고 말할 수 있다. 이행에 관해서는 그 장소와 시기의 구별이 있으므로, 그 구별에 따라 아래에서 설명하고자 한다.

I. 이행의 장소

이행의 장소는 채무자가 그 부담한 급부를 마땅히 행할 장소이고, 또한 채권자가 그 채무자로부터 채무의 이행을 마땅히 받을 장소를 가리킨다. 이행의 장소는 채무자가 부담한 급부의 성질로부터 확정되는 경우도 있으며(가령 부동산을 목적으로 하는 채무의 이행은 그 부동산소재지에서 이행하는 것 같은 경우이다), 또는 당사자의 명시 또는 묵시의 의사표시에 따라 이행의 장소를 미리 정할 때도 있다. 그러나 급부의 성질과 당사자의 특별한 의사에 정한 바가 없는 때는, 채권이 발생하였던 당시에 그 물건이 존재하던 장소와 채권자의 주소에서 그 부담한 채무를 이행한다. 가령 매도인이 혹시 창고에 쌓아 놓은 백미(白米)를 모두 매각할 것을 약속하였을 때는, 그 창고에서 백미를 인도할 것이고, 또 금전을 빌린 차주가 따로 당사자 사이에 이행장소에

關ᄒᆞ야特約이無ᄒᆞ면債權者의住所에就ᄒᆞ야債務를履行ᄒᆞᆯ지니라故로相遇ᄒᆞ는處所에서債務를請求ᄒᆞ고履行ᄒᆞᆷ은不可ᄒᆞ니라

第二、履行의時期

債務者는履行의時期가到來ᄒᆞᆫ時에其債務를履行ᄒᆞ고又債權者는其時期에履行을受ᄒᆞᆯ지라凡債權者는債權이發生ᄒᆞᆫ時에直其履行을債務者의게請求ᄒᆞᆷ을可得ᄒᆞᆷ이原則이니라然이나債務의性質上으로或時期가到來치아니ᄒᆞ면履行ᄒᆞᆷ이不能ᄒᆞᆫ境遇가有ᄒᆞ니假令木匠이工役의債務를負擔ᄒᆞᆫ時는（履行의時期를不定ᄒᆞᆫ境遇）其工役에必要ᄒᆞᆫ時日을經過ᄒᆞᆫ後에不至ᄒᆞ면其履行의責任을完全히ᄒᆞ기不能ᄒᆞᆷ과如ᄒᆞᆫ者ㅣ오又債務는當事者의明示或默示의意思表示와法律規定을依ᄒᆞ야時期가到來ᄒᆞᆫ後에可히履行ᄒᆞᆯ者ㅣ有ᄒᆞ니蓋當事者의意思表示를依ᄒᆞ야定ᄒᆞᆫ期限은債務者의利益을爲ᄒᆞ야定ᄒᆞᆫ者로推測ᄒᆞ는故로債務者는其期限前에債務를履行ᄒᆞᆷ을不要ᄒᆞ나債務者가其期限의利益을自抛ᄒᆞ고期限到來前에自己의債務를履行ᄒᆞᆷ은可得ᄒᆞᆯ지로다然이나法律이債務의履行期限을定ᄒᆞᆫ境遇에在ᄒᆞ야는其期限이債務者의利益

관해 특약이 없으면, 채권자의 주소에서 채무를 이행하는 것이다. 따라서 서로 만난 장소에서 채무를 청구하고 이행할 수 없다.

II. 이행의 시기

채무자는 이행의 시기가 도래하였을 때에 그 채무를 이행하고, 또한 채권자는 그 시기에 이행을 받는다. 무릇 채권자는 채권이 발생하였을 때에 곧바로 그 이행을 채무자에게 청구할 수 있는 것이 원칙이다. 그러나 채무의 성질상으로 때로 시기가 도래하지 아니하면 이행할 수 없는 경우도 있다. 가령 목공이 공작의 채무를 부담하였을 때는 (이행의 시기를 정하지 아니한 경우) 그 공작에 필요한 시일이 경과된 후가 아니면, 그 이행의 책임을 완전히 할 수 없는 그것 같은 경우이다. 또한 채무는 당사자의 명시 또는 묵시의 의사표시와 법률의 규정에 따라 시기가 도래한 후에 이행할 수 있는 경우도 있다. 대개 당사자의 의사표시에 따라 정한 기한은 채무자의 이익을 위해 정한 것으로 추정된다. 따라서 채무자는 그 기한 전에 채무를 이행할 필요가 없으나, 채무자가 그 기한의 이익을 스스로 포기하고 기한 도래 전에 자기 채무를 이행할 수 있다. 그렇지만 법률이 채무의 이행기한을 정한 경우에는 그 기한이 채무자의 이익만爲ᄒᆞ야存在ᄒᆞᆫ者와債權者及債務者의利益을爲ᄒᆞ야存在ᄒᆞᆫ者를分明히ᄒᆞᆷ을要ᄒᆞᆯ지라然而若履行期限이債權者及債務者의利益을爲ᄒᆞ야存在ᄒᆞᆫ境遇에ᄂᆞᆫ債務者가其期限의利益을自意로拋棄ᄒᆞᆷ을不得ᄒᆞᆯ지니라

第二節　遲滯

債務者가債務의本旨를從ᄒᆞ야適當ᄒᆞᆫ處所와時期에債務를履行치아니ᄒᆞᄂᆞᆫ時ᄂᆞᆫ遲滯의責任을得免치못ᄒᆞᆯ지니라今에各其境遇를分ᄒᆞ야左에說明ᄒᆞ노라

第一、債務履行의確定期限及不確定期限이有ᄒᆞᆫ境遇(卽附期限債務의境遇)

期限에二種이有ᄒᆞ니一曰確定期限이오二曰不確定期限이라確定期限이란者ᄂᆞᆫ其期限의到來ᄒᆞᆯ時期가確定ᄒᆞᆫ者를謂ᄒᆞᆷ이니假令何年何月何日及幾年幾月幾日等과如ᄒᆞᆫ者ㅣ是오不確定期限이란者ᄂᆞᆫ期限이到來ᄒᆞᆯ事ᄂᆞᆫ確定이나其到來ᄒᆞᆯ時期ᄂᆞᆫ不確定ᄒᆞᆫ者를謂ᄒᆞᆷ이니假令某人의死亡과今後에雨初來ᄒᆞᄂᆞᆫ期限과如ᄒᆞᆫ者ㅣ是라此境遇에其期限이不確定이라稱ᄒᆞᆷ은無他ㅣ라人은何時期에던지死亡ᄒᆞᄂᆞᆫ者ㅣ오天地로偕亡ᄒᆞᄂᆞᆫ者ᄂᆞᆫ아니라故로其人의必死ᄒᆞᆷ은確定ᄒᆞᆫ者ㅣ로대其死亡의時期ᄂᆞᆫ確定치못ᄒᆞᆫ者ㅣ니然則債務者ᄂᆞᆫ其

만을 위해 존재하는 경우와 채권자 및 채무자의 이익을 위해 존재하는 경우를 분명히 해야 한다. 그러나 만약 이행기한이 채권자와 채무자의 이익을 위해 존재하는 경우에는 채무자가 그 기한의 이익을 스스로 포기할 수 없다.

제2절 지체

채무자가 채무의 내용에 따라 적당한 장소와 시기에 채무를 이행하지 않을 때는 지체 책임을 면할 수 없다. 이제 각각 그 경우를 나누어 다음에 설명한다.

I. 채무이행의 확정기한 및 불확정기한이 있는 경우(즉 기한부 채무의 경우)

기한에는 두 가지 종류가 있다. 하나는 확정기한이고 다른 하나는 불확정기한이다. 확정기한이란 그 기한이 도래할 시기가 확정된 것을 말한다. 가령 몇 년 몇 월 몇 일 및 어느 해 어느 달 어느 날 등과 같은 것이 이에 해당한다. 불확정기한이란 기한이 도래할 것은 확정적이나 그 도래할 시기는 불확정한 것을 말한다. 가령 어떤 사람의 사망과 지금 이후에 비가 처음 오는 기한과 같은 것이 이에 해당한다. 이 경우 그 기한이 불확정이라고 일컫는 것은 다름 아니라, 사람은 어떤 시기든지 사망하기 마련이고, 세상이 모두 망하는 것은 아니므로, 이에 따라 그 사람이 반드시 죽는다는 것은 확정적이지만, 그 사망 시기는 확정할 수 없기 때문이다. 그렇다면 채무자는 그

債務履行의時期가必到ᄒᆞᆯ事ᄂᆞᆫ豫知ᄒᆞᆯ지라도果然何時에到來ᄒᆞᆯ事ᄂᆞᆫ難知ᄒᆞᆯ지로다

債務履行에確定期限이有ᄒᆞᆫ境遇에ᄂᆞᆫ債務者가債權者의催告을不待ᄒᆞ고債務ᄅᆞᆯ履行ᄒᆞᆷ을要ᄒᆞᄂᆞᆫ故로債務者가確定期限이到來ᄒᆞ야도其債務ᄅᆞᆯ履行치아니ᄒᆞᄂᆞᆫ時ᄂᆞᆫ其時로브터遲滯의責任을負擔ᄒᆞᆯ지니라何故오盖債務者ᄂᆞᆫ確定ᄒᆞᆫ期限이到來ᄒᆞ면其期限은卽自己債務의履行時期로自知ᄒᆞᆷ으로써債權者의催告을待ᄒᆞ야遲滯의責任을負擔ᄒᆞᄂᆞᆫ者ㅣ라ᄒᆞ면徒然히債務者의怠慢을養成ᄒᆞᄂᆞᆫ結果ᄅᆞᆯ生ᄒᆞᆯᄲᅮᆫ이오利益이無ᄒᆞᆫ所以니라

債務履行에不確定期限이有ᄒᆞᆫ境遇에ᄂᆞᆫ債務者가其期限이到來ᄒᆞᆷ을知ᄒᆞᆫ時에債務ᄅᆞᆯ履行ᄒᆞᆷ을要ᄒᆞᄂᆞᆫ者ㅣ니라盖債務者ᄂᆞᆫ不確定期限이到來ᄒᆞᆷ을不知ᄒᆞᆯ境遇가決코不尠ᄒᆞᆯ지니若此境遇에債務者ᄂᆞᆫ其期限의到來ᄅᆞᆯ不知ᄒᆞᆯ지라도遲滯의責任을負擔ᄒᆞᄂᆞᆫ者ㅣ라ᄒᆞ면債務者의게甚히苛酷ᄒᆞᆷ으로債務者가不確定期限의到來ᄒᆞᆷ을知ᄒᆞ고도猶且其債務ᄅᆞᆯ履行치아니ᄒᆞᄂᆞᆫ時에遲滯의責任을負擔ᄒᆞᆯ者ㅣ라ᄒᆞᆷ이穩當ᄒᆞᆯ지로다右境遇에債權者가債務者로ᄒᆞ야곰

채무이행의 시기가 반드시 도래할 것이라는 점은 사전에 알 수 있을지라도, 과연 어느 시기에 도래할 것인가는 알기 어려운 것이다.

채무이행에 확정기한이 있는 경우에는 채무자가 채권자의 최고를 기다리지 않고 채무를 이행해야 한다. 따라서 채무자가 확정기한이 도래해도 그 채무를 이행하지 않을 때는 그때부터 지체 책임을 부담한다. 왜냐하면 대개 채무자는 확정된 기한이 도래하면, 그 기한을 곧 자기 채무의 이행시기로 스스로 알게 되므로, 채권자의 최고를 기다려 지체 책임을 부담한다고 하면, 공연히 채무자의 태만을 양성하는 결과가 발생할 뿐이고 이익이 없기 때문이다.

채무이행에 불확정기한이 있는 경우에는 채무자가 그 기한이 도래한 것을 알았을 때에 채무를 이행해야 한다. 대개 채무자는 불확정기한이 도래한 것을 알지 못하는 경우가 절대로 적지 않다. 만약 이 경우에 채무자가 그 기한의 도래를 알지 못할지라도, 지체 책임을 부담해야 한다고 하면, 채무자에게 매우 가혹하므로, 채무자가 불확정기한이 도래한 것을 알고도, 여전히 그 채무를 이행하지 않을 때에 지체 책임을 부담한다고 하는 것이 온당하다. 위 경우에 채권자가 채무자에게

遲滯의責任을負擔케ᄒᆞ고저ᄒᆞᆯ진대債務者가期限이到來ᄒᆞᆷ을知ᄒᆞᆫ事實을証明ᄒᆞᆷ을要ᄒᆞᄂᆞ니此証明은事實上에甚히困難ᄒᆞᆫ証明이라故로實際에ᄂᆞᆫ債權者가其時期의到來ᄒᆞᆷ을債務者의게通知ᄒᆞᆷ이便利ᄒᆞᆯ지로다

第二、債務履行의期限이不定ᄒᆞᆫ境遇(卽單純債務의境遇)

此境遇에ᄂᆞᆫ債權者가何時던지履行을請求ᄒᆞ면債務者ᄂᆞᆫ債權者의請求ᄅᆞᆯ應ᄒᆞ야其債務ᄅᆞᆯ履行치아니ᄒᆞᆷ을不得ᄒᆞᄂᆞ니債務者ᄂᆞᆫ債權者의請求가無ᄒᆞᆷ에不拘ᄒᆞ고自進ᄒᆞ야其債務ᄅᆞᆯ履行ᄒᆞᆷ은不要ᄒᆞᄂᆞ니라然이나若債務者가債權者의請求ᄅᆞᆯ受ᄒᆞ고도其債務ᄅᆞᆯ猶且履行치아니ᄒᆞᄂᆞᆫ時ᄂᆞᆫ遲滯의責任을負擔ᄒᆞᆯ지니라要컨대債務履行의期限이不定ᄒᆞᆫ境遇ᄂᆞᆫ債務者가債權者의催促을受ᄒᆞᆫ時로브터遲滯의責任을負擔ᄒᆞᄂᆞᆫ者ㅣ니라

催促은債務의本旨ᄅᆞᆯ從ᄒᆞ야行ᄒᆞᆯ者ㅣ니故로適當ᄒᆞᆫ處所에서此ᄅᆞᆯ行ᄒᆞᆷ을要ᄒᆞᆷ은無論이오又催促은意思表示의一種이되ᄂᆞᆫ故로債務者가未成年者或禁治産者되ᄂᆞᆫ時ᄂᆞᆫ此等者의게對ᄒᆞᆫ催促은其法定代理人의게對ᄒᆞ야行ᄒᆞᆯ者ㅣ니라然이나此에一疑問이有ᄒᆞ니催促을受ᄒᆞᆯ債務者의去處가不分明ᄒᆞᆫ時ᄂᆞᆫ

지체 책임을 부담 지우고자 할 때는, 채무자가 기한이 도래한 것을 알고 있었던 사실을 증명해야 한다. 이 증명은 사실상 매우 곤란한 증명에 속한다. 따라서 실제에서는 채권자가 그 시기의 도래를 채무자에게 통지하는 것이 편리하다.

II. 채무이행의 기한이 정해지지 아니한 경우(즉 단순채무의 경우)

이 경우에는 채권자가 언제든지 이행을 청구하면 채무자는 채권자의 청구에 따라 그 채무를 이행해야 한다. 채무자는 채권자의 청구가 없음에도 불구하고 자진하여 그 채무를 이행할 필요는 없다. 그러나 만약 채무자가 채권자의 청구를 받고도 그 채무를 여전히 이행하지 않을 때는 지체 책임을 부담하게 된다. 요컨대 채무이행의 기한이 정해지지 아니한 경우에는, 채무자가 채권자의 재촉을 받은 때부터 지체 책임을 부담한다.

재촉은 채무의 내용에 따라 하는 것이다. 따라서 적당한 장소에서 이를 해야 하는 것은 물론이다. 또 독촉은 의사표시의 일종인 까닭에 채무자가 미성년자 또는 금치산자이었을 때는, 이들에 대한 재촉은 그 법정대리인에 대해 하는 것이다. 그러나 여기에는 한 가지 의문이 있다. 재촉을 받을 채무자의 거처가 불분명할 때는,

如何히催促을行홀者ㅣ是라此點에關ᄒᆞ야ᄂᆞᆫ諸國의法典이皆催促을不要라ᄒᆞᄂᆞᆫ規定이有ᄒᆞ나日本民法法典에ᄂᆞᆫ如此ᄒᆞᆫ規定이無ᄒᆞ도다故로日本民法은解釋上으로論홀진대債權者ᄂᆞᆫ去處가不分明ᄒᆞᆫ債務者의게對ᄒᆞ야도亦催促의方式을行치아니치못홀지라然則此境遇의債權者ᄂᆞᆫ訴訟을提起ᄒᆞ야公示送達을請求홀外에道理가無홀지로다

債務者가債務의履行을遲滯ᄒᆞ야遲滯의責任을負擔홀境遇에其遲滯를因ᄒᆞ야出來ᄒᆞᆫ損害ᄂᆞᆫ債權者의게對ᄒᆞ야賠償홈을要ᄒᆞᄂᆞ니今에債務者가履行을遲滯ᄒᆞᆫ後에其債權의目的이不可抗力을因ᄒᆞ야不能或毁損을生ᄒᆞᆫ時ᄂᆞᆫ右不能及毁損은債務者가履行을遲滯ᄒᆞᆫ結果로브터出來ᄒᆞᆫ者ㅣ라故로債務者ᄂᆞᆫ債權者의損害를賠償치아니치못홀지라假令仁川에在ᄒᆞᆫ債務者가漢城에在ᄒᆞᆫ債權者의게對ᄒᆞ야某特定物의給付義務를負擔ᄒᆞᆫ境遇에仁川地方에洪水及海嘯가有ᄒᆞ야其洪水及海嘯를依ᄒᆞ야其特定物이滅失或毁損ᄒᆞᆫ時ᄂᆞᆫ雖其滅失及毁損이不可抗力에基因ᄒᆞᆫ者ㅣ라도債務者ᄂᆞᆫ債權者의是로因ᄒᆞ야出來ᄒᆞᆫ損害를賠償홀지니何故오若債務者가其履行을遲滯치아니ᄒᆞ얏시면其

어떻게 재촉을 할 것인가가 이것이다. 이 점에 관해서는 여러 나라의 법전이 모두 재촉을 필요 없다고 하는 규정하나, 일본 민법전에는 이와 같은 규정이 없다. 따라서 일본 민법을 해석상으로 논해 보면, 채권자는 거처가 불분명한 채무자에 대해서도 또한 재촉의 방식을 취해야 한다. 그렇다면 이 경우의 채권자는 소송을 제기하여 공시송달을 청구하는 것 외에 도리가 없다.

채무자가 채무의 이행을 지체하여 지체 책임을 부담할 경우에, 그 지체에 따라 발생하는 손해는 채권자에게 이를 배상해야 한다. 지금 채무자가 이행을 지체한 후에 그 채권의 목적이 불가항력으로 인해 불능 또는 훼손되었을 때는, 위 불능 또는 훼손은 채무자가 이행을 지체한 결과에서 비롯한 것이다. 따라서 채무자는 채권자의 손해를 배상해야 한다. 가령 인천(仁川)에 있는 채무자가 한성(漢城)에 있는 채권자에 대해 어떤 특정물의 급부의무를 부담한 경우에, 인천지방에 홍수와 해일이 있고 그 홍수와 해일에 따라 그 특정물이 멸실 또는 훼손되었을 때는, 비록 그 멸실과 훼손이 불가항력에 따른 것일지라도, 채무자는 채권자가 받은 이에서 비롯한 손해를 배상해야 한다. 왜냐하면 만약 채무자가 그 이행을 지체하지 않았으면, 그

特定物이洪水及海嘯를依ᄒᆞ야滅失或損失ᄒᆞᆯ事가無ᄒᆞᆫ所以니라

債務者가遲滯의責任을負擔ᄒᆞᆷ에關ᄒᆞ야ᄂᆞᆫ債務者의게故意及可咎ᄒᆞᆯ過失이有ᄒᆞᆯ事를要ᄒᆞᆯ者歟아此點에關ᄒᆞ야從來의立法例ᄂᆞᆫ債務者가故意及過失을依ᄒᆞ야履行을遲滯ᄒᆞᆷ에不在ᄒᆞ면其責任을負擔ᄒᆞᆷ이不可ᄒᆞ다規定ᄒᆞᆫ者ㅣ不無ᄒᆞ니此主義를依ᄒᆞᆯ진대債權者ᄂᆞᆫ債務者의遲滯에基因ᄒᆞ야損害를被ᄒᆞ야도何等의救正方法이無ᄒᆞᆯ지로다故로日本新民法은此에關ᄒᆞᆫ救正方法을研究ᄒᆞ야債務者가履行을遲滯ᄒᆞᆫ時ᄂᆞᆫ設令其履行遲滯에故意及可咎ᄒᆞᆯ過失이無ᄒᆞᆫ時라도其遲滯의責任을負擔ᄒᆞᆯ者ㅣ라規定ᄒᆞ니라

債務者의遲滯ᄂᆞᆫ左의原因을依ᄒᆞ야消滅ᄒᆞᄂᆞ니라

〔一〕、債務者가適當ᄒᆞᆫ時期와適當ᄒᆞᆫ處所에서完全ᄒᆞᆫ履行의提供을行ᄒᆞᆫ時ᄂᆞᆫ爾後로브터遲滯의責任을不負ᄒᆞ며

〔二〕、債權者가履行의請求權을拋棄ᄒᆞᆫ時에ᄂᆞᆫ債務者의게遲滯의責任이無ᄒᆞ며
(此境遇ᄂᆞᆫ卽債權者가履行遲滯에同意ᄒᆞᆫ境遇)

〔三〕、債權이債權消滅原因을依ᄒᆞ야消滅ᄒᆞᄂᆞᆫ時ᄂᆞᆫ本債權이消滅ᄒᆞᄂᆞᆫ故로遲滯

특정물이 홍수와 해일에 따라 멸실 또는 훼손될 일은 없었기 때문이다.

채무자가 지체 책임을 부담하는 것에 관해서 채무자에게 고의와 허물로 될 수 있는 과실이 있어야 하는가? 이 점에 관해 종래의 입법례는 채무자가 고의와 과실에 의해 이행을 지체하는 경우가 아니면, 그 책임을 부담하게 할 수 없다고 규정하는 것이 없지 않다. 이 주의에 따르게 되면, 채권자는 채무자의 지체에 따라 손해를 입더라도 어떠한 구제 방법도 없게 된다. 따라서 일본 신민법은 이에 관한 구제 방법을 연구하여, 채무자가 이행을 지체하였을 때는, 설령 그 이행지체에 고의와 허물로 될 수 있는 과실이 없는 때라도 그 지체 책임을 부담할 것이라고 규정하였다.*

채무자의 지체는 다음의 원인에 따라 소멸한다.

① 채무자가 적당한 시기와 적당한 장소에서 완전한 이행의 제공을 했을 때는 이후부터 지체 책임을 지지 않는다.

② 채권자가 이행의 청구권을 포기하였을 때는 채무자에게 지체 책임이 없다(이 경우는 곧 채권자가 이행지체에 동의한 경우이다).

③ 채권이 채권소멸 원인에 따라 소멸하였을 때는 본 채권이 소멸하기 때문에, 지체

* 역자 주: 메이지 민법 제415조 제2문.

의責任도消滅ᄒᆞᄂᆞ니라

債務者가債務의本旨ᄅᆞᆯ從ᄒᆞ야適當ᄒᆞᆫ履行을行ᄒᆞᄂᆞᆫ時에債權者가此ᄅᆞᆯ拒絕ᄒᆞ거나又ᄂᆞᆫ領收ᄒᆞ기不能ᄒᆞᆫ時ᄂᆞᆫ債權者가其履行의提供이有ᄒᆞᆫ時로브터遲滯의責任을反負ᄒᆞᆯ지니라何故오履行期限에債務者가完全ᄒᆞᆫ履行의提供을行ᄒᆞ야도債權者가此ᄅᆞᆯ拒絕ᄒᆞ거나又ᄂᆞᆫ領收ᄒᆞ기不能ᄒᆞᆫ時ᄂᆞᆫ債務者의게是로因ᄒᆞ야損害ᄅᆞᆯ被ᄒᆞᆯ事ㅣ不尠ᄒᆞᆯ所以니라故로此境遇에債務者로ᄒᆞ야곰單히自己의遲滯責任만得免ᄒᆞᄂᆞᆫ者ㅣ라ᄒᆞ면法律이債權債務者ᄅᆞᆯ公平同視ᄒᆞ야其利益을保護ᄒᆞᆷ에權衡을失ᄒᆞᆷ으로如右ᄒᆞᆫ結果ᄅᆞᆯ生ᄒᆞᄂᆞ니라

右境遇에關ᄒᆞᆫ債權者의遲滯要素ᄅᆞᆯ分析ᄒᆞ면左와如ᄒᆞ도다

〔一〕、債務者가其債務의履行을提供ᄒᆞᆫ事ᄅᆞᆯ要ᄒᆞᄂᆞ니卽債務者ᄂᆞᆫ債權者에對ᄒᆞ야債務ᄅᆞᆯ履行ᄒᆞᄂᆞᆫ事ᄅᆞᆯ請求ᄒᆞ고實際履行에必要ᄒᆞᆫ準備ᄅᆞᆯ完了ᄒᆞᆫ者ㅣ是라債權者가全히債務者의게受働的履行을受ᄒᆞᆯ境遇에ᄂᆞᆫ債務者가其履行에必要ᄒᆞᆫ總準備ᄅᆞᆯ要ᄒᆞᄂᆞᆫ者ㅣ로대債權者와債務者가協同ᄒᆞ야準備ᄒᆞᆷ을要ᄒᆞᆯ境遇에ᄂᆞᆫ債務者가自己의可行ᄒᆞᆯ準備ᄅᆞᆯ完了ᄒᆞᆫ意ᄅᆞᆯ債權者의게通知ᄒᆞᆷ으로써

책임도 소멸한다.

채무자가 채무의 내용에 따라 적당한 이행을 하였을 때, 채권자가 이를 거절하거나 수령할 수 없는 때는, 채권자가 그 이행의 제공이 있는 때부터 도리어 지체 책임을 진다. 왜냐하면 이행기한에 채무자가 완전한 이행의 제공을 해도, 채권자가 이를 거절하거나, 수령할 수 없는 때는, 채무자에게 이에 따른 손해를 입힐 경우가 적지 않기 때문이다. 따라서 이 경우에 채무자가 단순히 자기의 지체 책임만 면할 수 있게 하면, 법률이 채권자·채무자를 공평·동일시하여 그 이익을 보호하려는 점에서 균형을 잃게 되므로, 위와 같은 결과가 발생하는 것이다.

위 경우에 관한 채권자 지체의 요소를 분석하면 다음과 같다.

① 채무자가 그 채무의 이행을 제공해야 한다. 즉 채무자는 채권자에 대해 채무를 이행한다는 것을 청구하고, 실제 이행에 필요한 준비를 완료하는 것이 이에 해당한다. 채권자가 완전히 채무자로부터 수동적 이행을 받을 경우에는, 채무자가 그 이행에 필요한 모든 준비를 해야 한다. 그러나 채권자와 채무자가 협동하여 준비해야 할 경우에는, 채무자가 자기가 할 수 있는 준비를 완료한 뜻을 채권자에게 통지하는 것으로

足ᄒᆞ다ᄒᆞᆯ지로다

(二)、債務者의提供은債務返還에必要ᄒᆞᆫ諸條件이具備ᄒᆞᆫ事를要ᄒᆞᄂᆞ니假令金錢支撥의債務를履行코저ᄒᆞᄂᆞᆫ時ᄂᆞᆫ其提供은通貨에關ᄒᆞᆫ諸規則에背反치아니ᄒᆞᄂᆞᆫ事를要ᄒᆞᆷ과如ᄒᆞᆫ者ㅣ是니라

(三)、債權者가債務者의提供을領收치아니ᄒᆞᆫ事를要ᄒᆞᄂᆞ니債權者가此를領收ᄒᆞᆷ에當ᄒᆞ야債權者의故意或過失이有ᄒᆞᆷ을不要ᄒᆞᄂᆞᆫ故로病氣天災等如何ᄒᆞᆫ事實原因에基因됨을不問ᄒᆞ고債權者가債務者의履行을領收치아니ᄒᆞᆫ以上은債權者ᄂᆞᆫ遲滯의責任을負擔치아니치못ᄒᆞᆯ지라(日本民法、墺地利民法、德國民法等이皆此主義를採用ᄒᆞ니라) 此에關ᄒᆞ야ᄂᆞᆫ反對의學說이不無ᄒᆞ니曰債權者ᄂᆞᆫ自己의故意又過失이有ᄒᆞᆫ境遇에만遲滯의責任을負擔ᄒᆞᆫ다ᄒᆞ나蓋債務者ᄂᆞᆫ自己의負擔ᄒᆞᆫ義務를完全히行ᄒᆞᆫ者ㅣ라故로債權者가其履行을領收ᄒᆞ기不能ᄒᆞᆫ境遇에其不能에基因ᄒᆞ야生ᄒᆞᄂᆞᆫ損害를可被ᄒᆞᆯ理由가無ᄒᆞᆷ으로兩便이皆過失이無ᄒᆞᆫ境遇에ᄂᆞᆫ適當히提供ᄒᆞᆫ履行을領收치못ᄒᆞᆫ債權者가其不利益을甘受ᄒᆞ야遲滯의責任을負擔ᄒᆞᆷ이穩當ᄒᆞᆯ지니라

충분하다고 할 수 있다.

② 채무자의 제공은 채무 상환에 필요한 모든 조건을 갖춰야 한다. 가령 금전 지급의 채무를 이행하고자 할 때는, 그 제공은 통화에 관한 모든 규칙에 위반되지 않아야 하는 것 같은 경우가 이에 해당한다.

③ 채권자가 채무자의 이행의 제공을 수령하지 않아야 한다. 채권자가 이를 수령하는 것에 관해서는 채권자의 고의 또는 과실이 있어야 할 것을 요구하지 않는다. 따라서 질병·천재 등 어떠한 사실 원인에 기인하는 것인가를 불문하고, 채권자가 채무자의 이행을 수령하지 않는 이상은, 채권자는 지체 책임을 져야 한다(일본 민법, 오스트리아 민법, 도이치 민법 등이 모두 이 주의를 채택하고 있다). 이에 관해서는 반대의 학설이 없지 않다. 채권자는 자기의 고의 또는 과실이 있는 경우에만, 지체 책임을 부담한다고 주장하기도 한다. 그러나 대체로 채무자는 자기가 부담한 의무를 완전히 이행하는 자이다. 따라서 채권자가 그 이행을 수령할 수 없는 경우에, 그 불능에 따라 발생하는 손해를 입힐 수 있는 이유가 없으므로, 쌍방 모두에 과실이 없는 경우에는, 적당히 제공된 이행을 수령하지 못한 채권자가 그 불이익을 감수하고 지체 책임을 부담하는 것이 온당하다.

履行의提供을受ᄒᆞᆯ者가債權者됨은以上의說明을依ᄒᆞ야分明ᄒᆞ거니와若債權者가履行의提供을受ᄒᆞᆯ時에未成年者或禁治産者되ᄂᆞᆫ境遇에ᄂᆞᆫ債務者ᄂᆞᆫ其履行提供을債權者卽無能力者의게對ᄒᆞ야對抗ᄒᆞᆷ을不得ᄒᆞᄂᆞᆫ故로設令債權者가履行을拒絶ᄒᆞ고履行을受ᄒᆞᆯ事가不能ᄒᆞᆫ時라도遲滯의責任을負擔치아니ᄒᆞᆯ지라要컨대債權者가未成年者又禁治産者되ᄂᆞᆫ時ᄂᆞᆫ履行의提供을其法定代理人의게對ᄒᆞ야行ᄒᆞᆷ이可ᄒᆞᆯ지로다

第三節　强制履行

債務者ᄂᆞᆫ債務의効力으로其債務ᄅᆞᆯ履行치아니치못ᄒᆞᆯ事ᄂᆞᆫ第一節에既述ᄒᆞᆫ바ㅣ나然이나若債務者가其債務ᄅᆞᆯ履行치아니ᄒᆞ면此境遇에ᄂᆞᆫ債權者가債務者의게對ᄒᆞ야如何히ᄒᆞᆯ道理가無ᄒᆞ야債務者의所爲에放任치아니치못ᄒᆞᆯ지라然則債權者의不利益이極히甚ᄒᆞᆫ故로債務者가債務ᄅᆞᆯ自意로履行치아니ᄒᆞᄂᆞᆫ時ᄂᆞᆫ債權者로ᄒᆞ야곰其强制履行을裁判所에請求ᄒᆞᆷ을得케ᄒᆞᄂᆞ니라

强制履行에二種이有ᄒᆞ니一曰直接强制履行이오二曰間接强制履行이是라間接强制履行이란者ᄂᆞᆫ國家가適當ᄒᆞᆫ方法에基因ᄒᆞ야債務者의意思ᄅᆞᆯ抑制ᄒᆞ야

이행의 제공을 받을 자가 채권자로 되는 것은 이상의 설명에 따라 분명하다. 만약 채권자가 이행의 제공을 받았을 때에 미성년자 또는 금치산자인 경우에는, 채무자는 그 이행의 제공을 채권자 즉 무능력자에 대해 대항할 수 없다. 따라서 설령 채권자가 이행을 거절하고 이행을 수령할 수 없는 때일지라도, 지체 책임을 부담하지 않는다. 요컨대 채권자가 미성년자 또는 금치산자이었을 때는 이행의 제공을 그 법정대리인에 대해 해야 한다.

제3절 강제이행

채무자가 채무의 효력으로 그 채무를 이행해야 하는 것은 제1절에서 이미 서술하였다. 그러나 만약 채무자가 그 채무를 이행하지 아니하면, 이 경우에는 채권자가 채무자에 대해 어떻게 할 도리가 없고, 채무자가 하는 짓을 방임해서는 안 된다. 그렇게 되면 채권자의 불이익이 매우 심하다. 따라서 채무자가 채무를 자기 의사로 이행하지 않을 때는, 채권자가 그 강제이행을 재판소에 청구할 수 있게 하는 것이다.

강제이행에는 두 종류가 있다. 하나는 직접강제이고, 다른 하나는 간접강제가 이것이다. 간접강제이행이란 국가가 적당한 방법에 따라 채무자의 의사를 억제하여

其債務者로ᄒᆞ야곰履行을自行케ᄒᆞᄂᆞᆫ事를謂ᄒᆞᆷ이오直接强制履行이란者ᄂᆞᆫ國家가債務者를强制ᄒᆞ야債權者로ᄒᆞ야곰直接으로其履行의結果를收케ᄒᆞᄂᆞᆫ事를謂ᄒᆞᆷ이니此民法上에所謂强制履行이란者ᄂᆞᆫ直接强制履行을指稱ᄒᆞᄂᆞᆫ者ㅣ니라

强制履行을行ᄒᆞᆷ에當ᄒᆞ야債務者의身體를强制ᄒᆞᆯ必要가有ᄒᆞᆫ時ᄂᆞᆫ强制ᄒᆞᆯ지라도不可ᄒᆞᆷ이無ᄒᆞᆷ으로若債務의性質이債務者의身體를拘束ᄒᆞ야債權者로ᄒᆞ야곰履行의滿足ᄒᆞᆫ結果를始得케ᄒᆞᆯ時ᄂᆞᆫ此를行ᄒᆞᄂᆞᆫ事도有ᄒᆞᆯ지로다假令債務者가有體物을傳致ᄒᆞᆯ義務를負擔ᄒᆞᆫ境遇에此를履行치아니ᄒᆞ면債權者ᄂᆞᆫ此를裁判所에請求ᄒᆞ야其直接履行을命ᄒᆞᄂᆞᆫ判決을依ᄒᆞ야强制履行을行ᄒᆞᄂᆞᆫ境遇에傳致ᄒᆞᆯ有體物이債務者의所有에在ᄒᆞᆫ時ᄂᆞᆫ執達吏가此를押取ᄒᆞ야債權者의게傳致ᄒᆞᆯ者ㅣ오又債務者가不動産或人의住居ᄒᆞᆫ家屋船舶을傳致ᄒᆞᆯ境遇에ᄂᆞᆫ其債務者의占有를解ᄒᆞ야債權者의게占有케ᄒᆞᆷ을可得ᄒᆞᆯ지니라

强制履行은債權者로ᄒᆞ야곰債務履行의結果를完全히得케ᄒᆞᆷ으로目的ᄒᆞᄂᆞᆫ者ㅣ라故로債務의性質上으로債權者가强制履行을依ᄒᆞ야完全히履行의結果를

그 채무자가 이행을 스스로 하게 하는 것을 말한다. 직접강제이행이란 국가가 채무자를 강제하여 채권자가 직접 그 이행의 결과를 거둘 수 있게 하는 것을 말한다. 여기에서 민법상 이른바 강제이행이란 직접강제이행을 가리킨다.

강제이행을 할 때에 채무자의 신체를 강제할 필요가 있을 때는, 강제할지라도 불가하지 않다. 그러므로 만약 채무의 성질이 채무자의 신체를 구속하여 채권자가 이행의 만족스러운 결과를 비로소 얻게 될 때는, 이를 행하는 경우도 있을 것이다. 가령 채무자가 유체물을 인도할 의무를 부담한 경우에 이를 이행하지 아니하면, 채권자가 이를 재판소에 청구하여 그 직접이행을 명하는 판결에 따라 강제이행을 하는 경우에, 인도할 유체물이 채무자의 소유로 있는 때는, 집달관이 이를 압수하여 채권자에게 인도하는 것이다. 또 채무자가 부동산 또는 사람이 거주할 가옥·선박을 인도할 경우에는, 그 채무자의 점유를 풀고 채권자가 점유하게 할 수 있다.

강제이행은 채권자가 채무이행의 결과를 완전히 얻을 수 있게 하는 것을 목적으로 한다. 따라서 채무의 성질상 채권자가 강제이행에 따라 완전한 이행의 결과를

不得ᄒᆞᆯ時ᄂᆞᆫ强制履行을不行ᄒᆞᄂᆞ니라假令債務者가債權者의게學藝를敎授ᄒᆞᆯ義務를負擔ᄒᆞᆫ境遇에ᄂᆞᆫ强制履行을依ᄒᆞ야債權者의게完全ᄒᆞᆫ履行의結果를得케ᄒᆞ기不能ᄒᆞᆫ故로此境遇에至ᄒᆞ야ᄂᆞᆫ强制履行을不許ᄒᆞᆷ이通則이니라

債權者ᄂᆞᆫ債務의返還을受ᄒᆞᆷ으로써利益을숨ᄂᆞᆫ故로債務의性質이强制履行을不許ᄒᆞᄂᆞᆫ境遇에他方法이有ᄒᆞ야債權者로ᄒᆞ야곰履行의結果를受케ᄒᆞᆯ道理가有ᄒᆞ면其方法을依ᄒᆞ야債權者의게完全ᄒᆞᆫ履行의結果를得케ᄒᆞᆷ이法律의本旨니라然則債務의性質이强制履行을不許ᄒᆞᄂᆞᆫ境遇에ᄂᆞᆫ其債務가作爲를目的ᄒᆞ야第三者로ᄒᆞ야곰其債務者를代身ᄒᆞ야其作爲를行ᄒᆞᆯ事가能ᄒᆞᆫ時ᄂᆞᆫ債權者ᄂᆞᆫ債務者의費用으로써此를第三者의게行케ᄒᆞᆯ事를裁判所에請求ᄒᆞᆯ지로다然이나單히法律行爲로써債務의目的을숨ᄂᆞᆫ時ᄂᆞᆫ債權者ᄂᆞᆫ法律行爲를行ᄒᆞᆯ事로債務者의게宣告ᄒᆞᆫ裁判所의判決을指ᄒᆞ야債務者의意思表示로代行ᄒᆞᆷ을得ᄒᆞᄂᆞ니假令甲者가乙者의게對ᄒᆞ야債務를免除ᄒᆞᆯ意로約束ᄒᆞ고其義務를履行치아니ᄒᆞᄂᆞᆫ時ᄂᆞᆫ乙者ᄂᆞᆫ甲者의게對ᄒᆞ야訴訟을提起ᄒᆞ야其結果가甲者에對ᄒᆞ야宣言ᄒᆞᆫ敗訴의判決로써甲者의意思表示에代行ᄒᆞᆷ을可得ᄒᆞᄂᆞ니라故로此境遇에

얻을 수 없는 때는 강제이행을 하지 못한다. 가령 채무자가 채권자에게 학예(學藝)를 교수할 의무를 부담한 경우에는, 강제이행에 따라 채권자가 완전한 이행의 결과를 얻게 할 수 없다. 따라서 이 경우에는 강제이행을 허용하지 않는 것이 통칙이다.

채권자는 채무의 상환을 받는 것으로 이익을 삼는다. 따라서 채무의 성질이 강제이행을 허용하지 않는 경우에, 다른 방법이 있어서 채권자가 이행의 결과를 얻을 도리가 있으면, 그 방법에 따라 채권자에게 완전한 이행의 결과를 얻게 하는 것이 법률의 본래 취지이다. 그러면 채무의 성질이 강제이행을 허용하지 않을 경우에는, 그 채무가 작위를 목적으로 하여 제3자가 그 채무자를 갈음하여 그 작위를 행할 수가 있는 때는, 채권자는 채무자의 비용으로 이를 제3자가 행할 것을 청구하게 된다. 그러나 단순히 법률행위로 채무의 목적으로 삼았을 때는, 법률행위를 할 것을 채무자에게 선고한 재판소의 판결을 가리켜 채무자의 의사표시로 갈음할 수 있다. 가령 甲이 乙에 대해 채무를 면제할 뜻으로 약속하고 그 의무를 이행하지 않을 때는, 乙은 甲에 대해 소송을 제기하여 그 결과가 甲에 대해 선언한 패소의 판결로써 甲의 의사표시에 갈음할 수 있는 것이다. 따라서 이 경우에

는甲者가乙者의게對ᄒᆞ야債務免除의意思를表示ᄒᆞᆫ者로看做ᄒᆞᆯ지니라

以上은作爲를目的ᄒᆞ는債務에關ᄒᆞᆫ說明이나不作爲를目的ᄒᆞ는債務에關ᄒᆞ야는債權者가債務者의費用으로其債務本旨에違反ᄒᆞᆫ結果를除却ᄒᆞ고且將來를爲ᄒᆞ야適當ᄒᆞᆫ處分을行ᄒᆞᆯ事를裁判所에請求ᄒᆞᆯ權이有ᄒᆞ니라假令甲者의鄰地의所有者가甲者의게對ᄒᆞ야其地域內에家屋을建築치아니ᄒᆞ는債務와樹木을不植ᄒᆞ는債務를負ᄒᆞ고其債務를履行치아니ᄒᆞ야家屋을建築ᄒᆞ고樹木을種植ᄒᆞ면此境遇에至ᄒᆞ야債權者는決코其債務를實行케ᄒᆞ는權利를失ᄒᆞ는者ㅣ아니라卽債務者의費用으로其家屋을破毁ᄒᆞ고其樹木을採伐ᄒᆞᆫ後에其費用을債務者의게負擔케ᄒᆞ는者ㅣ오決코其權利를損失ᄒᆞ는者는아니니라（然이나債務者가債權者의名譽에有害ᄒᆞᆯ記事를新聞紙上에揭載치아니ᄒᆞᆯ事를約束ᄒᆞᆫ時는其債務者가義務를履行치아니ᄒᆞᆫ境遇에其不履行의結果를除却ᄒᆞ야原狀에回復ᄒᆞ기不能ᄒᆞᆷ으로債權者는但損害賠償을請求ᄒᆞᆷ에不過ᄒᆞᆯ지로다）且將來에其作爲를不行케ᄒᆞ기爲ᄒᆞ야債務者로ᄒᆞ야곰相當ᄒᆞᆫ擔保를提供케ᄒᆞᆷ을可得ᄒᆞᆯ지로다

는 甲이 乙에 대해 채무면제의 의사를 표시한 것으로 간주한다.

이상은 작위를 목적으로 하는 경우에 관한 설명이다. 그러나 부작위를 목적으로 하는 채무에 관해서는, 채권자가 채무자의 비용으로 그 채무의 내용에 위반한 결과를 제거하고 또 장래를 위해 적당한 처분을 할 것을 재판소에 청구할 수 있는 권리를 가진다. 가령 甲의 인접 토지 소유자가 甲에 대해 그 지역 내에 가옥을 건축하지 않을 채무와 나무를 심지 않을 채무를 부담하고, 그 채무를 이행하지 않고 가옥을 건축하고 나무를 심으면, 이 경우에 채권자는 결코 그 채무를 실행하게 하는 권리를 잃지 않는다. 즉 채무자의 비용으로 그 가옥을 헐어 버리고 그 수목을 벌채한 후에, 그 비용을 채무자에게 부담하게 한다. 절대로 그 권리를 잃는 것이 아니다(그러나 채무자가 채권자의 명예에 해로운 기사를 신문에 게재하지 아니할 것을 약속하였을 때는, 그 채무자가 의무를 이행하지 않았을 경우에 그 불이행의 결과를 제거하고 원상에 회복할 수 없으므로, 채권자는 다만 손해배상을 청구할 수 있는 것에 불과하다). 또한 장래에 그 작위를 하지 않게 하려고 채무자에게 상당한 담보를 제공하게 할 수 있다.

債權者ᄂᆞᆫ債務不履行이有ᄒᆞᆫ境遇에强制履行을請求ᄒᆞ고또强制履行과同一ᄒᆞᆫ結果ᄅᆞᆯ受케ᄒᆞ나其債務不履行을因ᄒᆞ야債權者의게損害가有ᄒᆞᆫ時ᄂᆞᆫ亦債務者의게對ᄒᆞ야損害賠償을請求ᄒᆞᄂᆞᆫ權利가有케ᄒᆞᆷ은各國의立法例가同一히認ᄒᆞᄂᆞᆫ바ㅣ니라

第四節 損害賠償

損害란者ᄂᆞᆫ吾人이權利의侵害ᄅᆞᆯ被ᄒᆞᆷ을因ᄒᆞ야生ᄒᆞᄂᆞᆫ바의不利益을謂ᄒᆞᆷ이니其不利益이財産上에關與不關은玆에問ᄒᆞᆯ者ㅣ아니라

元來債務者가債務의本旨ᄅᆞᆯ從ᄒᆞ야其一定ᄒᆞᆫ期限以內에債務ᄅᆞᆯ履行ᄒᆞᄂᆞᆫ時ᄂᆞᆫ以上과如ᄒᆞᆫ問題ᄅᆞᆯ釀成ᄒᆞᆯ餘地가無ᄒᆞᆯ지로대若債務者가以上과相反ᄒᆞ야債務의本旨ᄅᆞᆯ從ᄒᆞ야債務ᄅᆞᆯ履行치아니ᄒᆞᄂᆞᆫ時ᄂᆞᆫ債權者ᄂᆞᆫ債務者의故意及過失을不問ᄒᆞ고債務者의게對ᄒᆞ야損害賠償을請求ᄒᆞᆷ을可得ᄒᆞᆯ지라故로債務者가不完全ᄒᆞᆫ債務ᄅᆞᆯ履行ᄒᆞ면債權者ᄂᆞᆫ此에對ᄒᆞ야損害賠償을請求ᄒᆞᆷ을可得ᄒᆞᆯ지오又債務者가債務履行의期限이到來ᄒᆞ야도其債務의履行을懈怠ᄒᆞᄂᆞᆫ時ᄂᆞᆫ債權者가其履行은請求치아니ᄒᆞ고損害賠償을請求ᄒᆞᆷ도可得ᄒᆞᆯ지라然則債務者가

채권자는 채무불이행이 있는 경우에 강제이행을 청구하고 또 강제이행과 동일한 결과를 얻는다. 그러나 그 채무불이행에 따라 채권자에게 손해가 있는 때는 또한 채무자에 대해 손해배상을 청구하는 권리를 가지는 것은 각국의 법례가 마찬가지로 인정하고 있다.

제4절 손해배상

손해란 자기가 권리의 침해를 받은 데 따라 발생하는 바의 불이익을 말한다. 그 불이익이 재산상에 관한 것이건 아니건 여기에서 묻지 않는다.

원래 채무자가 채무의 내용에 따라 그 일정한 기한 이내에 채무를 이행하였을 때는, 이상과 같은 문제를 빚어낼 여지가 없다. 그러나 만약 채무자가 이에 반해 채무의 내용에 따라 채무를 이행하지 않을 때는, 채권자는 채무자의 고의와 과실을 불문하고 채무자에 대해 손해배상을 청구할 수 있다. 따라서 채무자가 불완전한 채무를 이행하면 채권자는 이에 대해 손해배상을 청구할 수 있고, 또 채무자가 채무이행의 기한이 도래해도 그 채무의 이행을 게을리하였을 때는, 채권자가 그 이행을 청구하지 않고 손해배상을 청구할 수도 있다. 그렇다면 채무자가

其履行을遲滯ᄒᆞᆫ時는債權者는自己의選擇을依ᄒᆞ야債務者의게債務履行이나損害賠償中에其一을請求ᄒᆞᆷ을可得ᄒᆞᆯ지니라

如此히債務者가債務의本旨를從ᄒᆞ야履行을不行ᄒᆞ는時에債務者의게過失及故意의有無를不問ᄒᆞ고債權者로ᄒᆞ야곰損害賠償을請求ᄒᆞᆷ을得케ᄒᆞ는所以는蓋債務者一身上으로從ᄒᆞ야出來ᄒᆞᆫ事由에基因ᄒᆞᆫ損害를債權者의게負擔ᄒᆞ는事가無케ᄒᆞ는目的에不外ᄒᆞ니라換言ᄒᆞᆯ진대債權者로ᄒᆞ야곰債務者의不履行을因ᄒᆞ야生ᄒᆞ는一切損害를負擔케아니ᄒᆞ기爲ᄒᆞ야債務者의게故意及過失이無ᄒᆞᆯ지라도猶其損害의賠償을請求케ᄒᆞᆷ이니라然이나債權者의게歸責ᄒᆞᆷ을可得ᄒᆞᆯ事由에基因ᄒᆞ야履行에不能을生ᄒᆞᆫ時는債務者는其義務를可히得免ᄒᆞᆯ지로대若債務者의게可히歸責ᄒᆞᆯ事由卽故意過失及遲滯의結果로履行의不能을釀成ᄒᆞᆫ時는債務者는債權者의게對ᄒᆞ야其損害의賠償責任을可히得免치못ᄒᆞᆯ지라如此ᄒᆞᆫ境遇를當ᄒᆞ야는債權의目的은損害의賠償으로變ᄒᆞ는者ㅣ니故로其債務는損害賠償에就ᄒᆞ야成立ᄒᆞᆯ지니라

債務者가債務의本旨를從ᄒᆞ야債務의履行을不行ᄒᆞ는境遇를當ᄒᆞ야債務者의

그 이행을 지체하였을 때는, 채권자는 자기의 선택에 따라 채무자에게 채무이행이나 손해배상 중 그 하나를 청구할 수 있는 것이다.

이처럼 채무자가 채무의 내용에 따라 이행을 하지 않을 때에 채무자에게 과실과 고의의 유무를 불문하고, 채권자가 손해배상을 청구할 수 있게 하는 까닭은, 대개 채무자 일신상에서 비롯하여 발생하는 사유에 따른 손해를 채권자가 부담하는 것이 없도록 하려는 목적에서 벗어나지 않는다. 바꾸어 말하면 채권자가 채무자의 불이행에 따라 발생하는 모든 손해를 부담하지 않게 하려고, 채무자에게 고의와 과실이 없을지라도 오히려 그 손해배상을 청구하게 하는 것이다. 그러나 채권자에게 책임을 돌릴 수 있는 사유에 따라 이행불능이 발생하였을 때는, 채무자는 그 의무를 면할 수 있으나, 만약 채무자에게 책임을 물을 수 있는 사유 즉 고의와 과실 및 지체의 결과에 따라 이행불능이 빚어졌을 때는, 채무자는 채권자에 대해 그 손해배상책임을 면할 수 없다. 이 같은 경우에는 채권의 목적은 손해배상으로 바뀌는 것이다. 따라서 그 채무는 손해배상에 관하여 성립하게 된다.

채무자가 채무의 내용에 따라 채무의 이행을 하지 않았을 경우에, 채무자에게損害賠償의責任을負擔케홈에ᄂᆞᆫ債務者의不履行과債權者의損害間에原因結果의關係가有홈을要ᄒᆞᄂᆞ니故로債權者의被ᄒᆞᆫ損害가債務者의不履行을依ᄒᆞ야生ᄒᆞᆫ者ㅣ아니면債務者ᄂᆞᆫ其損害賠償의責任을負擔치아니ᄒᆞᄂᆞᆫ者ㅣ라然이나若債務者의不履行과債權者의損害間에原因結果의關係가有ᄒᆞᆫ時ᄂᆞᆫ債務者ᄂᆞᆫ何如ᄒᆞᆫ損害라도賠償의責任을負擔홈이可乎아此問題에關ᄒᆞ야ᄂᆞᆫ各國立法例에多少間差異가有ᄒᆞᆫ대日本新民法에ᄂᆞᆫ損害賠償의請求ᄅᆞᆯ債務不履行에基因ᄒᆞ야通常可生ᄒᆞᆯ損害로써賠償의原則을定ᄒᆞ고特別事情에基因ᄒᆞ야生ᄒᆞᄂᆞᆫ損害ᄂᆞᆫ當事者가其事情을豫見ᄒᆞ거나又ᄂᆞᆫ豫見홈을可得ᄒᆞᆯ時에만債權者가其損害賠償을請求홈으로定ᄒᆞ얏스니玆에所謂通常으로生ᄒᆞᄂᆞᆫ損害란者ᄂᆞᆫ債務者不履行에基因ᄒᆞ야普通으로生ᄒᆞᄂᆞᆫ損害ᄅᆞᆯ指홈이니假令製造業者가其製造의原料ᄅᆞᆯ注文ᄒᆞᆫ境遇에若其注文을受ᄒᆞᆫ者가其期日에其原料ᄅᆞᆯ給付치아니ᄒᆞᄂᆞᆫ時ᄂᆞᆫ製造業者ᄂᆞᆫ是로因ᄒᆞ야其製造ᄅᆞᆯ中止치아니홈을不得홈에至ᄒᆞ야多少의損害ᄅᆞᆯ受ᄒᆞᆯ지니此ᄂᆞᆫ通常으로生ᄒᆞᄂᆞᆫ損害ᄅᆞᆯ謂홈이오是와相反ᄒᆞ야所謂特別事情에基因ᄒᆞ야生ᄒᆞᄂᆞᆫ損害란者ᄂᆞᆫ特別事情이有ᄒᆞᆫ境遇에債務者의不履

게 손해배상책임을 부담하게 할 때는, 채무자의 불이행과 채권자의 손해 사이에 원인·결과의 관계가 있어야 한다. 따라서 채권자가 입은 손해가 채무자의 불이행에 따라 발생한 것이 아니면, 채무자는 그 손해배상책임을 부담하지 않는다. 그러나 만약 채무자의 불이행과 채권자의 손해 사이에 원인·결과의 관계가 있는 때는, 채무자는 어떠한 손해라도 배상책임을 부담해야 하는가? 이 문제에 관해서는 각국 입법례에 다소간의 차이가 있다. 그러나 일본 민법에서는 손해배상의 청구를 채무불이행에 따라 통상 발생할 수 있는 손해로써 배상의 원칙을 정하고, 특별한 사정에 따라 발생하는 손해는 당사자가 그 사정을 예견하거나, 예견할 수 있었을 때만, 채권자가 그 손해배상을 청구할 수 있다고 규정하였다.* 여기에서 이른바 통상으로 발생하는 손해란 채무불이행에 따라 보통 발생하는 손해를 가리킨다. 가령 제조업자가 그 제조의 원료를 주문한 경우에, 만약 그 주문을 받은 자가 그 기일에 그 원료를 급부하지 않았을 때는, 제조업자는 이에 따라 그 제조를 중지하지 않을 수 없게 되어 다소의 손해를 입게 된다. 이것이 통상으로 발생하는 손해를 말한다. 이와 반대로 이른바 특별사정에 따라 발생하는 손해란 특별사정이 있는 경우에 채무자의 불이

* 역자 주: 메이지 민법 제416조.

行을依ᄒᆞ야生ᄒᆞᄂᆞᆫ損害를指稱ᄒᆞᆷ이니假令以上에說明ᄒᆞᆫ例에其製造業者가製造品買者의게對ᄒᆞ야違約金의特約이有ᄒᆞᆯ진대此製造業者ᄂᆞᆫ原料의注文을受ᄒᆞᆫ者가其債務를履行치아니ᄒᆞᆷ으로製造品을製造ᄒᆞ야其買主의게債務를履行ᄒᆞᆷ을不得ᄒᆞ야違約金을支給치아니치못ᄒᆞᆷ에至ᄒᆞᆯ지라如此ᄒᆞᆫ損害ᄂᆞᆫ專히其特別事情에基因ᄒᆞ야生ᄒᆞᄂᆞᆫ損害라謂ᄒᆞᆯ지로다又米穀을買入轉賣ᄒᆞ야利益을得ᄒᆞᆷ으로目的ᄒᆞᄂᆞᆫ者가其買入ᄒᆞᆫ米穀의傳致를不受ᄒᆞ야其轉賣의利益을得ᄒᆞ기不能ᄒᆞᆷ에至ᄒᆞᆫ時ᄂᆞᆫ是로因ᄒᆞ야生ᄒᆞᆫ損害ᄂᆞᆫ卽通常으로生ᄒᆞᄂᆞᆫ損害오此米穀을買入轉賣ᄒᆞ야利益을得ᄒᆞᆷ으로目的ᄒᆞᄂᆞᆫ者가米穀을買入ᄒᆞᆫ後에米價가騰貴ᄒᆞᆫ境遇에債務者로브터米穀의傳致를不受ᄒᆞᆷ으로其米價의騰貴를依ᄒᆞ야可受ᄒᆞᆯ利益을失ᄒᆞᆫ時ᄂᆞᆫ此損害ᄂᆞᆫ特別事情에基因ᄒᆞ야生ᄒᆞᆫ損害라謂ᄒᆞᆯ지로다

右述ᄒᆞᆷ과如히債務者가特別事情에基因ᄒᆞ야生ᄒᆞᆫ損害를賠償ᄒᆞᆷ에ᄂᆞᆫ當事者가其事情을豫見ᄒᆞ거나又ᄂᆞᆫ豫見ᄒᆞᆷ을可得ᄒᆞᆯ時에限ᄒᆞᄂᆞ니以上의例로論ᄒᆞᆯ진대注文當時에特히此事情을債務者의게通ᄒᆞ야當事者兩便이其事情을豫見ᄒᆞ거나又ᄂᆞᆫ豫見ᄒᆞᆷ을可得ᄒᆞᆯ境遇가아니면債權者ᄂᆞᆫ債務者로ᄒᆞ야곰其損害를賠償

행에 따라 발생하는 손해를 말한다. 가령 위에서 설명한 예에서 그 제조업자가 제조품 매수인에 대해 위약금의 특약이 있었다면, 이 제조업자는 원료의 주문을 받은 자가 그 채무를 이행하지 아니하므로, 제조품을 제조하여 그 매수인에게 채무를 이행할 수 없고, 위약금을 지급할 수밖에 없게 된다. 이와 같은 손해는 전적으로 그 특별사정에 따라 발생하는 손해라고 말할 수 있다. 또 쌀을 매입·전매(轉賣)하여 이익을 얻을 것을 목적으로 하는 자가, 그 매입한 쌀의 인도를 받지 못해 그 전매 이익을 얻을 수 없게 되었을 때는, 이에 따라 발생한 손해는 곧 통상으로 발생하는 손해이다. 한편 이 쌀을 매입·전매하여 이익을 얻을 것을 목적으로 자가 쌀을 매입한 후에 쌀값이 오른 경우에, 채무자로부터 쌀의 인도를 받지 못하였으므로 그 쌀값이 오른 데 따라 받을 수 있는 이익을 상실하였을 때는, 이 손해는 특별사정에 따라 발생한 손해라고 말할 수 있다.

위에서 서술한 바와 같이 채무자가 특별사정에 따라 발생한 손해를 배상할 때는, 당사자가 그 사정을 예견하거나, 예견할 수 있었을 때에 한한다. 이상의 예로 논해 보면, 주문 당시에 특히 이 사정을 채무자에게 통지하여 당사자 쌍방이 그 사정을 예견하거나, 예견할 수 있었던 경우가 아니면, 채무자에게 그 손해를 배상

케ᄒᆞ기不能ᄒᆞᆫ者ㅣ라ᄒᆞ니라

然이나立法論으로ᄂᆞᆫ此主義ᄅᆞᆯ採用ᄒᆞᆷ이妥當ᄒᆞ다謂ᄒᆞ기不能ᄒᆞᆯ지로다盖損害賠償은債權의一効力이라其目的은當事者의何便을無論ᄒᆞ고損害ᄅᆞᆯ被ᄒᆞᆫ時ᄂᆞᆫ其損害ᄅᆞᆯ補充ᄒᆞᆷ이本旨ᄅᆞᆯ成ᄒᆞᄂᆞᆫ故로損害의通常不通常(特別)及當事者의豫見不豫見을不問ᄒᆞ고違法의行爲로從ᄒᆞ야出來ᄒᆞᆫ損害ᄂᆞᆫ總히賠償ᄒᆞᆷ이妥當ᄒᆞᆷ으로信ᄒᆞ노라抑此債務者가豫見치못ᄒᆞᆫ損害ᄅᆞᆯ債務者의게賠償ᄒᆞᆷ이些少間苛酷ᄒᆞ다論ᄒᆞᄂᆞᆫ者ㅣ不無ᄒᆞ대債權者ᄂᆞᆫ自己의게毫末의過失이無ᄒᆞ고專히債務者의過失을依ᄒᆞ야受ᄒᆞᆫ損害ᄅᆞᆯ自擔ᄒᆞ고過失者되ᄂᆞᆫ債務者로ᄒᆞ야곰此ᄅᆞᆯ賠償케ᄒᆞᆯ事가不能ᄒᆞ면過失이無ᄒᆞᆫ債權者ᄂᆞᆫ到底히保護ᄒᆞ기不能ᄒᆞᆷ에至ᄒᆞᆯ지라是ㅣ卽債權의効力을十分不認ᄒᆞᆫ者ㅣ니決코完全ᄒᆞᆫ法律制度라謂ᄒᆞ기難ᄒᆞ도다

債務者가債務不履行에基因ᄒᆞ야債權者의게損害ᄅᆞᆯ及ᄒᆞᆫ時ᄂᆞᆫ其現有ᄒᆞᆫ利益을失ᄒᆞᆷ과將來에可得ᄒᆞᆯ利益을失ᄒᆞᆷ을不問ᄒᆞ고債權者ᄂᆞᆫ債務者의게對ᄒᆞ야其損害의賠償을請求ᄒᆞᆷ을得ᄒᆞᆯ지니玆에所謂將來에可得ᄒᆞᆯ利益이란者ᄂᆞᆫ事物의通常狀態ᄅᆞᆯ依ᄒᆞ야何人이라도可히豫期ᄒᆞᆷ을得ᄒᆞᆯ者ㅣ오又ᄂᆞᆫ債權者의一身上事

하게 할 수 없다.

그러나 입법론으로는 이 주의를 채택하는 것이 타당하다고 말할 수 없다. 대개 손해배상은 채권의 한 효력이고, 그 목적은 당사자의 어느 편을 막론하고 손해를 입었을 때는, 그 손해를 보충하는 것이 본래의 취지를 이룬다. 따라서 손해의 통상·불통상(특별)과 당사자의 예견·불예견을 불문하고, 위법한 행위에 따라 발생한 손해는 모두 배상하는 것이 다소 가혹하다고 논하는 사람도 없지 않다. 그러나 채권자는 자기에게 조금의 과실도 없고 오로지 채무자의 과실에 따라 받은 손해를 스스로 부담하고, 과실 있는 자인 채무자에게 이를 배상하게 할 수 없다고 하면, 과실이 없는 채권자는 도저히 보호받을 수 없게 된다. 이는 곧 채권의 효력을 충분히 인정하지 않는 것이다. 결코 완전한 법률제도라고 말하기 어렵다. 채무자가 채무불이행에 따라 채권자에게 손해를 입혔을 때는, 그 현존하는 이익을 잃은 것과 장래에 얻을 수 있는 이익을 잃은 것을 불문하고, 채권자는 채무자에 대해 그 손해배상을 청구할 수 있다. 여기에서 이른바 장래에 얻을 수 있는 이익이란 사물의 통상 상태에 따라 누구든지 예상하고 기대할 수 있거나, 채권자의 일신상의 사

情에基因ᄒᆞ야將來에可生ᄒᆞᆯ者를謂ᄒᆞᆷ이니要컨대將來에可生ᄒᆞᆯ事를正當히可히推測ᄒᆞᆯ者를指ᄒᆞᆷ이라假令金錢은通常利息을生ᄒᆞᄂᆞᆫ故로金錢의給付를不受ᄒᆞᆫ債權者ᄂᆞᆫ通常事物의狀態를依ᄒᆞ야可得ᄒᆞᆯ利益을失ᄒᆞᆫ者ㅣ라謂ᄒᆞᆯ지오又米穀을買入轉賣ᄒᆞ야利益을得ᄒᆞᆷ으로目的ᄒᆞᄂᆞᆫ者가米穀을買入ᄒᆞᆫ境遇에賣主가其米穀의傳致를不受ᄒᆞᆫ時ᄂᆞᆫ其一身의事情을依ᄒᆞ야可生ᄒᆞᆯ利益을失ᄒᆞᆫ者ㅣ라謂ᄒᆞᆯ지로다然이나是와相反ᄒᆞ야債權者가單利益을得ᄒᆞᆯ希望을有ᄒᆞᆯ뿐이오아직其希望을達ᄒᆞᆷ에可足ᄒᆞᆫ手段을未施ᄒᆞᆫ境遇에ᄂᆞᆫ債務者不履行에基因ᄒᆞ야其希望을不達ᄒᆞᆫ時라도債權者ᄂᆞᆫ可得ᄒᆞᆯ利益을失ᄒᆞᆫ者ㅣ라謂ᄒᆞ기難ᄒᆞᆯ지로다

債務者가債務를履行치아니ᄒᆞᆷ을因ᄒᆞ야債權者의게加ᄒᆞᆫ損害를賠償ᄒᆞᆷ에ᄂᆞᆫ原狀을回復ᄒᆞᆷ으로써論理上에得當ᄒᆞ다謂ᄒᆞᆯ지로다然이나債務者가實際에債務를原狀에回復ᄒᆞᄂᆞᆫ事ᄂᆞᆫ甚尠ᄒᆞᆯ뿐아니라債權者도亦此方法을依ᄒᆞ야ᄂᆞᆫ完全ᄒᆞᆫ救濟를受ᄒᆞ기不能ᄒᆞᆯ지니然則如何ᄒᆞᆫ方法을依ᄒᆞᆷ이便利ᄒᆞᆯ者歟아盖金錢은吾人이權利의行使를依ᄒᆞ야受ᄒᆞᆫ바의利益을筭定ᄒᆞᆷ에最極適當ᄒᆞ야自由로他物과交換ᄒᆞᆷ을可得ᄒᆞᆯ者ㅣ되ᄂᆞᆫ故로吾人이權利의侵害를當ᄒᆞ야是로因ᄒᆞ야生ᄒᆞ

정에 따라 장래에 발생할 수 있는 것을 말한다. 요컨대, 장래에 발생할 수 있는 것을 정당하게 추측할 수 있는 것을 가리킨다. 가령 금전은 통상 이자를 발생한다. 따라서 금전 급부를 받지 못한 채권자는 통상 사물의 상태에 따라 얻을 수 있는 이익을 상실하였다고 말할 수 있다. 또 쌀을 매입 · 전매하여 이익을 얻는 것을 목적으로 하는 자가 쌀을 매입한 경우에, 매도인이 그 쌀의 인도를 받지 못하였을 때는 그 일신의 사정에 따라 발생할 수 있는 이익을 상실하였다고 말할 수 있다. 그러나 이와 반대로 채권자가 단순히 이익을 얻을 희망을 품었을 뿐이고, 아직 그 희망을 달성하기에 충분한 수단을 실시하지 못한 경우에는, 채무자의 불이행에 따라 그 희망을 달성할 수 없었을 때라도, 채권자는 얻을 수 있는 이익을 잃은 것이라고 말하기 어렵다.

채무자가 채무를 이행하지 않기 때문에, 채권자에게 가한 손해를 배상할 때, 원상을 회복하게 하는 것이 이론상으로는 타당하다고 말할 수 있다. 그러나 채무자가 실제로 채무를 원상에 회복하는 경우는 매우 적을 뿐만 아니라, 채권자도 이 방법에 따라서는 완전한 구제를 받을 수 없다. 그렇다면 어떤 방법을 따르는 것이 편리할 것인가? 대체로 금전은 우리가 권리 행사에 따라 받을 바의 이익을 산정할 때에 가장 적당하고, 자유로이 다른 물건과 교환할 수 있는 것이다. 따라서 우리가 권리의 침해를 당하고 이에 따라 발생하는不利益을補充홈에甚히適當ᄒᆞᆫ者ㅣ라是以로諸國의立法例가擧皆損害를賠償ᄒᆞ는方法에至ᄒᆞ야는此金錢으로써行ᄒᆞ는主義를採用ᄒᆞᄂᆞ니라(此方法에對ᄒᆞ야或金錢以外의物로써損害를賠償케ᄒᆞ는一二立法例가無홈은아니라)然이나當事者가金錢以外의物로賠償에可充홀事를豫定ᄒᆞᆫ境遇에는契約의自由를許與ᄒᆞᆫ私法上에共公秩序와善良風俗을妨害치아니ᄒᆞ는以上에는必禁홀理由가無홈으로其特約을從홀事는無論이니라

債務者의債務不履行에關ᄒᆞ야債權者의게過失이有ᄒᆞᆫ時는債務者의損害賠償責任에如何ᄒᆞᆫ影響을可及홀者歟아從來로立法例에二主義가有ᄒᆞ니一曰被害者가相當ᄒᆞᆫ注意를加ᄒᆞ면損害를可避홀時는加害者가故意로其損害를生케ᄒᆞᆫ境遇外에加害者로ᄒᆞ야곰損害賠償의責任을負擔ᄒᆞ는事가無케ᄒᆞ는者ㅣ오二曰損害를生홈에當ᄒᆞ야被害者의게過失이有ᄒᆞᆫ境遇에는裁判所는其過失의程度를從ᄒᆞ야加害者의賠償責任을減輕或得免케ᄒᆞ는者ㅣ是라然이나此二主義는共히實際의困難됨을難免홈으로債務者가債務不履行에關ᄒᆞ야債權者의게過失이有ᄒᆞᆫ時는裁判所에서其債權者의過失程度를斟酌ᄒᆞ야債務者의損害賠償의責任有無及範圍를定ᄒᆞ는事가事實上에便利홀지로다故로債權者가損害

는 불이익을 보충할 경우에 매우 적당하다. 이에 따라 각국의 입법례가 대부분 손해를 배상하는 방법에 관해서는 이 금전으로 하는 주의를 채택하고 있다.* 그러나 당사자가 금전 이외의 물건으로 배상에 충당할 수 있는 것을 예정한 경우에는, 계약의 자유를 허용하는 사법상, 공공질서와 선량한 풍속을 방해하지 않는 이상에는, 반드시 금지할 이유가 없으므로 그 계약에 따를 것은 물론이다.

채무자의 채무불이행에 관해 채권자에게 과실이 있는 때는, 채무자의 손해배상책임에 어떠한 영향을 미칠 수 있는가? 종래 입법례에 두 가지 주의가 있다. 첫째는 피해자가 상당한 주의를 하면 손해를 피할 수 있었을 때는, 가해자가 고의로 그 손해를 발생하게 한 경우 외에는, 가해자가 손해배상책임을 부담하는 일이 없게 하는 것이다. 둘째는 손해가 발생하였을 때에 피해자에게 과실이 있는 경우에는, 재판소가 그 과실의 정도에 따라 가해자의 배상책임을 감경 또는 면제할 수 있게 하는 것이다. 그러나 이 두 가지 주의는 모두 실제 곤란을 면하기 어려우므로, 채무자가 채무불이행에 관해 채권자에게 과실이 있는 때는, 재판소에서 그 채권자의 과실 정도를 참작하여 채무자의 손해배상책임의 유무와 범위를 정하는 것이 사실상 편리하다. 따라서 채권자가 손해

* 이 방법에 대해 때로 금전 이외의 물건으로써 손해를 배상하게 하는 한두 입법례가 없는 것은 아니다.

를可避ᄒᆞᆯ事가能ᄒᆞᆫ境遇에自己의過失로損害를被ᄒᆞᆫ時ᄂᆞᆫ裁判所ᄂᆞᆫ債務者로ᄒᆞ야곰損害賠償의責任을負擔케아니ᄒᆞᆯ事도有ᄒᆞᆯ것이오又債權者의過失이損害의重要原因을成ᄒᆞᄂᆞᆫ時ᄂᆞᆫ裁判所ᄂᆞᆫ債權者로ᄒᆞ야곰損害의大部分을負擔케ᄒᆞ고債務者로ᄒᆞ야곰其他의部分을賠償케ᄒᆞᆯ事도有ᄒᆞᆯ지로다

債權者가金錢을目的ᄒᆞᄂᆞᆫ債務를履行치아니ᄒᆞᆫ債務者의게對ᄒᆞ야損害賠償을請求ᄒᆞᄂᆞᆫ境遇에ᄂᆞᆫ債權者ᄂᆞᆫ被損害ᄒᆞᆫ事實을證明ᄒᆞᆷ을不要ᄒᆞ고又債務者ᄂᆞᆫ不可抗力을依ᄒᆞ야履行을遲滯ᄒᆞᆫ事를證明ᄒᆞ야損害賠償의責任을得免치못ᄒᆞᄂᆞ니盖金錢은通常利息을生ᄒᆞᄂᆞᆫ者ㅣ라故로債務者가金錢의給付를遲滯ᄒᆞ면債權者ᄂᆞᆫ當然히損害를被ᄒᆞᆯ者ㅣ라推測ᄒᆞᆷ을可得ᄒᆞᆯ지오債務者ᄂᆞᆫ金錢을給付치아니ᄒᆞᆷ에基因ᄒᆞ야當然히利益을得ᄒᆞᆯ者ㅣ라推測ᄒᆞᆷ을可得ᄒᆞᆯ者ㅣ되ᄂᆞᆫ所以니라

金錢을目的ᄒᆞᄂᆞᆫ債務不履行에其損害의賠償額은如何ᄒᆞᆫ標準을依ᄒᆞ야此를定ᄒᆞᆷ이可乎아大抵當事者가金錢債權에利息을約束치아니ᄒᆞᆫ境遇及當事者가金錢債權에利息을附ᄒᆞᆯ事로約束ᄒᆞ야도其約定利率이法定利率에未滿ᄒᆞᄂᆞᆫ境遇

를 피할 수 있었던 경우에 자기의 과실로 손해를 입었을 때는, 재판소는 채무자가 손해배상책임을 부담하지 않게 하는 경우도 있고, 또 채권자의 과실이 손해의 중요 원인을 구성할 때는, 재판소는 채권자가 손해의 대부분을 부담하게 하고 채무자가 그 밖의 부분을 배상하게 하는 경우도 있는 것이다.

채권자가 금전을 목적으로 하는 채무를 이행하지 아니한 채무자에 대해 손해배상을 청구하는 경우에는, 채권자는 손해를 입은 사실을 증명할 필요가 없다. 또 채무자는 불가항력에 따라 이행을 지체한 것을 증명하고 손해배상책임을 면하지 못한다. 대개 금전은 통상 이자를 발생한다. 따라서 채무자가 금전 급부를 지체하면 채권자는 당연히 손해를 입었다고 추측할 수 있고, 채무자는 금전을 급부하지 않아 그에 따라 당연히 이익을 얻었다고 추측할 수 있는 이유가 된다.

금전을 목적으로 하는 채무불이행에서 그 손해배상액은 어떤 표준에 따라 이를 정할 수 있는 것인가? 무릇 당사자가 금전채권에 이자를 약속하지 아니한 경우와 당사자가 금전채권에 이자를 붙일 것으로 약속하여도 그 약정이율이 법정이율에 미달하는 경우에ᄂᆞᆫ債權者의已被ᄒᆞᆫ損害ᄅᆞᆯ法定利率을依ᄒᆞ야此ᄅᆞᆯ定ᄒᆞᆷ이妥當ᄒᆞᆯ지니何故오盖吾人이金錢에基因ᄒᆞ야受ᄒᆞᄂᆞᆫ바의利益은恒常法定利息의額과相等ᄒᆞᆫ者ㅣ라推定ᄒᆞᆷ이可ᄒᆞᆫ所以니라然이나當事者가金錢債權에利息을附ᄒᆞᆫ境遇에約定利率이法定利率에超過ᄒᆞᄂᆞᆫ時ᄂᆞᆫ債務者로ᄒᆞ야곰約定利率을從케ᄒᆞᆷ이妥當ᄒᆞᆯ지니何故오盖此境遇에ᄂᆞᆫ債權者가返還期卽金錢給付의履行을受ᄒᆞᆯ時에約定利率을依ᄒᆞ야相當히利息을得ᄒᆞᆯ者로推測ᄒᆞᆷ이可ᄒᆞᆫ所以니라

上述ᄒᆞᆷ과如히金錢債務ᄅᆞᆯ不履行ᄒᆞᆫ境遇에ᄂᆞᆫ利息과相等ᄒᆞᆫ損害ᄂᆞᆫ恒常生ᄒᆞᄂᆞᆫ者로認定ᄒᆞ고此에比較的多額의損害ᄂᆞᆫ不生ᄒᆞᄂᆞᆫ者로認定ᄒᆞᄂᆞᆫ故로債權者ᄂᆞᆫ別로損害의立證을不要ᄒᆞ고도右述ᄒᆞᆫ바의利息을請求ᄒᆞᆯ지라原則上으로ᄂᆞᆫ實際에此와比較的으로多額의損害ᄅᆞᆯ被ᄒᆞᆫ事ᄅᆞᆯ主張치못ᄒᆞᆯ지나但例外로利息外에不可不賠償을請求ᄒᆞᆯ境遇가不尠ᄒᆞᆯ지니假令數個의例ᄅᆞᆯ擧ᄒᆞᆯ진대左와如ᄒᆞ도다

(一)、連帶債務及保證債務에關ᄒᆞ야求償權을行ᄒᆞᆷ에ᄂᆞᆫ法定의利息을請求ᄒᆞᆫ外에不得已ᄒᆞᆫ損害가有ᄒᆞᆫ時ᄂᆞᆫ賠償을請求ᄒᆞᆷ을可得ᄒᆞᆯ지오

에는, 채권자가 이미 입은 손해를 법정이율에 따라 이를 정하는 것이 타당하다. 왜냐하면 대체로 우리가 금전에 따라 받는 바의 이익은 항상 법정이자의 액수와 상당하다고 추정할 수 있기 때문이다. 그러나 당사자가 금전채권에 이자를 붙인 경우에 약정이율이 법정이율을 초과할 때는, 채무자에게 약정이율을 따르게 하는 것이 타당하다. 왜냐하면 대개 이 경우에는 채권자가 반환기 즉 금전급부의 이행을 받을 때의 약정이율에 따라 상당한 이자를 얻을 것으로 추측할 수 있기 때문이다.

위에서 서술한 바와 같이, 금전채무를 이행하지 아니한 경우에는, 이자에 상당한 손해는 항상 발생하는 것으로 인정하고, 이보다 비교적 많은 액수의 손해는 발생하지 않는 것으로 인정한다. 따라서 채권자는 따로 손해를 증명할 필요가 없고, 위에서 서술한 바의 이자를 청구하고, 원칙적으로는 실제 이보다 비교적 많은 액수의 손해를 입은 것을 주장할 수 없다. 그러나 다만 예외로 이자 외에 반드시 배상을 청구할 수 있는 경우가 적지 않다. 가령 몇몇 예를 들어 보면 다음과 같다.

① 연대채무와 보증채무에 관해 구상권을 행사한 경우에는 법정이자를 청구하는 것 외에 부득이한 손해가 있는 때는 배상을 청구할 수 있다.

〔二〕、契約解除에關ᄒᆞ야解除權을行ᄒᆞᆷ에ᄂᆞᆫ法定의利息을請求ᄒᆞᆫ外에損害의賠償을請求ᄒᆞᆷ을可得ᄒᆞᆯ지오

〔三〕、委任에關ᄒᆞ야受任者가委任者의게傳致ᄒᆞᆯ金額을自己가消費ᄒᆞᆫ時ᄂᆞᆫ其消費日以後로브터利息을給與ᄒᆞ고尙且損害가有ᄒᆞᆫ時ᄂᆞᆫ其賠償의責任을難免ᄒᆞᆯ지오

〔四〕、組合에關ᄒᆞ야組合員의出資를懈怠히ᄒᆞᆫ境遇等이是ㅣ라

然이나債務者가債權者의게對ᄒᆞ야實際의損害를賠償ᄒᆞᆯ事로約定ᄒᆞᆫ時ᄂᆞᆫ債權者가其契約本旨에基因ᄒᆞ야法定利息이나又ᄂᆞᆫ約定利息額에超過ᄒᆞᄂᆞᆫ損害의賠償을請求ᄒᆞᆷ은無論이니라

損害의賠償은債權者의實被ᄒᆞᆫ損害를賠償ᄒᆞᆷ으로써目的ᄒᆞᄂᆞᆫ者ㅣ라故로損害의賠償額은此를豫定ᄒᆞ기極難ᄒᆞ나當事者ᄂᆞᆫ損害가生ᄒᆞᆯ境遇에裁判所에서定ᄒᆞᄂᆞᆫ賠償額이得當치못ᄒᆞᆯ가念慮ᄒᆞ고又賠償額에關ᄒᆞ야爭議가有ᄒᆞᆷ을避코져ᄒᆞᄂᆞᆫ理由로損害의賠償額을豫定ᄒᆞᄂᆞᆫ境遇가專無ᄒᆞ다謂ᄒᆞᆷ을不得ᄒᆞᆯ지라然則此境遇에損害賠償額은當事者兩便에利害關係가有ᄒᆞᆷ으로써其豫定額은契約

② 계약해제에 관해 해제권을 행사한 경우에는 법정이자를 청구하는 것 외에 손해배상을 청구할 수 있다.

③ 위임에 관해 수임인이 위임인에게 인도할 금액을 자기가 소비하였을 때는 그 소비일 이후로부터 이자를 급여하고 그래도 손해가 있는 때는 배상책임을 면하기 어렵다.

④ 조합에 관해 조합원이 출자를 게을리한 경우 등이 이에 해당한다.

그러나 채무자가 채권자에 대해 실제의 손해를 배상하기로 약정하였을 때는, 채권자가 그 계약 내용에 따라 법정이자나 약정이자액을 초과하는 손해배상을 청구하는 것은 물론이다. 손해배상은 채권자가 실제로 입은 손해를 배상하는 것을 목적으로 한다. 따라서 손해배상액은 이를 예정하기는 매우 곤란하다. 그러나 당사자는 손해가 발생한 경우에 재판소에서 정하는 배상액이 적당하지 않을 수 있다고 염려하고, 또 배상액에 대해 다툼이 있는 것을 피하고자 하는 이유에서 손해배상액을 예정하는 경우가 전혀 없다고 말할 수 없다. 그렇다면 이 경우에 손해배상액은 당사자 쌍방에 이해관계가 있으므로 그 예정액은 계약을依ᄒᆞ야效力을可生ᄒᆞᆯ지니故로裁判所ᄂᆞᆫ當事者의定ᄒᆞᆫ바損害賠償豫定額에增減ᄒᆞᆷ을不得ᄒᆞᆯ지오又當事者도亦其豫定額에關ᄒᆞ야增加或減縮을請求치못ᄒᆞᆯ지로다

當事者가損害賠償額을豫定ᄒᆞᆷ에ᄂᆞᆫ或債務履行에可代ᄒᆞᆯ損害의賠償額을定ᄒᆞᆯ時도有ᄒᆞ며又ᄂᆞᆫ或履行의遲滯ᄅᆞᆯ因ᄒᆞ야生ᄒᆞᄂᆞᆫ損害의賠償額을豫定ᄒᆞᆯ時도有ᄒᆞᆯ지니第一境遇에ᄂᆞᆫ債權者가損害의賠償을請求ᄒᆞ고同時에履行을請求ᄒᆞᆷ은不得ᄒᆞᆯ지로대第二境遇에ᄂᆞᆫ債權者가損害賠償額을請求ᄒᆞ고又其履行을請求ᄒᆞᆷ을可得ᄒᆞᆯ지로다然而此二個境遇中에何境遇ᄅᆞᆯ不問ᄒᆞ고債權者ᄂᆞᆫ債務者의債務不履行에基因ᄒᆞᆫ契約의解除權을不失ᄒᆞᆯ지니라

以上은當事者가單히損害의賠償으로金額及其他의給付ᄅᆞᆯ定ᄒᆞᆫ境遇에關ᄒᆞᆫ者ㅣ라然이나當事者ᄂᆞᆫ特別히債務不履行의境遇ᄅᆞᆯ豫想ᄒᆞ야債務者ᄅᆞᆯ強制ᄒᆞᆯ意思로違約金을約定ᄒᆞ야契約上에幾分間刑罰과相等ᄒᆞᆫ者ᄅᆞᆯ定ᄒᆞᄂᆞᆫ事가有ᄒᆞ니此契約의果然有效與否ᄅᆞᆯ論ᄒᆞᆷ에關ᄒᆞ야ᄂᆞᆫ或無效ᄅᆞᆯ主張ᄒᆞᄂᆞᆫ者가不無호대蓋當事者ᄂᆞᆫ贈與의契約도締結ᄒᆞᆷ을可得ᄒᆞᄂᆞᆫ故로此ᄅᆞᆯ無效로主張ᄒᆞᆷ은理由가無

에 따라 효력을 발생할 수 있다. 따라서 재판소는 당사자가 정한 바의 손해배상 예정액을 증감할 수 없고, 또 당사자도 또한 그 예정액에 관해 증가 또는 감축을 청구할 수 없다.

당사자가 손해배상액을 예정할 경우에는, 때로 채무불이행에 갈음할 수 있는 손해배상액을 정할 때도 있으며, 또는 이행지체에 따라 발생하는 손해배상액을 예정할 때도 있다. 첫째 경우에는 채권자가 손해배상을 청구하고 동시에 이행을 청구할 수 없다. 그러나 두 번째 경우에는 채권자가 손해배상액을 청구하고 또 그 이행을 청구할 수 있다. 그렇지만 이 두 가지 경우 중 어떤 경우를 불문하고, 채권자는 채무자의 채무불이행에 따른 계약의 해제권을 상실하지 않는다.

이상은 당사자가 단순히 손해배상으로 금액과 그 밖의 급부를 정한 경우에 관한 것이다. 그러나 당사자는 특별히 채무불이행의 경우를 예상하여 채무자를 강제할 의사로 위약금을 약정하고, 계약으로 어느 정도 형벌에 상당한 것을 정하기도 한다. 이 계약이 과연 유효한 것인가의 여부를 논하는 것과 관련해서는, 때로 무효를 주장하는 사람도 없지 않다. 그러나 대개 당사자는 증여계약도 체결할 수 있다. 따라서 이를 무효로 주장하는 것은 이유 없

ᄒᆞᆫ學說이라唯其違約金은單히違約의罰로給與ᄒᆞᆯ者歟아又ᄂᆞᆫ實際의賠償額을豫定ᄒᆞᆫ者歟아此兩者ᄂᆞᆫ實로判別키難ᄒᆞᆫ者ㅣ라故로法律은特히推定을設ᄒᆞ야原則上으로ᄂᆞᆫ違約金을純然ᄒᆞᆫ賠償額의豫定으로認ᄒᆞ야賠償額의豫定原則을適用케ᄒᆞ나然이나當事者가此와相殊ᄒᆞᆫ意思ᄅᆞᆯ有ᄒᆞ야此違約金으로懲罰的의制裁ᄅᆞᆯ行코저ᄒᆞᄂᆞᆫ時ᄂᆞᆫ其當事者의意思ᄅᆞᆯ從ᄒᆞ야此原則을適用치아니ᄒᆞ고違約金外에實際損害가有ᄒᆞ면此ᄅᆞᆯ請求ᄒᆞᆷ을可得케ᄒᆞᄂᆞ니라

當事者가金錢以外의物로써損害의賠償을豫定ᄒᆞᆯ境遇가有ᄒᆞᆯ지니此境遇에ᄂᆞᆫ或債務者가物의所有權을債權者의게給與ᄒᆞ고又或其損害賠償의方法을原狀에回復ᄒᆞᆯ事로約束ᄒᆞᆷ도有ᄒᆞᆯ지라如此히約束ᄒᆞᆫ境遇에ᄂᆞᆫ裁判所가當事者의豫定ᄒᆞᆫ者와相殊ᄒᆞᆫ方法으로써損害ᄅᆞᆯ賠償ᄒᆞᆷ을債務者의게命ᄒᆞᆷ은不得ᄒᆞᄂᆞ니此ᄅᆞᆯ命치못ᄒᆞᆷ은當初에當事者가損害ᄅᆞᆯ賠償ᄒᆞᆷ에其方法을金錢으로써豫定ᄒᆞᆫ境遇와相殊ᄒᆞᆷ이毫無ᄒᆞᆫ所以니라如此히當事者가金錢以外의物로써損害ᄅᆞᆯ賠償ᄒᆞᆯ事로豫定ᄒᆞᆫ境遇에ᄂᆞᆫ債權者의履行及解除의權利ᄅᆞᆯ失ᄒᆞᆯ事가無ᄒᆞᆯ지로다

債權者가損害의賠償으로其債權의目的物及權利의價額全部ᄅᆞᆯ受ᄒᆞᆫ時ᄂᆞᆫ債權

는 학설이다. 다만 그 위약금은 단순히 위약벌로 급여하는 것인가 아니면 실제의 배상액을 예정한 것인가? 이 양자는 실로 판별하기 곤란하다. 따라서 법률은 특히 추정을 두어, 원칙적으로는 위약금을 순수한 배상액의 예정으로 인정하고, 배상액 예정의 원칙을 적용하게 한다. 그러나 당사자가 이와 서로 다른 의사로, 이 위약금으로 징벌적인 제재를 가하고자 하였을 때는, 그 당사자의 의사에 따라 이 원칙을 적용하지 않고, 위약금 외에 실제 손해가 있으면 이를 청구할 수 있게 한다.

당사자가 금전 이외의 물건으로 손해배상을 예정할 경우가 있다. 이 경우에는 때로 채무자가 물건의 소유권을 채권자에게 급여하거나, 그 손해배상의 방법을 원상에 회복할 것으로 약속하기도 할 것이다. 이처럼 약속한 경우에는 재판소가 당사자가 예정한 것과 서로 다른 방법으로써 손해를 배상할 것을 채무자에게 명령할 수 없다. 이를 명령할 수 없는 까닭은, 처음부터 당사자가 손해를 배상할 때에 그 방법을 금전으로써 예정한 경우와 서로 다른 것이 전혀 없기 때문이다. 이처럼 당사자가 금전 이외의 물건으로 손해를 배상할 것으로 예정한 경우에는, 채권자의 이행과 해제의 권리는 상실되지 않는다.

채권자가 손해배상으로 그 채권의 목적물과 권리의 가액 전부를 받았을 때는, 채권

者는其物及權利를失홈에基因호야受혼바의全部損害를業己償得혼者ㅣ라故로若此境遇에至호야以上의賠償을受호고도猶其物과權利를有호는者ㅣ라호면其債權者는畢竟二重의利益을受홈에至홀지니然則此境遇에債權者가賠償으로物及權利의全價額을受혼時는其物及權利는債務者의게拋棄혼者로推認호야債務者로호야곰當然히債權者를代位호야物은取得케호고權利는行使케호느니라假令他人의게物의寄托을受혼者가自己의過失을因호야其寄托物을見失혼境遇에債權者가其損害의賠償으로物의全價額을償受혼以上은若後日에其物을發見홀지라도債權者는更히此를請求치못홀지오受托者는當然히其債權者를代位호야其物의所有權을取得호는者ㅣ라推認홈과如혼者ㅣ是니라

第五節　第三者에對혼債權의効力

盖債權은元來債權者와債務者間의關係에不過호는故로其効力이第三者의게不及홈이原則이니라假令子가他人의게對호야債務를負擔호야도其父의게對호야其債務의履行을請求치못호고又甲者가乙者의게對호야債務를負擔혼後에其所有의不動産을丙者의게讓與호야도乙者는其債務의履行을丙者의게請

자는 그 물건과 권리를 상실한 데 따라 받은 바의 손해 전부를 이미 배상받은 것이다. 따라서 만약 이 경우에도 이상의 배상을 받고도 오히려 그 물건과 권리를 가진다고 하면, 그 채권자는 끝내 이중의 이익을 받게 된다. 그렇다면 이 경우에 채권자가 배상으로 물건과 권리의 가액 전부를 받았을 때는, 그 물건과 권리는 채무자에게 포기한 것으로 미루어 인정하여 채무자가 당연히 채권자를 대위하여 물건을 취득하게 하고 권리를 행사하게 한다. 가령 다른 사람에게 물건의 임치를 받은 자가 자기의 과실로 인해 그 임치물을 잃어버린 경우에, 채권자가 그 손해배상으로 물건의 가액 전부를 배상받은 이상은, 만약 뒷날 그 물건을 발견하였을지라도 채권자는 다시 이를 청구하지 못하고, 수치인은 당연히 그 채권자를 대위하여 그 물건의 소유권을 취득한다고 미루어 인정하는 그것 같은 경우가 이에 해당한다.

제5절 제3자에 대한 채권의 효력

대개 채권은 원래 채권자와 채무자 사이의 관계에 지나지 않는다. 따라서 그 효력이 제3자에게 미치지 않는 것이 원칙이다. 가령 자녀가 다른 사람에 대해 채무를 부담해도 그 아버지에 대해 그 채무의 이행을 청구하지 못하고, 또 甲이 乙에 대해 채무를 부담한 후에 그 소유의 부동산을 丙이란 사람에게 양도해도 乙은 그 채무의 이행을 丙에게 청

求ᄒᆞᆷ을不得ᄒᆞᆷ과如ᄒᆞᆫ者ㅣ是라然이나例外로債權者가第三者의게對ᄒᆞ야權利ᄅᆞᆯ行ᄒᆞᆷ을可得ᄒᆞᆯ境遇ㅣ有二ᄒᆞ니一曰債權者가債務者ᄅᆞᆯ代位ᄒᆞ야其權利ᄅᆞᆯ行ᄒᆞᄂᆞᆫ境遇오二曰債權者가債務者의行ᄒᆞᆫ行爲ᄅᆞᆯ繳消ᄒᆞᄂᆞᆫ境遇가是라此第一의例外ᄅᆞᆯ間接訴權이라稱ᄒᆞ고第二의例外ᄅᆞᆯ廢罷訴權이라稱ᄒᆞᄂᆞ니라

第一、間接訴權(卽債權者의代位權)

大抵債權者ᄂᆞᆫ債務者의財産으로써其債務의返償及損害의賠償을充受코저ᄒᆞᄂᆞᆫ者ㅣ라故로債務者가其權利의行使ᄅᆞᆯ懈怠히ᄒᆞ야其財産의不利益을致ᄒᆞᄂᆞᆫ時ᄂᆞᆫ債權者의게及ᄒᆞᄂᆞᆫ危險影響이決코不尠ᄒᆞᆯ지라然則此境遇ᄅᆞᆯ當ᄒᆞ야債權者ᄂᆞᆫ如何ᄒᆞᆫ權利도無ᄒᆞ야袖手ᄒᆞ고傍觀케ᄒᆞ면要컨대債權者의債權을保護ᄒᆞᄂᆞᆫ目的이何에在ᄒᆞ리오是以로如此ᄒᆞᆫ危險이有ᄒᆞᆫ時ᄂᆞᆫ債權者ᄂᆞᆫ其自己의債權을保存ᄒᆞ기爲ᄒᆞ야債務者의게屬ᄒᆞᆫ權利ᄅᆞᆯ行使ᄒᆞ야其危險을防禦케ᄒᆞᄂᆞᆫ者ㅣ니今此債權者가債務者의게屬ᄒᆞᆫ權利ᄅᆞᆯ行使ᄒᆞᄂᆞᆫ事ᄅᆞᆯ更히分析ᄒᆞ야說明ᄒᆞᆯ진대左와如ᄒᆞ도다

一、債權者ᄂᆞᆫ自己의債權을保全ᄒᆞ기爲ᄒᆞ야行ᄒᆞᄂᆞᆫ事ᄅᆞᆯ要ᄒᆞᄂᆞ니假令債務

구할 수 없는 그것 같은 경우가 이에 해당한다. 그러나 예외로 채권자가 제3자에 대해 권리를 행사할 수 있는 경우가 두 가지이다. 첫째는 채권자가 채무자를 대위하여 그 권리를 행하는 경우이고, 둘째는 채권자가 채무자가 한 행위를 취소하는 경우이다. 이 첫째의 예외를 간접소권이라 일컫고, 두 번째의 예외를 폐파소권(廢罷訴權)이라 일컫는다.

I. 간접소권(즉 채권자대위권)

무릇 채권자는 채무자의 재산으로써 그 채무의 상환과 손해배상을 충분히 받고자 한다. 따라서 채무자가 그 권리의 행사를 게을리하여 그 재산의 불이익을 초래하였을 때는, 채권자에게 미치는 위험·영향이 절대로 적지 않다. 그렇다면 이 경우에 채권자는 어떠한 권리도 없으며 수수방관(袖手傍觀)한다면, 요컨대 채권자의 채권을 보호하는 목적이 어디에 있겠는가. 이에 따라 이와 같은 위험이 있을 때는, 채권자는 그 자기 채권을 보존하기 위해 채무자에게 속한 권리를 행사하여 그 위험을 방어하는 것이다. 이제 이 채권자가 채무자에게 속한 권리를 행사하는 경우를 다시 분석하여 설명하면 다음과 같다.

1. 채권자는 자기 채권을 보전하기 위해 행사해야 한다. 가령 채무

者가其自己의取得ᄒᆞᆫ不動産의登記를懈怠히ᄒᆞᄂᆞᆫ境遇에若其債務者가早速히其不動産을登記치아니ᄒᆞ면其後에又他人이更히其不動産의所有權을取得ᄒᆞ야此를登記ᄒᆞ야써其債務者의所有權을奪ᄒᆞᄂᆞᆫ事가全無ᄒᆞ다謂ᄒᆞ기難ᄒᆞᆯ지로다然則如此ᄒᆞᆫ境遇에債務者가其登記의事를懈怠히ᄒᆞ야其影響이債權者의게可及ᄒᆞᆯ時ᄂᆞᆫ債權者가債務者를代位ᄒᆞ야其登記를請求ᄒᆞᆷ과如ᄒᆞᆫ者ㅣ오又債務者가債務者를有ᄒᆞᆫ境遇에此債務者가債務者를有ᄒᆞᆫ境遇를稱ᄒᆞ야第三債務者境遇라ᄒᆞᄂᆞ니라其債務者가第三債務者의게對ᄒᆞ야其債務의履行請求를懈怠히ᄒᆞᄂᆞᆫ時ᄂᆞᆫ債權者ᄂᆞᆫ其債務者를代位ᄒᆞ야第三債務者의게對ᄒᆞ야其債務의履行을請求ᄒᆞᆯ지니何故오若第三債務者가返償을不行ᄒᆞ면債權者ᄂᆞᆫ是로因ᄒᆞ야自己의債權履行을得ᄒᆞᆯ事가不能ᄒᆞᆫ所以니라

二、債權者의代行ᄒᆞᄂᆞᆫ權利가債務者一身에專屬치아니ᄒᆞᆫ事를要ᄒᆞᄂᆞ니假令債務者의雇人이其債務者를爲ᄒᆞ야勞務에服ᄒᆞᆯ債務를有ᄒᆞᆫ境遇에債權者ᄂᆞᆫ債務者를代位ᄒᆞ야其雇人을使役ᄒᆞᆷ을不得ᄒᆞᆷ과如ᄒᆞᆫ者ㅣ오又債務者가他人의게教授를受ᄒᆞᆯ權利를有ᄒᆞᆫ境遇에債權者ᄂᆞᆫ其債務者를代位ᄒᆞ야

자가 그 자기가 취득한 부동산의 등기를 게을리하는 경우에, 만약 그 채무자가 조속히 그 부동산을 등기하지 아니하면, 그 후에 또 다른 사람이 다시 그 부동산의 소유권을 취득하고, 이를 등기하여 그 채무자의 소유권을 빼앗는 경우가 전혀 없다고 말할 수 없다. 그렇다면 이 같은 경우에 채무자가 그 등기하는 일을 게을리하여 그 영향이 채권자에게 미칠 수 있는 때는, 채권자가 채무자를 대위하여 그 등기를 청구하는 것 같은 경우이다. 또 채무자에게 채무자가 있는 경우*에 그 채무자가 제3채무자에 대해 그 채무의 이행청구를 게을리할 때는, 채권자는 그 채무자를 대위하여 제3채무자에 대해 그 채무의 이행을 청구하는 것이다. 왜냐하면 만약 제3채무자가 상환을 하지 아니하면 채권자는 이에 따라 자기 채권의 이행을 얻을 수 없기 때문이다.

2. 채권자가 대행하는 권리가 채무자 일신에 전속하지 않아야 한다.

가령 채무자의 고용인(雇傭人)이 그 채무자를 위해 노무를 제공할 채무를 진 경우에, 채권자가 채무자를 대위하여 그 고용인을 사역(使役)할 수 없는 것 같은 경우이다. 또한 채무자가 다른 사람에게 교수(教授)를 받을 권리를 가진 경우에, 채권자가 그 채무자를 대위하여

* 이 채무자가 채무자를 둔 경우를 일컬어 제3채무자가 있는 경우라 한다.

其敎授를自受코져ᄒᆞᄂᆞᆫ請求를提請치못ᄒᆞᆷ과如ᄒᆞᆫ者ㅣ라右境遇에雇人及敎師等人은債務者其人을爲ᄒᆞ야役務에服ᄒᆞ고敎授를行ᄒᆞᆯ義務를負擔ᄒᆞ야도他人卽債務者以外의人을爲ᄒᆞ야ᄂᆞᆫ役務에服ᄒᆞ고敎授를行ᄒᆞᆯ義務가無ᄒᆞᆫ所以오又此等債權은債權者가此를行ᄒᆞ야도其自己의債權을保全ᄒᆞᄂᆞᆫ目的을達ᄒᆞ기不能ᄒᆞᆫ所以라然이나但其勞役敎授等事를評價ᄒᆞ야自己의債權에充코져ᄒᆞᄂᆞᆫ時ᄂᆞᆫ法律이此를强禁ᄒᆞᆯ必要ᄂᆞᆫ無ᄒᆞᆯ지로다

三、債權者ᄂᆞᆫ其債權의期限이到來ᄒᆞ기以前이라도以上의代位權利를行ᄒᆞᆷ이能ᄒᆞᆯ지나然이나此境遇에ᄂᆞᆫ債權者가特히裁判所에請求ᄒᆞ야許可를得ᄒᆞᆫ後에債務者의게對ᄒᆞ야其權利를始行ᄒᆞᆯ지니라蓋債權의期限이旣已到來ᄒᆞᆫ境遇에ᄂᆞᆫ債權者가迅速히其債務의辨償을受코져ᄒᆞᆷ은其意思가正當ᄒᆞᆫ希望이라謂ᄒᆞᆯ지로다故로此境遇에ᄂᆞᆫ裁判所의許可가無ᄒᆞᆯ지라도卽時債務者를代位ᄒᆞᆷ을許ᄒᆞᆯ지로대其債權의期限이到來치아니ᄒᆞᆫ境遇에ᄂᆞᆫ元來債權者가自己의債權을行使ᄒᆞ야履行을請求ᄒᆞᆷ이不能ᄒᆞᆷ으로如此ᄒᆞᆫ境遇에債權者가卽時債務者를代位ᄒᆞ야其權利를行使ᄒᆞᆷ은債務者의權利를

그 교수를 자기가 받고자 하는 청구를 제의하지 못하는 것 같은 경우이다. 위 경우에 고용인과 교사 등은 채무자 그 사람을 위해 노무를 제공하고 교수를 할 의무를 부담해도, 다른 사람 즉 채무자 이외의 사람을 위해서는 노무를 제공하고 교수를 할 의무가 없기 때문이다. 또한 이들 채권은 채권자가 이를 행사하여 자기 채권을 보전하는 목적을 달성할 수 없기 때문이다. 그러나 그 노무·교수 등의 일을 평가하여 자기 채권에 충당하고자 할 때는, 법률이 이를 억지로 금지할 필요는 없다.

3. 채권자는 그 채권의 기한이 도래하기 전이라도 이상의 대위권리를 행사할 수 있다.

그러나 이 경우에는 채권자가 특히 재판소에 청구하여 허가를 받은 후에 채무자에 대해 그 권리를 비로소 행사할 수 있다. 대개 채권의 기한이 이미 도래한 경우에는, 채권자가 신속하게 그 채무의 변제를 받고자 하는 것은 그 의사가 정당한 희망이라 할 수 있다. 따라서 이 경우에는 재판소의 허가가 없을지라도 즉시 채무자를 대위할 수 있다. 그러나 그 채권의 기한이 도래하지 아니한 경우에는, 본래 채권자가 자기 채권을 행사하여 이행을 청구할 수 없으므로, 이 같은 경우에 채권자가 즉시 채무자를 대위하여 그 권리를 행사하는 것은 채무자의 권리를

過히蔑視ᄒᆞᄂᆞᆫ者ㅣ라謂ᄒᆞᆯ지라故로債權者가其期限이到來ᄒᆞ기以前에此訴權을行코져ᄒᆞᆷ에當ᄒᆞ야ᄂᆞᆫ其權利의行使를裁判所에請求ᄒᆞ야許可를受ᄒᆞᆫ後에其權利를行使케ᄒᆞ야써債權者로ᄒᆞ야곰債務者의權利를過히干涉ᄒᆞᄂᆞᆫ弊를矯救코져ᄒᆞᆷ이라

然이나玆에注意ᄒᆞᆯ事가有ᄒᆞ니債權者가其債務의期限이到來치아니ᄒᆞᆫ以上은裁判上의代位가아니면債務者의權利를行使치못ᄒᆞᆯ지로대債務者의財産을保護ᄒᆞᆷ에關ᄒᆞ야ᄂᆞᆫ裁判上의代位를不待ᄒᆞ고其權利를行使ᄒᆞᆯ事가是라假令債權者가債務者를代位ᄒᆞ야第三債務者의게催告ᄒᆞ고時效를中斷ᄒᆞᆷ과如ᄒᆞᆫ者ㅣ是例니라

第二、廢罷訴權(卽債權者의繳消權)

廢罷訴權이란者ᄂᆞᆫ債務者가債權者의게害되ᄂᆞᆫ法律行爲를行ᄒᆞᆷ에當ᄒᆞ야其債權者가此行爲를繳消ᄒᆞᄂᆞᆫ權利니此亦第三者의게對ᄒᆞᆫ債權效力의一種이라盖債務者ᄂᆞᆫ尋常一般債權者의게對ᄒᆞ야隨意로其自己의財産을處分ᄒᆞᄂᆞᆫ能力을不失ᄒᆞᄂᆞ니假令其自己의財産을他人의게讓與ᄒᆞ던지又ᄂᆞᆫ他人의게

지나치게 멸시하는 것이라고 할 수 있다. 따라서 채권자가 그 기한이 도래하기 이전에 이 소권을 행사하고자 할 때는, 그 권리의 행사를 재판소에 청구하여 허가를 받은 후에 그 권리를 행사하게 하여 채권자가 채무자의 권리를 지나치게 간섭하는 폐단을 바로잡고자 하는 것이다.

그러나 여기에서 주의할 일이 있다. 채권자가 그 채무의 기한이 도래하지 아니한 이상은, 재판상의 대위가 아니면, 채무자의 권리를 행사할 수 없으나, 채무자의 재산을 보호하는 것에 관해서는 재판상의 대위를 기다리지 않고 그 권리를 행사할 경우가 이것이다. 가령 채권자가 채무자를 대위하여 제3채무자에게 최고하고 시효를 중단하는 것 같은 경우가 그 예이다.

II. 폐파소권(즉 채권자취소권)

폐파소권이란 채무자가 채권자에게 해가 되는 법률행위를 하였을 때에 그 채권자가 이 행위를 취소하는 권리이다. 이 또한 제3자에 대한 채권의 효력의 일종이다. 대개 채무자는 통상 일반 채권자에 대해 임의로 그 자기 재산을 처분하는 능력을 상실하지 않는다. 가령 그 자기 재산을 다른 사람에게 양도하거나, 다른 사람에게

新債務를負擔ᄒᆞ던지債權者ᄂᆞᆫ債務者行爲에對ᄒᆞ야異議를提出ᄒᆞᆷ을不得ᄒᆞ나然이나債務者로ᄒᆞ야곰無制限으로其財産을處分케ᄒᆞ야債務者가其自己의財産處分이恍然히債權者의게害되ᄂᆞᆫ事를知ᄒᆞ고故意로處分ᄒᆞᄂᆞᆫ時라도債權者ᄂᆞᆫ如何히ᄒᆞᆯ權利가無ᄒᆞ야但傍觀ᄒᆞᆯ外에他手段이無케ᄒᆞ면債權者의擔保를害ᄒᆞᄂᆞᆫ事가不尠ᄒᆞᆯ지라故로此境遇에法律이此를救濟ᄒᆞᄂᆞᆫ方法을設ᄒᆞᆷ은羅馬法以來로各國의法律이共認ᄒᆞᄂᆞᆫ바ㅣ라然이나債權者가此權利를行使코저ᄒᆞᆷ에ᄂᆞᆫ四箇의條件을要ᄒᆞᄂᆞ니即

一、債務者의行ᄒᆞᆫ行爲가債權者의게害되ᄂᆞᆫ事　假令債務者의資産이負擔과大槩同額되ᄂᆞᆫ境遇에債務者가其資産의一部或全部를他人의게讓與ᄒᆞ야其財産이漸次減縮ᄒᆞᄂᆞᆫ時及業已資力이無ᄒᆞᆫ者ㅣ라도此讓與를因ᄒᆞ야益益히無資力의狀態를增加ᄒᆞᄂᆞᆫ時等이是라

二、債務者가其債權者의게害됨을知ᄒᆞᆫ事　此要件에關ᄒᆞ야ᄂᆞᆫ學者의意見이相殊ᄒᆞ야或者ᄂᆞᆫ惡意의有ᄒᆞᆷ을要ᄒᆞᆫ다ᄒᆞ며又或者ᄂᆞᆫ반다시惡意의有ᄒᆞᆷ을不要라ᄒᆞ나述者ᄂᆞᆫ(日本梅博士著民法要義及岡松博士著民法理由中第四百二十四條解釋參照)第二說을贊成

신채무를 부담하더라도, 채권자는 채무자의 행위에 대해 이의를 제기할 수 없다. 그러나 채무자가 무제한으로 그 재산을 처분하게 하여 채무자가 그 자기 재산의 처분이 어슴푸레 채권자에게 해가 되는 것을 알면서 고의로 처분하였을 때일지라도, 채권자는 어떻게 할 권리가 없고 다만 방관하는 외에 다른 수단이 없다고 한다면, 채권자의 담보를 해치는 경우가 적지 않다. 따라서 이 경우에 법률이 이를 구제하는 방법을 두는 것은 로마법 이래 각국의 법률이 모두 인정하는 바이다. 그러나 채권자가 이 권리를 행사하고자 할 때는 네 가지 조건이 필요하다.

1. 채무자가 한 행위가 그 채권자에게 해가 되는 것
가령 채무자의 자산이 부담과 대체로 같은 액수인 경우에, 채무자가 그 자산의 일부 또는 전부를 다른 사람에게 양도하여 그 재산이 점차 감소하였을 때와 이미 자력이 없는 자인데도 이 양도에 따라 더더욱 무자력의 상태를 증가시키는 때 등이 이에 해당한다.

2. 채무자가 그 채권자에게 해가 되는 것을 알 것
이 요건에 관해서는 학자의 의견이 상이하다. 어떤 사람은 악의가 있어야 한다고 하며, 또 어떤 사람은 반드시 악의가 있어야 하는 것은 아니라고도 한다.* 필자는 제2설에 찬성

* 일본 梅박사 저 民法要義(역자 주: 「民法要義」 卷之三 債權編 83頁)와 岡松박사 저 民法理由(역자 주: 「註釋民法理由」 債權編〈有斐閣, 1897〉 113頁) 중 제424조 해석 참조.

ᄒᆞ노라何故오此廢罷訴權을行홈에當ᄒᆞ야債權者ᄂᆞᆫ債務者의게惡意가有홈을要ᄒᆞᆫ다ᄒᆞ면其所謂惡意란者ᄂᆞᆫ如何ᄒᆞᆫ意義를有ᄒᆞᆫ者歟아假令債務者가第三者의恩惠를報荅코저ᄒᆞ야自己의財産을讓與ᄒᆞ거나或債務를免除ᄒᆞᄂᆞᆫ時ᄂᆞᆫ其行爲가專히惡意로從ᄒᆞ야出來ᄒᆞᆫ者ㅣ라謂홈은不得ᄒᆞᆯ지라然則如此ᄒᆞᆫ境遇에ᄂᆞᆫ此廢罷의訴權을行ᄒᆞ기難ᄒᆞᆯ지니故로此를要홈은債權者의權利를保護홈에適當ᄒᆞᆫ要件이아님으로寧其債務者의行爲가雖惡意로從ᄒᆞ야出來ᄒᆞᆫ者ㅣ아니라도債務者가債權者의게害되ᄂᆞᆫ影響이可及ᄒᆞᆯ事를知ᄒᆞᆫ時ᄂᆞᆫ債權者가此權利를行ᄒᆞᄂᆞᆫ者ㅣ라홈이穩當ᄒᆞᆯ지로다

三、債務者의行爲가法律行爲되ᄂᆞᆫ事　此廢罷의訴權을依ᄒᆞ야債權者가繳消의請求를行홈에ᄂᆞᆫ債務者의行爲가法律行爲되ᄂᆞᆫ事를要ᄒᆞᄂᆞ니若債務者가訴訟行爲로債權者를害ᄒᆞᆫ境遇에ᄂᆞᆫ債權者의게本權利가生치아니ᄒᆞᆯ지로다假令訴訟上에原告와被告가共謀ᄒᆞ야第三者의債權을詐害ᄒᆞᆯ目的으로써判決케ᄒᆞᆫ者ㅣ라主張ᄒᆞ야其判決에不服ᄒᆞᄂᆞᆫ時ᄂᆞᆫ再審의訴訟을提起홈은可得ᄒᆞᆯ지로대本權利ᄂᆞᆫ不生ᄒᆞᆯ지니라

한다. 그 이유는 다음과 같다. 이 폐파소권을 행사할 경우에 채권자는 채무자에게 악의가 있어야 한다면, 그 이른바 악의란 어떠한 의의를 가지는가? 가령 채무자가 제3자의 은혜에 보답하려고 자기 재산을 양도하거나, 채무를 면제하였을 때는, 그 행위가 전적으로 악의에 따라 비롯된 것이라고 말할 수 없다. 그렇다면 이 같은 경우에는 이 폐파소권을 행사하기 어렵게 된다. 따라서 이를 요구하는 것은 채권자의 권리를 보호하는 것에 적당한 요건이 아니므로, 차라리 그 채무자의 행위가 비록 악의에서 비롯된 것이 아니라도, 채무자가 채권자에 해가 되는 영향을 미칠 수 있다는 것을 알았을 때는, 채권자가 이 권리를 행사할 수 있다고 하는 것이 온당하다.

3. 채무자의 행위가 법률행위일 것

이 폐파소권에 따라 채권자가 취소의 청구를 할 때는, 채무자의 행위가 법률행위이어야 한다. 만약 채무자가 소송행위로 채권자를 해친 경우에는 채권자에게 이 권리가 발생하지 않는다. 가령 소송에서 원고와 피고가 공모하여 제3자의 채권을 사해(詐害)할 목적으로 판결하게 하였다고 주장하여 그 판결에 불복할 때는, 재심의 소송을 제기할 수 있을지언정 이 권리는 발생하지 않는다.

四、裁判所에請求홀事　盖以上境遇에債權者가自意로此를繳消케ᄒᆞᄂᆞᆫ時ᄂᆞᆫ往往히不意의弊端이生홀지라假令債權者債務者及法律行爲의相對者가共通ᄒᆞ야以上의條件이欠缺홀지라도猶皆具備ᄒᆞ다稱托ᄒᆞ야써其法律行爲를繳消ᄒᆞᄂᆞᆫ事가有홀지라故로如此ᄒᆞᆫ境遇에ᄂᆞᆫ第三者가往往히損害를被홀事가有홈으로裁判所에請求ᄒᆞ야行使홈을得케ᄒᆞᄂᆞ니라

廢罷訴權의効力에關ᄒᆞ야ᄂᆞᆫ但此訴權을提起ᄒᆞᆫ債權者만爲ᄒᆞ야効力을生ᄒᆞᄂᆞᆫ者乎아又他債權者를爲ᄒᆞ야도効力을生ᄒᆞᄂᆞᆫ者乎아此問題에關ᄒᆞ야ᄂᆞᆫ學說에二種이有ᄒᆞ니一說에曰繳消의効力은此訴權을提起ᄒᆞᆫ者의利益만爲ᄒᆞ야生ᄒᆞᄂᆞᆫ者ㅣ라主張ᄒᆞᄂᆞ니其理由ᄂᆞᆫ裁判의効力이原被告兩便間이아니면其他에可及홀者ㅣ아니라然則其効力은此繳消를提起ᄒᆞᆫ者에對ᄒᆞ야만生홀지로다若起訴ᄒᆞᆫ債權者를一般債權者의代理人或事務管理人으로看定홈을可得홀時ᄂᆞᆫ其繳消ᄂᆞᆫ總債權者의利益을爲ᄒᆞ야効力을可生홀지로대此에關ᄒᆞ야ᄂᆞᆫ到底히如此히解釋홈은不能홀지로다何故오起訴ᄒᆞᆫ債權者ᄂᆞᆫ實로自己의利益을不失ᄒᆞ기爲ᄒᆞ야起訴ᄒᆞᆫ者ㅣ되ᄂᆞᆫ所以라ᄒᆞ며二說에ᄂᆞᆫ其繳消의

4. 재판소에 청구할 것

대체로 이상의 경우에 채권자가 자기 의사로 이를 취소하게 할 때는 때로 불의의 폐단이 발생하게 된다. 가령 채권자 · 채무자 및 법률행위의 상대방이 공모하여 이상의 조건이 흠결되었는데도, 오히려 모두 갖춰졌다고 핑계를 대고 그 법률행위를 취소하는 경우가 있을 것이다. 따라서 이 같은 경우에는 제3자가 때로 손해를 입을 경우가 있으므로, 재판소에 청구하여 행사할 수 있게 한 것이다.

폐파소권의 효력에 관해서는 단지 이 소권을 제기한 채권자만을 위해 효력이 발생하는가? 아니면 다른 채권자를 위해서도 효력이 발생하는가? 이 문제에 관해서는 학설이 둘이다. 일설은 취소의 효력은 이 소권을 제기한 자의 이익만을 위해 발생한다고 주장한다. 그 이유는 다음과 같다. 재판의 효력이 원 · 피고 쌍방 사이가 아니면 그 밖에는 미칠 수 없다. 그렇다면 그 효력은 이 취소를 제기한 자에 대해서만 발생할 뿐이다. 만약 제소한 채권자를 일반 채권자의 대리인 또는 사무관리인으로 간주할 수 있을 때는, 그 취소는 모든 채권자의 이익을 위해 효력을 발생할 수 있을 것이나, 이에 관해서는 도저히 이처럼 해석할 수 없다. 왜냐하면 제소한 채권자는 실로 자기 이익을 잃지 않기 위해 제소한 것이기 때문이다. 다른 일설은 그 취소의

効力은總債權者의利益을爲ᄒᆞ야生ᄒᆞᆯ者ㅣ라ᄒᆞ고所然ᄒᆞᆫ理由ᄅᆞᆯ說明ᄒᆞ야曰特別擔保ᄅᆞᆯ不有ᄒᆞᆫ債權者ᄂᆞᆫ皆同等地位에在ᄒᆞᆫ者ㅣ라債務者의法律行爲ᄅᆞᆯ因ᄒᆞ야被害ᄒᆞᆫ者ᄂᆞᆫ共同의擔保物이되ᄂᆞᆫ故로繳消의目的ᄒᆞᄂᆞᆫ바도亦其共同의擔保ᄅᆞᆯ回復코져ᄒᆞᆷ에在ᄒᆞᆯ지니然則若其繳消의効力으로但其原告되ᄂᆞᆫ債權者의利益만爲ᄒᆞ야生ᄒᆞᄂᆞᆫ者ㅣ라ᄒᆞ면其債權者一人으로ᄒᆞ야곰曾前에未有ᄒᆞ던一大特權을得케ᄒᆞᆷ이오共同의擔保ᄅᆞᆯ回復코져ᄒᆞᄂᆞᆫ結果ᄅᆞᆯ生치못ᄒᆞ야繳消ᄒᆞᄂᆞᆫ目的에違反되ᄂᆞᆫ事ㅣ有ᄒᆞᆯ지라故로債權者中의一人이裁判上에原告가되야實行ᄒᆞᆫ權利도亦自己一人의權利가아니오共同의權利가되ᄂᆞᆫ事ᄅᆞᆯ知ᄒᆞᆯ지니其繳消ᄂᆞᆫ總債權者의利益을爲ᄒᆞ야効力을生ᄒᆞᄂᆞᆫ者ㅣ라不謂치못ᄒᆞᆯ지라ᄒᆞ야二說이各自其理由가不無호대近世의多數法典은第二說을採用ᄒᆞ야裁判의効力은原則上으로當事者間에止ᄒᆞᆯ者ㅣ나然이나詐害行爲ᄅᆞᆯ繳消ᄒᆞᄂᆞᆫ境遇에ᄂᆞᆫ其繳消權의性質上으로브터總債權者의利益을爲ᄒᆞ야効力이生ᄒᆞᄂᆞᆫ者ㅣ라ᄒᆞᆷ이穩當ᄒᆞ도다

此債權者의繳消權時效ᄂᆞᆫ債權者가繳消의原因을發見ᄒᆞᆫ境遇에其發見ᄒᆞᆫ時

효력은 모든 채권자의 이익을 위해 발생한다고 하고, 그렇게 보아야 할 이유를 다음과 같이 설명한다. 특별 담보를 갖지 아니한 채권자는 모두 동등한 지위에 있다. 채무자의 법률행위에 따라 피해를 입는 것은 공동의 담보물이다. 따라서 취소의 목적으로 하는 바도 또한 그 공동의 담보를 회복하고자 하는 데 있는 것이다. 그렇다면 만약 그 취소의 효력이 다만 원고인 채권자의 이익만을 위해 발생한다고 하면, 그 채권자 1인이 이전에 갖지 않았던 매우 큰 특권을 얻게 되고, 공동의 담보를 회복하고자 하는 결과는 발생하지 않고 취소하는 목적에도 반하는 것으로 된다. 따라서 채권자 중 1인이 재판상 원고가 되어 실행한 권리도 또한 자기 한 사람의 권리가 아니라, 공동의 권리인 것을 알 수 있다. 그러므로 그 취소는 모든 채권자의 이익을 위해 발생한다고 말하지 않을 수 없다. 두 학설이 각각 그 이유가 없지 않다. 그러나 근세의 다수 법전은 제2설을 채택하여, 재판의 효력은 원칙적으로 당사자 사이에 그치는 것이나, 사해행위를 취소하는 경우에는 그 취소권의 성질상 모든 채권자의 이익을 위해 효력이 발생한다고 하는 것이 온당하다고 한다.

이 채권자의 취소권의 시효는, 채권자가 취소의 원인을 발견한 경우에 그 발견하였을 때로브터滿二個年間에此를不行ᄒᆞᄂᆞᆫ時ᄂᆞᆫ其繳消權은時效를依ᄒᆞ야消滅ᄒᆞᆯ지니此亦時效中의一特別時效라故로時效通則을適用ᄒᆞ야中斷及停止에關ᄒᆞᆫ原則을適用ᄒᆞᆷ은理의當然ᄒᆞᆫ바ㅣ라然이나此ᄂᆞᆫ普通의時效가太長ᄒᆞ다ᄒᆞ야特히短縮코져ᄒᆞᄂᆞᆫ目的上으로出來ᄒᆞᆫ者ㅣ로ᄃᆡ普通時效卽二十年의期間을經過ᄒᆞ야도猶且此繳消權이消滅치아니ᄒᆞᆫ다云ᄒᆞᄂᆞᆫ弊端이不無ᄒᆞᆷ으로各國의法典은特히此普通時效를附加ᄒᆞ야法律行爲를行ᄒᆞᆫ時로브터二十年을經過ᄒᆞ면亦消滅ᄒᆞᄂᆞᆫ者로規定ᄒᆞ니라

第五章　多數當事者의債權

第一節　多數當事者의債權意義及種類

第一、多數當事者의債權意義

債權關係의當事者ᄂᆞᆫ一人의債權者及一人의債務者가有ᄒᆞᆷ이通常이로ᄃᆡ或數人의債權者가共同ᄒᆞ야債權을行ᄒᆞᄂᆞᆫ事도有ᄒᆞ며數人의債務者가共同ᄒᆞ야債務를負擔ᄒᆞᄂᆞᆫ境遇도有ᄒᆞ니此境遇를指ᄒᆞ야多數當事者의債權이라云ᄒᆞᆷ은多數의當事者가有ᄒᆞᆫ債權의關係上으로出來ᄒᆞᆫ意義라故로多數當事者

부터 만 2년 동안 이를 행사하지 않을 때는 그 취소권은 시효로 인해 소멸한다. 이는 또한 시효 중의 하나의 특별시효이다. 따라서 시효 통칙을 적용하여 중단과 정지에 관한 원칙을 적용하는 것은 이치상 당연하다. 그러나 이는 보통의 시효가 너무 길다고 하여 특별히 단축하고자 하는 목적에서 비롯하는 것이나, 보통의 시효 즉 20년의 기간이 지나도 여전히 이 취소권이 소멸하지 않는다고 하는 폐단이 있으므로, 각국의 법전은 특별히 이 보통시효를 부가하여 법률행위를 하였을 때부터 20년을 지나면 또한 소멸한다고 규정한다.

제5장 다수당사자의 채권

제1절 다수당사자의 채권의 의의와 종류

I. 다수당사자 채권의 의의

채권관계의 당사자는 1인의 채권자와 1인의 채무자가 있는 것이 보통이다. 그러나 때로 수인의 채권자가 공동으로 채권을 행사는 경우도 있으며, 수인의 채무자가 공동으로 채무를 부담하는 경우도 있다. 이 경우를 가리켜 다수당사자의 채권이라고 말하는 것은, 다수의 당사자가 있는 채권 관계에서 비롯하는 의의이다. 따라서 다수당사자

의債權은數人의債權者又債務者가同一債權關係를干與ᄒᆞᄂᆞᆫ境遇에始生ᄒᆞᄂᆞ니라

第二、多數當事者의債權種類

多數當事者의債權을分ᄒᆞ야不可分債務、連帶債務及保證債務라稱ᄒᆞᄂᆞ니라然이나或法制를從ᄒᆞ야此三者以外에連合債務、全部債務及連帶債權의三種을制定ᄒᆞᄂᆞᆫ國이不無호대〔一〕、連合債務에ᄂᆞᆫ各債權者及債務者가各自獨立의債權을有ᄒᆞ며又各自獨立의債務를負擔ᄒᆞ야各當事者ᄂᆞᆫ其給付에五相關聯ᄒᆞᄂᆞᆫ바ㅣ無ᄒᆞᆫ故로(假令甲債權者에對ᄒᆞ야乙丙이連合ᄒᆞ야金一千圓을借入ᄒᆞ고各自五百圓式償還ᄒᆞᆯ事로債務를負擔ᄒᆞᆫ境遇와如ᄒᆞᆫ者ㅣ라)數人의債權者又債務者ᄂᆞᆫ同一債權關係에干與ᄒᆞᄂᆞᆫ者ㅣ라云ᄒᆞᆷ을不得ᄒᆞᆯ지로다然則此를多數當事者의債權一種으로認ᄒᆞ야特別規定을設ᄒᆞᆯ必要가無ᄒᆞ고〔二〕、連帶債務外에別로全部債務를設ᄒᆞᆯ必要가無ᄒᆞ니盖以上法制에全部債務를認ᄒᆞᄂᆞᆫ所以ᄂᆞᆫ此法制를採用ᄒᆞᄂᆞᆫ諸等國에ᄂᆞᆫ連帶債務者間에代理關係가有ᄒᆞᆫ主義를採用ᄒᆞᄂᆞᆫ故로別로代理의關係가無ᄒᆞᆫ全部債務를認定ᄒᆞᆯ

의 채권은 수인의 채권자 또는 채무자가 동일한 채권 관계에 간여하는 경우에 비로소 발생한다.

II. 다수당사자 채권의 종류

다수당사자의 채권을 구분하여 불가분채무, 연대채무와 보증채무라고 한다. 그러나 때로 법제에 따라 이 삼자 이외에 연합채무, 전부채무와 연대채권의 세 가지를 제정하는 국가도 없지 않다. 그러나 ① 연합채무에는 각 채권자와 채무자가 각자 독립의 채권을 가지며 또 각자 독립의 채무를 부담하여 각 당사자는 그 급부와 상호 관련되는 바가 없다(가령 甲 채권자에 대해 乙·丙이 연합하여 일금 1,000원을 차입하고 각자 500원씩 상환할 것을 부담한 경우와 같다). 따라서 수인의 채권자와 채무자가 동일한 채권 관계에 관여하는 것이라고 말할 수 없다. 그렇다면 이를 다수당사자 채권의 일종으로 인정하여 특별규정을 둘 필요는 없다. ② 연대채무 외에 따로 전부채무를 둘 필요도 없다. 대체로 이상의 법제에서 전부채무를 인정하는 이유는, 이 법제를 채택하는 여러 나라에서는 연대채무자 사이에 대리관계가 있다는 주의를 채택하며 이에 따라 대리관계가 없는 전부채무를 인정할

必要가有ᄒᆞ다ᄒᆞ며又連帶債務에ᄂᆞᆫ當事者가數人이라도其債務ᄂᆞᆫ一個에止ᄒᆞᄂᆞᆫ故로特別히當事者數를應ᄒᆞ야數個의債務되ᄂᆞᆫ全部債權을認定ᄒᆞᆯ必要가有ᄒᆞ다ᄒᆞ고又此二者外에連帶債務ᄂᆞᆫ必當事者의意思를從ᄒᆞ야可生ᄒᆞᆯ者ㅣ됨으로特히當事者의意思를不依ᄒᆞᆯ지라도法律의規定上으로生ᄒᆞᄂᆞᆫ全部債務卽數人共同의不法行爲及數人의後見人이未成年者의게對ᄒᆞᆫ過失等債務를依ᄒᆞ야生ᄒᆞᄂᆞᆫ債務를認定ᄒᆞᆯ必要가有홈이라호대近來에新進ᄒᆞᆫ法律에ᄂᆞᆫ連帶債務者間에代理關係가有ᄒᆞ다云ᄒᆞᄂᆞᆫ主義를不取ᄒᆞᄂᆞᆫ故로上端의區別을設ᄒᆞᆯ必要가無ᄒᆞ고連帶債務를數個의債權關係로認ᄒᆞᄂᆞᆫ故로中端의特別規定을設ᄒᆞᆯ必要가無ᄒᆞ며又連帶債務ᄂᆞᆫ當事者의意思를待ᄒᆞ야其關係를生ᄒᆞᆯ뿐이오法律의規定을依ᄒᆞ야ᄂᆞᆫ其關係를生치아니ᄒᆞᄂᆞᆫ者ㅣ아님으로下端의區分을設ᄒᆞᆯ必要가無ᄒᆞ니라〔三〕、 連帶債權卽債權者間의連帶ᄂᆞᆫ各債權者로ᄒᆞ야곰給付의全額을請求ᄒᆞᆯ事를得케ᄒᆞ며又債務者로ᄒᆞ야곰各債權者의게對ᄒᆞ야給付의全額을償還케ᄒᆞᄂᆞᆫ故로債權者에對ᄒᆞ야ᄂᆞᆫ權利行爲의便利를與ᄒᆞ고債務者에對ᄒᆞ야ᄂᆞᆫ義務免脫의便宜를與ᄒᆞᄂᆞᆫ者ㅣ라호대代理의

필요가 있기 때문이라고 한다. 또 연대채무에서는 당사자가 수인이라도 그 채무는 하나에 그치기 때문에, 특별히 당사자 수에 따라 여러 개의 채무가 되는 전부채무를 인정할 필요가 있다고도 한다. 또 이 두 가지 외에 연대채무는 반드시 당사자의 의사에 따라 발생할 수 있는 것이므로, 특히 당사자의 의사에 따르지 아니하더라도 법률의 규정에 따라 발생하는 전부채무 즉 수인의 공동의 불법행위와 수인의 후견인이 미성년자에 대한 과실 등에 의한 채무에 따라 발생하는 채무를 인정할 필요가 있다고 한다. 그러나 요즈음의 새로운 법률에서는 연대채무자 사이에 대리관계가 있다고 하는 주의를 취하지 않는다. 따라서 첫 번째의 구별을 둘 필요가 없고, 연대채무를 여러 개의 채권 관계로 인정하기 때문에, 두 번째의 특별규정을 둘 필요가 없다. 또 연대채무는 당사자의 의사를 기다려 그 관계가 발생할 뿐이고 법률의 규정에 따라서는 그 관계가 발생하지 않는 것은 아니므로, 세 번째의 구분을 둘 필요도 없다. ③ 연대채권 즉 채권자 사이의 연대는 각 채권자가 급부 전액을 청구할 수 있게 하며, 또 채무자가 각 채권자에 대해 급부 전액을 상환하게 한다. 따라서 채권자에 대해서는 권리 행사의 편리를 부여하고, 채무자에 대해서는 의무에서 벗어나는 편의를 부여한다고 한다. 대리

制度가發達ᄒᆞᆫ今日에在ᄒᆞ야ᄂᆞᆫ右目的은代理ᄅᆞᆯ依ᄒᆞ야達ᄒᆞᆷ을可得ᄒᆞᆯ지오且債權者間의連帶ᄂᆞᆫ實際의適用이稀少ᄒᆞᆷ으로特히此連帶債權에關ᄒᆞᆫ規定은設置ᄒᆞᆯ必要가無ᄒᆞ야此等種類의區別은不認ᄒᆞ야도不可ᄒᆞᆷ이無ᄒᆞᆯ지로다

第二節　多數當事者의債權總則

數人의債權者及債務者가有ᄒᆞᆫ境遇에其權利ᄅᆞᆯ有ᄒᆞ고義務ᄅᆞᆯ負擔ᄒᆞᄂᆞᆫ原則이有二ᄒᆞ니一曰全擔主義오二曰分擔主義가是라全擔主義ᄂᆞᆫ各債權者及債務者가共同ᄒᆞ야債務의全額을請求ᄒᆞ고又履行ᄒᆞᄂᆞᆫ主義ᄅᆞᆯ謂ᄒᆞᆷ이오分擔主義ᄂᆞᆫ債務의全額이各債權者及債務者間에分割ᄒᆞᄂᆞᆫ主義ᄅᆞᆯ謂ᄒᆞᆷ이라現今多數의法典은此第二의主義ᄅᆞᆯ採用ᄒᆞᄂᆞ니若全擔의主義ᄅᆞᆯ採用ᄒᆞ야債權者全員이債務者全員에對ᄒᆞ야請求치아니ᄒᆞ면他一二員은請求ᄒᆞᆯ事ᄅᆞᆯ不得ᄒᆞ야債權者의權利行使ᄅᆞᆯ不便케ᄒᆞᆯ念慮가有ᄒᆞᆷ으로써（假令債權者又債務者의一人이外國에在ᄒᆞᆫ境遇等에ᄂᆞᆫ權利ᄅᆞᆯ行使ᄒᆞ기不能ᄒᆞᆷ과如ᄒᆞᆫ者ㅣ라）分擔主義을採用ᄒᆞᆷ이事實上에便宜ᄒᆞᆯ지로다

債權關係에數人의債權者又債務者가有ᄒᆞᆫ時ᄂᆞᆫ其債權及債務ᄅᆞᆯ當然히各債權

제도가 발달한 오늘날에는 위의 목적을 대리에 의해 달성할 수 있다. 또한 채권자 사이의 연대는 실제 적용이 드물므로, 특별히 이 연대채권에 관한 규정을 둘 필요가 없고, 이러한 종류의 구별은 인정하지 않아도 무방하다.

제2절 다수당사자의 채권 종류

수인의 채권자와 채무자가 있는 경우에 그 권리를 가지고 의무를 부담하는 원칙으로 두 가지가 있다. 하나는 전담(全擔)주의이고, 다른 하나는 분담주의이다. 전담주의는 각 채권자와 채무자가 공동으로 채무 전액을 청구하고 또 이행하는 주의를 말하고, 분담주의는 채무 전액이 각 채권자와 채무자 사이에 분할되는 주의를 말한다. 오늘날 다수의 법전은 이 두 번째 주의를 채택하고 있다. 만약 전담주의를 채택하여 채권자 전원이 채무자 전원에게 청구하지 아니하면, 그 밖의 한두 사람은 청구할 수 없게 되어, 채권자의 권리 행사를 불편하게 할 우려가 있으므로(가령 채권자와 채무자 1인이라도 외국에 있는 경우에는 권리를 행사할 수 없는 것 같은 경우이다), 분담주의를 채택하는 것이 사실상 편리하다.

채권관계에 수인의 채권자와 채무자가 있을 때는, 그 채권과 채무를 당연히 각 채권

者及各債務者間에平等으로分割ᄒᆞᆷ이原則이니詳言ᄒᆞᆯ진대各債權者ᄂᆞᆫ平等으로分割ᄒᆞᆫ債權一部分에만權利ᄅᆞᆯ有ᄒᆞ고其他部分에對ᄒᆞ야ᄂᆞᆫ何等의權利도無ᄒᆞ며債務者도亦平等으로分割ᄒᆞᆫ債務一部分에만義務ᄅᆞᆯ負擔ᄒᆞ고其他部分에對ᄒᆞ야ᄂᆞᆫ何等의義務도負擔치아니ᄒᆞᄂᆞᆫ故로債權者ᄂᆞᆫ單히自己權利에屬ᄒᆞᆫ部分만債務者의게對ᄒᆞ야請求ᄒᆞᆯ事ᄅᆞᆯ可得ᄒᆞᆯ지오債務者도亦自己義務에屬ᄒᆞᆫ部分만債權者의게對ᄒᆞ야償還ᄒᆞᆷ을要ᄒᆞᆯ지라假令甲乙二人이丙丁二人의게金二百圓을借用ᄒᆞᆫ時ᄂᆞᆫ丙丁의債權者ᄂᆞᆫ各百圓의債權을有ᄒᆞᆷ에止ᄒᆞ고甲乙의債務者도亦各百圓의債務ᄅᆞᆯ負擔ᄒᆞᆷ에不過ᄒᆞᆷ으로丙丁이各有ᄒᆞᆫ바의百圓債權은甲乙兩者에對ᄒᆞᆫ債權이라故로丙丁은甲者와乙者에對ᄒᆞ야各五十圓의債權을有ᄒᆞ고甲乙도亦丙丁에對ᄒᆞ야各五十圓의債務ᄅᆞᆯ負擔ᄒᆞᄂᆞ니丙及丁은甲乙各者에對ᄒᆞ야五十圓의償還을請求ᄒᆞᆯ事ᄅᆞᆯ得ᄒᆞᆯ지오甲乙은丙丁兩者에對ᄒᆞ야五十圓을償還ᄒᆞᆯ義務가有ᄒᆞ니라蓋此一債權關係에債權者又債務者가數名이有ᄒᆞᆫ時ᄂᆞᆫ各債權者가同一의債權을有ᄒᆞ고各債務者가同一의債務ᄅᆞᆯ負擔ᄒᆞᆷ과如ᄒᆞ나是ᄂᆞᆫ表面上의觀察이오其實際에至ᄒᆞ야ᄂᆞᆫ表面上同一債務中에獨立ᄒᆞᆫ數個

자와 각 채무자 사이에 평등하게 분할하는 것이 원칙이다. 상세히 말하자면, 각 채권자는 평등하게 분할된 채권 일부에만 권리를 가지고 그 밖의 부분에 대해서는 어떠한 권리도 없으며, 채무자도 또한 평등하게 분할된 채무 일부분에만 의무를 부담하고 그 밖의 부분에 대해서는 어떠한 의무도 부담하지 않는다. 따라서 채권자는 단지 자기 권리에 속한 부분만 채무자에 대해 청구할 수 있고, 채무자도 또한 자기 의무에 속한 부분만 채권자에 대해 상환해야 한다. 가령 甲·乙 2인이 丙·丁 2인에게 일금 200원을 차용하였을 때는, 丙·丁의 채권자는 각 100원의 채권을 가지는 것에 그치고, 甲·乙의 채무자도 또한 각 100원의 채무를 부담하는 것에 불과하므로, 丙·丁이 각각 가지는 바의 100원 채권은 甲·乙 양자에 대한 채권이다. 따라서 丙·丁은 甲과 乙에 대해 각각 50원의 채권을 가지고, 甲·乙도 또한 丙·丁에 대해 각각 50원의 채무를 부담하므로, 丙·丁은 甲·乙 각자에 대해 50원의 상환을 청구할 수 있고, 甲·乙은 丙·丁 양자에 대해 50원을 상환할 의무를 지는 것이다. 대개 이 하나의 채권 관계에 채권자와 채무자가 수인이 있는 때는, 각 채권자가 동일한 채권을 가지고 각 채무자가 동일한 채무를 부담하는 것과 같다. 그러나 이는 표면상의 관찰이고 실제에서는 표면상 동일 채무 중에 독립한 여러 개

의債權과又獨立훈數個의債務가成立호야各債權者의債權及各債務者의債務는特別히相殊훈者ㅣ되ᄂ니라

以上에論述홈과如훈原則은特히法典에規定홈을依호야其効力을生호ᄂ니此原則은當事者間에特別히意思의表示가無훈境遇에만適用홀者ㅣ됨으로써若當事者間에特別훈意思를表示호야連帶의約束이有훈時는其約束을從홈은無論이오又債權의目的되는給付가性質上에可히分割치못홀時는此原則을適用호기難호도다何故오債權의目的되는給付가不可分되는時는債權者가各其自己權利에屬훈部分의給付만請求호기不能호고債務者도亦各其自己義務에屬훈部分의給付만履行호기不能훈所以라故로多數當事者의連帶債務及不可分債務에關호야는以上의原則을適用홈을不得홀지로다

第三節 不可分債務

第一、不可分債務의性質

不可分債務에二種이有호니一曰性質上의不可分債務오二曰當事者意思에基因훈不可分債務가是라

의 채권과 또 독립한 여러 개의 채무가 성립하여 각 채권자의 채권과 각 채무자의 채무는 각각 서로 다른 것으로 된다.

이상에서 논술한 바와 같은 원칙은 특히 법전에 규정하는 바에 따라 그 효력이 발생한다. 이 원칙은 당사자 사이에 특별한 의사표시가 없는 경우에만 적용되고, 만약 당사자 사이에 특별한 의사를 표시하여 연대의 약속이 있는 때는, 그 약속을 따르는 것은 물론이다. 또 채권의 목적인 급부가 성질상 분할될 수 없는 때는 이 원칙을 적용하기 어렵다. 왜냐하면 채권의 목적인 급부가 불가분일 때는, 채권자가 각각 자기 권리에 속하는 부분의 급부만 청구할 수 없고, 채무자도 또한 각각 자기 의무에 속한 부분의 급부만 이행할 수 없기 때문이다. 따라서 다수당사자의 연대채무와 불가분채무에 관해서는 이상의 원칙을 적용할 수 없다.

제3절 불가분채무

I. 불가분채무의 성질

불가분채무에는 두 가지 종류가 있다. 하나는 성질상의 불가분채무이고, 다른 하나는 당사자의 의사에 따른 불가분채무이다.

債務의目的되는給付가其性質上에分割을不許ᄒᆞ는時卽其給付가有形上及理想上으로分割ᄒᆞ기不能ᄒᆞᆫ時는其債務를性質上의不可分債務라謂ᄒᆞᄂᆞ니盖債務가有體物의給付를目的ᄒᆞ는境遇에目的物의本質을毁損치아니ᄒᆞ면有形的으로分割ᄒᆞ기不能ᄒᆞᆫ時는皆不可分債務라金錢米穀及其他의代替物은其本質을不害ᄒᆞ야도此를能히分割ᄒᆞ며其分割ᄒᆞᆫ各部分은其全部의分量과分量만相殊ᄒᆞᆯ뿐이오本質은同一ᄒᆞᆷ으로써其給付를目的ᄒᆞ는債務는可分債務로대是와相反ᄒᆞ야一頭의馬와一座의机는其本質을不變ᄒᆞ면此를分割치못ᄒᆞᆷ으로써馬及机를目的ᄒᆞ는債務는不可分債務라謂ᄒᆞᆯ지로다又債務의目的되는給付에關ᄒᆞ야理想上으로分割을不許ᄒᆞ는境遇가有ᄒᆞ니假令甲者가乙者의게對ᄒᆞ야其所有地內에家屋을建築치아니ᄒᆞᆯ事로約束ᄒᆞᆫ時에甲者가約束을依ᄒᆞ야禁止를受ᄒᆞᆫ行爲를避치아니ᄒᆞ면乙者의利益이되지아니ᄒᆞᆷ으로若甲者가此禁止ᄒᆞᆫ行爲를行ᄒᆞ는時는其債務의不履行을分割ᄒᆞᆷ을不得ᄒᆞᆯ지라故로此種債務에關ᄒᆞ야는全部履行이나不履行의二者가有ᄒᆞᆯ뿐이오一部의履行은豫想ᄒᆞ기難ᄒᆞᆷ으로其給付는理想上으로分割ᄒᆞᆷ을不得ᄒᆞᆯ者ㅣ

채무의 목적인 급부가 그 성질상 분할을 허용하지 않는 때 즉 그 급부가 유형적 및 이상적 측면에서 분할할 수 없을 때는, 그 채무를 성질상의 불가분채무라 한다. 대체로 채무가 유체물의 급부를 목적으로 하는 경우에, 목적물의 본질을 훼손하지 아니하면, 유형적으로 분할할 수 없는 때는 모두 불가분채무이다. 금전·쌀과 그 밖의 대체물은 그 본질을 해하지 않아도 이를 분할할 수 있으며, 그 분할된 각 부분은 그 모든 분량과 분량만 서로 다를 뿐이고 본질은 같으므로, 그 급부를 목적으로 하는 채무는 가분채무이다. 그러나 이에 반해 한 마리의 말(馬)과 하나의 책상은 그 본질을 변경하지 아니하면 이를 분할할 수 없으므로, 말과 책상을 목적으로 하는 채무는 불가분채무라고 이른다. 또 채무의 목적인 급부에 관해 이상적 측면에서 분할을 허용하지 않는 경우가 있다. 가령 甲과 乙에 대해 그 소유토지 내에 가옥을 건축하지 않을 것을 약속하였을 때, 甲이 약속에 따라 금지된 행위를 피하지 아니하면, 乙의 이익으로 되지 아니하므로, 만약 甲이 이 금지된 행위를 할 때는, 그 채무의 불이행은 이를 분할할 수 없고, 따라서 이러한 종류의 채무에 관해서는 전부 이행이나 불이행 두 가지가 있을 뿐이다. 일부 이행은 예상하기 곤란하므로, 그 급부는 이상적 측면에서 분할할 수 없

니如此ᄒᆞᆫ給付ᄅᆞᆯ目的ᄒᆞᄂᆞᆫ債務ᄂᆞᆫ亦性質上에可히分割ᄒᆞᆷ을不得ᄒᆞᆯ債務라謂ᄒᆞᆷ을得ᄒᆞᆯ지로다

債務의目的되ᄂᆞᆫ給付가性質上에ᄂᆞᆫ可히分割ᄒᆞᆯ지라도當事者의意思ᄅᆞᆯ依ᄒᆞ야分割을不許ᄒᆞᄂᆞᆫ時가有ᄒᆞ니此債務ᄅᆞᆯ當事者意思에基因ᄒᆞᆫ不可分債務라謂ᄒᆞᄂᆞ니라盖性質上의不可分債務ᄂᆞᆫ目的給付의性質이不可分되ᄂᆞᆫ所以로대當事者意思에基因ᄒᆞᆫ不可分債務ᄂᆞᆫ當事者의意思ᄅᆞᆯ依ᄒᆞ야履行을分割치아니ᄒᆞᆷ에在ᄒᆞ니假令二人의債務者가金千圓을甲者債權者의게償還ᄒᆞᆯ義務가有ᄒᆞᆫ境遇에其給付物되ᄂᆞᆫ金錢은性質上에能히分割ᄒᆞ야債務者가各各五百圓을支撥ᄒᆞ야償還ᄒᆞᆷ을可得ᄒᆞᆯ지로대債權者가其一千圓을一時에要用ᄒᆞᆯ必要가有ᄒᆞ야全部의履行이아니면其利益을完全히ᄒᆞ기不能ᄒᆞᆫ境遇에契約으로써全部履行을約束ᄒᆞᆷ과如ᄒᆞᆫ者ㅣ是니라

不可分債務의性質에關ᄒᆞ야ᄂᆞᆫ學說及立法例가區區ᄒᆞ야一定치아니ᄒᆞ니或은不可分債務ᄂᆞᆫ給付의不可分으로出來ᄒᆞ야成立ᄒᆞᆫ一種의連帶債務라稱ᄒᆞ고連帶債務에關ᄒᆞᆫ原則을適用ᄒᆞᆷ이可ᄒᆞ다ᄒᆞ며或은債務의不可分으로出來

다. 이와 같은 급부를 목적으로 하는 채무도 또한 성질상 분할할 수 없는 채무라고 할 수 있다.

채무의 목적인 급부가 성질상으로는 분할할 수 있을지라도, 당사자의 의사에 따라 분할을 허용하지 않는 때가 있다. 이 채무를 당사자의 의사에 따른 불가분채무라고 한다. 대개 성질상의 불가분채무는 목적·급부의 성질이 불가분으로 되기 때문이다. 그러나 당사자의 의사에 따른 불가분채무는 당사자의 의사에 따라 이행을 분할하지 않는 것이다. 가령 2인의 채무자가 일금 1,000원을 甲 채권자에게 상환할 의무가 있는 경우에, 그 급부물인 금전은 성질상 분할할 수 있고, 채무자가 각각 500원을 지급하여 상환할 수 있다. 그런데 채권자가 그 1,000원을 일시에 긴요하게 사용할 필요가 있어서 전부 이행이 아니면, 그 이익을 완전하게 할 수 없는 경우에, 계약으로 전부 이행을 약속하는 것 같은 경우가 이에 해당한다.

불가분채무의 성질에 관해서는 학설과 입법례가 각각 다르고 일정하지 않다. 어떤 사람은 불가분채무는 급부의 불가분에서 비롯하여 성립하는 일종의 연대채무라고 일컫고, 연대채무에 관한 원칙을 적용해야 한다고 한다. 또 어떤 사람은 채무의 불가분에서 비롯

ᄒᆞᄂᆞᆫ特種의債務라ᄒᆞ야其相似ᄒᆞᆫ點으로連帶債務의規則中一部分을適用ᄒᆞᆷ이可ᄒᆞ다稱道ᄒᆞ나元來民法上에不可分債務ᄂᆞᆫ以下의連帶債務와相殊ᄒᆞᆫ點이不尠ᄒᆞᆷ으로特別히區分ᄒᆞ야規定ᄒᆞᆷ이通例니라故로最近에制定ᄒᆞᆫ日本新民法도亦不可分債務ᄂᆞᆫ債權上에特種債務라ᄒᆞ야別로規定ᄒᆞ니라盖民法上에債權者ᄂᆞᆫ各自其關係에關ᄒᆞ야互相獨立ᄒᆞ고債務者도亦獨立의關係가有ᄒᆞ대債務의目的되ᄂᆞᆫ給付가可히分割ᄒᆞ기不能ᄒᆞᆫ時ᄂᆞᆫ債權者가獨立ᄒᆞ야自己의權利部分에屬ᄒᆞᆫ履行을請求ᄒᆞ며債務者가獨立ᄒᆞ야自己의義務部分에屬ᄒᆞᆫ履行만行ᄒᆞᆷ을不得ᄒᆞᆯ지니是以로不可分債務ᄂᆞᆫ大槪其履行에關ᄒᆞ야單一債務와同一히認定ᄒᆞ야債權者에게總債權者를爲ᄒᆞ야全部履行을請求ᄒᆞᄂᆞᆫ權을許與ᄒᆞ고同時에債務者一人으로ᄒᆞ야곰總債務者를爲ᄒᆞ야全部의履行을行ᄒᆞᄂᆞᆫ義務를負擔케ᄒᆞᄂᆞ니何故오民法은原則上에債權者及債務者一人의行爲ᄂᆞᆫ他債權者及債務者의게對ᄒᆞ야効力이不生ᄒᆞᆷ으로써此不可分債務에關ᄒᆞ야特別의規定이無ᄒᆞ면自然히以上의原則을不可不適用ᄒᆞᆯ境遇에至ᄒᆞᄂᆞᆫ所以니라

하는 특수한 종류의 채무라 하고, 그 유사한 점에서 연대채무의 규칙 중 일부분을 적용해야 한다고 말한다. 원래 민법상 불가분채무는 이하의 연대채무와 서로 다른 점이 적지 아니하므로, 특별히 구분하여 규정하는 것이 통례이다. 따라서 최근에 제정된 일본 신민법도 또한 불가분채무는 채권상에 특수한 종류의 채무라고 하여 따로 규정한다. 대개 민법상 채권자는 각자 그 관계에 관해 서로 독립하고, 채무자도 또한 독립의 관계가 있다. 그러나 채무의 목적인 급부가 분할될 수 없는 때는, 채권자가 독립하여 자기 권리에 속한 부분만 이행을 청구하며, 채무자가 독립하여 자기의 의무에 속한 부분만 이행할 수 없다. 이에 따라 불가분채무는 대개 그 이행에 관해 단일 채무와 마찬가지로 인정하여, 채권자에게 모든 채권자를 위해 전부 이행을 청구하는 권리를 허용한다. 동시에 채무자 1인이 모든 채무자를 위해 전부를 이행하는 의무를 부담하게 한다. 왜냐하면 민법은 원칙적으로 채권자와 채무자 1인의 행위는, 다른 채권자와 채무자에 대해 효력이 발생하지 아니하므로, 이 불가분채무에 관해 특별한 규정이 없으면, 자연적으로 이상의 원칙을 적용할 수밖에 없는 경우로 되기 때문이다.

第二、不可分債務의効力

不可分債務에關ᄒᆞ야債權者及債務者ᄂᆞᆫ各自固有의權利義務ᄅᆞᆯ有ᄒᆞᆯ지라도其履行에關ᄒᆞ야ᄂᆞᆫ唯一債權者及債務者로認定ᄒᆞᄂᆞ니是卽債務의不可分性質上으로從ᄒᆞ야出來ᄒᆞᄂᆞᆫ結果ㅣ니라故로玆에此結果로因ᄒᆞ야生ᄒᆞᄂᆞᆫ効力을論ᄒᆞᆯ진대

甲、各債權者ᄂᆞᆫ總債權者ᄅᆞᆯ爲ᄒᆞ야債務者의게對ᄒᆞ야履行을請求ᄒᆞᄂᆞᆫ權利가有ᄒᆞ고又各債務者ᄂᆞᆫ總債務者ᄅᆞᆯ爲ᄒᆞ야債權者의게對ᄒᆞ야履行을行ᄒᆞᆯ義務ᄅᆞᆯ負擔ᄒᆞᄂᆞ니라

理論上으로言ᄒᆞᆯ진대債務가不可分되ᄂᆞᆫ境遇에數人의債權者가有ᄒᆞᆫ時ᄂᆞᆫ其債務의履行은總債權者의共同의請求ᄅᆞᆯ待ᄒᆞ야始行ᄒᆞᆯ者ㅣ라謂ᄒᆞᆯ지로다何故오各債權者ᄂᆞᆫ其債務가不可分의性質이有ᄒᆞᆷ으로各自其權利에屬ᄒᆞᆫ部分의履行만債務者의게請求ᄒᆞᆷ을不得ᄒᆞᄂᆞᆫ故로債權者가其目的을達코져ᄒᆞ면勢不得已全部의履行을請求ᄒᆞᆯ지라然則全部의履行은債權者共同一致의意思로出來ᄒᆞᆫ者가아니면債務者의게請求ᄒᆞᆷ을不得ᄒᆞᆷ은債務의

II. 불가분채무의 효력

불가분채무에 관해 채권자와 채무자는 각자 고유의 권리 의무를 가질지라도, 그 이행에 관해서는 오로지 하나의 채권자와 채무자로 인정된다. 이는 곧 채무의 불가분성에서 비롯하여 발생하는 결과이다. 따라서 이 결과에 따라 발생하는 효력을 논해 본다.

1. 각 채권자는 모든 채권자를 위해 채무자에 대해 이행을 청구하는 권리를 가진다. 또한 각 채무자는 모든 채무자를 위해 채권자에 대해 이행을 할 의무를 부담한다.

이론상으로 말하면, 채무가 불가분일 경우에 수인의 채권자가 있는 때는, 그 채무의 이행은 모든 채권자 공동의 청구를 기다려 비로소 하는 것이라고 말할 수 있다. 왜냐하면 각 채권자는 그 채무가 불가분의 성질을 지니므로, 각자 그 권리에 속한 부분의 이행만을 채무자에게 청구할 수 없기 때문이다. 따라서 채권자가 그 목적을 달성하고자 하려면, 어쩔 수 없이 전부 이행을 청구하는 것이다. 그러면 전부 이행은 채권자의 공동의 일치된 의사에서 비롯하는 것이 아니면, 채무자에게 청구할 수 없는 것은 채무의

性質上分明ᄒᆞᆫ者ㅣ라是以로或立法例에ᄂᆞᆫ債務가不可分되ᄂᆞᆫ時에關ᄒᆞᆫ債務의履行은恒常總債權者로브터債務者의게請求ᄒᆞᄂᆞᆫ事를要ᄒᆞ나然이나以上의理論을貫徹코저ᄒᆞᄂᆞᆫ時ᄂᆞᆫ債權者中에一債權者라도其履行의請求를不欲ᄒᆞᄂᆞᆫ者ㅣ有ᄒᆞ면他債權者ᄂᆞᆫ永久히其債務를請求ᄒᆞᆯ道理가無ᄒᆞ야實로有名無實의債權을持有ᄒᆞᄂᆞᆫ結果를生ᄒᆞᄂᆞᆫ境遇에至ᄒᆞ야履行을請求코저ᄒᆞᄂᆞᆫ債權者ᄂᆞᆫ履行의請求를不欲ᄒᆞᄂᆞᆫ債權者의게對ᄒᆞ야訴訟을提起ᄒᆞ야履行請求를要求ᄒᆞᄂᆞᆫ事가不無ᄒᆞᆷ은아니로대債權者가如此히迂遠ᄒᆞᆫ方法을依ᄒᆞ야自己의權利를行使ᄒᆞᆷ은實際上의不便이不尠ᄒᆞᆯ뿐아니라一便의債權者ᄂᆞᆫ恒常其自己의目的을達ᄒᆞ기不能ᄒᆞᆯ지오又債務者가數名이有ᄒᆞᆫ境遇에關ᄒᆞᆫ債務의履行은總債務者의게對ᄒᆞ야此를請求ᄒᆞᆷ이原則이로대債務者中의一債務者가債權者의請求에不應ᄒᆞᄂᆞᆫ者ㅣ有ᄒᆞ면債權者ᄂᆞᆫ終來債權全部의履行을受ᄒᆞᆯ道理가無ᄒᆞᆯ지니若事實이此에至ᄒᆞ면債權者의不利益이此에過ᄒᆞᆯ者ㅣ無ᄒᆞᆯ지로다故로不可分債務에關ᄒᆞ야ᄂᆞᆫ前記의原則을適用ᄒᆞᆷ이不可ᄒᆞᆷ으로如此ᄒᆞᆫ不便을除避ᄒᆞ기爲ᄒᆞ야德國民法은

성질상 분명하다. 이에 따라 때로 입법례에서는 채무가 불가분일 때에 관한 채무의 이행은, 항상 모든 채권자가 채무자에게 청구해야 한다고 한다. 그러나 이상의 이론을 관철하고자 할 때는, 채권자 중에 한 채권자라도 그 이행의 청구를 바라지 않는 자가 있으면, 다른 채권자는 영구히 그 채무를 청구할 도리가 없어 실로 유명무실한 채권을 가지고 있는 결과가 발생하는 경우로 된다. 또 이행을 청구하고자 하는 채권자는 이행의 청구를 바라지 않는 채권자에 대해 소송을 제기하여 이행의 청구를 요구할 수도 있으나, 채권자가 이처럼 멀리 돌아가는 방법으로 자기 권리를 행사하는 것은 실제 불편이 작지 않다. 그뿐만 아니라 일방의 채권자는 항상 자기 목적을 달성할 수 없게 된다. 또 채무자가 수인이 있는 경우에 관한 채무이행은, 모든 채무자에 대해 이를 청구하는 것이 원칙이다. 그러나 채무자 중의 한 채무자가 청구에 응하지 않는 자가 있으면, 채권자는 끝내 채권 전부 이행을 받을 도리가 없게 된다. 만약 사실이 이에 이르면 채권자의 불이익이 이보다 지나친 경우가 없을 것이다. 따라서 불가분채무에 관해서는 앞에서 말한 원칙을 적용할 수 없으므로, 이와 같은 불편을 제거하기 위해 도이치 민법은

此境遇의不便을豫想ᄒᆞ야債權者ᄂᆞᆫ債務者의게對ᄒᆞ야目的物을供托ᄒᆞ고又裁判所에셔指定ᄒᆞᆫ保管人의게任置ᄒᆞᆷ을請求케ᄒᆞ야不可分債務에關ᄒᆞᆫ履行을容易케ᄒᆞ고或立法例ᄂᆞᆫ各債權者가總債權者의게對ᄒᆞ야債務者의게履行을行ᄒᆞᆯ事로請求ᄒᆞᄂᆞᆫ權이有ᄒᆞᆷ이라ᄒᆞ며又或立法例에ᄂᆞᆫ債務者가債權者中何人의게對ᄒᆞ야履行ᄒᆞᆯ지라도其履行이總債權者의利益이되ᄂᆞᆫ時ᄂᆞᆫ各債權者가總債權者를爲ᄒᆞ야其履行을請求ᄒᆞᄂᆞᆫ權이有ᄒᆞᆷ이라호대此等法制ᄂᆞᆫ皆不可分債務에關ᄒᆞᆫ履行의實際上不便을矯救ᄒᆞᄂᆞᆫ良方이아니라何故오債權者中의一債權者라도履行을請求ᄒᆞᄂᆞᆫ事를甘諾치아니ᄒᆞ거나總債權者中의一債權者라도些少ᄒᆞᆫ不利益의口實을主張ᄒᆞ거나又ᄂᆞᆫ供托及任置請求에對ᄒᆞ야反對意見을提出ᄒᆞᄂᆞᆫ時ᄂᆞᆫ執行上에排斥ᄒᆞ기不能ᄒᆞᆫ困難을生ᄒᆞᆯ事가有ᄒᆞᆫ所以니라

近來의新進ᄒᆞᆫ民法은不可分債務의性質과實際上의履行便宜를參酌ᄒᆞ야各債權者ᄂᆞᆫ總債權者를爲ᄒᆞ야各債務者의게對ᄒᆞ야履行을請求ᄒᆞᄂᆞᆫ權이有케ᄒᆞ고又各債務者도亦總債務者를爲ᄒᆞ야履行을行ᄒᆞᄂᆞᆫ義務가有케ᄒᆞ

이 경우의 불편을 예상하고 채권자는 채무자에 대해 목적물을 공탁하고, 또 재판소가 지정한 보관인에게 임치하는 것을 청구하게 하여 불가분채무에 관한 이행을 쉽게 한다. 때로 입법례에서는 각 채권자가 모든 채권자를 위해 채무자에게 이행할 것을 청구하는 권리를 가진다고 한다. 또 다른 입법례에서는 채무자가 채권자 중 누구에 대해 이행할지라도, 그 이행이 모든 채권자의 이익으로 되는 때는, 각 채권자가 모든 채권자를 위해 그 이행을 청구하는 권리를 가진다고도 한다. 그러나 이들 법제는 모두 불가분채무에 관한 이행의 실제에서의 불편을 바로잡아 주는 좋은 방법은 아니다. 왜냐하면 채권자 중의 한 채권자라도 이행을 청구하는 것을 흔쾌히 승낙하지 않거나, 모든 채권자 중 한 채권자라도 사소한 불이익을 핑계로 주장하거나, 또는 공탁과 임치의 청구에 대해 반대의견을 제출할 때는, 집행상 배척할 수 없는 곤란을 일으킬 경우가 있기 때문이다.

요즈음의 새로운 민법은 불가분채무의 성질과 실제에서의 이행의 편의를 참작하여, 각 채권자는 모든 채권자를 위해 각 채무자에 대해 이행을 청구하는 권리를 가진다고 한다. 또 채무자도 또한 모든 채무자를 위해 이행을 할 의무가 있다고 한다.

는故로日本의新民法도此新理를採用ᄒᆞ야各債權者는總債權者를爲ᄒᆞ야履行을請求ᄒᆞ고又債務者는總債務者를爲ᄒᆞ야各債權者의게對ᄒᆞ야履行ᄒᆞᆯ事를得ᄒᆞᆷ이라規定ᄒᆞ니라一見ᄒᆞ면此債權者互相間及債務者互相間에代理의關係가有ᄒᆞᆷ과如ᄒᆞ나決코不然ᄒᆞ니債權者及債務者는互相間各自獨立의關係가有ᄒᆞᆫ事는以上에屢陳ᄒᆞᆫ바ㅣ나要컨대不可分債務에固有ᄒᆞᆫ履行困難을除却ᄒᆞ고債權者로ᄒᆞ야곰各自容易히履行을受케ᄒᆞ고져ᄒᆞ야總債權者를爲ᄒᆞ는獨立의履行請求權을許與ᄒᆞᆷ이라不可分債務에在ᄒᆞ야는債權者가各債務者의게對ᄒᆞ야全部의履行을請求ᄒᆞ는權이有ᄒᆞᆷ으로써債務者中에或債務者가破產ᄒᆞ는事가有ᄒᆞᆯ時는債權全額에就ᄒᆞ야各財產에加入ᄒᆞᆷ을得ᄒᆞ는故로此點에關ᄒᆞ야는連帶債務의境遇와相似ᄒᆞ니라其說明은連帶債務를說明ᄒᆞᆯ時에詳述코져ᄒᆞ노라

玆에所謂履行이란者는債務의本旨를從ᄒᆞ야行ᄒᆞ는履行卽償還을謂ᄒᆞᆷ이니盖此不可分債務에關ᄒᆞ야各債權者의게履行請求의權利를與ᄒᆞ고各債務者의게履行의責任을負擔케ᄒᆞᆷ은債務의本旨를從ᄒᆞ야行ᄒᆞ는履行을分

따라서 일본의 신민법도 이 새로운 법리를 채택하여, 각 채권자는 모든 채권자를 위해 이행을 청구하고, 또 채무자는 모든 채무자를 위해 각 채권자에 대해 이행할 수 있다고 규정한다.* 언뜻 보면 이 채권자 상호 간과 채무자 상호 간에 대리관계가 있는 것과 같으나 전혀 그렇지 않다. 채권자와 채무자는 상호 간에 각자 독립의 관계가 있는 것은 이상에서 여러 번 말한 바 있다. 요컨대 불가분채무에 고유한 이행의 곤란을 제거하고 채권자가 각자 쉽게 이행을 받게 하고자 하여, 모든 채권자를 위한 독립의 이행청구권을 허용한 것이다. 불가분채무에서는 채권자가 각 채무자에 대해 전부 이행을 청구하는 권리를 가지므로, 채무자 중에 때로 채무자가 파산하는 경우가 있을 때는, 채권 전액을 가지고 각 재산에 가입할 수 있다. 따라서 이 점에 관해서는 연대채무의 경우와 유사하다. 그 설명은 연대채무를 설명할 때에 상세히 서술하고자 한다.

여기에서 이른바 이행이란 채무의 내용에 따라 하는 이행 즉 상환을 말한다. 대개 불가분채무에 관해 각 채권자에게 이행을 청구하는 권리를 부여하고, 각 채무자에게 이행의 책임을 부담하게 한 것은, 채무의 내용에 따라 하는 이행을 분

* 역자 주: 메이지 민법 제428조.

割ᄒᆞ기不能ᄒᆞᆫ所以오他의理由가有ᄒᆞᆷ은아니라故로此境遇ᄅᆞᆯ當ᄒᆞ야債務者一人이債權者一人의게對ᄒᆞ야行ᄒᆞᆫ償還은能히其債務ᄅᆞᆯ消滅ᄒᆞᆯ지오又代物辨償、相殺、免除、混同이有ᄒᆞᆯ지라도以上과同一ᄒᆞᆫ効力의有無與否ᄂᆞᆫ後章에說明ᄒᆞᆯ處가有ᄒᆞᆷ으로玆에省略ᄒᆞ노라

乙、多數의債權者及債務者ᄂᆞᆫ互相間에各自獨立의關係가有ᄒᆞ니라

不可分債務에關ᄒᆞ야債權者가數名이有ᄒᆞᆫ時ᄂᆞᆫ其債權者가各自固有의權利ᄅᆞᆯ有ᄒᆞ고債務者도亦各自固有의義務ᄅᆞᆯ負擔ᄒᆞ야其互相間關係에獨立ᄒᆞᄂᆞᆫ故로各債權者가其固有의權利ᄅᆞᆯ處分ᄒᆞᆷ에關ᄒᆞ야ᄂᆞᆫ毫末이라도拘碍ᄒᆞᆯ事가無ᄒᆞᆯ지로대自己個人의意思로써他債權者의權利ᄂᆞᆫ左右치못ᄒᆞᆯ지오又各債務者도亦其互相間關係에至ᄒᆞ야各自獨立ᄒᆞᆷ으로써他債務의如何ᄒᆞᆷ을不拘ᄒᆞ고獨立ᄒᆞ야消滅ᄒᆞ며變更ᄒᆞᆷ은得ᄒᆞᆯ지니라然而不可分債務에關ᄒᆞ야ᄂᆞᆫ其債務ᄅᆞᆯ分割ᄒᆞ야履行ᄒᆞᆷ은不得ᄒᆞᆷ으로債權者中의或債權者가權利ᄅᆞᆯ失ᄒᆞᆫ時ᄂᆞᆫ他債權者로ᄒᆞ야곰同一히其權利ᄅᆞᆯ失케ᄒᆞ거나或은失權ᄒᆞᆫ債權者가有ᄒᆞᆷ을不拘ᄒᆞ고全部履行을請求케ᄒᆞᄂᆞᆫ二者中에不可不其

할할 수 없기 때문이고, 다른 이유가 있는 것은 아니다. 따라서 이 경우에 채무자 1인이 채권자 1인에 대해 한 상환은 능히 그 채무를 소멸하게 한다. 또 대물변제, 상계, 면제, 혼동이 있을지라도 이상과 동일한 효력을 가지는지 아닌지는 뒷장에서 설명할 곳이 있으므로 여기에서는 생략한다.

2. 다수의 채권자와 채무자는 상호 간에 각자 독립의 관계가 있다.

불가분채무에 관해 채권자가 수인이 있는 때는, 그 채권자가 각자 고유의 권리를 가지고 채무자도 또한 각자 고유의 의무를 부담하여 그 상호 간의 관계가 독립적이다. 따라서 각 채권자가 그 고유의 권리를 처분하는 것에 관해서는 조금도 구애될 일이 없으나, 자기 개인 의사로 다른 채권자의 권리를 좌우할 수는 없다. 또한 각 채무자도 그 상호 간의 관계에서는 각자 독립하므로, 다른 채무가 어떠한가에도 불구하고 독립하여 소멸하고 변경될 수 있다. 그러나 불가분채무에 관해서는 그 채무를 분할하여 이행할 수 없으므로, 채권자 중의 어떤 채권자가 권리를 상실할 때는, 다른 채권자도 마찬가지로 그 권리를 상실하거나, 실권한 채권자가 있음에도 불구하고 전부 이행을 청구하게 하는 것 두 가지 중에 부득이 어느

一을取치아니치못홀지라然이나債權者中의或債權者가失權홈을因ᄒᆞ야他債權者도亦其權利를失케홈은無理由ᄒᆞᆫ不公平의結果가生홈으로써此境遇에對ᄒᆞ야ᄂᆞᆫ權利를不失ᄒᆞᆫ債權者의게失權ᄒᆞᆫ他債權者의權利를保有ᄒᆞ고其債權者를保護ᄒᆞ야他債權者가失權홈을不關ᄒᆞ고猶其全部의履行을請求케홈이妥當홀지로다但債務의履行으로債務者의行ᄒᆞᆫ全給付中에失權者所得에可歸홀部分을無端히給付ᄒᆞᆫ者ㅣ有ᄒᆞ면此部分에相當ᄒᆞᆫ價額은不當利得의原則을從ᄒᆞ야履行을受ᄒᆞᆫ債權者로브터其債務者의게償還홈을要홈은更히容疑홀바ㅣ아니니라又債務者互相間關係에至ᄒᆞ야도亦同一의原則을適用ᄒᆞ야債務者中의一人이債務를免脫홀지라도是로因ᄒᆞ야他債務者債務에影響이有홀理가毫無ᄒᆞ니換言홀진대債務者中의一人이債務를免脫ᄒᆞᄂᆞᆫ事가有홀지라도他債務者ᄂᆞᆫ債權者請求에對ᄒᆞ야全部를履行홀義務가有ᄒᆞ니라

要컨대不可分債務에關ᄒᆞᆫ債權者及債務者ᄂᆞᆫ其互相間에各自獨立의關係가有홈으로써債權者及債務者中一人에關ᄒᆞ야附生ᄒᆞᆫ事項은他債權者及

하나를 취해야 한다. 그러나 채권자 중의 어떤 채권자가 실권한 데 따라, 다른 채권자도 또한 그 권리를 상실하게 하는 것은, 이유 없이 불공평한 결과를 발생하게 한다. 이에 따라 이 경우에 대해서는 권리를 상실하지 아니한 채권자에게 실권한 다른 채권자의 권리를 보유하게 하여 그 채권자를 보호하고, 다른 채권자가 실권한 것과 관계없이 오히려 그 전부 이행을 청구하게 하는 것이 타당하다. 다만 채무의 이행으로 채무자가 한 전체 급부 중에 실권자의 소득으로 귀속될 수 있는 부분을 이유 없이 급부한 자가 있으면, 이 부분에 상당한 가액은 부당이득의 원칙에 따라, 이행을 받은 채권자로부터 그 채무자에게 상환하게 해야 하는 것은 의심의 여지가 없다. 또 채무자 상호관계에서도 또한 동일한 원칙을 적용하여 채무자 중의 1인이 채무를 면하고 벗어날지라도, 이에 따라 다른 채무자에게 영향을 미칠 이유는 전혀 없다. 바꾸어 말하면 채무자 중의 1인이 채무를 면하고 벗어나는 일이 있을지라도, 다른 채무자는 채권자의 청구에 대해 전부를 이행할 의무가 있는 것이다.

요컨대 불가분채무에 관해서 채권자와 채무자는 그 상호 간에 각자 독립의 관계가 있으므로, 채권자와 채무자 중 1인에 관해 발생한 사항은 다른 채권자와

他債務者의게對ᄒᆞ야効力을不生홈은日本民法第四百二十九條、法國民法第一千二百二十四條二項、德國民法第一次草案第三百三十九條二項及和蘭、西班牙民法等의規定을見ᄒᆞ야도分明ᄒᆞ도다玆에更히當事者中의一人이行ᄒᆞᆫ行爲及其一人에關ᄒᆞ야附生ᄒᆞᆫ事項이當事者權利關係에對ᄒᆞ야如何ᄒᆞᆫ影響이可及ᄒᆞᆯ事ᄅᆞᆯ以下에大略說明코저ᄒᆞ노라

〔一〕、代物返還　各債權者ᄂᆞᆫ他債權者의權利ᄅᆞᆯ處分홈을不得홈으로써自己個人의意思로債務ᄅᆞᆯ變更홈을不得ᄒᆞᆯ지라故로債務의目的되ᄂᆞᆫ給付ᄅᆞᆯ他給付로代受홈을不得ᄒᆞᆯ지니假令債權者中의一人이馬匹의償還을受ᄒᆞᆯ其代에金錢若干을領收홈과如ᄒᆞᆫ者ㅣ是라盖代物辨償은雖法律上에辨償과同視홈은可得ᄒᆞᆯ지라도債務의返還을受코저ᄒᆞᄂᆞᆫ者가代物辨償의承諾이有ᄒᆞ면己어니와各債權者ᄂᆞᆫ他債權者의權利ᄅᆞᆯ處分ᄒᆞᄂᆞᆫ權이無홈으로써他債權者ᄅᆞᆯ爲ᄒᆞ야代物辨償을承諾홈은不得ᄒᆞᆯ지오又債權者의一人과債務者間에己行ᄒᆞᆫ代物辨償이라도他債權者의게對ᄒᆞ야ᄂᆞᆫ其効力이不生ᄒᆞᆯ지로대是와相反ᄒᆞ야債權者ᄂᆞᆫ一人이오債務者가數

채무자에 대해 효력을 발생하지 않는 것은 일본 민법 제429조, 프랑스 민법 제1224조 제2항, 도이치 민법 제1초안 제339조 제2항과 네델란드·스페인 민법 등의 규정을 보아도 분명하다. 여기에서 다시 당사자 중의 1인이 한 행위와 그 1인에 관해 발생한 사항이 당사자의 권리관계에 대해 어떠한 영향이 미칠 수 있는가를 이하에서 그 대략만 설명하고자 한다.

(1) 대물변제

각 채권자는 다른 채권자의 권리를 처분할 수 없으므로, 자기 개인 의사로 채무를 변경할 수 없다. 따라서 채무의 목적으로 되는 급부를 다른 급부로 갈음하여 받을 수 없다. 가령 채권자 중의 1인이 말을 상환받는 대신 약간의 금전을 수령하는 것 같은 경우가 이에 해당한다. 대개 대물변제는 비록 법률상 변제와 동일시될 수 있을지라도, 채무의 반환을 받고자 하는 자가 대물변제의 승낙이 있으면 그만이지만, 각 채권자는 다른 채권자의 권리를 처분하는 권리가 없으므로, 다른 채권자를 위해 대물변제를 승낙할 수 없다. 또 채권자의 1인과 채무자 사이에 이미 행해진 대물변제일지라도, 다른 채권자에 대해서는 그 효력이 발생하지 않는다. 그러나 이에 반해 채권자는 1인이고 채무자가 수

人되ᄂᆞᆫ境遇에至ᄒᆞ야債務者의一人이債權者의게對ᄒᆞ야代物辨償을行ᄒᆞ고總債務者ᄅᆞᆯ爲ᄒᆞ야共同免責을得ᄒᆞᆫ時ᄂᆞᆫ其債務ᄂᆞᆫ完全히消滅ᄒᆞᆯ지오亦他債務者도其義務ᄅᆞᆯ得免ᄒᆞᆯ지니라

(二) 免除及更改　債權者의一人이債務者의게對ᄒᆞ야債務ᄅᆞᆯ免除ᄒᆞᆫ境遇라도他債權者ᄂᆞᆫ猶其債務의全部履行을請求ᄒᆞᆷ을得ᄒᆞᆯ지니何故오債權者의一人은其自己個人의意思로써他債權者의權利ᄅᆞᆯ處分ᄒᆞᆯ事가不能ᄒᆞᆫ所以라更改에至ᄒᆞ야도亦然ᄒᆞ니如此ᄒᆞᆫ境遇에至ᄒᆞ야其債務者로論ᄒᆞᆯ진대債務者ᄂᆞᆫ免除或更改ᄅᆞᆯ承諾ᄒᆞᆫ債權者의게對ᄒᆞ야債務ᄅᆞᆯ得免ᄒᆞᆫ者ㅣ됨으로써債務者의行ᄒᆞᆫ全給付中으로其免除及更改ᄅᆞᆯ承諾ᄒᆞᆫ債權者의權利에屬ᄒᆞᆯ部分은不當利得의原則을依ᄒᆞ야其債務者의게還給ᄒᆞᆷ을要ᄒᆞᄂᆞ니是卽各國民法에均一히認定ᄒᆞᄂᆞᆫ바ㅣ라假令甲者가乙丙兩者의게對ᄒᆞ야馬一匹을給付ᄒᆞᆯ責任이有ᄒᆞᆫ境遇에乙者가甲者의게對ᄒᆞ야其債務ᄅᆞᆯ免除ᄒᆞᆫ時ᄂᆞᆫ丙者ᄂᆞᆫ此乙者의免除가有ᄒᆞᆷ을不關ᄒᆞ고其債務卽馬一匹을甲者의게對ᄒᆞ야請求ᄒᆞᆷ을得ᄒᆞᆯ지오甲者ᄂᆞᆫ亦其請求ᄅᆞᆯ拒絕

인일 경우에, 채무자의 1인이 채권자에 대해 대물변제를 하고 모든 채권자를 위해 공동 면책을 얻었을 때는, 그 채무는 완전히 소멸하고 또한 다른 채무자도 그 의무를 면하게 된다.

(2) 면제와 경개

채권자 1인이 채무자에 대해 채무를 면제한 경우라도, 다른 채권자는 여전히 그 채무의 전부 이행을 청구할 수 있다. 왜냐하면 채권자의 1인은 그 자기 개인 의사로 다른 채권자의 권리를 처분할 수 없기 때문이다. 경개에서도 또한 그러하다. 이 같은 경우에 그 채무자로 논해 보면, 채무자는 면제 또는 경개를 승낙한 채권자에 대해 채무를 면하게 되므로, 채무자가 한 급부 전부 중에서 그 면제와 경개를 승낙한 채권자의 권리에 속할 부분은 부당이득의 원칙에 따라 그 채무자에게 환급해야 한다. 이는 곧 각국 민법에서 한결같이 인정하는 바다. 가령 甲이 乙·丙 양자에 대해 말 1필을 급부할 책임이 있는 경우에, 乙이 甲에 대해 그 채무를 면제하였을 때는, 丙은 이 乙의 면제가 있는 것과 관계없이 그 채무 즉 말 1필을 甲에 대해 청구할 수 있고, 甲 또한 그 청구를 거절치못ᄒᆞᆯ지라然이나丙者가其債務의履行을受ᄒᆞᆫ時ᄂᆞᆫ其馬의給付ᄅᆞᆯ依ᄒᆞ야乙者의可得ᄒᆞᆯ利益은甲者의게還給ᄒᆞᆷ을要ᄒᆞᆷ과如ᄒᆞᆫ者ㅣ是라今에其馬ᄅᆞᆯ三百圓의價格이有ᄒᆞᆫ者ㅣ라假定ᄒᆞᆯ진대乙者丙者가各其同等의權利가有ᄒᆞᆫ時ᄂᆞᆫ乙丙의受ᄒᆞᆯ利益이各各一百五十圓이됨으로써馬의傳致ᄅᆞᆯ受ᄒᆞᆫ丙者ᄂᆞᆫ甲者의게對ᄒᆞ야其一百五十圓을還給ᄒᆞᆯ義務가有ᄒᆞ니라

盖日本民法第四百二十九條ᄂᆞᆫ不可分債務에關ᄒᆞᆫ其効力을分明히規定ᄒᆞᆫ唯一의條項이라此條項은專히免除及更改에關ᄒᆞᆫ者ㅣ로대此條項規定의趣旨ᄂᆞᆫ不可分債務에關ᄒᆞᆫ一般原則을免除及更改境遇에適用코져ᄒᆞᆫ者ㅣ됨으로此外에도此와相似ᄒᆞᆫ境遇에ᄂᆞᆫ此ᄅᆞᆯ準用ᄒᆞ야不可ᄒᆞᆷ이無ᄒᆞᆯ지로다

債權者數人中의一人과債務者間의免除及更改의事實이有ᄒᆞᆫ時ᄂᆞᆫ一般以上의原則을從ᄒᆞ야當事者間의權利關係ᄅᆞᆯ定ᄒᆞᆯ지로대債權者ᄂᆞᆫ一人이오債務者가數人이有ᄒᆞᆫ境遇에至ᄒᆞ야債權者와債務者一人間에免除及更改가有ᄒᆞᆫ時ᄂᆞᆫ如何히當事者間의關係ᄅᆞᆯ可定ᄒᆞᆯ者乎아此에關ᄒᆞ야

하지 못한다. 그러나 丙이 그 채무의 이행을 받았을 때는, 그 말의 급부에 따라 乙이 얻을 수 있는 이익은 甲에게 환급해야 하는 그것 같은 경우가 이에 해당한다. 이제 그 말이 300원의 가격이 있다고 가정한다면, 乙과 丙이 각각 그 동등한 권리를 가졌을 때는 乙·丙이 받을 이익이 각각 150원이 되므로, 말의 인도를 받은 丙은 甲에 대해 그 150원을 환급할 의무가 있는 것이다. 일본 민법 제429조는 불가분채무에 관한 그 효력을 분명히 규정한 유일한 조항이다. 이 조항은 오로지 면제와 경개에 관한 것이지만, 이 조항의 규정 취지는 불가분채무에 관한 일반원칙을 면제와 경개의 경우에 적용하고자 한 것으로, 이 외에도 이와 유사한 경우에는 이를 준용해도 무방하다.

채권자 수인 중의 1인과 채무자 사이의 면제와 경개의 사실이 있을 때는, 이상의 일반원칙에 따라 당사자 사이의 권리관계를 정한다. 그러나 채권자는 1인이고 채무자가 수인이 있는 경우에, 채권자와 채무자 1인 사이에 면제와 경개가 있었던 때는 어떻게 당사자 사이의 관계를 정해야 하는가? 이에 관해서

ᄂᆞᆫ法律上의論理及以上의原則을裏面으로解釋ᄒᆞ야債權者數人及債務者一人間關係의原則을準用ᄒᆞ야不可ᄒᆞᆷ이未有ᄒᆞᆯ듯ᄒᆞ나細密히分析ᄒᆞ면性質上에相殊ᄒᆞᆫ點이有ᄒᆞ니何故오債權者數人과債務者一人間關係에至ᄒᆞ야ᄂᆞᆫ其債權者間에求償ᄒᆞᆯ關係가生치아니호대債權者一人及債務者數人間關係에至ᄒᆞ야ᄂᆞᆫ債務者間에求償關係가生ᄒᆞᆯ지라故로大槪各國의民法이此境遇에關ᄒᆞ야ᄂᆞᆫ直接으로債權者數人及債務者一人間의免除及更改가有ᄒᆞᆫ時의法則을裏面으로解釋ᄒᆞ야準用치아니ᄒᆞ고連帶債務者間의免除及更改境遇를此에準用ᄒᆞᄂᆞ니故로其詳細ᄒᆞᆫ說明은更히連帶債務者數人間에對ᄒᆞ야債權者가免除及更改를行ᄒᆞᆫ境遇를說明ᄒᆞᆯ時에說明코져ᄒᆞ노라

(三)、相殺　日本新民法及其他의法典等이免除及更改에關ᄒᆞ야ᄂᆞᆫ特別히不可分債務條項中에規定ᄒᆞ야解釋上의疑點을解ᄒᆞ얏시나相殺가有ᄒᆞᆫ時의效力如何ᄂᆞᆫ規定ᄒᆞᆫ바가無ᄒᆞᆷ으로此點에關ᄒᆞ야ᄂᆞᆫ不可不訝惑이生ᄒᆞᆯ지라盖不可分債務에關ᄒᆞ야債權者中의一人이債務者의게對ᄒᆞ야債

는 법률상의 논리와 이상의 원칙을 바탕으로 해석하여, 채권자 수인과 채무자 1인 사이의 관계에 관한 원칙을 준용해도 무방할 듯하다. 그러나 자세히 분석해보면 성질상 서로 다른 점이 있다. 왜냐하면 채권자 수인과 채무자 1인 사이의 관계에서는 그 채권자 사이에 구상할 관계가 발생하지 않지만, 채권자 1인과 채무자 수인 사이의 관계서는 채무자 사이에 구상관계가 발생하기 때문이다. 따라서 대체로 각국 민법이 이 경우에 관해서는 직접 채권자 수인과 채무자 1인 사이의 면제와 경개가 있을 때의 법칙을 바탕으로 해석하여 준용하지 않고, 연대채무자 사이의 면제와 경개의 경우를 이에 준용한다. 따라서 그 상세한 설명은 연대채무자 수인 사이에 대해 채권자가 경개와 면제를 한 경우를 설명할 때에 다시 설명하고자 한다.

(3) 상계

일본 신민법과 그 밖의 법전 등이 면제와 경개에 관해서는 특별히 불가분채무 중에 규정하여 해석상의 의문점을 풀고 있다. 그러나 상계가 있는 때의 효력 여하에 관해서는 규정하는 바가 없어서 이 점에 관해서는 부득이 의혹이 생기는 것이다. 대개 불가분채무에 관해 채권자 중의 1인이 채무자에 대해 채

務를負擔ᄒᆞᆫ時라도其債權者ᄂᆞᆫ他債權者의게對ᄒᆞ야其相殺를主張치못ᄒᆞᆷ은以上에說明ᄒᆞᆫ原則卽不可分債務에關ᄒᆞ야債權者一人의게附生ᄒᆞᆫ事項은他債權者의게對ᄒᆞ야其効力이不生ᄒᆞᆷ을依ᄒᆞ야分明ᄒᆞᆯ지로대債務者가債權者一人의게對ᄒᆞ야其自己의債權과不可分債權의相殺를主張ᄒᆞᄂᆞᆫ時ᄂᆞᆫ其効力이生ᄒᆞ고不生ᄒᆞᆷ에關ᄒᆞ야學說이有ᄒᆞ니多數의學者ᄂᆞᆫ効力이可生ᄒᆞᆷ者ㅣ라論ᄒᆞᄂᆞᆫ者ㅣ甚多호대述者ᄂᆞᆫ此에對ᄒᆞ야贊同ᄒᆞ기難ᄒᆞ도다夫債權關係에當事者가單數되ᄂᆞᆫ時ᄂᆞᆫ債務의相殺가履行과同一ᄒᆞᆫ効力이生ᄒᆞ야當事者間의債權及債務를消滅ᄒᆞᆯ지로대此法則을不可分債務에適用ᄒᆞ야相殺를履行과同視ᄒᆞ기難ᄒᆞᆯ지니不可分債務에至ᄒᆞ야ᄂᆞᆫ債權者가各自固有의權利를有ᄒᆞ야債權者一人이債務者의게對ᄒᆞ야負擔ᄒᆞᆫ債務가有ᄒᆞᆯ지라도此를不可分債權과相殺ᄒᆞ고他債權者로ᄒᆞ야곰其固有ᄒᆞᆫ權利를失케ᄒᆞᆷ이不能ᄒᆞᆫ者ㅣ라何故오不可分債權은不可分的의債權으로總債權者의게屬ᄒᆞᆫ債權이오各債權者ᄂᆞᆫ總債權者를爲ᄒᆞ야其履行을請求ᄒᆞᄂᆞᆫ權利가有ᄒᆞᆷ으로總債權者의게屬ᄒᆞᆫ不可分

무를 부담하였을 때일지라도, 그 채권자는 다른 채권자에 대해 그 상계를 주장할 수 없는 것은 이상에서 설명한 원칙, 즉 불가분채무에 관해 채권자 1인에게 발생한 사항은 다른 채권자에 대해 그 효력이 발생하지 않는다고 하는 바에 따라 분명하다. 그러나 채무자가 채권자 1인에 대해 그 자기 채권과 불가분채권의 상계를 주장할 때는, 그 효력이 발생하는가 발생하지 않는가에 관해 학설이 나뉜다. 다수의 학자는 효력이 발생할 수 있다고 논하는 사람이 많다. 필자는 이에 대해 찬동하기 어렵다. 무릇 채권 관계에 당사자가 단수이었을 때는, 채무의 상계가 이행과 동일한 효력이 발생하여 당사자 사이의 채권과 채무를 소멸하게 한다. 그러나 이 법칙을 불가분채무에 적용하여 상계를 이행과 동일시하기 어렵고, 불가분채무에서는 채권자가 각자 고유의 권리를 가지며 채권자 1인이 채무자에 대해 부담한 채무가 있을지라도, 이를 불가분채권과 상계하고 다른 채권자가 그 고유한 권리를 상실하게 할 수 없다. 왜냐하면 불가분채권은 불가분적 채권으로 모든 채권자에게 속한 채권이고, 각 채권자는 모든 채권자를 위해 그 이행을 청구하는 권리를 가지기 때문이다. 또 모든 채권자에게 속한 불가분

債權과債務者가債權者一人의게對ᄒᆞ야有ᄒᆞᆫ債權과ᄂᆞᆫ同一當事者間의債權이아님으로써法律에明文이有ᄒᆞ면如此ᄒᆞᆫ問題ᄅᆞᆯ惹起ᄒᆞᆯ餘點이無ᄒᆞ거니와若不然ᄒᆞ면其間에相殺가行치못ᄒᆞᆷ은事理의當然ᄒᆞᆫ바ㅣ오又不可分債務ᄅᆞᆯ分割ᄒᆞ야履行ᄒᆞ기不能ᄒᆞᆷ은事實上의固然ᄒᆞᆫ所以니亦其一部分에關ᄒᆞ야相殺가可行치못ᄒᆞᆷ은辯論을不待ᄒᆞ고可辨ᄒᆞᆯ者ㅣ라然則債務者가不可分債權者一人의게對ᄒᆞ야債權을有ᄒᆞᆫ時ᄂᆞᆫ其債權은特別히履行ᄒᆞᆷ을要ᄒᆞᆯ지오其總債權全部或一部에就ᄒᆞ야相殺ᄒᆞᆷ을不得ᄒᆞᆯ者로信ᄒᆞ노라何故오不可分債務ᄂᆞᆫ分割ᄒᆞ야履行ᄒᆞᆷ을不得ᄒᆞᆯ所以라然이나相殺의原因을有ᄒᆞᆫ債務者가債權者의게對ᄒᆞ야此ᄅᆞᆯ主張ᄒᆞ야承諾을得ᄒᆞᆫ時ᄂᆞᆫ此兩者間에相殺가行ᄒᆞᆷ은無論이오其相殺가全債務ᄅᆞᆯ爲ᄒᆞ야效力을生ᄒᆞᆷ은亦理의當然ᄒᆞᆫ바ㅣ니라

〔四〕、混同　混同에關ᄒᆞ야도亦各國民法에特別ᄒᆞᆫ規定이無ᄒᆞᆷ으로債權者一人과債務者間及債權者와債務者一人間에混同이有ᄒᆞᆫ時ᄂᆞᆫ其混同이他債權者及債務者의게對ᄒᆞ야效力이生ᄒᆞ고不生ᄒᆞᆷ에疑點이不無ᄒᆞᆯ지

채권과 채무자가 채권자 1인에 대해 가지는 채권은 동일 당사자 사이의 채권이 아니므로, 법률에 명문이 있으면 이와 같은 문제를 일으킬 여지가 없을 것이나, 만약 그렇지 아니하면 그들 사이에서 상계할 수 없는 것은 사리의 당연한 바이고, 또 불가분채무를 분할하여 이행할 수 없다고 하는 것은 사실상 본래부터 그러하기 때문이다. 또한 그 일부분에 관해 상계가 행해질 수 없는 것은 변론을 기다리지 않고도 판별할 수 있다. 그렇다면 채무자가 불가분채권자 1인에 대해 채권을 가졌을 때는, 그 채권은 특별히 이행해야 할 것이고, 그 모든 채권의 전부 또는 일부에 대해 상계할 수 없다고 확신한다. 왜냐하면 불가분채무는 분할하여 이행할 수 없기 때문이다. 그러나 상계의 원인을 가진 채무자가 채권자에 대해 이를 주장하여 승낙을 얻었을 때는, 이 양자 사이에 상계가 행해지는 것은 물론이고, 그 상계가 모든 채무를 위해 효력을 발생하는 것은 또한 사리의 당연한 바이다.

(4) 혼동

혼동에 관해서도 또한 각국 민법에 특별한 규정이 없다. 그러므로 채권자 1인과 채무자 사이 및 채권자와 채무자 1인 사이에 혼동이 있을 때는, 그 혼동이 다른 채권자와 채무자에 대해 효력이 발생하는가 발생하지 않는가에 의 문점이 없지라蓋法律上에는個人一身이債權者의權利를有ᄒᆞ고同時에債務者의義務를負ᄒᆞᆷ은不得ᄒᆞᆷ이原則이라故로債權債務가同一人의게歸ᄒᆞ는時는其債權은當然히消滅ᄒᆞᆯ者ㅣ됨으로各國民法法典上에此를規定ᄒᆞᆫ條文이皆有ᄒᆞ나然이나此原則을亦多數當事者債權關係에引用ᄒᆞᆯ지라도弊點의有無關係는以下에論述코저ᄒᆞ노라

混同은債權者及債務者一人에附生ᄒᆞᆫ事項이라故로他債權者及債務者의게對ᄒᆞ야는効力이不生ᄒᆞᆯ지로다蓋不可分債權에至ᄒᆞ야其各債權者는各自固有의權利를有ᄒᆞ고各債務者도亦各自固有의義務를負擔ᄒᆞ는者ㅣ됨으로其關係에互相獨立ᄒᆞ는事는前述ᄒᆞᆷ과如ᄒᆞ거니와果然債權者一人과債務者間에混同이有ᄒᆞ면此兩者間의債權關係는其混同을依ᄒᆞ야消滅ᄒᆞᆯ지라도他債權者와債務者間의債權關係는依然히存立ᄒᆞ는者ㅣ라不謂ᄒᆞᆷ을不得ᄒᆞᆯ지라假令甲者가乙丙丁三者의게對ᄒᆞ야一家屋을建築ᄒᆞᆯ事로約束ᄒᆞᆫ境遇에甲者가乙者를相續ᄒᆞᆫ時는乙者를相續ᄒᆞᆫ甲者가同時에債權者의權利가有ᄒᆞ고債務者의義務가有ᄒᆞᆫ지라然則法律

않다. 대개 법률상으로는 개인 한 사람이 채권자의 권리를 가지고 동시에 채무자의 의무를 부담할 수 없는 것이 원칙이다. 따라서 채권·채무가 동일인에게 귀속되는 때는, 그 채권은 당연히 소멸하므로, 각국 민법전에 이를 규정한 조문이 모두 있다. 그러나 이 원칙을 또한 다수당사자의 채권 관계에 인용할 경우, 폐단이 있는지 없는지의 관계에 대해서는 이하에서 서술하고자 한다.

혼동은 채권자와 채무자 1인에게 발생한 사항이다. 따라서 다른 채권자와 채무자에 대해서는 효력이 발생하지 않는다. 대개 불가분채권에서 그 각 채권자는 각자 고유의 권리를 가지고, 각 채무자도 또한 각자 고유의 의무를 부담하므로, 그 관계가 상호 독립적인 것은 전술한 바와 같다. 사실 채권자 1인과 채무자 사이에 혼동이 있으면, 이 양자 사이의 채권 관계는 그 혼동에 따라 소멸하더라도, 다른 채권자와 채무자 사이의 채권 관계는 그대로 존속한다고 말하지 않을 수 없다. 가령 甲이 乙·丙·丁에 대해 1동의 가옥을 건축할 것을 약속한 경우에, 甲이 乙을 상속하였을 때는 乙을 상속한 甲은 동시에 채권자의 권리를 가지고 채무자의 의무를 부담한다. 그렇다면 법률

上에債權債務가同一人의게同歸ᄒᆞᆷ은不得ᄒᆞᆷ으로써甲乙間의債權關係ᄂᆞᆫ混同을依ᄒᆞ야消滅ᄒᆞᆯ지라도丙丁과甲間의關係ᄂᆞᆫ此混同을依ᄒᆞ야影響을受ᄒᆞᆯ事가毫無ᄒᆞᆯ지니是以로丙丁은其權利ᄅᆞᆯ保有ᄒᆞ야新히乙者의地位ᄅᆞᆯ繼承ᄒᆞᆫ甲者의게對ᄒᆞ야家屋建築의債務履行을請求ᄒᆞᆷ을得ᄒᆞᆯ지라要컨대債權者와債務者一人間에混同이有ᄒᆞᆫ境遇도亦同一의論理ᄅᆞᆯ適用ᄒᆞ야債權債務者間의混同은其當事者間에在ᄒᆞ야ᄂᆞᆫ効力이生ᄒᆞᆯ지로대他債權者의게對ᄒᆞ야ᄂᆞᆫ効力이不及ᄒᆞᆯ지라詳言ᄒᆞᆯ진대甲乙丙三人이丁의게對ᄒᆞ야馬一匹을傳致ᄒᆞᆯ債務ᄅᆞᆯ負擔ᄒᆞᆫ境遇에丁이甲을相續ᄒᆞᆫ時ᄂᆞᆫ丁甲間의債權關係ᄂᆞᆫ消滅ᄒᆞᆯ지라도其他乙丙과丁間의權利關係ᄂᆞᆫ依然히存立ᄒᆞᆷ으로써新히甲의地位ᄅᆞᆯ繼承ᄒᆞᆫ丁은乙丙의게對ᄒᆞ야亦馬의傳致ᄅᆞᆯ請求ᄒᆞᆯ權利가有ᄒᆞᆫ者ㅣ라然이나丁이乙丙兩者의게債務의履行을受ᄒᆞᆫ時ᄂᆞᆫ丁이其自己의義務部分에屬ᄒᆞᆫ給付ᄅᆞᆯ乙丙의게分與ᄒᆞᆷ을要ᄒᆞᆯ지니라

〔五〕、消滅時効及時効의中斷　債權者及債務者一人의게附生ᄒᆞᆫ消滅時効

상 채권·채무가 동일인에게 함께 귀속될 수 없으므로, 甲·乙 사이의 채권관계는 혼동에 따라 소멸할지라도, 丙·丁과 甲 사이의 관계는 이 혼동에 따라 영향을 받을 일이 전혀 없다. 이에 따라 병·정은 그 권리를 보유하고 새로 乙의 지위를 승계한 甲에 대해 가옥 신축의 채무이행을 청구할 수 있는 것이다. 요컨대 채권자와 채무자 1인 사이에 혼동이 있는 경우에도 또한 동일한 논리를 적용하여, 채권자 · 채무자 사이의 혼동은 그 당사자 사이에서는 효력이 발생하나, 다른 채권자에 대해서는 효력이 미치지 않는다. 자세히 말하면 甲·乙·丙 3인이 丁에 대해 말 1필을 인도할 채무를 부담한 경우에, 丁이 甲을 상속하였을 때는 丁 · 甲 사이의 채권 관계는 소멸할지라도, 그 밖의 乙·丙과 丁 사이의 권리관계는 그대로 존속하므로, 새로 甲의 지위를 승계한 丁은 乙·丙에 대해 또한 말 1필의 인도를 청구할 권리를 가지는 것이다. 그러나 丁이 乙·丙으로부터 채무의 이행을 받았을 때는, 丁이 자기의 의무 부분에 속한 급부를 乙·丙에게 분급해야 한다.

(5) 소멸시효와 시효의 중단

채권자와 채무자 1인에게 발생한 소멸시효

〔五〕는他債權者及債務者의權利義務에對ᄒᆞ야影響을及ᄒᆞ는事가無ᄒᆞ고此와同一히債權者及債務者一人의게附生ᄒᆞᆫ時効의中斷도亦他債權者及債務者의게對ᄒᆞ야其効力이不生ᄒᆞᆯ지니라盖債權者及債務者互相間에는各自獨立의關係가有ᄒᆞᆷ으로債權者一人의權利가時効를依ᄒᆞ야消滅ᄒᆞᆯ지라도他債權者는依然히全部의履行을請求ᄒᆞᆯ權利가有ᄒᆞ고又債務者一人의債務가時効를依ᄒᆞ야消滅ᄒᆞᆯ지라도他債務者는依然히全部의履行을行ᄒᆞᆯ義務가有ᄒᆞᆯ지로다日本民法上으로論ᄒᆞᆯ지라도舊民法에는債權者中의一人이行ᄒᆞᆫ時効의中斷及債務者中의一人이時効를中斷ᄒᆞᆫ事由는他債權者及債務者의게對ᄒᆞ야其効力이生ᄒᆞᆷ이라規定ᄒᆞ얏시나改定ᄒᆞᆫ新民法에는第四百二十九條末項에至ᄒᆞ야債權者一人이行ᄒᆞᆫ行爲及債權者一人의게附生ᄒᆞᆫ事項은他債權者의게對ᄒᆞ야効力이不生ᄒᆞᆷ이라規定ᄒᆞ얏시니此를由ᄒᆞ야觀ᄒᆞᆯ지라도債權者及債務者一人의게附生ᄒᆞᆫ事項이他當事者의게對ᄒᆞ야効力을不生ᄒᆞᆷ이分明ᄒᆞ도다

〔六〕、遲滯過失及履行의不能　此點에關ᄒᆞ야도亦以上과同一ᄒᆞᆫ原則을適

는 다른 채권자와 채무자의 권리의무에 대해 영향을 미치는 일이 없고, 이와 마찬가지로 채권자와 채무자 1인에게 발생한 시효의 중단도 또한 다른 채권자와 채무자에 대해 효력이 발생하지 않는다. 대개 채권자와 채무자 상호간에는 각자 독립의 관계가 있으므로, 채권자 1인의 권리가 시효에 따라 소멸할지라도, 다른 채권자는 여전히 전부 이행을 청구할 권리를 가진다. 또 채무자 1인의 채무가 시효에 따라 소멸할지라도, 다른 채무자는 여전히 전부를 이행할 의무를 부담한다. 일본 민법상으로 논하더라도, 구민법에서는 채권자 중의 1인이 한 시효의 중단과 채무자 중의 1인이 시효를 중단한 사유는 다른 채권자와 채무자에 대해 그 효력이 발생한다고 규정하였으나, 이를 개정한 신민법에서는 제429조 제2항에서 채권자 1인이 한 행위와 채권자 1인에게 발생한 사항은 다른 채권자에 대해 효력이 발생하지 않는다고 규정하고 있다. 이에 따라 살펴보더라도, 채권자와 채무자 1인에게 발생한 사항이 다른 당사자에 대해 효력을 발생하지 않는 것이 분명하다.

(6) 지체의 과실과 이행불능

이 점에 관해서도 또한 이상과 동일한 원칙을 적

用ᄒᆞ야實行치아니ᄒᆞᆷ을不得ᄒᆞᆯ지니卽債務者一人의게付生ᄒᆞᆫ履行의不能은他債務에對ᄒᆞ야影響이無ᄒᆞᆷ으로債務者ᄂᆞᆫ他債務者의게向ᄒᆞ야依然히全部의履行을請求ᄒᆞᆯ지라又債務者一人의過失을依ᄒᆞ야履行이不能되ᄂᆞᆫ時ᄂᆞᆫ損害賠償의責任이其債務者一身에都歸ᄒᆞᆯ뿐이오他債務者에至ᄒᆞ야ᄂᆞᆫ其過失에關ᄒᆞ야何等의責任을不負ᄒᆞᆯ지오其履行의不能을依ᄒᆞ야其債務履行의義務ᄅᆞᆯ反免ᄒᆞᆯ지니라又遲滯의効力에關ᄒᆞ야도亦各其債權者及債務者間에分割ᄒᆞ야定ᄒᆞᆷ을得ᄒᆞᆯ지로다

〔七〕、判決 多數當事者債權關係에債權者中의一人이受ᄒᆞᆫ바의判決은他債權者의利害에關ᄒᆞ야効力이不生ᄒᆞ고又債務者中의一人이受ᄒᆞᆫ바의判決도亦効力이不生ᄒᆞᆯ지로대但他債權者及債務者가其訴訟에叅加ᄒᆞᆫ時ᄂᆞᆫ此限에不在ᄒᆞᆯ지로다故로債權者中의一人이債務者의게對ᄒᆞ야訴訟을提起ᄒᆞᆫ境遇에債權者가其訴訟에關ᄒᆞ야敗訴의判決을受ᄒᆞᆯ지라도他債權者ᄂᆞᆫ同一債務者의게對ᄒᆞ야同一의債務ᄅᆞᆯ請求ᄒᆞᆷ에妨害될事가無ᄒᆞᆯ지오債權者中의一人이勝訴의判決을得ᄒᆞᆯ지라도其判決은他債權

용하여 실행하지 않을 수 없다. 즉 채무자 1인에게 발생한 이행불능은 다른 채무에 대해 영향을 미치지 아니하므로, 채권자는 다른 채무자에 대해 여전히 전부 이행을 청구할 수 있다. 또 채무자 1인의 과실에 따라 이행이 불능으로 될 때는, 손해배상책임이 모두 그 채무자 일신에 귀속될 뿐이고, 다른 채무자에게는 그 과실에 관해 어떠한 책임도 지울 수 없고, 도리어 그 이행불능에 따라 그 채무이행의 의무를 면하게 된다. 또 지체의 효력에 관해서도 또한 각각 채권자와 채무자 사이에 분할하여 정할 수 있다.

(7) 판결

다수당사자 채권 관계에서 채권자 중의 1인이 받은 바의 판결은 다른 채권자의 이해에 관해 효력이 발생하지 않고, 또 채무자 중의 1인이 받은 바의 판결도 또한 효력이 발생하지 않는다. 다만 다른 채권자와 채무자가 그 소송에 참가하였을 때는 그러하지 아니하다. 따라서 채권자 중의 1인이 채무자에 대해 소송을 제기한 경우에, 채권자가 그 소송에 관해 패소의 판결을 받을지라도, 다른 채권자는 동일한 채무자에 대해 동일한 채무를 청구하는 것에 방해받을 일이 없다. 채권자 중의 1인이 승소 판결을 얻었을지라도, 그 판결은 다른 채권

者와利益上으로効力이不生홈으로써債務者는各其固有權利에基因ᄒᆞ야他債權者의請求를拒絶홈이能ᄒᆞ며又債務者의一人이債權者로브터履行의訴訟을受ᄒᆞ야其訴訟에敗訴홀지라도其判決은他債務者에게對ᄒᆞ야効力이不生홀지니라何故오他債務者는債權者의請求에對ᄒᆞ야各其固有의權利를依ᄒᆞ야防禦의方法을提出홈이能홀지오債務者의一人이債務者의게對ᄒᆞ야勝訴의判決을受홀지라도債權者가他債務者의게對ᄒᆞ야同一의請求를提出홈에拘碍될事가無ᄒᆞᆫ所以니라

〔八〕、無効及繳消의原因　債權者及債務者中一人에關ᄒᆞ야法律行爲의無効及繳消의原因이有홀지라도他債權者及債務者의權利義務에影響이不及ᄒᆞᄂᆞ니是卽不可分債務에其給付가不可分되는所以로各債權者는獨立ᄒᆞ야全給付를請求ᄒᆞ고各債務者는獨立ᄒᆞ야全給付를履行홀義務가有ᄒᆞᆫ所以라假令甲者가乙丙兩者와馬一匹을買入홀事로約束ᄒᆞᆫ境遇에設使乙者의意思表示에는無効及繳消의原因이有홀지라도丙者의意思表示만完全ᄒᆞ면甲丙間의賣買契約은乙者의意思表示가不完全홈을

자의 이익으로 효력이 발생하지 아니하므로, 채무자는 각각 고유의 권리에 따라 다른 채권자의 청구를 거절할 수 있다. 또 채무자의 1인이 채권자로부터 이행의 소송을 받고 그 소송에서 패소하였을지라도, 그 판결은 다른 채무자에 대해 효력이 발생하지 않는다. 왜냐하면 다른 채무자는 채권자의 청구에 대해 각각 고유의 권리에 따라 방어 방법을 제출할 수 있고, 채무자 1인이 채권자에 대해 승소 판결을 받았을지라도, 채권자가 다른 채무자에 대해 동일한 청구를 제출하는 것에 구애받을 일이 없기 때문이다.

(8) 무효와 취소의 원인

채권자와 채무자 중 1인에 관해 법률행위의 무효와 취소의 원인이 있을지라도, 다른 채권자와 채무자의 권리의무에 영향을 미치지 않는다. 이는 곧 불가분채무에서 그 급부가 불가분인 까닭으로 각 채권자는 독립하여 모든 급부를 청구하고, 각 채무자는 독립하여 모든 급부를 이행할 의무를 지기 때문이다. 가령 甲이 乙·丙 두 사람과 말 1필을 매입할 것을 약속한 경우에, 설사 乙의 의사표시에는 무효와 취소의 원인이 있을지라도, 丙의 의사표시만 완전하다면 甲·丙 사이의 매매계약은 乙의 의사표시가 불완전하다는 것에

因ᄒᆞ야丙者의意思表示도同時에効力을失홀理가無ᄒᆞ야丙者ᄂᆞᆫ甲者의게對ᄒᆞ야債務履行의義務를負擔홀지오又甲者가乙丙兩者의게對ᄒᆞ야馬一匹을賣却홀事로約束ᄒᆞᆫ境遇에債權者의一人되ᄂᆞᆫ丙者의意思表示가不完全홀지라도是로因ᄒᆞ야乙者의權利에影響이及홀事가無홀지라故로以上第一例의丙者ᄂᆞᆫ全債務를負擔ᄒᆞ고第二例의乙者ᄂᆞᆫ全債權을有홀지로대但當事者間에特別ᄒᆞᆫ意思表示가有ᄒᆞᆫ時ᄂᆞᆫ此限에不在홀지로다

第三、給付를受ᄒᆞᆫ債權者ᄂᆞᆫ其給付로브터生ᄒᆞᄂᆞᆫ利益을他債權者의게對ᄒᆞ야給與홈을要ᄒᆞ고又履行을行ᄒᆞᆫ債務者ᄂᆞᆫ他債務者의게對ᄒᆞ야其各自의負擔部分을求償ᄒᆞᄂᆞᆫ權이有ᄒᆞ니라

此ᄂᆞᆫ不可分債務의性質上으로從ᄒᆞ야出來ᄒᆞᄂᆞᆫ結果ㅣ니各債權者가債務의履行給付를受ᄒᆞ면其債權者ᄂᆞᆫ總債權者를爲ᄒᆞ야給付를受ᄒᆞᆫ者ㅣ오自己一個人을爲ᄒᆞ야給付를受ᄒᆞᆫ바ㅣ아니라何故오債務者도亦其給付를履行홈에關ᄒᆞ야ᄂᆞᆫ他債務者卽總債務者를爲ᄒᆞ야行ᄒᆞᆫ所以니라故로不可分債務에關

따라 丙의 의사표시도 동시에 효력을 상실할 이유가 없고, 丙은 甲에 대해 채무이행의 의무를 부담한다. 또 甲이 乙·丙 두 사람에 대해 말 1필을 매각할 것을 약속한 경우에, 채권자의 1인인 丙의 의사표시가 불완전할지라도, 이에 따라 乙의 권리에 영향이 미치는 일은 없다. 따라서 이상의 첫 번째 예에서의 丙은 모든 채무를 부담하고, 두 번째 예에서의 乙은 모든 채권을 갖게 된다. 다만 당사자 사이에 특별한 의사표시가 있는 때는 그러하지 아니하다.

III. 급부를 받은 채권자는 그 급부로부터 발생하는 이익을 다른 채권자에 대해 급여해야 하고, 또 이행한 채무자는 다른 채무자에 대해 그 각자의 부담 부분을 구상하는 권리를 가진다.

이는 불가분채무의 성질에서 비롯하는 결과이다. 각 채권자가 채무의 이행급부를 받으면 그 채권자는 모든 채권자를 위해 급부를 받은 것이고, 자기 한 개인을 위해 급부를 받은 것은 아니다. 왜냐하면 채무자도 또한 그 급부를 이행하는 것에 관해서는 다른 채무자 즉 모든 채무자를 위해 한 것이기 때문이다. 따라서 불가분채무에 관

ᄒᆞ야債權者中의或債權者가權利를失ᄒᆞ고又債務者中의或債務者가義務를得免ᄒᆞᆫ境遇에全給付中으로其債權者權利에可歸ᄒᆞᆯ部分及其債務者義務에負擔ᄒᆞ얏던部分은不當利得의原則을依ᄒᆞ야利益을受ᄒᆞᆫ債權者로브터債務者의게還給ᄒᆞᆷ을要ᄒᆞᄂᆞ니라何故오此部分은卽其給付에關ᄒᆞ야利益을受ᄒᆞᆫ債權者가給付를履行ᄒᆞᆫ債務者의損害를利得ᄒᆞᆫ所以니라要컨대債權者互相間關係及債務者互相間關係에關ᄒᆞ야ᄂᆞᆫ一面으로不當利得의原則을適用ᄒᆞᆷ을得ᄒᆞᆯ지오他一面으로ᄂᆞᆫ以上의原則을適用ᄒᆞᆷ을得ᄒᆞᆯ지로다

第四、不可分債務의性質이可分債務로變ᄒᆞᆫ時ᄂᆞᆫ各債權者가自己權利에屬ᄒᆞᆫ部分에만關ᄒᆞ야履行을請求ᄒᆞᆯ지오又各債務者도亦其自己負擔에屬ᄒᆞᆫ部分에만關ᄒᆞ야履行ᄒᆞᆯ義務가有ᄒᆞ니라

不可分債務의各債權者及債務者가各自固有의權利義務를有ᄒᆞ고負擔ᄒᆞ야總債權者及總債務者를爲ᄒᆞ야履行을請求ᄒᆞ고履行을行ᄒᆞᆷ은畢竟其債務가不可分의性質이有ᄒᆞᆷ을因ᄒᆞ야然ᄒᆞᆷ이라然이나不可分債務가變ᄒᆞ야可分債務를成ᄒᆞᆫ時ᄂᆞᆫ債權者及債務者가各自固有의權利義務를依ᄒᆞ야債務의履行

해 채권자 중의 어떤 채권자가 권리를 상실하고 또 채무자 중의 어떤 채무자가 의무를 면하는 경우에, 전체 급부 중에서 그 채권자의 권리에 귀속될 수 있는 부분과 채무자가 의무로 부담하였던 부분은 부당이득의 원칙에 따라 이익을 받은 채권자가 채무자에게 환급해야 한다. 왜냐하면 이 부분은 곧 그 급부에 관해 이익을 받은 채권자가 급부를 이행한 채무자의 손해로부터 이득을 얻은 것이기 때문이다. 요컨대 채권자 상호 간의 관계와 채무자 상호 간의 관계에 관해서는 한편으로는 부당이득의 원칙을 적용할 수 있고, 다른 한편으로는 이상의 원칙을 적용할 수 있다.

IV. 불가분채무의 성질이 가분채무로 변경될 때는, 각 채권자가 자기 권리에 관한 부분에 관해서만 이행을 청구하고, 또 채무자도 또한 자기의 부담에 속한 부분에 관해서만 이행할 의무를 부담한다.

불가분채무의 각 채권자와 채무자가 각자 고유의 권리의무를 가지고 부담하여, 모든 채권자와 채무자를 위해 이행을 청구하고 이행을 하는 것은, 끝내 그 채무가 불가분의 성질을 지니기 때문에 그러한 것이다. 그러나 불가분채무가 변하여 가분채무가 되었을 때는, 채권자와 채무자가 각자 고유의 권리의무에 따라 채무의 이행을請求ᄒᆞ고又其債務를履行ᄒᆞ기能ᄒᆞᆷ으로써債權債務ᄂᆞᆫ各當事者의게分割ᄒᆞᆷ이當然ᄒᆞ도다故로各當事者ᄂᆞᆫ各其自己權利에屬ᄒᆞᆫ部分에만關ᄒᆞ야履行을請求ᄒᆞᆯ權이有ᄒᆞ고各債務者도亦自己義務에屬ᄒᆞᆫ部分에만關ᄒᆞ야履行ᄒᆞᆯ義務를負擔ᄒᆞᆯ지니라盖民法의一般原則上으로論ᄒᆞᆯ진대債權債務ᄂᆞᆫ各債權者及債務者間에平等으로分割ᄒᆞᄂᆞᆫ者ㅣ됨으로써反證이無ᄒᆞᆫ以上은各債權者及債務者의權利義務ᄂᆞᆫ其頭數를從ᄒᆞ야此를分割ᄒᆞᆯ지로대權利義務를負擔ᄒᆞᆷ에關ᄒᆞ야特定이有ᄒᆞᆫ時ᄂᆞᆫ其特定을從ᄒᆞ야分割ᄒᆞᆯ지니라

不可分債務ᄂᆞᆫ數種의原因을依ᄒᆞ야可分債務로變ᄒᆞᄂᆞ니假令今에其一二의例를擧ᄒᆞᆯ진대債權의目的되ᄂᆞᆫ不可分物이總債權者의責任에可歸ᄒᆞᆯ事由를依ᄒᆞ야消滅ᄒᆞ야金錢을目的ᄒᆞᄂᆞᆫ損害賠償債務로變ᄒᆞ거나又或其債務가當事者의意思를依ᄒᆞ야不可分의性質이有ᄒᆞᆫ境遇에當事者의意思合致로써可分債務로定ᄒᆞᆫ時ᄂᆞᆫ其債務가可分債務로變ᄒᆞᆯ지니라盖此等境遇에至ᄒᆞ야ᄂᆞᆫ債權者가各其權利에屬ᄒᆞᆫ部分의給付를請求ᄒᆞ고各債務者도亦其自己部分에屬ᄒᆞᆫ給付를履行ᄒᆞᆯ責任이有ᄒᆞᆯ뿐이니라

을 청구하고 또 그 채무를 이행할 수 있다. 따라서 채권·채무는 각 당사자에게 분할되는 것이 온당하다. 따라서 각 당사자는 각자 자기 권리에 속한 부분에 관해서만 이행을 청구할 권리를 가지며, 각 채무자도 또한 자기의 의무에 속한 부분에 관해서만 이행할 의무를 부담한다. 대개 민법의 일반원칙으로 논한다면, 채권 · 채무는 각 채권자와 채무자 사이에 평등하게 분할되는 것으로, 반증이 없는 이상은 각 채권자와 채무자의 권리의무는 그 머릿수에 따라 이를 분할하게 된다. 그러나 권리의무를 부담하는 것에 관해 특별히 정한 것이 있는 때는, 그 특정한 바에 따라 분할하게 된다.

불가분채무는 여러 종류의 원인에 따라 가분채무로 바뀐다. 가령 이제 그 한두 가지 예를 들어 보면 다음과 같다. 채권의 목적인 불가분물이 모든 채무자의 책임으로 돌릴 수 있는 사유에 따라 소멸하여 금전을 목적으로 하는 손해배상채무로 바뀌거나, 또는 그 채무가 당사자의 의사에 따라 불가분의 성질이 있는 경우에 당사자의 의사합치에 따라 가분채무로 정하였을 때는 그 채무가 가분채무로 변경된다. 대개 이들 경우에는 채권자가 각각 그 권리에 속한 부분의 급부를 청구하고, 각 채무자도 또한 자기 부분에 속한 급부를 이행할 책임을 질 뿐이다.

第四節 連帶債務

第一、連帶債務의性質

連帶에二種이有ᄒᆞ니一曰働的連帶오二曰受的連帶니働的連帶ᄂᆞᆫ債權者間에存在ᄒᆞᆫ連帶ᄅᆞᆯ指홈이오受的連帶ᄂᆞᆫ債務者間에存在ᄒᆞᆫ連帶ᄅᆞᆯ指홈이라然而債務者間連帶에關ᄒᆞ야ᄂᆞᆫ其關係ᄅᆞᆯ說明ᄒᆞ고債權者間連帶에至ᄒᆞ야ᄂᆞᆫ特히說明치아니홈은無他라盖民法上에論理的으로債務者間의連帶가有ᄒᆞ면依例히債權者間의連帶가有ᄒᆞᆯ지로대元來歐洲列邦立法例에債權間者의連帶ᄅᆞᆯ合併ᄒᆞ야規定ᄒᆞᄂᆞᆫ法典이不無ᄒᆞ나此ᄅᆞᆯ規定ᄒᆞᆫ法典을適用ᄒᆞᄂᆞᆫ諸國에도其必要의漸尠홈을認ᄒᆞ야新히制定ᄒᆞᄂᆞᆫ法典에ᄂᆞᆫ此ᄅᆞᆯ規定치아니ᄒᆞᄂᆞᆫ傾向이有ᄒᆞᆯ뿐아니라東洋諸國慣習上에ᄂᆞᆫ債權者間連帶의關係가甚尠홈으로써述者ᄂᆞᆫ債權者間의連帶ᄂᆞᆫ認否ᄒᆞ고債務者間의連帶만認是ᄒᆞ야說明코져ᄒᆞ노라然이나當事者間의意思合致로써債權者間의連帶ᄅᆞᆯ約定ᄒᆞᆫ時ᄂᆞᆫ其約定을從홈이一般民法上의原則이니라

凡數人이共同ᄒᆞ야債權을有ᄒᆞᆫ境遇에各債權者가共同ᄒᆞ거나又或各別히債

제4절 연대채무

I. 연대채무의 성질

연대에는 두 종류가 있다. 하나는 능동적 연대이고, 다른 하나는 수동적 연대이다. 능동적 연대는 채권자 사이에 존재하는 연대를 가리키고, 수동적 연대는 채무자 사이에 존재하는 연대를 말한다. 그렇지만 채무자 사이의 연대에 관해서는 그 관계를 설명하고, 채권자 사이의 연대에 관해서는 따로 설명하지 않는 것은 다른 이유가 있어서가 아니다. 대개 민법상 논리적으로 채무자 사이의 연대가 있으면, 으레 채권자 사이의 연대가 있기 마련이다. 그러나 원래 서구 여러 나라의 입법례에 채권자 사이의 연대를 병합하여 규정하는 법전이 없지 않으나, 이를 규정한 법전을 적용하는 여러 나라에서도 그 필요성이 점점 줄어드는 것을 인정하고, 새로 제정하는 법전에서는 이를 규정하지 않는 경향이 있다. 그뿐만 아니라 동양의 여러 나라 관습에서는 채권자 사이의 연대관계가 매우 드물므로, 필자는 채권자 사이의 연대는 이를 부인하고, 채무자 사이의 연대만을 시인하여 설명하고자 한다. 그러나 당사자 사이의 의사 합치에 따라 채권자 사이의 연대를 약정하였을 때는, 그 약정을 따르는 것은 일반 민법상의 원칙이다.

무릇 수인이 공동으로 채권을 가진 경우에 각 채권자가 공동으로 하거나 아니면 각자 따로, 채

權의目的되는全部의給付를債務者의게受홀權利가有ᄒᆞ야債務者가其全給付를履行ᄒᆞ는時는総債權者의債權이消滅ᄒᆞ는者를債權者間의連帶라稱ᄒᆞ야其債權者를連帶債權者라謂ᄒᆞ고其債權을連帶債權이라謂ᄒᆞ며又數人이共同ᄒᆞ야債務를負擔ᄒᆞᆫ境遇에各債務者가共同ᄒᆞ거나又或各別히債權의目的되는全給付를債權者의게履行홀義務를負擔ᄒᆞ야債權者가其全給付의履行을受ᄒᆞᆫ時는總債務者의債務가消滅ᄒᆞ는者를債務者間의連帶라稱ᄒᆞ야其債務者를連帶債務者라謂ᄒᆞ고其債務를連帶債務라謂ᄒᆞᄂᆞ니故로述者의信ᄒᆞ는바를依홀진대連帶債務는左의性質이有ᄒᆞ도다

甲、連帶債務는多數의共同債務者를有ᄒᆞᆫ債務니라

連帶債務를成立홈에는共同ᄒᆞ야債務를負擔ᄒᆞ는二人以上의債務者가有홈을要ᄒᆞᄂᆞ니若債務者가單數되는時는連帶의問題가自初로不生홀事는說明을不待ᄒᆞ고可知홀지로다

乙、連帶債務는共同債務者로ᄒᆞ야곰同一의目的이有ᄒᆞᆫ債務를負擔ᄒᆞ는債務니라

권의 목적으로 되는 급부 전부를 채무자에게 받을 권리를 가지고, 채무자가 그 급부 전부를 이행할 때는, 모든 채권자의 채권이 소멸하는 것을 채권자 사이의 연대라 하고, 그 채권자를 연대채권자라 하며, 그 채권을 연대채권이라 한다. 또한 수인이 공동으로 채무를 부담한 경우에 각 채무자가 공동으로 하거나 아니면 각자 따로 채권의 목적으로 되는 급부 전부를 채권자에게 이행할 의무를 부담하고, 채권자가 그 급부 전부 이행을 받았을 때는, 모든 채무자의 채무가 소멸하는 것을 채무자 사이의 연대라 하고, 그 채무자를 연대채무자라 하며, 그 채무를 연대채무라 한다. 따라서 필자가 믿는 바에 따르면 연대채무는 다음의 성질을 지닌다.

1. 연대채무는 다수의 공동채무자가 있는 채무이다.

연대채무가 성립할 경우에는 공동으로 채무를 부담하는 2인 이상의 채무자가 있어야 한다. 만약 채무자가 단수일 때는 연대의 문제가 처음부터 발생하지 않는 것은 설명을 하지 않아도 알 수 있다.

2. 연대채무는 공동채무자가 동일한 목적을 가진 채무를 부담하는 채무이다.

連帶債務에在ᄒᆞ야ᄂᆞᆫ債務ᄅᆞᆯ負擔ᄒᆞᄂᆞᆫ者가數名이有ᄒᆞᆯ지라도各自負擔ᄒᆞᄂᆞᆫ債務ᄂᆞᆫ同一의目的을有ᄒᆞᆫ者ㅣ니假令甲乙丙三人이連帶ᄒᆞ야金三百圓을丁者의게借用ᄒᆞᆫ境遇라假定ᄒᆞᆯ진대甲乙丙이丁의게對ᄒᆞ야負擔ᄒᆞᆫ債務ᄂᆞᆫ其借用ᄒᆞᆫ金額三百圓이是라故로甲乙丙의履行ᄒᆞᆯ給付ᄂᆞᆫ全히同一의額數오其間에毫末이라도差異가無ᄒᆞ니是ᄅᆞᆯ由ᄒᆞ야觀ᄒᆞᆯ진대其債務ᄂᆞᆫ同一의目的을有ᄒᆞᆫ者ㅣ니라

或此連帶債務ᄅᆞᆯ單一債務라主張ᄒᆞᄂᆞᆫ者ㅣ有ᄒᆞ야曰連帶債務ᄂᆞᆫ多數의債務者로ᄒᆞ야곰單一의債務ᄅᆞᆯ負擔케ᄒᆞᄂᆞᆫ者ㅣ니債務ᄅᆞᆯ負擔ᄒᆞᄂᆞᆫ者ᄂᆞᆫ多數로대債權의關係ᄂᆞᆫ單一이라說明ᄒᆞ나此에所謂單一說은債務의關係ᄅᆞᆯ實質的으로觀察ᄒᆞ야債權의關係ᄅᆞᆯ成立ᄒᆞᆷ에ᄂᆞᆫ債務의目的과當事者만有ᄒᆞ면成立ᄒᆞᄂᆞᆫ者로論ᄒᆞᆫ바ㅣ오債務關係의當事者가甲乙됨과單複數됨은債權의關係ᄅᆞᆯ成立ᄒᆞᆷ에何等의影響이無ᄒᆞᆫ者로推測ᄒᆞᆫ者ㅣ로다然이나此說은謬誤됨을難免ᄒᆞᆯ지로다

丙、連帶債務ᄂᆞᆫ共同債務者로ᄒᆞ야곰共同或各別히債務의目的되ᄂᆞᆫ全給付

연대채무에서는 채무를 부담하는 자가 수인이 있을지라도, 각자 부담하는 채무는 동일한 목적을 지닌다. 가령 甲·乙·丙 3인이 연대하여 일금 300원을 丁에게 차용한 경우로 가정한다면, 甲·乙·丙이 丁에 대해 부담한 채무는 그 차용한 금액 300원이다. 따라서 甲·乙·丙이 이행할 급부는 모두 동일한 액수이고, 그들 사이에 조금도 차이가 없다. 이에 따라 살펴보면 그 채무는 동일한 목적을 지니는 것이다.

때로 이 연대채무를 단일채무라고 주장하는 사람도 있다. 연대채무는 다수의 채무자가 단일 채무를 부담하므로, 채무를 부담하는 자는 다수이지만 채권 관계는 단일하다고 설명한다. 그러나 여기에서 이른바 단일설은 채무 관계를 실질적으로 관찰하여 채권 관계가 성립할 때는, 채무의 목적과 당사자만 있으면 성립한다고 논한다. 채권 관계의 당사자가 甲·乙이 되는 것과 단·복수되는 것은, 채권 관계가 성립하는 것에 어떠한 영향도 미치지 않는다고 추측하는 것이다. 그러나 이 학설은 오류인 것을 면할 수 없다.

3. 연대채무는 공동채무자가 공동 또는 각자 따로 채무의 목적인 급부 전부

ᄅᆞᆯ履行ᄒᆞᄂᆞᆫ義務ᄅᆞᆯ負擔ᄒᆞᄂᆞᆫ債務니라

連帶債務에在ᄒᆞ야共同債務者ᄂᆞᆫ共同ᄒᆞ야債務履行의責任을負擔ᄒᆞ고同時에各債務者가獨立ᄒᆞ야履行의責任이有ᄒᆞᆫ故로債務의目的되ᄂᆞᆫ全給付ᄅᆞᆯ履行ᄒᆞᆷ은共同債務者가一致의行爲로써行ᄒᆞᆯ義務ᄅᆞᆯ成ᄒᆞᄂᆞᆫ同時에各債務者가單獨의行爲로써他債務者의如何ᄅᆞᆯ不關ᄒᆞ고不可不行ᄒᆞᆷ을要ᄒᆞᄂᆞᆫ義務니라換言ᄒᆞᆯ진대連帶債務의義務主體ᄂᆞᆫ各自債務의目的되ᄂᆞᆫ全給付ᄅᆞᆯ履行ᄒᆞᄂᆞᆫ義務ᄅᆞᆯ負擔ᄒᆞᆫ債務者로써組織ᄒᆞᆫ一共同團體라謂ᄒᆞᆷ을得ᄒᆞᆯ지로다

連帶債權에關ᄒᆞ야ᄂᆞᆫ大概各國民法中에規定이無ᄒᆞᆫ대當事者가其意思의自由ᄅᆞᆯ依ᄒᆞ야互相約定ᄒᆞᆷ은元來民法上에禁止ᄒᆞᄂᆞᆫ바ㅣ아니라然이나其効力에至ᄒᆞ야ᄂᆞᆫ單히其當事者의意思如何ᄅᆞᆯ從ᄒᆞ야定ᄒᆞᆷ으로써此에關ᄒᆞ야ᄂᆞᆫ特히說明ᄒᆞᆯ必要가無ᄒᆞᆯ지로대是와相反ᄒᆞ야連帶債務에關ᄒᆞ야ᄂᆞᆫ各國民法中에多數ᄒᆞᆫ規定이有ᄒᆞᆯᄲᅮᆫ아니라我韓에도種種히其慣習의實行이有ᄒᆞᆷ으로써此等法理ᄂᆞᆫ特히硏究ᄒᆞᆷ을要ᄒᆞᆯ지로다

를 이행할 의무를 부담하는 채무이다.

연대채무에서 공동채무자는 공동으로 채무이행의 책임을 부담하고, 동시에 각 채무자가 독립하여 이행의 책임을 진다. 따라서 채무의 목적으로 되는 급부 전부를 이행하는 것은, 공동채무자가 일치된 행위로 행할 의무를 이루는 동시에, 각 채무자가 단독행위로 다른 채무자가 어떠한가를 불문하고 마땅히 해야 하는 의무이다. 바꾸어 말하면 연대채무의 의무주체는 각자 채무의 목적으로 되는 급부 전부를 이행할 의무를 부담하는 채무자로 조직된 공동단체라고 말할 수 있다.

연대채권에 관해서는 대체로 각국 민법 중에 해당 규정이 없다. 그러나 당사자가 그 의사의 자유에 따라 상호 약정하는 것은, 본래 민법상 금지되는 바가 아니다. 그러나 그 효력에 관해서는 다만 그 당사자의 의사 여하에 따라 정해지므로, 이에 관해서는 따로 설명할 필요가 없다. 그러나 이에 반해 연대채무에 관해서는 각국 민법 중에 다수의 규정이 있을 뿐만 아니라, 우리 대한(大韓)에도 종종 그 관습의 실행이 있으므로, 이들 법리는 특별히 연구해야 한다.

債務者間의連帶는債務者無資力에對ᄒᆞ야債權者의權利를確保ᄒᆞ고且債務의履行을容易케ᄒᆞᆷ으로써目的ᄒᆞ는者ㅣ라盖數人의債務者가共同ᄒᆞ야債務를負擔ᄒᆞ는境遇에債權者가各債務者의게對ᄒᆞ야債權의目的되는全給付中에其債務者가負擔ᄒᆞᆫ部分外에는返還을請求치못ᄒᆞᆯ者ㅣ라ᄒᆞ면債務者中에無資力者가有ᄒᆞ야其負擔部分을返還ᄒᆞ기不能ᄒᆞᆫ時는其部分은畢竟債權者의損失에歸ᄒᆞᆯ지오又總債務者가資力이有ᄒᆞᆫ境遇라도債務者中에旅行不在及其他의理由를因ᄒᆞ야急速히債務의履行을行ᄒᆞ기不能ᄒᆞᆫ者ㅣ有ᄒᆞᆫ時는債權者가全給付를受ᄒᆞ기不能ᄒᆞᆯ不便의感이有ᄒᆞᆯ지라然이나債務者間連帶에關ᄒᆞ야債權者로ᄒᆞ야곰債務者의全員或各人의게對ᄒᆞ야全給付를請求ᄒᆞᆯ權利가有케ᄒᆞ면債權者는他債務者의資力如何를不關ᄒᆞ고確實히債務의返還을受ᄒᆞᆯ지오且債權者는全部의返還을受ᄒᆞ기ᄭᆞ지順次로各債務者의게對ᄒᆞ야債權의目的되는給付의全部或一部를請求ᄒᆞᆯ權利가有ᄒᆞᆷ으로써其債權의返還을受ᄒᆞᆷ이甚히確實ᄒᆞ고便利ᄒᆞᆯ지니是卽債權者의게一大利益되는點이오債務者間의連帶債務返還을容易케ᄒᆞ는者ㅣ니라

채무자 사이의 연대는 채무자의 무자력에 대해 채권자의 권리를 확보하고, 또 채무의 이행을 쉽게 할 것을 목적으로 한다. 대개 수인의 채무자가 공동으로 채무를 부담할 경우에, 채권자가 각 채무자에 대해 채권의 목적으로 되는 급부 전부 중에 그 채무자가 부담한 부분 외에는 상환을 청구할 수 없다고 하면, 채무자 중에 무자력자가 있어서 그 부담 부분을 상환할 수 없는 때는, 그 부분은 끝내 채권자의 손실로 돌아갈 것이다. 또 모든 채무자가 자력이 있는 경우라도, 채무자 중에 여행으로 인한 부재와 그 밖의 이유로 인해 급속히 채무를 이행할 수 없는 자가 있을 때는, 채권자가 급부 전부를 받을 수 없는 불편을 느끼게 된다. 그러나 채무자 사이의 연대에 관해 채권자가 채무자 전원 또는 각자에 대해 급부 전부를 청구할 권리가 있다고 하면, 채권자는 다른 채무자의 자력 여하와 관계없이 확실하게 채무의 상환을 받게 된다. 또 채권자는 모든 상환을 받기까지 차례대로 각 채무자에 대해 채권의 목적으로 되는 급부의 전부 또는 일부를 청구할 권리를 가지므로, 그 채권을 상환받는 것이 매우 확실하고 편리하다. 이는 곧 채권자에게 아주 큰 이익이 되는 점이고, 채무자 사이의 연대채무 상환을 쉽게 하는 것이다.

從來의學說이債務者間의連帶ᄅᆞᆯ區分ᄒᆞ야完全連帶及不完全連帶二種으로稱來ᄒᆞᄂᆞ니或者ᄂᆞᆫ多數의債務者ᄅᆞᆯ有ᄒᆞᆫ單一債務ᄅᆞᆯ完全連帶라稱ᄒᆞ고是와相反ᄒᆞ야各債務者가全給付ᄅᆞᆯ履行ᄒᆞᆯ義務가有ᄒᆞᆫ境遇에各其債務ᄅᆞᆯ負擔ᄒᆞᄂᆞᆫ時ᄂᆞᆫ其債務ᄅᆞᆯ不完全連帶라稱ᄒᆞ며又或者ᄂᆞᆫ共同債務者間에代理權有無ᄅᆞᆯ標準ᄒᆞ야共同債務者間에此代理關係가生ᄒᆞᄂᆞᆫ者ᄅᆞᆯ完全連帶라稱ᄒᆞ고是와相反ᄒᆞ야此代理關係ᄅᆞᆯ不生ᄒᆞᄂᆞᆫ者ᄅᆞᆯ不完全連帶라稱ᄒᆞᄃᆡ近來에新進ᄒᆞᆫ諸國民法에ᄂᆞᆫ如此ᄒᆞᆫ區別을不設ᄒᆞ고唯一의連帶債務ᄅᆞᆯ認ᄒᆞ야其固有ᄒᆞᆫ性質上의規定을設ᄒᆞᆯ뿐이오不完全連帶債務라稱ᄒᆞᄂᆞᆫ特別規定及說明이無ᄒᆞ니是ᄂᆞᆫ無他라此ᄅᆞᆯ規定ᄒᆞᆯ必要가無ᄒᆞᆫ所以니라

數人以上이可分債務ᄅᆞᆯ負擔ᄒᆞᆫ境遇에其債務ᄂᆞᆫ當然히各債務者間에分割ᄒᆞᆯ者ㅣ됨은多數當事者債權에關ᄒᆞᆫ原則이라然而連帶債務에至ᄒᆞ야各債務者가全部의債務ᄅᆞᆯ履行ᄒᆞᆯ責任이有ᄒᆞᆷ은以上原則에對ᄒᆞᆫ例外라故로債務者間에連帶關係ᄅᆞᆯ生ᄒᆞᆷ에ᄂᆞᆫ特別原因이有ᄒᆞᆷ을要ᄒᆞᄂᆞ니卽〔一〕、當事者間의意思表示가有ᄒᆞᆷ을要ᄒᆞᆷ이오〔二〕、法律의直接規定이有ᄒᆞᆷ을要ᄒᆞᆷ이라是以로數人

종래의 학설이 채무자 사이의 연대를 구분하여 완전연대와 불완전연대 두 종류를 일컬어 왔다. 어떤 사람은 다수의 채무자가 있는 단일채무를 완전연대라고 하고, 이에 반해 각 채무자가 급부 전부를 이행할 의무가 있는 경우에, 각각 채무를 부담할 때는 그 채무를 불완전연대라고 일컫는다. 또 어떤 사람은 공동채무자 사이의 대리권 유무를 표준으로 하여 공동채무자 사이에 이 대리관계가 발생하는 경우를 완전연대라고 하고, 이에 반해 이 대리관계를 발생하지 않는 경우를 불완전연대라고 일컫는다. 그러나 새로운 각국 민법에서는 이와 같은 구별을 두지 않고 오직 하나의 연대채무를 인정하고, 그 고유한 성질에 따른 규정을 두고 있을 뿐이다. 불완전연대채무라고 하는 특별규정과 설명이 없다. 이는 다름 아니라 이를 규정할 필요가 없기 때문이다.

수인 이상이 가분채무를 부담한 경우에, 그 채무는 당연히 각 채무자 사이에 분할되는 것이 다수당사자 채권에 관한 원칙이다. 그러나 연대채무에서 각 채무자가 채무 전부를 이행할 책임을 진다는 것은 이상의 원칙에 대한 예외이다. 따라서 채무자 사이에 연대관계가 발생할 경우에는 특별한 원인이 있어야 한다. 즉 ① 당사자 사이의 의사표시가 있어야 하고, ② 법률의 직접 규정이 있어야 한다. 이에 따라 수인

以上이債務를共同負擔ᄒᆞ야其互相間에連帶의存在를認홈에ᄂᆞᆫ當事者間에連帶의特約이有ᄒᆞ거나又或法律의直接規定이有홈을要ᄒᆞᆯ지라然이나當事者의意思를依ᄒᆞ야連帶의債務를負擔ᄒᆞᄂᆞᆫ境遇에ᄂᆞᆫ總債務者가自初로共同ᄒᆞ야連帶債務를負擔ᄒᆞ거나或一債務에他債務者가連帶의債務者로加入ᄒᆞᄂᆞᆫ時ᄂᆞᆫ其事實을依ᄒᆞ야債務者間에連帶의關係를生ᄒᆞᆯ지니라

第二、連帶債務의効力

連帶債務의効力을論홈에當ᄒᆞ야債權者債務者間의關係及債務者互相間의關係를區別ᄒᆞ야說明코져ᄒᆞ노라

甲、債權者及債務者間의關係

(一)、各債務者ᄂᆞᆫ共同或各別히債權者의게對ᄒᆞ야債務의目的되ᄂᆞᆫ全給付를履行ᄒᆞᄂᆞᆫ義務를負擔ᄒᆞᄂᆞ니是卽連帶債務의本質上으로從ᄒᆞ야出來ᄒᆞᄂᆞᆫ結果니라其結果의効力을論ᄒᆞᆯ진대

(가)、債權者ᄂᆞᆫ同時或順次로各債務者의게對ᄒᆞ야債務의全部或一部履行을請求ᄒᆞᄂᆞᆫ權이有홈이라

이상이 채무를 공동으로 부담하고 그 상호 간에 연대의 존재가 인정될 때는, 당사자 사이의 연대 특약이 있거나, 법률의 직접 규정이 있어야 한다. 그러나 당사자의 의사에 따라 연대채무를 부담하는 경우에는, 모든 채무자가 처음부터 공동으로 연대채무를 부담하거나, 또는 단일채무에 다른 채무자가 연대채무자로 가입할 때는 그 사실에 따라 채무자 사이에 연대관계가 발생한다.

II. 연대채무의 효력

연대채무의 효력을 논하면서 채권자·채무자 사이의 관계와 채무자 상호 간의 관계를 구별하여 설명하고자 한다.

1. 채권자와 채무자 사이의 관계

(1) 각 채무자는 공동 또는 각자 따로 채권자에 대해 채무의 목적으로 되는 급부 전부를 이행하는 의무를 부담한다. 이는 곧 연대채무의 본질에 따라 비롯하는 결과이다. 그 효력을 논하면 다음과 같다.

〈1〉 채권자는 동시 또는 차례대로 각 채무자에 대해 채무의 전부 또는 일부의 이행을 청구하는 권리를 가진다.

連帶債務者가共同或各別히全給付를履行홀義務를負擔훈以上은債權者가債務者全員의게對ᄒᆞ야全給付의履行을請求홈은可論홀바ㅣ無ᄒᆞ고債權者가債務者中의一人을選擇ᄒᆞ야其一人의게對ᄒᆞ야亦全給付를請求홈은其債權者의自由權內에在홀뿐아니라全部의履行을請求ᄒᆞᄂᆞᆫ權이有훈以上은一部의履行을請求ᄒᆞᄂᆞᆫ權이亦有홈은說明을不待홀바ㅣ오又債權者로브터履行의請求를受훈債務者ᄂᆞᆫ債權者의게對ᄒᆞ야給付의分割을主張ᄒᆞ며又他債務者의게給付를先請홈을主張치못홀지라然이나債權者가債務者一人의게全給付의履行을受훈時ᄂᆞᆫ其權利가完全히消滅홈으로써他債務者의게對ᄒᆞ야ᄂᆞᆫ給付를請求홀權이無홀지오雖一部의履行을受훈境遇라도一次履行을受훈以上은其殘部의履行은請求홈이能ᄒᆞ대全部의履行은請求홈이不能홀지니라假令甲乙丙三人이連帶ᄒᆞ야金三百圜을丁의게借用홈이라假定홀진대丁債權者가其甲乙丙三人債務中의一人卽甲者로브터五十圜의返還을受훈時ᄂᆞᆫ丁債權者가甲乙丙三人의게對ᄒᆞ야各各二百

연대채무자가 공동 또는 각자 따로 급부 전부를 이행할 의무를 부담하는 이상, 채권자가 채무자 전원에 대해 급부 전부의 이행을 청구할 수 있는 것은 논할 바가 없다. 또 채권자가 채무자 중의 1인을 선택하여 그 1인에 대해 또한 급부 전부를 청구하는 것은, 그 채권자의 자유 선택에 달려 있다. 그뿐만 아니라 전부 이행을 청구하는 권리를 가지는 이상, 일부 이행을 청구하는 권리를 가지는 것 또한 설명이 필요 없다. 또 채권자로부터 이행청구를 받은 채무자는 채권자에 대해 급부의 분할을 주장하며, 또 다른 채무자에게 급부를 먼저 청구할 것을 주장하지 못한다. 그러나 채권자가 채무자 1인에게 급부 전부 이행을 받았을 때는 그 권리가 완전히 소멸하므로, 다른 채무자에 대해서는 급부를 청구할 권리가 소멸한다. 비록 일부 이행을 받은 경우라도 한번 이행을 받은 이상은, 그 나머지 부분의 이행은 청구할 수 있으나, 전부 이행은 청구할 수 없다. 가령 甲·乙·丙 3인이 연대하여 일금 300원을 丁으로부터 차용하였다고 가정하면, 丁 채권자가 그 甲·乙·丙 3인의 채무자 중의 1인, 즉 甲으로부터 50원의 상환을 받았을 때는, 丁 채권자가 甲·乙·丙 3인에 대해 각각 2

五十圓의給付履行은請求ᄒᆞᆯ지라도貸金의全額卽三百圓은請求ᄒᆞᆷ을不得ᄒᆞᆯ지라要컨대債權者ᄂᆞᆫ債務의完全ᄒᆞᆫ履行을受ᄒᆞ기ᄭᆞ지各債務者의게對ᄒᆞ야履行을請求ᄒᆞᄂᆞᆫ權이有ᄒᆞ고又同時에債務者中의一債務者로브터全部或一部의返還을受ᄒᆞᆫ時ᄂᆞᆫ其返還으로ᄒᆞ야곰總債務者를爲ᄒᆞ야債務를消滅케ᄒᆞ고且減縮케ᄒᆞᆷ을要ᄒᆞᄂᆞ니라

債權者ᄂᆞᆫ各債務者의게對ᄒᆞ야全部의履行을請求ᄒᆞᄂᆞᆫ權利가有ᄒᆞᆷ으로써債務者中의一債務者가破産ᄒᆞᆫ時ᄂᆞᆫ其債權全額에關ᄒᆞ야債務者財團에加入ᄒᆞᆷ을得ᄒᆞᆷ은理의當然ᄒᆞᆫ바ㅣ라故로假令前例에徵ᄒᆞ야論ᄒᆞᆯ진대甲이破産ᄒᆞᆫ時ᄂᆞᆫ丁이債權의全額卽三百圓의額數로써其財團에加入ᄒᆞᆷ을得ᄒᆞᆯ지오淸算의結果를依ᄒᆞ야半分의配當을受ᄒᆞᆯ者ㅣ라假定ᄒᆞ면丁者의債權額은一百五十圓에減縮ᄒᆞ나然이나配當의結果를依ᄒᆞ야一百五十圓의額數를受ᄒᆞᆫ以後라도丁은乙丙의게對ᄒᆞ야又一百五十圓의債務履行을請求ᄒᆞᆯ權利가有ᄒᆞ고其後에乙이亦破産ᄒᆞᄂᆞᆫ時ᄂᆞᆫ丁者ᄂᆞᆫ又其一百五十圓의債權額數로其財團에加入ᄒᆞ야半分

50원의 급부 이행은 이를 청구할 수 있더라도, 대여금의 전액 300원은 이를 청구할 수 없다. 요컨대 채권자는 채무의 완전한 이행을 받기까지 각 채무자에 대해 이행을 청구하는 권리를 가진다. 또 동시에 채무자 중의 한 채무자로부터 전부 또는 일부의 상환을 받았을 때는, 그 상환으로써 모든 채무자를 위해 채무를 소멸하게 하고 또 감축해야 한다.

채권자는 각 채무자에 대해 전부 이행을 청구하는 권리를 가지므로, 채무자 중의 한 채무자가 파산하였을 때는, 그 채권 전액에 관해 채무자재단에 가입할 수 있는 것은 법리상 당연하다. 따라서 가령 앞의 예를 증거로 하여 논해 보면, 甲이 파산하였을 때는 丁은 채권 전액 즉 300원의 액수로 그 재단에 가입할 수 있고, 청산의 결과에 따라 절반의 배당을 받은 경우로 가정하면, 丁의 채권액은 150원으로 감축된다. 그러나 배당의 결과에 따라 150원의 액수를 받은 이후라도, 丁은 乙·丙에 대해 또 150원의 채무 이행을 청구할 권리를 가지며, 그 후에 乙이 또한 파산하였을 때는 丁은 또 그 150원의 채권 액수로 그 재단에 가입하여 절반의配當卽七十五圓을領收ᄒᆞ면其餘額은丙者의게對ᄒᆞ야此를請求ᄒᆞ는權이有ᄒᆞ니라然이나債務者의全員或數員이同時에破產ᄒᆞ는時는如何히處置홈이可乎아此問題에關ᄒᆞ야는主義가有三ᄒᆞ니卽左와如ᄒᆞ도다

〔一、〕債權者는數個破產中에其一을選擇ᄒᆞ야此에加入홈은得홀지라도其他破產에對ᄒᆞ야는加入홈을不得홈이라謂ᄒᆞ는主義

此主義는甚히簡單ᄒᆞ야一切의繁雜을避홈에極히便利ᄒᆞ나然이나連帶債務의本質을反ᄒᆞ야債權者의權利를犧牲에供홈은此連帶債務에關ᄒᆞ야債權者의權利를保護ᄒᆞ는本旨가아니라故로此主義는採用홈이不可홀지로다

〔二、〕債權者는債務全額에關ᄒᆞ야各財團에加入홈을得홀지라然이나債權者가一財團으로브터配當을受ᄒᆞᆫ時는其配當額은當然히他財產에對ᄒᆞᆫ債權額中으로減홈을要홈이라謂ᄒᆞ는主義

此主義는債務者가順次로破產ᄒᆞᆫ境遇의普通原則을債務者가同時

의 배당 즉 75원을 수령하게 되면, 그 나머지 액은 丙에 대해 이를 청구하는 권리를 가지는 것이다. 그러나 채무자 전원 또는 몇 사람이 동시에 파산하였을 때는 어떻게 처리해야 하는가? 이 문제에 관해서는 주의가 세 가지 있다. 즉 다음과 같다.

① 채권자는 여러 개의 파산 중에 그 하나를 선택하여 이에 가입할 수 있을지라도, 그 밖의 파산에 대해서는 가입할 수 없다고 하는 주의

이 주의는 매우 간단하여 일체의 번잡을 피할 수 있어 매우 편리하다. 그러나 연대채무의 본질에 반하고, 채권자의 권리를 희생하는 데 이바지하여, 이는 연대채무에 관해 채권자의 권리를 보호하는 본래의 취지가 아니다. 따라서 이 주의는 채용할 수 없다.

② 채권자는 채무 전액에 관해 각 재단에 가입할 수 있으나, 채권자가 한 재단으로부터 배당을 받았을 때는, 그 배당액은 당연히 다른 재단에 대한 채권액 중에서 감축해야 한다고 하는 주의

이 주의는 채무자가 차례대로 파산한 경우의 일반원칙을 채무자가 동시

에破產ᄒᆞᆫ境遇에適用ᄒᆞᄂᆞᆫ者ㅣ라故로假令甲乙丙이丁의게對ᄒᆞ야金三百圓을借用ᄒᆞ고同時에甲乙丙이破產ᄒᆞᄂᆞᆫ境遇를當ᄒᆞ야丁이甲者의破產으로브터十分의五의配當을受ᄒᆞᆫ時ᄂᆞᆫ其債權額이一百五十圓으로減縮ᄒᆞᄃᆡ丁者ᄂᆞᆫ乙丙兩者의破產에對ᄒᆞ야도其餘額卽一百五十圓에對ᄒᆞᆫ配當을請求ᄒᆞᆯ지오次에丁이乙者의破產으로브터十分의三의配當을受ᄒᆞᆫ時ᄂᆞᆫ其配當額이四十五圓이오債權額은一百五圓으로減縮ᄒᆞᆯ지라故로丁은最後丙者破產에對ᄒᆞ야一百五圓의額數로配當을請求ᄒᆞᆯ지니然則其配當率이十分의二되ᄂᆞᆫ時ᄂᆞᆫ丁債權者ᄂᆞᆫ二十一圓의履行을受ᄒᆞ야結局八十四圓의不足이生ᄒᆞᆯ지라此主義를適用ᄒᆞᄂᆞᆫ時ᄂᆞᆫ總債務者가擧皆破產ᄒᆞᆫ境遇에債權者가到底히全部의返還을受ᄒᆞ기不能ᄒᆞᆯ지로다盖債務者가順次로破產ᄒᆞᆫ境遇에債權者가一財團으로브터配當을受ᄒᆞᆫ金額은其債權額을減縮ᄒᆞᄂᆞᆫ結果가生ᄒᆞᆷ으로써債權者가全額에關ᄒᆞ야ᄂᆞᆫ他破產財團에加入ᄒᆞᆷ을不得ᄒᆞ고其殘額數에만關ᄒᆞ야加入ᄒᆞᆷ을得ᄒᆞᆷ은以上

에 파산한 경우에 적용하는 것이다. 따라서 가령 甲·乙·丙이 丁에 대해 일금 300원을 차용하고 동시에 甲·乙·丙이 파산한 경우에, 丁이 甲의 파산으로부터 10분의 5의 배당을 받았을 때는, 그 채권액이 150원으로 감축되지만, 丁은 乙·丙 양자의 파산에 대해서도 그 나머지 액, 즉 150원의 액수로 배당을 청구하는 것이다. 다음에 丁이 乙의 파산으로부터 10분의 3의 배당을 받았을 때는, 그 배당액이 45원이고 채권액은 1백5원으로 감축된다. 따라서 丁은 최후의 丙의 파산에 대해 105원의 액수로 배당을 청구하게 된다. 그러면 그 배당률이 10분의 2로 되는 때는 丁 채권자는 21원의 이행을 받아 결국 84원의 부족이 발생하게 된다. 이 주의를 적용할 때는 모든 채무자가 모두 파산한 경우에 채권자가 도저히 상환을 전부 받을 수 없게 된다. 대개 채무자가 차례대로 파산한 경우에 채권자가 한 재단으로부터 배당을 받은 금액은, 그 채권액을 감축하는 결과를 발생시키므로, 채권자가 전액에 관해서는 다른 파산재단에 가입할 수 없고, 그 나머지 액수에 관해서만 가입할 수 있는 것은 이상에說明홈과如ᄒᆞ거니와債權者의權利가債務者의破産이順次或同時를因ᄒᆞ야差異를生홀理由가無ᄒᆞ도다故로同時에開始ᄒᆞᆫ數個破産의其清算時日이不同ᄒᆞᆫ時는先次로結了ᄒᆞᆫ清算의結果로債權者의領收ᄒᆞᆫ金額은後次로結了ᄒᆞᆫ清算의債權額中으로減除홈은理論上에不可홈이無홀지로대右主義를取ᄒᆞ는時는先次로清算을結了ᄒᆞᆫ財團은債權全額에對ᄒᆞ야配當을行치아니치못홀지오後次로遲滯ᄒᆞ야清算을結了ᄒᆞ는財團은減縮된債權額에對ᄒᆞ야配當홀利益이有ᄒᆞ야其清算의遲速이利害의關係가有홈으로써各財團이其清算을遲延ᄒᆞ는傾向이生홀뿐아니라各財團清算에關ᄒᆞ야其前後를區別ᄒᆞ기不能ᄒᆞᆫ時는此를處置홀道理가殆無홈에至홀지니是以로第三主義가顯出ᄒᆞᄂᆞ니라

〔三〕、債權者는債務全額에關ᄒᆞ야各財團에加入ᄒᆞ며清算의前後를不關ᄒᆞ고各財團에對ᄒᆞ야債權全額의配當을請求ᄒᆞ는權이有홈이라謂ᄒᆞ는主義

에서 설명한 바와 같다. 그러나 채권자의 권리가 채무자의 파산이 차례대로 또는 동시에 따라 차이가 발생할 이유는 없다. 따라서 동시에 개시한 여러 개의 파산이 그 청산시일이 같지 않을 때는, 먼저 종결된 청산의 결과에 따라 채권자가 수령한 금액을 그 다음에 종결될 청산의 채권액 중에서 공제하는 것은 이론상 가능하다. 그러나 위 주의를 취할 때는, 먼저 청산이 종결된 재단은 채권 전액에 대해 배당을 해야 하고, 그 다음에 지체되어 청산이 종결되는 재단은 감축된 채권액에 대해 배당할 이익이 있어서 그 청산의 늦고 빠른 데 따른 이해관계가 있으므로, 각 재단이 그 청산을 지연시키려는 경향이 발생하게 된다. 그뿐만 아니라 각 재단청산에 관해 그 전후를 구별할 수 없는 때는, 이를 처리할 도리가 거의 없게 된다. 이에 따라 제3주의가 등장한 것이다.

③ 채권자는 채무 전액에 관해 각 재단에 가입하며 청산의 전후와 관계없이 각 재단에 대해 채권 전액의 배당을 청구할 권리를 가진다고 하는 주의

蓋債權者ᄂᆞᆫ各債務者의게對ᄒᆞ야債務의全部履行을請求ᄒᆞᄂᆞᆫ權利가有홈으로債務者가同時에破産ᄒᆞᄂᆞᆫ時ᄂᆞᆫ債權의全額으로各破産(二)財團에加入홈을得홈은連帶債務의本質上으로從ᄒᆞ야出來ᄒᆞᄂᆞᆫ當然의結果ㅣ라故로債務者가同時破産ᄒᆞᆫ境遇에債權者가債權의全額으로써各財團에加入ᄒᆞᄂᆞᆫ事ᄂᆞᆫ不可홈이無ᄒᆞᆯ지로대但此境遇에清算의時期가相殊ᄒᆞᆫ時ᄂᆞᆫ債務者가順次로破産ᄒᆞᆫ境遇와同一히初次에配當을受ᄒᆞᆫ金額은清算을未了ᄒᆞᆫ破産에對ᄒᆞᆫ債權額으로브터減除홈이公平ᄒᆞᆯ지로대如此ᄒᆞᆫ方法을取ᄒᆞ면其債權關係上에甚히繁雜홈을釀成ᄒᆞ야各種의不便이生홈으로써債務者가同時에破産ᄒᆞᄂᆞᆫ時에ᄂᆞᆫ債務者間의連帶上으로生ᄒᆞᄂᆞᆫ効力을依ᄒᆞ야債權者로ᄒᆞ야곰債權의全額數를應ᄒᆞ야各財團에加入홈을得케ᄒᆞ야清算의遲速如何를不關ᄒᆞ고恒常其全額의給付를請求케ᄒᆞᄂᆞ니現今各國의新進ᄒᆞᆫ民法은就中此主義를採用ᄒᆞᄂᆞ니라故로甲乙丙이同時에破産ᄒᆞ면丁은債權의全額三百圜으로各財團에加入ᄒᆞ야甲者의破

대개 채권자는 각 채무자에 대해 채무 전부의 이행을 청구하는 권리를 가지므로, 채무자가 동시에 파산하였을 때는, 채권 전액으로 각 파산재단에 가입할 수 있는 것은 연대채무의 본질에서부터 비롯하는 당연한 결과이다. 따라서 채무자가 동시 파산한 경우에 채권자가 채권 전액으로 각 재단에 가입하는 것은 무방하다. 다만 이 경우에 청산의 시기가 서로 달랐을 때는, 채무자가 차례대로 파산한 경우와 마찬가지로 1차에 배당을 받은 금액은, 청산을 완료하지 못한 파산에 대한 채권액에서 공제하는 것이 공평하다. 그러나 이와 같은 방법을 취하면, 그 채권 관계상 매우 번잡하게 되는 것을 빚어내어 각종의 불편이 발생하므로, 채무자가 동시에 파산하였을 때는 채무자 사이의 연대에서 발생하는 효력에 따라 채권자가 채권의 전체 액수에 따라 각 재단에 가입할 수 있게 하여, 청산의 늦고 빠른 것 여하와 관계없이 항상 그 전액의 급부를 청구하게 하는 것이다. 현재 각국의 새로운 민법은 이들 중 세 번째 주의를 채택하고 있다. 따라서 甲·乙·丙이 동시에 파산하면 丁은 채권 전액 300원으로 각 재단에 가입하여 甲의 파

産財團은債權額의十分의五를配當ᄒᆞ고乙者의破産財團은債權額의十分의三、丙者의破産財團은債權額의十分의二를配當홈으로假定ᄒᆞ는時는丁이甲者의게一百五十圓乙者의게九十圓丙者의게六十圓을領收ᄒᆞ야債權全部의返還을受ᄒᆞᆯ지라然이나若各者의破産財團이債權全額의十分의五를配當ᄒᆞ는時는丁은甲乙丙各者로브터一百五十圓式을領收ᄒᆞ야其領收ᄒᆞᆫ額數가全債權額에比較ᄒᆞ면一百五十圓을過受홈에至ᄒᆞᆯ지라然則此金額은丁이依例히領收ᄒᆞ야保有ᄒᆞᆯ者ㅣ아님으로써丁은此金額을還給ᄒᆞᆯ지니此境遇에는其配當率을應ᄒᆞ야各財團에還給홈이公平ᄒᆞ도다換言ᄒᆞᆯ진대以上例에各破産財團의配當率이同一홈으로써一百五十圓을三分ᄒᆞ야其一部卽五十圓式을各財團에對ᄒᆞ야返還홈이可ᄒᆞᆯ지니라

〔나〕各債務者는債權者의게對ᄒᆞ야全部를履行ᄒᆞᆯ義務가有ᄒᆞ니라

各債務者가債權者의게對ᄒᆞ야全部履行의責任이有홈은連帶債務의性質上으로從ᄒᆞ야出來ᄒᆞ는結果ㅣ니此에關ᄒᆞ야는以上에說明이有

산재단은 채권액의 10분의 5를 배당하고, 乙의 파산재단은 채권액의 10분의 3, 丙의 파산재단은 채권액의 10분의 2를 배당하는 것으로 가정할 때는, 丁이 甲으로부터 150원, 乙로부터 90원, 丁으로부터 60원을 수령하여 채권 전부를 상환받게 된다. 그러나 만약 각각의 파산재단이 채권 전액의 10분의 5를 배당하였을 때는, 정은 甲·乙·丙 각각으로부터 150원씩을 수령하여 그 수령한 액수를 전 채권액과 비교하면 150원을 초과하여 받게 된다. 그러면 이 금액은 정이 전례에 따라 수령하여 보유할 수 있는 것이 아니므로, 정은 이 금액을 환급하게 된다. 이 경우에는 그 배당률에 따라 각 재단에 환급하는 것이 공평하다. 바꾸어 말하면 이상의 예에서 각 파산재단의 배당률이 같으므로, 150원을 3등분하여 그 일부 즉 50원씩을 각 재단에 환급하는 것이 타당하다.

〈2〉 각 채무자는 채권자에 대해 급부 전부를 이행할 의무가 있다.

각 채무자가 채권자에 대해 급부 전부를 이행할 책임이 있는 것은 연대채무의 성질에서부터 비롯하는 결과이다. 이에 관해서는 이상에서 설명이 있

홈으로省略ᄒᆞ노라

〔二〕、各債務者ᄂᆞᆫ獨立ᄒᆞ야債務ᄅᆞᆯ負擔홈이라

連帶債務에關ᄒᆞ야ᄂᆞᆫ債務者가各其全給付의債務ᄅᆞᆯ履行ᄒᆞᆯ義務가有홈으로債權者와連帶債務者間에全給付ᄅᆞᆯ目的ᄒᆞᄂᆞᆫ數個의請求權이生ᄒᆞᄂᆞ니라然이나他一面으로觀察ᄒᆞ면債權者ᄂᆞᆫ債務者의게對ᄒᆞ야但一回의給付ᄅᆞᆯ受ᄒᆞᆯ權利가有홈에止홈으로써債務의履行으로債務者中의一人이履行ᄒᆞᆫ全部或一部의給付ᄂᆞᆫ總利益上으로其効ᄅᆞᆯ生ᄒᆞ야債權者와給付ᄅᆞᆯ履行ᄒᆞᆫ債務者間의債務ᄅᆞᆯ消滅ᄒᆞ고減縮ᄒᆞᆯ뿐아니라他債務者間의債務도亦消滅ᄒᆞ며減縮홈은毫末도容疑ᄒᆞᆯ바ㅣ아니라盖債務者間의連帶債務ᄂᆞᆫ債權者로ᄒᆞ야곰全部의給付ᄅᆞᆯ完全히受케홈으로써惟一의目的을作ᄒᆞᄂᆞᆫ故로債權者가業已全部의給付ᄅᆞᆯ受ᄒᆞᆫ以上은何債務者의게對ᄒᆞ야도給付ᄅᆞᆯ請求ᄒᆞᆯ事가不能ᄒᆞᆯ지오又一部의給付ᄅᆞᆯ受ᄒᆞᆫ以上은其餘部의給付ᄂᆞᆫ請求ᄒᆞᆯ지라도餘部以上의給付ᄂᆞᆫ請求홈이不能ᄒᆞᆯ지라故로債務者中의一人이履行ᄒᆞᆫ給付ᄂᆞᆫ全部一部ᄅᆞᆯ不關ᄒᆞ고恒常他債務

으므로 생략한다.

(2) 각 채무자는 독립해서 채무를 부담한다.

연대채무에 관해서는 채무자가 각각 급부 전부의 채무를 이행할 의무를 부담하므로, 채권자와 연대채무자 사이에 급부 전부를 목적으로 하는 여러 개의 청구권이 발생한다. 그러나 다른 일면으로 관찰하면, 채권자는 채무자에 대해 다만 1회의 급부를 받을 권리를 갖는 것에 그침으로써, 채무이행으로 채무자 중의 1인이 이행한 전부 또는 일부의 급부는 전체의 이익으로 그 효력을 발생하여, 채권자와 급부를 이행한 채무자 사이의 채무를 소멸하고 감축할 뿐만 아니라, 다른 채무자 사이의 채무도 또한 소멸하며 감축되는 것은 조금도 의심할 여지가 없다. 대개 채무자 사이의 연대채무는 채권자가 급부 전부를 완전히 받게 하는 것을 단 하나의 목적으로 삼는다. 따라서 채권자가 이미 급부 전부를 받은 이상은 어떤 채무자에 대해서도 급부를 청구할 수가 없다. 또 일부의 급부를 받은 이상은 그 나머지 부분의 급부는 청구할 수 있더라도, 나머지 부분 이상의 급부는 청구할 수 없는 것이다. 따라서 채무자 중의 1인이 이행한 급부는 전부·일부와 관계없이 항상 다른 채무

者의利益을爲ᄒᆞ야도効力을生ᄒᆞᆷ은分明ᄒᆞᆫ者ㅣ라然이나連帶債務者ᄂᆞᆫ元來債權者의게對ᄒᆞ야各其債務를負擔ᄒᆞᄂᆞᆫ者ㅣ됨으로各債務者와債權者間에ᄂᆞᆫ各其債務의關係를成ᄒᆞ야各債務者의債務ᄂᆞᆫ各其固有의發生原因이有ᄒᆞ고同時에又其固有의消滅及變更原因이有ᄒᆞ야此에服從ᄒᆞᆷ을要ᄒᆞᄂᆞᆫ者ㅣ라是卽各國의民法이均一히此連帶債務에關ᄒᆞ야債務者一人의게付生ᄒᆞᆫ事項은他債務者의게對ᄒᆞ야効力이不生ᄒᆞᆷ이라規定ᄒᆞᆷ은無他ㅣ라債務者의獨立關係를認ᄒᆞᄂᆞᆫ所以ㅣ니라

連帶債務에關ᄒᆞ야債務者ᄂᆞᆫ各自獨立ᄒᆞ야債務를負擔ᄒᆞᄂᆞᆫ所以로從ᄒᆞ야出來ᄒᆞᄂᆞᆫ結果를論ᄒᆞᆯ진대左와如ᄒᆞ도다

甲、 連帶債務者中一人의게付生ᄒᆞᆫ法律行爲의無効及繳消의原因이有ᄒᆞᆯ지라도他債務者의債務効力에關ᄒᆞ야ᄂᆞᆫ毫末이라도影響을可及ᄒᆞᆯ者ㅣ아니니라

是卽債務者互相間의獨立關係로從ᄒᆞ야出來ᄒᆞᄂᆞᆫ結果ㅣ니各債務者ᄂᆞᆫ債權者의게對ᄒᆞ야獨立ᄒᆞ야全給付를履行ᄒᆞᆯ義務가有ᄒᆞᆫ者ㅣ니라

자의 이익을 위해서도 효력을 발생하는 것은 분명하다. 그러나 연대채무자는 원래 채권자에 대해 각각 채무를 부담하므로, 각 채무자와 채권자 사이에는 각각 채무 관계를 형성하여 각 채무자의 채무는 각각 고유의 발생 원인이 있고, 동시에 또 그 고유의 소멸과 변경 원인이 있어서 이에 복종해야 한다. 이는 곧 각국 민법이 한결같이 이 연대채무에 관해 채무자 1인에게 발생한 사항은 다른 채무자에 대해 효력이 발생하지 않는다고 규정하고 있는 것은, 다름 아니라 채무자의 독립관계를 인정하기 때문이다.

〈1〉 연대채무자 중의 1인에게 발생한 법률행위의 무효와 취소의 원인이 있을지라도, 다른 채무자의 채무의 효력에 관해서는 조금도 영향을 미치지 않는다.

이는 곧 채무자 상호 간의 독립관계에서 비롯하는 결과이다. 각 채무자는 채권자에 대해 독립해서 급부 전부를 이행할 의무가 있다.

各債務者는各自獨立ᄒᆞ야債務를負擔ᄒᆞᆷ으로써各債務者가其債務를負擔ᄒᆞᆷ에當ᄒᆞ야各其固有의原因이有ᄒᆞᆷ은前述과如ᄒᆞ거니와連帶債務가債權者債務者間의法律行爲로成立ᄒᆞᆫ時에其法律行爲의效力이各債務者에關ᄒᆞ야各其別個의效果가有ᄒᆞᆫ事는不可不研究를要ᄒᆞᆯ者ㅣ라若債務者中에或債務者의法律行爲가全然히無效되는時는其法律行爲가債權의關係를不生ᄒᆞᆷ으로써其債務者는何等의債務도負擔치아니ᄒᆞᆯ지오又債務者中에或債務者의法律行爲가繳消의原因이有ᄒᆞᆫ時는債務者가其法律行爲를繳消ᄒᆞᆷ이能ᄒᆞᆯ지니此行爲를繳消ᄒᆞᆫ時는其債務者는何等의債務도負擔치아니ᄒᆞᆯ지라然이나他債務者의行ᄒᆞᆫ法律行爲가有效로成立ᄒᆞ야何等의瑕疵가無ᄒᆞᆫ時는此債務者의債務의目的되는全給付는履行ᄒᆞᆯ義務를負擔ᄒᆞ고他債務者의行ᄒᆞᆫ法律行爲에無效及繳消의原因이有ᄒᆞᆷ을因ᄒᆞ야其債務에何等影響이無ᄒᆞᆯ지니假令甲乙丙三人이丁者로브터金三百圓을借入ᄒᆞ고三人이連帶ᄒᆞ야此를返還ᄒᆞᆯ事로約束ᄒᆞᆫ境遇에甲이約束當時에心神을喪失ᄒᆞᆫ者

각 채무자는 각자 독립하여 채무를 부담하므로, 각 채무자가 그 채무를 부담할 때에 각각 고유의 원인이 있는 것은 전술한 바와 같고, 연대채무가 채권자·채무자 사이의 법률행위로 성립하였을 때, 그 법률행위의 효력이 각 채무자에 관해 각각 별개의 효과가 있는가에 대해서는 마땅히 연구해야 한다. 만약 채무자 중에 때로 채무자의 법률행위가 완전히 무효로 되는 때는, 그 법률행위는 채권관계를 발생하지 아니하므로, 그 채무자는 어떠한 채무도 부담하지 않는다. 또 채무자 중에 때로 채무자의 법률행위에 취소의 원인이 있는 때는, 채무자가 그 법률행위를 취소할 수 있고, 이 행위를 취소하였을 때는 그 채무자는 어떠한 채무도 부담하지 않는다. 그러나 다른 채무자가 한 법률행위는 유효하게 성립되고 어떠한 하자도 없는 때는, 이 채무자는 채무의 목적으로 되는 급부 전부를 이행할 의무를 부담하고, 다른 채무자가 한 법률행위에 무효와 취소의 원인이 있는 것에 따라 그 채무에 어떠한 영향도 미치지 않는다. 가령 甲·乙·丙 3인이 丁으로부터 일금 300원을 차입하고 3인이 연대하여 이를 상환할 것을 약속한 경우에, 甲이 약속 당시에 심신을 상실한 사람

ㅣ라假定ᄒᆞ면甲丁間의貸借契約이無効됨으로써甲은丁의게對ᄒᆞ야借用金返還의債務를負擔치아니ᄒᆞᆯ지로대乙丙과丁間의貸借契約은依舊히有効로成立ᄒᆞᆷ으로써乙丙은丁者의게對ᄒᆞ야完全히債務를負擔ᄒᆞ고連帶ᄒᆞ야三百圓을丁者의게返還ᄒᆞᆯ義務가有ᄒᆞᆯ지라故로甲의契約無効ᄂᆞᆫ此二人의債務에對ᄒᆞ야何等의影響이無ᄒᆞᆯ지로다此ᄂᆞᆫ無他라連帶債務에在ᄒᆞ야債務者가各自獨立ᄒᆞ야全給付를履行ᄒᆞᆯ義務가有ᄒᆞᆫ所以니라然이나但數人이連帶債務를負擔ᄒᆞᆫ境遇에各債務者ᄂᆞᆫ他債務者의債務有効를豫期ᄒᆞ야他債務者의債務負擔을從ᄒᆞ야自己도債務를負擔ᄒᆞᆯ意思를有ᄒᆞᆫ境遇가不無ᄒᆞᄂᆞ니此境遇에至ᄒᆞ야其中一人의債務가成立치아니ᄒᆞᄂᆞᆫ時ᄂᆞᆫ各債務者의豫期에違反되ᄂᆞᆫ結果ᄂᆞᆫ有ᄒᆞᆯ지로대是로因ᄒᆞ야他債務者의債務도亦不成立이라主張ᄒᆞᆷ을不得ᄒᆞᆯ지라蓋債務者中一人의債務無効及繳消가他債務者債務에影響을可及ᄒᆞᆯ者ᄂᆞᆫ當事者間의特約이有ᄒᆞᆫ境遇에限ᄒᆞᆯ뿐이오特約이無ᄒᆞᆫ以上은各債務者의債務가獨立ᄒᆞ야存在ᄒᆞ고其一人의게附生ᄒᆞᆫ

이었다고 가정하면, 丁 사이의 대차계약은 무효로 되므로, 甲은 丁에 대해 차용금 반환의 채무를 부담하지 않는다. 그러나 乙·丙과 丁 사이의 대차계약은 그대로 유효하게 성립하므로, 乙·丙은 丁에 대해 완전히 채무를 부담하고 연대하여 300원을 丁에게 상환할 의무를 진다. 따라서 甲의 계약 무효는 이 2인의 채무에 대해 어떠한 영향도 미치지 않는 것이다. 이는 다름 아니라 연대채무에서 채무자가 각자 독립하여 급부 전부를 이행할 의무를 부담하기 때문이다. 그러나 다만 수인이 연대채무를 부담한 경우에, 각 채무자는 다른 채무자의 채무의 유효를 예상하여 다른 채무자의 채무 부담에 따라 자기도 채무를 부담할 의사를 가질 경우도 없지 않다. 이 경우에는 그중 1인의 채무가 성립하지 않았을 때는, 각 채무자의 예상에 반하는 결과가 발생한다. 그렇다고 이에 따라 다른 채무자의 채무도 또한 성립하지 않는다고 주장할 수는 없다. 대개 채무자 중의 1인의 채무의 무효와 취소가 다른 채무자의 채무에 영향을 미칠 수 있는 것은, 당사자 사이의 특약이 있는 경우에 한할 뿐이다. 특약이 없는 이상은 각 채무자의 채무가 독립하여 존재하고 그 1인에게 발생한

債務의無効及繳消ᄂᆞᆫ他債務者의債務에對ᄒᆞ야何等의影響이無ᄒᆞᆯ지니라

乙、債務者ᄂᆞᆫ各自相殊ᄒᆞᆫ方法으로써債務ᄅᆞᆯ負擔ᄒᆞᆷ을得ᄒᆞᆷ이라

連帶債務者ᄂᆞᆫ各其相殊ᄒᆞᆫ債務ᄅᆞᆯ負擔ᄒᆞᆷ으로써債務者中에或債務者ᄂᆞᆫ無期限無條件으로債務ᄅᆞᆯ負擔ᄒᆞ고他債務者ᄂᆞᆫ附期限附條件으로債務ᄅᆞᆯ負擔ᄒᆞᆷ을得ᄒᆞᆯ지오又各債務者ᄂᆞᆫ其附期限附條件債務ᄅᆞᆯ負擔ᄒᆞᆯ境遇에其期限과條件이皆同一되ᄂᆞᆫ事ᄅᆞᆯ不要ᄒᆞᄂᆞ니盖其條件은解除條件及停止條件됨을問ᄒᆞᆯ必要가無ᄒᆞᆯ지로다是皆債務者가獨立ᄒᆞ야債務ᄅᆞᆯ負擔ᄒᆞᄂᆞᆫ結果로從ᄒᆞ야出來ᄒᆞᄂᆞᆫ者ㅣ라然이나各債務者의負擔ᄒᆞᄂᆞᆫ債務ᄂᆞᆫ恒常반다시同一의目的됨을要ᄒᆞᆷ은事勢에得已치못ᄒᆞᆯ事ㅣ니라

丙、債務者一人의게附生ᄒᆞᆫ事項은他債務者의게對ᄒᆞ야効力이不生ᄒᆞᄂᆞ니라

一、債務者一人의게附生ᄒᆞᆫ履行不能은他債務者債務에對ᄒᆞ야影響

채무의 무효와 취소는 다른 채무자의 채무에 대해 어떠한 영향도 미치지 않는다.

〈2〉 채무자는 각자 서로 다른 방법으로 채무를 부담할 수 있다.

연대채무자는 각자 서로 다른 채무를 부담하므로, 채무자 중에 어떤 채무자는 무기한·무조건으로 채무를 부담하고, 다른 채무자는 기한부·조건부로 채무를 부담할 수 있다. 또 각 채무자가 그 기한부·조건부 채무를 부담할 경우에도, 그 기한과 조건이 모두 같을 필요가 없다. 그 조건이 해제조건인가와 정지조건인가를 물을 필요가 없다. 이는 모든 채무자가 독립하여 채무를 부담하는 결과에 따라 비롯하는 것이다. 그러나 각 채무자가 부담하는 채무는 항상 반드시 동일한 목적이어야 하는 것은 일의 형세상 부득이하다.

〈3〉 채무자 1인에게 발생한 사항은 다른 채무자에 대해 효력이 발생하지 않는다.

① 채무자 1인에게 발생한 이행불능은 다른 채무자에 대해 영향

을及ᄒᆞᆯ者ㅣ아니오

二、債務者一人의過失을依ᄒᆞ야履行이不能되는境遇라도過失이有ᄒᆞᆫ債務者의게만責任이有ᄒᆞᆯ뿐이오他債務者는其過失을依ᄒᆞ야何等의責任을負擔ᄒᆞᆷ이無ᄒᆞ며

三、債務者一人의게關ᄒᆞ야時効가成就ᄒᆞᆯ지라도他債務者의債務는依然히存立ᄒᆞᆯ지라然이나此에關ᄒᆞ야는第三者를爲ᄒᆞ야締結ᄒᆞ는契約의例外가有ᄒᆞᆯ뿐이오(日本民法第五百三十九條德國民法第一草案四百十六條及同第二草案二百八十六條參照)

四、債務者一人의債務承認은他債務者의게對ᄒᆞ야効力이不生ᄒᆞ고兼ᄒᆞ야其承認은他債務者의게對ᄒᆞ야債務의消滅及時効의中斷効力이無ᄒᆞ며債務者一人의게對ᄒᆞ야行ᄒᆞᆫ假執留及假處分에關ᄒᆞ야도亦然ᄒᆞ니라然이나請求에關ᄒᆞ야는例外가有ᄒᆞ니卽債權者가連帶債務者一人의게對ᄒᆞ야行ᄒᆞᆫ履行의請求는他債務者의게對ᄒᆞ야도其効力을生ᄒᆞᆯ뿐이며(日本民法第四百三十四條法國民法第一

을 미치지 않는다.

② 채무자 1인의 과실에 따라 이행이 불능으로 된 경우라도, 과실이 있는 채무자에게만 책임이 있을 뿐이고, 다른 채무자는 그 과실에 따라 어떠한 책임도 부담하지 않는다.

③ 채무자 1인에 관해 시효가 완성되었을지라도, 다른 채무자의 채무는 여전히 존속한다. 그러나 이에 관해서는 제3자를 위해 체결하는 계약에서의 예외가 있을 뿐이다(일본 민법 제539조, 도이치 민법 제1초안 제416조 및 동 제2초안 제286조 참조).

④ 채무자 1인의 채무승인은 다른 채무자에 대해 효력이 발생하지 않는다. 아울러 그 승인은 다른 채무자에 대해 채무의 소멸과 소멸시효의 중단이 효력이 없으며, 채무자 1인에 대해 행한 가압류·가처분에 관해서도 또한 그러하다. 그러나 청구에 관해서는 예외가 있다. 즉 채권자가 연대채무자 1인에 대해 행한 이행의 청구는 다른 채무자에 대해서도 효력을 발생한다(일본 민법 제434조, 프랑스 민법 제1

千二百五條乃至千二百七條德國民法第一草案第三百二十六條第二項及同第二草案第三百二十七條第三百六十八條叅照)

五、債權者가連帶債務者一人의게對ᄒᆞ야債務의免除를承認ᄒᆞᆯ지라도他債務者의債務ᄂᆞᆫ依然히存立ᄒᆞᆯ지라然이나債權者가連帶債務者一人의게對ᄒᆞ야行ᄒᆞᆫ債務의免除ᄂᆞᆫ其債務者의負擔部分에만關ᄒᆞ야他債務者의利益을爲ᄒᆞ야効力을生ᄒᆞᆯ뿐이오(日本民法第四百三十七條法國民法第一千二百八十四條同一千二百八十五條德國民法第一草案三百三十二條同第二草案三百六十六條叅照)

六、債務者一人과債權者間에相殺의原因이有ᄒᆞᆯ지라도他債務者ᄂᆞᆫ自己의利益上으로援用ᄒᆞᆷ을不得ᄒᆞᆯ지라然이나此에關ᄒᆞ야ᄂᆞᆫ例外가有ᄒᆞ니連帶債務者가債權者의게對ᄒᆞ야債權을有ᄒᆞᆫ境遇에其債務者가相殺를援用ᄒᆞᄂᆞᆫ時ᄂᆞᆫ債權이總債務者를爲ᄒᆞ야消滅ᄒᆞ고其債務者가相殺를援用치아니ᄒᆞᄂᆞᆫ時ᄂᆞᆫ其債務者의負擔部分에만關ᄒᆞ야他債務者가其相殺를援用ᄒᆞᆯ뿐이며(日本民法第四百三十六

205조부터 제1207조, 도이치 민법 제1초안 제326조 제2항과 동 제2 초안 제327조, 제368조 참조).

⑤ 채권자가 연대채무자 1인에 대해 채무의 면제를 승인할지라도 다른 채무자의 채무는 그대로 존속한다. 그러나 채권자가 연대채무자 1인에 대해 행한 채무의 면제는, 그 채무자의 부담 부분에 관해서만 다른 채무자의 이익을 위해 효력을 발생한다(일본 민법 제437조, 프랑스 민법 제1284조와 제1285조, 도이치 민법 제1초안 제332조, 동 제2초안 제366조 참조)

⑥ 채무자 1인과 채권자 사이에 상계의 원인이 있을지라도 다른 채무자는 자기의 이익으로 이를 원용할 수 없다. 그러나 이에 관해서는 예외가 있다. 연대채무자가 채권자에 대해 채권을 가진 경우에, 그 채무자가 상계를 원용하였을 때는 채권이 모든 채무자를 위해 소멸하고, 그 채무자가 상계를 원용하지 않을 때는 그 채무자의 부담 부분에 관해서만 다른 채무자가 그 상계를 원용할 수 있다(일본 민법 제436

條法國民法第一千二百九十四條第三項德國民法第一草案第三百三十條第三百三十一條同第二草案三百六十五條參照)

七、債務者의一人이舊債務에代ᄒᆞ야新債務를負擔ᄒᆞᆫ境遇卽更改境遇에他債務者ᄂᆞᆫ新債務에關ᄒᆞ야何等의義務도負擔치아니ᄒᆞᆯ지오

八、債權者와債務者一人間에對ᄒᆞ야下ᄒᆞᆫ判決은他債務者의게對ᄒᆞ야何等의効力이無ᄒᆞᆯ지라

以上에說明ᄒᆞᆫ바를從ᄒᆞ야連帶債務者ᄂᆞᆫ各別히債務를負擔ᄒᆞ고其一人의게關ᄒᆞ야附生ᄒᆞᆫ事項은他債務者의利益을爲ᄒᆞ야効力을不生ᄒᆞᆷ이原則이니라然이나連帶債務의性質上으로債務者의一人이行ᄒᆞᆫ全部의履行及一部의履行은總債務者의利益을爲ᄒᆞ야消滅ᄒᆞ며減縮ᄒᆞᄂᆞᆫ結果가生ᄒᆞᆷ으로써債務者一人의게附生ᄒᆞᆫ事項으로履行과同一의結果를生ᄒᆞᆷ에ᄂᆞᆫ履行의境遇와同一히總債務者로ᄒᆞ야곰其利益을享受케ᄒᆞᆷ이可ᄒᆞᆯ지니何故오假令其事項이債務者一人의게附生ᄒᆞᆫ者ㅣ라假定ᄒᆞ거나又其事項이純然ᄒᆞᆫ履行이아니라假定ᄒᆞᆯ지라도苟其事

조, 프랑스 민법 제1294조 제3항, 도이치 민법 제1초안 제330조와 제331조, 동 제2초안 제365조 참조).

⑦ 채무자 1인이 구채무에 갈음하여 신채무를 부담한 경우 즉 경개의 경우에 다른 채무자는 신채무에 관해 어떠한 의무도 부담하지 않는다.

⑧ 채권자와 채무자 1인 사이에 대해 내려진 판결은 다른 채무자에 대해 어떠한 영향도 미지지 않는다.

이상에서 설명한 바에 따라 연대채무자는 각자 따로 채무를 부담하고, 그 1인에 관해 발생한 사항은 다른 채무자의 이익을 위해 효력을 발생하지 않는 것이 원칙이다. 그러나 연대채무의 성질상 채무자 1인이 행한 전부 이행과 일부 이행은 모든 채무자의 이익을 위해 소멸하며 감축하는 결과가 발생하므로, 채무자 1인에게 발생한 사항으로 이행과 동일한 결과가 발생할 때에는, 이행의 결과와 마찬가지로 모든 채무자가 그 이익을 누릴 수 있어야 한다. 왜냐하면 가령 그 사항이 채무자 1인에게 발생한 것이라고 가정하거나, 또 그 사항이 순수한 이행이 아니라고 가정할지라도, 다만 그 사

項이履行과同一의効力을生홀바에는債權者는業已其債務에關ᄒᆞ야滿足ᄒᆞᆫ結果를得ᄒᆞᆫ者ㅣ니然則他債務者의게對ᄒᆞ야其權利를保有홀理由가無ᄒᆞᆫ所以니라又債權者는債務者互相間關係의如何를不拘ᄒᆞ고恒常各債務者의게對ᄒᆞ야全部의履行을請求ᄒᆞ는權利가有ᄒᆞ고債務者도亦其互相間關係의理由로는全部履行을拒絕치못홀지로대債務者中의或債務者가債權者의承認을依ᄒᆞ야債務를得免ᄒᆞ는時는其債務者의負擔部分에就ᄒᆞ야他債務者로ᄒᆞ야곰債務를得免케홈은公平ᄒᆞ고便利ᄒᆞ며又債務者不利益에至ᄒᆞ야는其効力을不生홈으로原則을作ᄒᆞ대債權者의權利를保護ᄒᆞ기爲ᄒᆞ야는其効力을生케홈이正當홈으로卽各國의民法이此一般原則에對ᄒᆞ야多數의例外를設ᄒᆞ나니라故로玆에其多數의例外를順次로說明코져ᄒᆞ노라

連帶債務境遇의債務는債務가各自獨立ᄒᆞ야存在ᄒᆞ는故로其連帶債務者의互相間關係에至ᄒᆞ야는代理의關係가存在치아니ᄒᆞ고連帶債務者一人의게關ᄒᆞ야附生ᄒᆞᆫ事項은他債務者의게對ᄒᆞ야効力을不及

항이 이행과 동일한 효력을 발생할 경우에는, 채권자는 이미 그 채무에 관해 만족한 결과를 얻은 것이고, 그렇다면 다른 채무자에 대해 그 권리를 보유할 이유는 없기 때문이다. 또 채권자는 채무자 상호 간의 관계가 어떠한가에 불구하고, 항상 각 채무자에 대해 전부 이행을 청구하는 권리를 가지고, 채무자도 또한 그 상호 간의 관계를 이유로 해서는 전부 이행을 거절할 수 없다. 그러나 채무자 중의 어떤 채무자가 채권자의 승인에 따라 채무를 면하게 될 때는, 그 채무자의 부담 부분에 관해 다른 채무자가 채무를 면하게 되는 것은 공평하고 편리하다. 또 채무자의 불이익에 관해서는 그 효력이 발생하지 않는 것을 원칙으로 삼아야 한다. 그러나 채권자의 권리를 보호하기 위해서는 그 효력을 발생하게 하는 것이 정당하므로, 이에 각국 민법이 이 일반원칙에 대해 다수의 예외를 두고 있다. 따라서 여기에서 그 다수의 예외를 차례대로 설명하고자 한다.

연대채무의 경우에 채무는 채무가 각각 독립하여 존재한다. 따라서 그 연대채무자 상호 간의 관계에 관해서는, 대리관계가 존재하지 않고 연대채무자 1인에 관해 발생한 사항은 다른 채무자에 대해 효력을 미치지 않는

ᄒᆞᆷ이原則이로대但債務者一人의게附生ᄒᆞᆫ事項이間接으로他債務者의게効力을及ᄒᆞᄂᆞᆫ者ㅣ有ᄒᆞ니卽左와如ᄒᆞ도다

〔一〕、履行의請求

履行의請求란者ᄂᆞᆫ債權者가債務者의게對ᄒᆞ야其債務의履行을請求ᄒᆞᄂᆞᆫ者를謂ᄒᆞᆷ이니其請求가裁判上의請求됨과裁判外의請求됨은此를區別ᄒᆞᆯ바ㅣ아니오債權者의履行請求가有ᄒᆞᆫ時ᄂᆞᆫ他債務者의게對ᄒᆞ야其効力을生ᄒᆞᄂᆞᆫ者ㅣ라故로甲이乙丙兩者의게對ᄒᆞ야連帶로金千圓을貸與ᄒᆞ고其返償期限을定치아니ᄒᆞᆫ境遇에ᄂᆞᆫ甲이乙者의게對ᄒᆞ야債務全部의履行을請求ᄒᆞᆷ에不關ᄒᆞ고乙者가此에對ᄒᆞ야不應ᄒᆞᆫ時ᄂᆞᆫ乙이遲滯의責任을負擔ᄒᆞᆷ은理의當然ᄒᆞᆫ바ㅣ오丙도亦其遲滯의責任을負擔치아니치못ᄒᆞᆯ지라又右例에關ᄒᆞ야甲이乙者의게對ᄒᆞ야履行을請求ᄒᆞ면丙者의게對ᄒᆞ야亦其債務에關ᄒᆞᆫ時効를中斷ᄒᆞᄂᆞᆫ効力이生ᄒᆞᆯ지니라（日本民法第四百三十四條第四百十二條三項第百四十七條法國民法第千二百五條乃至千二

것이 원칙이다. 다만 채무자 1인에게 발생한 사항이 간접적으로 다른 채무자에게 효력을 미치는 것이 있고 곧 다음과 같다.

(1) 이행의 청구

이행의 청구란 채권자가 채무자에 대해 그 채무의 이행을 청구하는 것을 말한다. 그 청구가 재판상의 청구인 것과 재판외의 청구인 것은 이를 구별할 바가 아니다. 채권자의 이행청구가 있는 때는, 다른 채무자에 대해 그 효력이 발생한다. 따라서 甲이 乙·丙 양자에 대해 연대로 일금 1,000원을 대여하고 그 상환기간을 정하지 않았을 경우에는, 甲이 乙에 대해 채무 전부 이행을 청구하는 것과 관계없이, 乙이 이에 대해 응하지 않을 때는, 乙이 지체책임을 부담하는 것은 법리상 당연한 바이고, 丙도 또한 그 지체책임을 부담해야 한다. 또 위 예에 관해 甲이 乙에 대해 이행을 청구하면, 丙에 대해 또한 그 채무에 관한 시효를 중단하는 효력이 발생한다(일본 민법 제434조, 제412조 제3항 및 제417조, 프랑스 민법 제1205조부터 제12

百七條德國民法第一草案第千二百七條乃至千二百九條同第二草案第三百六十七條第三百六十八條等參照）

〔二〕、更改

債務의更改란者는舊債務를消滅ᄒᆞ고新債務를發生케ᄒᆞ는契約을謂ᄒᆷ이니連帶債務者의一人과債權者間에更改의契約이締結된時는但其債務者의舊債務ᄲᅮᆫ아니라他連帶債務者의債務도亦此를依ᄒᆞ야消滅ᄒᆯ지라然이나更改의契約을依ᄒᆞ야生ᄒᆞᆫ新債務는其契約을締結ᄒᆞᆫ債務者一人의債務ㅣ라故로他債務者는此에對ᄒᆞ야何等의責任도負擔치아니ᄒᆯ지니라（日本民法第四百三十五條法國民法第千二百八條第一項第千二百八十一條第一項等參照）

〔三〕、相殺

相殺란者는二人이互相同種의目的을有ᄒᆞᆫ債務를負擔ᄒᆞᆫ境遇에各債務者가其債權으로써債務返還에充ᄒᆞ야其對等額의債務를得免ᄒᆞ는者를謂ᄒᆷ이니連帶債務者의一人이債權者의게對ᄒᆞ야債權을

07조, 도이치 민법 제1초안 제1207조부터 제1209조, 동 제2초안 제367조와 제368조 등 참조)

(2) 경개

채무의 경개란 구채무를 소멸하고 신채무를 발생하게 하는 계약을 말한다. 연대채무자의 1인과 채권자 사이에 경개계약이 체결되었을 때는, 다만 그 채무자의 구채무뿐만 아니라 다른 연대채무자의 채무도 또한 이에 따라 소멸한다. 그러나 경개계약에 따라 발생한 신채무는 그 계약을 체결한 채무자 1인의 채무이다. 따라서 다른 채무자는 이에 대해 어떤 책임도 부담하지 않는다(일본 민법 제435조, 프랑스 민법 제1208조 제1항과 제1281조 제1항 참조)

(3) 상계

상계란 2인이 서로 같은 종류의 목적을 가진 채무를 부담한 경우에 각 채무자가 그 채권을 가지고 채무 상환에 충당하여 그 대등한 액수의 채무를 면하게 하는 것을 말한다. 연대채무자의 1인이 채권자에 대해 채권을

有ᄒᆞᆫ境遇에其債務者가相殺를援用ᄒᆞᄂᆞᆫ時ᄂᆞᆫ此行爲를依ᄒᆞ야其債務者一人의債務가消滅ᄒᆞᆯᄲᅮᆫ아니라他債務者의債務도亦消滅ᄒᆞᆯ지라然이나其債權을有ᄒᆞᆫ債務者가相殺를援用치아니ᄒᆞᄂᆞᆫ時ᄂᆞᆫ他債務者가其債權全部에關ᄒᆞ야其相殺를援用ᄒᆞᆷ은不得호대但債權을有ᄒᆞᆫ債務者負擔部分에就ᄒᆞ야ᄂᆞᆫ相殺를援用ᄒᆞᆯᄲᅮᆫ이어니와是와反ᄒᆞ야若連帶債務者의一人이債權者로브터全部의請求를受ᄒᆞᆫ境遇에他債務者의有ᄒᆞᆫ바全部의債權으로ᄡᅥ相殺ᄒᆞᆷ을得ᄒᆞᆯ者ㅣ라ᄒᆞᄂᆞᆫ時ᄂᆞᆫ其債務者ᄂᆞᆫ自己가返還치아니ᄒᆞ고他債務者로ᄒᆞ야곰債務를返還케ᄒᆞᄂᆞᆫ結果를生ᄒᆞ야連帶債務의性質에違反되ᄂᆞᆫ事가有ᄒᆞᆯ지라然而德國의民法과如히絶對的으로相殺를不許ᄒᆞᄂᆞᆫ時ᄂᆞᆫ債權을有ᄒᆞᆫ連帶債務者가先返還을行ᄒᆞᆫ債務者의게對ᄒᆞ야自己의負擔部分을償還ᄒᆞᆫ後에更히債權者의게對ᄒᆞ야自己의權利를行使치아니치못ᄒᆞᆯ繁雜을要ᄒᆞᆯ境遇에至ᄒᆞᄂᆞᆫ故로最近에制定ᄒᆞᆫ法典은相殺를許ᄒᆞ야債權을有ᄒᆞᆫ債務者負擔部分에關ᄒᆞ야ᄂᆞᆫ相殺를援用케ᄒᆞᄂᆞᆫ

가진 경우에 그 채무자가 상계를 원용하였을 때는, 이 행위에 따라 그 채무자 1인의 채무가 소멸할 뿐만 아니라 다른 채무자의 채무도 또한 소멸한다. 그러나 그 채권을 가진 채무자가 상계를 원용하지 않을 때는, 다른 채무자가 그 채권 전부에 관해 그 상계를 원용할 수 없으나, 다만 채권을 가진 채무자의 부담 부분에 관해서는 상계를 원용할 뿐이다. 그러나 이에 반해 만약 연대채무자의 1인이 채권자로부터 채무 전부를 청구받은 경우에, 다른 채무자가 가진 바의 채권 전부로써 상계할 수 있는 때는, 그 채무자는 자기가 상환하지 않고 다른 채무자가 채무를 상환하게 하는 결과를 낳아, 연대채무의 성질에 위반되는 일이 있게 된다. 그렇다면 도이치 민법과 같이 절대적으로 상계를 허용하지 않을 때는, 채권을 가진 연대채무자가 먼저 상환한 채무자에 대해 자기의 부담 부분을 상환한 후에, 다시 채권자에 대해 자기 권리를 행사해야 하는 번잡함이 요구되는 경우에 이르게 된다. 따라서 최근에 제정된 법전은 상계를 허용하고 채권을 가진 채무자의 부담 부분에 관해서는 상계를 원용하게 하는

主義ᄅᆞᆯ採用ᄒᆞ야規定ᄒᆞᄂᆞ니라(日本民法第四百三十六條參照)

〔四〕、免除

債務의免除란者ᄂᆞᆫ債權者가自己의有ᄒᆞᆫ바債權을抛棄ᄒᆞᄂᆞᆫ單獨行爲ᄅᆞᆯ謂ᄒᆞᆷ이니債權者가連帶債務者一人의게對ᄒᆞ야免除의意思ᄅᆞᆯ表示ᄒᆞᆫ時ᄂᆞᆫ總債務者의債務가此ᄅᆞᆯ因ᄒᆞ야可히消滅ᄒᆞᆯ者歟아單히其免除ᄅᆞᆯ受ᄒᆞᆫ債務者의債務만消滅ᄒᆞᆯ者歟아此點은一疑題라日本舊民法及法國民法에ᄂᆞᆫ債權者가特히一人債務者의게對ᄒᆞ야만債務ᄅᆞᆯ免除ᄒᆞᆯ意思로明示치아니ᄒᆞᆫ時ᄂᆞᆫ總債務者의債務ᄅᆞᆯ爲ᄒᆞ야消滅ᄒᆞᄂᆞᆫ者ㅣ라規定ᄒᆞ얏시나日本新民法及德國民法은是와相反ᄒᆞ야如此ᄒᆞᆫ債權抛棄의意思ᄅᆞᆯ一般債務上으로推測치아니ᄒᆞ고債務者一人의게對ᄒᆞᆫ債務免除ᄂᆞᆫ總債務者의債務ᄅᆞᆯ爲ᄒᆞ야效力이不生ᄒᆞ야其免除ᄅᆞᆯ受ᄒᆞᆫ債務者의債務만消滅ᄒᆞᆷ으로原則을作ᄒᆞ니라然이나但此等民法에도連帶債務者一人의게對ᄒᆞᆫ債務免除ᄂᆞᆫ他債務者의게對ᄒᆞ야何等의效力이全無ᄒᆞᆫ바ㅣ아니오亦關係가有ᄒᆞ니卽

주의를 채택하여 규정한다(일본 민법 제436조 참조).

(4) 면제

채무면제란 채권자가 자기가 가진 바의 채권을 포기하는 단독행위를 말한다. 채권자가 연대채무자 1인에 대해 면제의 의사표시를 하였을 때는, 모든 채무자의 채무가 이에 따라 소멸되는가? 다만 그 면제를 받은 채무자의 채무만 소멸되는가? 이 점은 하나의 의문이 있는 문제이다. 일본 구민법과 프랑스 민법에서는 채권자가 특히 1인의 채무자에 대해서만 채무를 면제할 의사를 명시하지 않았을 때는, 모든 채무자의 채무를 위해 소멸한다고 규정하였다. 그러나 일본 신민법과 도이치 민법은 이에 반해 이와 같은 채권 포기의 의사를 일반 채무에서는 추측하지 않고, 채무자 1인에 대한 채무면제는 모든 채무자의 채무를 위해 효력이 발생하지 않고 그 면제를 받은 채무자의 채무만 소멸하게 한다고 하는 것을 원칙으로 삼는다. 그러나 다만 이들 민법에서도 연대채무자 1인에 대한 채무면제는 다른 채무자에 대해 전혀 효력이 없는 것은 아니고 또한 관계가 있다. 즉

其債務의免除를受ᄒᆞᆫ債務者負擔部分에就ᄒᆞ야는他債務者의利益을爲ᄒᆞ야도効力이生ᄒᆞᆷ이라規定ᄒᆞᆷ이是라假令甲이乙丙丁三人의게對ᄒᆞ야連帶로金三千圓을貸與ᄒᆞ고乙者의게對ᄒᆞ야債務를免除ᄒᆞᆫ時는乙은專히其債務를得免ᄒᆞᆯ뿐아니라丙丁도乙의負擔部分千圓을除ᄒᆞ고其餘二千圓에만對ᄒᆞ야連帶로返償ᄒᆞᆯ義務를負擔ᄒᆞᆯ지라然而如此히連帶債務者一人의게對ᄒᆞ야行ᄒᆞᆫ債務의免除가他債務者의게對ᄒᆞ야도効力을生ᄒᆞ는所以는若此境遇에至ᄒᆞ야他債務者의게全히影響이無ᄒᆞᆫ者ㅣ라ᄒᆞ면他債務者는爲先其債務를返還ᄒᆞ고後에免除를受ᄒᆞᆫ債務者의負擔部分에關ᄒᆞᆫ返還을不得已債權者의게請求ᄒᆞᆷ과如ᄒᆞᆫ繁雜을難避ᄒᆞᆯ所以니라

〔五〕、混同

混同이란者는債權과債務가同一人의게歸ᄒᆞᆷ을謂ᄒᆞᆷ이니假令債權者가連帶債務者一人의相續人이되거나又或連帶債務者의一人이債權者의相續人이되는境遇와如ᄒᆞᆫ者를謂ᄒᆞᆷ이라然而此境遇卽連

그 채무의 면제를 받은 채무자의 부담 부분에 관해서는, 다른 채무자의 이익을 위해서도 효력이 발생한다고 규정하는 것이 이에 해당한다. 가령 甲이 乙·丙·丁 3인에 대해 연대로 일금 3,000원을 대여하고 乙에 대해 채무를 면제하였을 때는, 乙은 오로지 그 채무를 면하게 될 뿐만 아니라, 丙·丁도 乙의 부담 부분인 1,000원을 공제하고, 그 나머지 2,000원에 대해서만 연대로 상환할 의무를 부담하게 된다. 그러나 이처럼 연대채무자 1인에 대해 행한 채무의 면제가 다른 채무자에 대해서도 효력을 발생하는 까닭은, 만약 이 경우에 다른 채무자에게 전혀 영향이 없다고 하면, 다른 채무자는 우선 그 채무를 상환하고 나중에 면제를 받은 채무자의 부담 부분에 관한 반환을 부득이 채권자에게 청구하는 것과 같은 번잡함을 피하기 어렵기 때문이다.

(5) 혼동

혼동이란 채권과 채무가 동일인에게 귀속되는 것을 말한다. 가령 채권자가 연대채무자의 1인의 상속인이 되거나, 연대채무자의 1인이 채권자의 상속인이 되는 그것 같은 경우를 말한다. 그러나 이 경우 즉 연

帶債務者의一人과債權者間에混同이有ᄒᆞᆫ時는其債務者의債務가混同을依ᄒᆞ야消滅ᄒᆞᆷ은理의當然ᄒᆞᆫ바ㅣ로대此境遇에他債務者의債務도同一히消滅ᄒᆞᆯ者歟아又或免除의境遇와如히混同이有ᄒᆞᆫ債務者의負擔部分에만就ᄒᆞ야効力이生ᄒᆞᆯ者歟아此는一疑點이라日本舊民法財産編及法國의民法等은此疑點을規定ᄒᆞ야曰債權者가連帶債務者의一人을相續ᄒᆞ거나又或連帶債務者의一人이債權者를相續ᄒᆞ는時는連帶債務가其一人負擔部分에만就ᄒᆞ야消滅ᄒᆞᆷ이라ᄒᆞ는故로日本舊民法及法國民法等의主旨는連帶債務者의一人과債權者間에附生ᄒᆞᆫ混同은總債務者를爲ᄒᆞ야債務消滅의効力이不生ᄒᆞ고但混同이有ᄒᆞᆫ債務者의負擔部分에만就ᄒᆞ야連帶債務를消滅ᄒᆞ게ᄒᆞ는者ㅣ라推測ᄒᆞᆷ을得ᄒᆞᆯ지라然이나日本新民法及德國民法의主旨는連帶債務者의一人과債權者間에混同이有ᄒᆞᆫ時에其債務者는債務의返還을行ᄒᆞᆫ者로認ᄒᆞᄂᆞ니라（日本新民法第四百三十八條德國民法第一草案第三百三十三條同第二草案第三百六

대채무자의 1인과 채권자 사이에 혼동이 있는 때는, 그 채무자의 채무가 혼동에 따라 소멸하는 것은 당연하다. 그러나 이 경우에 다른 채무자의 채무도 마찬가지로 소멸하는가 아니면 면제의 경우와 같이 혼동이 있는 채무자의 부담 부분에 관해서만 효력이 발생하는가? 이는 의문이 있는 문제이다. 일본 구민법 재산편과 프랑스 민법 등은 이 의문점을 규정하여, 채권자가 연대채무의 1인을 상속하거나, 연대채무자의 1인이 채권자를 상속하였을 때는, 연대채무가 그 1인의 부담 부분에 관해서만 소멸한다고 한다. 따라서 일본 구민법과 프랑스 민법의 근본 취지는, 연대채무자의 1인과 채권자 사이에 발생한 혼동은 모든 채무자를 위해 채무소멸의 효력이 발생하지 않고, 다만 혼동이 있는 채무자의 부담 부분에 관해서만 연대채무를 소멸하게 하려는 데 있다고 추측할 수 있다. 그러나 일본 신민법과 도이치 민법의 근본 취지는, 연대채무자의 1인과 채권자 사이에 혼동이 있을 때에 그 채무자는 채무를 상환한 것으로 인정하는 데 있다(일본 신민법 제438조와 도이치 민법 제1초안 제333조 및 동 제2초안 제36

十八條等參照) 然이나此法文의解釋에關ᄒᆞ야ᄂᆞᆫ學者의意見이相殊ᄒᆞ야或者ᄂᆞᆫ曰其新民法의規定이連帶債務者의一人과債權者間에混同이有ᄒᆞᆫ時ᄂᆞᆫ法律上에其債務者가全部의履行을行ᄒᆞᆫ者로認ᄒᆞ야總債務者의債務ᄂᆞᆫ是로因ᄒᆞ야全히消滅ᄒᆞᄂᆞᆫ故로混同을有ᄒᆞᆫ債務者ᄂᆞᆫ他債務者의게對ᄒᆞ야各其負擔部分의求償權이有ᄒᆞᆷ에不過ᄒᆞ다ᄒᆞ며又或者ᄂᆞᆫ曰此法文에其債務者가返還을行ᄒᆞᆫ者ㅣ라云ᄒᆞᆷ은要컨대自己의負擔部分을返還ᄒᆞᆷ에不過ᄒᆞ야其趣旨ᄂᆞᆫ日法兩國의民法과相殊ᄒᆞᆫ者ㅣ無ᄒᆞ다ᄒᆞ나右二或者의解釋이正當不正當에至ᄒᆞ야ᄂᆞᆫ斯法研究者의宿題로置ᄒᆞᆯ者ㅣ오述者의意見으로ᄂᆞᆫ第一說보다寧其第二說을贊成ᄒᆞ노라

〔六〕、時效

時效란者ᄂᆞᆫ時의經過ᄅᆞᆯ因ᄒᆞᆫ權利의取得及消滅의方法을謂ᄒᆞᆷ이니連帶債務者一人의게關ᄒᆞ야時效가完成ᄒᆞᆫ時ᄂᆞᆫ其債務者의債務가是ᄅᆞᆯ因ᄒᆞ야消滅ᄒᆞᆷ은當然ᄒᆞ나然이나他債務者債務에至ᄒᆞ야ᄂᆞᆫ其

8조 등 참조). 그러나 이 법문의 해석에 관해서는 학자의 의견이 서로 다르다. 어떤 사람은 그 신민법의 규정이 연대채무자의 1인과 채권자 사이에 혼동이 있을 때는, 법률상 그 채무자가 전부를 이행한 것으로 인정하여, 모든 채무자의 채무는 이에 따라 전부 소멸하고, 따라서 혼동이 있는 채무자는 다른 채무자에 대해 각각의 부담 부분의 구상권을 가지는 것에 불과하다고 한다. 또 어떤 사람은 이 법문에 그 채무자가 상환을 한 것이라고 한 것은, 요컨대 자기의 부담 부분을 상환한 것에 지나지 않고, 그 취지는 일본 · 프랑스 양국의 민법이 서로 다른 점이 없다고 한다. 그러나 이 두 가지의 해석이 정당한가 정당하지 아니한가에 관해서는 이 법을 연구하는 사람의 숙제로 남긴다. 필자의 의견으로는 제1설보다는 차라리 제2설을 찬성한다.

(6) 시효

시효란 시간의 경과에 따른 권리의 취득과 소멸 방법을 말한다. 연대채무자의 1인에 관해 시효가 완성하였을 때는, 그 채무자의 채무가 이에 따라 소멸되는 것은 당연하다. 그러나 다른 채무자에 관해서는 그

關係의影響이如何오理論上으로說明ᄒᆞ면他債務者의債務ᄂᆞᆫ依然히存續ᄒᆞᄂᆞᆫ者ㅣ라ᄒᆞᆯ지로대此理論을貫徹코자ᄒᆞᄂᆞᆫ時ᄂᆞᆫ實際上에極히不條理의結果ᄅᆞᆯ生ᄒᆞᆯ지라假令甲이乙丙二人의게對ᄒᆞ야金千圓을貸與ᄒᆞ야乙丙二人의負擔部分이各其平等되ᄂᆞᆫ境遇에乙者의게對ᄒᆞ야ᄂᆞᆫ消滅의時效가完成ᄒᆞᆷ을不關ᄒᆞ고丙者의債務ᄂᆞᆫ依然히存在ᄒᆞ야甲의게對ᄒᆞ야金千圓을返還치아니치못ᄒᆞᆷ에至ᄒᆞ야其全額을負擔ᄒᆞᄂᆞᆫ結果ᄅᆞᆯ生ᄒᆞᆯ지니此則不條理의甚ᄒᆞᆫ者ㅣ라然而元來時效中特히此消滅時效ᄂᆞᆫ公益上의必要ᄅᆞᆯ爲ᄒᆞ야怠慢의權利者로ᄒᆞ야곰其權利ᄅᆞᆯ喪失케ᄒᆞᄂᆞᆫ主義ᄅᆞᆯ取ᄒᆞᄂᆞᆫ故로新히制定ᄒᆞᄂᆞᆫ民法에ᄂᆞᆫ連帶債務境遇에此主義ᄅᆞᆯ採用ᄒᆞ야消滅時效에關ᄒᆞᆫ不利益을債權者의게負擔케ᄒᆞ야連帶債務者一人의게時效가完成ᄒᆞᄂᆞᆫ時ᄂᆞᆫ其債務者負擔部分에關ᄒᆞ야ᄂᆞᆫ他債務者도亦債務ᄅᆞᆯ得免케ᄒᆞᄂᆞ니라(日本民法第四百三十九條德國民法第一草案第三百二十七條同第二草案第三百六十八條等叅照)

관계의 영향이 어떠한가? 이론상으로 설명하면 다른 채무자의 채무는 그대로 존속한다고 할 것이다. 그러나 이 이론을 관철하고자 할 때는, 실제 매우 부조리한 결과가 발생하게 된다. 가령 甲이 乙·丙 2인에 대해 일금 1,000원을 대여하고 乙·丙 2인의 부담 부분이 각각 균등한 경우에, 乙에 대해서는 소멸시효가 완성되었음에도 불구하고, 丙의 채무는 그대로 존재하여 甲에 대해 일금 1,000원을 상환해야 하므로, 그 전액을 부담하는 결과가 발생한다. 이는 부조리가 심한 경우이다. 그러나 원래 시효 중 특히 이 소멸시효는 공익상의 필요를 위해 게으른 권리자가 그 권리를 상실하게 하는 주의를 취한 것이다. 따라서 새로 제정된 민법에서는 연대채무의 경우에 이 주의를 채택하여, 소멸시효에 관한 불이익을 채권자에게 부담하게 하여 연대채무자 1인에게 시효가 완성하였을 때는, 그 채무자의 부담 부분에 관해서는 다른 채무자도 또한 채무를 면하게 된다(일본 민법 제439조, 도이치 민법 제1초안 제327조와 동 제2초안 제368조 등 참조).

乙、債務者互相間의關係

數人이連帶ᄒᆞ야債務ᄅᆞᆯ負擔ᄒᆞᆫ境遇에債權者가債務者의全員或各自의게對ᄒᆞ야債務의目的되ᄂᆞᆫ全給付ᄅᆞᆯ請求ᄒᆞᄂᆞᆫ權利가有ᄒᆞ고各債務者ᄂᆞᆫ共同或各別히債權者의게對ᄒᆞ야全給付ᄅᆞᆯ履行ᄒᆞᄂᆞᆫ義務가有ᄒᆞᆫ事ᄂᆞᆫ以上에槩述ᄒᆞᆫ바와如ᄒᆞ거니와玆에債務者中一人이債權者의게對ᄒᆞ야債務의目的되ᄂᆞᆫ全給付의履行을完了ᄒᆞᆫ境遇에ᄂᆞᆫ何債務者負擔部分에歸着ᄒᆞᆯ者歟아此問題ᄅᆞᆯ解釋코져ᄒᆞ면不可不債務者互相間의關係ᄅᆞᆯ講述치아니치못ᄒᆞᆯ지라蓋連帶債務者와債權者間關係에各債務者가其全給付ᄅᆞᆯ履行ᄒᆞᄂᆞᆫ義務ᄂᆞᆫ負擔ᄒᆞᆯ지로대其互相間關係에至ᄒᆞ야ᄂᆞᆫ債務者中의或債務者가全債務ᄅᆞᆯ負擔ᄒᆞᄂᆞᆫ事도有ᄒᆞ며各債務者가其債務ᄅᆞᆯ分擔ᄒᆞᄂᆞᆫ事도有ᄒᆞ며又或各債務者의債務負擔部分이平等되ᄂᆞᆫ事도有ᄒᆞ며不平等되ᄂᆞᆫ事도有ᄒᆞ야其互相間의權利義務關係가區區不一ᄒᆞᄂᆞ니要컨대此點에至ᄒᆞ야ᄂᆞᆫ債務者互相間의特約及連帶債務에關ᄒᆞ야受ᄒᆞᆫ바의利益의比較如何ᄅᆞᆯ依ᄒᆞ야可定ᄒᆞᆯ者ㅣ니라

2. 채무자 상호간의 관계

수인이 연대하여 채무를 부담한 경우에, 채권자는 채무자 전원 또는 각자에 대해 채무의 목적으로 되는 급부 전부를 청구하는 권리를 가지고, 각 채무자는 공동으로 또는 각자 따로 채권자에 대해 급부 전부를 이행할 의무가 있는 것은 이상에서 이미 서술한 바와 같다. 이에 채무자 중의 1인이 채권자에 대해 채무의 목적으로 되는 급부 전부의 이행을 완료한 경우에는, 어떤 채무자의 부담 부분으로 귀속될 것인가? 이 문제를 알기 쉽게 설명하고자 하면, 부득이 채무자 상호 간의 관계를 설명하지 않을 수 없다. 대개 연대채무자와 채권자 사이의 관계에서 각 채무자는 그 급부 전부를 이행할 의무를 부담한다. 그러나 그 상호 간의 관계에 관해서는, 채무자 중의 어떤 채무자가 모든 채무를 부담하기도 하며, 각 채무자가 그 채무를 분담하기도 한다. 또 때로는 각 채무자의 채무 부담 부분이 평등한 경우도 있고, 불평등한 경우도 있어서 그 상호 간의 권리의무관계가 각각 다르고 일치하지 않는다. 요컨대 이 점에 관해서는 채무자 상호 간의 특약과 연대채무에 관해 받은 바의 이익 비교가 어떠한가에 따라 정해질 수 있다.

或學者는此에關ᄒᆞ야說明ᄒᆞ야曰連帶債務는單히連帶債權者及債務者間에關ᄒᆞᆫ規定이오債務者互相間의規定과如ᄒᆞᆫ者는其性質이連帶債務의其自身을規定ᄒᆞ는者ㅣ아니라論ᄒᆞ는者ㅣ有ᄒᆞ나德國民法及日本新民法等은連帶債務標題下에債權者及債務者間의關係만規定ᄒᆞᆯ뿐아니라債務者互相間의關係도亦規定ᄒᆞ얏시니其理由는連帶債務를規定ᄒᆞᆷ에當ᄒᆞ야債務者互相間의關係를規定ᄒᆞᆷ은性質上으로連帶債務의其自身을規定ᄒᆞ는者는아니로대此關係를連帶債務에關ᄒᆞᆫ規定上에規定치아니ᄒᆞ면他에規定ᄒᆞᆯ處가無ᄒᆞᆯ뿐아니라全히連帶債務의其自身과도關係가無ᄒᆞ다謂ᄒᆞᆷ은不得ᄒᆞᆯ지라故로玆에說明ᄒᆞᆷ이便利ᄒᆞᆷ으로信ᄒᆞ노라

債務者互相間의關係에至ᄒᆞ야는不可不左의數點을研究ᄒᆞᆯ必要가有ᄒᆞ니라

〔一〕求償權　以上에業己略述ᄒᆞᆷ과如히連帶債務者는各自全部의債務를負擔ᄒᆞ야債權者의게對ᄒᆞ야全部의履行을行ᄒᆞᆯ義務가有ᄒᆞᆷ은是卽債權者及債務者間의關係를謂ᄒᆞᆷ이라然이나是와相反ᄒᆞ야債務者互相間關係

어떤 학자는 이에 관해 설명하면서, 연대채무는 다만 연대채권자와 채무자 사이에 관한 규정이고, 채무자 상호 간의 규정과 같은 것은 그 성질이 연대채무 그 자체를 규정하는 것은 아니라고 논하기도 한다. 그러나 도이치 민법과 일본 신민법 등은 연대채무라는 표제 아래, 채권자와 채무자 사이의 관계만 규정할 뿐만 아니라, 채무자 상호 간의 관계도 또한 규정하고 있다. 그 이유는 연대채무를 규정하면서 채무자 상호 간의 관계를 규정하는 것은, 성질상 연대채무 그 자체를 규정하는 것은 아니지만, 이 관계를 연대채무에 관한 규정에서 규정하지 아니하면, 달리 규정할 곳이 없기 때문이다. 그뿐만 아니라 전혀 연대채무 그 자체와도 관계가 없다고 말할 수 없기 때문이다. 따라서 여기에서 설명하는 것이 편리하다고 믿는다.

채무자 상호 간의 관계에 관해서는 부득이 다음의 몇 가지 점을 연구할 필요가 있다.

(1) 구상권

이상에서 이미 약술한 바와 같이, 연대채무자는 각자 채무 전부를 부담하고 채권자에 대해 전부를 이행할 의무를 부담하는 것 이는 곧 채권자와 채무자 사이의 관계를 말한다. 그러나 이에 반해 채무자 상호 간의 관계에至ᄒᆞ야ᄂᆞᆫ各債務者의負擔部分을分擔主義의原則을依ᄒᆞ야定ᄒᆞᆯ者ㅣ됨으로特別의意思表示가無ᄒᆞᆫ時ᄂᆞᆫ連帶債務者의負擔部分이各自平等으로分割ᄒᆞᆯ지라是로因ᄒᆞ야連帶債務者의一人이債權者의게對ᄒᆞ야全部或一部의債務를返償ᄒᆞ거나又ᄂᆞᆫ其他自己의出捐으로써共同의責任을得免ᄒᆞᆫ時ᄂᆞᆫ其債務者가他債務者의게對ᄒᆞ야其各自의負擔部分을求償ᄒᆞᄂᆞᆫ權이有ᄒᆞ니라假令甲이乙丙丁三人의게對ᄒᆞ야連帶로金三千圓을貸與ᄒᆞᆫ境遇에乙이甲의게對ᄒᆞ야三千圓을返償ᄒᆞᆫ時ᄂᆞᆫ乙이丙丁의게對ᄒᆞ야各千圓의償還을請求ᄒᆞᆯ權이有ᄒᆞᆯ지로다玆에所謂其他自己의出捐이란者ᄂᆞᆫ更改及相殺等事를因ᄒᆞ야債務를消滅케ᄒᆞᆷ과如ᄒᆞᆫ者ㅣ是라

〔二〕求償權의範圍　連帶債務者一人이他債務者의게對ᄒᆞ야求償權을有ᄒᆞᆫ境遇에返償及其他出捐의元本이其中에包含ᄒᆞᆷ은容疑ᄒᆞᆯ바ㅣ아니로ᄃᆡ其他에對ᄒᆞ야ᄂᆞᆫ果然償還ᄒᆞᆯ義務가有與無에關ᄒᆞ야ᄂᆞᆫ多少分明치아니ᄒᆞᆫ處가有ᄒᆞᆷ으로各國의民法은此點에關ᄒᆞ야大概明文으로써規定ᄒᆞᄂᆞ니今에其規定ᄒᆞᆫ바를據ᄒᆞ건대求償權의範圍가左와如ᄒᆞ도다

에 관해서는, 각 채무자의 부담 부분을 분담주의의 원칙에 따라 정하게 되므로, 특별한 의사표시가 없을 때는, 연대채무자의 부담 부분은 각자 평등하게 분할된다. 이에 따라 연대채무자의 1인이 채권자에 대해 전부 또는 채무 일부를 상환하거나, 자기의 출연으로 공동의 책임을 면하게 하였을 때는, 그 채무자가 다른 채무자에 대해 그 각자의 부담 부분을 구상하는 권리를 가진다. 가령이 甲이 乙·丙·丁 3인에 대해 연대로 일금 3,000원을 대여한 경우에, 을이 甲에 대해 3,000원을 상환하였을 때는, 乙이 丙·丁에 대해 각각 1,000원의 상환을 청구할 권리를 가진다. 여기에서 이른바 그 밖의 자기의 출연이란 경개와 상계 등에 따라 채무를 소멸하게 하는 그것 같은 경우가 이에 해당한다.

(2) 구상권의 범위

연대채무자 1인이 다른 채무자에 대해 구상권을 가진 경우에, 상환과 그 밖의 출연 원본이 그중에 포함되는 것은 의심의 여지가 없다. 그러나 그 밖의 것에 대해서는 과연 상환할 의무가 있는지와 없는지에 관해서는 다소 분명하지 않은 점이 있으므로, 각국 민법은 이 점에 관해 대개 명문으로 규정하고 있다. 이제 그 규정한 바에 따르면 구상권의 범위는 다음과 같다.

〔一〕辨償及其他出捐의元本

〔二〕辨償及其他의出捐을依ᄒᆞ야免責ᄒᆞᆫ日以後의法定利息

〔三〕可히得避치못ᄒᆯ費用及損害

右列擧中辨償及其他의出捐과法定利息에關ᄒᆞ야ᄂᆞᆫ以上에大槪說明이有ᄒᆞᆷ으로써玆에省略ᄒᆞ고但其可히得避치못ᄒᆯ費用及損害에만關ᄒᆞ야說明코져ᄒᆞ노라

可히得避치못ᄒᆯ費用이란者ᄂᆞᆫ債務者가辨償及出捐을行ᄒᆯ時에當ᄒᆞ야可히省略ᄒᆞ기難ᄒᆞᆫ費用을謂ᄒᆞᆷ이니盖連帶債務者ᄂᆞᆫ其過失及怠慢을依ᄒᆞ야ᄂᆞᆫ他債務者의負擔部分을加重ᄒᆞᆷ을不得ᄒᆯ지로대共同히免責ᄒᆞ기ᄅᆞᆯ爲ᄒᆞ야支出ᄒᆞᆫ費用으로到底히得避치못ᄒᆯ費用에至ᄒᆞ야ᄂᆞᆫ他債務者로ᄒᆞ야곰是ᄅᆞᆯ分擔케ᄒᆞᆷ이正當ᄒᆞᆫ法理오其費用을全히支出ᄒᆞᆫ債務者로ᄒᆞ야곰負擔케ᄒᆞᆷ은公平치아니ᄒᆞᆫ法理라謂ᄒᆞᆷ을得ᄒᆯ지라假令此費用은送金料及運送料等과如ᄒᆞᆫ者ㅣ오訴訟費用도亦此種에屬ᄒᆯ지로다

可히得避치못ᄒᆯ損害란者ᄂᆞᆫ債務者가其債務ᄅᆞᆯ償還ᄒᆞᆷ에當ᄒᆞ야不得已

① 변제와 그 밖의 출연 원본
② 변제와 그 밖의 출연에 따라 면책한 이후의 법정이자
③ 불가피한 비용과 손해

위에 열거된 것 중 변제와 그 밖의 출연과 법정이자에 관해서는, 이상에서 대체로 설명하였으므로, 여기에서는 생략하고, 다만 불가피한 비용과 손해에 관해서만 설명하고자 한다.

불가피한 비용이란 채무자가 변제와 출연을 할 때에 생략하기 어려운 비용을 말한다. 대개 연대채무자는 그 과실과 게으름에 따라 다른 채무자의 부담 부분을 가중할 수 없다. 그러나 공동으로 면책하기 위해 지출한 비용으로 도저히 피할 수 없는 비용에 관해서는, 다른 채무자가 이를 분담하는 것이 정당한 법리이고, 그 비용을 전부 지출한 채무자가 부담하는 것은 공평하지 않은 법리라고 말할 수 있다. 가령 이 비용은 송금료와 운송료 등과 같은 것이고, 소송비용도 또한 이 종류에 속한다.

불가피한 손해란 채무자가 그 채무를 상환할 때에 부득이

ᄒᆞ야被ᄒᆞᆫ損害를謂ᄒᆞᆷ이니亦此等損害에關ᄒᆞ야도各債務者로ᄒᆞ야곰分擔케ᄒᆞᆷ이穩當ᄒᆞᆯ지로다假令求償者가債權者로브터履行의請求를受ᄒᆞ야卽時에償還을行ᄒᆞ기不能ᄒᆞ야他債務者의게通知ᄒᆞ야도何等의處置가無ᄒᆞᆷ으로써自己財産의幾分을廉價로賣却ᄒᆞ야其代金으로返還ᄒᆞᆫ不得已ᄒᆞᆫ境遇에受ᄒᆞᆫ損害에關ᄒᆞ야ᄂᆞᆫ其損害를被ᄒᆞᆫ債務者가他債務者의게對ᄒᆞ야其損害의賠償을請求ᄒᆞᆷ을得ᄒᆞᆯ지로다

債務者의一人이辨償及其他의共同免責을爲ᄒᆞ야支出ᄒᆞᆫ費用과損害가可히得避치못ᄒᆞᆯ者ㅣ되ᄂᆞᆫ時ᄂᆞᆫ各債務者의게分擔케ᄒᆞᆷ은前述과如ᄒᆞ거니와其負擔의比數ᄂᆞᆫ其連帶에關ᄒᆞ야各債務者의負擔部分을應ᄒᆞ야標準을定ᄒᆞᄂᆞᆫ故로各債務者의負擔部分이平等되ᄂᆞᆫ時ᄂᆞᆫ亦其費用及損害의負擔部分도平等으로分割ᄒᆞᆯ지오又各債務者의負擔部分이相差가有ᄒᆞᆫ時ᄂᆞᆫ各其頭數를應ᄒᆞ야負擔ᄒᆞᆷ이可ᄒᆞᆯ지로다

〔三〕 返償及其他의出捐을行ᄒᆞᆫ債務者의過失責任　連帶債務者의一人이辨償及其他의出捐으로써共同의免責을得ᄒᆞᆫ時ᄂᆞᆫ一定ᄒᆞᆫ範圍以內의求

하게 입은 손해를 말한다. 또한 이들 손해에 관해서도 각 채무자가 분담하는 것이 온당하다. 가령 구상권자가 채권자로부터 이행의 청구를 받고 즉시 상환할 수 없어서 다른 채무자에게 통지해도 어떠한 조치도 없으므로, 자기 재산의 어떤 부분을 염가로 매각하여 그 대금으로 상환한 경우와 같이 부득이한 경우에 입은 손해에 관해서는, 그 손해를 입은 채무자가 다른 채무자에 대해 그 손해배상을 청구할 수 있다.

채무자 1인이 변제와 그 밖의 공동 면책을 위해 지출한 비용과 손해가 불가피한 것이었을 때는, 각 채무자에게 분담하게 하는 것은 전술한 바와 같고 그 부담 비율은 그 연대에 관한 각 채무자의 부담 부분에 따라 표준을 정한다. 따라서 각 채무자의 부담 부분이 평등하였을 때는 또한 그 비용과 손해의 부담 부분도 평등하게 분할된다. 또 각 채무자의 부담 부분이 서로 차이가 있었을 때는 각각 머릿수에 따라 부담하는 것이 타당하다.

(3) 상환과 그 밖의 출연을 한 채무자의 과실책임

연대채무자의 1인이 변제와 그 밖의 출연으로 공동의 면책을 얻었을 때는, 일정한 범위 이내의 구

償權을有ᄒᆞᆫ事ᄂᆞᆫ前述과如ᄒᆞ거니와若其債務者의게過失이有ᄒᆞᆫ時ᄂᆞᆫ其求償權의全部或一部를失ᄒᆞᄂᆞᆫ境遇가有ᄒᆞ니卽其過失을區分ᄒᆞ야論ᄒᆞᆯ진대左와如ᄒᆞ도다

〔一〕 債務者가他債務者의게通知치아니ᄒᆞ고辨償及其他의出捐을行ᄒᆞᆫ境遇　連帶債務者의一人이債權者로브터履行의請求를受ᄒᆞᆫ時에他債務者가債權者의게對ᄒᆞ야相當히對抗ᄒᆞᆯ事由가必無ᄒᆞ리라斷定ᄒᆞ기難ᄒᆞᆷ으로其履行의請求를受ᄒᆞᆫ事를他債務者의게通知치아니치못ᄒᆞᆯ지라然而其債務者가自己의過失을因ᄒᆞ야他債務者의게通知치아니ᄒᆞ고債權者의게對ᄒᆞ야辨償을行ᄒᆞ고又其他自己의出捐으로써共同의免責을得ᄒᆞᆫ時ᄂᆞᆫ他債務者ᄂᆞᆫ債權者의게對抗ᄒᆞᆯ事由로써其過失이有ᄒᆞᆫ債務者의게對抗ᄒᆞᆷ을得ᄒᆞᆯ지라假令甲、乙丙三人이連帶債務者되ᄂᆞᆫ境遇에甲이債權者로브터履行의請求를受ᄒᆞ야卽時其債務의履行을行ᄒᆞᆫ者ㅣ라假定ᄒᆞᆯ지라도若乙이債權者의게對ᄒᆞ야同種의債權을有ᄒᆞ야相殺로써可히對抗ᄒᆞᆯ事를得ᄒᆞᆯ時ᄂᆞᆫ甲이乙의게對ᄒᆞ야求償

상권을 가진다는 것은 전술한 바와 같다. 만약 그 채무자에게 과실이 있었을 때는 그 구상권의 전부 또는 일부를 상실하는 경우가 있다. 즉 그 과실을 구분하여 논해 보면 다음과 같다.

〈1〉 채무자가 다른 채무자에게 통지하지 않고 변제와 그 밖의 출연을 한 경우

연대채무자의 1인이 채권자로부터 이행의 청구를 받았을 때에 다른 채무자가 채권자에 대해 상당한 대항사유가 반드시 없다고 단정하기 어려우므로, 그 이행의 청구를 받은 것을 다른 채무자에게 통지해야 한다. 그런데 그 채무자가 자기의 과실로 인해 다른 채무자에게 통지하지 않고, 채권자에 대해 변제를 하고 또 그 밖의 자기의 출연으로 공동의 면책을 얻었을 때는, 다른 채무자는 채권자에게 대항할 사유로써 그 과실이 있는 채무자에게 대항할 수 있다. 가령 甲·乙·丙 3인이 연대채무자일 경우에, 甲이 채권자로부터 이행의 청구를 받고 곧바로 그 채무를 이행한 경우라고 가정하더라도, 만약 乙이 채권자에 대한 같은 종류의 채권이 있고 상계로써 대항할 수 있었을 때는, 甲이 乙에 대해 구상

을請求ᄒᆞᆯ際에乙은甲의게對ᄒᆞ야此ᄅᆞᆯ對抗ᄒᆞᆷ이能ᄒᆞᆯ지로다但此境遇에當ᄒᆞ야債務의全部ᄅᆞᆯ對抗ᄒᆞᆷ이아니오但其自己의負擔部分에만就ᄒᆞ야對抗ᄒᆞᆷ은更히說明을待ᄒᆞ야解決ᄒᆞᆯ바ㅣ아니니라此境遇에關ᄒᆞ야甲은乙의部分도負擔ᄒᆞᄂᆞᆫ者ㅣ라ᄒᆞ면法理의不公平을難免ᄒᆞᆯ지니何故오債權者ᄂᆞᆫ一便으로甲의게全部返還을受ᄒᆞ고又他一便으로ᄂᆞᆫ乙의負擔部分에關ᄒᆞᆫ相殺ᄅᆞᆯ甲의게對抗ᄒᆞ야債權者ᄂᆞᆫ其義務ᄅᆞᆯ得免ᄒᆞ고二重의利益을受ᄒᆞᆷ에至ᄒᆞᆯ所以라故로假令法典上에如此ᄒᆞᆫ規定이無ᄒᆞᆯ지라도甲은債權者의게對ᄒᆞ야不當利得의原則을依ᄒᆞ야其部分의返還을請求ᄒᆞᆷ이能ᄒᆞᆯ지로대果然其債權者의利得ᄒᆞᆫ利益은連帶債務의返還을依ᄒᆞ야受ᄒᆞᆫ者歟아又或其相殺ᄅᆞᆯ依ᄒᆞ야受ᄒᆞᆫ者歟아多少의訝惑이不無ᄒᆞᆯ지라然而此에關ᄒᆞ야ᄂᆞᆫ相殺란者ᄂᆞᆫ既往에溯及ᄒᆞ야効力이生ᄒᆞᄂᆞᆫ故로寧其相殺가効力을生ᄒᆞ고反히其償還이無効됨으로因ᄒᆞ야其連帶債務의償還을債權者의게返還ᄒᆞ가로請求ᄒᆞᆯ者ㅣ라謂ᄒᆞᄂᆞᆫ小理가無ᄒᆞᆷ은아니로대然이나甲이請求ᄅᆞᆯ受ᄒᆞ고償還을行

을 청구할 때에 乙은 甲에 대해 이를 가지고 대항할 수 있다. 다만 이 경우에 채무 전부에 관해 대항하는 것이 아니고, 다만 그 자기의 부담 부분에 관해서만 대항하는 것은, 다시 설명을 기다려 해결할 바가 아니다. 이 경우에 관해 甲은 乙 부분도 부담하는 것이라고 하면 법리의 불공평을 면할 수 없다. 왜냐하면 채권자는 한편으로 甲에게 상환을 전부 받고, 또 다른 한편으로는 乙의 부담 부분에 관한 상계를 甲에게 대항하여, 채권자는 그 의무를 면하게 되는 이중의 이익을 받게 되기 때문이다. 따라서 가령 법전에 이와 같은 규정이 없을지라도, 甲은 채권자에 대해 부당이득의 원칙에 따라 그 부분의 반환을 청구할 수 있다. 그러나 과연 그 채권자가 이득을 얻은 이익은 연대채무의 상환에 따라 받은 것인가 아니면 그 상계에 따라 받은 것인가? 다소의 의혹이 없지 않다. 그런데 이에 관해서는 상계란 기왕에 소급하여 효력이 발생한다. 따라서 차라리 그 상계가 효력을 발생하고 도리어 그 상환이 무효로 됨에 따라, 그 연대채무의 상환을 채권자에게 반환하는 것으로 청구한다고 하는 작은 이치가 없는 것은 아니다. 그러나 甲이 청구를 받고 상환을 하였던

ᄒᆞᆫ當時ᄂᆞᆫ其相殺가姑有ᄒᆞᆷ을未知ᄒᆞᆯ뿐아니라甲者와債權者間에債務가存在ᄒᆞᆷ은事實을成ᄒᆞᄂᆞᆫ故로其債務의償還을無効라ᄒᆞᆷ은得當ᄒᆞᆫ法理라云ᄒᆞ기不能ᄒᆞᆯ지라然則勢不得已ᄒᆞ야相殺ᄂᆞᆫ甲者의게對ᄒᆞ야만有効오債權者의게對ᄒᆞ야ᄂᆞᆫ對抗ᄒᆞ기不能ᄒᆞᆫ者ㅣ라論ᄒᆞᆷ을得ᄒᆞᆯ지로다是以로法律은甲者의게對ᄒᆞ야乙者가債權者의게對ᄒᆞᆫ權을與ᄒᆞᄂᆞ니卽此權은法律의規定을依ᄒᆞ야有ᄒᆞᆯ者ㅣ오乙者의代理人으로써行ᄒᆞᄂᆞᆫ者ㅣ아니니自己의名義로써行ᄒᆞᆷ을要ᄒᆞᆯ지로다

以上은專히相殺에만關ᄒᆞ야論ᄒᆞᆫ者ㅣ로대他事項에至ᄒᆞ야도大概相同ᄒᆞ니라假令乙이債權者로브터免除를受ᄒᆞᆫ境遇에若乙이此事項으로써甲者의게對抗ᄒᆞ면甲은債權者의게對ᄒᆞ야乙의負擔部分의還給을請求ᄒᆞᆯ지니何故오債權者가債權의全額에關ᄒᆞ야全部의履行을受ᄒᆞᆫ時ᄂᆞᆫ其一部分에就ᄒᆞ야ᄂᆞᆫ不當히利得ᄒᆞᆫ部分이有ᄒᆞᆫ所以니라

〔二〕 債務者가償還及其他出捐의事를他債務者의게通知치아니ᄒᆞᆫ境遇

連帶債務者의一人이償還及其他의出捐으로써共同의免責을得ᄒᆞᆫ時

당시에는, 그 상계가 짐짓 있었던 것을 알지 못하였을 뿐만 아니라, 甲과 채권자 사이에 채무가 존재하는 것은 사실이다. 따라서 그 채무의 상환을 무효라고 하는 것은 적당한 법리라고 말할 수 없다. 그렇다면 어쩔 수 없이 상계는 甲에 대해서만 유효하고 채권자에 대해서는 대항할 수 없다고 논할 수 있다. 이에 따라 법률은 甲에 대해 을의 채권자에 대한 권리를 부여한다. 즉 이 권리는 법률의 규정에 따라 가지는 것이고, 을의 대리인으로 행사하는 것은 아니므로 자기의 명의로 행사해야 한다.

이상은 오로지 상계에 관해서만 논한 것이지만, 다른 사항에 관해서도 대체로 서로 같다. 가령 乙이 채권자로부터 면제를 받은 경우에, 만약 乙이 이 사항으로 甲에게 대항하면, 甲은 채권자에 대해 을의 부담 부분의 환급을 청구할 수 있다. 왜냐하면 채권자가 채권 전부에 관해 전부 이행을 받았을 때는, 그 일부분에 관해서는 부당하게 이득을 얻은 부분이 있기 때문이다.

〈2〉 채무자가 상환과 그 밖의 출연을 다른 채무자에게 통지하지 아니한 경우

연대채무자의 1인이 상환과 그 밖의 출연으로 공동의 면책을 얻었을 때

는他債務者의게對ᄒᆞ야其旨를通知홈이可ᄒᆞ니何故오他債務者는其償還이姑無홈으로信ᄒᆞ야更히債權者의게對ᄒᆞ야債務를償還홀事가有홀所以라事實이若此에至홀진대過失이有ᄒᆞᆫ債務者의返還은有効로成立ᄒᆞ고其後에行ᄒᆞᆫ他債務者의返還은無効됨을未免ᄒᆞ야其結果로他債務者는債權者의게對ᄒᆞ야는或不當利得의返還을請求ᄒᆞ는權이有홀지로대過失이有ᄒᆞᆫ其債務者의게對ᄒᆞ야는不可不其負擔部分을償還홀義務가有ᄒᆞᆫ者ㅣ라不謂홈을不得홀지라然이나如此히說明홀진대過失이無ᄒᆞᆫ債務者로ᄒᆞ야곰不測의損害를被케홀念慮가有ᄒᆞᆫ故로如此ᄒᆞᆫ境遇에至ᄒᆞ야는債務者가善意로其免責을償得ᄒᆞᆫ時는其債務者는自己의返還及其他免責의行爲를有効로看做홈을得홈이라說明홈이妥當홀지로다假令甲이乙丙二人의게對ᄒᆞ야連帶로金千圓을貸與ᄒᆞᆫ境遇에乙은甲으로브터其履行의請求를受ᄒᆞᆫ故로全給付를支出ᄒᆞ얏시나然이나此를丙의게通知치아니홈으로丙은其事實을不知ᄒᆞ야更히甲의게對ᄒᆞ야金千圓을支出ᄒᆞᆫ者ㅣ라假定홀진대此境遇

에는, 다른 채무자에 대해 그 뜻을 통지해야 한다. 왜냐하면 다른 채무자는 그 상환이 짐짓 없는 것으로 믿고, 다시 채권자에 대해 채무를 상환할 수 있기 때문이다. 사실이 이에 이르게 되면, 과실이 있는 채무자의 상환은 유효로 성립하고, 그 후에 한 다른 채무자의 상환은 무효로 될 수밖에 없어, 그 결과에 따라 다른 채무자는 채권자에 대해서는 때로 부당이득의 반환을 청구하는 권리를 가지나, 과실이 있는 그 채무자에 대해서는 부득이 부담 부분을 상환을 의무가 있다고 말하지 않을 수 없다. 그러나 이처럼 설명하면 과실이 없는 채무자가 불측의 손해를 입게 될 우려가 있다. 따라서 이 같은 경우에는 채무자가 선의이어서 그 면책을 보상으로 얻을 때는, 그 채무자는 자기의 상환과 그 밖의 면책 행위를 유효로 간주할 수 있다고 설명하는 것이 타당하다. 가령 甲이 乙·丙 2인에 대해 연대로 일금 1,000원을 대여한 경우에, 乙은 甲으로부터 그 이행의 청구를 받고 그에 따라 급부 전부를 지급하였으나, 이를 丙에게 통지하지 아니하여 丙은 그 사실을 알지 못하고 다시 甲에 대해 일금 1,000원을 지급한 경우로 가정해 본다. 이 경우

에丙은乙의償還을無効로看做ᄒᆞ고自己의償還을有効로看做ᄒᆞ야乙의게對ᄒᆞ야其負擔部分의償還을請求ᄒᆞᆷ이能ᄒᆞᆯ지니라

〔四〕無資力의負擔　以上에屢述ᄒᆞᆷ과如히連帶債務者ᄂᆞᆫ債權者의게對ᄒᆞ야全部의債務를負擔ᄒᆞ고債務者互相間關係에至ᄒᆞ야ᄂᆞᆫ多數當事者債權의原則되ᄂᆞᆫ分擔主義를依ᄒᆞ야各自負擔ᄒᆞᆷ을得ᄒᆞᆯ지라然이나若連帶債務者中의一債務者가返還或其他의出捐을行ᄒᆞ야共同의免責을得ᄒᆞᆷ으로因ᄒᆞ야他債務者의게對ᄒᆞ야求償權을行使코져ᄒᆞᄂᆞᆫ境遇에或債務者가償還을行ᄒᆞᆯ資力이無ᄒᆞᆫ時ᄂᆞᆫ如何히處置ᄒᆞᆯ者乎아換言ᄒᆞᆯ진대卽其償還의資力이無ᄒᆞᆫ部分은何人이此를負擔ᄒᆞᆯ者乎아如此ᄒᆞᆫ境遇에若其求償者로ᄒᆞ야곰其全部를負擔케ᄒᆞᆷ은不條理의甚ᄒᆞᆫ者ㅣ라何故오連帶債務者ᄂᆞᆫ元來原則上으로各債務者가平等의比較로써債務를負擔ᄒᆞᄂᆞᆫ所以오且債權者의게對ᄒᆞ야返還及其他의出捐을行ᄒᆞ야總債務者를爲ᄒᆞ야利益을得ᄒᆞ고義務를免脫케ᄒᆞᆫ債務者되ᄂᆞᆫ所以로特히其債務者의게對ᄒᆞ야其無資力者의負擔部分々지增加ᄒᆞ야負擔케ᄒᆞᆯ理由가毫無ᄒᆞᆫ

에 丙은 乙의 상환을 무효로 간주하고, 자기의 상환을 유효로 간주하여 乙에 대해 그 부담 부분의 상환을 청구할 수 있는 것이다.

(4) 무자력의 부담

이상에서 여러 번 말한 바와 같이, 연대채무자는 채권자에 대해 채무 전부를 부담하고, 채무자 상호 간의 관계에서는 다수당사자 채권의 원칙인 분할주의에 따라 각자 부담할 수 있다. 그러나 만약 연대채무자 중의 한 채무자가 상환 또는 그 밖의 출연을 하여 공동의 면책을 얻은 데 따라, 다른 채무자에 대해 구상권을 행사하고자 하는 경우에, 어떤 채무자가 상환할 자력이 없는 때는 어떻게 처리할 것인가? 바꾸어 말하면 곧 그 상환의 자력이 없는 부분은 어떤 사람이 이를 부담할 것인가? 이 같은 경우에 만약 그 구상권자가 그 전부를 부담한다고 하는 것은 부조리가 심하다. 왜냐하면 연대채무자는 원래 원칙적으로 각 채무자가 평등한 비율로 채무를 부담하기 때문이다. 또 채권자에 대해 상환과 그 밖의 출연을 하여 모든 채무자를 위해 이익을 얻고 의무를 면하게 한 채무자이기 때문이다. 특히 그 채무자에 대해 그 무자력의 부담 부분까지 증가하여 부담하게 할 이유가 조금도 없기

緣故니라故로如此ᄒᆞᆫ境遇에至ᄒᆞ야ᄂᆞᆫ連帶債務者中에無資力者가有ᄒᆞ야償還키不能ᄒᆞᆫ部分은求償者及其他有資力連帶債務者間의其負擔部分을應ᄒᆞ야分割ᄒᆞᆷ이可ᄒᆞᆯ지로다然이나若求償者의게過失이有ᄒᆞᆫ時ᄂᆞᆫ其無資力의結果를他債務者의게分割ᄒᆞᆷ을請求ᄒᆞᆷ이不能ᄒᆞᆯ지니라

債權者ᄂᆞᆫ連帶債務者一人의게對ᄒᆞ야連帶의免除를行ᄒᆞᄂᆞᆫ境遇가有ᄒᆞ니此境遇에其免除를得ᄒᆞᆫ債務者ᄂᆞᆫ全히債務를得免ᄒᆞᆫ者ㅣ아니라然이本連帶債務에關ᄒᆞ야連帶의債務者되ᄂᆞᆫ義務만得免ᄒᆞᆯ뿐이오自己의負擔部分에至ᄒᆞ야ᄂᆞᆫ義務가有ᄒᆞᆫ者ㅣ라若如此히連帶債務者中에或債務者가連帶의免除를得ᄒᆞᆫ境遇에當ᄒᆞ야他債務者中에無資力者가生ᄒᆞᆫ時ᄂᆞᆫ何人이其負擔部分을負擔ᄒᆞᆷ이可乎아連帶의免責을得ᄒᆞᆫ債務者ᄂᆞᆫ業已連帶의債務者됨을免脫ᄒᆞᆫ者ㅣ됨으로其債務者의게對ᄒᆞ야無資力의分擔을請求ᄒᆞ기不能ᄒᆞᆷ은理의當然ᄒᆞᆫ바ㅣ라然則其他資力이有ᄒᆞᆫ債務者間에分割ᄒᆞ야其無資力者의負擔部分을負擔ᄒᆞᆷ이可乎아若如此히其無資力者의負擔部分을其他有資力者間에分割ᄒᆞ야負擔케ᄒᆞ면是亦不

때문이다. 따라서 이 같은 경우에는, 연대채무자 중에 무자력자 있어서 상환할 수 없는 부분은, 구상권자와 그 밖의 자력 있는 채무자 사이의 그 부담 부분에 따라 분할하는 것이 타당하다. 그러나 만약 구상권자에게 과실이 있을 때는, 그 무자력의 결과를 다른 채무자에게 분할할 것을 청구할 수 없다.

채권자는 연대채무자 1인에 대해 연대의 면제를 하는 경우가 있다. 이 경우에 그 면제를 받은 채무자는 온전히 채무를 면할 수 있는 것이 아니라, 연대채무에 관해 연대채무자로 되는 의무만을 면하게 될 뿐이다. 자기의 부담 부분에 관해서는 의무가 있는 것이다. 만약 이처럼 연대채무자 중에 어떤 채무자가 연대의 면제를 받은 경우에, 다른 채무자 중에 무자력자가 생겼을 때는, 어떤 사람이 그 부담 부분을 부담해야 하는가? 연대의 면책을 얻은 채무자는 이미 연대채무자로 되는 것에서 벗어나게 되므로, 그 채무자에 대해 무자력의 분담을 청구할 수 없는 것은 당연하다. 그렇다면 그 밖의 자력이 있는 채무자 사이에 분할하여 그 무자력자의 부담 부분을 부담하게 해야 하는가? 만약 이처럼 그 무자력자의 부담 부분을 그 밖의 자력 있는 자 사이에 분할하여 부담하게 하면, 이 또한 부

條理의結果를生ᄒᆞᄂᆞᆫ者ㅣ라何故오連帶債務者一人의게對ᄒᆞ야連帶의免除를行ᄒᆞᆫ事ᄂᆞᆫ債權者自己意思에基因ᄒᆞᆫ者되ᄂᆞᆫ故로是로因ᄒᆞ야他債務者의負擔部分을增加ᄒᆞᆯ理由가無ᄒᆞᆫ所以라故로如此ᄒᆞᆫ境遇에無資力者가有ᄒᆞ야償還ᄒᆞ기不能ᄒᆞᆫ部分에關ᄒᆞ야ᄂᆞᆫ連帶의免除를得ᄒᆞᆫ者의負擔ᄒᆞᆯ部分은債權者의게此를負擔케ᄒᆞᆷ이妥當ᄒᆞᆯ지로다

第五節 保證債務

第一款 保證債務의性質

保證債務란者ᄂᆞᆫ主債務者가其債務를履行치아니ᄒᆞᄂᆞᆫ境遇에從債務者가其債務를履行ᄒᆞᄂᆞᆫ債務를謂ᄒᆞᆷ이니此主債務者ᄂᆞᆫ元債務者를稱ᄒᆞᆷ이오從債務者ᄂᆞᆫ保證債務者를稱ᄒᆞᆷ이라

保證債務ᄂᆞᆫ連帶債務와同一히多數當事者의債權이라然이나此保證債務ᄂᆞᆫ同一의結果를目的ᄒᆞᄂᆞᆫ者ㅣ됨으로서一債務에關ᄒᆞ야返還이有ᄒᆞᆫ時ᄂᆞᆫ他債務도亦此를依ᄒᆞ야消滅ᄒᆞᄂᆞ니假令主債務者가其債務를履行치아니ᄒᆞᆷ으로從債務者卽保證人이其債務를履行ᄒᆞᄂᆞᆫ時ᄂᆞᆫ單히其保證債務에만關ᄒᆞ야消滅의効力

조리한 결과를 낳는 것이다. 왜냐하면 연대채무자의 1인에 대해 연대를 면제한 것은, 채권자 자기 의사에 따른 것이고, 그에 따라 다른 채무자의 부담 부분이 증가할 이유가 없기 때문이다. 따라서 이 같은 경우에 무자력자가 있어서 상환할 수 없는 부분에 관해서는, 연대의 면제를 받은 자가 부담한 부분은 채권자에게 이를 부담하게 하는 것이 타당하다.

제5절 보증채무

제1관 보증채무의 성질

보증채무란 주된 채무자가 그 채무를 이행하지 않는 경우에, 종된 채무자가 그 채무를 이행하는 채무를 말한다. 여기에서 주된 채무자는 원채무자를 가리키고 종된 채무자는 보증채무자를 가리킨다.

보증채무는 연대채무와 마찬가지로 다수당사자의 채권이다. 그러나 이 보증채무는 동일한 결과를 목적으로 하므로, 한 채무에 관해 상환이 있을 때는 다른 채무도 또한 이에 따라 소멸한다. 가령 주된 채무자가 그 채무를 이행하지 아니하여 종된 채무자 즉 보증인이 그 채무를 이행하였을 때는, 다만 그 보증채무에 관해 소멸의 효력

이生ᄒᆞᆯ뿐아니라主債務에關ᄒᆞ야도亦消滅의効力이生ᄒᆞᄂᆞ니라

如右히保證債務境遇에ᄂᆞᆫ同一의結果를目的ᄒᆞᄂᆞᆫ數個의債務가存在ᄒᆞᆫ者ㅣ라然이나保證債務ᄂᆞᆫ連帶債務와相殊ᄒᆞ야獨立ᄒᆞᄂᆞᆫ數個의債務가倂立ᄒᆞᄂᆞᆫ者ㅣ아니오主債務와從債務가存在ᄒᆞᆫ者ㅣ니卽保證債務ᄂᆞᆫ主債務者의게對ᄒᆞ야從債務者되ᄂᆞᆫ地位에立ᄒᆞᄂᆞ니라此點이卽保證債務와連帶債務가特히性質上으로相殊ᄒᆞᆫ點이니라

以上에略述ᄒᆞᆷ과如히保證債務ᄂᆞᆫ從債務者되ᄂᆞᆫ性質이有ᄒᆞᆷ으로써主債務에附屬ᄒᆞ야若其主債務者가債務를履行치아니ᄒᆞᄂᆞᆫ境遇에始其債務를履行ᄒᆞᄂᆞᆫ者ㅣ되ᄂᆞ니라故로其性質上으로從ᄒᆞ야出來ᄒᆞᄂᆞᆫ結果를述ᄒᆞᆯ진대

〔一〕、保證債務에ᄂᆞᆫ主債務者가存在ᄒᆞᆷ을要ᄒᆞᄂᆞ니라

保證債務를成立ᄒᆞᆷ에ᄂᆞᆫ반다시此保證債務를依ᄒᆞ야擔保ᄒᆞᆯ主債務가存在치아니ᄒᆞ면成立ᄒᆞᆷ을不得ᄒᆞᄂᆞ니라然이나玆에所謂主債務라謂ᄒᆞᄂᆞᆫ者ᄂᆞᆫ必其債務가完全ᄒᆞᆫ者를要ᄒᆞᄂᆞᆫ者ㅣ아니오將來에可히繳消ᄒᆞᆯ法律行爲를依ᄒᆞ야成立된債務라도關係ᄒᆞᆯ바ㅣ無ᄒᆞ고又主債務ᄂᆞᆫ必其保證債務가發

이 발생할 뿐만 아니라, 주된 채무에 관해서도 또한 소멸의 효력이 발생한다.

위와 같이 보증채무의 경우에는 동일한 결과를 목적으로 하는 여러 개의 채무가 존재한다. 그러나 보증채무는 연대채무와 서로 달라 독립하는 여러 개의 채무가 병존하는 것이 아니고 주된 채무와 종된 채무가 존재한다. 즉 보증채무는 주된 채무자에 대해 종된 채무자로 되는 지위에 서는 것이다. 이 점이 곧 보증채무와 연대채무가 특히 성질상 서로 다른 점이다.

이상에서 약술한 바와 같이 보증채무는 종된 채무자로 되는 성질을 지니므로, 주된 채무에 부속되어 만약 그 주된 채무자가 채무를 이행하지 않을 경우에 비로소 그 채무를 이행하는 자로 된다. 따라서 그 성질에 따라 비롯하는 결과를 서술해 보면 다음과 같다.

(1) 보증채무에는 주된 채무자가 존재해야 한다.

보증채무가 성립할 때는 반드시 이 보증채무에 따라 담보할 주된 채무가 존재하지 아니하면 성립할 수 없다. 그러나 여기에서 이른바 주된 채무라 하는 것은 반드시 그 채무가 완전해야 하는 것은 아니다. 장래에 취소할 수 있는 법률행위에 따라 성립된 채무라도 관계없다. 또 주된 채무는 반드시 보증채무가 발

生ᄒᆞᆯ當時에業已存在ᄒᆞᆷ을要ᄒᆞ지아니ᄒᆞᆷ으로將來에可히發生ᄒᆞᆯ性質이有ᄒᆞᆫ債務ᄂᆞᆫ此를成立ᄒᆞᆷ이能ᄒᆞᆯ지니假令甲乙間에去來를開始코져ᄒᆞᆷ에當ᄒᆞ야丙이甲의게對ᄒᆞ야其去來를開始ᄒᆞᆫ後에乙이甲의게對ᄒᆞ야履行ᄒᆞᆯ債務에一定ᄒᆞᆫ金額을爲限ᄒᆞ고保證ᄒᆞᆯ事를契約ᄒᆞᆫ時ᄂᆞᆫ甲丙間에有効히保證債務가發生ᄒᆞᆯ지라保證의債務를依ᄒᆞ야擔保될主債務ᄂᆞᆫ金錢의債務가多數로대金錢以外의債務에關ᄒᆞ야도苟其元債務者以外의他人을依ᄒᆞ야履行될者ᄂᆞᆫ保證債務를成立ᄒᆞᆷ이能ᄒᆞᆯ지로다然이나是와相反ᄒᆞ야他人이履行ᄒᆞᆷ을不得ᄒᆞᆯ債務ᄂᆞᆫ其債務의性質上으로保證의目的됨을不許ᄒᆞᄂᆞᆫ故로保證의債務를成立ᄒᆞᆷ을不得ᄒᆞᆯ지나然이나但此境遇에關ᄒᆞ야도其債務의不履行으로從ᄒᆞ야出來ᄒᆞᄂᆞᆫ損害를賠償ᄒᆞᄂᆞᆫ債務를保證ᄒᆞᆷ은保證의性質上으로拘碍될事가無ᄒᆞᆯ지니라

〔二〕、保證債務의目的은主債務의目的과同一됨을要ᄒᆞᄂᆞ니라

以上에述ᄒᆞᆷ과如히保證債務ᄂᆞᆫ主債務者가其債務를履行치아니ᄒᆞᄂᆞᆫ境遇에始其債務를履行ᄒᆞᄂᆞᆫ者ㅣ되ᄂᆞᆫ故로保證債務의目的은主債務의目的과

생할 당시에 이미 존재해야 할 것을 요구하지 아니하므로, 장래에 발생 가능할 성질이 있는 채무도 주된 채무로 될 수 있다. 가령 甲·乙 사이에 거래를 개시하고자 할 때, 丙이 甲에 대해 그 거래를 개시한 후에 乙이 甲에 대해 이행할 채무에 일정한 금액을 한도로 하고 보증할 것을 계약하였을 때는, 甲·丙 사이에 유효하게 보증채무가 발생하는 것이다. 보증채무에 따라 담보될 주된 채무는 금전채무가 다수이다. 그러나 금전 이외의 채무에 관해서도 진실로 그 원채무자 이외의 다른 사람에 의해 이행될 수 있는 것은 보증채무를 형성할 수 있다. 그러나 이에 반해 다른 사람이 이행할 수 없는 채무는 그 채무의 성질상 보증의 목적으로 되는 것을 허용하지 않는다. 따라서 보증채무를 이룰 수 없다. 그러나 다만 이 경우에 관해서도 그 채무의 불이행에 따라 발생하는 손해를 배상하는 채무를 보증하는 것은 보증의 성질상 구애될 일이 없다.

(2) 보증채무의 목적은 주된 채무의 목적과 같아야 한다. 이상에서 서술한 바와 같이 보증채무는 주된 채무자가 그 채무를 이행하지 않을 경우에, 비로소 그 채무를 이행하는 것이다. 따라서 보증채무의 목적은 주된 채무의 목적과

同一치아니홈을不得홀지라然而或者는此에關ᄒᆞ야曰保證債務는主債務와其目的이相殊홀지라도成立홈을可得홀者ㅣ라主張호대此는保證債務의性質을未解ᄒᆞ는者의解釋이라信ᄒᆞ노라故로假令甲이乙의게對ᄒᆞ야金錢債務를負擔ᄒᆞᆫ境遇에丙이乙의게對ᄒᆞ야甲이其債務를履行치아니ᄒᆞ는時는一定의特定物을給付홀事로契約홀지라도此는玆에所謂保證債務가아니라元來保證債務는其目的及體樣에關ᄒᆞ야主債務보다重視홈을不得홀지며又主債務의金額數는一千圓되는境遇에保證債務의金額數는一千五百圓됨을不得홀지며又主債務는附期限이오保證債務는無期限됨을不得홀지라然이나保證債務의債務額이主債務의額數보다多額되는時는其保證債務가全然히無効홈은아니니此를其主債務의限度를應ᄒᆞ야減縮ᄒᆞ야其超過ᄒᆞᆫ部分은無効케ᄒᆞ고其他의部分은有効케홈이事實上에妥當ᄒᆞ며又保證債務의額數가主債務의額數보다小額되는時도亦以上의論理를適用ᄒᆞ야推定홈이可홀지로다

保證의債務를負擔ᄒᆞᆫ時는其債務中에但元債務에만關ᄒᆞ야履行홀義務를

같지 않을 수 없다. 그런데 어떤 사람은 이에 관해 말하기를, 보증채무는 주된 채무와 그 목적이 서로 다르더라도 성립할 수 있다고 주장한다. 그러나 이는 보증채무의 성질을 이해하지 못한 사람의 해석이라고 믿는다. 따라서 가령 甲이 乙에 대해 금전채무를 부담한 경우에, 丙이 乙에 대해 甲이 그 채무를 이행하지 않을 때는, 일정한 특정물을 급부할 것으로 계약할지라도, 이는 여기에서의 이른바 보증채무가 아니다. 원래 보증채무는 그 목적과 형태에 관해 주된 채무보다 중시될 수 없다. 주된 채무의 금액이 1,000원인 경우에 보증채무의 금액이 1,500원으로 될 수 없으며, 주된 채무는 기한부이고 보증채무는 무기한으로 될 수 없다. 그러나 보증채무의 채무액이 주된 채무의 액수보다 많은 액수일 때는, 그 보증채무가 전부 무효로 되는 것은 아니다. 이를 그 주된 채무의 한도에 따라 감축하여 그 초과한 부분은 무효로 하고, 그 밖의 부분은 유효로 하는 것이 사실상 타당하다. 또 보증채무의 액수가 주된 채무의 액수보다 작은 액수이었을 때도, 또한 이상의 논리를 적용하여 추정하는 것이 타당하다.

보증채무를 부담하였을 때는 그 채무 중 다만 원채무에 관해서만 이행할 의무를

負擔ᄒᆞᆯ뿐아니라亦其債務의附屬ᄒᆞᆫ債務도包含ᄒᆞᆫ者ㅣ라故로若保證人이無制限으로主債務를保證ᄒᆞᆯ意思를表示ᄒᆞᆫ時는其保證債務는但其主債務의元本金뿐아니라此에關ᄒᆞᆫ利息違約金損害賠償其他元債務에從되는債務는悉皆包含ᄒᆞ는者ㅣ라然이나但保證人은特別히意思를表示ᄒᆞ야其主債務의元債務만保證ᄒᆞᆷ을得ᄒᆞᆷ은法의必禁ᄒᆞᆯ바ㅣ아니니라

保證債務의目的은主債務의目的과同一됨을要ᄒᆞ고又保證債務額은主債務額보다多額됨을不得ᄒᆞᆷ은以上에論述ᄒᆞᆷ과如ᄒᆞ거니와然이나主債務履行에는違約金及其他損害賠償의約定이無ᄒᆞᆯ지라도保證債務에는違約金及其他의賠償을約定ᄒᆞ야成立ᄒᆞ는者ㅣ不無ᄒᆞᆯ지라如此ᄒᆞᆫ境遇에는元來保證債務가主債務에附屬ᄒᆞᆫ者ㅣ됨으로其目的이同一ᄒᆞᆷ은要ᄒᆞᆯ지로대保證人이自己의債務를履行치아니ᄒᆞ는時는一般의原則을依ᄒᆞ야損害를賠償ᄒᆞᆯ事로約束ᄒᆞ면此는法律이無効로看做ᄒᆞᆯ必要가無ᄒᆞᆷ으로其保證人의意思表示는有効로成立ᄒᆞ는者ㅣ라謂ᄒᆞᆷ을得ᄒᆞᆯ지로다

〔三〕、主債務가繳消를因ᄒᆞ야無効되는時는保證債務도亦其効力을失ᄒᆞᄂᆞ니

부담한다. 그뿐만 아니라 또한 그 채무에 부속한 채무도 포함된다. 따라서 보증인이 무제한으로 주된 채무를 보증할 의사를 표시하였을 때는, 그 보증채무는 다만 그 주된 채무의 원본뿐만 아니라, 이에 관한 이자·위약금·손해배상 그 밖의 원채무에 종된 채무가 모두 포함된다. 그러나 다만 보증인은 특별한 의사를 표시하여 그 주된 채무의 원채무만 보증할 수 있는 것은 법이 반드시 금지할 바는 아니다.

보증채무의 목적은 주된 채무의 목적과 같아야 하고, 또 보증채무의 액수는 주된 채무 액수보다 많은 액수로 될 수 없는 것은 이상에서 논술한 바와 같다. 그러나 주된 채무의 이행에는 위약금과 그 밖의 손해배상 약정이 없을지라도, 보증채무에는 위약금과 그 밖의 배상을 약정하여 성립하는 경우도 없지 않다. 이 같은 경우에는 원래 보증채무가 주된 채무에 부속되는 것이므로 그 목적이 같아야 한다. 그러나 보증인이 자기 채무를 이행하지 않을 때는 일반원칙에 따라 손해를 배상할 것으로 약속하면, 이는 법률이 무효로 간주할 필요가 없고, 그 보증인의 의사표시는 유효로 성립한다고 말할 수 있다.

(3) 주된 채무가 취소에 따라 무효로 되는 때는 보증채무도 또한 그 효력을 잃는

라

主債務가自初로無効되는時는主債務가自初로不成立ᄒᆞᆫ境遇와同一ᄒᆞᆫ故로保證債務도亦成立치못ᄒᆞᆷ은理의固然ᄒᆞᆫ바ㅣ로대是와相反ᄒᆞ야若主債務가單히繳消ᄒᆞᆷ을可得ᄒᆞᆯ者에止ᄒᆞᆯ時는保證의債務가完全히成立ᄒᆞᆯ지라然이나若主債務가繳消의行爲를因ᄒᆞ야無効의結果를生ᄒᆞᆫ時는保證債務도亦是를因ᄒᆞ야其目的을失ᄒᆞ는故로終乃消滅ᄒᆞᆷ에遂至ᄒᆞᆯ지니라

主債務가繳消의原因이有ᄒᆞ야可히繳消ᄒᆞᆯ時는其繳消權을有ᄒᆞᆫ者ㅣ爲先主債務者되는事는其債務性質上에分明ᄒᆞᆫ者ㅣ라然이나其繳消의權을有ᄒᆞᆫ者는單히主債務者에만不限ᄒᆞ고亦保證人에至ᄒᆞ야도此權을有ᄒᆞ는者ㅣ라不謂ᄒᆞᆷ을不得ᄒᆞᆯ지로다然而保證人의게此權이有ᄒᆞᆷ은通常斯法學者의稱道ᄒᆞᆷ과如히保證人은主債務者의特別承繼人되는所以가아니오保證債務의性質上으로從ᄒᆞ야法律이特別히此權을附與ᄒᆞᆫ者ㅣ라如此히保證人의게對ᄒᆞ야繳消의權을與ᄒᆞᆷ은無他라保證人으로ᄒᆞ야곰繳消의權이無케ᄒᆞ면保證人이債權者의게對ᄒᆞ야債務를履行ᄒᆞᆫ後에主債務者의게對ᄒᆞ

다.

주된 채무가 처음부터 무효이었을 때는 주된 채무가 처음부터 성립하지 아니한 경우와 같다. 따라서 보증채무도 또한 성립하지 않는 것은 법리상 본래 그러하다. 그러나 이에 반해 만약 주된 채무가 다만 취소될 수 있는 것에 그칠 때는, 보증채무가 완전히 성립한다. 그러나 만약 주된 채무가 취소 행위에 따라 무효인 결과를 발생할 때는, 보증채무도 또한 이에 따라 그 목적을 상실하고 그에 따라 끝내 소멸하게 될 것이다.

주된 채무에 취소의 원인이 있고 취소될 수 있는 때는, 그 취소권을 가지는 자가 우선 주된 채무자인 것은 그 채무의 성질상 분명하다. 그러나 그 취소의 권리를 가지는 자는 다만 주된 채무자에만 한하지 않고 또한 보증인도 이 권리를 갖는다고 말하지 않을 수 없다. 그런데 보증인에게 이 권리가 있다는 것은, 통상 이 분야 법학자들이 말하는 바와 같이, 보증인은 주된 채무자의 특별승계인이 되기 때문이 아니고, 보증채무의 성질에 따라 법률이 이 권리를 부여한 것이다. 이처럼 보증인에 대해 취소의 권리를 부여하는 것은, 다름 아니라 보증인에게 취소의 권리가 없다고 하면, 보증인이 채권자에 대해 채무를 이행한 후에 주된 채무자에 대야求償權을行使코져ᄒᆞᆷ에當ᄒᆞ야主債務者가其繳消의權을行使ᄒᆞ야保證人으로ᄒᆞ야곰其求償權의行使를不得케ᄒᆞᆷ과如ᄒᆞᆫ不條理의結果를生케ᄒᆞ는所以니라故로保證人의有ᄒᆞᆫ繳消權은主債務者가其繳消ᄒᆞᆯ行爲를追認ᄒᆞᆯ지라도是로因ᄒᆞ야消滅ᄒᆞᆯ者ㅣ아니니라

右述ᄒᆞᆫ바는大概保證人의意思가善意되는境遇에關ᄒᆞᆫ者ㅣ라然이나保證을契約ᄒᆞᆯ當時에保證人이繳消의原因을知ᄒᆞᆫ時는是와相殊ᄒᆞᆯ지니此境遇에至ᄒᆞ야는其原因의如何를因ᄒᆞ야或義務를負ᄒᆞ고或義務를不負ᄒᆞᆷ이有ᄒᆞ니라其義務를負ᄒᆞ는境遇는繳消의原因이無能力되는境遇가是니此境遇에는自初로債務의主債務가繳消될事를保證人이知ᄒᆞᆫ故로其意思를推測ᄒᆞᆯ진대主債務者가其債務를繳消치아니ᄒᆞ면自己가此에關ᄒᆞ야保證義務를負擔ᄒᆞᆯ지라特히明言ᄒᆞᆯ者ㅣ어니와若此를明言치아니ᄒᆞ고單히保證義務를負擔ᄒᆞᆫ時는是卽主債務者가其債務를繳消ᄒᆞᆯ지라도自己는猶其義務를負擔ᄒᆞᆯ意思를有ᄒᆞᆫ者ㅣ라推測ᄒᆞᆷ을得ᄒᆞᆯ지라然而純然ᄒᆞᆫ保證債務는主債務가繳消된後에至ᄒᆞ야는存在ᄒᆞᆷ을不得ᄒᆞ는者ㅣ됨으로써此境遇에는

해 구상권을 행사하고자 할 때, 주된 채무자가 그 취소의 권리를 행사하여 보증인이 그 구상권을 행사할 수 없게 하는 것과 같은 부조리한 결과가 발생하기 때문이다. 따라서 보증인이 가진 취소권은, 주된 채무자가 그 취소할 수 있는 행위를 추인할지라도 이에 따라 소멸하는 것은 아니다.

위에서 서술한 바는 대개 보증인의 의사가 선의일 경우에 관한 것이다. 그러나 보증을 계약할 당시에 보증인이 취소의 원인을 알았을 때는 이와 서로 다르다. 이 경우에는 그 원인이 무엇인가에 따라 때로 의무를 부담하고 때로 의무를 부담하지 않는 경우가 있다. 그 의무를 부담하는 경우는 취소의 원인이 무능력인 경우가 이에 해당한다. 이 경우에는 처음부터 채무의 주된 채무가 취소될 것을 보증인이 알았으며, 이에 따라 그 의사를 추측해보면, 주된 채무자가 그 채무를 취소하지 아니하면 자기가 이에 관해 보증의무를 부담할 것이라고 특히 분명히 말한 것에 해당한다. 만약 이를 분명히 말하지 않고 단순히 보증의무를 부담하였을 때는, 이는 곧 주된 채무자가 그 채무를 취소할지라도 자기는 오히려 그 의무를 부담할 의사를 가진 것으로 추측할 수 있다. 그런데 순수한 보증채무는 주된 채무가 취소된 후에는 존재할 수 없는 것으로써 이 경우에는

所謂保證人이眞保證人이아니오同一의目的을有ᄒᆞᆫ獨立의債務를有ᄒᆞᆫ者ㅣ라認ᄒᆞᆷ을得ᄒᆞᆯ지라故로如此ᄒᆞᆫ境遇에至ᄒᆞ야ᄂᆞᆫ保證人이猶其獨立의債務를負擔ᄒᆞᄂᆞ니라然이나此獨立債務의推定은單純ᄒᆞᆫ法律上推定에不過ᄒᆞᆷ으로保證人이反證을擧ᄒᆞᄂᆞᆫ時ᄂᆞᆫ此限에不在ᄒᆞ니라

繳消의原因이無能力以外의原因卽詐僞及强迫을因ᄒᆞ야繳消ᄒᆞᆷ을可得ᄒᆞᆯ境遇ᄂᆞᆫ右述ᄒᆞᆫ法則과相殊ᄒᆞ야雖保證의債務ᄂᆞᆫ成立ᄒᆞᆯ지라도同時에一種獨立의債務를生ᄒᆞᄂᆞᆫ者ᄂᆞᆫ아니라故로主債務가繳消되ᄂᆞᆫ時ᄂᆞᆫ保證人도亦其債務를得免ᄒᆞᆯ지니大抵法律이如此히無能力의原因을因ᄒᆞᆫ繳消의境遇와詐僞及强迫의原因을因ᄒᆞᆫ繳消의境遇를區別ᄒᆞᆷ은無他라詐僞及强迫의境遇ᄂᆞᆫ無能力의境遇와相殊ᄒᆞ야全히公益上으로不法의行爲者를抑制ᄒᆞ고被害者를保護코져ᄒᆞᄂᆞᆫ趣旨에基因ᄒᆞᆫ者ㅣ라然而若主債務를繳消ᄒᆞᆫ時라도猶且保證人의게對ᄒᆞ야ᄂᆞᆫ一種의債務를負擔ᄒᆞᄂᆞᆫ者ㅣ라ᄒᆞ면詐僞及强迫을因ᄒᆞ야生ᄒᆞᆫ債務의履行을擔保ᄒᆞᆷ과如ᄒᆞᆫ結果를生ᄒᆞᆯ所以니라

上述과如히保證債務ᄂᆞᆫ主債務에對ᄒᆞᆫ從債務라故로第二位의債務者되ᄂᆞᆫ

이른바 보증인이 진정 보증인이 아니고, 동일한 목적을 가진 독립 채무를 가진 자로 인정할 수 있다. 따라서 이 같은 경우에는 보증인이 오히려 그 독립 채무를 부담한다. 그러나 이 독립 채무의 추정은 단순한 법률상의 추정에 지나지 아니하므로, 보증인이 반증을 들 때는 그러하지 아니하다.

취소의 원인이 무능력 이외의 원인 즉, 사기와 강박으로 인해 취소할 수 있는 경우에는, 위에서 서술한 법칙과 서로 달라, 비록 보증채무는 성립할지라도 동시에 일종의 독립 채무가 발생하는 것은 아니다. 따라서 주된 채무가 취소되는 때는 보증인도 또한 그 채무를 면하게 된다. 무릇 법률이 이처럼 무능력의 원인에 따른 취소의 경우와 사기와 강박의 원인에 따른 취소의 경우를 구별하는 것은, 다름 아니라 사기와 강박의 경우는 무능력의 경우와 서로 달리 완전히 공익상 불법행위자를 억제하고 피해자를 보호하고자 하는 취지에서 말미암는다. 그런데 만약 주된 채무를 취소하였을 때라도, 여전히 보증인에 대해서는 일종의 채무를 부담한다고 하면, 사기와 강박에 따라 발생한 채무의 이행을 담보하는 것과 같은 결과가 발생하기 때문이다.

상술한 바와 같이 보증채무는 주된 채무에 대한 종된 채무이다. 따라서 보충적인 채무자로 되는

性質이有ᄒᆞ니換言ᄒᆞᆯ진대卽保證債務ᄂᆞᆫ主債務가不履行되ᄂᆞᆫ境遇에始其債務ᄅᆞᆯ履行ᄒᆞᆯ者ㅣ라以下에도更論ᄒᆞᆯ處가有ᄒᆞᆷ과如히保證人은原則上으로先訴의抗辯權과檢索의利益點이有ᄒᆞ니라

第二欵 保證債務의原因

保證債務의原因은法律行爲에基因ᄒᆞᆫ者及法律規定에基因ᄒᆞᆫ者의二種으로區分ᄒᆞᆷ을得ᄒᆞᆯ지니法律行爲에基因ᄒᆞ야保證債務ᄅᆞᆯ生ᄒᆞᄂᆞᆫ境遇ᄂᆞᆫ當事者의任意ᄅᆞᆯ依ᄒᆞ야成立ᄒᆞᄂᆞᆫ境遇ㅣ多數니라換言ᄒᆞᆯ진대卽債務者ᄂᆞᆫ法令及裁判等을依ᄒᆞ야保證을立ᄒᆞᆯ事로被命ᄒᆞᆫ者ㅣ아니면當事者가自進ᄒᆞ야任意로保證ᄒᆞᄂᆞᆫ者ㅣ라然이나或法令及裁判等의命ᄒᆞᄂᆞᆫ바ᄅᆞᆯ依ᄒᆞ야保證人을立ᄒᆞᄂᆞᆫ義務ᄅᆞᆯ負擔ᄒᆞᄂᆞᆫ境遇가有ᄒᆞ니假令留置權의消滅을請求ᄒᆞ기爲ᄒᆞ야債務者가保證人을立ᄒᆞᄂᆞᆫ境遇와如ᄒᆞᆫ者ᄂᆞᆫ法令의命ᄒᆞᄂᆞᆫ바ᄅᆞᆯ依ᄒᆞ야保證人을立ᄒᆞᄂᆞᆫ者ㅣ라謂ᄒᆞᆷ을得ᄒᆞᆯ者ㅣ오不在者의財産을管理ᄒᆞᄂᆞᆫ財産管理人의게對ᄒᆞ야裁判所가保證人을立ᄒᆞᆯ事로命ᄒᆞᆫ境遇와如ᄒᆞᆫ者ᄂᆞᆫ裁判의命ᄒᆞᄂᆞᆫ바ᄅᆞᆯ依ᄒᆞ야保證人을立ᄒᆞᄂᆞᆫ者ㅣ라謂ᄒᆞᆷ을得ᄒᆞᆯ지라然而當事者意思에基因ᄒᆞ야保證人을立ᄒᆞᄂᆞᆫ境遇ᄂᆞᆫ雖裁

성질을 지닌다. 바꾸어 말하면 곧 보증채무는 주된 채무가 불이행으로 된 경우에 비로소 그 채무를 이행하는 것이다. 이하에서도 다시 논할 곳이 있는 바와 같이, 보증인은 원칙적으로 선소(先訴)의 항변권*과 검색의 이익을 가진다.

제2관 보증채무의 원인

보증채무의 원인은 법률행위에 따른 것과 법률의 규정에 따른 것 두 종류로 구분할 수 있다. 법률행위에 따라 보증채무를 발생하는 경우는 당사자의 임의에 따라 성립하는 경우로 다수이다. 바꾸어 말하면 곧 채무자가 법령과 재판 등에 따라 보증을 세울 것을 명령받은 경우가 아니면, 당사자가 자진해서 임의로 보증하는 것이다. 그러나 때로 법령과 재판 등이 명령하는 바에 따라 보증인을 세울 의무를 부담하는 경우가 있다. 가령 유치권의 소멸을 청구하기 위해 채무자가 보증인을 세우는 경우와 같은 것은 법령이 명령하는 바에 따라 보증인을 세우는 경우라고 말할 수 있고, 부재자의 재산을 관리하는 재산관리인에 대해 재판소가 보증인을 세울 것을 명령하는 경우와 같은 것이 재판이 명령하는 바에 따라 보증인을 세우는 경우라고 말할 수 있다. 그런데 당사자의 의사에 따라 보증인을 세우는 경우는, 비록 재

* 역자 주: 최고(催告)의 항변권이라는 용어가 일반적이나, 이 책에서는 이 용어를 사용하고 있다. 필자도 최고의 항변권이라는 말이 적합하다고 주장한다(이 책의 원문 181쪽 참고).

判所가命ᄒᆞᄂᆞᆫ바ᄅᆞᆯ依ᄒᆞ야保證人을立ᄒᆞᄂᆞᆫ事가有ᄒᆞᆯ時라도如此ᄒᆞᆫ保證의債務ᄂᆞᆫ法令의規定을依ᄒᆞ야發生ᄒᆞᄂᆞᆫ者ㅣ아니오法律行爲ᄅᆞᆯ因ᄒᆞ야發生ᄒᆞᄂᆞᆫ者ㅣ니라法律行爲ᄅᆞᆯ因ᄒᆞ야保證債務ᄅᆞᆯ發生ᄒᆞᆫ境遇ᄂᆞᆫ契約을依ᄒᆞᆷ이通例니卽債權者와第三者間의保證契約을依ᄒᆞ야保證의債務가發生ᄒᆞᄂᆞᆫ者ㅣ라然이나或境遇에ᄂᆞᆫ單獨行爲ᄅᆞᆯ依ᄒᆞ야保證債務ᄅᆞᆯ生ᄒᆞᄂᆞᆫ時가有ᄒᆞ니假令商法上의魚驗上保證과如ᄒᆞᆫ者ㅣ是로대玆에所謂保證은大槪民法上의保證을謂ᄒᆞᆷ이니라

民法上의法律行爲ᄅᆞᆯ因ᄒᆞ야人의債務ᄅᆞᆯ保證ᄒᆞᄂᆞᆫ境遇ᄂᆞᆫ債權者와第三者間의契約을依ᄒᆞ야行ᄒᆞᆷ이通則이니第三者가保證契約을締結ᄒᆞᆷ에ᄂᆞᆫ債務者의依托을受ᄒᆞ야行ᄒᆞᄂᆞᆫ境遇가最多ᄒᆞ니라然이나保證契約은必債務者의依托이有ᄒᆞᆫ事ᄅᆞᆯ要ᄒᆞᄂᆞᆫ者ㅣ아니오雖債務者가不知ᄒᆞᆫ境遇及反對의意思ᄅᆞᆯ表示ᄒᆞᆫ時라도保證契約을成立ᄒᆞᆷ에ᄂᆞᆫ拘碍될事가無ᄒᆞᆯ지로다是卽保證은債務者의利益을爲ᄒᆞ야行ᄒᆞᄂᆞᆫ事가有ᄒᆞ야도普通은債權者의利益을爲ᄒᆞ야立ᄒᆞᆯ必要가有ᄒᆞᆫ所以니라但保證이債務者의依托을受ᄒᆞ고成立ᄒᆞᆫ境遇와不然ᄒᆞᆫ境遇ᄂᆞᆫ保證人의求償權範圍에至ᄒᆞ야差異ᄂᆞᆫ有ᄒᆞᆯ지로대是로因ᄒᆞ야保證債務의成立與否에ᄂᆞᆫ關

판소가 명령하는 바에 따라 보증인을 세우는 일이 있을 때라도, 이와 같은 보증채무는 법령의 규정에 따라 발생하는 것이 아니고 법률행위에 따라 발생하는 것이다. 법률행위에 따라 보증채무가 발생한 경우는 계약에 따르는 것이 통례이다. 즉 채권자와 제3자 사이의 보증계약에 따라 보증채무가 발생하는 것이다. 그러나 때로 경우에 따라서는 단독행위에 따라 보증채무가 발생할 때도 있다. 가령 법령상의 어음 보증과 같은 것이 이에 해당한다. 그렇지만 여기에서 이른바 보증은 대체로 민법상의 보증을 말한다.

민법상의 법률행위에 따라 다른 사람의 채무를 보증하는 경우는 채권자와 제3자 사이의 계약에 따라 하는 것이 통칙이다. 제3자가 보증계약을 체결할 때는 채무자의 부탁을 받고 하는 경우가 많다. 그러나 보증계약은 반드시 채무자의 부탁이 있어야 하는 것은 아니다. 비록 채무자가 알지 못하였을 경우와 반대의 의사를 표시하였을 때라도 보증계약이 성립하는 데는 구애될 일이 없다. 이는 곧 보증은 채무자의 이익을 위해서 하는 경우도 있지만, 보통은 채권자의 이익을 위해 세울 필요가 있기 때문이다. 다만 보증이 채무자의 부탁을 받고 성립한 경우와 그렇지 아니한 경우는 보증인의 구상권 범위에서 차이가 있으나, 이에 따라 보증채무의 성립 여부와는 관

係가無ᄒᆞᆯ지로다又保證債務가成立ᄒᆞᆷ에ᄂᆞᆫ其關係의先後ᄅᆞᆯ問ᄒᆞᆯ바ㅣ아니니假令主債務가成立ᄒᆞᆫ後에保證債務가成立ᄒᆞ거나主債務와保證債務가同時에成立ᄒᆞ거나又或保證債務가主債務보다爲先成立ᄒᆞᆯ지라도其成立에ᄂᆞᆫ何等의影響이無ᄒᆞᆯ지니라

法律行爲ᄅᆞᆯ因ᄒᆞ야保證의債務ᄅᆞᆯ發生ᄒᆞᆯ境遇에ᄂᆞᆫ債務者가何等의義務도負擔치아니ᄒᆞᆯ지로대債務者가自進ᄒᆞ야保證人을立ᄒᆞᄂᆞᆫ境遇及法令、裁判或當事者의意思ᄅᆞᆯ因ᄒᆞ야保證人을立ᄒᆞᆯ義務ᄅᆞᆯ負擔ᄒᆞᆫ境遇에ᄂᆞᆫ債務者의게其義務가有ᄒᆞᆫ者ㅣ라然而此兩境遇에前境遇ᄂᆞᆫ姑舍ᄒᆞ고後境遇에至ᄒᆞ야ᄂᆞᆫ如何ᄒᆞᆫ保證人을立ᄒᆞᆯ者乎아元來法令及當事者의意思ᄅᆞᆯ因ᄒᆞ야保證人을立ᄒᆞᆯ義務ᄅᆞᆯ負擔케ᄒᆞᄂᆞᆫ境遇ᄂᆞᆫ主債務가不履行되ᄂᆞᆫ時에保證人으로ᄒᆞ야곰其履行을行케ᄒᆞ야主債務의履行을擔保코저ᄒᆞᄂᆞᆫ趣旨로從ᄒᆞ야出來ᄒᆞᆫ者ㅣ라故로何人을不問ᄒᆞ고保證人의資格이有ᄒᆞᆷ은아니라盖各國民法의規定ᄒᆞᆫ바ᄅᆞᆯ據ᄒᆞ건대債務者가保證人을立ᄒᆞᆯ義務ᄅᆞᆯ負擔ᄒᆞᆫ境遇의保證人은左記의資格이有ᄒᆞᆫ者ᄅᆞᆯ要ᄒᆞᄂᆞ니라

계가 없다. 또 보증채무가 성립할 때는 그 관계의 선후를 묻지 않는다. 가령 주된 채무가 성립한 후에 보증채무가 성립하거나, 주된 채무와 보증채무가 동시에 성립하거나, 보증채무가 주된 채무보다 먼저 성립할지라도 그 성립에는 어떠한 영향도 없는 것이다.

법률행위에 따라 보증채무가 발생할 경우에는 채무자는 어떠한 의무도 부담하지 않는다. 그러나 채무자가 자진하여 보증인을 세우는 경우와 법령, 재판 또는 당사자의 의사에 따라 보증인을 세울 의무를 부담할 경우에는, 채무자에게 그 의무가 있다. 그러나 이 두 경우에서 앞의 경우는 짐짓 그대로 두고, 뒤의 경우에서는 어떠한 보증인을 세울 것인가? 원래 법령과 당사자의 의사에 따라 보증인을 세울 의무를 부담하게 하는 경우는, 주된 채무가 불이행으로 될 때에 보증인이 그 이행을 하게 하여 주된 채무의 이행을 담보하고자 하는 취지에서 비롯한다. 따라서 어떤 사람을 불문하고 보증인의 자격이 있는 것은 아니다. 대개 각국 민법의 규정한 바를 살펴보면, 채무자가 보증인을 세울 의무를 부담하는 경우의 보증인은 다음의 자격을 갖춘 자이어야 한다.

〔一〕、能力者되는事

保證人은爲先能力者되는事를要ᄒᆞᄂᆞ니所謂能力者란者는法律行爲를行ᄒᆞᆯ能力이有ᄒᆞᆫ者ㅣ라故로未成年者、禁治產者、準禁治產者及人의妻와如ᄒᆞᆫ無能力者는保證人되는資格이無ᄒᆞᆫ者ㅣ니라何故오此等無能力者가保證人이되는時는其保證契約은繳消ᄒᆞᆯ者ㅣ되는故로其契約이繳消ᄒᆞᆯ時ᄭᆞ지는名義上으로保證人이有ᄒᆞ다ᄒᆞᆯ지라도若其契約이繳消되는時는自初로保證人을不立ᄒᆞᆷ과同一ᄒᆞᆫ結果가生ᄒᆞ는所以니라然이나法定代理人이無能力者를爲ᄒᆞ야自己의權限上으로保證의契約을締結ᄒᆞᆫ時는雖無能力者라도有効히保證人되는事를得ᄒᆞᆯ지오又無能力者가自進ᄒᆞ야保證契約을締結ᄒᆞᆫ境遇라도法定代理人、保佐人及夫의同意或許可를得ᄒᆞᆫ時는有効히保證人됨을得ᄒᆞᆯ지니라

〔二〕、償還의資力이有ᄒᆞᆫ事

償還의資力이有ᄒᆞᆷ을要ᄒᆞᆷ이라云ᄒᆞᆷ은卽保證債務를可히履行ᄒᆞᆯ財產이有ᄒᆞᆫ者를謂ᄒᆞᆷ이니玆에所謂財產이란者는動產、不動產은元來異議가無ᄒᆞᆫ

(1) 능력자일 것

보증인은 우선 능력자이어야 한다. 이른바 능력자란 법률행위를 할 수 있는 능력이 있는 자이다. 따라서 미성년자, 금치산자, 준금치산자 및 처와 같은 무능력자는 보증인이 될 자격이 없는 사람이다. 왜냐하면 이들 무능력자가 보증인이 되었을 때는, 그 보증계약은 취소할 수 있는 것으로 되고, 그에 따라 그 계약이 취소될 때까지는 명의상으로는 보증인이 있다고 할지라도, 만약 그 계약이 취소될 때는 처음부터 보증인을 세우지 아니한 것과 동일한 결과가 발생하기 때문이다. 그러나 법정대리인이 무능력자를 위해 자기의 권한으로 보증계약을 체결하였을 때는, 비록 무능력자라도 유효하게 보증인으로 될 수 있다. 또 무능력자가 자진하여 보증계약을 체결한 경우라도 법정대리인, 보좌인이나 남편의 동의나 허가를 받을 수 있을 때는 유효하게 보증인으로 될 수 있다.

(2) 상환의 자력이 있을 것

상환의 자력이 있어야 한다고 하는 것은 곧 보증채무를 이행할 수 있는 재산이 있는 것을 말한다. 여기에서 이른바 재산이란 동산, 부동산은 원래 이의가 없는

者ㅣ오又或債權이라도可홀지로다換言ᄒᆞ면卽主債務ᄂᆞᆫ金錢債務로대保證人은雖現存ᄒᆞᆫ金錢은無홀지라도其債務를履行홈에相當ᄒᆞᆫ動產、不動產及債權이有ᄒᆞᆫ時ᄂᆞᆫ資力이有ᄒᆞᆫ者ㅣ라謂홈을得홀지로다

(三)、債務의履行地를管轄ᄒᆞᄂᆞᆫ控訴院管轄內에住所가有ᄒᆞ거나又或假住所라도有ᄒᆞᆫ事

債務를履行홀處所에關ᄒᆞ야特別의意思表示가無ᄒᆞᆫ時ᄂᆞᆫ債權者의現住所로써其債務의履行地를定ᄒᆞᄂᆞᆫ故로保證人은其債務의履行地를管轄ᄒᆞᄂᆞᆫ控訴院管轄內에住所가有ᄒᆞ거나又或假住所라도有ᄒᆞᆫ事를要ᄒᆞᄂᆞ니라何故오保證人이若遠隔ᄒᆞᆫ地에在ᄒᆞᆫ時ᄂᆞᆫ債權者가保證人의게對ᄒᆞ야請求홈에甚히不便홈이有ᄒᆞᆫ所以니라

保證債務를締結ᄒᆞᆫ當時에以上三條件이具備ᄒᆞᆫ時ᄂᆞᆫ何人이라도有効히保證人됨을得홀지라然이나右述ᄒᆞᆫ三條件은一定ᄒᆞ야不動홈은아닌故로保證契約을締結ᄒᆞᆫ後에라도其債務를履行ᄒᆞ기前에變更이生ᄒᆞᄂᆞᆫ事가有홀지니若如此ᄒᆞᆫ境遇에至ᄒᆞ야도保證契約은依然히存在ᄒᆞ야債權者ᄂᆞᆫ他人

것이고 또 때로 채권일지라도 무방하다. 바꾸어 말하면 곧 주된 채무는 금전채무이지만, 보증인은 비록 현존하는 금전은 없을지라도, 그 채무를 이행하기에 상당한 동산, 부동산 및 채권이 있을 때는 자력이 있다고 말할 수 있다.

(3) 채무의 이행지를 관할하는 공소원(控訴院)* 관할 내에 주소가 있거나, 가주소라도 있을 것

채무를 이행할 장소에 관해 특별한 의사표시가 없는 때는, 채권자의 현주소를 가지고 그 채무의 이행지를 정한다. 따라서 보증인은 그 채무의 이행지를 관할하는 공소원 관할 내에 주소가 있거나, 가주소라도 있어야 한다. 왜냐하면 보증인 만약 원격지에 있을 때는 채권자가 보증인에 대해 청구할 때에 매우 불편하기 때문이다.

보증채무**를 체결한 당시에 이상의 세 조건이 갖춰졌을 때는, 누구든지 유효하게 보증인으로 될 수 있다. 그러나 위에서 서술한 세 조건은 일정하고 부동(不動)의 것은 아니다. 따라서 보증계약을 체결한 후라도 그 채무를 이행하기 전에 변경이 발생하는 일도 있다. 만약 이 같은 경우에도 보증계약은 그대로 존속하며, 채권자는 다른 사람

* 역자 주: 융희 원년(1907년) 12월 23일 개정된 재판소구성법에 따라 종래의 평리원을 개편하여 설치한 지방재판소 합의사건의 제2심 재판소이다(같은 법 제24조). 융희 3년(1909년) 10월 16일 통감부재판소령에 의해 같은 해 10월 28일 자로 재판소구성법이 폐지됨에 따라 폐지되었다. 한편 메이지 민법 제450조 제1항 제3호도 같은 내용을 규정하고 있다.

** 역자 주: 원문은 이와 같으나 문맥상 보증계약의 의미이다.

으로써其保證을代立ᄒᆞᆯ事를請求ᄒᆞᆷ이不能ᄒᆞᆫ者ㅣ라ᄒᆞ면保證人이最初에는法定의條件을具備ᄒᆞᆫ者ㅣ라도其後에償還資力을失ᄒᆞᆫ時及債務의履行地를管轄ᄒᆞ는控訴院管轄內의住所假住所를變更ᄒᆞ는時는債務者가權利를行使ᄒᆞᆷ에不便이多大ᄒᆞᆯ뿐아니라終乃主債務者가債務를履行치아니ᄒᆞ는境遇에保證人이無ᄒᆞᆷ과同一ᄒᆞᆫ結果가生ᄒᆞ야債權者의權利를犧牲에供ᄒᆞᆯ지라故로如此ᄒᆞᆫ境遇에至ᄒᆞ야는債權者로ᄒᆞ야곰債務者의게對ᄒᆞ야更히法定의條件이具備ᄒᆞᆫ人으로써其保證을代立ᄒᆞᆯ事로請求ᄒᆞᆷ을得케ᄒᆞᆷ이法理에妥當ᄒᆞᆯ지로다但法定의條件中能力者를要ᄒᆞᆷ이라云ᄒᆞ는事項은假令後日에至ᄒᆞ야變更이生ᄒᆞᆯ지라도保證契約에關ᄒᆞ야는何等의影響이無ᄒᆞᆯ지니是卽無他ㅣ라保證을契約ᄒᆞᆯ當時에能力者되는以上은雖後日에至ᄒᆞ야能力에變更이生ᄒᆞᆯ지라도保證契約의効力은其影響을受ᄒᆞᆯ理由가無ᄒᆞᆫ所以니라

債務者가保證人을立ᄒᆞᆯ義務를負擔ᄒᆞᆫ境遇에債權者가保證人을指名ᄒᆞᆫ時는保證人資格에關ᄒᆞᆫ規定을適用치아니ᄒᆞᄂᆞ니라是卽民法上에保證人의

으로 그 보증을 갈음하여 세울 것을 청구할 수 없다고 하면, 보증인이 처음에는 법정의 조건을 갖춘 자였더라도, 그 후에 상환 자력을 상실하였을 때와 채무의 이행지를 관할하는 공소원 관할 내의 주소·가주소를 변경하였을 때는, 채권자가 권리를 행사하는 데 불편이 매우 크다. 그뿐만 아니라 끝내 주된 채무자가 채무를 이행하지 않을 경우에, 보증인 없는 것과 동일한 결과가 발생하여 채권자의 권리를 희생하는 데 이바지하게 된다. 따라서 이 같은 경우에는 채권자가 채무자에 대해 다시 법정의 조건을 갖춘 사람으로써 그 보증을 갈음하여 세울 것으로 청구할 수 있게 하는 것이 법리에 타당하다. 다만 법정의 조건 중 능력자이어야 할 것이라고 하는 사항은, 가령 후일에 변경이 발생할지라도 보증계약에 관해서는 어떠한 영향도 미치지 않는다. 이는 곧 다름 아니라 보증을 계약할 당시에 능력자인 이상은 비록 후일에 이르러 능력에 변경이 발생할지라도, 보증계약의 효력은 그 영향을 받을 이유가 없기 때문이다.

채무자가 보증인을 세울 의무를 부담할 경우에 채권자가 보증인을 지명하였을 때는, 보증인 자격에 관한 규정을 적용하지 않는다. 이는 곧 민법상 보증인의

資格을嚴重히ᄒᆞ고且其資格變更에關ᄒᆞᆫ規定을設ᄒᆞᆷ은專히主債務者의게履行을擔保ᄒᆞ야債權者의權利를保護ᄒᆞᄂᆞᆫ目的이라然而債權者가保證人을指名ᄒᆞ야法定의條件이不具備ᄒᆞᆫ者라도保證人으로立코져ᄒᆞᄂᆞᆫ以上은法律이特히此를干涉ᄒᆞᆯ必要가無ᄒᆞ고又後日에至ᄒᆞ야保證人資格의變更이有ᄒᆞᆯ지라도是ᄂᆞᆫ債權者가保證人을自擇ᄒᆞᆫ者ㅣ됨으로其結果의不利益은債權者自身이擔當ᄒᆞᆯ外에他道理가無ᄒᆞᆯ지니라

債務者가保證人을立ᄒᆞᆯ義務를負擔ᄒᆞᆫ時라도法定의條件을具備ᄒᆞᆫ保證人을立ᄒᆞᆯ事가不能ᄒᆞᆫ境遇ㅣ有ᄒᆞ니假令外國人이保證人을立ᄒᆞᆯ義務를負擔ᄒᆞᆫ境遇와如ᄒᆞᆫ者ㅣ라如此ᄒᆞᆫ境遇에至ᄒᆞ야ᄂᆞᆫ其債務者가他擔保物로써保證代에擔保ᄒᆞᆷ을得케ᄒᆞᄂᆞ니라換言ᄒᆞ면債務者가保證人을立ᄒᆞᆯ代에質權을設定ᄒᆞᆷ과如ᄒᆞᆫ者ㅣ是라

以上에述ᄒᆞᆫ바ᄂᆞᆫ法律行爲를因ᄒᆞ야生ᄒᆞᆫ保證債務에關ᄒᆞᆫ者ㅣ라然이나保證債務ᄂᆞᆫ又直接으로法律의規定을依ᄒᆞ야生ᄒᆞᄂᆞᆫ境遇가有ᄒᆞ니假令合名會社境遇에會社의財産으로써會社의債務를完全히償還ᄒᆞ기不能ᄒᆞᆫ時ᄂᆞᆫ

자격을 엄중하게 하고 또 그 자격 변경에 관한 규정을 둔 것은, 오로지 주된 채무자에게 이행을 담보하여 채권자의 권리를 보호하기 위해서이다. 그런데 채권자가 보증인을 지명하여 법정의 조건을 갖추지 못한 자라도, 보증인으로 세우고자 하는 이상은 법률이 특히 이를 간섭할 필요가 없는 것이다. 또 후일에 이르러 보증인 자격의 변경이 있을지라도, 이는 채권자가 보증인을 스스로 택한 것이므로, 그 결과의 불이익은 채권자 자신이 감당하는 것 외에 다른 도리가 없는 것이다.

채무자가 보증인을 세울 의무를 부담하였을 때라도, 법정의 조건을 갖춘 보증인을 세울 수가 없는 경우도 있다. 가령 외국인이 보증인을 세울 의무를 부담하는 것 같은 경우이다. 이 같은 경우에는, 그 채무자가 다른 담보물을 가지고 보증에 갈음하여 담보할 수 있게 한다. 바꾸어 말하면 채무자가 보증인을 세우는 것을 갈음하여 질권을 설정하는 그것 같은 경우가 이에 해당한다.

이상에서 서술한 바는 법률행위에 따라 발생한 보증채무에 관한 것이다. 그러나 보증채무는 또한 직접 법률의 규정에 따라 발생하는 경우가 있다. 가령 합명회사의 경우에 회사의 재산으로써 회사의 채무를 완전히 상환할 수 없는 때는,

各社員이連帶ᄒᆞ야其債務의償還責任을負擔ᄒᆞᄂᆞᆫ境遇와如ᄒᆞᆫ者ㅣ是라如此히法令의規定을依ᄒᆞ야保證의債務ᄅᆞᆯ生ᄒᆞᄂᆞᆫ境遇ᄂᆞᆫ法令의規定을依ᄒᆞ야保證人을立ᄒᆞᆯ義務ᄅᆞᆯ負擔ᄒᆞᄂᆞᆫ境遇와不同ᄒᆞ니卽法令의規定을依ᄒᆞ야保證人을立ᄒᆞᆯ境遇ᄂᆞᆫ更히法律行爲ᄅᆞᆯ行ᄒᆞ지아니ᄒᆞ면保證債務가發生치아니ᄒᆞᄃᆡ是와相反ᄒᆞ야法令의規定을依ᄒᆞ야直接으로保證債務ᄅᆞᆯ生ᄒᆞᄂᆞᆫ境遇ᄂᆞᆫ何等의法律行爲도要치아니ᄒᆞᄂᆞ니라

如右히保證債務의發生原因은均一치아니ᄒᆞᄃᆡ一次保證債務가發生ᄒᆞᆫ以上은或其原因에相殊ᄒᆞᆫ者가有ᄒᆞᆯ지라도効力은同一ᄒᆞᆷ으로以下에其効力을說明코져ᄒᆞ노라

第二款 保證債務의効力

保證債務의効力을論ᄒᆞᆷ에當ᄒᆞ야ᄂᆞᆫ保證人及債權者間의効力과保證人及主債務者의効力과保證人互相間의効力을區別ᄒᆞ야論ᄒᆞᆷ이便利ᄒᆞᆷ으로써左에區別ᄒᆞ야說明ᄒᆞ노라

第一、保證人과債權者間의効力

각 사원이 연대하여 그 채무의 상환책임을 부담하는 경우와 같은 것이 이에 해당한다. 이처럼 법령의 규정에 따라 보증채무가 발생하는 경우는, 법령의 규정에 따라 보증인을 세울 의무를 부담하는 경우와 같지 않다. 즉 법령의 규정에 따라 보증인을 세울 경우에는, 다시 법률행위를 하지 아니하면, 보증채무가 발생하지 아니하나, 이에 반해 법령의 규정에 따라 직접 보증채무가 발생하는 경우에는 어떠한 법률행위도 필요하지 않다.

위와 같이 보증채무의 발생 원인은 한결같지 않다. 그러나 일단 보증채무가 발생한 이상은 때로 그 원인에 서로 다른 것이 있을지라도, 효력은 같으므로, 이하에서 그 효력을 설명하고자 한다.

제3관 보증채무의 효력

보증채무의 효력을 논할 때는 보증인과 채권자 사이의 효력과 보증인과 주된 채무자 사이의 효력 및 보증인 상호간의 효력을 구별하여 논하는 것이 편리하다. 이에 따라 다음에 이를 구별하여 설명한다.

I. 보증인과 채권자 사이의 효력

保證人과債權者間의効力을論홈에至ᄒᆞ야更히此를保證人이債權者의게對ᄒᆞᆫ權利와主債務와保證債務間의關係로區別ᄒᆞ야說明홈이通例를成홈으로其例를依ᄒᆞ야說明코져ᄒᆞ노라

(一) 保證人이債權者의게對ᄒᆞ야有ᄒᆞᆫ權利

既述홈과如히保證人은主債務者가其債務를履行치아니ᄒᆞᄂᆞᆫ境遇에其債務를履行ᄒᆞᆯ責任이有ᄒᆞᆫ者ㅣ되ᄂᆞᆫ故로主債務者가其債務를履行치아니ᄒᆞ면債權者ᄂᆞᆫ卽時保證人의게對ᄒᆞ야其債務를請求ᄒᆞᆯ지라但保證債務가其目的及體樣이主債務者보다輕ᄒᆞᆫ時ᄂᆞᆫ債權者가其保證債務의趣旨를從ᄒᆞ야履行을請求ᄒᆞᆯ事ᄂᆞᆫ無論이니假令主債務ᄂᆞᆫ期限이到來ᄒᆞ고保證債務ᄂᆞᆫ期限이到來치아니ᄒᆞᆫ境遇에主債務를履行치아니홈으로債權者ᄂᆞᆫ保證債務者의게對ᄒᆞ야其履行을請求치못ᄒᆞᄂᆞᆫ事ᄂᆞᆫ有ᄒᆞ나然이나保證債務에關ᄒᆞ야請求의條件이具備ᄒᆞᄂᆞᆫ時ᄂᆞᆫ債權者ᄂᆞᆫ其保證債務의目的及範圍를從ᄒᆞ야何時를不問ᄒᆞ고保證人의게對ᄒᆞ야其履行을請求홈이能ᄒᆞᆫ故로如此히債權者가保證人의게對ᄒᆞ야債務의履行을請求ᄒᆞ면保證人은法律上으

보증인과 채권자 사이의 효력을 논할 경우에는, 다시 이를 보증인의 채권자에 대한 권리와 주된 채무와 보증채무 사이의 관계로 구별하여 설명하는 것이 통례이다. 그러므로 그 예에 따라 설명하고자 한다.

1. 보증인이 채권자에 대해 가지는 권리

기술한 바와 같이 보증인은 주된 채무자가 그 채무를 이행하지 않을 경우에, 그 채무를 이행할 책임을 지게 된다. 따라서 주된 채무자가 그 채무를 이행하지 아니하면, 채권자는 곧바로 보증인에 대해 그 채무를 청구하게 된다. 다만 보증채무가 그 목적과 형태가 주된 채무자보다 가벼웠을 때는, 채권자가 그 보증채무의 취지에 따라 이행을 청구할 것은 물론이다. 가령 주된 채무는 기한이 도래하고 보증채무는 기한이 도래하지 아니한 경우에, 주된 채무가 이행되지 않아도 채권자는 보증채무자에 대해 그 이행을 청구할 수 없는 경우는 있다. 그러나 보증채무에 관해 청구의 조건이 갖춰졌을 때는, 채권자는 그 보증채무의 목적과 범위에 따라, 언제든지 보증인에 대해 그 이행을 청구할 수 있다. 따라서 이처럼 채권자가 보증인에 대해 채무의 이행을 청구하면, 보증인은 법률상

로債權者의게對抗홀三個의權利가有ᄒᆞ니卽所謂先訴의抗辯、檢索의利益及分別의利益이是라左에更히此를區分ᄒᆞ야說明ᄒᆞ노라

〔가〕、先訴의抗辯

主債務者가其債務를履行치아니ᄒᆞ는時는債權者가保證人의게對ᄒᆞ야卽時其債務의履行을請求홀者歟아又는爲先主債務者의게對ᄒᆞ야其債務의履行을請求ᄒᆞᆫ後에始其保證人의게請求홀者歟아此點에關ᄒᆞ야는諸國의立法例가不一ᄒᆞ니或은債權者가主債務者의게請求ᄒᆞ야强制의執行을行ᄒᆞ야도猶且完全ᄒᆞᆫ履行의償還을不受ᄒᆞᆫ時라야始其保證人의게對ᄒᆞ야其履行을請求홀者ㅣ라ᄒᆞ는例도有ᄒᆞ며或은此主義와相反ᄒᆞ야債權者는自初로同時에主債務者及保證人의게對ᄒᆞ야其履行을請求홀者ㅣ라ᄒᆞ는者도有ᄒᆞ며又或은此兩主義를折衷ᄒᆞ야債權者는卽時保證人의게對ᄒᆞ야其債務의履行을請求홀지라도保證人은其債權者의게對ᄒᆞ야爲先主債務者의게其履行을催告홀事를請求홀權이有ᄒᆞᆫ者ㅣ라ᄒᆞ야所謂先訴의抗辯權等을認ᄒᆞ는者도有ᄒᆞ니法理上으로論ᄒᆞ면前二

채권자에게 대항할 수 있는 세 개의 권리를 가진다. 즉 이른바 선소(先訴)의 항변, 검색의 이익과 분별의 이익이 이에 해당한다. 다음에 다시 이를 구별하여 설명한다.

(1) 선소의 항변

주된 채무자가 그 채무를 이행하지 않을 때는, 채권자가 보증인에 대해 즉시 그 채무의 이행을 청구할 것인가? 아니면 우선 주된 채무자에 대해 그 채무의 이행을 청구한 후에 비로소 그 보증인에게 청구할 것인가? 이 점에 관해서는 여러 나라의 입법례가 일치하지 않는다. 때로는 채권자가 주된 채무자에게 청구하여 강제집행을 해도 오히려 또한 완전한 이행의 상환을 받지 못하였을 때라야, 비로소 그 보증인에 대해 그 이행을 청구할 수 있다고 하는 예도 있다. 때로는 이 주의에 반해 채권자는 처음부터 동시에 주된 채무자와 보증인에 대해 그 이행을 청구할 수 있다고 하는 것도 있다. 또 때로는 이 양 주의를 절충하여 채권자는 즉시 보증에 대해 그 채무의 이행을 청구할 수 있을지라도, 보증인은 그 채권자에 대해 우선 주된 채무자에게 이행을 최고할 것을 청구할 권리가 있다고 하여, 이른바 최고의 항변권 등을 인정하는 것도 있다. 법리상으로 논하면 앞의 두

主義ᄂᆞᆫ皆極端에失ᄒᆞ야不便이不尠ᄒᆞᆷ으로我國에도民法을制定ᄒᆞᄂᆞᆫ時ᄂᆞᆫ第三主義卽折衷의主義를採用ᄒᆞᆷ이妥當ᄒᆞᆷ으로信ᄒᆞ노라今에更히此主義를詳言ᄒᆞ면主債務者가其債務를履行치아니ᄒᆞᄂᆞᆫ時ᄂᆞᆫ債權者가何等의節次도不要ᄒᆞ고卽時保證人의게對ᄒᆞ야其履行을請求ᄒᆞᄂᆞᆫ權이有ᄒᆞ대但保證人은債權者의게對ᄒᆞ야爲先主債務者의게請求ᄒᆞᆯ事를抗辯ᄒᆞᄂᆞᆫ權이有ᄒᆞ니라換言ᄒᆞ면卽保證人이如此ᄒᆞᆫ抗辯을行ᄒᆞᆷ에不關ᄒᆞ고債權者가主債務者의게對ᄒᆞ야請求ᄒᆞᆫ立證이無ᄒᆞᆫ以上은保證人이其債務의履行을拒絶ᄒᆞᆷ이能ᄒᆞ니此保證人의有ᄒᆞᆫ抗辯權을學者가稱ᄒᆞ야先訴의抗辯이라謂ᄒᆞᄂᆞ니라

保證人이先訴의抗辯을行ᄒᆞᆫ境遇에債權者의行ᄒᆞᆯ義務에關ᄒᆞᆫ規定도亦各國의規定이不同ᄒᆞ니假令德國民法과如ᄒᆞᆫ民法은債權者로主債務者의게對ᄒᆞ야强制의履行을行ᄒᆞᆯ지라도效力이無ᄒᆞᆫ事를立證ᄒᆞᆯ責任을負擔케ᄒᆞᆷ과如ᄒᆞ나日本民法에ᄂᆞᆫ債權者가主債務者의게對ᄒᆞ야如此ᄒᆞᆫ强力의請求를行ᄒᆞᆫ事를要치아니ᄒᆞ고但主債務者의게對ᄒᆞ야催告을行ᄒᆞ

주의는 모두 극단에 치우쳐 불편이 작지 않다. 그러므로 우리나라에서도 민법을 제정할 때는, 세 번째 주의 즉 절충주의를 채택하는 것이 타당한 것으로 믿는다. 이제 다시 이 주의를 상세하게 말해보기로 한다. 주된 채무자가 그 채무를 이행하지 않을 때는, 채권자가 어떠한 절차도 필요 없이, 즉시 보증인에 대해 그 이행을 청구하는 권리를 가진다. 그러나 다만 보증인은 채권자에 대해 우선 주된 채무자에게 청구할 것을 항변하는 권리를 가지는 것이다. 바꾸어 말하면 곧 보증인이 이와 같은 항변을 하는 것과 관계없이, 채권자가 주된 채무자에 대해 청구한 것이 증명되지 않는 이상은, 보증인은 그 채무의 이행을 거절할 수 있다. 이 보증인이 갖는 항변권을 학자가 일컬어 최고의 항변권이라고 한다.

보증인이 선소의 항변권을 행사한 경우에, 채권자가 행할 의무에 관한 규정도 또한 각국의 규정이 같지 않다. 가령 도이치 민법과 같은 민법은 채권자가 주된 채무자에 대해 강제이행을 하였을지라도, 효력이 없다는 것을 증명할 책임을 부담하게 한다. 그러나 일본 민법에서는 채권자가 주된 채무자에 대해 이와 같은 강제 청구를 할 것을 요구하지 않고, 다만 주된 채무자에 대해 최고를 하야도其債務를履行치아니ᄒᆞᆫ事實의立證이有ᄒᆞ면足ᄒᆞᆫ者ㅣ라ᄒᆞ니라然而玆에所謂催告이란者ᄂᆞᆫ訴訟形式에依ᄒᆞᆫ者를要ᄒᆞᄂᆞᆫ者ㅣ아니오裁判外의請求라도不可ᄒᆞᆷ이無ᄒᆞᆫ故로普通此先訴抗辯의言語를廣義로解釋호대述者의意見으로ᄂᆞᆫ先訴의抗辯을催告의抗辯으로解釋ᄒᆞᆷ이適當ᄒᆞᆫ者로信ᄒᆞ나然이나玆에ᄂᆞᆫ普通廣義의說明을從ᄒᆞ야解釋코져ᄒᆞ노라

先訴의抗辯이란者ᄂᆞᆫ保證債務者가第二位의債務者되ᄂᆞᆫ性質上으로從ᄒᆞ야生ᄒᆞᄂᆞᆫ者ㅣ되ᄂᆞᆫ故로如何ᄒᆞᆫ境遇라도保證人의게此先訴의抗辯權을與ᄒᆞᆷ이適當호대無制限으로保證人이此權利를行ᄒᆞᄂᆞᆫ時ᄂᆞᆫ債權者의게不條理의結果가生ᄒᆞᆯ者ㅣ되ᄂᆞᆫ故로債權者로ᄒᆞ야곰例外로保證人의行ᄒᆞᄂᆞᆫ此抗辯에對ᄒᆞ야排斥ᄒᆞᄂᆞᆫ權을與ᄒᆞ니即主債務者가破產ᄒᆞᆫ境遇에宣告를受ᄒᆞᆫ時及主債務者의行方이不分明ᄒᆞᆫ時等이是니라

民法上에破產이란者ᄂᆞᆫ商法上에謂ᄒᆞᄂᆞᆫ바의破產뿐아니라家資分散의境遇도包含ᄒᆞᆫ者ㅣ라如此ᄒᆞᆫ境遇에主債務者ᄂᆞᆫ多少間償還의能力이全無ᄒᆞᆫ者ᄂᆞᆫ아니로대完全ᄒᆞᆫ資力이無ᄒᆞᆷ으로因ᄒᆞ야破產의格式을依ᄒᆞ야

여도 그 채무를 이행하지 아니한 사실이 있으면 충분하다고 한다. 그런데 여기에서 이른바 최고란 소송 형식을 따라야 하는 것은 아니고, 재판외의 청구라도 무방하다. 따라서 통상 이 선소의 항변이란 용어를 넓은 의미로 해석한다. 그러나 필자의 의견으로는 선소의 항변을 최고의 항변으로 해석하는 것이 적당하다고 믿는다. 그러나 여기에서는 통상적인 넓은 의미의 설명에 따라 해석하고자 한다.

선소의 항변이란 보증채무자가 보충적인 채무자로 되는 성질에 따라 발생하는 것이다. 따라서 어떠한 경우라도 보증인에게 이 선소의 항변권을 부여하는 것이 적당하다. 그러나 보증인이 이 권리를 무제한으로 행사할 때는, 채권자에게 부조리한 결과가 발생하게 된다. 따라서 채권자가 예외로 보증인이 행사하는 이 항변에 대해 배척하는 권리를 부여한다. 즉 주된 채무자가 파산하여 파산선고를 받았을 때와 주된 채무자의 행방이 불분명하였을 때 등이다.

민법상 파산이란 상법에서 말하는 바의 파산뿐만 아니라 가자(家資) 분산의 경우도 포함한다. 이 같은 경우에 주된 채무자는 다소간의 상환능력이 전혀 없는 것은 아니다. 그러나 완전한 자력이 없으므로, 파산의 방식에 따라

償還을受홈과如훈者는不得已호야多日數룰要호는故로如此훈境遇에도債權者는主債務者의게對호야猶其催告을行홀者ㅣ라호는時는債權者의게不便이不尠호고又債務者의行方이不分明훈時에도猶此催告을行케홈은不能에屬호는者ㅣ라故로事實이如此훈境遇에는其催告을不行홀지라도保證人의게對호야履行을請求홈이能홀지니라然이나但行方이不分明훈境遇에注意룰要홀事가有호니卽主債務者의行方이不分明훈境遇라도其主債務者의代理人되는財產管理人이存在호야其債務룰處理호는權限이有훈時는同一히論홀바ㅣ아니니라

〔나〕 檢索의利益

保證人은第二位의債務者되는性質이有훈結果로先訴抗辯外에此檢索의利益이有훈者ㅣ라檢索의利益이란者는保證人이債權者의게對호야爲先主債務者의財產을執行홀事로請求홈을得호는權利룰謂홈이니換言호면卽債權者가主債務者의게對호야催告을行훈後라도保證人은債權者의게對호야此檢索의利益으로써對抗홈을得호는者ㅣ라然則保證

상환을 받는다고 할 것 같으면, 부득이하여 여러 날이 필요하다. 따라서 이 같은 경우에도 채권자가 주된 채무자에 대해 오히려 그 최고를 해야 한다고 할 때는, 채권자에게 불편이 작지 않다. 또 채무자의 행방이 불분명한 경우에는, 그 최고를 하지 않더라도 보증인에 대해 이행을 청구할 수 있다. 그러나 다만 행방이 불분명한 경우에 주의해야 할 사항이 있다. 즉 주된 채무자의 행방이 불분명한 경우라도, 그 주된 채무자의 대리인으로 되는 재산관리인이 존재하여 그 채무를 처리하는 권한을 가질 때는 마찬가지로 논할 바가 아니다.

(2) 검색의 이익

보증인은 보충적인 채무자로 되는 성질을 지니기 때문에, 선소의 항변 외에 이 검색의 이익을 가진다. 검색의 이익이란 보증인이 채권자에 대해 우선 주된 채무자의 재산을 집행할 것을 청구할 수 있는 권리를 말한다. 바꾸어 말하면 곧 채권자가 주된 채무자에 대해 최고를 한 후라도, 보증인은 채권자에 대해 이 검색의 이익을 가지고 대항할 수 있다. 그렇다면 보증

人이檢索의利益을行ᄒᆞᆷ에關ᄒᆞ야ᄂᆞᆫ何如ᄒᆞᆫ條件을要ᄒᆞᆯ者歟아云ᄒᆞᄂᆞᆫ問題에關ᄒᆞ야ᄂᆞᆫ立法例에多少間差異가不無ᄒᆞ나盖新進ᄒᆞᆫ法典에ᄂᆞᆫ二個의條件을要ᄒᆞᄂᆞ니卽保證人은債權者의게對ᄒᆞ야主債務者의資力이有ᄒᆞᆫ事及執行이容易ᄒᆞᆫ事ᄅᆞᆯ證明ᄒᆞ면足ᄒᆞᆫ者ㅣ라ᄒᆞᄂᆞ니라玆에所謂資力이有ᄒᆞᆷ이라云ᄒᆞᄂᆞᆫ者ᄂᆞᆫ主債務者가其債務의全部ᄅᆞᆯ履行ᄒᆞᆯ資力이有ᄒᆞᆫ者ᄅᆞᆯ謂ᄒᆞᄂᆞᆫ者ㅣ되ᄂᆞᆫ故로主債務者가假令一部의債務ᄅᆞᆯ履行ᄒᆞᆯ資力이有ᄒᆞᆫ事ᄂᆞᆫ此에包含ᄒᆞᆫ者ㅣ아니라是以로主債務者가一部의債務ᄅᆞᆯ履行ᄒᆞᆯ資力이有ᄒᆞᆫ時라도保證人은此ᄅᆞᆯ證明ᄒᆞ야債權者의게檢索의利益을主張ᄒᆞᆷ은不能ᄒᆞᆯ지오又執行이容易ᄒᆞᆷ이라云ᄒᆞᄂᆞᆫ者ᄂᆞᆫ必强制의執行을謂ᄒᆞᄂᆞᆫ者ㅣ아니라一般債權의實行이容易ᄒᆞᆫ事ᄅᆞᆯ謂ᄒᆞᆷ이니某立法例에ᄂᆞᆫ主債務者의財産卽不動産과如ᄒᆞᆫ財産에關ᄒᆞ야ᄂᆞᆫ其財産이義務ᄅᆞᆯ履行ᄒᆞᆯ控訴院管轄地內에伏在ᄒᆞᆷ을要ᄒᆞᆷ이라ᄒᆞ며又動産과如ᄒᆞᆫ財産에關ᄒᆞ야ᄂᆞᆫ物上擔保로業己債權者의게供在ᄒᆞᆫ事ᄅᆞᆯ要ᄒᆞᆷ이라云ᄒᆞᆷ과如ᄒᆞᆫ細密의規定이有ᄒᆞ나然이나新進ᄒᆞᆫ法典에ᄂᆞᆫ如此ᄒᆞᆫ規定을不設ᄒᆞ고此等

인이 검색의 이익을 행사하는 것과 관련해서 어떠한 조건이 있어야 하냐는 문제에 관해서는 입법례에 다소간 차이가 없지 않다. 그러나 대체로 새로운 법전에서는 두 가지 조건을 요구한다. 즉 보증인은 채권자에 대해 주된 채무자의 자력이 있다는 것과 집행이 쉽다는 것을 증명하면 충분하다고 한다. 여기에서 이른바 자력이 있다고 하는 것은, 주된 채무자에게 그 채무 전부를 이행할 자력이 있다는 것을 말한다. 따라서 주된 채무자에게 가령 그 채무 일부를 이행할 자력이 있다는 것은 이에 포함되지 않는다. 이에 따라 주된 채무자가 채무 일부를 이행할 자력이 있을 때라도, 보증인은 이를 증명하여 채권자에게 검색의 이익을 주장할 수 없다. 또 집행이 쉽다고 하는 것은, 반드시 강제집행을 말하는 것은 아니고 일반적으로 채권의 실행이 쉬운 것을 말한다. 어떤 입법례에서는 주된 채무자의 재산 즉 부동산과 같은 재산에 관해서는 그 재산이 의무를 이행할 공소원 관할구역 내에 숨겨져 있어야 한다고 하며, 또 동산과 같은 재산에 관해서는 물상 담보로 이미 채권자에게 제공되어 있어야 한다고 하는 것과 같은 세밀한 규정을 두고 있다. 그러나 새로운 법전에는 이와 같은 규정을 두지 않고, 이러한

事ᄂᆞᆫ各其境遇와情況을隨ᄒᆞ야事實上問題로決定케ᄒᆞᄂᆞ니라如此히保證人이主債務者의資力이有ᄒᆞᆫ事及執行이容易ᄒᆞᆫ事를債權者의게對ᄒᆞ야證明ᄒᆞᆫ時ᄂᆞᆫ債權者ᄂᆞᆫ爲先債務者財產에就ᄒᆞ야執行ᄒᆞᆫ後에猶其債務의償還을不受ᄒᆞᆫ部分이아니면保證人의게對ᄒᆞ야此를請求ᄒᆞᆷ이不能ᄒᆞᆯ지니라

上述과如히保證人은第二位의債務者되ᄂᆞᆫ性質이有ᄒᆞᆫ結果로先訴의抗辯權及檢索의利益을主張ᄒᆞᄂᆞᆫ權利가有ᄒᆞ나然이나保證人은主債務者와連帶ᄒᆞ야保證人되ᄂᆞᆫ境遇가有ᄒᆞ니如此ᄒᆞᆫ境遇에至ᄒᆞ야ᄂᆞᆫ其連帶의結果로保證人은主債務者와同等地位에立ᄒᆞ야債務를負擔ᄒᆞ고第二位의債務者되ᄂᆞᆫ性質을有ᄒᆞᆯ者ㅣ아니라故로保證人이主債務者와連帶ᄒᆞ야債務를負擔ᄒᆞᄂᆞᆫ時ᄂᆞᆫ原則上으로互相間에連帶를生ᄒᆞ야債權者의게對ᄒᆞ야此等의權利를主張치못ᄒᆞᆯ지니라玆에所謂連帶保證人에ᄂᆞᆫ二種이有ᄒᆞ니一曰保證人과主債務者間의連帶오二曰保證人互相間의連帶가是라此第一境遇에ᄂᆞᆫ以上의說明을適用ᄒᆞᆯ지로대第二境遇에至ᄒᆞ야

사항은 각각의 경우와 상황에 따라 사실상의 문제로 결정하게 한다. 이처럼 보증인이 주된 채무자의 자력이 있다는 것과 집행이 쉽다는 것을 채권자에 대해 증명하였을 때는, 채권자는 우선 채무자 재산에 대해 집행한 후에도 여전히 그 채무의 상환을 받지 못한 부분이 없으면 보증인에 대해 이를 청구할 수 없다.

상술한 바와 같이 보증인은 보충적인 채무자로 되는 성질을 지니기 때문에, 선소의 항변권과 검색의 이익을 주장할 수 있는 권리를 가진다. 그러나 보증인은 주된 채무자와 연대하여 보증인으로 되는 경우가 있다. 이 같은 경우에는 그 연대의 결과에 따라 보증인은 주된 채무자와 동등한 지위에 서서 채무를 부담하고 보충적인 채무자로 되는 성질을 지니지 않는다. 따라서 보증인이 주된 채무자와 연대하여 채무를 부담하였을 때는, 원칙적으로 상호 간에 연대가 발생하여 채권자에 대해 이들 권리를 주장할 수 없다. 여기에서 이른바 연대보증인에는 두 가지 종류가 있다. 하나는 보증인과 주된 채무자 사이의 연대이고, 다른 하나는 보증인 상호 간의 연대이다. 이 첫 번째의 경우에는 이상의 설명이 적용되나, 두 번째의 경우에

ᄂᆞᆫ事實上此等의適用이無ᄒᆞᆯ지니何故오盖保證人이主債務者와連帶ᄒᆞ야債務ᄅᆞᆯ負擔ᄒᆞᄂᆞᆫ境遇에ᄂᆞᆫ保證人도亦同一의債務者되ᄂᆞᆫ所以로債權者ᄂᆞᆫ卽時其債務者의게對ᄒᆞ야請求ᄒᆞᆷ을得ᄒᆞᆯ지로대單히保證人間에連帶가有ᄒᆞᆫ時ᄂᆞᆫ各保證人이主債務者의게對ᄒᆞ야純全ᄒᆞᆫ保證人의資格이有ᄒᆞᆫ故로此等의利益을主張ᄒᆞᆯ權利ᄂᆞᆫ消滅ᄒᆞᆯ理由가無ᄒᆞᆫ所以니라

保證人이先訴의抗辯及檢索의利益을主張ᄒᆞᆯ權利ᄅᆞᆯ有ᄒᆞᆫ境遇에債權者가主債務者의게對ᄒᆞ야催告을行ᄒᆞ고又其財產에就ᄒᆞ야執行ᄒᆞ기ᄭᆞ지ᄂᆞᆫ債務의履行을拒絶ᄒᆞᆷ이能ᄒᆞᆷ은前述ᄒᆞᆷ과如ᄒᆞ나然이나保證人은是로因ᄒᆞ야其債務ᄅᆞᆯ得免ᄒᆞᆫ者ᄂᆞᆫ아니니若債權者가主債務者의게對ᄒᆞ야此等의事ᄅᆞᆯ行ᄒᆞ야도債權全部의履行을不受ᄒᆞᆫ時ᄂᆞᆫ更히保證人의게對ᄒᆞ야其履行을請求ᄒᆞᆷ을得ᄒᆞᆯ지라然이나保證人이先訴의抗辯及檢索의利益을主張ᄒᆞᆷ에不關ᄒᆞ고債權者가其請求ᄅᆞᆯ依ᄒᆞ야債務者의게催告及執行을怠慢히ᄒᆞ야主債務로브터全部의償還을不得ᄒᆞᆷ에至ᄒᆞᆫ時ᄂᆞᆫ以上의境遇와相反ᄒᆞ야債權者가其怠慢의結果ᄅᆞᆯ負擔ᄒᆞᆯ者ㅣ오保證人은債權

는 사실상 이들의 적용이 없다. 왜냐하면 대개 보증인이 주된 채무자와 연대하여 채무를 부담하는 경우에는, 보증인도 또한 동일한 채무자로 되는 까닭에 채권자는 즉시 그 채무자에 대해 청구할 수 있다. 그러나 단순히 보증인 사이에 연대가 있는 때는, 각 보증인이 주된 채무자에 대해 순수한 보증인의 자격을 지니고, 그에 따라 이러한 이익을 주장할 권리가 소멸할 이유가 없기 때문이다.

보증인이 선소의 항변과 검색의 이익을 주장할 권리를 가진 경우에, 채권자가 주된 채무자에 대해 최고를 하고, 또 그 재산에 대해 집행을 하기까지는 채무의 이행을 거절할 수 있다는 것은 전술한 바와 같다. 그러나 보증인은 이에 따라 그 채무를 면하게 되는 것은 아니다. 만약 채권자가 주된 채무자에 대해 이들 사항을 행사하여도 채권 전부의 이행을 받지 못하였을 때는, 다시 보증인에 대해 그 이행을 청구할 수 있다. 그러나 보증인이 선소의 항변과 검색의 이익을 주장하는 것과 관계없이, 채권자가 그 청구에 따라 채무자에게 최고와 집행을 게을리하여 주된 채무자로부터 상환을 전부 받지 못하게 되었을 때는, 이상의 경우와 반대로 채권자가 그 게으름의 결과를 부담하고, 보증인은 채권

者가主債務者의게催告及執行을行ᄒᆞ야可得ᄒᆞᆯ部分範圍以內限度에서ᄂᆞᆫ其義務를得免ᄒᆞᆯ者ㅣ니라故로假令卽時催告執行等事를行ᄒᆞ얏시면債權者가主債務者로브터全部의履行을可受ᄒᆞᆯ時ᄂᆞᆫ保證人이完全히其義務를得免ᄒᆞᆯ지오又半數의履行을可受ᄒᆞᆯ時ᄂᆞᆫ保證人이其半數의債務를得免ᄒᆞᆯ지니라

〔다〕、分別의利益

保證人은必一人에限ᄒᆞᆫ者ㅣ아님으로數人의保證人이有ᄒᆞᆫ境遇가有ᄒᆞ니如此ᄒᆞᆫ境遇에至ᄒᆞ야ᄂᆞᆫ其保證人이各自全部의債務를負擔ᄒᆞᆯ者歟아又或平等의比數로其債務를負擔ᄒᆞᆯ者歟아此点에關ᄒᆞ야ᄂᆞᆫ或保證人이各自其債務의全部를負擔ᄒᆞᆯ者ㅣ라云ᄒᆞᄂᆞᆫ立法例及學說이不無ᄒᆞ대新進ᄒᆞᆫ民法及學說에ᄂᆞᆫ保證債務境遇에도多數當事者債權에關ᄒᆞᆫ總則을從ᄒᆞ야當事者間에特別ᄒᆞᆫ意思表示가無ᄒᆞᆫ以上은平等의比數로써其債務를負擔케ᄒᆞᆷ이穩當ᄒᆞᆷ으로制定ᄒᆞ고說明ᄒᆞᄂᆞ니라如此히數人의保證人이各自全部에對ᄒᆞ야債務를負擔치아니ᄒᆞ고平等의比數로其債務를

자가 주된 채무자에게 최고와 집행을 하여 얻을 수 있었던 부분 범위 이내의 한도에서는 그 의무를 면하게 된다. 따라서 가령 즉시 최고·집행을 하였더라면 채권자가 주된 채무자로부터 전부 이행을 받을 수 있었을 때는, 보증인이 완전히 그 의무를 면할 수 있고, 또 2분의 1의 이행을 받을 수 있었을 때는, 보증인은 그 2분의 1의 채무를 면하게 된다.

(3) 분별의 이익

보증인은 반드시 1인에 한하는 것은 아니고, 수인의 보증인이 있는 경우가 있다. 이 같은 경우에는 그 보증인이 각자 채무 전부를 부담하는가 아니면 평등한 비율로 그 채무를 부담하는가? 이 점에 관해서는 때로 보증인이 각자 그 채무 전부를 부담한다고 하는 입법례와 학설도 없지 않다. 그러나 새로운 민법과 학설에서는 보증채무의 경우에도 다수당사자 채권에 관한 총칙에 따라, 당사자 사이에 특별한 의사표시가 없는 이상은 평등한 비율로 그 채무를 부담하게 하는 것이 합당하다고 제정·설명하고 있다. 이처럼 수인의 보증인이 각자 전부에 대해 채무를 부담하지 않고 평등한 비율로 그 채무를

負擔ᄒᆞ는事를稱ᄒᆞ야分別의利益이라云ᄒᆞᄂᆞ니라

〔二〕、主債務와保證債務의關係

玆에所謂主債務者와保證債務者間의關係란者는債務者에關ᄒᆞ야附生ᄒᆞᆫ事項이保證人의게對ᄒᆞ야効力을生ᄒᆞ는境遇及保證人에關ᄒᆞ야附生ᄒᆞᆫ事項이主債務者의게對ᄒᆞ야効力이生ᄒᆞ는境遇를合ᄒᆞ야謂홈이라主債務者及保證人에關ᄒᆞ야生ᄒᆞᆫ事項으로主債務者及保證人에對ᄒᆞ야如何ᄒᆞᆫ効力이生ᄒᆞ는等事는以上保證債務의觀念을說明ᄒᆞᆯ時에已述ᄒᆞᆫ바ㅣ라換言ᄒᆞ면卽保證債務는主債務와同一의結果를目的ᄒᆞ는者ㅣ됨으로一便의債務가償還及其他의原因을依ᄒᆞ야消滅ᄒᆞ는時는他一便의債務도亦消滅ᄒᆞ며又保證債務는從債務의性質이有홈으로主債務가無効되는時는保證債務도亦無効됨을得ᄒᆞ며主債務가繳消를因ᄒᆞ야消滅ᄒᆞ는時는保證債務도亦消滅홈을得ᄒᆞᆯ지며主債務가繳消홈을可得ᄒᆞᆯ者ㅣ되는時는保證債務도亦繳消홈을可得ᄒᆞᆯ지라故로玆에는以上以外의境遇를說明코져ᄒᆞ노라

〔가〕、履行請求及時効中斷

부담하는 것을 일컬어 분별의 이익이라고 한다.

2. 주된 채무와 보증채무의 관계

여기에서 이른바 주된 채무자와 보증채무자 사이의 관계란 채무자에 관해 발생한 사항이 보증인에 대해 효력을 발생하는 경우와 보증인에 관해 발생한 사항이 주된 채무자에 대해 효력이 발생하는 경우를 합하여 말한다. 주된 채무자와 보증인에 관해 발생한 사항으로 주된 채무자와 보증인에 대해 어떠한 효력이 발생하는가 등의 사항은, 위에서 보증채무의 관념을 설명할 때에 이미 서술한 바이다. 바꾸어 말하면 곧 보증채무는 주된 채무와 동일한 결과를 목적으로 하므로, 한편의 채무가 상환과 그 밖의 원인에 따라 소멸할 때는, 다른 한편의 채무도 또한 소멸한다. 또 보증채무는 종된 채무의 성질을 지니므로, 주된 채무가 무효로 되는 때는, 보증채무도 또한 무효로 되며, 주된 채무가 취소할 수 있는 것으로 되는 때는, 보증채무도 또한 취소될 수 있다. 따라서 여기에서는 그 이외의 경우를 설명하고자 한다.

(1) 이행의 청구와 시효중단

履行請求ᄂᆞᆫ以上에도屢次說明홈과如히債權者가債務者의게對ᄒᆞ야債務의履行을要求ᄒᆞᄂᆞᆫ行爲를稱홈이니無論裁判上의請求及裁判外의請求를悉皆包含ᄒᆞᆫ者ㅣ니라然而債權者가主債務者의게對ᄒᆞ야其債務의履行을請求ᄒᆞᆫ時ᄂᆞᆫ保證人의게對ᄒᆞ야도亦其効力이生ᄒᆞᆯ지라故로假令期限이不定ᄒᆞᆫ債務를保證ᄒᆞᆫ境遇에債權者가主債務者의게對ᄒᆞ야履行을請求ᄒᆞ면其時로브터保證人이亦遲滯의責任을負擔ᄒᆞᆯ지오又債權者가履行을請求ᄒᆞ야時効를中斷ᄒᆞᆫ時ᄂᆞᆫ保證人의게對ᄒᆞ야도亦其効力이生ᄒᆞᆯ지니라

時効의中斷原因은履行請求以外에執留、假執留、假處分及承認等이有ᄒᆞ니執留란者ᄂᆞᆫ確定判決及其他債務名義에基因ᄒᆞ야行ᄒᆞᄂᆞᆫ强制執行을謂홈이오假執留란者ᄂᆞᆫ金錢債權又ᄂᆞᆫ金錢債權에可代홈을得ᄒᆞᆯ請求에關ᄒᆞ야强制執行을保全ᄒᆞ기爲ᄒᆞ야行ᄒᆞᄂᆞᆫ者를謂홈이오假處分이란者ᄂᆞᆫ金錢債權又ᄂᆞᆫ金錢債權에可代홈을得ᄒᆞᆯ請求以外의權利에關ᄒᆞ야强制執行을保全ᄒᆞ기爲ᄒᆞ야其係爭ᄒᆞᆫ物에對ᄒᆞ거나權利關係에關ᄒᆞ야

이행의 청구는 이상에서도 여러 번 설명한 바와 같이, 채권자가 채무자에 대해 채무의 이행을 요구하는 행위를 말한다. 물론 재판상의 청구와 재판외의 청구 모두를 포함한다. 그런데 채권자가 주된 채무자에 대해 그 채무의 이행을 청구하였을 때는, 보증인에 대해서도 또한 그 효력이 발생한다. 따라서 가령 기한이 정해지지 아니한 채무를 보증한 경우에, 채권자가 주된 채무자에 대해 이행을 청구하면, 그때부터 보증인도 또한 지체 책임을 부담한다. 또 채권자가 이행을 청구하여 시효가 중단되었을 때는, 보증인에 대해서도 또한 그 효력이 발생하는 것이다.

시효중단의 원인은 이행의 청구 이외에 압류, 가압류, 가처분과 승인 등이 있다. 압류란 확정판결과 그 밖의 집행권원에 따라 하는 강제집행을 말한다. 가압류란 금전채권 또는 금전채권을 갈음할 수 있는 청구에 관해 강제집행을 보전하기 위해 하는 것을 말한다. 가처분이란 금전채권 또는 금전채권을 갈음할 수 있는 청구 이외의 권리에 관해 강제집행을 보전하기 위해 그 계쟁물(係爭物)에 대해서나 권리관계에 관해

假地位를定ᄒᆞ기爲ᄒᆞ야行ᄒᆞᄂᆞᆫ者를謂ᄒᆞᆷ이오又承認이란者ᄂᆞᆫ時效의利益을可受ᄒᆞᆯ者가時效進行中에相對者의權利를認ᄒᆞᄂᆞᆫ單獨의行爲를謂ᄒᆞᆷ이라債權者가主債務者의게對ᄒᆞ야前三者의行爲를行ᄒᆞ거나又或主債務者가債權者의權利를承認ᄒᆞᆷ과如ᄒᆞᆫ行爲가有ᄒᆞᆫ時ᄂᆞᆫ時效가中斷ᄒᆞ고其効力은保證債務에도可及ᄒᆞᆯ者ㅣ니라

[나] 相殺

主債務者가債權者의게對ᄒᆞ야債權을有ᄒᆞᆫ境遇에其債權의性質이相殺를可許ᄒᆞᆯ者ㅣ되ᄂᆞᆫ時ᄂᆞᆫ保證人도主債務者의債權에基因ᄒᆞᆫ相殺로써債權者의게對抗ᄒᆞᆷ을可得ᄒᆞᆯ지니라德國民法에ᄂᆞᆫ如此ᄒᆞᆫ境遇에保證人으로ᄒᆞ야곰相殺의意思表示를行ᄒᆞᆯ權利를不與ᄒᆞ고但主債務者가相殺의權利를有ᄒᆞᆫ其間에保證人으로ᄒᆞ야곰債權者의게對ᄒᆞ야債務의履行을拒絶ᄒᆞᄂᆞᆫ權利만與ᄒᆞ니라然이나日本의新民法은一層進步ᄒᆞ야保證人으로ᄒᆞ야곰債權者의게對ᄒᆞ야相殺의意思表示를自行ᄒᆞᄂᆞᆫ權利ᄭᆞ지許與ᄒᆞ니라

임시 지위를 정하기 위해 하는 것을 말한다. 또 승인이란 시효의 이익을 받을 수 있는 자가 시효 진행 중에 상대방의 권리를 인정하는 단독행위를 말한다. 채권자가 주된 채무자에 대해 앞의 세 가지 행위를 하거나, 또는 주된 채무자가 채권자의 권리를 승인하는 것과 같은 행위가 있을 때는, 시효가 중단되고 그 효력은 보증채무에도 미칠 수 있는 것이다.

(2) 상계

주된 채무자가 채권자에 대해 채권을 가진 경우에, 그 채권의 성질이 상계를 허용할 수 있는 것일 때는, 보증인도 주된 채무자의 채권에 따른 상계로써 채권자에게 대항할 수 있다. 도이치 민법에서는 이 같은 경우에 보증인이 상계의 의사표시를 할 권리를 부여하지 않고, 다만 주된 채무자가 상계의 권리를 가지는 그동안에 보증인이 채권자에 대해 채무의 이행을 거절하는 권리만 부여한다. 그러나 일본의 신민법은 한층 진보하여 보증인이 채권자에 대해 상계의 의사표시를 스스로 하는 권리까지 부여하고 있다.

〔다〕連帶保證

主債務者가保證人과連帶ᄒᆞ야債務ᄅᆞᆯ負擔ᄒᆞᄂᆞᆫ境遇ᄅᆞᆯ稱ᄒᆞ야連帶保證이라謂ᄒᆞᄂᆞ니或學者ᄂᆞᆫ此外에又數人의保證人이連帶ᄒᆞ야債權者의게對ᄒᆞ야保證債務ᄅᆞᆯ負擔ᄒᆞᄂᆞᆫ境遇도亦包含ᄒᆞ야同一히論ᄒᆞᄂᆞᆫ者ㅣ有ᄒᆞ대玆에所謂連帶保證이라云ᄒᆞᄂᆞᆫ者ᄂᆞᆫ卽以上第一의意義ᄅᆞᆯ指ᄒᆞᄂᆞᆫ者ㅣ니라

連帶保證은一便으로觀察ᄒᆞ면一種의連帶債務로대又他一便으로觀察ᄒᆞ면一種의保證債務라故로此에關ᄒᆞ야ᄂᆞᆫ單히連帶債務及保證債務에關ᄒᆞᆫ規定을適用ᄒᆞ기難ᄒᆞᆷ으로不可不此二個의境遇ᄅᆞᆯ包含ᄒᆞᆫ者에關ᄒᆞᆫ規定을適用ᄒᆞᆯ必要가生ᄒᆞᆯ지로다爲先保證債務에關ᄒᆞᆫ事項을說明ᄒᆞᆯ진대以上一般保證債務에關ᄒᆞ야說明ᄒᆞᆫ中에所謂先訴의抗辯、檢索의利益及分別의利益과如ᄒᆞᆫ者ᄂᆞᆫ其性質이此ᄅᆞᆯ連帶保證에適用ᄒᆞᆷ을不得ᄒᆞᆯ지라然이나其他의事項은連帶保證에至ᄒᆞ야도可히適用ᄒᆞᆷ을得ᄒᆞᆯ지니假令主債務가無効되ᄂᆞᆫ時ᄂᆞᆫ連帶保證도亦無効됨을可得ᄒᆞᆯ지오主債務

(3) 연대보증

주된 채무자가 보증인과 연대하여 채무를 부담하는 경우를 가리켜 연대보증이라 일컫는다. 어떤 학자는 이외에 또 수인의 보증인이 연대하여 채권자에 대해 보증채무를 부담하는 경우도 또한 포함하여 마찬가지로 논하는 사람도 있다. 그러나 여기에서 이른바 연대보증이라고 하는 것은 곧 위의 첫 번째 의의를 가리킨다.

연대보증은 한편으로 관찰하면 일종의 연대채무이나, 다른 한편으로 관찰하면 일종의 보증채무이다. 따라서 이에 관해서는 단순히 연대채무와 보증채무에 관한 규정을 적용하기 어려우므로, 어쩔 수 없이 두 가지 경우를 포함하는 것에 관한 규정을 적용할 필요가 발생한다. 우선 보증채무에 관한 사항을 설명해보면, 이상의 일반 보증채무에 관해 설명한 것 중 이른바 선소의 항변, 검색의 이익과 분별의 이익과 같은 것은, 그 성질상 이를 연대보증에 적용할 수 없다. 그러나 그 밖의 사항은 연대보증에 관해서도 적용할 수 있다. 가령 주된 채무가 무효로 되는 때는, 연대보증도 또한 무효로 될 수 있고, 주된 채무가繳消를因ᄒᆞ야消滅ᄒᆞᄂᆞᆫ時ᄂᆞᆫ連帶保證도亦消滅ᄒᆞᆯ지오又主債務에關ᄒᆞ야時効中斷의理由가生ᄒᆞᆫ時ᄂᆞᆫ連帶保證人의게對ᄒᆞ야도亦其効力이生ᄒᆞᆷ과如ᄒᆞᆫ者ㅣ皆是니라如此히連帶保證에關ᄒᆞ야保證債務에關ᄒᆞᆫ事項이其性質上으로適用을可許ᄒᆞᆯ者ᄂᆞᆫ皆適用ᄒᆞᆷ을可得ᄒᆞᆯ者ㅣ되ᄂᆞᆫ故로大概各國의民法은如此ᄒᆞᆫ事項을明文으로規定치아니ᄒᆞ되連帶債務에關ᄒᆞᆫ事項을連帶保證에適用ᄒᆞᄂᆞᆫ點에至ᄒᆞ야ᄂᆞᆫ特히明文을設ᄒᆞ야其趣旨를規定ᄒᆞᄂᆞ니라是以로連帶債務에關ᄒᆞᆫ說明中에債務者一人의게付生ᄒᆞᆫ履行請求、更改、相殺、免除、混同及時効와如ᄒᆞᆫ事項은例外로他債務者의게對ᄒᆞ야도亦其効力을生ᄒᆞᆯ지로대其他의事項卽連帶保證에關ᄒᆞ야何等의影響이無ᄒᆞᆫ事項은連帶保證境遇에此를適用치아니ᄒᆞᄂᆞ니此等事項은以上에說明ᄒᆞᆫ連帶債務効力의說明과叅照ᄒᆞ야硏究ᄒᆞᆯ者로信ᄒᆞ노라

第二、保證人과主債務者間의効力

保證人과主債務者間에在ᄒᆞᆫ保證債務의効力은保證人의有ᄒᆞᆫ바權利卽求償

가 취소에 따라 소멸할 때는, 연대보증도 또한 취소되는 것이다. 또 주된 채무에 관해 시효중단의 사유가 발생할 때는, 연대보증인에 대해서도 또한 그 효력이 발생하는 그것 같은 경우가 이에 해당한다. 이처럼 연대보증에 관해 보증채무에 관한 사항이 그 성질상 적용이 허용될 수 있는 것은, 모두 적용될 수 있다. 따라서 대개 각국 민법은 이와 같은 사항을 명문으로 규정하지 않는다. 그러나 연대채무에 관한 사항을 연대보증에 적용하는 점에 관해서는, 특히 명문을 두고 그 취지를 규정한다. 이에 따라 연대채무에 관한 설명 중에 채무자 1인에게 발생한 이행의 청구, 경개, 상계, 면제, 혼동과 시효와 같은 사항은, 예외로 다른 채무자에 대해서도 또한 그 효력이 발생한다. 그러나 그 밖의 사항 즉 연대보증에 관해 어떠한 영향도 미치지 않는 사항은 연대보증의 경우에 이를 적용하지 않는다. 이들 사항에 대해서는 이상에서 설명한 연대채무의 효력의 설명을 참조하여 연구할 것으로 믿는다.

II. 보증인과 주된 채무자 사이의 효력

보증인과 주된 채무자 사이에 존재하는 보증채무의 효력은 보증인이 가진 바의 권리 즉 구상

權의部分이主되는事項이라然이나保證人의効力은此求償權에만限홀者ㅣ아니오代位의辨償과如혼者도亦其効力의一種類로認홈을得홀지로대此는更히以下에辨償을論홀時에說明홈이穩當홈으로玆에는求償權에만關ᄒᆞ야說明ᄒᆞ노라

〔一〕、求償權

保證人은不可分債務者及連帶債務者와如히負擔의部分을有혼者ㅣ아니오主債務者의全部債務를負擔ᄒᆞ는者ㅣ되는故로保證人이償還及其他自己의出捐으로써其債務를消滅케혼時는主債務者의게對ᄒᆞ야其部分을求償ᄒᆞ는權이有혼者ㅣ라然而此保證人의求權償發生原因에關ᄒᆞ야는衆說이不一ᄒᆞ야此求償權의發生原因을或은不當利得이라ᄒᆞ며或은事務管理라ᄒᆞ며又或은委任契約이라稱ᄒᆞ나元來保證債務란者는或主債務者의委托을依ᄒᆞ야生ᄒᆞ는境遇도有ᄒᆞ며或此委托을不依ᄒᆞ고生ᄒᆞ는境遇도有ᄒᆞ며又或은此委托이無홀뿐아니라主債務者意思에違反ᄒᆞ야生ᄒᆞ는境遇도有ᄒᆞ니然則保證人이主債務者의委托을受ᄒᆞ고保證을行혼時는委任契約

권 부분이 주된 사항이다. 그러나 보증인의 보증채무의 효력은 이 구상권에만 한하는 것이 아니고 대위변제와 같은 것도 또한 그 효력의 한 종류로 인정될 수 있다. 그러나 이는 다시 이하에서 변제를 논할 때에 설명하는 것이 합당하므로 여기에서는 구상권에 관해서만 설명한다.

1. 구상권

보증인은 불가분채권자와 연대채무자와 같이 부담 부분을 가지지 아니하고, 주된 채무자의 채무 전부를 부담한다. 따라서 보증인이 상환과 그 밖의 자기 출연으로 그 채무를 소멸하게 하였을 때는, 주된 채무자에 대해 그 부분을 구상하는 권리를 가진다. 그런데 보증인의 구상권 발생 원인에 관해서는 여러 학설이 일치하지 않는다. 이 구상권의 발생 원인을 더러는 부당이득이라 하며, 때로 사무관리라고 하거나 위임계약이라고도 한다. 그러나 원래 보증채무라는 것은 더러 주된 채무자의 부탁에 따라 발생하는 경우도 있으며, 때로 이 부탁에 의하지 않고 발생하는 경우도 있다. 그렇지 않으면 이 부탁도 없을 뿐만 아니라 주된 채무자의 의사에 반해 발생하는 경우도 있다. 그렇다면 보증인이 주된 채무자의 부탁을 받고 보증하였을 때는 위임계약을依ᄒᆞ야求償權을行ᄒᆞᆯ지오又委托을不受ᄒᆞ고保證을行ᄒᆞᆫ時ᄂᆞᆫ事務管理及不當利得을依ᄒᆞ야其求償權을行ᄒᆞᆯ지라然이나保證人은大概債權法上에規定ᄒᆞᆫ保證債務에關ᄒᆞᆫ特別規定을依ᄒᆞ야主債務者의게對ᄒᆞ야求償權을行ᄒᆞᄂᆞᆫ者ㅣ되ᄂᆞᆫ故로保證債務에關ᄒᆞᆫ求償權은直接으로委任契約에基因ᄒᆞᆫ者도아니오事務管理及不當利得에基因ᄒᆞᆫ者도아니오保證債務의効力으로保證人이此를有ᄒᆞᆫ者ㅣ라謂ᄒᆞᆷ을得ᄒᆞᆯ지로다

〔二〕、求償權의範圍

右述ᄒᆞᆷ과如히保證人은主債務者의게對ᄒᆞ야求償權을有ᄒᆞᆫ者ㅣ라然이나其範圍에至ᄒᆞ야ᄂᆞᆫ保證人이主債務者의委托을受ᄒᆞ고保證ᄒᆞᆫ境遇와其委托을不受ᄒᆞ고保證ᄒᆞᆫ境遇를從ᄒᆞ야差異가有ᄒᆞᆫ故로其境遇를區別ᄒᆞ야說明코져ᄒᆞ노라

〔가〕、保證人이主債務者의委托을受ᄒᆞ고保證ᄒᆞᆫ境遇

保證人이辨償及其他自己의出捐으로써主債務者의債務를消滅케ᄒᆞᆫ行爲를行ᄒᆞᆫ時ᄂᆞᆫ其保證人이主債務者의게對ᄒᆞ야求償權을有ᄒᆞᆷ은各國民

에 따라 구상권을 행사할 것이고, 또 부탁을 받지 않고 보증하였을 때는 사무관리와 부당이득에 따라 그 구상권을 행사할 것이다. 그러나 보증인은 대체로 채권법에 규정된 보증채무에 관한 특별규정에 따라 주된 채무자에 대해 구상권을 행사한다. 따라서 보증채무에 관한 구상권은 직접 위임계약에 따른 것도 아니고, 사무관리와 부당이득에 따른 것도 아니다. 보증채무의 효력으로 보증인 이를 가지는 것이라고 할 수 있다.

2. 구상권의 범위

위에서 서술한 바와 같이 보증인은 주된 채무자에 대해 구상권을 가진다. 그러나 그 범위에 관해서는 보증인이 주된 채무자의 부탁을 받고 보증한 경우와 그 부탁을 받지 않고 보증한 경우에 따라 차이가 있다. 따라서 그 경우를 구별하여 설명하고자 한다.

(1) 보증인이 주된 채무자의 부탁을 받고 보증한 경우

보증인이 변제와 그 밖의 자기 출연으로 주된 채무자의 채무를 소멸하게 한 행위를 하였을 때는, 그 보증인이 주된 채무자에 대해 구상권을 갖는다는 것은 각국 민

法上에同一히承認ᄒᆞᄂᆞᆫ바ㅣ로대日本民法法典에ᄂᆞᆫ又一個의境遇ᄅᆞᆯ規定ᄒᆞ얏시니卽保證人이主債務者의委托을受ᄒᆞ고保證ᄒᆞᆫ境遇에保證人이아즉其債務ᄅᆞᆯ消滅케ᄒᆞᆷ은不得ᄒᆞ얏스나自己의게過失이無ᄒᆞ고債權者의게敗訴의判決을受ᄒᆞᆫ時ᄂᆞᆫ亦主債務者의게對ᄒᆞ야求償權을有ᄒᆞᆯ者ㅣ라規定ᄒᆞ얏도다今에其理由ᄅᆞᆯ窃想ᄒᆞᆯ진대保證人이其債務ᄅᆞᆯ消滅케ᄒᆞᆷ은不得ᄒᆞ얏시나業已債權者의게敗訴의判決을受ᄒᆞᆫ以上은卽時執行을當ᄒᆞ야其債務ᄅᆞᆯ不得不償還ᄒᆞᆯ地位에在ᄒᆞᆫ故로其保證人의게求償權을許與ᄒᆞ야過失이無ᄒᆞᆫ者의不便及不利ᄅᆞᆯ保護ᄒᆞᆯ必要가有ᄒᆞ다云ᄒᆞᆷ에在ᄒᆞ도다然而如此히委托을受ᄒᆞ고保證ᄒᆞᆫ境遇에保證人이有ᄒᆞᆫ求償權의範圍ᄂᆞᆫ無論連帶債務者의一人이有ᄒᆞᆫ求償權의範圍와相同ᄒᆞ야償還及其他自己出捐의元本、償還及其他自巳의出捐을依ᄒᆞ야免責을得ᄒᆞᆫ日以後의法定利息、可히得避치못ᄒᆞᆯ費用及損害ᄅᆞᆯ悉皆包含ᄒᆞᆫ者ㅣ로대但相殊ᄒᆞᆫ點은連帶債務에關ᄒᆞ야各債務者의負擔部分이平等의比數로定ᄒᆞᄂᆞᆫ事項은保證債務에存在ᄒᆞᆯ理由가無ᄒᆞᆷ으로實際의求償額이差

법상 동일하게 승인되는 바이다. 그러나 일본 민법전에서는 또 하나의 경우를 규정하고 있다. 즉 보증인이 주된 채무자의 부탁을 받고 보증한 경우에, 보증인이 아직 그 채무를 소멸시킬 수 없었으나, 자기에게 과실 없이 채권자가 패소의 판결을 받았을 때는, 또한 주된 채무자에 대해 구상권을 가진다고 규정하고 있다.* 이제 그 이유를 가만히 생각해보면 다음과 같다. 보증인이 그 채무를 소멸시킬 수 없었으나, 이미 채권자가 패소의 판결을 받은 이상은 곧바로 집행을 당해 그 채무를 상환할 수밖에 없는 지위에 있게 된다. 따라서 그 보증인에게 구상권을 부여하여 과실이 없는 자의 불편과 불이익을 보호할 필요가 있기 때문이라는 것이다. 그런데 이처럼 부탁을 받고 보증을 한 경우에 보증인이 가지는 구상권의 범위는, 물론 연대채무자의 1인이 가지는 구상권의 범위와 서로 같아, 상환과 그 밖의 자기 출연의 원본, 상환과 그 밖의 자기 출연에 따라 책임을 면하게 된 날 이후의 법정이자, 불가피한 비용과 손해를 모두 포함한다. 다만 서로 다른 점은 연대채무에 관해 각 채무자의 부담 부분이 평등한 비율로 정해지는 사항은, 보증채무에는 존재할 이유가 없으므로 실제의 구상액에 차

---

* 역자 주: 메이지 민법 제459조 제1항 전단.

異가有홀지니라

保證人이主債務者의委托을受ᄒᆞ고保證ᄒᆞᆫ境遇에ᄂᆞᆫ自巳出捐에對ᄒᆞ야求償權을有홀뿐아니라或境遇에ᄂᆞᆫ出捐以前에敗訴判決을受ᄒᆞᆫ境遇以外에도猶其求償의權을行홈이能ᄒᆞᆫ時가有ᄒᆞ니如此히主債務者의게對ᄒᆞ야保證人이豫先求償의權을行홈을得ᄒᆞᄂᆞᆫ境遇ᄂᆞᆫ元來保證人이主債務者의게對ᄒᆞ야此權을豫行치아니ᄒᆞ면後日에至ᄒᆞ야其權利의行使를失홀念慮가有ᄒᆞᆫ境遇에限홀者ㅣ라然而各國民法上에此境遇에關ᄒᆞᆫ規定을參照ᄒᆞ건대〔一〕、債務者가破産宣告를受ᄒᆞᆫ時에債權者가其財團에加入치아니ᄒᆞᆫ境遇〔二〕、債務가償還期에在ᄒᆞᆫ境遇〔三〕、債務에償還期가不確定ᄒᆞ야其最長期라도確定키難ᄒᆞᆫ境遇를當ᄒᆞ야保證契約後에十年을經過ᄒᆞᆫ時等이是니라

主債務者가破産宣告를受ᄒᆞᆫ時와如ᄒᆞᆫ境遇ᄂᆞᆫ債務者가無資力者를成ᄒᆞ야其債務가債權額에比較ᄒᆞ야超過홈이分明ᄒᆞᆫ者ㅣ어늘若此境遇에保證人은其債務를消滅ᄒᆞᆫ後가아니면主債務者의게對ᄒᆞ야求償權을行홈

이가 있다.

보증인이 주된 채무자의 부탁을 받고 보증한 경우에는 자기 출연에 대해 구상권을 가진다. 그뿐만 아니라 경우에 따라서는 출연 이전에 패소판결을 받은 경우 이외에도, 오히려 구상권을 행사할 수 있는 때가 있다. 이처럼 주된 채무자에 대해 보증인이 사전 구상권을 행사할 수 있는 경우는, 원래 보증인이 주된 채무자에 대해 이 권리를 사전에 행사하지 아니하면, 후일에 이르러 그 권리를 행사할 기회를 상실할 우려가 있는 경우에 한한다. 그런데 각국 민법상 이 경우에 관한 규정을 참조해보면, ① 채무자가 파산선고를 받았을 때에 채권자가 그 재단에 가입하지 아니한 경우, ② 채무가 상환기에 있는 경우, ③ 채무에 상환기가 불확정하여 그 최장기일지라도 확정하기 곤란한 경우에 보증계약 후 10년이 지난 때 등이 이에 해당한다.

주된 채무자가 파산선고를 받았을 때와 같은 경우는, 채무자가 무자력으로 되어 그 채무가 채권액과 비교하여 초과하는 것이 분명한 경우이다. 그런데도 만약 이 경우에 보증인은 그 채무를 소멸한 후가 아니면 주된 채무자에 대해 구상권을 행사할 이不能ᄒᆞᆯ者ㅣ라ᄒᆞᄂᆞᆫ時ᄂᆞᆫ保證人이其債務를消滅ᄒᆞ고求償權을行코져ᄒᆞᆯ時에至ᄒᆞ야業已其破産의財團은節次를畢了ᄒᆞ고保證人으로ᄒᆞ야곰其求償權을行使ᄒᆞ기不能ᄒᆞᆫ地位에陷케ᄒᆞᄂᆞᆫ者ㅣ되ᄂᆞᆫ故로保證人으로ᄒᆞ야곰豫先其求償權을行케ᄒᆞᄂᆞᆫ所以니라然이나主債務者가破産의宣告를受ᄒᆞᆫ境遇라도債權者가其財團에加入ᄒᆞᆫ時ᄂᆞᆫ保證人도亦其債權者의受ᄒᆞᆫ바配當額範圍以內에對ᄒᆞ야ᄂᆞᆫ其義務를得免ᄒᆞᄂᆞᆫ者ㅣ되ᄂᆞᆫ故로如此ᄒᆞᆫ境遇에ᄂᆞᆫ保證人이求償權을行使ᄒᆞᆷ이不能ᄒᆞᆯ지니라

債務가償還期에在ᄒᆞᆷ을不拘ᄒᆞ고主債務者ᄂᆞᆫ其履行을不爲ᄒᆞ며債權者ᄂᆞᆫ其履行을請求치아니ᄒᆞᄂᆞᆫ境遇가有ᄒᆞᆯ지라然이나債務ᄂᆞᆫ償還期에在ᄒᆞᆫ故로保證人은何時에償還請求를受ᄒᆞᆯ지難測ᄒᆞᆯ者ㅣ어ᄂᆞᆯ主債務者ᄂᆞᆫ今日에有資力者로대後日에無資力者를成ᄒᆞ야保證人이其債務를履行ᄒᆞ고求償權을行使ᄒᆞᆫ時에ᄂᆞᆫ何如히ᄒᆞᆯ道理가無ᄒᆞᆷ에至ᄒᆞᆯ念慮가有ᄒᆞᆫ故로如此ᄒᆞᆫ境遇에도保證人은豫先其求償權을行ᄒᆞᆷ이能ᄒᆞᆯ지니라但債權者ᄂᆞᆫ往往히主債務를爲ᄒᆞ야償還의期限을延長ᄒᆞᄂᆞᆫ事가有ᄒᆞ나然이나

수 없다고 할 때는, 보증인이 그 채무를 소멸하게 하고 구상권을 행사하고자 할 때가 되면, 이미 그 파산재단은 절차가 종료되고 보증인은 그 구상권을 행사할 수 없는 지위에 빠지게 된다. 이에 따라 보증인이 사전에 그 구상권을 행사할 수 있게 하는 것이다. 그러나 주된 채무자가 파산선고를 받은 경우라도, 채권자가 그 재단에 가입할 때는, 보증인도 또한 그 채권자가 받은 바의 배당액 범위 이내에 대해서는 그 의무를 면하게 된다. 따라서 이 같은 경우에는 보증인이 구상권을 행사할 수 없다.

채무가 상환기에 있는데도 불구하고, 주된 채무자는 그 이행을 하지 아니하며 채권자도 그 이행을 청구하지 않는 경우가 있다. 그러나 채무는 상환기에 있고 그에 따라 보증인은 언제 상환청구를 받을지 예측하기 어렵고, 주된 채무자는 지금은 자력 있는 자이지만, 훗날 무자력자로 되어, 보증인이 그 채무를 이행하고 구상권을 행사할 때는, 어떻게 해 볼 도리가 없게 될 우려가 있다. 따라서 이 같은 경우에도 보증인은 사전에 그 구상권을 행사할 수 있다. 다만 채권자는 때로 주된 채무를 위해 상환 기한을 연장하는 경우도 있다. 그러나

元來保證人은主債務者가其債務ᄅᆞᆯ履行치아니ᄒᆞᄂᆞᆫ境遇에始其債務ᄅᆞᆯ履行ᄒᆞᄂᆞᆫ責任이有ᄒᆞᆫ者ㅣ되ᄂᆞᆫ故로保證人도亦其期限延長의利益을受ᄒᆞᆯ者ㅣ로대又一便으로推想ᄒᆞ면其猶豫期限의到來ᄅᆞᆯ待ᄒᆞᄂᆞᆫ其間에債務者ᄂᆞᆫ資力을失ᄒᆞ야保證人으로ᄒᆞ야곰求償權을行ᄒᆞᆷ이不能케ᄒᆞᆷ에至ᄒᆞᆯ念慮가有ᄒᆞᆫ故로保證人은其猶豫期限의存在ᄅᆞᆯ不認ᄒᆞ고以前의期限이到來ᄒᆞᆷ으로認ᄒᆞ야主債務者의게豫先求償ᄒᆞᆷ을得ᄒᆞᆯ지니凡債權法上에保證을契約ᄒᆞᆫ後에債權者가主債務者의게對ᄒᆞ야許容ᄒᆞᆫ期限은此ᄅᆞᆯ保證人의게對抗ᄒᆞᆷ을不得ᄒᆞᆷ이라ᄒᆞᆷ은蓋以上의趣旨로從ᄒᆞ야出來ᄒᆞᆫ者로信ᄒᆞ노라

債務의償還期가不確定이라云ᄒᆞᆷ은假令無期年金、終身年金과如ᄒᆞᆫ終身債務及附條件債務等이是라如此ᄒᆞᆫ境遇의保證人은其債務ᄅᆞᆯ消滅ᄒᆞ기前에ᄂᆞᆫ依然히義務ᄅᆞᆯ負擔ᄒᆞᆷ과如호대是則甚히苛酷에失ᄒᆞᄂᆞᆫ者ㅣ라蓋保證은保證人의好意로從ᄒᆞ야出來ᄒᆞᄂᆞᆫ者ㅣ오特히保證人이死亡ᄒᆞᆫ後ᄂᆞᆫ其相續人이主債務者의게對ᄒᆞ야何等의關係도不有ᄒᆞ거ᄂᆞᆯ保證은

원래 보증인은 주된 채무자가 그 채무를 이행하지 않을 경우에 비로소 그 채무를 이행하는 책임을 지게 된다. 따라서 보증인도 또한 그 기한 연장의 이익을 받게 될 것이다. 그러나 또 한편으로 미루어 생각해보면, 그 유예기한의 도래를 기다리는 그사이에 채무자가 자력을 상실하고 보증인이 구상권을 행사할 수 없게 될 우려가 있다. 따라서 보증인은 그 유예기한의 존재를 부인하고, 이전의 기한이 도래한 것으로 인정하여 주된 채무자에게 사전에 구상할 수 있는 것이다. 무릇 채권법상 보증을 계약한 후에 채권자가 주된 채무자에 대해 허용한 기한은, 이를 보증인에게 대항할 수 없다고 하는 것은 대개 이상의 취지에서 비롯하는 것으로 믿는다.

채무의 상환기가 불확정이라고 하는 것은, 가령 무기한 연금, 종신연금과 같은 종신채무와 조건부 채무 등이 이에 해당한다. 이 같은 경우의 보증인은 그 채무가 소멸되기 전에는 계속 의무를 부담하는 것과 같다. 그러나 이는 곧 매우 가혹한 상황에 빠뜨리는 것이다. 대개 보증은 보증인의 호의에서 비롯한다. 특히 보증인이 사망한 후에는, 그 상속인이 주된 채무자에 대해 어떠한 관계도 없으면서, 보증은

幾十年의長年月을經過ᄒᆞᆯ지라도其義務를免脫ᄒᆞᆷ이不能ᄒᆞᆯ者ㅣ라ᄒᆞ면或은當事者의當初意思에違反됨이有ᄒᆞᆯᄲᅮᆫ아니라且不確定ᄒᆞᆫ債務가長年月間에存在ᄒᆞᆷ은其債務者의利益上으로論ᄒᆞ야도不利益을釀ᄒᆞᆯᄲᅮᆫ이오間接으로ᄂᆞᆫ國家經濟上에도不好의影響을可及ᄒᆞᆯ者ㅣ되ᄂᆞᆫ故로法律은如此ᄒᆞᆫ境遇를避코져ᄒᆞᆷ이主旨니라然而保證人의債務ᄂᆞᆫ其性質이確定치아니ᄒᆞ야若主債務者로償還期에資力이有ᄒᆞ면實際에其義務를免脫ᄒᆞ고資力이無ᄒᆞ면其債務의全額을償還ᄒᆞᆷ에至ᄒᆞᄂᆞ니如此히保證의債務ᄂᆞᆫ好意上으로出來ᄒᆞᆫ者가確定치아니ᄒᆞ야保證을契約ᄒᆞᆫ後에十個年을經過ᄒᆞᆯ지라도猶其償還期에不至ᄒᆞᄂᆞᆫ時ᄂᆞᆫ保證人이其義務를得免ᄒᆞ고又其損失을不被ᄒᆞᆯ程度의擔保를主債務者의게求ᄒᆞᆷ과如ᄒᆞᆷ은極히穩當ᄒᆞᆫ者ㅣ라不謂ᄒᆞᆷ을不得ᄒᆞᆯ자로다

玆에所謂最長期라도確定키難ᄒᆞᆫ境遇라云ᄒᆞᆷ은非他ㅣ라未成年者의後見人을保證ᄒᆞᆷ과如ᄒᆞᆫ者ᄂᆞᆫ其後見人이未成年者의게對ᄒᆞ야債務의負擔與否가確定치아니ᄒᆞᆫ故로其償還의期限도亦不確定ᄒᆞᆫ者ㅣ로대未成年

몇십 년의 오랜 세월이 지날지라도, 그 의무를 면할 수 없다고 하면, 이는 때로 당사자의 맨 처음의 의사에 반한다. 그뿐만 아니라 또 불확정한 채무가 오랜 세월 동안 존재한다는 것은, 그 채무자의 이익으로 논해도 불이익을 빚어낼 뿐이고, 간접적으로는 국가 경제상으로도 좋지 않은 영향을 미치게 된다. 따라서 법률은 이 같은 경우를 피하고자 하는 것을 주된 취지로 한다. 그러나 보증인의 채무는 그 성질이 확정되지 아니하여, 만약 주된 채무자가 상환기에 자력이 있으면 실제로 그 의무를 면하고, 자력이 없으면 그 채무 전액을 상환하게 된다. 이처럼 보증채무는 호의에서 비롯되었어도 확정되지 아니하여, 보증을 계약한 후에 10년이 지날지라도, 오히려 그 상환기에 이르지 않을 때는, 보증인이 그 의무를 면할 수 있게 하고, 또 그 손실을 입지 않을 정도의 담보를 주된 채무자에게 청구할 수 있게 하는 것 같은 경우는, 매우 합당하다고 말하지 않을 수 없다.

여기에서 이른바 최장기일지라도 확정하기 어려운 경우라고 하는 것은, 다름 아니라 미성년자의 후견인을 보증하는 그것 같은 경우이다. 이 경우에는 그 후견인이 미성년자에 대해 채무를 부담하는지가 확정되지 않는다. 따라서 그 상환의 기한도 또한 불확정적이다. 그러나 미성년

者의後見은未成年者가成年에達ᄒᆞ면同時에消滅ᄒᆞᆯ者ㅣ되ᄂᆞᆫ故로其後見人의義務도亦同時에消滅ᄒᆞ거나既生ᄒᆞᆫ義務ᄂᆞᆫ此에至ᄒᆞ야卽時履行ᄒᆞᆯ時期에在ᄒᆞᆷ은元來定ᄒᆞᆫ者ㅣ라故로如此ᄒᆞᆫ境遇에ᄂᆞᆫ債務의最長期限을確定ᄒᆞ기能ᄒᆞᆷ으로以上의權利를行ᄒᆞᆷ이不能ᄒᆞ대是와相反ᄒᆞ야禁治産者의後見人義務와如ᄒᆞᆫ者ᄂᆞᆫ幾十年을經過ᄒᆞᆫ後에消滅ᄒᆞᆯ者ㅣ됨을推測ᄒᆞ기難ᄒᆞᆫ故로此를保證ᄒᆞᆫ者ᄂᆞᆫ保證契約이十年을經過ᄒᆞᆫ後에其義務를免ᄒᆞ기爲ᄒᆞ야此權利를行使ᄒᆞᆷ이能ᄒᆞᆯ지니라

上述ᄒᆞᆷ과如히保證人이主債務者의委托을受ᄒᆞ고保證ᄒᆞᆫ境遇에保證人이自己出捐에關ᄒᆞ야求償權을豫行ᄒᆞᆷ을得ᄒᆞᆷ은全히保證人을保護코져ᄒᆞᄂᆞᆫ趣旨로從ᄒᆞ야出來ᄒᆞᆫ者ㅣ라然이나又一便으로觀察ᄒᆞᄂᆞᆫ時ᄂᆞᆫ保證人이求償權을豫先行使ᄒᆞ야主債務者로브터償還을受ᄒᆞᆷ에不拘ᄒᆞ고債權者의게對ᄒᆞ야其債務를履行치아니ᄒᆞᆷ으로主債務者ᄂᆞᆫ二重의償還을行치아니치못ᄒᆞᆯ境遇에至ᄒᆞᆯ時가不無ᄒᆞᆫ故로保證人을保護ᄒᆞᄂᆞᆫ同時에又主債務者도保護ᄒᆞᆯ必要가有ᄒᆞᆫ지라是以로各國의民法은保證人이求

자의 후견은 미성년자가 성년에 도달하면 동시에 소멸한다. 이에 따라 그 후견인의 의무도 또한 동시에 소멸하거나, 이미 발생한 의무도 이에 이르러 즉시 이행할 시기에 있게 되는 것은 원래 정해진 것이다. 따라서 이 같은 경우에는 채무의 최장기한을 확정할 수 있으므로 이상의 권리를 행사할 수 없다. 그러나 이에 반해 금치산자의 후견인 의무와 같은 것은 몇십 년이 경과된 후에 소멸되는가를 추측하기 어렵다. 따라서 이를 보증한 자는 보증계약이 10년을 지난 후에는, 그 의무를 면하기 위해 이 권리를 행사할 수 있다.

상술한 바와 같이 보증인 주된 채무자의 부탁을 받고 보증한 경우에, 보증인이 자기 출연에 관해 구상권을 사전에 행사할 수 있는 것은, 전적으로 보증인을 보호하고자 하는 취지에서 비롯한다. 그러나 또 한편으로 살펴볼 때는, 보증인이 구상권을 사전에 행사하여 주된 채무자로부터 상환을 받았음에도 불구하고, 채권자에 대해 그 채무를 이행하지 않아 주된 채무자가 이중의 상환해야 하는 경우에 처할 때가 없지 않다. 따라서 보증인을 보호하는 동시에 또 주된 채무자도 보호할 필요가 있다. 이에 따라 각국 민법은 보증인이 구

償의權을行ᄒᆞ면主債務者가應償ᄒᆞᆫ境遇에保證人이아직其債權全部의返償을不行ᄒᆞᆫ其間은主債務者가保證人으로ᄒᆞ야곰或擔保를提供케ᄒᆞᆷ을得케ᄒᆞ며或은保證人의게對ᄒᆞ야自己의게關ᄒᆞ야ᄂᆞᆫ免責케ᄒᆞᆯ事로請求ᄒᆞᆷ을得케ᄒᆞ며又或은單히供托을行ᄒᆞ거나擔保를供ᄒᆞ야써保證人의게債務의免責을得케ᄒᆞ고自己의應償義務를得免ᄒᆞᆷ이能케ᄒᆞᄂᆞ니라

〔나〕、保證人이主債務者의委托을不受ᄒᆞ고保證ᄒᆞᆫ境遇

此境遇ᄂᆞᆫ以上에保證人이主債務者의委托을受ᄒᆞ고保證ᄒᆞᆫ境遇와比較ᄒᆞ면其求償權의範圍가稍狹ᄒᆞᆫ者ㅣ라委托을受ᄒᆞ고保證ᄒᆞᆫ境遇에ᄂᆞᆫ法律이保證人으로ᄒᆞ야곰損失을不受케ᄒᆞᆯ趣旨上으로其保證人의受ᄒᆞᆯ損害를標準ᄒᆞ고其求償權의範圍를定ᄒᆞᄂᆞᆫ者ㅣ로대是와相反ᄒᆞ야委托을不受ᄒᆞ고保證ᄒᆞᆫ境遇에ᄂᆞᆫ主債務者의受ᄒᆞᆫ利益을標準ᄒᆞ고其求償權의範圍를定ᄒᆞᄂᆞ니此境遇에ᄂᆞᆫ主債務者의意思에違反치아니ᄒᆞ고保證ᄒᆞᆫ境遇와主債務者의意思에違反ᄒᆞ고保證ᄒᆞᆫ境遇의區別이有ᄒᆞ니라是以로各國의民法은如此ᄒᆞᆫ境遇의區別을從ᄒᆞ야多少間規定의差異가有ᄒᆞ

상권을 행사하면 주된 채무자가 상환해야 할 경우에, 보증인이 아직 그 채권 상환을 전부 하지 않는 동안은, 주된 채무자가 보증인에게 때로 담보를 제공하게 할 수 있게 한다. 또는 단순히 공탁하거나 담보를 제공하여 이를 가지고 보증인에게 채무의 면책을 할 수 있게 하고, 자기가 상환해야 할 의무를 면할 수 있게 한다.

(2) 보증인 주된 채무자의 부탁을 받지 않고 보증한 경우

이 경우는 이상에서 보증인이 주된 채무자의 부탁을 받고 보증한 경우와 비교하면, 그 구상권의 범위가 조금 협소하다. 부탁을 받고 보증한 경우에는, 법률이 보증인이 손실을 보지 않게 할 취지에서, 그 보증인이 받을 손해를 표준으로 하여 그 구상권의 범위를 정한다. 그러나 이에 반해 부탁을 받지 않고 보증한 경우에는, 주된 채무자의 의사에 반하지 않고 보증한 경우와 주된 채무자의 의사에 반하여 보증한 경우의 구별이 있다. 이에 따라 각국 민법은 이 같은 경우의 구별에 따라 다소간 규정의 차이를 두고 있

도다卽主債務者의委托은不受ᄒᆞᆫ者ㅣ라도其意思에違反치아니ᄒᆞ고保證ᄒᆞᆫ者ᄂᆞᆫ主債務者를爲ᄒᆞ야債務의償還及其他自己의出捐으로써其債務를得免케ᄒᆞ면其當時에主債務者가利益을受ᄒᆞᆫ限度에就ᄒᆞ야ᄂᆞᆫ求償權을有ᄒᆞᄂᆞᆫ者ㅣ라故로此境遇에ᄂᆞᆫ委托을受ᄒᆞ고保證ᄒᆞᆫ境遇와同一히求償權을豫行ᄒᆞᆷ은不得ᄒᆞ되償還及其他自己의出捐이有ᄒᆞᆫ以上은求償權을行使ᄒᆞᆷ이能ᄒᆞᆯ지오又求償權의範圍ᄂᆞᆫ償還及其他의免責이有ᄒᆞᆫ當時에主債務者가受ᄒᆞᆫ利益으로써限度를定ᄒᆞᆷ으로假令保證人이主債務者의게對ᄒᆞ야償還及其他出捐의元本을償還ᄒᆞᆯ事로請求ᄒᆞᆷ은得ᄒᆞᆯ지라도委托을受ᄒᆞᆫ境遇와ᄀᆞᆺ치法定의利息及不可避의費用損害와如ᄒᆞᆫ者ᄂᆞᆫ此를請求ᄒᆞᆷ이不能ᄒᆞᆯ지니라

主債務者意思에違反ᄒᆞ야保證ᄒᆞᆫ境遇ᄂᆞᆫ其意思에違反치아니ᄒᆞᆫ境遇와比較ᄒᆞ면求償의範圍가一層狹小ᄒᆞ야保證人이主債務者의게對ᄒᆞ야求償權을豫行ᄒᆞᆷ이不能ᄒᆞᆷ은無論이오又其求償權의範圍ᄂᆞᆫ保證人이求償ᄒᆞᄂᆞᆫ當時에主債務者가現受ᄒᆞᆫ利益으로써限度를定ᄒᆞᄂᆞᆫ故로保證人의

다. 즉 주된 채무자의 부탁을 받지 않은 자라도 그 의사에 반하지 않고 보증한 자는, 주된 채무자를 위해 채무의 상환과 그 밖의 출연으로 그 채무를 면하게 하면, 그 당시에 주된 채무자가 이익을 받은 한도에 대해서는 구상권을 가진다. 따라서 이 경우에는 부탁을 받고 보증한 경우와 마찬가지로 구상권을 사전에 행사할 수 없지만, 상환과 그 밖의 자기 출연이 있는 이상은 구상권을 행사할 수 있다. 또 구상권의 범위는 상환과 그 밖의 면책이 있은 당시에 주된 채무자가 받은 이익을 한도로 정한다. 그러므로 가령 보증인이 주된 채무자에 대해 상환과 그 밖의 출연 원본의 상환을 청구할 수 있을지라도, 부탁을 받은 경우와 같이 법정이자와 불가피한 비용·손해와 같은 것은 이를 청구할 수 없다.

주된 채무자의 의사에 반하여 보증한 경우는, 그 의사에 반하지 아니한 경우와 비교하면 구상의 범위가 한층 협소하다. 보증인이 주된 채무자에 대해 구상권을 사전에 행사할 수 없는 것은 물론이고, 또 구상권의 범위도 보증인이 구상할 당시에 주된 채무자가 받은 현존이익을 한도로 정한다. 따라서 보증인의

償還及其他自己의出捐이有ᄒᆞᆫ日에至ᄒᆞ야ᄂᆞᆫ主債務者가此ᄅᆞᆯ依ᄒᆞ야利益을受ᄒᆞᆫ者ㅣ로대求償ᄒᆞᄂᆞᆫ當時에如此ᄒᆞᆫ利益을現受ᄒᆞᆫ事가無ᄒᆞᆫ時ᄂᆞᆫ保證人이主債務者의게對ᄒᆞ야求償權을行ᄒᆞᆷ이不能ᄒᆞᆯ지오主債務者ᄂᆞᆫ應償ᄒᆞᆯ義務가無ᄒᆞᆯ지로다假令保證人이債權者의게對ᄒᆞ야返償을行ᄒᆞᆫ後에主債務者ᄂᆞᆫ求償日以前에相殺의原因이有ᄒᆞᆫ事ᄅᆞᆯ主張ᄒᆞ야써自己의應償義務ᄅᆞᆯ得免ᄒᆞᆷ이能ᄒᆞᆷ과如ᄒᆞᆫ者ㅣ是라然이나但此境遇에關ᄒᆞ야ᄂᆞᆫ保證人이債權者의게對ᄒᆞ야其相殺ᄅᆞᆯ依ᄒᆞ야可히消滅ᄒᆞᆯ債務의返還을請求ᄒᆞᆯ權利ᄂᆞᆫ許與ᄒᆞᄂᆞ니其理由ᄂᆞᆫ無他ㅣ라單純ᄒᆞᆫ理論上으로論ᄒᆞᄂᆞᆫ時ᄂᆞᆫ保證人이債權者의게對ᄒᆞ야相殺의原因을依ᄒᆞ야其取得ᄒᆞᆫ利益의返還을請求ᄒᆞᆷ을得ᄒᆞᆷ에不過ᄒᆞ다ᄒᆞᆯ지라然이나主債務者가債權者의게對ᄒᆞ야有ᄒᆞᆫ바債權에關ᄒᆞ야ᄂᆞᆫ擔保等의利益關係가有ᄒᆞᆫ故로如此ᄒᆞᆫ境遇에保證人을保護ᄒᆞ기爲ᄒᆞ야此等의規定을設ᄒᆞᄂᆞ니라

〔三〕、保證人及主債務者의過失責任

保證人이主債務者의委托을受ᄒᆞᆫ境遇와不受ᄒᆞᆫ境遇ᄅᆞᆯ隨ᄒᆞ야差異ᄂᆞᆫ有ᄒᆞᆯ

상환과 그 밖의 자기 출연이 있었던 날에는, 주된 채무자가 이에 따라 이익을 받았지만, 구상할 당시에 이와 같은 이익 중 현존하는 것이 없을 때는, 보증인이 주된 채무자에 대해 구상권을 행사할 수 없고, 주된 채무자는 상환해야 할 의무가 없다. 가령 보증인이 채권자에 대해 상환을 한 후에 주된 채무자가 구상일 이전에 상계의 원인이 있었던 것을 주장하여 자기의 상환해야 할 의무를 면할 수 있었던 그것 같은 경우가 이에 해당한다. 그러나 이 경우에 관해서는 보증인이 채권자에 대해 그 상계에 따라 소멸될 수 있는 채무의 반환을 청구할 권리는 부여된다. 그 이유는 다름 아니라, 단순한 이론상으로 논할 때는, 보증인이 채권자에 대해 상계의 원인에 따라 그 취득한 이익의 반환을 청구할 수 있는 것에 불과하다고 할 수 있다. 그러나 주된 채무자가 채권자에 대해 가진 바의 채권에 관해서는, 담보 등의 이익 관계가 있다. 따라서 이 같은 경우에 보증인을 보호하기 위해 이러한 규정을 두는 것이다.

3. 보증인과 주된 채무자의 과실책임

보증인이 주된 채무자의 부탁을 받은 경우와 받지 아니한 경우에 따라 차이는 있지로대 一定ᄒᆞᆫ範圍以內에求償權이有ᄒᆞᆫ事ᄂᆞᆫ以上에論述ᄒᆞᆷ과如ᄒᆞ나然이나若保證人의게過失이有ᄒᆞᆫ時ᄂᆞᆫ其求償權의全部或一部ᄅᆞᆯ失ᄒᆞᄂᆞᆫ境遇가全無ᄒᆞ다謂ᄒᆞᆷ을不得ᄒᆞᆯ지로다保證人이債權者로브터請求ᄅᆞᆯ受ᄒᆞᆫ時ᄂᆞᆫ依例히主債務者의게其旨ᄅᆞᆯ通知ᄒᆞᆯ者ㅣ어ᄂᆞᆯ自己의過失을因ᄒᆞ야其通知ᄅᆞᆯ不行ᄒᆞ고償還及其他自己의出捐으로共同의免責을得ᄒᆞᆫ時ᄂᆞᆫ主債務者가其債權者의게對ᄒᆞ야對抗ᄒᆞᆯ事由로ᄡᅥ其保證人의게對抗ᄒᆞᆯ事ᄅᆞᆯ可得ᄒᆞᆯ지오又保證人이償還及其他自己의出捐으로ᄡᅥ免責ᄒᆞᆷ은已得ᄒᆞᆫ者ㅣ로대主債務者의게通知치아니ᄒᆞᆷ으로因ᄒᆞ야主債務者ᄂᆞᆫ善意로ᄡᅥ償還을行ᄒᆞᆫ事實이有ᄒᆞ면其自己의償還을有效로看做ᄒᆞ고其保證人의게對ᄒᆞ야應償의義務ᄅᆞᆯ得免ᄒᆞᆯ事가能ᄒᆞᆯ지니라

保證人은連帶債務者와相殊ᄒᆞ야債權者의게對ᄒᆞ야有ᄒᆞᆫ事由ᄅᆞᆯ主債務者債務에關ᄒᆞ야債權者의게對抗ᄒᆞᆯ必要가無ᄒᆞᆫ故로主債務者가債權者로브터請求ᄅᆞᆯ受ᄒᆞ야도其旨ᄅᆞᆯ保證人의게通知ᄒᆞᆯ必要가無ᄒᆞ나然이나保證人은主債務者와償還及其他의出捐으로免責을得ᄒᆞᆫ事實을不知ᄒᆞ고更히償

다. 그러나 일정한 범위 이내에 구상권이 있다는 것은 이상에서 논술한 바와 같다. 그렇지만 만약 보증인에게 과실이 있을 때는, 그 구상권의 전부 또는 일부를 상실하는 경우가 전혀 없다고 말할 수 없다. 보증인이 채권자로부터 청구를 받았을 때는, 으레 주된 채무자에게 그 뜻을 통지할 것이다. 그러나 자기의 과실로 말미암아 그 통지를 하지 않고 상환과 그 밖의 자기 출연으로 공동의 면책을 얻었을 때는, 주된 채무자가 그 채권자에 대해 대항할 사유로써 그 보증인에게 대항할 수 있다. 또 보증인이 상환과 그 밖의 자기 출연으로 면책된 것은 이미 이루어진 것이나, 주된 채무자에게 통지하지 않았기 때문에 주된 채무자가 선의로 상환을 한 사실이 있으면, 그 자기의 상환을 유효로 간주하고 그 보증인에 대해 상환해야 할 의무를 면할 수 있게 하는 것이 가능하다.

보증인은 연대채무자와 서로 달라, 채권자에 대해 가지는 사유를 주된 채무자의 채무에 관해 채권자에게 대항할 필요가 없다. 따라서 주된 채무자가 채권자로부터 청구를 받아도 그 뜻을 보증인에게 통지할 필요가 없다. 그러나 보증인은 주된 채무자가 상환과 그 밖의 출연으로 면책을 얻은 사실을 알지 못하고, 다시 상

還ᄒᆞᆯ念慮가不無ᄒᆞᆷ으로主債務者ᄂᆞᆫ償還及其他의出捐이有ᄒᆞᆫ事ᄅᆞᆯ保證人의게通知ᄒᆞᆷ이可ᄒᆞ거ᄂᆞᆯ若其通知ᄅᆞᆯ懈怠히ᄒᆞᆫ結果로保證人이償還을行ᄒᆞᆫ事實이有ᄒᆞᆫ時ᄂᆞᆫ保證人이自己의償還을有効로看做ᄒᆞ고主債務者의게對ᄒᆞ야求償權을行使ᄒᆞᆷ이能ᄒᆞᆯ지라然이나但此主債務者의通知ᄅᆞᆯ要ᄒᆞᄂᆞᆫ境遇ᄂᆞᆫ保證人이主債務者의委托을受ᄒᆞ고保證ᄒᆞᆫ境遇에限ᄒᆞᆯ者ᄂᆞᆫ以上에論述ᄒᆞᆫ바ᄅᆞᆯ依ᄒᆞ야可히知得ᄒᆞᆯ者ㅣ로다

大概各國의民法이保證人及主債務者의過失責任은連帶債務者의一人이償還及其他自己의出捐을行ᄒᆞᆫ境遇에關ᄒᆞᆫ規定을準用ᄒᆞᄂᆞᆫ故로連帶債務의効力部分과叅照ᄒᆞ야研究ᄒᆞᆷ이可ᄒᆞᆯ지로다

〔四〕、連帶債務者及不可分債務者의一人을爲ᄒᆞ야行ᄒᆞᆫ保證

保證人이連帶債務者及不可分債務者의一人을爲ᄒᆞ야保證을行ᄒᆞᄂᆞᆫ境遇가有ᄒᆞ니如此ᄒᆞᆫ境遇에至ᄒᆞ야도保證人은以上의原則을依ᄒᆞ야主債務者의게對ᄒᆞ야求償權을有ᄒᆞᆷ이能ᄒᆞᆯ지니라然이나其他債務者의게對ᄒᆞ야ᄂᆞᆫ如何오元來保證人이保證을行ᄒᆞᆷ은但其主債務者一人을爲ᄒᆞᆷ이오其他債

환할 우려가 있으므로, 주된 채무자는 상환과 그 밖의 출연이 있다는 것을 보증인에 통지해야 한다. 그러나 만약 그 통지를 게을리한 결과로, 보증인이 상환한 사실이 있을 때는, 보증인이 자기의 상환을 유효로 간주하고 주된 채무자에 대해 구상권을 행사할 수 있다. 그러나 다만 이 주된 채무자가 통지해야 하는 경우는, 보증인이 주된 채무자의 부탁을 받고 보증을 한 경우에 한하는 것은 이상에서 논술한 바에 따라 알 수 있을 것이다.

대개 각국 민법이 보증인과 주된 채무자의 과실책임에 대해서는 연대채무자의 1인이 상환과 그 밖의 자기 출연을 한 경우에 관한 규정을 준용한다. 따라서 연대채무의 효력 부분을 참조하여 연구하는 것이 타당하다.

4. 연대채무자와 불가분채무자의 1인을 위해 한 보증

보증인이 연대채무자와 불가분채무자의 1인을 위해 보증을 하는 경우가 있다. 이 같은 경우에도 보증인은 이상의 원칙에 따라 주된 채무자에 대해 구상권을 가질 수 있다. 그러나 그 밖의 채무자에 대해서는 어떠한가? 원래 보증인이 보증하는 것은 다만 그 주된 채무자 1인을 위해서이고, 그 밖의 채

務者의게對ᄒᆞ야ᄂᆞᆫ保證의關係가無ᄒᆞᆷ으로保證人과此等債務者間에ᄂᆞᆫ求償權이生ᄒᆞᆯ餘地가無ᄒᆞᆷ과如호대其關係ᄅᆞᆯ深思ᄒᆞᆯ진대不然ᄒᆞᆫ理由가有ᄒᆞ니大抵連帶債務와不可分債務란者ᄂᆞᆫ其債務者의一人이返償을行ᄒᆞ야써全債務ᄅᆞᆯ消滅케ᄒᆞᆷ을可得ᄒᆞᄂᆞᆫ者ㅣ되ᄂᆞᆫ故로他債務者의債務도保證人의償還을依ᄒᆞ야消滅ᄒᆞᄂᆞ니如此ᄒᆞᆫ境遇에若其債務者로ᄒᆞ야곰保證人의게對ᄒᆞ야應償의義務가無ᄒᆞᆫ者ㅣ라ᄒᆞ면他債務者ᄂᆞᆫ不當히利得ᄒᆞᄂᆞᆫ結果가生ᄒᆞᄂᆞᆫ故로近來에制定ᄒᆞᄂᆞᆫ民法에ᄂᆞᆫ保證人으로ᄒᆞ야곰如此ᄒᆞᆫ境遇에他債務者의게對ᄒᆞ야도其負擔部分에關ᄒᆞ야ᄂᆞᆫ求償權을行ᄒᆞᆷ이能ᄒᆞᆫ趣旨로規定ᄒᆞᄂᆞ니라

第三、保證人互相間의効力

保證人은但一人에不止ᄒᆞ고數人의保證境遇가有ᄒᆞᆫ事ᄂᆞᆫ旣述ᄒᆞᆷ과如ᄒᆞ거니와此保證人이數人되ᄂᆞᆫ境遇에도其互相間의關係가不一ᄒᆞ야各種의境遇가有ᄒᆞ니或數人의保證人이各自連帶ᄒᆞ야債務ᄅᆞᆯ負擔ᄒᆞᄂᆞᆫ境遇도有ᄒᆞ며或連帶의關係ᄅᆞᆯ不結ᄒᆞ고數人의保證人이各自其全部ᄅᆞᆯ履行ᄒᆞᆯ趣旨로特約ᄒᆞ야

무자에 대해서는 보증의 관계가 없으므로, 보증인과 이들 채무자 사이에는 구상권이 발생할 여지가 없는 것과 같다. 그러나 그 관계를 깊이 생각해보면, 그렇지 않은 이유가 있다. 대체로 연대채무와 불가분채무란 그 채무자의 1인이 상환을 하여 채무 전부를 소멸시킬 수 있는 것이다. 따라서 다른 채무자의 채무도 보증인의 상환에 따라 소멸하게 된다. 이 같은 경우에, 만약 그 채무자가 보증인에 대해 상환해야 할 의무가 없다고 하면, 다른 채무자는 부당하게 이득을 얻는 결과가 발생한다. 따라서 근래에 제정한 민법에서는 보증인이 이러한 경우에 다른 채무자에 대해서도 그 부담 부분에 관해서는 구상권을 행사할 수 있다는 취지로 규정하고 있다.

III. 보증인 상호 간의 효력

보증인은 다만 1인에 그치지 않고 수인이 보증하는 경우가 있다는 것은 기술한 바와 같다. 이처럼 보증인이 수인인 경우에도 그 상호 간의 관계가 일치하지 않고 여러 종류의 경우가 있다. 때로 수인이 각자 연대하여 채무를 부담하는 경우도 있으며, 또는 연대관계를 맺지 않고 수인의 보증인이 각자 그 전부를 이행할 취지로 특약하고

保證을行ᄒᆞᄂᆞᆫ境遇도有ᄒᆞ며或主債務가不可分되ᄂᆞᆫ所以로各保證人이債務의全部를履行치아니치못ᄒᆞᆯ境遇도有ᄒᆞ며又或以上各境遇以外에單純ᄒᆞᆫ保證境遇도有ᄒᆞ니保證人이各自連帶ᄒᆞ야債務를負擔ᄒᆞᆫ境遇에ᄂᆞᆫ保證人의一人이全部或其他自己의負擔部分을超過ᄒᆞ야辨償ᄒᆞᆫ事가有ᄒᆞ면他保證人의게對ᄒᆞ야도連帶의原則을依ᄒᆞ야求償權을行ᄒᆞᆷ이能ᄒᆞᆯ지며若保證人中에無資力者가生ᄒᆞᆫ時ᄂᆞᆫ此를其他有資力保證人間에分擔치아니치못ᄒᆞᆯ事ᄂᆞᆫ玆에容疑ᄒᆞᆯ바ㅣ아니오又主債務가不可分되ᄂᆞᆫ所以로保證人中의一人이全部를返還ᄒᆞᆫ時ᄂᆞᆫ不可分債務에關ᄒᆞᆫ原則을依ᄒᆞ고連帶債務의關ᄒᆞᆫ規定을準用ᄒᆞ야其求償權의範圍及無資力의分擔等을定ᄒᆞᆷ이能ᄒᆞᆷ으로此二個境遇에至ᄒᆞ야ᄂᆞᆫ特別히法典上에明文을不設ᄒᆞᆯ지라도適用上에別로困難ᄒᆞᆫ問題가不生ᄒᆞᆯ지로다然이나保證人이各自全部를負擔ᄒᆞᆯ趣旨로特約ᄒᆞᆫ時에至ᄒᆞ야ᄂᆞᆫ保證人互相間關係가特別ᄒᆞᆫ明文이有ᄒᆞᆷ을待ᄒᆞ야始明ᄒᆞᆯ지라故로新進ᄒᆞᆫ法典에ᄂᆞᆫ如此ᄒᆞᆫ境遇에도亦連帶債務에關ᄒᆞᆫ規定을準用ᄒᆞᆯ事로規定ᄒᆞ니라

右述과如히保證人間連帶도無ᄒᆞ고全額을返還ᄒᆞᆯ特約도無ᄒᆞ고又主債務가

보증하는 경우도 있다. 때로 주된 채무가 불가분인 까닭에 각 보증인이 채무 전부를 이행해야 할 경우도 있고, 또는 이상의 각 경우 이외에 단순한 보증의 경우도 있다. 보증인이 각자 연대하여 채무를 부담한 경우에는, 보증인의 1인이 전부 또는 그 밖의 자기 부담 부분을 초과하여 변제하는 일이 있으면, 다른 보증인에 대해서도 연대의 원칙에 따라 구상권을 행사할 수 있다. 또한 만약 보증인 중에 무자력자가 발생할 때는 이를 그 밖의 자력 있는 보증인 사이에 분담해야 할 것은 여기에서 의심할 바가 아니다. 또 주된 채무가 불가분인 까닭에 보증인 중의 1인이 전부를 상환할 때는, 불가분채무에 관한 원칙에 따라 연대채무에 관한 규정을 준용하여 그 구상권의 범위와 무자력의 분담 등을 정할 수 있다. 그러므로 이 두 경우에는 특별히 법전에 명문을 두지 않을지라도, 적용상에 별로 곤란한 문제가 발생하지 않는다. 그러나 보증인이 각자 전부를 부담할 취지로 특약하였을 때는, 보증인 상호 간의 관계는 특별한 명문이 있어야 비로소 분명해진다. 따라서 새로운 법전에서는 이 같은 경우에도 또한 연대채무에 관한 규정을 준용할 것으로 규정하고 있다.

위에서 서술한 바와 같이 보증인 사이의 연대도 없고, 전액을 상환하는 특약도 없고 또 주된 채무가

不可分의性質도不有ᄒᆞ야單純ᄒᆞᆫ保證을成ᄒᆞᆫ境遇에保證人中의一人이他保證人의委托이無ᄒᆞᆷ을不拘ᄒᆞ고任意로全額或其他自己의負擔部分을超過ᄒᆞ야返還ᄒᆞᆫ時ᄂᆞᆫ保證人이主債務者의委托을不受ᄒᆞ고保證ᄒᆞᆫ後에其債務ᄅᆞᆯ返還ᄒᆞᆫ時와事情이相同ᄒᆞᆫ故로此境遇에至ᄒᆞ야도同一의原則을依ᄒᆞ야求償權의範圍ᄅᆞᆯ定ᄒᆞᄂᆞ니라是以로保證人中의一人이他保證人의委托을受ᄒᆞ고返還을行ᄒᆞᆫ境遇ᄂᆞᆫ無論推理上으로求償權이有ᄒᆞᆫ事ᄂᆞᆫ容疑ᄒᆞᆯ바ㅣ아니니라

第六章　債權의變更

第一節　總論

債權의變更이란者ᄂᆞᆫ業已發生ᄒᆞᆫ債權이其目的及主體ᄅᆞᆯ變更ᄒᆞᄂᆞᆫ境遇ᄅᆞᆯ謂ᄒᆞᄂᆞᆫ故로此債權變更에關ᄒᆞ야ᄂᆞᆫ左의二個境遇가有ᄒᆞᆷ을見ᄒᆞᆯ지로다

〔一〕、目的의變更　債權의目的이란者ᄂᆞᆫ以上에도詳述ᄒᆞᆷ과如히債務者가債權者의게對ᄒᆞ야行ᄒᆞᆯ行爲ᄅᆞᆯ謂ᄒᆞᆷ이니此目的의變更境遇ᄅᆞᆯ更히區別ᄒᆞ면左와如ᄒᆞ도다

甲、目的의分量變更　債權目的의分量變更이란者ᄂᆞᆫ其分量이或增加ᄒᆞ며

불가분의 성질도 갖지 아니하여 단순한 보증이 성립한 경우에, 보증인 중의 1인이 다른 보증인의 부탁이 없는데도 불구하고, 임의로 전액 또는 그 밖의 자기 부담 부분을 초과하여 상환하였을 때는, 보증인이 주된 채무자의 부탁을 받지 않고 보증을 한 후에 그 채무를 상환하였을 때와 사정이 서로 같다. 따라서 이 경우에도 동일한 원칙에 따라 구상권의 범위를 정하게 된다. 이에 따라 보증인 중의 1인이 다른 보증인의 부탁을 받고 상환을 한 경우는, 물론 추리 상으로 구상권이 있다는 것은 의심할 여지가 없다.

제6장 채권의 변경

제1절 총론

채권의 변경이란 이미 발생한 채권이 그 목적과 주체를 변경하는 경우를 말한다. 따라서 이 채권의 변경에 관해서는 다음의 두 가지 경우가 있다는 것을 볼 수 있다.

1. 목적의 변경

채권의 목적이란 이상에서도 상술한 바와 같이, 채무자가 채권자에 대해 행할 행위를 말한다. 이 목적 변경의 경우를 다시 구별하면 다음과 같다.

(1) 목적의 분량 변경

채권 목적의 분량 변경이란 그 분량이 때로 증가하거나

或減少ᄒᆞᄂᆞᆫ境遇를謂ᄒᆞᆷ이니債務者가正當ᄒᆞᆫ時期에其債務를履行치아니ᄒᆞᆷ으로所謂遲延의利息을支撥ᄒᆞᆷ에至ᄒᆞᆫ境遇에ᄂᆞᆫ其目的의分量이增加ᄒᆞᆫ境遇로대是와相反ᄒᆞ야債務의目的一分部이債務者의게歸責치못ᄒᆞᆯ事由를因ᄒᆞ야全部를返還치아니ᄒᆞ고其殘餘의部分만返還ᄒᆞᆯ時ᄂᆞᆫ其目的의分量이減少ᄒᆞᆫ境遇ㅣ니라

乙、目的의性質變更　債權目的의性質變更이란者ᄂᆞᆫ債務者가最初에負擔ᄒᆞᆫ給付를履行치아니ᄒᆞ고其給付代에他給付를履行ᄒᆞᄂᆞᆫ境遇와如ᄒᆞᆫ者ㅣ니假令債務者가特定物을傳致ᄒᆞᆯ債務를負擔ᄒᆞ얏시나其物이債務者의過失을因ᄒᆞ야滅失ᄒᆞᆷ에歸ᄒᆞᆷ으로損害賠償의債務를負擔ᄒᆞᆷ과如ᄒᆞᆷ은卽是例니라

(二)、主體의變更　債權의主體를變更ᄒᆞᄂᆞᆫ境遇도亦二種으로區別ᄒᆞᆷ을得ᄒᆞᆯ지로다

甲、包括的承繼에基因ᄒᆞᆫ變更　或人이他人의債權을承繼ᄒᆞᆫ時ᄂᆞᆫ其債權의主體가是로因ᄒᆞ야變更ᄒᆞᄂᆞᆫ者ㅣ라承繼에二種이有ᄒᆞ니一曰包括的承繼

감소하는 경우를 말한다. 채무자가 정당한 시기에 그 채무를 이행하지 아니하므로 이른바 지체 이자를 지급하게 된 경우에는 그 목적의 분량이 증가한 경우이다. 그러나 이에 반해 채무의 목적 일부분이 채무자에게 책임을 돌릴 수 없는 사유에 따라 전부를 상환하지 않고, 그 나머지 부분만 상환할 때는 그 목적의 분량이 감소한 경우이다.

(2) 목적의 성질 변경

채권 목적의 성질 변경이란 채무자가 맨 처음에 부담한 급부를 이행하지 않고, 그 급부를 갈음하여 다른 급부를 이행하는 경우와 같은 것이다. 가령 채무자가 특정물을 인도할 채무를 부담하였으나, 그 물건이 채무자의 과실에 따라 멸실하였으므로, 손해배상의 채무를 부담하는 그것 같은 경우가 곧 이 예이다.

2. 주체의 변경

채권의 주체를 변경하는 경우도 두 가지 종류로 구별될 수 있다.

(1) 포괄승계에 따른 변경

어떤 사람이 다른 사람의 채권을 승계할 때는, 그 채권의 주체가 이에 따라 변경된다. 승계에 두 가지 종류가 있다. 하나는 포괄적 승계오二曰特定的承繼라然而包括的承繼란者ᄂᆞᆫ前者의權利義務의全部或一部를包括的으로一體承繼ᄒᆞᄂᆞᆫ者ㅣ니假令家督相續遺產相續及包括名義의遺贈을依ᄒᆞ야權利義務를取得ᄒᆞᄂᆞᆫ境遇와如ᄒᆞᆫ者ㅣ皆是例니라

乙、特定的承繼에基因ᄒᆞᆫ變更　特定的承繼란者ᄂᆞᆫ包括的承繼와相殊ᄒᆞ야特定의權利를各別히承繼ᄒᆞᄂᆞᆫ境遇를謂ᄒᆞᆷ이니假令甲者가特定의債權을乙者의게讓與ᄒᆞᆷ과如ᄒᆞᆫ境遇가是라然而此特定的承繼에基因ᄒᆞ야債權의主體를變更ᄒᆞᄂᆞᆫ境遇ᄂᆞᆫ更히數種의境遇가有ᄒᆞ니卽法律行爲에基因ᄒᆞᆫ境遇가有ᄒᆞ고又ᄂᆞᆫ裁判에基因ᄒᆞᆫ境遇가有ᄒᆞ니라法律行爲에基因ᄒᆞᆫ境遇란者ᄂᆞᆫ或契約을因ᄒᆞ야債權이移轉ᄒᆞᄂᆞᆫ境遇를謂ᄒᆞᆷ이오又裁判에基因ᄒᆞᆫ境遇란者ᄂᆞᆫ强制執行及質權實行의格式을因ᄒᆞ야債權이移轉ᄒᆞᄂᆞᆫ境遇를謂ᄒᆞᆷ이라

上述ᄒᆞᆫ債權變更中에債權目的의變更에關ᄒᆞ야ᄂᆞᆫ其一部ᄂᆞᆫ債權의効力을說明ᄒᆞᆯ時에大略已述ᄒᆞᆫ바ㅣ오其他ᄂᆞᆫ債權各論範圍에屬ᄒᆞᄂᆞᆫ故로其各論에至ᄒᆞ야硏究ᄒᆞᆯ事項이며又債權主體變更中에包括的承繼에基因ᄒᆞᆫ境遇及特定的承繼라

이고, 다른 하나는 특정적 승계이다. 그런데 포괄적 승계란 전자의 권리·의무의 전부 또는 일부를 포괄적으로 일체(一體)로 승계하는 경우를 말한다. 가령 가독(家督)상속·유산상속과 포괄 명의의 유증에 따라 권리의무를 취득하는 경우와 같은 것이 모두 이 예이다.

(2) 특정적 승계에 따른 변경

특정적 승계란 포괄적 승계와는 달리 특정 권리를 각각 승계하는 경우를 말한다. 가령 甲이 특정 채권을 乙에게 양도하는 그것 같은 경우가 이에 해당한다. 그러나 이 특정적 승계에 따라 채권의 주체가 변경되는 경우는 다시 여러 종류의 경우가 있다. 즉 법률행위에 따른 경우가 있고, 또는 재판에 따른 경우가 있다. 법률행위에 따른 경우란 더러 계약에 따라 채권이 이전하는 경우를 말하고, 재판에 따른 경우란 강제집행과 질권 실행 방식에 따라 채권이 이전하는 경우를 말한다.

상술한 채권의 변경 중에 채권 목적 변경에 관해서는, 그 일부는 채권의 효력을 설명할 때에 대략 이미 서술하였다. 그 밖의 것은 채권 각론 범위에 속한다. 따라서 그 각론에서 연구할 사항이다. 또 채권 주체의 변경 중 포괄적 승계에 따른 경우와 특정적 승계라도遺言에基因혼境遇는全히相續法研究範圍에屬ᄒᆞ며又其他裁判에基因혼債權主體의變更境遇는民事訴訟法及物權法講義에一任홀者ㅣ라故로玆에講述코저ᄒᆞ는바는單히特定的承繼에基因혼債權主體의變更中所謂債權讓與의契約을因혼境遇가是니라

第二節 債權의讓與

第一項 債權讓與의性質

債權者는其債權을他人의게讓與홈을可得乎아否乎아此問題에關ᄒᆞ야는立法例를隨ᄒᆞ야其見解ᄒᆞ는點이相殊혼바ㅣ有ᄒᆞ니라舊羅馬法에在ᄒᆞ야는債權은讓與홈을不得ᄒᆞ는者ㅣ라規定홈과如ᄒᆞ니卽羅馬法의見解ᄒᆞ는點을依홀진대債權의主體를變更홈은其目的의內容을變更ᄒᆞ는者ㅣ되는故로債務者의同意를不得ᄒᆞ고債權者의獨斷으로其債權을他人의게移轉홈을不得홈과如ᄒᆞ도다但此羅馬法에在ᄒᆞ야도債權者가死亡혼時는債權이是로因ᄒᆞ야當然히消滅홀者ㅣ아니오相續人의게移轉홈으로規定ᄒᆞ니라然이나羅馬法은此로써債權主體에變更이有혼者로看做치아니ᄒᆞ느니何故오羅馬法에는相續으로써權利의

도 유언에 따른 경우는 전적으로 상속법 연구 범위에 속한다. 또 그 밖의 재판에 따른 채권의 주체가 변경되는 경우는 민사소송법과 물권법 강의에 일임할 사항이다. 따라서 여기에서 강의하여 설명하고자 하는 바는, 다만 특별승계에 따른 채권 주체의 변경 중 이른바 채권양도계약에 따른 경우가 이에 해당한다.

제2절 채권양도

제1항 채권양도의 성질

채권자는 그 채권을 다른 사람에게 양도할 수 있는가 아니면 양도할 수 없는가? 이 문제에 관해서는 입법례에 따라 그 이해하는 태도가 서로 다르다. 옛날 로마법에서는 채권은 양도할 수 없다고 규정한 것과 같다. 즉 로마법이 이해하는 태도에 따른다면, 채권의 주체를 변경하는 것은 그 목적의 내용을 변경하는 것이다. 따라서 채무자의 동의를 얻지 않고 채권자가 독단으로 그 채권을 다른 사람에게 이전할 수 없다는 것과 같다. 다만 이 로마법에서도 채권자가 사망할 때는, 채권이 이에 따라 당연히 소멸하는 것이 아니고 상속인에게 이전하는 것으로 규정하였다. 그러나 로마법은 이로써 채권 주체의 변경이 있는 것으로 간주하지 않았다. 왜냐하면 로마법에서는 상속으로써 권리의

主體를變更ᄒᆞᄂᆞᆫ者로看做치아니ᄒᆞ고連ᄒᆞ야繼續ᄒᆞᄂᆞᆫ者로看做ᄒᆞᄂᆞᆫ所以니라此羅馬法에在ᄒᆞ야도時勢의變遷을依ᄒᆞ야債權을讓與치못ᄒᆞ게ᄒᆞᆷ은不便이不尠ᄒᆞ다ᄒᆞ야委任契約及更改契約으로其不便을避코져ᄒᆞ얏시나從來其目的을不達ᄒᆞ니라然而近世의立法例ᄂᆞᆫ全히羅馬法과相殊ᄒᆞ야債權은原則上으로讓與ᄒᆞᆷ을可得ᄒᆞᆯ者ㅣ라ᄒᆞᆷ에遂至ᄒᆞ니라

日本의新民法도亦此近世의立法例를依ᄒᆞ야債權은讓與ᄒᆞᆷ을得ᄒᆞᆷ으로原則을定ᄒᆞ얏시니換言ᄒᆞ면債權者ᄂᆞᆫ債務者의同意를不要ᄒᆞ고도獨斷으로其債權을他人의게讓與ᄒᆞᆷ을得케ᄒᆞ니라然而其債權을讓與ᄒᆞᄂᆞᆫ者를讓與人이라稱ᄒᆞ고其讓與를受ᄒᆞᄂᆞᆫ者를讓受人이라稱ᄒᆞᄂᆞ니故로債權法上에債權의讓與ᄂᆞᆫ讓與人과讓受人間의契約이오債務者ᄂᆞᆫ其契約成立에關ᄒᆞ야何等의關係가無ᄒᆞ도다然이나此讓與原則에對ᄒᆞ야ᄂᆞᆫ例外가不無ᄒᆞ니假令債權의性質이讓與를不許ᄒᆞᄂᆞᆫ境遇及當事者가讓與를禁ᄒᆞᆫ境遇等이卽是니라左에更히其例外의境遇를區別ᄒᆞ야說明ᄒᆞᆯ진대

〔一〕、債務의性質이讓與를不許ᄒᆞᄂᆞᆫ境遇

주체를 변경하는 것으로 간주하지 않고, 이어서 계속하는 것으로 간주하였기 때문이다. 이 로마법에서도 시세(時勢)의 변천에 따라 채권을 양도할 수 없게 하는 것은, 불편이 작지 않다고 하여, 위임계약과 경개계약으로 그 불편을 피하고자 하였으나, 끝내 그 목적을 달성할 수 없었다. 그렇지만 근세의 입법례는 로마법과는 전혀 다르게 채권은 원칙적으로 양도할 수 있는 것이라고 하게 되었다.

일본의 신민법도 또한 이 근세의 입법례에 따라 채권은 양도할 수 있는 것을 원칙으로 정하고 있다. 바꾸어 말하자면 채권자는 채무자의 동의 없이도 독단으로 그 채권을 다른 사람에게 양도할 수 있게 한 것이다. 그러면서 그 채권을 양도하는 자를 양도인이라 일컫고, 그 양도를 받는 자를 양수인이라 한다. 따라서 채권법상 채권양도는 양도인과 양수인 사이의 계약이고, 채무자는 그 계약의 성립에 관해 어떠한 관계도 없는 것이다. 그러나 이 양도 원칙에 대해서는 예외가 없지 않다. 가령 채권의 성질이 양도를 허용하지 않는 경우와 당사자가 양도를 금지하는 경우 등이 곧 이에 해당한다. 다음에 다시 그 예외의 경우를 구별하여 설명해 본다.

1. 채무의 성질이 양도를 허용하지 않는 경우

債權은原則上으로此ᄅᆞᆯ讓與ᄒᆞᆷ이能ᄒᆞᆯ지니何故오權利ᄂᆞᆫ原則上으로權利者가處分ᄒᆞᆷ을可得ᄒᆞᆯ者ㅣ되ᄂᆞᆫ所以니라然이나或其讓與ᄅᆞᆯ不許ᄒᆞᄂᆞᆫ性質을有ᄒᆞᆫ債權의境遇가有ᄒᆞ니假令特定의債權者가아니면其債務ᄅᆞᆯ履行ᄒᆞ기不能ᄒᆞᆫ境遇及債權의主體ᄅᆞᆯ變更ᄒᆞᆷ으로其目的을變更ᄒᆞᆷ에可至ᄒᆞᆯ境遇等과如ᄒᆞᆫ者ㅣ是라法律上에所謂扶養의義務와如ᄒᆞᆫ者ᄂᆞᆫ特定人의게對ᄒᆞ야만履行ᄒᆞᆷ을可得ᄒᆞᆯ者ㅣ되ᄂᆞᆫ故로其債權은此ᄅᆞᆯ讓與ᄒᆞᆷ을不得ᄒᆞᆯ지오又終身의年金權과如ᄒᆞᆫ權도債權의主體ᄅᆞᆯ變更ᄒᆞᄂᆞᆫ境遇ᄂᆞᆫ自然히其目的을變更ᄒᆞᆷ에至ᄒᆞᄂᆞᆫ故로此亦讓與ᄒᆞᆷ을不得ᄒᆞᆯ지로다是以로若債權者가性質上으로讓與ᄒᆞᆷ을不得ᄒᆞᆯ債權을讓與ᄒᆞᆫ時ᄂᆞᆫ其讓與行爲ᄂᆞᆫ到底히無効됨을未免ᄒᆞᆯ지니라

(二)、當事者가讓與ᄅᆞᆯ禁ᄒᆞᆫ境遇

性質上에讓與ᄒᆞᆷ을可得ᄒᆞᆯ債權이라도當事者의特約으로써其讓與ᄅᆞᆯ禁ᄒᆞᄂᆞᆫ境遇가有ᄒᆞᆫ故로此境遇에至ᄒᆞ야도債權者가其特約을不守ᄒᆞ고債權을讓與ᄒᆞᄂᆞᆫ時ᄂᆞᆫ亦無効됨을未免ᄒᆞᆯ지로다然이나如此히讓與ᄅᆞᆯ禁ᄒᆞᆫ當事者間의特約은善意의第三者ᄅᆞᆯ對抗ᄒᆞ기難ᄒᆞᆷ으로讓受人이善意되ᄂᆞᆫ時ᄂᆞᆫ其債權의讓

채권은 원칙적으로 이를 양도할 수 있다. 왜냐하면 권리는 원칙적으로 권리자가 처분할 수 있는 것이기 때문이다. 그러나 때로 그 양도를 허용하지 않는 성질을 지닌 채권인 경우가 있다. 가령 특정 채권자가 아니면, 그 채무를 이행할 수 없는 경우와 채권의 주체를 변경하게 되면 그 목적을 변경하는 것에 이를 수 있는 경우 등과 같은 것이 이에 해당한다. 법률상 이른바 부양의무와 같은 것은 특정인에 대해서만 이행을 할 수 있다. 따라서 그 채권은 이를 양도할 수 없다. 또 종신의 연금권과 같은 권리도 채권의 주체를 변경하는 경우는 자연 그 목적을 변경하는 것에 이르게 된다. 따라서 이 또한 양도할 수 없다. 이에 따라 만약 채권자가 성질상 양도할 수 없는 채권을 양도할 때는, 그 양도행위는 도저히 무효로 되는 것을 면할 수 없다.

2. 당사자가 양도를 금지한 경우

성질상 양도할 수 있는 채권이라도 당사자의 특약으로 그 양도를 금지하는 경우가 있다. 따라서 이 경우에는 채권자가 그 특약을 지키지 않고 채권을 양도하였을 때는 또한 무효로 되는 것을 면할 수 없다. 그러나 이처럼 양도를 금지한 당사자 사이의 특약은, 선의의 제3자에게 대항하기 어려우므로, 양수인이 선의이었을 때는 그 채권의 양

與가有効히成立됨을可得ᄒᆞᆯ지니라

右二個境遇以外에도民法上에特別히明文을設ᄒᆞ야債權의讓與ᄅᆞᆯ禁ᄒᆞᆯ境遇가有ᄒᆞ니假令賃貸借境遇에賃借人은賃貸人의承諾이不有ᄒᆞ면其權利ᄅᆞᆯ讓與ᄒᆞ고賃借物을轉貸치못ᄒᆞᄂᆞᆫ境遇와雇傭境遇에使用者ᄂᆞᆫ勞務者의承諾이不有ᄒᆞ면其權利ᄅᆞᆯ第三者의게讓與ᄒᆞᆷ을不得ᄒᆞᆷ과如ᄒᆞᆫ境遇等이皆是며又其他裁判所의裁判으로써債權의讓與ᄅᆞᆯ禁ᄒᆞᄂᆞᆫ境遇가有ᄒᆞ나然이나此下端의境遇ᄂᆞᆫ執留及假執留의効力으로民事訴訟法上에說明ᄒᆞᆯ者ㅣ라故로此點에關ᄒᆞ야ᄂᆞᆫ特히民法上에說明치아니ᄒᆞᄂᆞ니라

第二項　債權讓與의完成

債權의讓與란者ᄂᆞᆫ各國의法典을依ᄒᆞ야多少間差異ᄂᆞᆫ有ᄒᆞ나新進ᄒᆞᆫ民法上에說明ᄒᆞᄂᆞᆫ바ᄅᆞᆯ從ᄒᆞᆯ진대大概舊債權者되ᄂᆞᆫ讓與人과讓受人間의契約이라云ᄒᆞᆷ에在ᄒᆞ도다然則債務者ᄂᆞᆫ其契約의當事者가아니라故로讓與人과讓受人間에만其意思가合致ᄒᆞᄂᆞᆫ時ᄂᆞᆫ債權의讓與契約이此ᄅᆞᆯ依ᄒᆞ야完成ᄒᆞᆷ을可得ᄒᆞᆯ지니라是以로其債權을讓與ᄒᆞᆫ後에至ᄒᆞ야ᄂᆞᆫ讓與人이其債權에關ᄒᆞ야何等의關係

도는 유효하게 성립될 수 있다.

위 두 경우 이외에도 민법상 특별히 명문을 두어 채권양도를 금지하는 경우가 있다. 가령 임대차의 경우에 임차인은 임대인의 승낙이 있지 아니하면, 그 권리를 양도하고 임차물을 전대(轉貸)할 수 없는 경우와 고용의 경우에 사용자는 노무자의 승낙이 있지 아니하면, 그 권리를 제3자에게 양도할 수 없는 그것 같은 경우 등이 모두 이에 해당한다. 또 그밖에 재판소의 재판으로 채권양도를 금지하는 경우가 있다. 그러나 이 경우는 압류와 가압류의 효력으로 민사소송법상에서 설명할 사항이다. 따라서 이 점에 관해서는 특히 민법상에서 설명하지 않는다.

제2항 채권양도의 완성

채권양도란 각국의 법전에 따라 다소간 차이는 있으나, 새로운 민법에서 설명하는 바에 따른다면, 대체로 구채권자인 양도인과 양수인 사이의 계약이라고 말한다. 그렇다면 채무자는 그 계약의 당사자가 아니다. 따라서 양도인과 양수인 사이에서만 그 의사가 합치하였을 때는, 채권양도계약이 이에 따라 완성될 수 있다. 따라서 그 채권을 양도한 후에는 양도인은 그 채권에 관해 어떠한 관계도無ᄒᆞᆯ지며又此債權讓與의効力은但其契約의當事者되는讓與人과讓受人間에만生ᄒᆞᆯ뿐아니라債務者及其他第三者의게對ᄒᆞ야도効力을生ᄒᆞ는者ㅣ되는故로債務者는讓受人의게對ᄒᆞ야其債務ᄅᆞᆯ履行ᄒᆞᆷ을可得ᄒᆞᆯ지오又第三者는其債權을讓受人의게屬ᄒᆞᆫ者로看做ᄒᆞ야自己의債權返償을充實히受ᄒᆞᆯ目的으로其債權에對ᄒᆞ야强制執行을行ᄒᆞᆷ이能ᄒᆞᆯ지라然이나債權의讓與로ᄒᆞ야곰但其當事者意思에만依ᄒᆞ야成立ᄒᆞ야債務者及其他第三者의게對ᄒᆞ야絶對的으로其効力을生케ᄒᆞ는時는債務者及第三者는是로因ᄒᆞ야意外의損害ᄅᆞᆯ可被ᄒᆞᆯ境遇가有ᄒᆞᆯ지라何故오債務者는債權讓與의事實을不知ᄒᆞᆷ으로舊債權者의게對ᄒᆞ야其債務ᄅᆞᆯ履行ᄒᆞᆯ지라도其履行은無効에歸ᄒᆞ고更히新債權者의게對ᄒᆞ야債務ᄅᆞᆯ履行치아니치못ᄒᆞᆯ境遇가有ᄒᆞᆯ지며或은第三者가舊債權者ᄅᆞᆯ依然히債權者로信ᄒᆞ야現今에債權者의資格을已失ᄒᆞᆫ債權者로더브러債權讓與의契約을締結ᄒᆞᆯ境遇가可生ᄒᆞᆯ所以니라故로列國의多數立法例는債權讓與의効力으로ᄒᆞ야곰債務者及其他第三者의게對ᄒᆞ야對抗코져ᄒᆞᆷ에는當事者意思表示外에更히一條件을要ᄒᆞᄂᆞ니詳言ᄒᆞ면債務者及其他第三者는自進ᄒᆞ야債權讓與

도 없게 된다. 또 이 채권양도의 효력은 다만 그 계약의 당사자로 되는 양도인과 양수인 사이에서만 발생한다. 그뿐만 아니라 채무자와 그 밖의 제3자에 대해서도 효력이 발생하게 된다. 따라서 채무자는 양수인에 대해 그 채무를 이행할 수 있고, 또 제3자는 그 채권이 양수인에게 속한 것으로 간주하여, 자기 채권의 상환을 충분히 받을 목적으로 그 채권에 대해 강제집행을 할 수 있다. 그러나 채권양도가 다만 그 당사자의 의사에 의해서만 성립하고, 채무자와 그 밖의 제3자에 대해 절대적으로 그 효력이 발생할 때는, 채무자와 제3자는 이에 따라 뜻밖의 손해를 입을 수 있는 경우가 있다. 왜냐하면 채무자는 채권양도의 사실을 알지 못하므로, 구채권자에 대해 그 채무를 이행할지라도 그 이행은 무효로 돌아가고, 다시 신채권자에 대해 채무를 이행해야 할 경우가 있으며, 때로 제3자가 구채권자를 여전히 채권자로 믿고 현재 채권자의 자격을 이미 잃은 채권자와 채권양도계약을 체결할 경우가 발생할 수 있기 때문이다. 따라서 각국의 다수 입법례는 채권양도의 효력을 가지고 채무자와 그 밖의 제3자에 대해 대항하고자 할 때는, 당사자의 의사표시 외에 다시 일정한 조건을 요구한다. 자세히 말하면 채무자와 그 밖의 제3자는 자진해서 채권양도의事實을主張ᄒᆞᆷ이能ᄒᆞᄃᆡ此等人의게對ᄒᆞ야其事實을主張ᄏᆞ져ᄒᆞᆷ에ᄂᆞᆫ又一他條件을要ᄒᆞᄂᆞ니라假令日本民法上에規定ᄒᆞᆫ바ᄅᆞᆯ依ᄒᆞ야說明ᄏᆞ저ᄒᆞᆯ진대債權의讓與ᄅᆞᆯ債務者及其他第三者의게對抗ᄒᆞᄂᆞᆫ條件은債權法上에所謂指名債權指示債權及無記名債權의區別을從ᄒᆞ야 多少間差異가有ᄒᆞᆷ으로此三個의區別을從ᄒᆞ야說明ᄏᆞ져ᄒᆞ노라

〔一〕、指名債權의境遇

指名債權이란者ᄂᆞᆫ債權者의特定ᄒᆞᆫ債權이니其債權存在에關ᄒᆞ야ᄂᆞᆫ證書가存在ᄒᆞᆷ을必要로不認ᄒᆞᄂᆞᆫ者ᄅᆞᆯ謂ᄒᆞᆷ이라故로玆에所謂指名債權이라云ᄒᆞᆷ은以下에論ᄒᆞᄂᆞᆫ指示債權及無記名債權에對ᄒᆞᆫ名稱이라謂ᄒᆞᆷ을可得ᄒᆞᆯ지로다指示債權及無記名債權에關ᄒᆞ야ᄂᆞᆫ其債權이成立ᄒᆞᆷ에證書가必有ᄒᆞᆷ을要ᄒᆞᄃᆡ是와相反ᄒᆞ야指名債權境遇에ᄂᆞᆫ其證書의存在ᄒᆞᆷ을必要의條件으로認ᄒᆞᄂᆞᆫ바ㅣ아니니라然이나實際上去來에至ᄒᆞ야ᄂᆞᆫ指名債權境遇에도當事者間에證書ᄅᆞᆯ作成ᄒᆞᄂᆞᆫ事가不無ᄒᆞᄃᆡ此證書ᄂᆞᆫ其債權을成立ᄒᆞᆷ에不可不必要條件이아니오但其債權이存在ᄒᆞᆷ을證明ᄏᆞ져ᄒᆞᄂᆞᆫ一證據에

의 사실을 주장할 수 있으나, 이들에 대해 그 사실을 주장하고자 할 때는 또 하나의 다른 조건이 요구된다. 가령 일본 민법에 규정된 바에 따라 설명해보면, 채권양도를 채무자와 그 밖의 제3자에게 대항하는 조건은 채권법상 이른바 지명채권·지시채권과 무기명채권의 구별에 따라 다소 차이가 있다. 그러므로 이 세 가지 구별에 따라 설명하고자 한다.

1. 지명채권의 경우

지명채권이란 채권자가 특정된 채권으로 그 채권의 존재에 관해서는 증서가 존재할 것을 필요로 하지 않는 것을 말한다. 따라서 여기에서 이른바 지명채권이라 하는 것은 이하에서 논하는 지시채권과 무기명채권에 대한 명칭이라 할 수 있다. 지시채권과 무기명채권에 관해서는 그 채권이 성립할 때에 증서가 반드시 있어야 한다. 그러나 이에 반해 지명채권의 경우에는 그 증서가 존재할 것을 필요한 조건으로 하지 않는다. 그렇지만 실제의 거래에서는 지명채권의 경우에도 당사자 사이에 증서를 작성하는 경우가 없지 않다. 그러나 이 증서는 그 채권이 성립할 때에 필수적인 필요조건은 아니다. 다만 그 채권이 존재하는 것을 증명하고자 하는 하나의 증서에

不過ᄒᆞᆯ지로다

指名債權의讓與를債務者及其他第三者의게對抗코져ᄒᆞᆷ에는讓與人이此를債務者의게通知ᄒᆞ거나又는債務者가此를承諾ᄒᆞᆷ이有ᄒᆞᆫ事를要ᄒᆞᄂᆞᆫ故로當事者間에在ᄒᆞ야는債權讓與의行爲를完成ᄒᆞ야도債務者가其事實을不知ᄒᆞᄂᆞᆫ其間에債務를履行ᄒᆞᆫ時는其履行이有効됨을得ᄒᆞᆯ지오第三者는其債權을有効히讓受ᄒᆞᆷ을可得ᄒᆞᆯ지라然而如此히債務者가其債權讓與의事實을知與不知間에通知ᄒᆞᆷ을要케ᄒᆞᆷ은債務者의善意惡意를區別코져ᄒᆞᆷ時에其立證을容易히ᄒᆞ고져ᄒᆞᄂᆞᆫ趣旨로從ᄒᆞ야出來ᄒᆞᆫ者오又其通知는必其讓與人이行ᄒᆞᆷ을要케ᄒᆞᆷ은無他라若讓受人이此를通知ᄒᆞ야足ᄒᆞᆫ者ㅣ라ᄒᆞ면實際上에아직債權의讓與가完成치아니ᄒᆞᆷ을不拘ᄒᆞ고通知를行ᄒᆞ야債權者及其他의第三者를害ᄒᆞᆯ念慮가有ᄒᆞᆷ으로如此ᄒᆞᆫ弊點을防禦코져ᄒᆞᆷ에在ᄒᆞ며又通知外에債務者의承諾을各國의民法이規定ᄒᆞᆷ은元來讓與에關ᄒᆞ야債務者는讓與人의通知를受ᄒᆞ고承諾ᄒᆞᄂᆞᆫ境遇가多數로대讓受人及其他第三者로브터債權讓與의事實을傳聞ᄒᆞ고此를承諾ᄒᆞᄂᆞᆫ事가有ᄒᆞᆯ

불과하다.

지명채권의 양도를 채무자와 그 밖의 제3자에게 대항하고자 할 때는, 양도인이 이를 채무자에게 통지하거나, 채무자가 이를 승낙해야 한다. 따라서 당사자 사이에 존재하는 채권양도 행위를 완성해도, 채무자가 그 사실을 알지 못하는 그 사이에 채무를 이행할 때는, 그 이행이 유효로 될 수 있고, 제3자는 그 채권을 유효하게 양수할 수 있다. 그러나 이처럼 채무자가 그 채권양도의 사실을 알든 알지 못하든지 간에 통지해야 하는 것은, 채무자의 선의·악의를 구별하고자 할 때에 그 증명을 쉽게 하고자 하는 취지에서 비롯한다. 또 그 통지는 반드시 그 양도인이 해야 하는 것은, 다름 아니라 만약 양수인이 이를 통지해도 충분하다고 하면, 실제 아직 채권양도가 완성되지 않았음에도 불구하고 통지를 하여, 채권자와 그 밖의 제3자를 해칠 우려가 있으므로, 이와 같은 폐단을 방지하고자 하는 것이다. 또 통지 외에 채무자의 승낙을 각국 민법이 규정하는 것은, 원래 양도에 관해 채무자는 양도인의 통지를 받고 승낙하는 경우가 다수이나, 양수인과 그 밖의 제3자로부터 채권양도의 사실을 전해 듣고 이를 승낙하는 경우도 있

지라以下에도更論홀處가有홈과如히承諾은單純혼通知와其効力이相殊홈으로通知外에特別히規定ᄒᆞᄂᆞ니라

右述혼債權讓與人의通知及債務者의承諾은債務者에對ᄒᆞ야何等의方法이特有혼者ㅣ아니오書面、口頭、使者及其他如何혼方法으로써其意思를表示홀지라도可호대債務者以外第三者의게對ᄒᆞ야効力을生홈에는確定日子가有혼證書가有홈을要ᄒᆞᄂᆞ니是는無他ㅣ라上論혼通知及承諾에關ᄒᆞ야詐欺를行홈이容易ᄒᆞ야債務者는讓與人과通謀ᄒᆞ고通知及承諾의時日을變更ᄒᆞ야써第三者를害홀事가有홀지라假令隆熙二年一月二十日에讓與의通知를受ᄒᆞ고又其承諾을行홈이라假定홀진대若其前日卽一月十九日에業已同一債權에關ᄒᆞ야讓與의通知及承諾이有혼時는後의讓與가全히効力을失홈에可至홀지라然而債務者는債權者와通謀ᄒᆞ고二十日에通知及承諾이有혼事를僞稱ᄒᆞ야十八日에是等의事가有ᄒᆞ다ᄒᆞ면第三者는此에對ᄒᆞ야反對의證據를擧ᄒᆞ기不能홀境遇ㅣ甚多홀지라故로債權의讓與를第三者의게對ᄒᆞ야對抗홈에는確定日子가有혼證書가有홈을必要

기 때문이다. 이하에서 다시 논할 곳이 있는 바와 같이, 승낙은 단순한 통지와 그 효력이 서로 다르므로, 통지 외에 특별히 규정하는 것이다.

위에서 서술한 채권양도인의 통지와 채무자의 승낙은, 채무자에 대해 어떤 방법이 특별히 있는 것이 아니다. 서면, 구술, 사자(使者)와 그 밖의 어떠한 방법으로 그 의사를 표시할지라도 무방하다. 그러나 채무자 이외의 제3자에 대해 효력이 발생할 때는, 확정일자가 있는 증서가 있어야 한다. 이는 다름 아니라 위에서 논한 통지와 승낙에 관해 사기를 치기가 쉽고, 채무자는 양도인과 통모하여 통지와 승낙의 시일을 변경하고 이를 가지고 제3자를 해칠 경우가 있어서이다. 가령 융희 2년(1908년) 1월 20일에 양도의 통지를 받고 또 그 승낙을 하였다고 가정할 경우, 만약 그 전날 즉 1월 19일에 이미 동일 채권에 관해 양도의 통지와 승낙이 있었던 때는, 그 후의 양도가 완전히 효력을 잃게 된다. 그런데 채무자는 채권자와 통모하여 20일에 통지와 승낙이 있었던 것을 거짓으로 일컬어 18일에 이러한 사실이 있었다고 하면, 제3자는 이에 대해 반대의 증거를 들 수가 없는 경우가 매우 많을 것이다. 따라서 채권양도를 제3자에 대해 대항할 때는, 확정일자가 있는 증서가 있어야 할 것이 필요

ᄒᆞᄂᆞᆫ所以니라

〔二〕、指示債權의境遇

指示債權이란者ᄂᆞᆫ其債權이成立ᄒᆞᆷ에證書ᄅᆞᆯ必要ᄒᆞᄂᆞᆫ債權이니其證書에指定ᄒᆞᆫ債權者及指示ᄒᆞᆫ者의게對ᄒᆞ야支給ᄒᆞᄂᆞᆫ者ᄅᆞᆯ謂ᄒᆞᆷ이라指名債權境遇에在ᄒᆞ야ᄂᆞᆫ假令證書ᄅᆞᆯ作成ᄒᆞᆯ지라도其證書ᄂᆞᆫ單히債權이存在ᄒᆞᆷ을立證ᄒᆞᄂᆞᆫ必要에不過ᄒᆞ고債權成立에ᄂᆞᆫ別로影響이無ᄒᆞ대指示債權境遇에至ᄒᆞ야ᄂᆞᆫ不然ᄒᆞ야證書ᄂᆞᆫ單히其債權의存在ᄅᆞᆯ證明ᄒᆞᄂᆞᆫ者ㅣ아니오債權其物을成ᄒᆞᄂᆞᆫ者ㅣ라故로證書가無ᄒᆞᆫ時ᄂᆞᆫ債權이存在ᄒᆞᆷ을不得ᄒᆞᄂᆞ니是以로證書가無ᄒᆞᆫ時ᄂᆞᆫ最初에債權이發生치못ᄒᆞ고又假令一次發生ᄒᆞᆫ債權이라도證書의毁滅이有ᄒᆞᆫ時ᄂᆞᆫ債權이亦此ᄅᆞᆯ依ᄒᆞ야消滅ᄒᆞᆷ을未免ᄒᆞᆯ지라此指示債權書式에關ᄒᆞ야ᄂᆞᆫ各國民法法典上에一定ᄒᆞᆫ格式은別無ᄒᆞ고其國의慣習을從ᄒᆞ야行ᄒᆞᄂᆞ니라

指示債權은法律의規定ᄒᆞᆫ바ᄅᆞᆯ從ᄒᆞ야成立ᄒᆞᄂᆞᆫ者도有ᄒᆞ고又ᄂᆞᆫ當事者의意思ᄅᆞᆯ從ᄒᆞ야成立ᄒᆞᄂᆞᆫ者도有ᄒᆞ니假令商法上에所謂魚驗과如ᄒᆞᆫ者ᄂᆞᆫ法

한 이유가 있는 것이다.

2. 지시채권의 경우

지시채권이란 그 채권이 성립할 때에 증서가 있어야 하는 채권으로 그 증서에 지시된 채권자와 지시한 자에 대해 지급하는 것을 말한다. 지명채권의 경우에는 가령 증서를 작성할지라도, 그 증서는 단순히 채권이 존재한다는 것을 증명하기 위해 요구되는 것에 불과하고, 채권 성립에는 그다지 영향이 없다. 그러나 지시채권의 경우에는 그렇지 아니하여 증서가 단순히 채권의 존재를 증명하는 것이 아니고, 채권 그 자체를 형성하는 것이다. 따라서 증서가 없는 때는 채권이 존재할 수 없다. 이에 따라 증서의 훼손·멸실이 있는 때는, 채권도 또한 이에 따라 소멸하는 것을 면할 수 없다. 이 지시채권의 서식(書式)에 관해서는 각국 민법전에 일정한 방식은 따로 없고 그 나라의 관습에 따른다.

지시채권은 법률의 규정된 바에 따라 성립할 경우도 있고, 또는 당사자의 의사에 따라 성립할 경우도 있다. 가령 상법상의 이른바 어음과 같은 것은 법

律規定에依ᄒᆞᆫ指示債權이오商法上에所謂貨物交換證과如ᄒᆞᆫ者ᄂᆞᆫ當事者意思에基因ᄒᆞᆫ指示債權이라然이나大槪各國의民法은債權이其性質上으로指示를不許ᄒᆞᄂᆞᆫ者外에ᄂᆞᆫ如何ᄒᆞᆫ債權이라도當事者의意思를因ᄒᆞ야指示債權을成立ᄒᆞᆷ이能ᄒᆞᆷ이라規定ᄒᆞ니라

指示債權의讓與로써債務者及其他의第三者를對抗코져ᄒᆞᆷ에ᄂᆞᆫ債權證書에讓與背書를記入ᄒᆞ야此를讓受人의게交付ᄒᆞᆷ을要ᄒᆞᄂᆞ니라然而此背書方法에關ᄒᆞ야ᄂᆞᆫ各國의規模가不同ᄒᆞ야形式이相殊ᄒᆞ나其方法은商法上에規定ᄒᆞ고民法上에至ᄒᆞ야ᄂᆞᆫ此에關ᄒᆞᆫ明文을不設ᄒᆞᄂᆞᆫ故로一定ᄒᆞᆫ方法이有ᄒᆞᆷ은아니라然이나此背書ᄂᆞᆫ其性質上으로觀察ᄒᆞᆯ지라도爲先債權의讓與를行ᄒᆞᆫ趣旨의記載와讓與人及讓受人의氏名을表示ᄒᆞ야其證書背面에記載ᄒᆞᆷ이通例니라然이나此背書ᄂᆞᆫ必其事由를證書背面에記載치아니ᄒᆞ면効力이不生ᄒᆞᄂᆞᆫ者ㅣ아니오證書表面이라도右事由의記載가有ᄒᆞᆫ時ᄂᆞᆫ有効히對抗ᄒᆞᆷ을可得ᄒᆞᆯ지로다

背書에關ᄒᆞ야第一背書人은元來證書表面의債權者ㅣ라然이나第一被背

률의 규정에 따른 지시채권이고, 상법상의 이른바 화물상환증과 같은 것은 당사자의 의사에 따른 지시채권이다. 그러나 대체로 각국 민법은 채권이 그 성질상 지시를 허용하지 않는 것 외에는, 어떠한 채권이라도 당사자의 의사에 따라 지시채권으로 성립될 수 있다고 규정한다.

지시채권양도로써 채무자와 그 밖의 제3자에 대항하고자 할 때는, 채권증서에 양도의 배서를 기재하여 이를 양수인에게 교부해야 한다. 그러나 이 배서 방법에 관해서는 각국의 양식이 같지 않고 형식이 서로 다르다. 그러나 그 방법은 상법에 이를 규정하고 민법에서는 이에 관한 명문을 두지 않고 있다. 따라서 일정한 방법이 있는 것이 아니다. 그러나 이 배서는 그 성질상으로 살펴볼지라도, 우선 채권을 양도한다는 취지의 기재와 양도인과 양수인의 성명을 표시하여 그 증서의 뒷면에 기재하는 것이 통례이다. 그러나 이 증서는 반드시 그 사유를 증서의 뒷면에 기재하지 않으면 효력이 발생하지 않는 것은 아니다. 증서의 겉면이라도 위 사유의 기재가 있는 때는 유효하게 대항할 수 있다.

배서에 관해 제1 배서인은 원래 증서 겉면의 채권자이다. 그러나 제1 피배

書人은更히第二의背書人됨을可得ᄒᆞᆯ지오又順次로第三第四의背書가生ᄒᆞᆯ지라如此히多數의背書가有ᄒᆞᆫ時ᄂᆞᆫ或債權者가最終의被背書人을成ᄒᆞᆯ境遇가有ᄒᆞᆯ지로다右述과如히指示債權에關ᄒᆞ야ᄂᆞᆫ證書가債權其物을成ᄒᆞᄂᆞᆫ故로其債權을讓與ᄒᆞᆷ에ᄂᆞᆫ證書의交付가有ᄒᆞᆷ을要ᄒᆞᄂᆞ니證書의交付란者ᄂᆞᆫ背書ᄒᆞᆫ債權의證書ᄅᆞᆯ讓與人이讓受人의게傳致ᄒᆞᄂᆞᆫ行爲ᄅᆞᆯ謂ᄒᆞᆷ이니라

右述과如히背書의記載及證書의交付가有ᄒᆞᆫ時ᄂᆞᆫ讓受人이債務者及其他第三者에對ᄒᆞ야債權의讓與ᄅᆞᆯ對抗ᄒᆞᆷ이能ᄒᆞᆯ지라然이나此背書及證書의交付ᄂᆞᆫ要컨ᄃᆡ債權讓與의其自身이아니오其讓與로써第三者ᄅᆞᆯ對抗코져ᄒᆞᄂᆞᆫ一條件에不過ᄒᆞᄂᆞᆫ故로假令此等의事實은無ᄒᆞᆯ지라도當事者間에意思合致가有ᄒᆞᆫ時ᄂᆞᆫ當事者間에債權讓與가有効히成立ᄒᆞᆷ을可得ᄒᆞᆯ지라是卽民法上에所謂指示債權의讓與와商法上에所謂指示債權의讓與가相殊ᄒᆞᆫ點이니商法上에所謂指示債權의讓與ᄂᆞᆫ背書의方法으로써第三者의게對抗ᄒᆞᄂᆞᆫ一條件이아니라此等格式의欠缺이有ᄒᆞᆫ時ᄂᆞᆫ最初에其讓與가効

서인은 다시 제2의 배서인으로 될 수 있고, 또 차례대로 제3, 제4의 배서가 발생한다. 이처럼 다수의 배서가 있는 때는, 때로 채권자가 최종 피배서인으로 될 경우가 있다. 위에서 서술한 바와 같이 지시채권에 관해서는 증서가 채권 그 자체를 이룬다. 따라서 그 채권을 양도할 때는, 증서의 교부가 있어야 한다. 증서의 교부란 배서한 채권증서를 양도인이 양수인에게 인도하는 행위를 말한다.

위에서 서술한 바와 같이 배서의 기재와 증서의 교부가 있을 때는, 양수인이 채무자와 그 밖의 제3자에 대해 채권양도를 대항할 수 있다. 그러나 이 배서와 증서의 교부는 요컨대 채권양도 그 자체는 아니고, 그 양도로써 제3자에게 대항하고자 하는 한 조건에 불과하다. 따라서 가령 이러한 사실은 없을지라도, 당사자 사이에 의사표시가 있을 때는, 당사자 사이에 채권양도가 유효하게 성립할 수 있다. 이는 곧 민법에서의 이른바 지시채권양도와 상법에서의 이른바 지시채권양도가 서로 다른 점이다. 상법에서의 이른바 지시채권양도는 배서의 방법이 제3자에게 대항하기 위한 하나의 조건이 아니라, 이러한 방식의 결함이 있는 때는 처음부터 그 양도가 효

力을不生ᄒᆞ야第三者의게對抗홈을不得홈은無論이오且其當事者間의債權도無効됨을未免ᄒᆞᄂᆞ니라

(三) 無記名債權의境遇

無記名債權은指示債權과同一히債權存在에證書를必要ᄒᆞᄂᆞᆫ者ㅣ라然이나其證書에ᄂᆞᆫ債權者를指名치아니ᄒᆞ고但其證書를所持ᄒᆞᆫ人의게對ᄒᆞ야履行ᄒᆞᄂᆞᆫ者를謂홈이니假令無記名式의魚驗과如ᄒᆞᆫ者를指홈이라又其例를擧ᄒᆞᆯ진대鐵道의乘車票와電車의乘車票等이皆是니無記名債權은其性質이有體物은아니로대民法上에動産과同視ᄒᆞᄂᆞᆫ物의一種이라故로其債權의讓與ᄂᆞᆫ亦動産의讓與原則을從ᄒᆞ야行ᄒᆞᆯ지니卽詳言ᄒᆞ면無記名債權의讓與로써債務者及其他第三者의게對抗코져홈에ᄂᆞᆫ讓與人으로브터讓受人의게對ᄒᆞ야其證書를交付홈이有ᄒᆞᆫ事를要ᄒᆞᄂᆞ니라

最終에一言의說明을要ᄒᆞᆯ者ᄂᆞᆫ記名式所持人撥의債權讓與가完成ᄒᆞᄂᆞᆫ境遇ㅣ是라記名式所持人撥의債權이란者ᄂᆞᆫ債權이成立홈에證書의有홈을要ᄒᆞ고其證書에債權者를指名ᄒᆞ야도其證書所持人의게對ᄒᆞ야債務를履

력을 발생하지 아니하여 제3자에게 대항할 수 없는 것은 물론이다. 또한 그 당사자 사이의 채권도 무효로 되는 것을 면할 수 없다.

3. 무기명채권의 경우

무기명채권은 지시채권과 마찬가지로 채권의 존재에 증서가 있어야 한다. 그러나 그 증서에는 채권자를 지명하지 않고, 다만 그 증서를 소지한 사람에 대해 이행하는 것을 말한다. 가령 무기명식의 어음과 같은 것을 가리킨다. 또 그 예를 들자면 철도의 승차표와 전차의 승차표 등이 모두 이에 해당한다. 무기명채권은 그 성질이 유체물은 아니나, 민법상 동산과 같은 것으로 보는 물건의 일종이다. 따라서 그 채권양도는 또한 동산의 양도원칙에 따라 행해진다. 즉 자세히 말하자면 무기명채권양도를 가지고 채무자와 그 밖의 제3자에 대항하고자 할 때는, 양도인으로부터 양수인에 대해 그 증서를 교부하는 것이 있어야 한다.

마지막으로 한마디 말의 설명이 있어야 하는 것은, 기명식 소지인불 채권양도가 완성하는 경우가 이에 해당한다. 기명식 소지인불 채권이란 채권이 성립할 때에 증서가 있어야 하고, 그 증서에 채권자를 지명해도 그 증서 소지인에 대해 채무를 이

行ᄒᆞᆯ趣旨로附記ᄒᆞᆫ者를謂ᄒᆞᆷ이니是以로此債權은上述ᄒᆞᆫ三個의債權과同一히論ᄒᆞᆷ을不得ᄒᆞᆯ지라債權者를指名ᄒᆞᄂᆞᆫ點은指名債權의境遇와相似ᄒᆞ대債權存在에證書를要ᄒᆞ며證書所持人의게對ᄒᆞ야債務를履行ᄒᆞᆷ과如ᄒᆞᆫ事項은指名債權과相殊ᄒᆞ고又債權存在에證書를要ᄒᆞᄂᆞᆫ事項은指示債權及無記名債權과相似ᄒᆞ대證書에ᄂᆞᆫ債權者를指名ᄒᆞᄂᆞᆫ故로無記名債權이아니오債權者가指示ᄒᆞᆫ人의게對ᄒᆞ야債務를履行ᄒᆞᆯ趣旨로記載ᄒᆞᄂᆞᆫ事가無ᄒᆞᆫ故로指示債權이아니라然則記名式所持人擬의債權은一種特有ᄒᆞᆫ債權이라謂ᄒᆞᆷ을得ᄒᆞᆯ지로다

記名式所持人擬의債權讓與로써債務者及其他第三者의게對抗코저ᄒᆞᆷ에ᄂᆞᆫ如何ᄒᆞᆫ條件이有ᄒᆞᆷ을要ᄒᆞᆯ者歟아各國民法上에ᄂᆞᆫ特別히此에關ᄒᆞᆫ規定을不設ᄒᆞ얏시나然이나其債權의性質上으로觀察ᄒᆞᆯ진대證書所持人의게對ᄒᆞ야債務를履行ᄒᆞᄂᆞᆫ者ㅣ됨으로讓與人으로브터讓受人의게對ᄒᆞ야證書의交付가有ᄒᆞᆫ時ᄂᆞᆫ是로써足ᄒᆞᆫ者로信ᄒᆞ노라

第三節 債權讓與의效力

행할 취지를 부기한 것을 말한다. 이에 따라 이 채권은 위에서 서술한 세 가지의 채권과 마찬가지로 논할 수 없다. 채권자를 지명하는 점은 지명채권의 경우와 비슷하나, 채권의 존재에 증서가 있어야 하며, 증서 소지인에 대해 채무를 이행하는 것과 같은 사항은 지명채권과 서로 다르다. 또 채권의 존재에 증서가 있어야 하는 사항은 지시채권과 무기명채권과 비슷하나, 증서에는 채권자를 지명한다. 따라서 무기명채권이 아니고, 채권자가 지시한 사람에 대해 채무를 이행할 취지를 기재하는 사항은 없다. 따라서 지시채권이 아니다. 그렇다면 기명식 소지인불 채권은 일종의 특유한 채권이라 할 수 있다.

기명식 소지인불 채권양도를 가지고 채무자와 그 밖의 제3자에게 대항하고자 할 때는 어떠한 조건을 갖추어야 하는가? 각국 민법에서는 특별히 이에 관한 규정을 두고 있지 않다. 그러나 그 채권의 성질에 따라 살펴본다면, 증서 소지인에 대해 채무를 이행하는 것이므로, 양도인으로부터 양수인에 대해 증서의 교부가 있을 때는, 이로써 충분하다고 믿는다.

제3절 채권양도의 효력

債權을讓與ᄒᆞᆫ効力에關ᄒᆞ야ᄂᆞᆫ此를讓與人及讓受人間의効力과讓受人及債務者間의效力二種으로區別ᄒᆞ야說明ᄒᆞᆷ이便利ᄒᆞᆷ으로信ᄒᆞ노라

第一、讓與人及讓受人間의效力

上述과如히債權의讓與ᄂᆞᆫ讓與人及讓受人間의契約이로대然이나或賣買를依ᄒᆞ야成立ᄒᆞᄂᆞᆫ事도有ᄒᆞ며或贈與를依ᄒᆞ야成立ᄒᆞᄂᆞᆫ事도有ᄒᆞᆫ故로讓與人及讓受人間에在ᄒᆞᆫ債權讓與의効力도亦其原因行爲의如何ᄒᆞᆷ을因ᄒᆞ야各種의効力이生ᄒᆞᄂᆞ니라然이나玆에講述ᄒᆞᄂᆞᆫ바債權讓與의効力은其讓與로從ᄒᆞ야出來ᄒᆞᄂᆞᆫ一般効力을指ᄒᆞᆷ이라

讓與人이讓受人의게對ᄒᆞ야債權을讓與ᄒᆞᆫ時ᄂᆞᆫ効力上으로其債權은讓受人의게移轉ᄒᆞᄂᆞᆫ者ㅣ라然而讓與人이讓與의目的되ᄂᆞᆫ債權의瑕疵及欠缺에關ᄒᆞ야擔保의責任有無에至ᄒᆞ야ᄂᆞᆫ債權의讓與가有償境遇와無償境遇를從ᄒᆞ야區別이有ᄒᆞ니卽有償境遇에至ᄒᆞ야ᄂᆞᆫ賣買에關ᄒᆞᆫ原則을依ᄒᆞ고無償境遇에至ᄒᆞ야ᄂᆞᆫ贈與에關ᄒᆞᆫ原則을依ᄒᆞ야決ᄒᆞᄂᆞ니라

債權讓與에主債權을讓與ᄒᆞᆫ時ᄂᆞᆫ其附屬債權卽從債權도亦其讓受人의게移

채권을 양도한 효력에 관해서는 이를 양도인과 양수인 사이의 효력과 양수인과 채무자 사이의 효력 두 종류로 구별하여 설명하는 것이 편리하다고 믿는다.

I. 양도인과 양수인 사이의 효력

상술한 바와 같이 채권양도는 양도인과 양수인 사이의 계약이다. 그러나 때로 매매에 따라 성립하는 경우도 있으며, 때로는 증여에 따라 성립하는 경우도 있다. 따라서 양도인과 양수인 사이에 존재하는 채권양도의 효력도 또한 그 원인행위가 무엇인가에 따라 각종의 효력이 발생한다. 그러나 여기에서 설명하는 바의 채권양도의 효력은 그 양도에서 비롯하는 일반적 효력을 가리킨다.

양도인이 양수인에 대해 채권을 양도하였을 때는, 효력에 따라 그 채권은 양수인에게 이전된다. 그런데 양도의 목적인 채권의 하자와 흠결에 관한 양도인의 담보 책임 유무에 관해서는, 채권양도가 유상인 경우와 무상인 경우에 따라 구별이 있다. 즉 유상인 경우에는 매매에 관한 원칙을 따르고, 무상인 경우에는 증여에 관한 규정에 따라 결정한다.

채권양도에서 주된 채권을 양도하였을 때는, 그 부속채권 즉 종된 채권도 또한 양수인에게 이

轉ᄒᆞᄂᆞ니라假令甲이乙의게對ᄒᆞ야貸金의債權을讓與ᄒᆞᆫ時ᄂᆞᆫ其債權의擔保되ᄂᆞᆫ質權、抵當權、保證債權及利息債權과如ᄒᆞᆫ者도亦同時에移轉ᄒᆞᄂᆞᆫ者ㅣ니是所謂從物은主物의處分을從ᄒᆞᄂᆞᆫ原則의結果ㅣ니라然이나此原則은强制의規定이아닌故로元來當事者ᄂᆞᆫ此原則과相殊ᄒᆞᆫ意思를表示ᄒᆞᆷ이能ᄒᆞᆯ지로대利息과如ᄒᆞᆫ定期金債權에關ᄒᆞ야ᄂᆞᆫ此를區別ᄒᆞᆷ이必要ᄒᆞᆷ으로信ᄒᆞ노라主債權讓與當時에아직返還期에不達ᄒᆞᆫ者ᄂᆞᆫ右述과如히主債權과同時에移轉ᄒᆞᆷ은容疑ᄒᆞᆯ바ㅣ아니로대業己返還期에到達ᄒᆞᆫ延滯利息과如ᄒᆞᆫ者ᄂᆞᆫ獨立ᄒᆞ야存在ᄒᆞᆷ을可得ᄒᆞᆯ者ㅣ되ᄂᆞᆫ故로當事者가特別ᄒᆞᆫ意思를表示치아니ᄒᆞᄂᆞᆫ時ᄂᆞᆫ主債權과同一히移轉치아니ᄒᆞᄂᆞᆫ者로推定ᄒᆞᆷ이可ᄒᆞᆯ지나彼債權讓與境遇에其目的되ᄂᆞᆫ債權이繳消ᄒᆞᆷ을可得ᄒᆞᆯ者ㅣ되ᄂᆞᆫ時ᄂᆞᆫ讓受人도其繳消權을有ᄒᆞᆫ故로主體의權利가移轉ᄒᆞᄂᆞᆫ以上은繳消權도同時에移轉ᄒᆞ야讓受人의게歸ᄒᆞᆯ지며其他先取特權과如ᄒᆞᆫ優先權도主體의債權을爲ᄒᆞ야存在ᄒᆞᆫ者ㅣ되ᄂᆞᆫ故로主體의權利가移轉ᄒᆞᄂᆞᆫ同時에移轉ᄒᆞᆯ지니라

債權法上에讓與ᄒᆞᆯ債權은單純ᄒᆞᆫ者ㅣ됨을不要ᄒᆞᄂᆞ니詳言ᄒᆞ면卽片務契約

전된다. 가령 甲이 乙에 대해 대금채권(貸金債權)을 양도하였을 때는, 그 채권의 담보로 되는 질권, 저당권, 보증채권과 이자채권과 같은 것도 또한 동시에 이전되는 것이다. 이는 이른바 종물은 주물의 처분에 따른다는 원칙의 결과이다. 그러나 이 원칙은 강제규정이 아니다. 따라서 원래 당사자는 이 원칙과 서로 다른 의사를 표시할 수 있다. 다만 이자와 같은 정기금채권에 관해서는 이를 구별하는 것이 필요하다고 믿는다. 주된 채권양도 당시에 아직 상환기에 도달하지 아니한 것은, 위에서 서술한 바와 같이 주된 채권과 동시에 이전되는 것은 의심할 여지가 없다. 그러나 이미 상환기에 도달한 연체이자와 같은 것은 독립하여 존재할 수 있다. 따라서 당사자가 특별한 의사를 표시하지 않았을 때는, 주된 채권과 같이 이전되지 않는다고 추정하는 것이 타당하다. 그러나 그 채권양도의 경우에 그 목적으로 되는 채권이 취소할 수 있는 것이었을 때는, 양수인도 그 취소권을 가진다. 따라서 주체의 권리가 이전되는 이상은 취소권도 동시에 이전되어 양수인에게 귀속되며, 그 밖의 우선특권과 같은 우선권도 주체의 채권을 위해 존재하는 것이고 그에 따라 주체의 권리가 이전되는 동시에 이전된다.

채권법상 양도할 채권은 단순한 것으로 될 것을 요구하지 않는다. 자세히 말하면 곧 편무계약으로從ᄒᆞ야出來ᄒᆞᄂᆞᆫ債權에不限ᄒᆞ고雙務契約으로從ᄒᆞ야出來ᄒᆞᄂᆞᆫ債權卽所謂反對의給付를可受ᄒᆞᆯ債權이라도此를讓與ᄒᆞᆷ을可得ᄒᆞᆯ지라假令甲者가乙者의게對ᄒᆞ야馬一匹을金二百圓에賣却ᄒᆞᆫ時ᄂᆞᆫ甲者의所持ᄒᆞᆫ金二百圓의債權이單純ᄒᆞᆫ者ㅣ아니오馬一匹의反對給付義務를有ᄒᆞᆫ者ㅣ라然이나其債權은讓與ᄒᆞᆷ을可得ᄒᆞᆯ지오此金二百圓의債權이讓與됨으로馬一匹을給付ᄒᆞᆯ債務도亦同時에移轉ᄒᆞᆯ者ᄂᆞᆫ아니라然而德國民法及日本民法에ᄂᆞᆫ債務引受에關ᄒᆞᆫ特別規定이無ᄒᆞᆫ대契約의自由原則을依ᄒᆞ야當事者ᄂᆞᆫ特約으로써主債權의讓與와同時에從債務도同一히移轉ᄒᆞᆷ을得케ᄒᆞᄂᆞ니라

債權讓與契約의性質上으로讓與人은讓受人의게對ᄒᆞ야債權의讓與로브터生ᄒᆞᄂᆞᆫ利益을完全히變更케ᄒᆞᄂᆞᆫ義務가有ᄒᆞᆫ者ㅣ라故로讓與人이讓受人의게對ᄒᆞ야債權을讓與ᄒᆞᆫ以上은讓受人이其債權을行使ᄒᆞᆷ에關ᄒᆞ야妨害될行爲ᄂᆞᆫ行치못ᄒᆞᆯ지오若讓與人이一次自己의債權을讓與ᄒᆞᆫ後에更히其債權을推尋ᄒᆞ거나讓與ᄒᆞᆷ으로因ᄒᆞ야讓受人의게損害를負擔케ᄒᆞᆫ時ᄂᆞᆫ其損害를賠償ᄒᆞᆯ義務가有ᄒᆞᆫ者ㅣ라然而此境遇에關ᄒᆞ야德國民法의規定을參照ᄒᆞ건대

에서 비롯하는 채권에 한하지 않고, 쌍무계약에서 비롯하는 채권 즉 이른바 반대급부를 받을 수 있는 채권이라도 이를 양도할 수 있다. 가령 甲이 乙에 대해 말 1필을 일금 200원에 매각하였을 때는, 甲이 소지한 일금 200원의 채권은 단순한 것이 아니고 말 1필의 반대급부의 의무가 있는 것이다. 그러나 그 채권은 양도할 수 있고, 이 일금 200원의 채권이 양도되어도 말 1필을 급부할 채무도 또한 동시에 이전하는 것이 아니다. 그런데 도이치 민법과 일본 민법에는 채무인수에 관한 특별규정이 없지만, 계약자유의 원칙에 따라 당사자는 특약으로 주된 채권양도와 동시에 종된 채무도 함께 이전할 수 있다.

채권양도계약의 성질에 따라 양도인은 양수인에 대해 채권양도로부터 발생하는 이익을 완전히 변경하게 할 의무를 부담한다. 따라서 양도인이 양수인에 대해 채권을 양도한 이상은, 양수인이 그 채권을 행사하는 것에 관해 방해될 행위는 할 수 없다. 만약 양도인이 한번 자기 채권을 양도한 후에 다시 그 채권을 추심하거나 양도하여, 이에 따라 양수인에게 손해를 부담하게 하였을 때는 그 손해를 배상할 의무가 있는 것이다. 그러나 이 경우에 관해 도이치 민법의 규정을 참조해 보면,

以上과如ᄒᆫ單純義務를負擔케ᄒᆯ뿐아니오一步를進ᄒᆞ야讓與人의게一種特別義務를負擔케ᄒᆫ規定이有ᄒᆞ니卽〔一〕、債權行使에必要ᄒᆫ報告를行ᄒᆯ義務〔二〕、債權立證에必要ᄒᆫ證書를交付ᄒᆯ義務〔三〕、讓受人의請求를依ᄒᆞ야債權讓與에關ᄒᆫ公認證書를交付ᄒᆯ義務等을規定ᄒᆞ니라然이나日本民法上으로觀察ᄒᆞ면裁判을依ᄒᆞ야債權을讓與ᄒᆞᄂᆞᆫ境遇에ᄂᆞᆫ讓與人이讓受人의게對ᄒᆞ야債權에關ᄒᆫ證書交付義務를民事訴訟法上에規定ᄒᆯ뿐이오主法卽民法上에ᄂᆞᆫ如何ᄒᆫ條項이無ᄒᆷ으로日本民法上으로ᄂᆞᆫ讓與人이讓受人의게對ᄒᆞ야此等의義務를當然히負擔ᄒᆞᄂᆞᆫ者ㅣ라謂ᄒᆷ을不得ᄒᆯ지로다此等規定을法典上에設ᄒᆞ고不設ᄒᆞᄂᆞᆫ利害의關係ᄂᆞᆫ研究者材料에一任ᄒᆯ바ㅣ어니와若當事者間에特約이有ᄒᆫ時ᄂᆞᆫ其讓與人의게其義務가有ᄒᆫ事ᄂᆞᆫ再論ᄒᆯ바ㅣ아니니라

第二、讓受人及債務者間의効力

讓受人及債務者間에債權讓與効力을說明코져ᄒᆯ진대各境遇를區別ᄒᆞ야說明ᄒᆷ이便利ᄒᆯ지로다

이상과 같은 단순의무를 부담하게 할 뿐만 아니고, 더 나아가 양도인에게 일종의 특별의무를 부담하게 하는 규정이 있다. 즉 ① 채권 행사에 필요한 보고를 할 의무, ② 채권 증명에 필요한 증서를 교부할 의무, ③ 양수인의 청구에 따라 채권양도에 관한 공인증서를 교부할 의무 등을 규정한다. 그러나 일본 민법상으로 살펴보면, 재판에 따라 채권을 양도할 경우에는 양도인이 양수인에 대해 채권에 관한 증서를 교부할 의무를 민사소송법상에 규정할 뿐이고, 주법(主法) 즉 민법에는 어떠한 규정도 없다. 그러므로 일본 민법상으로는 양도인이 양수인에 대해 이들 의무를 당연히 부담한다고 말할 수 없다. 이들 규정을 법전에 두고 두지 않는 것에 대한 이해관계는 연구자의 재료에 일임하고자 한다. 만약 당사자 사이에 특약이 있을 때는, 양도인에게 그 의무가 있는 것은 재론할 바가 아니다.

II. 양수인과 채무자 사이의 효력

양수인과 채무자 사이의 채권양도의 효력을 설명하고자 하면, 각각의 경우를 구별하여 설명하는 것이 편리하다.

〔一〕、指名債權의境遇　債權讓與의效力은其債權을讓受人의게移轉코져ᄒᆞᄂᆞᆫ者ㅣ되ᄂᆞᆫ故로讓受人은新債權者의資格으로債務者의게對ᄒᆞ야債務履行을請求ᄒᆞᆷ은無論이라然이나旣述ᄒᆞᆷ과如히指名債權의讓與ᄂᆞᆫ讓與人이此를債務者의게通知ᄒᆞ거나債務者가此를承諾치아니ᄒᆞᆫ時ᄂᆞᆫ債務者의게對抗ᄒᆞᆷ을不得ᄒᆞᄂᆞᆫ故로其通知或承諾이有ᄒᆞ기ᄭᆞ지ᄂᆞᆫ債務者가其履行을拒絶ᄒᆞᆷ을可得ᄒᆞᆯ지로다

指名債權을讓與ᄒᆞᆫ境遇에ᄂᆞᆫ原則上으로債務者가讓與人의게對抗치아니ᄒᆞ고一切의事項을讓受人의게對抗ᄒᆞᄂᆞ니라債務者의게對ᄒᆞ야ᄂᆞᆫ債權의讓與가讓與人의通知或債務者의承諾이有ᄒᆞᆫ時에完成ᄒᆞᆷ을得ᄒᆞᄂᆞᆫ故로債權의讓與時ᄂᆞᆫ勿論이오其通知가有ᄒᆞ기ᄭᆞ지讓與人의게對ᄒᆞ야生ᄒᆞᆫ事由ᄂᆞᆫ債務者가總히讓受人의게對ᄒᆞ야對抗ᄒᆞᆷ을得ᄒᆞᄂᆞ니假令債權讓與後通知前에償還을依ᄒᆞ야其債權이消滅ᄒᆞᆫ時ᄂᆞᆫ債務者가讓受人의게對ᄒᆞ야債務의履行을拒絶ᄒᆞᆷ이能ᄒᆞᆯ지라然이나此原則에對ᄒᆞ야ᄂᆞᆫ去來의安全을保護ᄒᆞ기爲ᄒᆞ야一二境遇의例外가有ᄒᆞ니卽左와如ᄒᆞ도다

1. 지명채권의 경우

채권양도의 효력은 그 채권을 양수인에게 이전하고자 하는 것이다. 따라서 양수인은 신채권자의 자격으로 채무자에 대해 채무이행을 청구하는 것은 물론이다. 그러나 이미 서술한 바와 같이, 지명채권의 양도는 양도인이 이를 채무자에게 통지하거나 채무자가 이를 승낙하지 않았을 때는, 채무자에게 대항할 수 없다. 따라서 그 통지 또는 승낙이 있기까지는 채무자가 그 이행을 거절할 수 있다.

지명채권을 양도한 경우에는 원칙적으로 채무자가 양도인에게 대항하지 못하고, 일체의 사항을 양수인에게 대항한다. 채무자에 대해서는 채권양도가 양도인의 통지 또는 채무자의 승낙이 있을 때에 완성될 수 있다. 따라서 채권을 양도하였을 때는 물론이고, 그 통지가 있기까지 양도인에 대해 발생한 사유는 채무자가 모두 양수인에 대해 대항할 수 있다. 가령 채권양도 후 통지 전에 상환에 따라 채권이 소멸하였을 때는, 채무자가 양수인에 대해 채무의 이행을 거절할 수 있다. 그러나 이 원칙에 대해서는 거래의 안전을 도모하기 위해 한두 경우의 예외가 있고 아래와 같다.

(가)、債務者가承諾을行ᄒᆞᆫ時 指名債權境遇에債務者가異議ᄅᆞᆯ主張치아니ᄒᆞ고承諾ᄒᆞᆫ時ᄂᆞᆫ讓與人의게對抗ᄒᆞᆷ을可得ᄒᆞᆯ事由가有ᄒᆞᆫ時라도此ᄅᆞᆯ讓受人의게對抗ᄒᆞᆷ을不得ᄒᆞᄂᆞ니假令甲이乙에게對ᄒᆞ야金千圓의債權을有ᄒᆞᆫ境遇에乙이其債務ᄅᆞᆯ償還ᄒᆞ면其債權은消滅ᄒᆞᄂᆞᆫ者ㅣ어ᄂᆞᆯ甲이此消滅ᄒᆞᆫ債權을丙의게讓與ᄒᆞ고乙의게通知ᄒᆞᆫ境遇에乙은異議ᄅᆞᆯ主張치아니ᄒᆞ고此ᄅᆞᆯ承諾ᄒᆞᆫ時ᄂᆞᆫ更히丙의게對ᄒᆞ야金千圓의債務ᄅᆞᆯ負擔치아니치못ᄒᆞᆯ지라各國의民法等이如此ᄒᆞᆫ境遇에至ᄒᆞ야大槪此等의規定을設ᄒᆞᄂᆞᆫ所以ᄂᆞᆫ讓受人을保護ᄒᆞᄂᆞᆫ趣旨上으로從ᄒᆞ야出來ᄒᆞᆫ者ㅣ니라若債務者가無條件으로承諾ᄒᆞᄂᆞᆫ以上은讓受人이其債權을正確ᄒᆞᆫ者로信ᄒᆞ고讓受ᄒᆞᆷ이正當ᄒᆞᆫ行爲라然而後日에至ᄒᆞ야其債權讓與의無效ᄅᆞᆯ主張케ᄒᆞ면讓受人은是로因ᄒᆞ야不測의損害ᄅᆞᆯ受ᄒᆞᆯ念慮가有ᄒᆞᆫ緣故오又債務者의方面으로觀察ᄒᆞᆯ지라도債權의讓與ᄅᆞᆯ無條件으로承諾ᄒᆞᆫ以上은爾後로브터讓受人을債權者로認ᄒᆞᆯ事ᄅᆞᆯ承諾ᄒᆞᆫ者ㅣ라故로讓與人의게對ᄒᆞ야對抗ᄒᆞᆷ을可得ᄒᆞᆯ事由로써讓受人의게對ᄒᆞ야對抗ᄒᆞᆷ을不得

(1) 채무자가 승낙하였을 때

지명채권의 경우에 채무자가 이의를 주장하지 않고 승낙하였을 때는, 양도인에게 대항할 수 있는 사유가 있는 때라도 이를 양수인에게 대항할 수 없다. 가령 甲이 乙에 대해 일금 1,000원의 채권을 가진 경우에 乙이 그 채무를 상환하면 그 채권은 소멸한다. 그러나 甲이 이 소멸한 채권을 丙에게 양도하고 乙에게 통지한 경우에, 乙이 이의를 주장하지 않고 이를 승낙하였을 때는 다시 丙에 대해 일금 1,000원의 채무를 부담하지 않을 수 없다. 각국 민법 등이 이 같은 경우에 대해 대체로 이러한 규정을 두는 까닭은 양수인을 보호하려는 취지에서 비롯한다. 만약 채무자가 무조건으로 승낙한 이상은, 양수인이 그 채권을 정확한 것으로 믿고 양수하는 것이 정당한 행위이다. 그런데 뒷날에 이르러 그 채권양도의 무효를 주장하게 하면, 양수인은 이에 따라 불측의 손해를 입을 우려가 있는 사유가 된다. 또 채무자의 관점에서 살펴볼지라도, 채권양도를 무조건으로 승낙한 이상은 이후부터 양수인을 채권자로 인정할 것을 승낙한 것이다. 따라서 양도인에게 대항할 수 있는 사유로써 양수인에 대해 대항할 수

케ᄒᆞᆯ지라도債務者의게對ᄒᆞ야ᄂᆞᆫ決코苛酷ᄒᆞᆫ者ㅣ라謂ᄒᆞᆷ을不得ᄒᆞᆯ지라然이나讓與人은是로因ᄒᆞ야不當히利得ᄒᆞᆷ을不許ᄒᆞᄂᆞᆫ故로債務者가其債務를消滅케ᄒᆞ기爲ᄒᆞ야讓與人의게支撥ᄒᆞᆫ者ㅣ有ᄒᆞᆫ時ᄂᆞᆫ此를還推케ᄒᆞ고又讓與人의게對ᄒᆞ야負擔ᄒᆞᆫ債務가有ᄒᆞᆫ時ᄂᆞᆫ此를不成立ᄒᆞᆫ者로看做ᄒᆞᆷ을得케ᄒᆞᄂᆞ니라但日本의民法上으로論ᄒᆞᆯ진ᄃᆡ條文上에讓與人의게對ᄒᆞ야負擔ᄒᆞᆫ債務가有ᄒᆞᆫ時ᄂᆞᆫ此를不成立ᄒᆞᆫ者로看做ᄒᆞ야無妨ᄒᆞᆷ이라規定ᄒᆞ얏시니然則日本民法上에ᄂᆞᆫ其債務가當然히不成立ᄒᆞᄂᆞᆫ結果를生ᄒᆞᄂᆞᆫ者ㅣ아니라債務者ᄂᆞᆫ自己의利益을鑑ᄒᆞ야選擇上으로或不成立ᄒᆞᆫ者로看做ᄒᆞᆷ도得ᄒᆞᆯ지오或依然히成立ᄒᆞ야存在ᄒᆞᆫ者로看做ᄒᆞᆷ도得ᄒᆞᆯ지로다

虛僞의表示가有ᄒᆞᆫ時 他人을欺瞞ᄒᆞ기爲ᄒᆞ야二人이通謀ᄒᆞᆫ虛僞의意思表示로假想的債權을設定ᄒᆞᄂᆞᆫ事가有ᄒᆞ니如此ᄒᆞᆫ境遇의意思表示ᄂᆞᆫ無論無効ㅣ라然이나其意思表示의無効ᄂᆞᆫ此를善意되ᄂᆞᆫ第三者에게對抗ᄒᆞᆷ이不能ᄒᆞᆫ故로若虛僞意思表示의債權者가其假想的債權을他人

없게 할지라도, 채무자에 대해서는 결코 가혹하다고 말할 수 없다. 그러나 양도인이 이에 따라 부당한 이득을 얻는 것은 허용될 수 없다. 따라서 채무자가 그 채무를 소멸시키기 위해 양도인에게 지급한 것이 있었을 때는, 이를 환급하게 하고, 또 양도인에 대해 부담한 채무가 있었을 때는, 이를 성립하지 아니한 것으로 간주할 수 있다. 다만 일본 민법상으로 논해 보면, 조문에는 양도인에 대해 부담한 채무가 있을 때는 이를 불성립으로 간주하고 무효로 한다고 규정하고 있다.* 그러면 일본 민법에서는 그 채무가 당연히 성립하지 않는 결과가 발생하는 것이 아니라, 채무자는 자기의 이익을 고려하여 선택적으로 때로 불성립으로 간주할 수도 있고 아니면 여전히 성립하여 존재하는 것으로 간주할 수도 있는 것이다.

(2) 허위표시가 있는 때

다른 사람을 기만하기 위해 2인이 통모한 허위의 의사표시로 가상적 채권을 설정하기도 한다. 이 같은 경우의 의사표시는 물론 무효이다. 그러나 그 의사표시의 무효는 이를 선의인 제3자에게 대항할 수 없다. 따라서 만약 허위의 의사표시의 채권자가 그 가상적 채권을 다른 사람

---

* 역자 주: 메이지 민법 제468조 제1항 후단.

의게讓與ᄒᆞ야讓受人이善意되ᄂᆞᆫ時ᄂᆞᆫ債務者가此에對ᄒᆞ야其債權이虛僞意思表示에基因ᄒᆞᆫ口實로其債權의無効ᄅᆞᆯ主張치못ᄒᆞᄂᆞ니라德國의民法은此點에關ᄒᆞ야法典上에明文이有ᄒᆞᆫ대日本民法上에ᄂᆞᆫ此境遇에關ᄒᆞᆫ規定이無ᄒᆞᆷ으로意思表示에關ᄒᆞᆫ一般原則上의法理ᄅᆞᆯ從ᄒᆞ야論決ᄒᆞᆯ外에道理가無ᄒᆞᆯ지로다

指名債權의債務者ᄂᆞᆫ前述과如히原則上으로讓與人의게對ᄒᆞ야對抗ᄒᆞᆷ을不得ᄒᆞ고讓受人의게對ᄒᆞ야一切의抗辯을行ᄒᆞᆯ뿐아니라又債務者ᄂᆞᆫ尙且讓受人自身에關ᄒᆞ야付生ᄒᆞᆫ抗辯에至ᄒᆞ기ᄭᆞ지라도是ᄅᆞᆯ行ᄒᆞᆷ이能ᄒᆞᆯ지니假令讓受人의게對ᄒᆞ야自己의債權으로써相殺ᄅᆞᆯ主張ᄒᆞᆷ과如ᄒᆞᆫ者ㅣ是니라

〔二〕指示債權의境遇　指示債權을讓與ᄒᆞᆫ境遇에ᄂᆞᆫ債務者가卽是讓受人의게對ᄒᆞ야만債務ᄅᆞᆯ履行ᄒᆞᆯ義務가有ᄒᆞᆷ은無論이라然이나指示債權은普通指名債權과相殊ᄒᆞ야流通을容易케ᄒᆞ고져ᄒᆞ야此ᄅᆞᆯ設定ᄒᆞᆫ者ㅣ라故로其債權의性質이容易히他人의게移轉ᄒᆞᄂᆞᆫ者ㅣ어ᄂᆞᆯ若指名債權의境遇와同一

에게 양도하여 양수인이 선의이었을 때는, 채무자가 이에 대해 그 채권이 허위의 의사표시에 따른 것이라는 핑계로 그 채권의 무효를 주장할 수 없다. 도이치 민법은 이 점에 관해 법전에 명문을 두고 있다. 그러나 일본 민법에서는 이 경우에 관한 규정이 없으므로, 의사표시에 관한 일반 원칙에 따라 논하여 결정하는 것 외에 도리가 없다.

지명채권의 채무자는 전술한 바와 같이, 원칙적으로 양도인에 대해 대항할 수 없고, 양수인에 대해 일체의 항변을 할 뿐만 아니라, 또 채무자는 오히려 또한 양수인 자신에 관해 발생한 항변에 이르기까지도 이를 행할 수 있다. 가령 양수인에 대해 자기 채권으로 상계를 주장하는 그것 같은 경우가 이에 해당한다.

2. 지시채권의 경우

지시채권을 양도한 경우에는 채무자가 곧바로 양수인에 대해서만 채무를 이행할 의무가 있는 것은 물론이다. 그러나 지시채권은 보통 지명채권과는 달리, 유통을 쉽게 하고자 이를 설정하는 것이다. 따라서 그 채권의 성질은 쉽게 다른 사람에게 이전되는 데 있다. 그런데 만약 지명채권의 경우와 마찬히ᄒᆞ야債務者ᄂᆞᆫ必其債務ᄅᆞᆯ其債權者의게對ᄒᆞ야履行ᄒᆞᆷ을要ᄒᆞᄂᆞᆫ者ㅣ라ᄒᆞ야他人의게償還ᄒᆞᆫ時ᄂᆞᆫ又其債權者의게對ᄒᆞ야更히償還ᄒᆞᆷ을要ᄒᆞᆷ이라ᄒᆞ면債務者ᄂᆞᆫ其債權者의資格을調査ᄒᆞ야眞否ᄅᆞᆯ判知ᄒᆞᆷ이容易ᄒᆞᆫ事가아니라然則是로因ᄒᆞ야債權의流通을防害ᄒᆞᆯ念慮가有ᄒᆞᆫ故로近來에新編ᄒᆞᄂᆞᆫ民法等은此等의點을特念ᄒᆞ야指示債權의債務者ᄂᆞᆫ其證書의持來人及其署名捺印의眞僞ᄅᆞᆯ調査치아니ᄒᆞ고善意로重大ᄒᆞᆫ過失이無ᄒᆞᆫ償還이有ᄒᆞᆫ時ᄂᆞᆫ其償還으로ᄒᆞ야금有効케ᄒᆞᄂᆞᆫ趣旨ᄅᆞᆯ規定ᄒᆞᄂᆞ니라是以로德國民法及日本民法上指示債權의債務者ᄂᆞᆫ單히其讓受人의게對ᄒᆞ야債務履行의義務ᄅᆞᆯ負擔ᄒᆞᆷ으로其證書의所持人及其署名捺印의眞僞ᄅᆞᆯ調査ᄒᆞ야直權利者가아닌以上은債務의償還을拒絶ᄒᆞᄂᆞᆫ權利가有ᄒᆞ니是ᄂᆞᆫ權利오義務가아니며又若債務者의게惡意或重大ᄒᆞᆫ過失이有ᄒᆞᆫ時ᄂᆞᆫ其償還이無効됨을未免ᄒᆞᆯ지니此ᄂᆞᆫ以上에說明ᄒᆞᆫ바記名式所持人撥債權境遇에도準用ᄒᆞᆷ을可得ᄒᆞ되但此記名式所持人撥의債權은背書ᄅᆞᆯ依ᄒᆞ야讓與ᄒᆞᆷ을不得ᄒᆞᄂᆞᆫ故로指示債權의境遇와同一히背書人의署名捺印을調査ᄒᆞᆯ境遇가無

가지로 채무자는 반드시 그 채무를 채권자에 대해 이행해야 한다고 하여, 다른 사람에게 상환하였을 때는 또 그 채권자에 대해 다시 상환해야 한다고 하면, 채무자는 그 채권자의 자격을 조사하여 진정 여부를 판단해야 한다. 그러나 이는 알기가 쉽지 않다. 그러면 이에 따라 채권의 유통이 방해될 우려가 있다. 따라서 근래에 새로 편찬된 민법 등은 이러한 점을 특히 유념하여, 지시채권의 채무자가 그 증서의 소지인과 그 서명날인의 진위(眞僞)를 조사하지 않고 선의로 중대한 과실 없이 상환하였을 때는, 그 상환이 유효하다는 취지를 규정하고 있다. 이에 따라 도이치 민법과 일본 민법상 지시채권의 채무자는 단순히 그 양도인에 대해 채무이행의 의무를 부담하므로, 그 증서의 소지인과 그 서명날인의 진위를 조사하여 진정한 권리자가 아니면, 채무 상환을 거절하는 권리를 가진다. 이는 권리이지 의무는 아니다. 또 만약 채무자에게 악의 또는 중대한 과실이 있는 때는, 그 상환이 무효로 되는 것을 면할 수 없다. 이는 이상에서 설명한 바의 기명식 소지인불 채권의 경우에도 준용될 수 있다. 다만 이 기명식 소지인불 채권은 배서에 따라 양도할 수 없다. 따라서 지시채권의 경우와 마찬가지로 배서인의 서명날인을 조사할 경우가 없

ᄒᆞᆯ지오惟其所持人의署名捺印을調査ᄒᆞᆯ뿐이니라指示債權境遇의債務者가有ᄒᆞᆫ抗辯에關ᄒᆞ야도亦指名債權의境遇와相殊ᄒᆞᆫ處가大有ᄒᆞ니卽指名債權의債務者ᄂᆞᆫ原則上으로讓與人의게對ᄒᆞᆫ一切의抗辯으로써讓受人의게對抗ᄒᆞᆷ을可得ᄒᆞ대指示債權境遇의抗辯은制限이有ᄒᆞ니卽指示債權의債務者ᄂᆞᆫ其證書에記載ᄒᆞᆫ事項及其證書의性質上으로從ᄒᆞ야出來ᄒᆞᄂᆞᆫ當然의結果ᄅᆞᆯ除ᄒᆞᆫ外에ᄂᆞᆫ舊債權者의게對抗ᄒᆞᆷ을可得ᄒᆞᆯ事由로써善意讓受人에게對抗ᄒᆞᆷ을不得ᄒᆞᄂᆞ니라然而證書에記載ᄒᆞᆫ事項이란者ᄂᆞᆫ假令證書에履行時日及處所에關ᄒᆞ야特別記載가有ᄒᆞᆷ과如ᄒᆞᆫ者ᄅᆞᆯ指ᄒᆞᆷ이어ᄂᆞᆯ讓受人이是와相殊ᄒᆞᆫ時日及處所의債務履行을請求ᄒᆞᄂᆞᆫ時ᄂᆞᆫ債務者가此ᄅᆞᆯ拒絶ᄒᆞᆷ을可得ᄒᆞᆯ지오又證書의性質上으로從ᄒᆞ야出來ᄒᆞᄂᆞᆫ當然의結果란者ᄂᆞᆫ假令背書가連續치아니ᄒᆞᆫ境遇及證書의性質이證書와物이交換的行爲가不有ᄒᆞ면履行을請求ᄒᆞ기不能ᄒᆞᆫ境遇에債務의履行을請求ᄒᆞᄂᆞᆫ者가其證書ᄅᆞᆯ不特ᄒᆞᆫ境遇ㅣ니如此ᄒᆞᆫ境遇에ᄂᆞᆫ債務者가其履行을拒絶ᄒᆞᆷ이能ᄒᆞᆯ지라然이나讓受人이惡意되ᄂᆞᆫ時ᄂᆞᆫ右述ᄒᆞᆫ制限을

고, 오직 그 소지인의 서명날인을 조사할 뿐이다.

지시채권의 경우의 채무자가 가진 항변에 관해서도, 또한 지명채권의 경우와 서로 다른 점이 있다. 즉 지명채권의 채무자는 원칙적으로 양도인에 대한 모든 항변으로써 양수인에게 대항할 수 있으나, 지시채권일 경우의 항변은 제한이 있다. 즉 지시채권의 채무자는 그 증서에 기재한 사항과 그 증서의 성질에서 비롯하는 당연한 결과를 제외하고는, 구채권자에게 대항할 수 있는 사유로써 선의의 양수인에게 대항할 수 없다. 그러나 증서에 기재한 사항이란 가령 증서에 이행시일과 장소에 관해 특별한 기재가 있는 것과 같은 것을 가리킨다. 양수인이 이와 다른 시일과 장소의 채무이행을 청구하였을 때는, 채무자가 이를 거절할 수 있다. 또 증서의 성질에서 비롯하는 당연한 결과란 가령 증서가 연속되지 아니한 경우와 증서의 성질이 증서와 물건의 교환적 행위가 있지 아니하면 이행을 청구할 수 없는 경우이다. 이 같은 경우에는 채무자가 그 이행을 거절할 수 있다. 그러나 양수인이 악의이었을 때는 위에서 서술한 제한을

不受ᄒᆞ고舊債權者의게對抗ᄒᆞᆷ을可得ᄒᆞᆫ事由로써讓受人의게對抗ᄒᆞᆷ을可得ᄒᆞᆯ지오又指示債權境遇에ᄂᆞᆫ右述ᄒᆞᆫ外에도猶其讓受人의게對ᄒᆞ야直接ᄒᆞᆯ으로對抗ᄒᆞᆷ을可得ᄒᆞᆷ事由가有ᄒᆞᆫ時ᄂᆞᆫ是로써抗辯ᄒᆞᆷ을可得ᄒᆞᆷ은無論이니라

〔三〕、無記名債權의境遇　無記名債權境遇에至ᄒᆞ야도債務者ᄂᆞᆫ其讓受人의게對ᄒᆞ야만債務履行의義務가有ᄒᆞᆫ者ㅣ라假令證書를持來ᄒᆞ야도眞正의所持人이아님을知ᄒᆞᆫ以上은債務를履行ᄒᆞᆯ義務가無ᄒᆞᆷ은無論이오又無記名債權의債務者도亦指示債權의境遇와同一히證書所持人의眞僞를調査ᄒᆞᄂᆞᆫ權利만有ᄒᆞ고義務ᄂᆞᆫ不有ᄒᆞᆷ이라云ᄒᆞᄂᆞᆫ點에至ᄒᆞ야各國의民法等이規定은不設ᄒᆞ얏시나大槪無記名債權의性質上으로立論ᄒᆞ야指示債權의境遇와同一ᄒᆞᆯ者로信ᄒᆞ노라

無記名債權의債務者가讓受人의게對ᄒᆞ야有ᄒᆞᆫ抗辯은全히指示債權의境遇와同一ᄒᆞ니卽證書에記載ᄒᆞᆫ事項及證書의性質上으로從ᄒᆞ야出來ᄒᆞᄂᆞᆫ當然의結果를除ᄒᆞᆫ外에ᄂᆞᆫ舊債權者의게對抗ᄒᆞᆷ을可得ᄒᆞᆯ事由로써善意讓

받지 않고, 구채권자에게 대항할 수 있는 사유로써 양수인에게 대항할 수 있다. 또 지시채권의 경우에는 위에서 서술한 것 외에도, 또한 그 양수인에 대해 직접 대항할 수 있는 사유가 있는 때는 이로써 대항할 수 있는 것은 물론이다.

(3) 무기명채권의 경우

무기명채권의 경우에도 채무자는 그 양수인에 대해서만 채무이행의 의무를 부담한다. 가령 증서를 소지하고 있어도 진정한 소지인이 아닌 것을 알고 있는 이상은, 채무를 이행할 의무가 없는 것은 물론이다. 또 무기명채권의 채무자도 또한 지시채권의 경우와 마찬가지로 증서 소지인의 진위를 조사하는 권리만 가지고 의무는 부담하지 않는다고 하는 점에 관해서, 각국 민법 등이 규정은 두고 있지 않으나, 대체로 무기명채권의 성질에 따라 의론을 세워 지시채권의 경우와 같다고 믿는다.

무기명채권의 채무자가 양수인에 대해 가진 항변은 전부 지시채권의 경우와 같다. 즉 증서에 기재한 사항과 증서의 성질에서 비롯하는 당연한 결과를 제외하고는, 구채권자에게 대항할 수 있는 사유로써 선의의 양

受人의게對抗홈을不得ᄒᆞᄂᆞ니라

第七章　債權의消滅

第一節　總論

債權消滅의原因은學說及立法例를隨ᄒᆞ야多少間差異가有ᄒᆞ니라日本舊民法에ᄂᆞᆫ債權消滅의原因으로列擧ᄒᆞ야規定ᄒᆞᆫ種類가十種이有ᄒᆞ니卽一、辨償、二更改、三、免除、四、相殺、五、混同、六、履行不能、七、銷除、八、廢罷、九、解除、十、時効等이是오法國民法上에規定ᄒᆞᆫ原因도大槪是와相同ᄒᆞ니라元來債權消滅의原因은種類가不一ᄒᆞ야列擧ᄒᆞ기極難ᄒᆞ나然이나大槪今日新進ᄒᆞᆫ民法上에認ᄒᆞᄂᆞᆫ原因을從ᄒᆞ야說明홀진대如左ᄒᆞ도다

一、辨償、二、相殺、三、更改、四、免除、五、混同、六、法律行爲의繳消、七、解除條件、八、終期、九、消滅時効、十、履行不能、十一、契約解除、十二、當事者死亡이是라

然이나右列擧中에六乃至九의原因은業已民法總論上에硏究ᄒᆞᆫ者ㅣ오十의原因一部ᄂᆞᆫ以上本債權法에講述ᄒᆞᆫ바ㅣ며十一의原因은契約編契約効力部分에

수인에게 대항할 수 없다.

제7장 채권의 소멸

제1절 총론

채권소멸의 원인은 학설과 입법례에 따라 다소간 차이가 있다. 일본 구민법에는 채권소멸의 원인으로 열거하여 규정한 종류가 10종이 있다. 즉 ① 변제, ② 경개, ③, 면제, ④ 상계, ⑤ 혼동, ⑥ 이행, ⑦ 소제(銷除), ⑧ 폐파(廢罷), ⑨ 해제, ⑩ 시효 등이 이에 해당한다. 프랑스 민법에 규정된 원인도 대체로 이와 같다. 원래 채권소멸의 원인은 종류가 일정하지 않아 열거하기가 매우 어렵다. 그러나 대체로 오늘날 새로운 민법에서 인정되는 원인에 따라 설명해보면 다음과 같다.

① 변제, ② 상계, ③, 경개, ④ 면제, ⑤ 혼동, ⑥ 법률행위의 취소, ⑦ 해제조건, ⑧ 종기, ⑨ 소멸시효, ⑩ 이행불능, ⑪ 계약해제, ⑫ 당사자의 사망 등이 이에 해당한다.

그러나 위에서 열거한 것 중에 ⑥부터 ⑨의 원인은 이미 민법총론에서 연구한 것이고, ⑩의 원인 일부는 이상의 채권법에서 강의하여 설명한 바이며, ⑪의 원인은 계약편 계약의 효력 부분에

至ᄒᆞ야研究ᄒᆞᆯ者ㅣ오十二의原因은各種債權에共通ᄒᆞᄂᆞᆫ消滅原因이라故로玆에說明코져ᄒᆞᄂᆞᆫ原因은一乃至五原因에止ᄒᆞᆯ뿐이로다然而英米等國의法律은違約으로써債權消滅의一原因으로認ᄒᆞᄂᆞ니今에其理由ᄅᆞᆯ據ᄒᆞ건대英米等國法律에在ᄒᆞ야ᄂᆞᆫ違約을依ᄒᆞ야原債權이消滅ᄒᆞ고損害賠償의新債權이發生ᄒᆞᆷ으로認ᄒᆞᄂᆞᆫ故로此違約을特히債權消滅의一原因으로認ᄒᆞ대德國民法及日本民法等에ᄂᆞᆫ債務不履行의事實卽違約의行爲가有ᄒᆞᆯ지라도債權者ᄂᆞᆫ依然히强制執行의請求ᄅᆞᆯ行ᄒᆞᆷ이能ᄒᆞᆫ故로此等國民法에在ᄒᆞ야ᄂᆞᆫ此違約이債權消滅의原因을不成ᄒᆞᄂᆞ니라

第二節　辨償

第一項　辨償의性質

辨償이란者ᄂᆞᆫ債權의目的되ᄂᆞᆫ行爲가實行ᄒᆞᆷ을依ᄒᆞ야債權이消滅ᄒᆞᄂᆞᆫ者ᄅᆞᆯ謂ᄒᆞᆷ이니是以로辨償에ᄂᆞᆫ左의條件이具備ᄒᆞᆷ을要ᄒᆞᄂᆞ니라

〔一〕、債權의目的되ᄂᆞᆫ行爲ᄅᆞᆯ實行ᄒᆞᄂᆞᆫ事

債權은一定ᄒᆞᆫ行爲의作爲不作爲ᄅᆞᆯ目的ᄒᆞᄂᆞᆫ者ㅣ라然則債權의辨償을行ᄒᆞᆷ

서 연구할 것이고, ⑫의 원인은 각종 채권에 공통되는 소멸 원인이다. 따라서 여기에서 설명하고자 하는 원인은 ①부터 ⑤까지의 원인에 그칠 뿐이다. 그런데 영미 등 나라의 법률은 위약(違約)을 채권소멸의 한 원인으로 인정하고 있다. 이제 그 이유를 들어 보면, 영미 등 나라의 법률에서는 위약에 따라 원(原)채권이 소멸하고 손해배상의 신채권이 발생한다고 인정한다. 따라서 이 위약을 특별히 채권소멸의 한 원인으로 인정하는 것이다. 그러나 프랑스 민법과 일본 민법 등에서는 채무불이행의 사실 즉 위약 행위가 있을지라도, 채권자는 여전히 강제집행을 청구할 수 있다. 따라서 이들 나라 민법에서는 이 위약이 채권소멸의 원인이 되지 못하는 것이다.

제2절 변제

제1항 변제의 성질

변제란 채권의 목적으로 되는 행위가 실행됨에 따라 채권이 소멸하는 것을 말한다. 이에 따라 변제에는 다음의 조건이 구비되어야 한다.

(1) 채권의 목적으로 되는 행위를 실행할 것

채권은 일정한 행위의 작위·부작위를 목적으로 한다. 그렇다면 채권을 변제할 때에ᄂᆞᆫ其目的되ᄂᆞᆫ行爲의作爲不作爲ᄅᆞᆯ實行ᄒᆞᆷ을要ᄒᆞᄂᆞᆫ故로假令金錢債務ᄅᆞᆯ負擔ᄒᆞᆫ境遇에債務者가債權者의承諾을得ᄒᆞ야他種의特定物을給付ᄒᆞᄂᆞᆫ時ᄂᆞᆫ或代物辨償이라謂ᄒᆞᆷ은可得ᄒᆞᆯ지로대眞正ᄒᆞᆫ辨償이라謂ᄒᆞᆷ은不得ᄒᆞᆯ지로다

(二)、債權을消滅케ᄒᆞᆷ으로目的ᄒᆞᄂᆞᆫ事

辨償境遇에債權의目的되ᄂᆞᆫ行爲ᄅᆞᆯ實行ᄒᆞᆷ에ᄂᆞᆫ債權을消滅케ᄒᆞᆯ目的으로써行ᄒᆞᄂᆞᆫ事ᄅᆞᆯ要ᄒᆞᄂᆞᆫ故로假令金錢債務ᄅᆞᆯ負擔ᄒᆞᆫ境遇에債務者가他金錢을債權者의게貸與ᄒᆞᆯ目的으로써自己가負擔ᄒᆞᆫ金額과同一ᄒᆞᆫ金額을債權者의게交付ᄒᆞᆫ事實이有ᄒᆞᆯ지라도此ᄂᆞᆫ債權을消滅치못ᄒᆞᄂᆞ니라

(三)、一個行爲되ᄂᆞᆫ事

玆에行爲라云ᄒᆞᆷ은人의意思에基因ᄒᆞᆫ身體의運動及靜止의狀態ᄅᆞᆯ總稱ᄒᆞᆷ이라故로狹義行爲의作爲不作爲도亦此行爲內에包含됨을可得ᄒᆞᆯ事ᄂᆞᆫ無論이로대辨償은法律行爲로論ᄒᆞᆯ者歟아若此辨償으로法律行爲라定ᄒᆞᆯ진대此行爲ᄂᆞᆫ契約歟아否歟아ᄒᆞᄂᆞᆫ問題ᄂᆞᆫ學者間에多少間議論이有ᄒᆞᆫ者ㅣ라然이나

에는, 그 목적으로 되는 행위의 작위·부작위를 실행해야 한다. 따라서 가령 금전채무를 부담한 경우에 채무자가 채권자의 승낙을 얻어 다른 종류의 특정물을 급부하였을 때는, 이를 대물변제라고 말할 수는 있지만 진정한 변제라고 말할 수 없다.

(2) 채권을 소멸하게 하는 것을 목적으로 할 것

변제의 경우에 채권의 목적으로 되는 행위를 실행할 때는, 채권을 소멸시킬 목적으로 할 것을 필요로 한다. 따라서 가령 금전채무를 부담한 경우에, 채무자가 다른 금전을 채권자에게 대여할 목적으로 자기가 부담한 금액과 동일한 금액을 채권자에게 교부한 사실이 있을지라도 이는 채권을 소멸할 수 없다.

(3) 하나의 행위로 되는 사실

여기에서 행위란 사람의 의사에 따른 신체의 운동과 정지 상태를 총칭한다. 따라서 좁은 의미의 행위의 작위·부작위도 또한 이 행위 안에 포함될 수 있는 것은 물론이다. 그러나 변제는 법률행위로 논해질 것인가? 만약 변제를 법률행위라고 규정한다면, 이 행위는 계약인가 그렇지 않은가 하는 문제는 학자 사이에 다소간의 의론이 있는 문제이다. 그러나

此問題는各其境遇를隨ᄒᆞ야解釋홈이妥當ᄒᆞᆯ지니同一債務의辨償이라도法律行爲되는者ㅣ有ᄒᆞ며又但事實上行爲되는者ㅣ有ᄒᆞ니라假令車夫가乘客을爲ᄒᆞ야曳車ᄒᆞ는行爲는法律行爲가아니오單純ᄒᆞᆫ事實上行爲며又金錢債務의辨償과如ᄒᆞᆫ者는債權者及債務者의共同意思를不依ᄒᆞ면此行爲를行홈이不可홈으로此는法律行爲오且契約이니라

第二項　辨償을行ᄒᆞᆯ者

第一、辨償을行ᄒᆞᆯ者　辨償은債權의目的되는行爲를實行홈을依ᄒᆞ야債權을消滅케ᄒᆞ는行爲라故로此辨償을行ᄒᆞᆯ者가債務者되는事는多言을不待ᄒᆞ고明白ᄒᆞᆯ지로대第三者가辨償을行ᄒᆞ고行치못ᄒᆞ는點에至ᄒᆞ야는未嘗不議論이有ᄒᆞᆫ者ㅣ라然이나大槪今日新進ᄒᆞᆫ法典에는假令第三者라도辨償을行홈이能ᄒᆞᆫ事로原則을定ᄒᆞ고但此原則에對ᄒᆞ야數個의例外를設홈이通例라故로此例外에關ᄒᆞ야說明코져ᄒᆞ노라

(一)、債務의性質이第三者의辨償을不許ᄒᆞ는時　某種의債務는其債務者가아니면此를辨償ᄒᆞ기不能ᄒᆞᆫ境遇가有ᄒᆞ니假令某畵工의技能을信ᄒᆞ고其

이 문제는 각각의 경우에 따라 해석하는 것이 타당하다. 같은 채무 변제라도 법률행위인 경우도 있으며, 또 다만 사실상의 행위인 경우도 있다. 가령 마부(馬夫)가 승객을 위해 마차를 끄는 행위는 법률행위가 아니고 단순한 사실상의 행위이다. 또 금전채무의 변제와 같은 것은 채권자와 채무자의 공동 의사에 의하지 아니하면 이 행위를 할 수 없으므로 이는 법률행위이고 또 계약이다.

제2항 변제를 행할 자

1. 변제를 행할 자

변제는 채권의 목적으로 되는 행위를 실행하는 것에 따라 채권을 소멸하게 하는 행위이다. 따라서 이 변제를 행할 자가 채무자인 것은 많은 설명을 하지 않아도 명백하다. 그러나 제3자가 변제할 수 있는가에 관해서는 아닌 게 아니라 의론이 있다. 그러나 대체로 오늘날 새로운 법전에서는 가령 제3자라도 변제할 수 있다는 것을 원칙으로 규정하고, 다만 이 원칙에 대해 몇 가지 예외를 두는 것이 통례이다. 따라서 이 예외에 관해 설명하고자 한다.

(1) 채무의 성질이 제3자의 변제를 허용하지 않을 때

어떤 종류의 채무는 그 채무자가 아니면 이를 변제할 수 없는 경우가 있다. 가령 어떤 화가의 기능을 믿고 그

畵工의게對ᄒᆞ야畵를寫케ᄒᆞᄂᆞᆫ債權을有ᄒᆞᆫ境遇와如ᄒᆞᆫ者ㅣ是라如此ᄒᆞᆫ境遇에ᄂᆞᆫ第三者가其債務를辨償ᄒᆞ야履行ᄒᆞᆷ을不得ᄒᆞᄂᆞ니라

(二)、當事者가反對의意思를表示ᄒᆞᆫ時　債權을發生ᄒᆞᆯ當時에債權者와債務者가特別히意思를表示ᄒᆞ야其債務의辨償은債務自身이行ᄒᆞᆯ事로約定ᄒᆞᆫ境遇에ᄂᆞᆫ決코第三者가辨償ᄒᆞᆷ을不得ᄒᆞᆯ지니라

(三)、利害의關係를不有ᄒᆞᆫ第三者가辨償을行코져ᄒᆞᄂᆞᆫ境遇에債務者가反對意思를表示ᄒᆞᆫ時　債務의辨償은債務者의게利益이有ᄒᆞ고損害가無ᄒᆞ다云ᄒᆞᄂᆞᆫ理由를依ᄒᆞ야債務者意思에ᄂᆞᆫ違反됨이有ᄒᆞᆯ지라도第三者ᄂᆞᆫ辨償을可行ᄒᆞᆯ者ㅣ라云ᄒᆞᄂᆞᆫ學者가不無ᄒᆞ나然이나債務者ᄂᆞᆫ或第三者의辨償을不肯ᄒᆞᄂᆞᆫ境遇가必有ᄒᆞᆯ지라故로債務者가反對의意思를表示ᄒᆞᆫ時ᄂᆞᆫ利害의關係를不有ᄒᆞᆫ第三者가其債務를辨償ᄒᆞᆷ을不得ᄒᆞᆯ지로다但此第三者ㅣ라도他人의債務를辨償ᄒᆞᆷ에關ᄒᆞ야利害의關係를有ᄒᆞᄂᆞᆫ事實이專無ᄒᆞ다謂ᄒᆞᆷ은不得ᄒᆞᆯ지니假令連帶債務者、保證人、債務의擔保로自己의財産을供ᄒᆞᆫ第三者、擔保財産의第三取得者、及其他의債務者로其辨償을行ᄒᆞᆷ

화가에 대해 그림을 그리게 하는 채권을 가진 경우와 같은 것이 이에 해당한다. 이 같은 경우에는 제3자가 그 채무를 변제하여 이행할 수 없다.

(2) 당사자가 반대의 의사를 표시하였을 때

채권이 발생할 당시에 채권자와 채무자가 특별히 의사를 표시하여 그 채무의 변제는 채무자 자신이 할 것으로 약정한 경우에는 결코 제3자가 변제할 수 없다.

(3) 이해관계가 있지 아니한 제3자가 변제하고자 할 경우에 채무자가 반대의 의사를 표시하였을 때

채무의 변제는 채무자에게 이익이 되고 손해가 없다고 하는 이유에서, 채무자의 의사에는 반하는 경우일지라도, 제3자는 변제할 수 있다고 주장하는 학자가 없지 않다. 그러나 채무자는 때로 제3자의 변제를 수긍하지 않을 경우도 반드시 있다. 따라서 채무자가 반대의 의사를 표시하였을 때는, 이해관계가 있지 아니한 제3자가 그 채무를 변제할 수 없다. 다만 이 제3자라도 다른 사람의 채무를 변제하는 것에 관해 이해관계가 있는 사실이 전혀 없다고 말할 수는 없다. 가령 연대채무자, 보증인, 채무의 담보로 자기 재산을 제공한 제3자, 담보재산의 제3취득자 및 그 밖의 채무자로 그 변제하는 것

이利되ᄂᆞᆫ者等이是라此等의關係ᄅᆞᆯ有ᄒᆞᆫ第三者ᄂᆞᆫ假令債務者가反對의意思ᄅᆞᆯ表示ᄒᆞᆯ지라도有効히辨償을行ᄒᆞᆷ이能ᄒᆞᆯ지니라

第三者가有効히辨償을行ᄒᆞᆫ境遇에ᄂᆞᆫ債務者가是로因ᄒᆞ야其債務ᄅᆞᆯ得免ᄒᆞᄂᆞᆫ者ㅣ되ᄂᆞᆫ故로必其辨償을行ᄒᆞᆫ者의게對ᄒᆞ야ᄂᆞᆫ不可不賠償ᄒᆞᆷ을要ᄒᆞᄂᆞ니라然이나但其賠償程度에至ᄒᆞ야ᄂᆞᆫ境遇ᄅᆞᆯ隨ᄒᆞ야相殊ᄒᆞ니假令連帶債務者가辨償을行ᄒᆞᆫ境遇에ᄂᆞᆫ求償의原則을依ᄒᆞ야求償權을行ᄒᆞᆯ지오保證人이辨償을行ᄒᆞᆫ境遇에ᄂᆞᆫ保證境遇의求償原則을依ᄒᆞ야求償權을行ᄒᆞᆷ은可得ᄒᆞᆯ지로대但主債務者의委托을受ᄒᆞ고不受ᄒᆞᆷ과主債務者意思에違反ᄒᆞ고違反치아니ᄒᆞᆷ을依ᄒᆞ야其程度에差異가有ᄒᆞᆷ은難免ᄒᆞᆯ지며自己의財産으로써債務擔保에供ᄒᆞᆫ第三者가辨償을行ᄒᆞᆫ境遇에ᄂᆞᆫ物上擔保의法理ᄅᆞᆯ從ᄒᆞ야保證人과同一의求償權을有ᄒᆞᆯ지며其他事項에至ᄒᆞ야ᄂᆞᆫ或事務管理의原則을依ᄒᆞ야求償權을有ᄒᆞᆯ者도有ᄒᆞ며又或單히不當利得의原則을從ᄒᆞ야求償權을行使ᄒᆞᆯ者도有ᄒᆞ니라

第二、辨償者에必要ᄒᆞᆫ條件

이 이익으로 되는 자 등이 이에 해당한다. 이러한 관계가 있는 제3자는 가령 채무자가 반대의 의사를 표시할지라도 유효하게 변제할 수 있다.

제3자가 유효하게 변제하였을 경우에는 채무자가 이에 따라 그 채무를 면하게 된다. 따라서 반드시 그 변제를 행한 자에 대해서는 배상을 하지 않을 수 없다. 그러나 다만 그 배상의 정도에 관해서는 경우에 따라 서로 다르다. 가령 연대채무자가 변제한 경우에는 구상의 원칙에 따라 구상권을 행사할 것이고, 보증인이 변제한 경우에는 보증채무의 구상원칙에 따라 구상권을 행사할 수 있다. 그러나 주된 채무자의 부탁을 받고 받지 아니한 것과 주된 채무자의 의사에 반하고 반하지 아니한 것에 따라 그 정도에 차이가 있는 것은 면할 수 없다. 자기 재산으로 채무 담보에 제공한 제3자가 변제한 경우에는, 물상 담보의 법리에 따라 보증인과 같은 구상권을 갖게 된다. 그 밖의 사항에 관해서는 때로 사무관리의 원칙에 따라 구상권을 가질 경우도 있으며, 때로 단순히 부당이득의 원칙에 따라 구상권을 행사할 경우도 있다.

2. 변제자에게 필요한 조건

辨償者가債務者及第三者됨을不問ᄒᆞ고左의條件이具備홈을要ᄒᆞᄂᆞ니라

〔一〕、辨償의目的上에權利를有ᄒᆞᆫ事　辨償의目的이物되ᄂᆞᆫ時ᄂᆞᆫ辨償者가債權者로ᄒᆞ야곰其物上에權利를得케ᄒᆞ지아니치못ᄒᆞᆯ지라是以로辨償者ᄂᆞᆫ債務者됨과第三者됨을不問ᄒᆞ고辨償의目的되ᄂᆞᆫ物上에權利를有홈을要ᄒᆞᄂᆞᆫ故로若辨償者가他人의物을傳致ᄒᆞᆫ時ᄂᆞᆫ其辨償이無効됨을未免ᄒᆞᆯ지오辨償者ᄂᆞᆫ占有權에基因ᄒᆞ야其物의推還을請求ᄒᆞᆯ지라然이나近來에制定ᄒᆞᆫ各國의民法은此推還權을行使홈에關ᄒᆞ야特別히制限을設ᄒᆞ얏시니換言ᄒᆞ면卽辨償者ᄂᆞᆫ更히有効ᄒᆞᆫ辨償을行ᄒᆞ기前에ᄂᆞᆫ其物의推還을請求홈이不可ᄒᆞᆫ趣旨로規定ᄒᆞ니라此規定의理由를竊想ᄒᆞᆯ진ᄃᆡ此ᄂᆞᆫ專히債權者를保護ᄒᆞ기爲ᄒᆞ야設置ᄒᆞᆫ規定에不過ᄒᆞᆯ지로다然이나但其物의所有者ᄂᆞᆫ何等의制限이無ᄒᆞ고其所有權에基因ᄒᆞ야物의返還을請求홈을可得ᄒᆞᆯ지니要컨대此規定은專히不特定物에關ᄒᆞᆫ規定이라何故오特定物에關ᄒᆞ야ᄂᆞᆫ傳致ᄒᆞᆫ物以外의物로써更히有効ᄒᆞᆫ辨償을行홈이能ᄒᆞᆯ境遇ᄂᆞᆫ甚히想像ᄒᆞ기難ᄒᆞᆫ緣故ㅣ니라

변제자가 채무자와 제3자인 것을 불문하고 다음의 조건을 갖추어야 한다.

(1) 변제의 목적 위에 권리가 있을 것

변제의 목적이 물건일 때는 변제자는 채권자가 그 물상에 권리를 취득하게 해야 한다. 이에 따라 변제자는 채무자나 제3자인 것을 불문하고 변제의 목적으로 되는 물상에 권리를 보유해야 한다. 따라서 만약 변제자가 다른 사람의 물건을 인도하였을 때는 무효로 되는 것을 면할 수 없고, 변제자는 점유권에 따라 그 물건의 반환을 청구할 수 있다. 그러나 근래 제정된 각국 민법은 이 반환권을 행사하는 것에 관해 특별한 제한을 두고 있다. 바꾸어 말하면 즉 변제자는 다시 유효한 변제를 하기 전에는 그 물건의 반환을 청구할 수 없다는 취지로 규정하고 있다. 이 규정의 이유를 가만히 생각해보면, 이는 전적으로 채권자를 보호하기 위해 둔 규정에 불과하다. 그러나 다만 그 물건의 소유자는 어떠한 제한도 없이 그 소유권에 따라 물건의 반환을 청구할 수 있다. 요컨대 이 규정은 오로지 불특정물에 관한 규정이다. 왜냐하면 특정물에 관해서는 인도한 물건 이외의 물건으로써 다시 유효한 변제를 할 수 있는 경우를 상상하기는 매우 어렵기 때문이다.

右述과如히辨償者가他人의物을債權者의게對ᄒᆞ야傳致ᄒᆞᆫ境遇에ᄂᆞᆫ占有의効力과密接ᄒᆞᆫ關係가有ᄒᆞ니卽債權者가平穩或公然히動産의占有를開始ᄒᆞᆫ境遇에善意오且過失이無ᄒᆞᆫ時ᄂᆞᆫ卽時其動産上에行使ᄒᆞᄂᆞᆫ權利를取得ᄒᆞᄂᆞᆫ故로如此ᄒᆞᆫ境遇에至ᄒᆞ야ᄂᆞᆫ辨償者及所有權者가債權者의게對ᄒᆞ야業已其物의返還을請求ᄒᆞᆷ이不能ᄒᆞᆯ지니라

(二)、讓與의能力이有ᄒᆞᆫ事　辨償도亦一種의法律行爲라故로此辨償을行ᄒᆞᆷ에ᄂᆞᆫ相當ᄒᆞᆫ行爲能力이有ᄒᆞᆷ을要ᄒᆞᆷ은無論이라然而償還의目的物을讓與ᄒᆞᆯ能力이無ᄒᆞᆫ者가辨償으로其物을傳致ᄒᆞᆫ時ᄂᆞᆫ法律行爲에關ᄒᆞᆫ一般原則을依ᄒᆞ야此를繳消ᄒᆞᆷ을可得ᄒᆞᆯ지니此行爲의繳消ᄂᆞᆫ溯及力이有ᄒᆞ야繳消ᄒᆞᆫ行爲ᄂᆞᆫ當初로無効됨을未免ᄒᆞᄂᆞᆫ故로讓與의能力이無ᄒᆞᆫ者가辨償으로物의傳致를行ᄒᆞ야其辨償이繳消를當ᄒᆞᆫ遇境에ᄂᆞᆫ所有者가其物의推還을行ᄒᆞᆷ이能ᄒᆞᆯ지라然이나此推還請求權에關ᄒᆞ야도亦一個의制限이有ᄒᆞ니物의所有者ᄂᆞᆫ債權者의게對ᄒᆞ야更히有効ᄒᆞᆫ辨償을不行ᄒᆞ면其物을推還ᄒᆞᆷ이不能ᄒᆞ니라但此物의推還原則은特定物을目的ᄒᆞᄂᆞᆫ債權에關ᄒᆞ야도

위에서 서술한 바와 같이 변제자가 다른 사람의 물건을 채권자에 대해 인도할 경우에는 점유의 효력과 밀접한 관계가 있다. 즉 채권자가 평온 또는 공연하게 동산의 점유를 개시한 경우에, 선의이고 또 과실이 없는 때는 즉시 그 동산에 행사하는 권리를 취득한다. 따라서 이 같은 경우에는 변제자와 소유권자가 채권자에 대해 이미 그 물건의 반환을 청구할 수 없다.

(2) 양도능력이 있을 것

변제도 또한 일종의 법률행위이다. 따라서 이 변제를 행할 때는 상당한 행위능력이 있어야 하는 것은 물론이다. 그러나 상환의 목적물을 양도할 능력이 없는 자가 변제로 그 물건을 인도하였을 때는, 법률행위에 관한 일반원칙에 따라 이를 취소할 수 있다. 이 행위의 취소는 소급효가 있어서 취소한 행위는 처음부터 무효로 되는 것을 면할 수 없다. 따라서 양도 능력이 없는 자가 변제로 물건을 인도하여 그 변제가 취소될 경우에는 소유자가 그 물건의 반환을 청구할 수 있다. 그러나 이 반환청구권에 관해서도 하나의 제한이 있다. 물건의 소유자는 채권자에 대해 다시 유효한 변제를 하지 아니하면 그 물건의 반환을 청구할 수 없다. 다만 이 물건의 반환원칙은 특정물을 목적으로 하는 채권에 관해서도

適用이有ᄒᆞᆯ者ㅣ로ᄃᆡ多數ᄂᆞᆫ不特定物債權에關ᄒᆞ야辨償物品質及數量에過大ᄒᆞᆫ差異가有ᄒᆞᆫ時에適用을見ᄒᆞᆯ지로다

上述과如히辨償者ᄂᆞᆫ辨償의目的上에權利를有ᄒᆞᆫ事와讓與의能力이有ᄒᆞᆫ事를要ᄒᆞᄂᆞᆫ故로其條件에欠缺이有ᄒᆞᆫ時ᄂᆞᆫ辨償이有効로成立ᄒᆞᆷ을不得ᄒᆞᆯ지라然이나大槪各國民法에規定ᄒᆞᆫ바를依ᄒᆞᆯ진대此原則에對ᄒᆞᆫ例外가有ᄒᆞ니卽債權者가辨償으로受ᄒᆞᆫ物件을善意로消費ᄒᆞ거나或讓與ᄒᆞᆫ時ᄂᆞᆫ辨償이有効됨을可得ᄒᆞᄂᆞᆫ者ㅣ是라若如此ᄒᆞᆫ境遇에債權者로ᄒᆞ야곰其物을返還ᄒᆞᆯ義務가有ᄒᆞᆫ者ㅣ라ᄒᆞ면此ᄂᆞᆫ債權者의게極히不便ᄒᆞᆯ뿐아니라多數의境遇ᄂᆞᆫ事實上其物을返還키難ᄒᆞᆷ으로特히如此ᄒᆞᆫ規定을設置ᄒᆞᄂᆞᆫ者ㅣ로ᄃᆡ但是로因ᄒᆞ야第三者의權利ᄂᆞᆫ害ᄒᆞᆷ을不得ᄒᆞᄂᆞᆫ故로假令物의所有者ᄂᆞᆫ讓與人의게對ᄒᆞ야所有權에基因ᄒᆞ야其物의返還을請求ᄒᆞᆯ지오讓受人은又其賠償을債權者의게對ᄒᆞ야請求ᄒᆞᆷ을可得ᄒᆞᆯ지니如此ᄒᆞᆫ境遇에至ᄒᆞ야ᄂᆞᆫ債權者가辨償者의게對ᄒᆞ야求償權을行ᄒᆞᆷ이能ᄒᆞᆯ지니라猶且各國民法上에直接으로規定ᄒᆞᆫ바ᄂᆞᆫ無ᄒᆞᄃᆡ債權者가占有의効力으로辨償目的上

적용이 있으나, 다수의 경우는 불특정물에 관해 변제의 품질과 수량에 지나치게 큰 차이가 있는 때에 적용될 것이다.

상술한 바와 같이 변제자는 변제의 목적 위에 권리가 있을 것과 양도 능력이 있어야 한다. 따라서 그 조건에 결함이 있는 때는 변제가 유효로 성립될 수 없다. 그러나 대체로 각국 민법에 규정된 바에 따르면, 이 원칙에 대한 예외가 있다. 즉 채권자가 변제로 받은 물건을 선의로 소비하거나, 양도하였을 때는 변제가 유효로 될 수 있다는 것이 이에 해당한다. 만약 이 같은 경우에 채권자가 그 물건을 반환할 의무가 있다고 하면, 이는 채권자에게 매우 불편하다. 그뿐만 아니라 다수의 경우는 사실상 물건을 반환하기 어려우므로 특히 이와 같은 규정을 두는 것이다. 다만 이에 따라 제3자의 권리는 해할 수 없다. 따라서 가령 물건의 소유자는 양수인에 대해 소유권에 근거하여 그 물건의 반환을 청구할 것이고, 양수인은 또 그 배상을 채권자에 대해 청구할 수 있다. 이 같은 경우에는 채권자가 변제자에 대해 구상권을 행사할 수 있다. 또한 각국 민법에 직접 규정하는 바는 없으나, 채권자가 점유의 효력으로 변제 목적 위

에行使ᄒᆞᄂᆞᆫ權利ᄅᆞᆯ取得ᄒᆞᆫ境遇에도亦其辨償은有効됨을可得ᄒᆞᆯ지로다

第三項　辨償을受ᄒᆞᆯ者

辨償을受ᄒᆞᆯ者ᄂᆞᆫ第一로債權者됨은多言을不待ᄒᆞ고分明ᄒᆞᆫ者ㅣ라換言ᄒᆞ면卽債權者ᄂᆞᆫ自身或代理人으로債務의辨償을可受ᄒᆞᆯ지로다然이나玆에所謂債權者ᄂᆞᆫ元來債權發生當時의債權者ᄅᆞᆯ謂ᄒᆞᆷ이아니오辨償을受ᄒᆞᆯ當時의債權者ᄅᆞᆯ謂ᄒᆞᄂᆞᆫ故로辨償을受ᄒᆞᆯ當時의債權者ᄂᆞᆫ元債權者되ᄂᆞᆫ事도有ᄒᆞ며或은其債權을讓受ᄒᆞᆫ者ㅣ되ᄂᆞᆫ事도有ᄒᆞ며又或은其債의相續人되ᄂᆞᆫ事도有ᄒᆞ니如此히債權者ᄂᆞᆫ自身及代理人으로其辨償을有効이可受ᄒᆞᆯ지로대是와相反ᄒᆞ야債權者及代理人以外의人의게對ᄒᆞ야行ᄒᆞᆫ辨償은無効됨이原則이니라是以로債務者ᄂᆞᆫ一次辨償을行ᄒᆞᆫ事가有ᄒᆞᆯ지라도更히債權者의게對ᄒᆞ야辨償을行ᄒᆞᆷ이可ᄒᆞ니라然이나此原則에對ᄒᆞ야ᄂᆞᆫ去來의安全을圖謀ᄒᆞ야如左ᄒᆞᆫ例外ᄅᆞᆯ設ᄒᆞᄂᆞ니라

(一)、債權準占有者의게辨償을行ᄒᆞᆫ時　債權의準占有란者ᄂᆞᆫ債權者의資格이無ᄒᆞᆫ者가自己ᄅᆞᆯ爲ᄒᆞᄂᆞᆫ意思로써債權을行使ᄒᆞᆫ境遇을謂ᄒᆞᆷ이니假令債

에 행사하는 권리를 취득한 경우에도 또한 그 변제는 유효로 될 수 있다.

제3항 변제를 받을 자

변제를 받을 자는 첫째로 채권자로 되는 것은 많은 설명을 하지 않아도 분명하다. 바꾸어 말하면 곧 채권자는 자신 또는 대리인으로 채무의 변제를 받을 수 있다. 그러나 여기에서 이른바 채권자는 원래의 채권 발생 당시의 채권자를 말하는 것이 아니고, 변제를 받을 당시의 채권자를 말한다. 따라서 변제를 받을 당시의 채권자는 원채권자인 경우도 있으며, 또는 그 채권을 양수한 자인 경우도 있고, 때로 그 채권의 상속인인 경우도 있다. 이처럼 채권자는 자신과 대리인으로 그 변제를 유효하게 받을 수 있으나, 이에 반해 채권자와 대리인 이외의 사람에 대해 한 변제는 무효로 되는 것이 원칙이다. 이에 따라 채무자는 한 번 변제하였을지라도, 다시 채권자에 대해 변제해야 한다. 그러나 이 원칙에 대해서는 거래의 안전을 도모하여 다음과 같은 예외를 두고 있다.

1. 채권의 준점유자에게 변제를 하였을 때

채권의 준점유자란 채권자의 자격이 없는 자가 자기를 위하는 의사로 채권을 행사하는 경우를 말한다. 가령 채

權을讓與ᄒᆞᆫ後에猶其權利를行使ᄒᆞᄂᆞᆫ元債權者와如ᄒᆞᆫ者ㅣ라如此ᄒᆞᆫ債權準占有者의게對ᄒᆞ야善意로辨償을行ᄒᆞᆫ時ᄂᆞᆫ其辨償이有効됨을得ᄒᆞᆯ지라大概如此ᄒᆞᆫ規定은專히善意의辨償者를保護ᄒᆞᄂᆞᆫ趣旨上으로從ᄒᆞ야出來ᄒᆞᆫ者ㅣ되ᄂᆞᆫ故로辨償者가辨償을行ᄒᆞᆯ當時에債權者의資格이無ᄒᆞᆫ事를知ᄒᆞᆫ時ᄂᆞᆫ如此ᄒᆞᆫ保護를受치못ᄒᆞᆯ者ㅣ됨으로其辨償은無効를難免ᄒᆞᆯ지오更히有効ᄒᆞᆫ辨償을行ᄒᆞᆷ이可ᄒᆞᆯ지니라

〔二〕、債權者가辨償을依ᄒᆞ야利益을受ᄒᆞᆫ時　債權者及其代理人의게對ᄒᆞ야辨償을不行ᄒᆞ고第三者의게對ᄒᆞ야辨償을行ᄒᆞᆫ境遇라도債權者가事實上其辨償을依ᄒᆞ야利益을受ᄒᆞᄂᆞᆫ事가不無ᄒᆞᆯ지라假令債權者가辨償을受ᄒᆞᆫ者로브터其辨償의全部或一部를領收ᄒᆞᆷ과如ᄒᆞᆫ者ㅣ是니如此ᄒᆞᆫ境遇의辨償은債權者가此를依ᄒᆞ야利益을受ᄒᆞᄂᆞᆫ者ㅣ되ᄂᆞᆫ故로其利益을受ᄒᆞᆫ限度以內에至ᄒᆞ야ᄂᆞᆫ有効히辨償의効力을生ᄒᆞᄂᆞ니라是以로債權者ᄂᆞᆫ其辨償을無効로認ᄒᆞ고更히有効ᄒᆞᆫ辨償을請求ᄒᆞᆷ이不能ᄒᆞᆯ지로다

〔三〕、領受證所持人의게辨償ᄒᆞᆫ時　領受證書를持來ᄒᆞ야債務의辨償을請求

권을 양도한 후에 오히려 그 권리를 행사하는 원채권자와 같은 자이다. 이와 같은 채권의 준점유자에 대해 선의로 변제를 하였을 때는 그 변제가 유효로 될 수 있다. 대체로 이와 같은 규정은 오로지 선의의 변제자를 보호하는 취지에서 비롯한다. 따라서 변제자가 변제할 당시에 채권자의 자격이 없는 사실을 알았을 때는, 이와 같은 보호를 받지 못하며, 그 변제는 무효를 면하기 어렵고 다시 유효한 변제를 해야 한다.

2. 채권자가 변제에 따라 이익을 받았을 때

채권자와 그 대리인에 대해 변제를 하지 않고 제3자에 대해 변제를 한 경우라도, 채권자가 사실상 그 변제에 따라 이익을 받는 경우가 없지 않다. 가령 채권자가 변제를 받은 자로부터 그 변제의 전부 또는 일부를 수령하는 그것 같은 경우가 이에 해당한다. 이 같은 경우의 변제는 채권자가 이에 따라 이익을 받는다. 따라서 그 이익을 받은 한도 이내에서는 유효한 변제의 효력이 발생한다. 이에 따라 채권자는 그 변제를 무효로 인정하고 다시 변제를 청구할 수 없다.

3. 영수증소지인에게 변제하였을 때

영수증서를 소지하고 채권의 변제를 청구

ᄒᆞᄂᆞᆫ者ᄂᆞᆫ普通其債務의辨償을受ᄒᆞᆯ權限이有ᄒᆞᆫ者로推測ᄒᆞᆷ이通例니라是以로領受ᄒᆞᆯ證書를持來ᄒᆞᆫ者의게對ᄒᆞ야債務를辨償ᄒᆞᆷ은決코辨償者의게過失이有ᄒᆞᆷ으로看做ᄒᆞ기不能ᄒᆞᆫ故로領受證所持人은法律의假定으로써辨償을受ᄒᆞᆯ權利가有ᄒᆞᆫ者로定ᄒᆞ고此에對ᄒᆞ야行ᄒᆞᆫ辨償은法律上에有効됨을可得ᄒᆞᆯ지니라然이나法律上의如此ᄒᆞᆫ規定은善意오且過失이無ᄒᆞᆫ辨償者를保護ᄒᆞᄂᆞᆫ趣旨上으로從ᄒᆞ야出來ᄒᆞᆫ者ㅣ됨으로辨償者가辨償當時에其權限이無ᄒᆞᆫ事를知ᄒᆞ거나又ᄂᆞᆫ自己의過失上으로此를不知ᄒᆞᆫ境遇에ᄂᆞᆫ其辨償이無効됨을難免ᄒᆞᆯ지로다

上述과如히債權者及其代理人은有効히債務者의辨償을可受ᄒᆞᆯ지라然이나玆에一個注意가有ᄒᆞ니卽債權者라도辨償을受ᄒᆞ기不能ᄒᆞᆫ境遇ㅣ是라債權을有ᄒᆞᆫ者ᄂᆞᆫ民事訴訟의規定을從ᄒᆞ야强制執行의方法으로自己의債權을完全히受ᄒᆞ기爲ᄒᆞ야債務者의게屬ᄒᆞᆫ債權을執留ᄒᆞᆷ을得ᄒᆞᆯ지니如此ᄒᆞᆫ境遇에裁判所ᄂᆞᆫ執留의命令으로써第三債務者卽債務者의債務者의게對ᄒᆞ야支撥을禁ᄒᆞ고又債權者의게對ᄒᆞ야ᄂᆞᆫ債權의處分을禁ᄒᆞᄂᆞᆫ事가有

하는 자는 보통 그 채무의 변제를 받을 권한이 있는 자로 추측하는 것이 통례이다. 이에 따라 영수할 증서를 소지한 자에 대해 채무를 변제하는 것은, 결코 변제자에게 과실이 있다고 간주할 수 없다. 따라서 영수증 소지인은 법률의 가정으로 변제를 받을 권리가 있는 자로 정하고, 이에 대해 한 변제는 법률상 유효로 될 수 있는 것이다. 그러나 법률상의 이와 같은 규정은 선의이고 또 과실이 없는 변제자를 보호하려는 취지에서 비롯하는 것이므로, 변제자가 변제 당시에 그 권한이 없는 사실을 알았거나 자기의 과실로 이를 알 수 없었던 경우에는 그 변제가 무효로 되는 것을 면하기 어렵다.

상술한 바와 같이 채권자와 그 대리인은 유효하게 채무자의 변제를 받을 수 있다. 그러나 여기에서 한 가지 주의할 일이 있다. 즉 채권자라도 변제를 받을 수 없는 경우가 이에 해당한다. 채권을 자진 자는 민사소송의 규정에 따라 강제집행의 방법으로 자기 채권을 완전히 받기 위해 채무자에 속한 채권을 압류할 수 있다. 이 같은 경우에 재판소는 압류 명령으로 제3채무자 즉 채무자의 채무자에 대해 지급을 금지하고 또 채권자에 대해서는 채권의 처분을 금지하는 일이 있다.

ᄒᆞᆷ으로如此히出給와停止를受ᄒᆞᆫ時ᄂᆞᆫ第三債務者가自己의債權者의게對ᄒᆞ야辨償을行ᄒᆞᆷ이不能ᄒᆞᆯ지오假令一次行ᄒᆞᆫ辨償이라도是로因ᄒᆞ야全部或一部의辨償을受ᄒᆞ기不能ᄒᆞᆷ에至ᄒᆞᆫ時ᄂᆞᆫ其損害의限度을標準ᄒᆞ고更히第三債務者의게對ᄒᆞ야辨償ᄒᆞᆯ事를請求ᄒᆞᆷ이能ᄒᆞᆯ지라然이나第三債務者가二重의辨償을行ᄒᆞ야損害를被ᄒᆞᆫ時ᄂᆞᆫ元來其債權者의게對ᄒᆞ야求償權을有ᄒᆞᆷ은無論이니라

第四項 辨償의目的

辨償이란者ᄂᆞᆫ債權의目的되ᄂᆞᆫ行爲가實行ᄒᆞᆷ을因ᄒᆞ야消滅ᄒᆞᄂᆞᆫ者ㅣ됨으로辨償의目的과債權의目的은結局同一物에歸ᄒᆞᆯ者ㅣ오兩者間에觀察點이相殊ᄒᆞᆯ뿐이라辨償의目的은債權의種類를依ᄒᆞ야或不一ᄒᆞᆫ境遇가有ᄒᆞ나然이나如何ᄒᆞᆫ境遇를不問ᄒᆞ고債務本旨에違反됨이無ᄒᆞᆫ事를要ᄒᆞᄂᆞᆫ故로假令債務者가辨償을行ᄒᆞ야도其目的의給付가性質及分量에至ᄒᆞ야債務의本旨와相殊ᄒᆞᆫ點이有ᄒᆞᆫ境遇에ᄂᆞᆫ債權者가其辨償을拒絶ᄒᆞᆷ이能ᄒᆞᆯ지니라

右述과如히債務者ᄂᆞᆫ原則上으로債務의本旨를從ᄒᆞ야辨償을行ᄒᆞᆷ이可ᄒᆞ니라

그러므로 이처럼 출급의 정지를 받았을 때는 제3채무자가 자기 채권자에 대해 변제할 수 없다. 가령 한 번 한 변제일지라도 이에 따라 전부 또는 일부 변제를 받을 수 없게 되었을 때는, 그 손해의 한도를 표준으로 하고 다시 제3채무자에 대해 변제할 것을 청구할 수 있다. 그러나 제3채무자가 이중의 변제를 하여 손해를 입었을 때는, 원래 그 채권자에 대해 구상권을 가지는 것은 물론이다.

제4항 변제의 목적

변제란 채권의 목적인 행위가 실행됨에 따라 소멸하는 것으로, 변제의 목적과 채권의 목적은 결국 동일물로 귀결된다. 양자 사이에 보는 관점이 다를 뿐이다. 변제의 목적은 채권의 종류에 따라 때로 일치하지 않는 경우가 있다. 그러나 어떠한 경우를 불문하고 채무의 내용에 위반되지 않아야 한다. 따라서 가령 채무자가 변제를 해도 그 목적의 급부가 성질과 분량에 관해 채무의 내용과 서로 다른 점이 있는 경우에는 채권자가 그 변제를 거절할 수 있다.

위에서 서술한 바와 같이 채무자는 원칙적으로 채무의 내용에 따라 변제를 해야 한다.

然이나或境遇에至ᄒᆞ야ᄂᆞᆫ債務者가債權者의承諾을得ᄒᆞ고自己가負擔ᄒᆞᆫ給付代에他給付를履行ᄒᆞᄂᆞᆫ事가有ᄒᆞ니假令甲이乙의게對ᄒᆞ야馬를傳致ᄒᆞᆯ債務를負擔ᄒᆞᆫ境遇에甲은乙의承諾을得ᄒᆞ고馬代에牛를傳致ᄒᆞ야써其債務를得免ᄒᆞᄂᆞᆫ事가有ᄒᆞ니此境遇를稱ᄒᆞ야代物辨償이라謂ᄒᆞᄂᆞ니라且代物辨償의性質에至ᄒᆞ야ᄂᆞᆫ學者間에議論이不無ᄒᆞ야或은賣買라稱ᄒᆞ며或은單純ᄒᆞᆫ辨償이라稱ᄒᆞ며又或은更改라稱ᄒᆞᄂᆞ니라然이나述者ᄂᆞᆫ第三說을賛成ᄒᆞ노라

賣買란者ᄂᆞᆫ當事者一便이某種의權利를得코저ᄒᆞ고又他一便은金錢을得코저ᄒᆞᆷ으로因ᄒᆞ야成立ᄒᆞᄂᆞᆫ者ㅣ로대代物辨償의境遇에至ᄒᆞ야ᄂᆞᆫ當事者의意思가專히債務를消滅코저ᄒᆞᆷ에在ᄒᆞ나唯其債務者의게當ᄒᆞ야其目的物의給付를行ᄒᆞᆷ이不便ᄒᆞᆷ으로此에代ᄒᆞ야他種便利의給付를履行ᄒᆞ야써其債務를消滅케ᄒᆞ고져ᄒᆞᆷ으로債權者도亦其意思를採用ᄒᆞ야其債務의消滅을承認ᄒᆞᆷ에不外ᄒᆞᄂᆞᆫ者ㅣ라然이나是로써直接으로辨償이라謂ᄒᆞᆷ은謬誤됨을未免ᄒᆞᆯ지로다辨償이란者ᄂᆞᆫ履行卽債務의目的되ᄂᆞᆫ給付를履行ᄒᆞᆷ을因ᄒᆞ야債務를消滅케ᄒᆞᄂᆞᆫ者ㅣ로대代物辨償의境遇ᄂᆞᆫ債務의目的以外의給付를行ᄒᆞᄂᆞᆫ者ㅣ되ᄂᆞᆫ故로是로써

그러나 경우에 따라서는 채무자가 채권자의 승낙을 얻고 자기가 부담한 급부를 갈음하여 다른 급부를 이행하기도 한다. 가령 甲의 乙에 대해 말을 인도할 채무를 부담한 경우에, 甲이 을의 승낙을 얻어 말 대신 소를 인도하는 것으로 그 채무를 면하는 것이다. 이 경우를 일컬어 대물변제라 한다. 또 대물변제의 성질에 관해서는 학자 사이에 의론이 없지 않다. 어떤 사람은 매매라 일컫고, 어떤 사람은 단순한 변제라고 하며, 또 어떤 사람은 경개라고도 한다. 그러나 필자는 제3설에 찬성한다.

매매란 당사자 일방이 어떤 종류의 권리를 취득하고자 하고, 다른 일방은 금전을 취득하고자 하는 것에 따라 성립한다. 그러나 대물변제의 경우에는 당사자의 의사가 오로지 채무를 소멸하고자 하는 데 있으나, 오직 그 채무자에게는 그 목적물의 급부를 행하는 것이 불편하므로, 이에 갈음하여 다른 종류의 편리한 급부를 이행하여 이를 가지고 그 채무를 소멸하게 하는 것이다. 그러므로 채권자도 또한 그 의사를 채택하여 그 채무의 소멸을 승인하는 것에 지나지 않는다. 따라서 이를 가지고 직접 변제라고 말하는 것은 오류인 것을 면할 수 없다. 변제란 이행 즉 채무의 목적으로 되는 급부를 이행하는 것에 따라 채무를 소멸하게 하는 것이나, 대물변제의 경우는 채무의 목적 이외의 급부를 행하는 것이다. 따라서 이로써

原債務의履行이라謂ᄒᆞᆷ을不得ᄒᆞᆫ事는別로智者를不待ᄒᆞ고分明ᄒᆞᆫ者ㅣ라然則此代物辦償의性質은更改라不稱ᄒᆞ면到底히說明ᄒᆞᆯ道理가無ᄒᆞᆯ지니是卽當事者가原債務의目的을變更ᄒᆞ고第二의債務를履行ᄒᆞ는境遇의性質이有ᄒᆞᆷ이라謂ᄒᆞ는所以니라是以로大概各國의法典이此에關ᄒᆞ야未盡ᄒᆞᆫ事項은更改에關ᄒᆞᆫ規定을適用ᄒᆞᄂᆞ니是는無他라性質에相同ᄒᆞᆫ點이有ᄒᆞᆫ緣故오辦償部分에至ᄒᆞ야說明ᄒᆞᆷ은辦償과同一ᄒᆞᆫ効力이有ᄒᆞᆫ所以니라

當事者는往往히代物辦償의豫約을行ᄒᆞ는事가有ᄒᆞ니此를名稱ᄒᆞ야任意債務라謂ᄒᆞᄂᆞ니라假令債務者가債務를負擔ᄒᆞᆫ當時에債權者와特約ᄒᆞ야曰今에金一萬圓을與ᄒᆞᆫ事를契約ᄒᆞ나然이나若期限이到來ᄒᆞᆫ時에其債務의履行이不便ᄒᆞᆫ時는其金錢代에某不動産을給付ᄒᆞᆫ事로相約ᄒᆞ면是卽任意債務라謂ᄒᆞ는者ㅣ로대其性質을深究ᄒᆞ면代物辦償을豫約ᄒᆞᆷ에不過ᄒᆞᆷ으로近來에新進ᄒᆞᆫ法典上에는此任意債務를規定치아니ᄒᆞᄂᆞ니라

辦償의目的은境遇를隨ᄒᆞ야或特定物의傳致를目的ᄒᆞ는境遇도有ᄒᆞ며或不特定物의傳致를目的ᄒᆞ는境遇도有ᄒᆞ니特定物의傳致를目的ᄒᆞ는境遇에는辦償

원채무의 이행이라고 말할 수 없는 것은, 따로 지혜로움이 없더라도 분명하다. 그렇다면 이 대물변제의 성질을 경개라고 일컫지 아니하면 도저히 설명할 도리가 없다. 이것이 곧 당사자가 원채무의 목적을 변경하고 제2의 채무를 이행하는 경우로서의 성질을 가진다고 말하는 이유이다. 이에 따라 대체로 각국의 법전이 이에 관해 미진한 사항은 경개에 관한 규정을 적용하고 있다. 이는 다름 아니라 성질에서도 같은 점이 있는 까닭이고, 변제 부분에서 설명하는 것은 변제와 동일한 효력이 있기 때문이다.

당사자는 때로 대물변제의 예약을 하는 경우가 있다. 이를 이름하여 임의채무라 한다. 가령 채무자가 채무를 부담할 당시에 채권자와 특약을 맺고 말하기를, 이제 일금 10,000원을 빌려주기로 계약하나 만약 기한이 도래할 때에 그 채무의 이행이 불편할 때는, 그 금전을 갈음하여 어떤 부동산을 급부하기로 한다고 서로 약속하면, 이를 곧 임의채무라고 일컫는 것이다. 그러나 그 성질을 탐구해보면, 대물변제를 예약한 것에 불과하므로 근래의 새로운 법전에서는 이 임의채무를 규정하지 않고 있다.

변제의 목적은 경우에 따라 때로 특정물의 인도를 목적으로 하는 경우도 있으며, 때로 불특정물의 인도를 목적으로 하는 경우도 있다. 특정물의 인도를 목적으로 하는 경우에는, 변제

者가債權發生當時의狀態를從ᄒᆞ야其物을傳致ᄒᆞᆷ을要ᄒᆞᆯ者歟아或은債務를履行ᄒᆞᆯ當時의狀態를從ᄒᆞ야其物을傳致ᄒᆞᆷ을要ᄒᆞᆯ者歟아又或은實際에履行ᄒᆞᆯ當時의狀態를從ᄒᆞ야其物을傳致ᄒᆞᆯ지라도無妨ᄒᆞᆯ者歟아云ᄒᆞᄂᆞᆫ問題에關ᄒᆞ야ᄂᆞᆫ未嘗不議論이有ᄒᆞᆫ者ㅣ라然이나此에關ᄒᆞ야ᄂᆞᆫ第二說이就中穩當ᄒᆞᆫ者로認ᄒᆞ노라盖法律及當事者가某種의物件을傳致ᄒᆞᆯ事로約束ᄒᆞᆫ境遇에ᄂᆞᆫ恒常其傳致의時期를注目ᄒᆞᄂᆞᆫ者ㅣ되ᄂᆞᆫ故로特히債權發生當時의狀態를依ᄒᆞ야其物의傳致를約定치아니ᄒᆞᆫ以上은傳致ᄒᆞᆯ當時의狀態를依ᄒᆞ야傳致ᄒᆞᆷ을要ᄒᆞᆯ者ᄂᆞᆫ可히想像키容易ᄒᆞᆫ者ㅣ라又實際에傳致ᄒᆞᆯ時期를遲延ᄒᆞ야其物을傳致ᄒᆞᄂᆞᆫ境遇에ᄂᆞᆫ法律及當事者가豫先其債務者ᄂᆞᆫ傳致ᄒᆞᆯ時期를遲延ᄒᆞ야傳致ᄒᆞᆯ者로想像ᄒᆞᆷ을不得ᄒᆞᆯ者ㅣ됨으로써實際에傳致ᄒᆞᄂᆞᆫ當時의狀態를依ᄒᆞ야傳致ᄒᆞᆷ을不得ᄒᆞᆷ은分明ᄒᆞᆫ者ㅣ라謂ᄒᆞᆷ을可得ᄒᆞᆯ지로다然이나但此等의事項은法律이命令ᄒᆞᄂᆞᆫ바의性質이無ᄒᆞᆷ으로當事者ᄂᆞᆫ此에相反ᄒᆞᄂᆞᆫ意思를表示ᄒᆞ야特約을締結ᄒᆞᆷ은可得ᄒᆞᆯ지니라

以上은當事者의게過失이無ᄒᆞᆫ境遇를豫想ᄒᆞᆫ者ㅣ라然이나當事者의게過失이

자가 채권 발생 당시의 상태에 따라 그 물건을 인도해야 할 것인가 아니면 채무를 이행할 당시의 상태에 따라 그 물건을 인도해야 할 것인가, 또는 실제로 이행할 당시의 상태에 따라 그 물건을 인도할지라도 무방할 것인가 하는 문제에 관해서는 아닌 게 아니라 의론이 있다. 그러나 이에 관해서는 제2설이 그중 온당한 것으로 인정한다. 대개 법률과 당사자가 어떤 종류의 물건을 인도할 것을 약속한 경우에는, 항상 그 인도의 시기를 주목한다. 따라서 특히 채권 발생 당시의 상태에 따라 그 물건을 인도하기로 약정하지 아니한 이상은, 인도할 당시의 상태에 따라 인도해야 하는 것은 능히 생각하기 쉬운 일이다. 또 실제 인도할 시기를 지연하여 그 물건을 인도할 경우에는, 법률과 당사자가 사전에 그 채무자는 인도할 시기를 지연하여 인도할 것으로 생각할 수 없으므로, 실제 인도할 당시의 상태에 따라 인도할 수 없다고 하는 것은 분명하다고 말할 수 있다. 그러나 다만 이러한 사항은 법률이 명령하는 바의 성질이 없으므로, 당사자는 이에 반하는 의사를 표시하여 특약을 체결할 수 있다.

이상은 당사자에게 과실이 없는 경우를 예상한 것이다. 그러나 당사자에게 과실이

有ᄒᆞᆫ時는其過失을依ᄒᆞ야物의狀態를變更ᄒᆞᆫ責任을難免ᄒᆞᆯ지라然而債權者는自己의過失을依ᄒᆞ야物의狀態를變更ᄒᆞᆯ事가甚尠ᄒᆞᆯ뿐아니라此境遇에는債務者의게對ᄒᆞ야損害를加ᄒᆞᆷ과如ᄒᆞᆫ事實이別無ᄒᆞᆷ으로賠償의責任을不生ᄒᆞᆷ이通例이라但債務者가傳致ᄒᆞᆯ物上에權利를留保ᄒᆞᆫ境遇에는債權者도亦賠償의責任이有ᄒᆞᆯ지로ᄃᆡ債務者의過失을依ᄒᆞ야物의狀態를變更ᄒᆞᆷ과如ᄒᆞᆫ事實은當事者間에頗有ᄒᆞ니今에其一例를示ᄒᆞᆯ진ᄃᆡ債權發生當時에在ᄒᆞ야는其目的物이完全ᄒᆞ야瑕疵가無ᄒᆞᆫ者ㅣ러니債務者가保存의注意를懈怠히ᄒᆞ야其物에對ᄒᆞ야瑕疵를生케ᄒᆞᆫ者ㅣ라假定ᄒᆞ면債務者는其瑕疵가有ᄒᆞᆫ物을傳致ᄒᆞᆯ外에他道理는無ᄒᆞᆯ지라도其瑕疵를因ᄒᆞ야債權者의被ᄒᆞᆫ損害는不可不賠償ᄒᆞᆷ을要ᄒᆞᄂᆞ니라然이나若其瑕疵가天災를因ᄒᆞ야生ᄒᆞᆫ境遇에는債務者의게責任이無ᄒᆞᆷ으로其瑕疵의物을傳致ᄒᆞ야써自己의債務를得免ᄒᆞᆯ지오賠償의責任을不負ᄒᆞᆯ지니라

以上은物의狀況이不利益으로變更ᄒᆞᆫ境遇를豫想ᄒᆞᆫ者ㅣ라然이나往往히反對의事例가不無ᄒᆞ니假令果樹의傳致를行ᄒᆞᆯ境遇에債權이發生ᄒᆞ던當時는아직

있을 때는 그 과실에 따라 물건의 상태를 변경한 책임을 면하기 어렵다. 그러나 채권자가 자기 과실에 따라 물건 상태를 변경할 경우는 매우 적다. 그뿐만 아니라 이 경우에는 채무자에 대해 손해를 끼치는 것과 같은 사실이 따로 없으므로 배상책임이 발생하지 않는 것이 통례이다. 다만 채무자가 인도할 물상에 권리를 유보하였을 경우에는, 채권자도 또한 배상책임이 있다. 그러나 채무자의 과실에 따라 물건 상태가 변경된 것과 같은 사실은 당사자 사이에 매우 많이 있다. 이제 그 한 예를 들어 본다. 채권 발생 당시에는 그 목적물이 완전하여 하자가 없었으나, 채무자가 보존에 주의를 게을리하여 그 물건에 대해 하자를 발생하게 하였다고 가정하면, 채무자는 그 하자가 있는 물건을 인도할 방법 외에는 도리가 없을지라도, 그 하자에 따라 채권자가 입은 손해는 이를 배상해야 한다. 그러나 만약 그 하자가 천재(天災)에 따라 발생하였을 경우에는, 채무자에게 책임이 없으므로 그 하자 있는 물건을 인도하여 자기 채무를 면하게 되고 배상책임을 지지 않는다.

이상은 물건의 상황이 불이익으로 변경한 경우를 예상한 것이다. 그러나 반대의 사례가 없지 않다. 가령 과수(果樹)의 인도를 할 경우에 채권이 발생하던 당시에는 아직

着花치아니ᄒᆞ고또結實치아니ᄒᆞ얏더니其果樹ᄅᆞᆯ傳致ᄒᆞᆯ時에至ᄒᆞ야ᄂᆞᆫ着花ᄒᆞ고又結實ᄒᆞᆷ이라假定ᄒᆞ면債權을發生ᄒᆞ던當時에花와實이不着ᄒᆞ고不結ᄒᆞᆷ을口實ᄒᆞ야써其花及實을摘取ᄒᆞᆫ後에其目的物을傳致코저ᄒᆞᆷ은慾心에奪氣ᄒᆞᆫ者ㅣ오條理에失綱ᄒᆞᆫ者ㅣ라謂ᄒᆞᆷ을得ᄒᆞᆯ지로다

債務者가物의傳致ᄅᆞᆯ懈怠히ᄒᆞᆫ結果로物의狀態ᄅᆞᆯ變更ᄒᆞᆷ에至ᄒᆞᆫ時ᄂᆞᆫ上論과如히二種의境遇가有ᄒᆞ니一曰物이利益上으로其狀態ᄅᆞᆯ變更ᄒᆞᆫ境遇오二曰物이不利益上으로其狀態ᄅᆞᆯ變更ᄒᆞᆫ境遇가是라假令無實ᄒᆞᆫ樹木이結實ᄒᆞᆷ에至ᄒᆞᆷ은其狀態가利益上으로變更ᄒᆞᆫ者ㅣ오有實ᄒᆞᆫ樹木이落實ᄒᆞᆷ에至ᄒᆞᆷ은其狀態가不利益上으로變更ᄒᆞᆫ者ㅣ라利益上으로變更ᄒᆞᆫ時ᄂᆞᆫ其物의現狀을不變ᄒᆞ고此ᄅᆞᆯ傳致ᄒᆞᆷ을要ᄒᆞᄂᆞ니何故오若債務者로ᄒᆞ야곰適當ᄒᆞᆫ時期에其物을傳致ᄒᆞ얏시면債權者手中에在ᄒᆞ야도依例히其實을可結ᄒᆞᆯ者ㅣ되ᄂᆞᆫ所以오不利益上으로變更ᄒᆞᆫ時ᄂᆞᆫ債權者가損害의賠償을請求ᄒᆞᆷ이能ᄒᆞᆷ은無論이오又或은境遇ᄅᆞᆯ隨ᄒᆞ야其樹木의領收ᄅᆞᆯ拒絕ᄒᆞᆯ事가有ᄒᆞᆯ지로다

辨償의目的이不特定物의傳致ᄅᆞᆯ目的ᄒᆞᄂᆞᆫ境遇에ᄂᆞᆫ債務者가中等의品質이有

꽃이 피지 않고 또 열매도 맺지 않았으나, 그 과수를 인도할 때는 꽃이 피고 또 열매도 맺었다고 가정하면, 채권이 발생하였을 당시에는 꽃과 열매가 피지도 않고 맺지도 않았었다는 핑계로, 그 꽃과 열매를 채취한 후에 목적물을 인도하고자 하는 것은 욕심에 기운이 빠진 것이고, 조리에 떳떳함을 잃은 것이라고 말할 수 있다.

채무자가 물건의 인도를 게을리한 결과에 따라 물건의 상태가 변경되었을 때는, 위에서 논한 바와 같이 두 가지 경우가 있다. 하나는 물건이 이익 쪽으로 그 상태가 변경된 경우이고, 다른 하나는 물건이 불이익한 쪽으로 그 상태가 변경된 경우이다. 가령 열매가 없는 수목이 열매를 맺게 된 것은 그 상태가 이익 쪽으로 변경된 경우이고, 열매가 있는 수목이 열매가 떨어지게 된 것은 그 상태가 불이익한 쪽으로 변경된 것이다. 이익 쪽으로 변경되었을 때는 그 물건의 현상을 바꾸지 않고 이를 인도해야 한다. 왜냐하면 만약 채무자가 적당한 시기에 그 물건을 인도하였다면, 채권자 수중에 있었어도 으레 그 열매를 맺을 수 있는 것이기 때문이다. 불이익한 쪽으로 변경되었을 때는 채권자가 손해배상을 청구할 수 있는 것은 물론이다. 또 경우에 따라서는 그 수목의 수령을 거절할 수도 있다.

변제의 목적이 불특정물의 인도를 목적으로 할 경우에는, 채무자가 중등의 품질이 있혼物을傳致홈을要ᄒᆞ는事는既述혼處가有ᄒᆞ고又辨償者가他人의物을傳致혼時에關혼効力도既述홈이有홈으로互相叅照ᄒᆞ야研究홈이可홀지로다

第五項 辨償의處所

辨償을行홀處所에關ᄒᆞ야는立法例를隨ᄒᆞ야相殊혼點이有ᄒᆞ니라原則上으로는當事者의意思表示를依ᄒᆞ야可定홀者ㅣ로대若當事者가意思를表示치아니혼境遇에는如何히其處所를定홀者歟아卽境遇를隨ᄒᆞ야相殊홈이有홈으로左에區別ᄒᆞ야說明ᄒᆞ노라

〔一〕、辨償이特定物의傳致를目的ᄒᆞ는境遇 債權에目的이特定物의傳致를要ᄒᆞ는時는債權發生當時에其物이存在ᄒᆞ던處所에셔辨償을行홈이可ᄒᆞ니라

〔二〕、其他의境遇 辨償의目的이特定物傳致以外의物되는時는立法上에二個의主義가有ᄒᆞ니一은債權者의住所主義가是오二는債務者의住所主義가是라然而日本의舊民法은第二의主義를採用ᄒᆞ고同新民法은第一의主義를採用ᄒᆞ니라

는 물건을 인도해야 하는 것은 이미 서술한 바가 있다. 또 변제자가 다른 사람의 물건을 인도하였을 때에 관한 효력도 이미 서술한 것이 있으므로 상호 참조하여 연구할 수 있을 것이다.

제5항 변제의 장소

변제할 장소에 관해서는 입법례에 따라 서로 다른 점이 있다. 원칙적으로는 당사자의 의사표시에 따라 정할 수 있다. 그러나 만약 당사자가 의사를 표시하지 아니한 경우에는 어떻게 그 장소를 정할 것인가? 즉 경우에 따라 서로 다르므로 다음에 이를 구별하여 설명한다.

1. 변제가 특정물의 인도를 목적으로 하는 경우

채권의 목적이 특정물의 인도가 있어야 할 때는, 채권 발생 당시에 그 물건이 존재하던 장소에서 변제를 해야 한다.

2. 그 밖의 경우

변제의 목적이 특정물 인도 이외의 물건이었을 때는 입법상 두 가지 주의가 있다. 하나는 채권자의 주소주의이고 다른 하나는 채무자의 주소주의가 이것이다. 그런데 일본의 구민법은 두 번째 주의를 채택하고 같은 신민법은 첫 번째 주의를 채택하고 있다.

以上은元來民法上에關ᄒᆞᆫ辨償處所의原則이라然이나商法上에至ᄒᆞ야ᄂᆞᆫ是와相殊ᄒᆞᆫ點이有ᄒᆞ니卽特定物에關ᄒᆞ야ᄂᆞᆫ行爲當時에其物이存在ᄒᆞᆫ處所、其他履行에關ᄒᆞ야ᄂᆞᆫ債權者의現時營業所、營業所가無ᄒᆞᆫ時ᄂᆞᆫ其住所、等을辨償의處所로定ᄒᆞᄂᆞ니라此等事ᄂᆞᆫ商法과參照ᄒᆞ야研究ᄒᆞᆷ이可ᄒᆞᆯ지로다

第六項　辨償의費用

辨償의費用을負擔ᄒᆞᆯ者ᄂᆞᆫ亦當事者의意思를從ᄒᆞ야定ᄒᆞᆯ者ㅣ됨은無論이로ᄃᆡ當事者ᄂᆞᆫ往往히此等事에意思가不及ᄒᆞ야不定ᄒᆞᆫ境遇가有ᄒᆞ니如此ᄒᆞᆫ境遇에至ᄒᆞ야ᄂᆞᆫ其費用을何人이負擔ᄒᆞᆯ者歟아換言ᄒᆞ면卽債權者가負擔ᄒᆞᆯ者歟아債務者가負擔ᄒᆞᆯ者歟아此境遇에關ᄒᆞᆫ近來의法典을據ᄒᆞᆯ진대大槪債務者가此를負擔ᄒᆞᆷ이라規定ᄒᆞᄂᆞ니라蓋辨償은恒常債務者의行爲라故로特約이無ᄒᆞᆫ以上은債務者의게其費用을負擔케ᄒᆞᆷ으로써當事者意思에相合ᄒᆞᆯ事가最多ᄒᆞᆫ所以니라然이나此ᄂᆞᆫ一般에關ᄒᆞᆫ說明이니若債權者의行ᄒᆞᆫ行爲의結果로辨償의費用이增加ᄒᆞᆫ時ᄂᆞᆫ其增加額은債權者가負擔ᄒᆞᆷ을要ᄒᆞᄂᆞ니라何故오債權者一人의意思로써債務者의負擔을重케ᄒᆞᆯ理가無ᄒᆞᆫ所以니라假令債權이發生ᄒᆞ던當

이상은 원래 민법상에 관한 변제장소의 원칙이다. 그러나 상법상에서는 이와 서로 다른 점이 있다. 즉 특정물에 관해서는 행위 당시에 그 물건이 존재한 장소, 그 밖의 이행에 관해서는 채권자의 현재 영업소, 영업소가 없는 때는 그 주소 등을 변제장소로 정하고 있다. 이러한 사항은 상법과 참조하여 연구하는 것이 타당하다.

제6항 변제 비용

변제 비용을 부담하는 자도 또한 당사자의 의사에 따라 정해지는 것은 물론이다. 그러나 당사자는 때로 이러한 사항에 의사가 미치지 아니하여 정하지 않는 경우가 있다. 이 같은 경우에는 그 비용을 누가 부담할 것인가? 바꾸어 말하면 곧 채권자가 부담할 것인가 아니면 채무자가 부담할 것인가? 이 경우에 관한 근래의 법전에 따르면, 대개 채무자가 이를 부담한다고 규정한다. 대체로 변제는 항상 채무자의 행위이다. 따라서 특약이 없는 이상은, 채무자에게 그 비용을 부담하게 하는 것이 당사자의 의사에 서로 부합하는 경우가 제일 많기 때문이다. 그러나 이는 일반에 관한 설명이다. 만약 채권자가 행한 행위의 결과에 따라 변제 비용이 증가하였을 때는, 그 증가액은 채권자가 부담해야 한다. 왜냐하면 채권자 1인의 의사로 채무자의 부담을 무겁게 할 이유가 없기 때문이다. 가령 채권이 발생하던 당

時에는債權者가債務者住所에近住ᄒᆞ얏더니其後에更히其住所를遠隔ᄒᆞᆫ地에移轉ᄒᆞᆷ으로是로因ᄒᆞ야生ᄒᆞᄂᆞᆫ旅費、運搬費等은宜當히其債權者의게負擔케ᄒᆞᆯ者ㅣ로대但金錢及其他物을銀行或運送業者等을依ᄒᆞ야容易히送致ᄒᆞᆯ道理가有ᄒᆞᆫ物을給付ᄒᆞᆯ時에債務者自身이莫大ᄒᆞᆫ旅費를使用ᄒᆞ고其物을債權者의게送致ᄒᆞᆷ과如ᄒᆞᆫ者ᄂᆞᆫ實로無益의費用이오決코債權者가其住所를移轉ᄒᆞᆫ結果로從ᄒᆞ야出來ᄒᆞᆫ者ㅣ아니니如此ᄒᆞᆫ費用은債權者의게負擔케ᄒᆞᆷ이不可ᄒᆞ니라又假令債務者가辨償을提供ᄒᆞᆫ境遇에債權者가無故히其給付의領收을拒絕ᄒᆞᆷ으로其物을一次債權者許에運搬ᄒᆞᆫ後에更히其物을債務者住所에返送ᄒᆞ얏다가再次債權者許에運搬ᄒᆞᆫ時ᄂᆞᆫ第一、第二의運搬費用을債權者의게請求ᄒᆞᆷ을可得ᄒᆞᆯ지로다

第七項　辨償領受者의義務

辨償領受者ᄂᆞᆫ辨償을受ᄒᆞᆯ者及辨償을受ᄒᆞᆫ者ㅣ니辨償領受者ᄂᆞᆫ辨償者의게對ᄒᆞ야左의二個義務를負擔ᄒᆞᄂᆞ니라

〔一〕、領受證을交付ᄒᆞᄂᆞᆫ義務

시에는 채권자가 채무자주소 근처에 거주하였으나, 그 후에 다시 그 주소를 먼 곳으로 이전하여 이에 따라 발생하는 여비, 운반비 등은 마땅히 그 채권자에게 부담하게 하는 것이다. 다만 금전과 그 밖의 물건을 은행 또는 운송업자 등에 의해 쉽게 보낼 방법이 있는 물건을 급부할 때는, 채무자 자신이 막대한 여비를 사용하고 그 물건을 채권자에게 보내는 그것 같은 경우는 실로 무익한 비용이고, 결코 채권자가 그 주소를 이전한 결과에 따라 비롯하는 것은 아니다. 이와 같은 비용은 채권자에게 부담하게 할 수 없다. 또한 가령 채무자가 변제를 제공한 경우에, 채권자가 이유 없이 그 급부의 수령을 거절하므로, 그 물건을 일단 채권자주소로 운반한 후에 다시 그 물건을 채무자주소로 반송하였다가 재차 채권자주소로 운반하였을 때는, 제2, 제3의 운반비용을 채권자에게 청구할 수 있다.

제7항 변제수령자의 의무

변제수령자는 변제를 받을 자와 변제를 받은 자이다. 변제수령자는 변제자에 대해 다음의 두 가지 의무를 부담한다.

1. 영수증을 교부할 의무

債權存否에關ᄒᆞ야紛爭이有ᄒᆞᆫ時ᄂᆞᆫ債權者의게擧證ᄒᆞᄂᆞᆫ義務가有ᄒᆞᆫ대其債權이消滅與否에關ᄒᆞ야紛爭이有ᄒᆞᆫ時ᄂᆞᆫ債務者의게擧證義務가有ᄒᆞᆫ者ㅣ라然而恒常辨償의直接證據로使用ᄒᆞᄂᆞᆫ者ᄂᆞᆫ領受證書가必要ᄒᆞᆫ者ㅣ되ᄂᆞᆫ故로辨償을領收ᄒᆞᆫ者ᄂᆞᆫ辨償者의게對ᄒᆞ야領收證書를交付홈이可ᄒᆞ니라但此境遇에債權者가此義務를負擔홈은辨償者가請求ᄒᆞᄂᆞᆫ時에負擔홀者ㅣ로대辨償者ᄂᆞᆫ辨償을行ᄒᆞᆫ後에至치아니ᄒᆞ면此를請求홈이不可乎아或은領受證과辨償을交換的으로行치아니ᄒᆞ면此를請求홈이不可乎아解釋上에疑點이不無홀지로다然이나領受證傳致義務의性質上으로觀察홀진대辨償者ᄂᆞᆫ辨償을行ᄒᆞ기前이라도此를請求홈이能ᄒᆞᆫ者ㅣ라解釋홈이可홀지로다

〔二〕 債權證書를返還ᄒᆞᄂᆞᆫ義務

辨償者ᄂᆞᆫ領受證書의交付를受ᄒᆞᆫ後에或其證書를遺失ᄒᆞᄂᆞᆫ事가不無홈으로如此ᄒᆞᆫ境遇에債權의證書가債權者手中에存在ᄒᆞᆫ時ᄂᆞᆫ債務者의게二重辨償의危險이有ᄒᆞᆫ故로債權의證書가有ᄒᆞᆫ時ᄂᆞᆫ債權者가全部의償還을受

채권의 존재·부존재에 관해 분쟁이 있을 때는 채권자에게 증명할 의무가 있다. 그러나 그 채권이 소멸하였는지에 관해 분쟁이 있을 때는, 채무자에게 증명할 의무가 있다. 그런데 항상 변제의 직접 증거로 사용되는 것으로는 영수증서가 있어야 한다. 따라서 변제를 수령한 자는 변제자에 대해 영수증서를 교부해야 한다. 다만 이 경우에 채권자가 이 의무를 부담하는 것은 변제자가 청구하였을 때에 부담하는 것이나, 변제자는 변제한 후가 아니면 이를 청구할 수 없는가? 또는 영수증과 변제를 교환적으로 하지 아니하면 이를 청구할 수 없는가? 이에 관한 해석상의 의문점이 없지 않다. 그러나 영수증 인도의무의 성질에 따라 살펴보면, 변제자는 변제하기 전이라도 이를 청구할 수 있다고 해석하는 것이 타당하다.

2. 채권증서를 반환할 의무

변제자는 영수증서의 교부를 받은 후에 때로 그 증서를 분실하는 경우가 없지 않다. 그러므로 이 같은 경우에 채권증서가 채권자 수중에 있을 때는, 채무자에게 이중 변제의 위험이 있게 된다. 따라서 채권증서가 있는 때는 채권자가 전부를 상환받

ᄒᆞᆫ後에債務者의게對ᄒᆞ야其證書ᄅᆞᆯ返還ᄒᆞᄂᆞᆫ義務가有ᄒᆞ니라然而此境遇에도辨償者ᄂᆞᆫ證書와辨償을交換的으로行치아니ᄒᆞ면此ᄅᆞᆯ請求ᄒᆞᆷ이不可乎아或은辨償을行ᄒᆞᆫ後에至치아니ᄒᆞ면此ᄅᆞᆯ請求ᄒᆞᆷ이不可乎아此境遇에關ᄒᆞᆫ各國의民法을參照ᄒᆞᆯ진대德國의民法은辨償者가債權者의게對ᄒᆞ야證書交換과同時에辨償을行ᄒᆞᆯ事로請求ᄒᆞᆷ을可得ᄒᆞᆯ者ㅣ라規定ᄒᆞ니라然이나日本民法上에ᄂᆞᆫ辨償者가全部의辨償을行ᄒᆞᆫ時ᄂᆞᆫ其證書의返還을請求ᄒᆞᆷ을得ᄒᆞᆷ이라規定ᄒᆞ얏시니此ᄅᆞᆯ由ᄒᆞ야觀察ᄒᆞᆯ진대日本民法上에ᄂᆞᆫ債務者가債權者의게對ᄒᆞ야辨償을行ᄒᆞᆫ後에至치아니ᄒᆞ면證書의返還을請求ᄒᆞᆯ事가不能ᄒᆞᆷ과如ᄒᆞ도다

第八項　辨償의充當

辨償의充當이란者ᄂᆞᆫ債務者가同一債權者의게對ᄒᆞ야同種의目的을有ᄒᆞᆫ數個의債務을負擔ᄒᆞᆫ境遇에辨償으로行ᄒᆞᆫ給付가總債務ᄅᆞᆯ消滅ᄒᆞᆷ에不足ᄒᆞᆫ時ᄂᆞᆫ其辨償을何債務에可充ᄒᆞᆯ事ᄅᆞᆯ謂ᄒᆞᆷ이니是以로辨償의充當問題ᄅᆞᆯ生ᄒᆞᆷ에ᄂᆞᆫ左開ᄒᆞᆫ數個의條件이具備ᄒᆞᆷ을要ᄒᆞᄂᆞ니라

은 후에 채무자에 대해 그 증서를 반환할 의무를 부담한다. 그러나 이 경우에도 변제자는 증서와 변제를 교환적으로 하지 아니하면 이를 청구할 수 없는가 아니면 변제한 후가 아니면 이를 청구할 수 없는가? 이 경우에 관한 각국 민법을 참조해보면, 도이치 민법은 변제자가 채권자에 대해 증서의 교환과 동시에 변제할 것을 청구할 수 있다고 규정한다. 그러나 일본 민법에서는 변제자가 전부 변제하였을 때는 그 증서의 반환을 청구할 수 있다고 규정한다. 이에 따라 살펴보면 일본 민법에서는 채무자가 채권자에 대해 변제한 후가 아니면 증서의 반환을 청구할 수 없는 것과 같다.

제8항 변제의 충당

변제의 충당이란 채무자가 동일 채권자에 대해 같은 종류의 목적을 가진 여러 개의 채무를 부담하였을 경우에, 변제한 급부가 모든 채무를 소멸하기에 부족할 때는, 그 변제를 어떤 채무에 충당할 수 있는가를 말한다. 이에 따라 변제의 충당 문제가 발생하기 위해서는 다음에 드는 여러 조건이 구비되어야 한다.

〔一〕、債務者가同一債權者의게對ᄒᆞ야數個의債務를負擔ᄒᆞᆫ事

〔二〕、數個債務의目的이同種되ᄂᆞᆫ事

〔三〕、辨償으로提供ᄒᆞᆫ給付가總債務를消滅ᄒᆞᆷ에不足ᄒᆞᆫ事

辨償充當에關ᄒᆞ야ᄂᆞᆫ各種의主義가有ᄒᆞ니或은債權者、債務者가同等으로充當을行ᄒᆞᆯ權利가有ᄒᆞ다稱道ᄒᆞ고又或은全히債權者의게充當을行ᄒᆞᆯ權이無ᄒᆞ다稱道ᄒᆞ나然이나近來의多數立法例ᄂᆞᆫ爲先第一位로債務者의게充當權이有ᄒᆞ다ᄒᆞ고第二位로債權者의게有케ᄒᆞ며第三位로法律의規定이라定ᄒᆞᄂᆞ니라

上述과如히辨償充當에關ᄒᆞ야當事者가特別의意思를表示치아니ᄒᆞᆫ時ᄂᆞᆫ辨償者의게充當權이有ᄒᆞ니玆에所謂辨償者ᄂᆞᆫ但其債務者에不限ᄒᆞ고第三者도亦此辨償者範圍內에包含ᄒᆞᆯ者ㅣ며又辨償의充當은給付時에此를行ᄒᆞᆯ者ㅣ오給付以後에至ᄒᆞ야ᄂᆞᆫ雖此充當을行ᄒᆞᆯ지라도効力이不生ᄒᆞᄂᆞ니라然이나若辨償者가充當을不行ᄒᆞᄂᆞᆫ時ᄂᆞᆫ辨償領受者의게其充當權이移轉ᄒᆞᆯ지로다此境遇에至ᄒᆞ야도充當은辨償을領受ᄒᆞᆯ當時에行ᄒᆞᆷ을要ᄒᆞ되但此辨償을領受ᄒᆞᄂᆞᆫ者가充當을行ᄒᆞᄂᆞᆫ境遇에辨償者가此에對ᄒᆞ야異議를提出ᄒᆞᄂᆞᆫ時ᄂᆞᆫ充當의効力이

① 채무자가 동일 채권자에 대해 여러 개의 채무를 부담할 것
② 여러 개의 채무의 목적이 같은 종류일 것
③ 변제로 제공한 급부가 모든 채무를 소멸하기에 부족할 것

변제의 충당에 관해서는 여러 종류의 주의가 있다. 채권자, 채무자가 동등하게 충당할 권리를 가진다고 하거나, 또는 전혀 채권자에게 충당할 권리가 없다고도 한다. 그러나 근래의 다수 입법례는 우선 첫 번째로 채무자에게 충당권이 있다고 하고, 두 번째로 채권자에게 있다고 하며, 세 번째로 법률의 규정이라고 규정한다. 상술한 바와 같이 변제의 충당에 관해 당사자가 특별한 의사를 표시하지 않을 때는, 변제자에게 충당권이 있다. 여기에서 이른바 변제자는 다만 채무자에 한하지 않고 제3자도 또한 이 변제자의 범위에 포함된다. 또 변제의 충당은 급부할 때에 이를 행하는 것이고, 급부한 이후에는 비록 이러한 충당을 할지라도 효력이 발생하지 않는다. 그러나 만약 변제자가 충당하지 않을 때는, 변제수령자에게 그 충당권이 이전된다. 이 경우에도 충당은 변제를 수령할 당시에 해야 한다. 그러나 다만 변제를 수령하는 자가 충당을 하는 경우에, 변제자가 이에 대해 이의를 제기하였을 때는 충당의 효력이

不生홀지니라又此充當을行ᄒᆞ는方法은辨償者의게行ᄒᆞ는境遇及辨償領受者의게行ᄒᆞ는境遇를勿論ᄒᆞ고皆其相對者의게對ᄒᆞᆫ意思의表示를依ᄒᆞ야行ᄒᆞᆷ을可得홀지로다

當事者兩便이皆其辨償의充當을不行ᄒᆞ는時는法律이債務者意思에最近ᄒᆞᆫ方法을取ᄒᆞ야其順序를定ᄒᆞᄂᆞ니卽左와如ᄒᆞ도다

〔一〕、總債務中辨償期에在ᄒᆞᆫ者와辨償期에不在ᄒᆞᆫ者가有ᄒᆞᆫ時는辨償期에在ᄒᆞᆫ者를爲先ᄒᆞᆷ

〔二〕、總債務가辨償期에在ᄒᆞᆫ時와又는辨償期에不在ᄒᆞᆫ時는債務者를爲ᄒᆞ야辨償의利益이多ᄒᆞᆫ者를爲先ᄒᆞᆷ

〔三〕、債務者를爲ᄒᆞ야辨償의利益이相同ᄒᆞᆫ時는辨償期가先至ᄒᆞᆫ者及先至홀者를爲先ᄒᆞᆷ

〔四〕、前二號에揭在ᄒᆞᆫ事項이相同ᄒᆞᆫ債務의辨償은各債務額에應ᄒᆞ야是를充當ᄒᆞᆷ

以上은數個의債務가有ᄒᆞᆫ境遇에關ᄒᆞᆫ充當의法則이라然이나或境遇에는一個

발생하지 않는다. 또 충당하는 방법은 변제자가 하는 경우와 변제수령자가 하는 경우를 막론하고, 모두 그 상대방에 대한 의사표시에 따라 할 수 있다.

당사자 쌍방이 모두 그 변제의 충당을 하지 않을 때는, 법률이 채무자의 의사에 가장 가까운 방법을 취해 그 순서를 정한다. 즉 다음과 같다.*

① 모든 채무 중 변제기에 있는 것과 변제기에 있지 아니한 것이 있는 때는 변제기에 있는 것을 먼저 한다.

② 모든 채무가 변제기에 있는 때이거나 변제기에 있지 않을 때는 채무자를 위해 이익이 많은 것을 먼저 한다.

③ 채무자를 위해 변제의 이익이 서로 같을 때는 변제기가 먼저 도래한 것과 먼저 도래할 것을 먼저 한다.

④ 앞 ②와 ③에 규정된 사항이 서로 같은 채무의 변제는 각 채무액에 따라 이를 충당한다.

이상은 여러 개의 채무가 있는 경우에 관한 충당의 법칙이다. 그러나 경우에 따라서는 하나

* 역자 주: 메이지 민법 제489조.

의債務辨償으로數個의給付를行ᄒᆞ는境遇가有ᄒᆞ니假令年金、月賦金及家屋貰와如ᄒᆞᆫ者ㅣ是라然이나如此ᄒᆞᆫ境遇에도上述ᄒᆞᆫ辨償充當의原則을準用ᄒᆞᄂᆞ니라又債務者는一個或數個의債務를負擔ᄒᆞᆫ境遇에元本의利息과費用을辨給ᄒᆞ는時가有ᄒᆞ니如此ᄒᆞᆫ境遇에辨償者가其債務의全部를消滅ᄒᆞᆷ에不足ᄒᆞᆫ給付를行ᄒᆞᆫ時는如何히此를充當ᄒᆞᆷ이可乎아普通各國의立法例를依ᄒᆞ야說明ᄒᆞᆯ진대其辨償으로써第一로費用、第二로利息、第三으로元本이라順次를定ᄒᆞ야充當을行ᄒᆞᄂᆞ니라是以로債務者는自由로辨償의充當을行치못ᄒᆞᆯ지로대但如此ᄒᆞᆫ境遇에도當事者는特別ᄒᆞᆫ契約을締結ᄒᆞᆷ이能ᄒᆞᆷ은無論이오又債權者는其利益을拋棄ᄒᆞ고第一로元本에充當ᄒᆞᆷ은可得ᄒᆞᆯ지며且費用利息及元本關係에至ᄒᆞ야도以上에一、二、三、四、로區別ᄒᆞ야論ᄒᆞᆫ法理를準用ᄒᆞᆯ지니라

第九項　辨償의提供

辨償의提供이란者는辨償者가債務辨償에必要ᄒᆞᆫ行爲를完了ᄒᆞᆷ을謂ᄒᆞ는故로辨償提供에는左의條件이具備ᄒᆞᆷ을要ᄒᆞᄂᆞ니라

〔一〕、辨償의提供은債務의本旨를從ᄒᆞ야行ᄒᆞᆯ事

의 채무 변제로 여러 개의 급부를 하는 경우가 있다. 가령 연금, 월부금과 가옥임차료와 같은 것이 이에 해당한다. 그러나 이 같은 경우에도 상술한 변제 충당의 원칙을 준용한다. 또 채무자가 하나 또는 여러 개의 채무를 부담한 경우에, 변제자가 그 채무 전부를 소멸하기에 부족한 급부를 하였을 때는, 어떻게 이를 충당해야 하는가? 보통 각국의 입법례에 따라 설명하면, 그 변제로 첫째 비용, 둘째 이자, 셋째 원본이라는 차례를 정해 충당을 한다. 이에 따라 채무자는 자유롭게 변제의 충당을 하지 못한다. 그러나 다만 이 같은 경우에도 당사자는 특별한 계약을 체결할 수 있는 것은 물론이다. 또 채권자는 그 이익을 포기하고 맨 먼저 원본에 충당할 수도 있다. 또 비용과 이자 및 원본 관계에서도 이상에서의 ①, ②, ③, ④로 구별하여 논하는 법리를 준용한다.

제9항 변제의 제공

변제의 제공이란 변제자가 채무 변제에 필요한 행위를 완료하는 것을 말한다. 따라서 변제의 제공에는 다음의 조건이 구비되어야 한다.

(1) 변제의 제공은 채무의 내용에 따라 할 것

辨償의提供은辨償者가債務를辨償홈에必要훈行爲를行홈을謂ᄒᆞ는者ㅣ니無論債務의本旨를從ᄒᆞ야行홈을要ᄒᆞᄂᆞ니라玆에所謂債務의本旨를從ᄒᆞ야辨償을提供홈이라云홈은辨償者가正當훈時期에正當훈處所에서正當훈目的을債權者의게提供홈을謂홈이오又辨償者는債務者에限치아니홈으로第三者도辨償者됨을可得홀事는既述과如홀지로다

〔二〕、辨償의提供은現實히行홈을要ᄒᆞ는事

辨償의提供은債務辨償에關ᄒᆞ야必要훈總行爲를完了홈에至ᄒᆞ야現實히行홈을要ᄒᆞᄂᆞ니假令債權者住所에物을傳致홀債務境遇에至ᄒᆞ야는其目的物을債權者住所에持往치아니치못홀지라故로辨償者가債權者의게對ᄒᆞ야單히辨償홀意를通知훈事로는아직辨償의提供이行홈이라謂홈을不得홀지로다然이나此點에關ᄒᆞ야는二個의例外가有ᄒᆞ니

〔甲〕、債權者가豫先辨償의領收를拒絶훈時　如此훈境遇에는普通境遇와同一히現實히辨償의提供을行홈을要ᄒᆞ는者ㅣ라ᄒᆞ면無益의時間과費用을要홈에可至홀者ㅣ되는故로此境遇에至ᄒᆞ야는辨償者가債權者의

변제의 제공은 변제자가 채무를 변제하기에 필요한 행위를 하는 것을 말하므로, 물론 채무의 내용에 따라 해야 한다. 여기에서 이른바 채무의 내용에 따라 변제의 제공을 한다고 하는 것은, 변제자가 정당한 시기에 정당한 장소에서 정당한 목적을 채권자에게 제공하는 것을 말한다. 또 변제자는 채무자에 한하지 아니하므로, 제3자도 변제자가 될 수 있다는 것은 기술한 바와 같다.

(2) 변제의 제공은 현실적으로 해야 할 것

변제의 제공은 채무 변제에 관해 필요한 모든 행위를 현실적으로 완료해야 한다. 가령 채권자주소에 물건을 인도할 채무일 경우에는, 그 목적물을 채권자주소에 가지고 가야 한다. 따라서 변제자가 채권자에 대해 단순히 변제할 뜻을 통지하는 것으로는, 아직 변제의 제공이 행해진 것이라고 말할 수 없다. 그러나 이 점에 관해서는 두 가지 예외가 있다.

〈1〉 채권자가 사전에 변제의 수령을 거절하였을 때

이 같은 경우에는 보통의 경우와 마찬가지로 현실적으로 변제의 제공을 해야 한다고 하면, 무익한 시간과 비용이 필요하게 된다. 따라서 이 경우에는 변제자가 채권자에

게對ᄒᆞ야辨償의準備ᄅᆞᆯ行ᄒᆞᆯ事을通知ᄒᆞ고其領收ᄅᆞᆯ催促ᄒᆞᆷ으로써足ᄒᆞᆫ者ㅣ라ᄒᆞᄂᆞ니라

〔乙〕、債務履行에關ᄒᆞ야債權者의行爲ᄅᆞᆯ要ᄒᆞᄂᆞᆫ時 玆에所謂債權者의行爲란者ᄂᆞᆫ辨償의領受와如ᄒᆞᆫ行爲ᄅᆞᆯ謂ᄒᆞᄂᆞᆫ者ㅣ아니오其外債務辨償에關ᄒᆞ야必要ᄒᆞᆫ債權者의行爲ᄅᆞᆯ謂ᄒᆞᄂᆞᆫ者ㅣ라假令債務의辨償處所가債務者의住所되ᄂᆞᆫ境遇와又ᄂᆞᆫ債權者로브터材料ᄅᆞᆯ供給ᄒᆞ야某種의工事ᄅᆞᆯ都給ᄒᆞᆷ과如ᄒᆞᆫ境遇ㅣ是니此境遇에在ᄒᆞ야ᄂᆞᆫ辨償의準備ᄅᆞᆯ行ᄒᆞᆫ事ᄅᆞᆯ債權者의게通知ᄒᆞ야其領受ᄅᆞᆯ催促ᄒᆞᆷ으로써足ᄒᆞᆫ者ㅣ라謂ᄒᆞᆷ을得ᄒᆞᆯ지로라

辨償의提供은辨償의自身이아니라故로債務者ᄂᆞᆫ是ᄅᆞᆯ因ᄒᆞ야債務ᄅᆞᆯ得免키不能ᄒᆞᆷ은無論이라然이나辨償의提供은債務者로ᄒᆞ야곰其提供時로브터生ᄒᆞᄂᆞᆫ債務不履行의一切責任은得免케ᄒᆞᄂᆞᆫ効力이生ᄒᆞᄂᆞ니라今에其主要ᄒᆞᆫ者ᄅᆞᆯ擧ᄒᆞᆯ진대即左와如ᄒᆞ도다

〔一〕、損害賠償의免除 債務者가其自身의債務ᄅᆞᆯ履行ᄒᆞᆯ時期에履行치아니

대해 변제의 준비를 할 것을 통지하고 그 수령을 독촉하는 것으로 충분하다고 할 수 있다.

〈2〉 채무이행에 관해 채권자의 행위가 있어야 할 때

여기에서 이른바 채권자의 행위란 변제의 수령과 같은 행위를 말하는 것이 아니고, 그 밖의 채무 변제에 관해 필요한 채권자의 행위를 말한다. 가령 채무의 변제장소가 채무자의 주소인 경우이거나, 채권자로부터 재료를 공급받아 어떤 종류의 공사를 도급한 경우와 같은 것이 이에 해당한다. 이 경우에는 변제의 준비를 한 것을 채권자에게 통지하여 그 수령을 독촉하는 것을 가지고 충분하다고 말할 수 있다.

변제의 제공은 변제 그 자체는 아니다. 따라서 채무자는 이에 따라 채무를 면할 수 없는 것은 물론이다. 그러나 변제의 제공은 채무자가 그 제공할 때부터 발생하는 채무불이행의 모든 책임을 면하게 하는 효력을 발생하게 한다. 이제 그 주요한 것을 열거해 보면 다음과 같다.

① 손해배상의 면제

채무자가 그 자신의 채무를 이행할 시기에 이행하지 않

ᄒᆞᄂᆞᆫ時ᄂᆞᆫ不可不其損害ᄅᆞᆯ賠償ᄒᆞᆯ責任이有ᄒᆞᆫ事ᄂᆞᆫ業已屢陳ᄒᆞᆫ바ㅣ라然이나一次辨償의提供을行ᄒᆞᆫ時ᄂᆞᆫ其時로브터不履行으로從ᄒᆞ야出來ᄒᆞᄂᆞᆫ損害ᄂᆞᆫ賠償ᄒᆞᆯ責任이無ᄒᆞᆯ지니假令金錢債務ᄅᆞᆯ負擔ᄒᆞᆫ境遇에債務者가其期限에辨償을提供ᄒᆞᆫ時ᄂᆞᆫ遲延의利息을支給ᄒᆞᆯ義務가無ᄒᆞᆷ과如ᄒᆞᆫ者ㅣ是로다

〔二〕、危險負擔의免除　債務者가債務ᄅᆞᆯ履行치아니ᄒᆞᆫ所以로遲滯의責任을負擔ᄒᆞᆫ時ᄂᆞᆫ債權의目的物이假令不可抗力을依ᄒᆞ야毁滅ᄒᆞᆯ지라도其危險을負擔ᄒᆞᆯ責任이有ᄒᆞᆷ은旣述과如ᄒᆞᆫ바ㅣ라然이나一次辨償의提供이有ᄒᆞᆫ時ᄂᆞᆫ債務者가如此ᄒᆞᆫ義務ᄅᆞᆯ負擔ᄒᆞᆯ理由가無ᄒᆞᆯ지로다

第十項　辨償目的物의供託

第一、供託의性質

辨償目的物의供託이란者ᄂᆞᆫ債權을消滅케ᄒᆞ기爲ᄒᆞ야辨償의目的物을寄托ᄒᆞᄂᆞᆫ事ᄅᆞᆯ謂ᄒᆞᆷ이라故로供托에ᄂᆞᆫ左의條件이具備ᄒᆞᆷ을要ᄒᆞᄂᆞ니라

〔一〕、供托은一個의寄托契約될事　辨償目的物의供托은供托者와供托所間

을 때는, 반드시 그 손해를 배상할 책임을 진다는 것은 이미 여러 번 말한 바 있다. 그러나 한 번 변제의 제공하였을 때는 그때부터 불이행에 따라 발생하는 손해는 배상할 책임을 지지 않는다. 가령 금전채무를 부담한 경우에 채무자가 그 시기에 변제를 제공하였을 때는, 지연이자를 지급할 의무가 없는 그것 같은 경우가 이에 해당한다.

② 위험부담의 면제

채무자가 채무를 이행하지 아니한 까닭으로 지체 책임을 부담할 때는, 채권의 목적물이 가령 불가항력에 따라 훼손·멸실될지라도, 그 위험을 부담할 책임이 있다는 것은 기술하였다. 그러나 한 번 변제의 제공이 있는 때는 채무자가 이와 같은 의무를 부담할 이유가 없는 것이다.

제10항 변제목적물의 공탁

I. 공탁의 성질

변제목적물의 공탁이란 채권을 소멸시키기 위해 변제의 목적물을 임치하는 것을 말한다. 따라서 공탁에는 다음의 조건이 구비되어야 한다.

(1) 공탁은 하나의 임치계약일 것

변제목적물의 공탁은 공탁자와 공탁소 사이

에成立ᄒᆞ는一個의寄托契約이라故로債務者의單獨意思를依ᄒᆞ야는供托을成立ᄒᆞᆷ이不能ᄒᆞᆯ지니라

(二)、供托의目的物은辨償의目的物될事　供托ᄒᆞᆯ物件은辨償의目的物이라故로供托은物의給付를目的ᄒᆞ는債權에限ᄒᆞ야適用ᄒᆞᆯ者ㅣ오其他의債權에至ᄒᆞ야는實際에適用ᄒᆞᆯ必要가無ᄒᆞᆫ者ㅣ라然이나此供托物範圍에至ᄒᆞ야各國立法例에未嘗不議論이有ᄒᆞᆫ者ㅣ나假令德國民法上에는金錢、有價證券、其他證券及貴重品에限ᄒᆞᆷ이라規定ᄒᆞᆷ과如ᄒᆞᆫ대日本民法上에는是와相反ᄒᆞ야債權의目的되는物은悉皆供托의目的物됨을得ᄒᆞᆷ이라云ᄒᆞ는主義를採用ᄒᆞ니라此兩國의立法主義를比較ᄒᆞᆯ진대日本民法上의主義가法理上으로穩當ᄒᆞᆫ者ㅣ라謂ᄒᆞᆷ을得ᄒᆞᆯ지로다然而此日本民法上의主義를採用ᄒᆞᆯ지라도不可不例外를認ᄒᆞᆯ境遇가有ᄒᆞ니卽辨償의目的物이供托에不適ᄒᆞᆫ時、其物에關ᄒᆞ야滅失或毁損의念慮가有ᄒᆞᆫ時及其物을保存ᄒᆞᆷ에關ᄒᆞ야過分의費用을要ᄒᆞ는時等이是라如此ᄒᆞᆫ境遇에至ᄒᆞ야는裁判所의許可를得ᄒᆞ야辨償의目的物을競賣ᄒᆞ야其代價를供托ᄒᆞᆷ이能ᄒᆞᆯ지니라

에 성립하는 하나의 임치계약이다. 따라서 채무자의 단독 의사에 따라서는 공탁을 성립시킬 수 없다.

(2) 공탁의 목적물은 변제의 목적물일 것

공탁할 물건은 변제의 목적물이다. 따라서 공탁은 물건의 급부를 목적으로 하는 채권에만 적용되고, 그 밖의 채권에서는 실제로 이를 적용할 필요가 없다. 그러나 이 공탁물의 범위에 관해 각국의 입법례에 아닌 게 아니라 의론이 있다. 가령 도이치 민법에서는 금전, 유가증권, 그 밖의 증권과 귀중품에 한한다고 규정하는 것과 같다. 그러나 일본 민법에서는 이에 반해 채권의 목적으로 되는 물건은 모두 공탁의 목적물로 될 수 있다고 하는 주의를 채택하고 있다. 이 양국의 입법주의를 비교해보면, 일본 민법상의 주의가 법리상으로 온당하다고 할 수 있다. 그런데 이 일본 민법상의 주의를 채용하더라도, 예외를 인정해야 할 경우가 있다. 즉 변제의 목적물이 공탁에 적합하지 않을 때, 그 물건에 관해 멸실 또는 훼손의 우려가 있을 때 및 그 물건을 보존하는 데 관해 과도한 비용이 필요할 때 등이 이에 해당한다. 이 같은 경우에는 재판소의 허가를 받아 변제의 목적물을 경매하여 그 대가를 공탁할 수 있다.

〔三〕、供託은債權을消滅케ᄒᆞ기爲ᄒᆞ야行ᄒᆞᆯ事 債務者가物을供託所에寄託ᄒᆞᆫ時ᄂᆞᆫ是를供託이라謂ᄒᆞᆷ은可得ᄒᆞᆯ지로대辨償의目的物을供託ᄒᆞᆫ者ㅣ라謂ᄒᆞᆷ은不得ᄒᆞᆯ지라然則辨償目的物의供託은必其債權을消滅케ᄒᆞᆯ目的으로써此를行ᄒᆞᆷ을要ᄒᆞᄂᆞ니라

第二、供託의條件

辨償者ᄂᆞᆫ何時를不問ᄒᆞ고辨償의目的物을供託ᄒᆞᄂᆞᆫ者ㅣ아니오債務者卽辨償者의게ᄂᆞᆫ過失이無ᄒᆞ고債權者一身上으로從ᄒᆞ야出來ᄒᆞᆫ理由를依ᄒᆞ야辨償을行ᄒᆞᆷ이不能ᄒᆞᆫ境遇에限ᄒᆞᆫ者ㅣ되ᄂᆞᆫ故로供託을行ᄒᆞᆷ에ᄂᆞᆫ左의條件이具備ᄒᆞᆷ을要ᄒᆞᄂᆞ니라

〔一〕、債權者가辨償의領收를拒絶ᄒᆞᆫ時

〔二〕、債權者가辨償을領收ᄒᆞ기不能ᄒᆞᆫ時

〔三〕、債務者의過失이無ᄒᆞ고債權者를確知ᄒᆞ기不能ᄒᆞᆫ時

第三、供託의格式

辨償目的物의供託은債務履行地에在ᄒᆞᆫ供託所에此를行ᄒᆞᆷ을要ᄒᆞᄂᆞ니라此

(3) 공탁은 채권을 소멸시키기 위해 할 것

채무자가 물건을 공탁소에 임치할 때는 이를 공탁이라고 할 수 있다. 그러나 변제의 목적물을 공탁한 것이라고 할 수는 없다. 그렇다면 변제목적물의 공탁은 반드시 그 채권을 소멸시킬 목적으로 이를 해야 한다.

II. 공탁의 조건

변제자는 언제든지 변제의 목적물을 공탁할 수 있는 것이 아니다. 채무자 즉 변제자에게는 과실이 없고 채권자 일신상에서 비롯하는 이유에 따라 변제할 수 없는 경우에 한한다. 따라서 공탁을 할 때는 다음의 조건이 구비되어야 한다.

① 채권자가 변제의 수령을 거절한 때

② 채권자가 변제를 수령할 수 없는 때

③ 채무자의 과실이 없고 채권자를 확실하게 알 수 없는 때

III. 공탁의 방식

변제목적물의 공탁은 채무이행지에 있는 공탁소에 이를 해야 한다. 이

供托所에關ᄒᆞᆫ法令은特別法으로規定ᄒᆞᄂᆞᆫ바ㅣ로대法令에特別ᄒᆞᆫ規定이無ᄒᆞᆫ時ᄂᆞᆫ裁判所에셔指定ᄒᆞᆫ供托所及管理者의게供托을行ᄒᆞ고迅速히債權者의게對ᄒᆞ야供托의通知를行ᄒᆞᆷ이可ᄒᆞ니라然이나此通知ᄂᆞᆫ供托을成立ᄒᆞᆷ에必要ᄒᆞᆫ者ㅣ아니니假令其通知ᄂᆞᆫ遲滯ᄒᆞᆫ事實이有ᄒᆞᆯ지라도供托은有効히成立ᄒᆞᆷ을得ᄒᆞᆯ지로다然이나是로因ᄒᆞ야其物에對ᄒᆞ야損害를生ᄒᆞᆫ時ᄂᆞᆫ賠償의責任을難免ᄒᆞᆯ지니라

第四、供托의効力

辨償의目的物을供托ᄒᆞᆷ으로因ᄒᆞ야出來ᄒᆞᄂᆞᆫ重要効力은債權을消滅케ᄒᆞᆷ에在ᄒᆞ니換言ᄒᆞ면卽辨償者가有効히辨償의目的物을供托ᄒᆞᆫ時ᄂᆞᆫ債務者가全히其債務를得免ᄒᆞᄂᆞᆫ者ㅣ되ᄂᆞᆫ故로此供托은辨償과其効力에至ᄒᆞ야相殊ᄒᆞᆫ點이別無호대其行爲를繳消ᄒᆞᄂᆞᆫ點에至ᄒᆞ야ᄂᆞᆫ相殊ᄒᆞᆷ이大有ᄒᆞ니卽辨償境遇에ᄂᆞᆫ其辨償이有効이行ᄒᆞᆫ以上은後日에至ᄒᆞ야此를推還ᄒᆞᆷ을不得호대供托境遇에至ᄒᆞ야ᄂᆞᆫ後日에至ᄒᆞ야其供托物을推還ᄒᆞᆷ을得ᄒᆞᄂᆞ니라如此히供托物을推還ᄒᆞᆫ時ᄂᆞᆫ自初로供托을不行ᄒᆞᆷ과同一히看做ᄒᆞᄂᆞᆫ故로如此ᄒᆞᆫ境遇

공탁소에 관한 법령은 특별법으로 규정하는 바이다. 그러나 법령에 특별한 규정이 없는 때는, 재판소에서 지정한 공탁소와 관리자에게 공탁을 하고 신속하게 채권자에 대해 공탁의 통지를 해야 한다. 다만 이 통지는 공탁이 성립할 때에 필요한 것은 아니다. 가령 그 통지가 지체된 사실이 있더라도 공탁은 유효하게 성립할 수 있다. 그러나 이에 따라 그 물건에 대해 손해가 발생할 때는 배상책임을 면할 수 없다.

IV. 공탁의 효력

변제의 목적물을 공탁하는 것에 따라 발생하는 중요한 효력은 채권을 소멸시키는 것에 있다. 바꾸어 말하면 곧 변제자가 유효하게 변제의 목적물을 공탁할 때는, 채무자는 완전히 그 채무를 면할 수 있게 된다. 따라서 이 공탁은 변제와 그 효력에 관해 서로 다른 점이 별로 없다. 다만 그 행위를 취소하는 점에 관해서는 서로 다른 점이 크게 있다. 즉 변제의 경우에는 그 변제가 유효하게 행해진 이상은 후일에 이르러 이를 반환할 수 없으나, 공탁의 경우에는 후일에 이르러 그 공탁물을 반환할 수 있다. 이처럼 공탁물을 반환하였을 때는 처음부터 공탁하지 않은 것과 마찬가지로 간주한다. 따라서 이 같은 경우에在ᄒᆞ야ᄂᆞᆫ供托을依ᄒᆞ야一次消滅ᄒᆞ얏던債權이供托物의推還을依ᄒᆞ야復活ᄒᆞᄂᆞᆫ者ㅣ아이오法律上에自初로債權이消滅치아니ᄒᆞᆫ者로看做ᄒᆞᄂᆞ니라然이나供托物의推還은何時라도此를行得ᄒᆞᆯ者ㅣ아니오左揭ᄒᆞᆫ境遇에ᄂᆞᆫ其供托物의推還을行ᄒᆞᆷ이不能ᄒᆞ니라

(一)、債權者가供托을受諾ᄒᆞᆫ時

(二)、供托을有効히ᄒᆞᄂᆞᆫ判決이確定ᄒᆞᆫ時

(三)、供托을依ᄒᆞ야質權及抵當權이消滅ᄒᆞᆫ時

右述과如히供托은單히債務者의게對ᄒᆞ야効力을生ᄒᆞᆯ뿐아니라債權者의게對ᄒᆞ야도効力을生ᄒᆞᄂᆞ니卽債權者ᄂᆞᆫ供提를依ᄒᆞ야供托物을供托所로브터領收ᄒᆞᆯ權利를取得ᄒᆞᄂᆞᆫ者ㅣ라然이나債務者가債權者給付에對ᄒᆞ야辨償을行ᄒᆞᆯ境遇에ᄂᆞᆫ債權者가其給付를不行ᄒᆞ면供托物을領收ᄒᆞᆷ이不能ᄒᆞᆯ지니라

第十一項 代位辨償

第一、代位辨償의性質

代位辨償이란者ᄂᆞᆫ債務者를爲ᄒᆞ야辨償을行ᄒᆞᆫ者가自己를爲ᄒᆞ야債權者의

에는 공탁에 따라 일차 소멸하였던 채권이 공탁물의 반환에 따라 부활하는 것이 아니고, 법률상 처음부터 채권이 소멸하지 않았던 것으로 간주된다. 그러나 공탁물의 반환은 언제든지 이를 할 수 있는 것이 아니다. 다음에 정한 경우에는 그 공탁물을 반환할 수 없다.

① 채권자가 공탁을 수락하였을 때

② 공탁을 유효로 하는 판결이 확정되었을 때

③ 공탁에 따라 질권과 저당권이 소멸하였을 때

위에서 서술한 바와 같이 공탁은 단순히 채무자에 대해서 효력을 발생할 뿐만 아니라, 채권자에 대해서도 효력을 발생한다. 즉 채권자는 공탁에 따라 공탁물을 공탁소로부터 수령할 권리를 취득하는 것이다. 그러나 채무자가 채권자의 급부에 대해 변제할 경우에는, 채권자가 그 급부를 반환하지 아니하면 공탁물을 수령할 수 없다.

제11항 대위변제

I. 대위변제의 성질

대위변제란 채무자를 위해 변제하는 자가 자기를 위해 채권자의

權利를行使ᄒᆞᆷ을謂ᄒᆞᆷ이라故로代位辨償은左記ᄒᆞᆫ性質이有ᄒᆞ니라

〔一〕、代位辨償은辨償을依ᄒᆞ야生ᄒᆞ는者ㅣ니라　代位의辨償은債務者를爲ᄒᆞ야辨償을行ᄒᆞᆷ으로因ᄒᆞ야生ᄒᆞ는者ㅣ니無論性質上으로其辨償은債務者以外人이此를行ᄒᆞᆫ境遇에限ᄒᆞ야生ᄒᆞᆯ者ㅣ니라

〔二〕、債權者의權利를行使ᄒᆞ는者ㅣ니라　代位辨償의性質에關ᄒᆞ야는學者間에議論이不無ᄒᆞ야或은是로써一種의債權讓與라稱ᄒᆞ며或은代位辨償境遇에債權은辨償을依ᄒᆞ야消滅ᄒᆞᆯ지로대法律은辨償者의利益을爲ᄒᆞ야前債權의擔保를辨償者求償權의擔保로移定ᄒᆞ는者ㅣ라主張ᄒᆞ는者ㅣ有ᄒᆞ나然이나此二說은皆正當ᄒᆞᆫ議論이라謂ᄒᆞᆷ을不得ᄒᆞᆯ지로다代位辨償은債權讓與에基因ᄒᆞᆫ者ㅣ아니오債權者의權利를行ᄒᆞ는者ㅣ라然而法律은去來의便宜를圖謀ᄒᆞ야辨償을依ᄒᆞ야當然히消滅ᄒᆞᆯ者를假定的으로未消滅者ㅣ라看做ᄒᆞ야辨償者로ᄒᆞ야곰其債權者의權利를行使케ᄒᆞ는者ㅣ니라

〔三〕、辨償者는自己를爲ᄒᆞ야債權者의權利를行ᄒᆞ는者ㅣ니라

권리를 행사하는 것을 말한다. 따라서 대위변제는 아래 서술하는 성질을 가진다.

(1) 대위변제는 변제에 따라 발생하는 것이다.

대위의 변제는 채무자를 위해 변제하는 것에 따라 발생한다. 물론 성질상 그 변제는 채무자 이외의 사람이 한 경우 한해 발생하는 것이다.

(2) 채권자의 권리를 행사하는 것이다.

대위변제의 성질에 관해서는 학자 사이에 논의가 없지 않다. 어떤 사람은 이를 가지고 일종의 채권양도라고 일컫는다. 또 어떤 사람은 대위변제의 경우에 채권은 변제에 따라 소멸하나, 법률이 변제자의 이익을 위해 전(前) 채권의 담보를 변제자의 구상권의 담보로 이전하는 것이라고 주장하기도 한다. 그러나 이 두 학설은 모두 정당한 의론이라고 말할 수 없다. 대위변제는 채권양도에 따른 것이 아니고, 채권자의 권리를 행사하는 것이다. 그런데 법률은 거래의 편의를 도모하여 변제에 따라 당연히 소멸할 것을 소멸하지 않는다고 가정적으로 간주하여 변제자가 그 채권자의 권리를 행사하게 하는 것이다.

(3) 변제자는 자기를 위해 채권자의 권리를 행사하는 것이다.

辨償者ᄂᆞᆫ債權者의權利ᄅᆞᆯ行ᄒᆞᄂᆞᆫ者ㅣ로대債權者의代理人으로此ᄅᆞᆯ行ᄒᆞᄂᆞᆫ者ㅣ아니오自己의權利에基因ᄒᆞ야自己ᄅᆞᆯ爲ᄒᆞ야此ᄅᆞᆯ行ᄒᆞᄂᆞᆫ者ㅣ니라

第二、代位辨償의種類

〔一〕、契約上의代位辨償　債務者ᄅᆞᆯ爲ᄒᆞ야辨償을行ᄒᆞᆫ者ᄂᆞᆫ何人을不問ᄒᆞ고債權者의게對ᄒᆞ야契約ᄒᆞᆫ契約의結果로此ᄅᆞᆯ代位ᄒᆞᄂᆞᆫ者ㅣ有ᄒᆞ니是卽契約上의代位辨償이라此代位辨償의契約은辨償과同時에此ᄅᆞᆯ行ᄒᆞᆷ을要ᄒᆞᄂᆞ니若後日에至ᄒᆞ야ᄂᆞᆫ此等의契約이有ᄒᆞᆯ지라도代位辨償의効力은不生ᄒᆞᆯ지며代位의辨償은債權의讓與와相殊ᄒᆞᆫ點이稍有ᄒᆞ대特히契約上代位辨償境遇에至ᄒᆞ야ᄂᆞᆫ性質에相同ᄒᆞᆫ點이大有ᄒᆞᆷ으로債權讓與에關ᄒᆞᆫ通知法則을準用ᄒᆞᄂᆞ니라

〔二〕、法律上의代位辨償　辨償을行ᄒᆞᆷ에關ᄒᆞ야正當ᄒᆞᆫ利益을有ᄒᆞᆫ者ᄂᆞᆫ契約上의代位辨償과相殊ᄒᆞ야債權者의承諾을不要ᄒᆞ고辨償을依ᄒᆞ야法律上에當然히債權者ᄅᆞᆯ代位ᄒᆞᄂᆞᆫ者ㅣ라然而玆에所謂辨償에關ᄒᆞ야正當ᄒᆞᆫ利益을有ᄒᆞᆫ者ᄂᆞᆫ假令債務者ᄅᆞᆯ爲ᄒᆞ야物上의擔保ᄅᆞᆯ供ᄒᆞᆫ者、第三取得者、及

변제자는 채권자의 권리를 행사한다. 그러나 채권자의 대리인으로 이를 행사하는 것이 아니고, 자기 권리에 근거하여 자기를 위해 이를 행사하는 것이다.

II. 대위변제의 종류

(1) 계약상의 대위변제

채무자를 위해 변제한 자는 어떤 사람인가를 불문하고, 채권자에 대해 계약한 계약의 결과에 따라 이를 대위하는 경우가 있다. 이는 곧 계약상의 대위변제이다. 이 대위변제의 계약은 변제와 동시에 이를 체결해야 한다. 만약 후일에 이르러서는 이러한 계약이 있을지라도 대위변제의 효력은 발생하지 않는다. 대위변제는 채권양도와 서로 다른 점이 약간 있다. 그러나 특히 계약상의 대위변제일 경우에는 성질상 서로 같은 점이 많이 있으므로, 채권양도에 관한 통지 법칙을 준용한다.

(2) 법률상의 대위변제

변제하는 것에 관해 정당한 이익을 가진 자는, 계약상의 대위변제와는 서로 달리 채권자의 승낙을 필요로 하지 않고, 변제에 따라 법률상 당연히 채권자를 대위하는 자이다. 그런데 여기에서 이른바 변제에 관해 정당한 이익을 가진 자는 가령 채무자를 위해 물상 담보를 제공한 자, 제3취득자 및

保證人과如ᄒᆞᆫ者ㅣ皆是니라

第三、代位辨償의効力

代位辨償의効力은債權의効力及擔保上으로債權者가有ᄒᆞᆫ一切의權利를行得케ᄒᆞᆷ에在ᄒᆞᆫ者ㅣ라此點에至ᄒᆞ야ᄂᆞᆫ契約上의代位辨償과法律上의代位辨償이相殊ᄒᆞᆫ바ㅣ別無ᄒᆞᆫ故로或間接訴權과同一히說明ᄒᆞᄂᆞᆫ者ㅣ不無ᄒᆞ대此二者ᄂᆞᆫ全히相殊ᄒᆞ니何故오代位辨償境遇에辨償者가債權者의權利를行使ᄒᆞᆷ은自己의債權을保全ᄒᆞ기爲ᄒᆞ야行ᄒᆞᄂᆞᆫ者ㅣ아니오其自己의辨償을得코져ᄒᆞᆷ에在ᄒᆞ고又代位辨償境遇에辨償者가債權者의權利를行使ᄒᆞᆷ을得ᄒᆞᆷ은自己의債權을保全ᄒᆞ기爲ᄒᆞ야行ᄒᆞᄂᆞᆫ者ㅣ아니오利益上으로求償을行ᄒᆞ야可得ᄒᆞᆯ範圍에限ᄒᆞᄂᆞᆫ者ㅣ라然이나但辨償者가債權者의權利를行使ᄒᆞᆷ에ᄂᆞᆫ左에法則을從ᄒᆞᆷ을要ᄒᆞᄂᆞ니라

〔一〕、保證人은豫先先取特權、不動産質權及抵當權登記에其代位를附記치아니ᄒᆞ면其先取特權、不動産質權、及抵當權의目的되ᄂᆞᆫ不動産의第三取得者의게對ᄒᆞ야債權者를代位ᄒᆞᆷ을不得ᄒᆞᄂᆞ니라　保證人은辨償을行ᄒᆞᆷ에

보증인과 같은 자가 모두 이에 속한다.

III. 대위변제의 효력

대위변제의 효력은 채권의 효력과 담보 상으로 채권자가 가진 일체의 권리를 행사하게 하는 데 있다. 이 점에 관해서는 계약상의 대위변제와 법률상의 대위변제가 서로 다른 점이 따로 없다. 따라서 때로 간접소권과 동일하게 설명하는 사람도 없지 않지 않다. 그러나 양자는 전혀 서로 다르다. 왜냐하면 대위변제의 경우에 변제자가 채권자의 권리를 행사하는 것은, 자기 채권을 보전하기 위해 하는 것이 아니고, 그 자기의 변제를 얻고자 하는 것에 있다. 또 대위변제의 경우에 변제자가 채권자의 권리를 행사할 수 있는 것은, 자기 채권을 보전하기 위해 하는 것이 아니라, 이익상 구상을 하여 얻을 수 있는 범위에 한하는 것이기 때문이다. 그러나 다만 변제자가 채권자의 권리를 행사할 때는, 다음의 법칙에 따라야 한다.*

(1) 보증인은 사전에 우선특권, 부동산질권과 저당권 등기에 그 대위를 부기하지 아니하면, 그 우선특권, 부동산질권과 저당권의 목적으로 되는 부동산의 제3취득자에 대해 채권자를 대위할 수 없다.

보증인은 변제를 하는 것에

* 역자 주: 메이지 민법 제501조 참조.

關ᄒᆞ야正當ᄒᆞᆫ利益을有ᄒᆞᄂᆞᆫ者ㅣ되ᄂᆞᆫ故로當然히債權者를代位ᄒᆞᆯ者ㅣ로대其代位의範圍ᄂᆞᆫ一般原則을依ᄒᆞ야固有ᄒᆞᆫ求償權範圍에限ᄒᆞᆯ者ㅣ오若一部의辨償을依ᄒᆞ야全部의免除를得ᄒᆞᆫ境遇에至ᄒᆞ야ᄂᆞᆫ其辨償額數에關ᄒᆞ야만代位權을行ᄒᆞᆯ지며又其債權에先取特權、不動產質權及抵當權이有ᄒᆞᆫ境遇에ᄂᆞᆫ此等權利登記에其代位를附記치아니ᄒᆞ면其權利의目的되ᄂᆞᆫ不動產의第三取得者即買主受贈者及其他其不動產上에權利를取得ᄒᆞᆫ者의게對ᄒᆞ야其代位權을行使치못ᄒᆞᄂᆞ니라盖保證人과擔保不動產第三取得者間代位問題에關ᄒᆞ야ᄂᆞᆫ羅馬法以來로學者間에議論이不一ᄒᆞ야學說及立法例에差異가不無ᄒᆞ나然이나近世에制定ᄒᆞᄂᆞᆫ法典上에ᄂᆞᆫ大概保證人이擔保不動產第三取得者에게對ᄒᆞ야代位를許ᄒᆞᆷ으로原則을作ᄒᆞ고第三取得者ᄂᆞᆫ保證人에게對ᄒᆞ야代位를不許ᄒᆞᆷ으로規定ᄒᆞᄂᆞ니是ᄂᆞᆫ無他ㅣ라登記法이具備ᄒᆞᆫ國家에在ᄒᆞ야ᄂᆞᆫ第三取得者가登記簿를一覽ᄒᆞᆫ後에其權利를取得ᄒᆞᆫ以上은別로損失을被ᄒᆞᆯ念慮가無ᄒᆞᆫ대保證人은一次債務者의無資力境遇를當ᄒᆞᄂᆞᆫ時ᄂᆞᆫ恒常損失을被ᄒᆞᆯ念慮가有ᄒᆞᆷ으로써保證人

관해 정당한 이익을 가지는 자이다. 따라서 당연히 채권자를 대위할 수 있다. 그러나 대위의 범위는 일반원칙에 따라 고유한 구상권의 범위로 한정된다. 만약 일부 변제에 따라 전부 면제를 얻었을 경우에는 그 변제 액수에 관해서만 대위권을 행사할 수 있다. 또 그 채권에 우선특권, 부동산질권과 저당권이 있는 경우에는 이들 권리 등기에 그 대위를 부기하지 아니하면, 그 권리의 목적으로 되는 부동산의 제3취득자 즉 매수인·수증자와 그 밖의 부동산상에 권리를 취득한 자에 대해 그 대위권을 행사할 수 없다. 대개 보증인과 담보 부동산의 제3취득자 사이의 대위 문제에 관해서는, 로마법 이래로 학자 사이에 의론이 일치하지 아니하여 학설과 입법례에 차이가 없지 않다. 그러나 근세에 제정된 법전에서는 대개 보증인이 담보 부동산의 제3취득자에 대해 대위를 허용하는 것을 원칙으로 삼고, 제3취득자는 보증인에 대해 대위를 허용하지 않는 것으로 규정하고 있다. 이는 다름 아니라 등기법이 갖춰진 국가에서는 제3취득자가 등기부를 한 번 열람한 후에, 그 권리를 취득한 이상은 따로 손실을 입을 우려가 없지만, 보증인은 일단 채무자가 무자력한 경우를 당하였을 때는, 항상 손실을 입을 우려가 있으므로, 보증인과第三取得者間에利害가相反ᄒᆞᄂᆞᆫ境遇에ᄂᆞᆫ寧其保證人을保護ᄒᆞ고第三取得者를不顧ᄒᆞᆷ이妥當ᄒᆞᆫ所以니라換言ᄒᆞᆯ진대第三取得者가其損失을被ᄒᆞᆷ은自取ᄒᆞᆫ禍오自作의孽이라謂ᄒᆞᆷ을可得ᄒᆞᆯ지라故로各國의民法이保證人으로ᄒᆞ야곰第三取得者의게對ᄒᆞ야代位를行ᄒᆞᆷ을許ᄒᆞᄂᆞ니라

是以로原則上으로ᄂᆞᆫ保證人이第三取得者의게對ᄒᆞ야代位를行ᄒᆞᆷ이妥當ᄒᆞᆫ대保證人을正當히保護ᄒᆞᄂᆞᆫ以上은其正當ᄒᆞᆫ利益을不害ᄒᆞᄂᆞᆫ範圍內에第三取得者도保護ᄒᆞᆷ이立法者의公平ᄒᆞᆫ事業이라抑此第三取得者ᄂᆞᆫ旣述ᄒᆞᆷ과如히保證人보다保護를受ᄒᆞᆯ理由ᄂᆞᆫ無ᄒᆞᆫ대先取特權、質權、抵當權等은恒常債務者無資力境遇에効力이優勝ᄒᆞᆫ者ㅣ되ᄂᆞᆫ故로十의七八은是로因ᄒᆞ야其不動產을被奪ᄒᆞᆷ에遂至ᄒᆞ고乃已ᄒᆞᆷ으로써不動產을讓受ᄒᆞᆫ第三取得者가不幸히右等權利의行使를當ᄒᆞ야其不動產을被奪ᄒᆞᆯ境遇에ᄂᆞᆫ相當ᄒᆞᆫ範圍內에亦此第三者도保護ᄒᆞᆷ이法律에公平ᄒᆞᆯᄲᅮᆫ아니라若此를保護치아니ᄒᆞᄂᆞᆫ時ᄂᆞᆫ擔保權의目的되ᄂᆞᆫ不動產의去來를不便케ᄒᆞ야融通을妨害ᄒᆞᆯ念慮가有ᄒᆞ니是卽法律이滌除의制度를設ᄒᆞᄂᆞᆫ所以니라盖此第三取

과 제3취득자 사이에 이해가 상반하는 경우에는, 차라리 그 보증인을 보호하고 제3취득자를 고려하지 않는 것이 타당하기 때문이다. 바꾸어 말하면 제3취득자가 그 손실을 보는 것은 스스로 취한 화(禍)이고 스스로 만든 재앙이라고 말할 수 있다. 따라서 각국 민법이 보증인이 제3취득자에 대해 대위를 하는 것을 허용하는 것이다.

이에 따라 원칙적으로는 보증인이 제3취득자에 대해 대위를 하는 것이 타당하다. 그러나 보증인을 정당하게 보호하는 이상은, 그 정당한 이익을 해치지 않는 범위 내에서 제3취득자도 보호하는 것이 입법자의 공평한 일이다. 또한 이 제3취득자는 이미 서술한 바와 같이 보증인보다 보호를 받을 이유는 없더라도 우선특권, 질권, 저당권 등은 항상 채무자가 무자력한 경우에 효력이 우세한 것으로 된다. 따라서 열의 일고여덟은 이에 따라 그 부동산을 빼앗기게 되는 것에 이르게 되어 그치므로, 부동산을 양수한 제3취득자가 불행하게 위 권리 행사를 당해 그 부동산을 빼앗길 경우에는, 상당한 범위 내에서 또한 이 제3자도 보호하는 것이 법률상 공평하다. 그뿐만 아니라 만약 이를 보호하지 않을 때는, 담보권의 목적으로 되는 부동산의 거래를 불편하게 하여 유통을 방해할 우려가 있다. 이것이 곧 법률이 척제(滌除)*의 제도를 두는 까닭이다. 대개 이 제3취

* 역자 주: 저당부동산에 관해 소유권, 지상권 또는 영소작권을 취득한 제3자가 저당권자에게 부동산 평가액에 해당하는 일정한 금액을 제공하여 그 승낙을 얻은 금액을 지급하거나 공탁하여 저당권을 소멸시키는 것을 말한다(메이지 민법 제378조부터 제386조 참조).

得者는登記를依ᄒᆞ야先取特權、質權、抵當權等의存在ᄒᆞᆷ을豫知ᄒᆞ고滌除의方法으로써此等의權利를消滅케ᄒᆞᆷ은當然ᄒᆞᆫ事項이로대一次其債權者의게辨償을行ᄒᆞ야此等權利를消滅케ᄒᆞᆫ以上은他의一部辨償을行ᄒᆞᆫ保證人의代位를因ᄒᆞ야更히此等權利의行使가有ᄒᆞᆫ事는豫期ᄒᆞ기不能ᄒᆞᆷ은無論이오業已辨償을依ᄒᆞ야此等의權利가消滅ᄒᆞᆷ으로傳聞ᄒᆞᆫ時는更히此等權利의行使가有ᄒᆞᆯ事를豫期치아니ᄒᆞ고安心ᄒᆞ야代價를賣主의게支給ᄒᆞᆯ事가有ᄒᆞᆯ지라然而上述ᄒᆞᆷ과如ᄒᆞᆫ保證人의擔保權의行使를當ᄒᆞ는時는第三取得者의게意外의損失이生ᄒᆞ는故로各國의新民法은保證人으로ᄒᆞ야곰右等擔保權登記에其代位를豫先附記ᄒᆞ야써第三者로ᄒᆞ야곰假令債權은辨償을依ᄒᆞ야消滅ᄒᆞᆯ지라도保證人은代位權에基因ᄒᆞ야此等의權利行使가猶有ᄒᆞᆯ事를知케ᄒᆞ고若此附記를懈怠히ᄒᆞ는時는第三取得者의게對ᄒᆞ야代位ᄒᆞᆷ을不許ᄒᆞ느니此附記의方法은保證人을爲ᄒᆞ야頗히有益ᄒᆞᆫ者ㅣ라不謂ᄒᆞᆷ을不得ᄒᆞᆯ지로다何故오第三取得者가滌除를行ᄒᆞ는境遇에는登記를行ᄒᆞᆫ債權者의게對ᄒᆞ야만其滌除의提供을行ᄒᆞᆯ者ㅣ되는故로保證

득자가 등기에 의해 우선특권, 질권, 저당권 등이 존재하는 것을 사전에 알고, 척제의 방법으로 이들 권리를 소멸하게 하는 것은 당연한 사항이다. 그러나 일단 그 채권자에게 변제를 하여 이들 권리를 소멸하게 한 이상은, 그 밖의 일부 변제를 한 보증인의 대위로 말미암아 다시 이들 권리의 행사가 있을 것은 예상할 수 없는 것은 물론이다. 또한 이미 변제에 따라 이들 권리가 소멸한 것으로 전해 들었을 때는, 다시 이들 권리의 행사가 있을 것으로 예상하지 않고 안심하고 대가를 매도인에게 지급할 경우가 있다. 그런데 상술한 바와 같은 보증인의 담보권 행사를 당하였을 때는, 제3취득자에게 의외의 손실이 발생한다. 따라서 각국의 신민법은 보증인이 위의 담보권 등기에 그 대위를 사전에 부기하게 하여, 그에 따라 제3자가 가령 채권은 변제에 따라 소멸할지라도, 보증인은 대위권에 따라 이들 권리 행사가 오히려 있을 것을 알게 하고, 만약 부기를 게을리하였을 때는 제3취득자에 대해 대위하는 것을 허용하지 않는다. 이 부기의 방법은 보증인을 위해 매우 유익한 것이라고 말하지 않을 수 없다. 그 이유는 다음과 같다. 제3취득자가 척제를 하는 경우에는 등기한 채권자에 대해서만 척제의 제공을 하게 된다. 따라서 보증

人의附記가無ᄒᆞ면單히債權者의게對ᄒᆞ야만滌除의提供을行ᄒᆞᆯ지라도此等附記를行ᄒᆞᆫ時ᄂᆞᆫ保證人도亦登記를行ᄒᆞᆫ附條件의債權者ㅣ라故로第三取得者ᄂᆞᆫ此에對ᄒᆞ야도亦滌除의提供을行ᄒᆞᆯ지오債權者ᄂᆞᆫ保證人으로브터辨償을受ᄒᆞᆯ者로思想ᄒᆞ야第三取得者가不當ᄒᆞᆫ提供을行ᄒᆞᆯ지라도猶此提供을承諾ᄒᆞᄂᆞᆫ弊端이不無ᄒᆞ대如此ᄒᆞᆫ境遇에至ᄒᆞ야ᄂᆞᆫ保證人으로브터增價競賣의請求를行ᄒᆞ야其不動產을相當ᄒᆞᆫ價額에賣却ᄒᆞᆷ을可得ᄒᆞᆯ지니라

保證人間에在ᄒᆞ야ᄂᆞᆫ債務를互相間에分割ᄒᆞᆷ이當然ᄒᆞᆫ故로其一人이全部의辨償을行ᄒᆞᆷ에關ᄒᆞ야ᄂᆞᆫ正當ᄒᆞᆫ利益이不有ᄒᆞᆷ으로代位도無ᄒᆞᆷ이通常이니라但保證人間에連帶의關係가有ᄒᆞᆫ境遇及數人의保證人이有ᄒᆞᆫ時에主債務의目的이不可分의性質이有ᄒᆞ거나全額辨償의特約이有ᄒᆞᆫ境遇에至ᄒᆞ야ᄂᆞᆫ全部의辨償을行ᄒᆞᆫ者가正當ᄒᆞᆫ利益이有ᄒᆞ고亦代位를行ᄒᆞᆷ도能ᄒᆞᆯ事ᄂᆞᆫ玆에特히說明을不要ᄒᆞᆯ지로다

(二)、第三取得者ᄂᆞᆫ保證人의게對ᄒᆞ야債權者를代位ᄒᆞᆷ을不得ᄒᆞᄂᆞ니라．

인의 부기가 없으면 단순히 채권자에 대해서만 척제의 제공을 하겠지만, 이러한 부기를 하였을 때는 보증인도 또한 등기한 조건부 채권자이다. 따라서 제3취득자는 이에 대해서도 또한 척제의 제공을 할 것이고, 채권자는 보증인으로부터 변제를 받을 것으로 생각해 제3취득자가 부당한 제공을 할지라도, 오히려 이 제공을 승낙하는 폐단이 없을 것이다. 그러나 이 같은 경우에는 보증인이 증가(增價)경매*를 청구하여 그 부동산을 상당한 가액으로 매각할 수 있다.

보증인 사이에서는 채무를 상호 간에 당연히 분할해야 한다. 따라서 그 1인이 전부 변제한 것에 관해서는 정당한 이익이 없으므로 대위도 없는 것이 통상이다. 다만 보증인 사이에 연대관계가 있는 경우와 수인의 보증인이 있는 때에 주된 채무의 목적이 불가분의 성질이 있거나 전액 변제의 특약이 있는 경우에는, 전부 변제하는 자가 정당한 이익을 가지고 또한 대위를 할 수 있는 것은 여기에서 특히 설명할 필요가 없다.

(2) 제3취득자는 보증인에 대해 채권자를 대위할 수 없다.

---

* 역자 주: 척제의 경우 채권자는 제3취득자가 제공한 금액을 승낙하든가 그 금액보다 10분의 1 이상의 고가로 매각해야 할 것을 조건으로 저당부동산의 경매를 청구하든가 둘 중 하나를 선택하게 되는데, 만약 채권자가 척제에 필요한 서류를 송달받은 후 1개월 이내에 그 경매를 청구하지 않을 때는 제3취득자가 제공한 금액을 승낙한 것으로 간주된다(메이지 민법 제384조 제1항). 이에 따라 그 저당권 등은 곧바로 소멸되는 것(척제)에 반해, 채권자가 위 기간 내에 경매를 청구할 때는 만약 부동산이 제3취득자가 제공한 금액보다 10분의 1 이상의 고가로 매각될 수 없을 때에는 스스로 10분의 1의 증가로써 그 부동산을 매수할 것을 청구하는 것을 말한다(위 제2항)(앞의 梅謙次郎, 『民法要義』 卷之二(和佛法律學校, 明治 29年〈1896〉), 502頁).

此에關ᄒᆞᆫ理由ᄂᆞᆫ業己第一理由ᄅᆞᆯ說明ᄒᆞᆯ時에包含ᄒᆞᆫ故로玆에省略ᄒᆞ노라

〔三〕、第三取得者의一人은各不動產價額에應치아니ᄒᆞ면他第三取得者의게對ᄒᆞ야債權者ᄅᆞᆯ代位ᄒᆞᆷ을不得ᄒᆞᄂᆞ니라

此ᄂᆞᆫ卽第三取得者가數人이有ᄒᆞᆫ境遇卽不動產이數個가有ᄒᆞᆫ境遇에其各不動產이同一取得者의게不歸ᄒᆞᆫ時又ᄂᆞᆫ一個의不動產이擔保權의目的을成ᄒᆞᆫ境遇에此ᄅᆞᆯ分割ᄒᆞ야數人取得者의게讓與ᄒᆞᆫ時ᄂᆞᆫ其各人은平等位置에在ᄒᆞᆫ者ㅣ되ᄂᆞᆫ故로其一人이辨償을行ᄒᆞᆫ境遇에至ᄒᆞ야ᄂᆞᆫ各取得者ᄂᆞᆫ其不動產價格의比數ᄅᆞᆯ應ᄒᆞ야其債務ᄅᆞᆯ分擔ᄒᆞᆯ者로定ᄒᆞᄂᆞ니라盖此第三號의範圍ᄅᆞᆯ不定ᄒᆞ면各取得者ᄂᆞᆫ債務者에게對ᄒᆞ야債務全額에關ᄒᆞ야求償權이有ᄒᆞᆫ故로其債務ᄅᆞᆯ擔保ᄒᆞᆫ先取特權、質權、抵當權等도亦其全部에關ᄒᆞ야此ᄅᆞᆯ行使ᄒᆞᆷ을可得ᄒᆞᆯ지오又他第三取得者의게對ᄒᆞ야全部에關ᄒᆞᆫ代位ᄅᆞᆯ行得ᄒᆞᆯ지라然이나第三取得者ᄂᆞᆫ皆同一位置에在ᄒᆞᆷ으로써單히甲은他第三取得者보다辨償을先行ᄒᆞᆫ所以로損失을不被ᄒᆞ고其損失을他乙丙等의게歸ᄒᆞᆷ은頗히不當ᄒᆞᆫ者ㅣ라不謂ᄒᆞᆷ을不得ᄒᆞᆯ지로다是以로第三取得

이에 관한 이유는 이미 첫째 이유를 설명하였을 때 포함되었다. 따라서 여기에서는 생략한다.

(3) 제3취득자의 1인은 각 부동산 가액에 따르지 아니하면 다른 제3취득자에 대해 채권자를 대위할 수 없다.

이는 곧 제3취득자가 여러 사람이 있는 경우 즉 부동산이 여러 개가 있는 경우에 그 각 부동산이 동일 취득자에게 귀속되지 않는 때 또는 하나의 부동산이 담보권의 목적을 이룬 경우에 이를 분할하여 수인의 취득자에게 양도하였을 때는, 그 개개인은 평등한 지위를 가진다. 따라서 그 1인이 변제한 경우에는 각 취득자는 그 부동산 가격의 비율에 따라 그 채무를 분담할 자로 정해진다. 대개 이 제3호의 범위를 정하지 아니하면, 각 취득자는 채무자에 대해 채무 전액에 관해 구상권을 갖는다. 따라서 그 채무를 담보한 우선특권, 질권, 저당권 등도 또한 그 전부에 관해 이를 행사할 수 있게 된다. 또 다른 제3취득자에 대해서도 전부에 관해 대위를 할지라도, 제3취득자는 모두 동일한 지위에 있으므로, 단순히 甲은 다른 제3취득자보다 변제를 미리 하였다는 이유로 손실을 보지 않고, 그 손실을 다른 을·병 등에게 귀속하게 하는 것은 매우 부당하다고 말하지 않을 수 없다. 이에 따라 제3취득

者ᄂᆞᆫ皆平等으로其損失을被ᄒᆞᆯ者ㅣ라ᄒᆞ야各自의代位權을如此ᄒᆞᆫ範圍에限ᄒᆞᄂᆞ니라

〔四〕、前號의法則은自己의財產으로써他人의債務擔保에供ᄒᆞᆫ者間에至ᄒᆞ야도此ᄅᆞᆯ準用ᄒᆞᄂᆞ니라

此ᄂᆞᆫ卽物上保證人의境遇ㅣ니自己의財產으로써他人의債務擔保에供ᄒᆞᆫ者ᄂᆞᆫ其性質이頗히保證人과相同ᄒᆞ야債務者의게對ᄒᆞ야保證人과同一ᄒᆞᆫ求償權이有ᄒᆞᆯ者ㅣ라然이나自己의全財產으로써義務ᄅᆞᆯ負擔ᄒᆞᆯ保証人과如히頭數에應ᄒᆞ야債務ᄅᆞᆯ分擔ᄒᆞᆯ理由가無ᄒᆞᆷ으로此點에至ᄒᆞ야ᄂᆞᆫ寧히第三取得者의性質이有ᄒᆞ니換言ᄒᆞ면卽各物上保證人은一般原則을依ᄒᆞ야債務者의게對ᄒᆞ야辨償ᄒᆞᆫ全額에關ᄒᆞ야求償權을有ᄒᆞᆯ지오又此求償權範圍內에在ᄒᆞ야ᄂᆞᆫ代位ᄅᆞᆯ行ᄒᆞᆯ者ㅣ되ᄂᆞᆫ故로他物上保證人의게對ᄒᆞ야도全額에關ᄒᆞ야其權利ᄅᆞᆯ行使ᄒᆞᆷ을可得ᄒᆞᆯ지라然則以上第三取得者에關ᄒᆞ야論ᄒᆞᆷ과如히不公平ᄒᆞᆫ結果가生ᄒᆞᆷ으로第三取得者에關ᄒᆞᆫ法理ᄅᆞᆯ此境遇에準用ᄒᆞᄂᆞᆫ趣旨로法典上에規定ᄒᆞᄂᆞ니卽各物上保證人은其擔保에供ᄒᆞᆫ財

자는 모두 평등하게 그 손실을 본 자라고 하여 각자의 대위권을 이와 같은 범위에 한정하는 것이다.

(4) 제3호의 법칙은 자기 재산으로써 다른 사람의 채무 담보에 제공한 자 사이에 관해서도 준용한다.

이는 곧 물상보증인의 경우에 관한 것이다. 자기 재산으로써 다른 사람의 채무에 담보로 제공한 자는, 그 성질이 보증인과 서로 아주 같아 채무자에 대해 보증인과 동일한 구상권을 가지는 자이다. 그러나 자기의 전 재산으로써 의무를 부담한 보증인과 같이 머릿수에 따라 채무를 분담할 이유가 없으므로, 이 점에 관해서는 차라리 제3취득자로서의 성질을 지닌다. 바꾸어 말하면, 각 물상보증인은 일반원칙에 따라 채무자에 대해 변제한 전액에 관해 구상권을 가진다. 또 이 구상권 범위 내에서는 대위를 하는 자로 된다. 따라서 다른 물상보증인에 대해서도 전액에 관해 그 권리를 행사할 수 있다. 그렇게 되면 이상의 제3취득자에 관해 논한 것과 같이 불공평한 결과가 발생하므로, 제3취득자에 관한 법리를 이 경우에 준용하는 취지로 법전에 규정한 것이다. 즉 각 물상보증인은 그 담보에 제공한 재

產價格의比數를應ᄒᆞ야損失을分擔ᄒᆞ고此比數에關ᄒᆞ야만互相間에代位ᄒᆞᆷ을可得케ᄒᆞᄂᆞ니라

〔五〕、保證人과自己財產으로써他人의債務擔保에供ᄒᆞᆫ者間에在ᄒᆞ야ᄂᆞᆫ其頭數에不應ᄒᆞ면債權者를代位치못ᄒᆞᆷ但自己의財產으로써他人의債務擔保에供ᄒᆞᆫ者가數人이有ᄒᆞᆫ時ᄂᆞᆫ保證人의負擔部分을除ᄒᆞ고其殘額에就ᄒᆞ야各財產價額에不應ᄒᆞ면此에對ᄒᆞ야代位ᄒᆞᆷ을不得ᄒᆞᆷ

保證人이數人이有ᄒᆞᆫ境遇에特別契約이無ᄒᆞᆫ以內ᄂᆞᆫ各自의頭數를應ᄒᆞ야債務를分擔ᄒᆞᆯ지오保證人의一便이全額及其他自己의負擔部分을超過ᄒᆞ야辦償ᄒᆞᆫ時ᄂᆞᆫ各自平等의比數로써互相間에求償權을有ᄒᆞᆯ事ᄂᆞᆫ業已論述ᄒᆞᆫ바ㅣ라是以로代位境遇에至ᄒᆞ야도亦以上의比數로써求償을行ᄒᆞᆯ事ᄂᆞᆫ無論이로ᄃᆡ保證人과物上保證人이有ᄒᆞᆫ境遇에至ᄒᆞ야ᄂᆞᆫ如何ᄒᆞᆫ比數로써代位ᄒᆞᆷ을可得ᄒᆞᆯ者歟아是卽困難ᄒᆞᆫ問題라盖一便은全財產으로써義務를負擔ᄒᆞᆯ身上義務者로ᄃᆡ他一便은特定ᄒᆞᆫ財產으로써擔保에供ᄒᆞᆫ第三者로義務를自負치아니ᄒᆞᄂᆞᆫ者ㅣ되ᄂᆞᆫ故로其間의公平ᄒᆞᆫ分擔法을定ᄒᆞᆯ事ᄂᆞᆫ甚

산 가격의 비율에 따라 손실을 분담하고, 이 비율에 관해서만 상호 간에 대위할 수 있게 한 것이다.

(5) 보증인과 자기 재산으로써 다른 사람의 채무에 담보를 제공한 자 사이에서는, 그 머릿수에 따르지 아니하면 채권자를 대위할 수 없다. 다만 자기 재산으로써 다른 사람의 채무에 담보를 제공한 자가 수인이 있을 때는, 보증인의 부담 부분을 제외하고 그 잔액에 대해 각 재산 가액에 따르지 아니하면 이에 대해 대위할 수 없음.

보증인이 수인이 있는 경우에 특별한 계약이 없는 이상은, 각자의 머릿수에 따라 채무를 분담하게 된다. 보증인의 일방이 전액과 그 밖에 자기 부담 부분을 초과하여 변제하였을 때는, 각자 평등한 비율로 상호 간에 구상권을 가지는 것은 이미 설명하였다. 이에 따라 대위의 경우에도 또한 이상의 비율로 구상을 할 것은 물론이다. 그러나 보증인과 물상보증인이 있을 경우에는 어떠한 비율로 대위할 수 있을 것인가? 이는 곧 곤란한 문제이다. 대개 전자는 전 재산으로서 의무를 부담한 신상 의무자이나, 후자는 특정한 재산으로써 담보에 제공한 제3자로 의무를 스스로 부담하지 않는 자이다. 따라서 그사이의 공평한 분담법을 정하는 것은 매히困難ᄒᆞᆫ事實이라然이나如此ᄒᆞᆫ境遇에關ᄒᆞ야特別ᄒᆞᆫ明文이無ᄒᆞᆫ時ᄂᆞᆫ一般의原則을從ᄒᆞ야辨償을行ᄒᆞᆫ者가他一便에對ᄒᆞ야全部에就ᄒᆞ야代位權을行使ᄒᆞᆯ지니是則元來公平ᄒᆞᆫ者ㅣ라謂ᄒᆞᆷ을不得ᄒᆞᆯ事ᄂᆞᆫ以上에도論述ᄒᆞᆫ바ㅣ라是以로此第五號의法則을設ᄒᆞ야써保證人과物上保證人間에在ᄒᆞ야ᄂᆞᆫ頭數를應ᄒᆞ야互相間의代位를許ᄒᆞ고物上保證人間에在ᄒᆞ야ᄂᆞᆫ猶且前號의法則을從ᄒᆞ야財産價格의比數를應ᄒᆞ야互相間에代位를許ᄒᆞᄂᆞᆫ者ㅣ니라假令玆에例를擧ᄒᆞ야說明ᄒᆞᆯ진ᄃᆡ甲乙兩人의保證人과千圓의價格이有ᄒᆞᆫ不動産을抵當에供ᄒᆞᆫ丙과五百圓의價格이有ᄒᆞᆫ時計를質物에供ᄒᆞᆫ丁이有ᄒᆞ야其債權의額이一千五百圓이라假定ᄒᆞ면何人의辨償을不問ᄒᆞ고其一人으로브터全額을辨償ᄒᆞᆫ時ᄂᆞᆫ代位를因ᄒᆞ야畢竟各自의分擔額은第一、爲先甲乙丙丁間에各自平等數로三百七十五圓을負擔ᄒᆞᆯ지니甲乙은實로此額을負擔ᄒᆞᆯ지오第二丙丁間에在ᄒᆞ야ᄂᆞᆫ兩人이分擔ᄒᆞᆯ總額七百五十圓을三分ᄒᆞ야丙은其二分卽五百圓、丁은其一分卽二百五十圓을負擔ᄒᆞᆯ者ㅣ니라

우 곤란한 사실이다. 그러나 이 같은 경우에 관해 특별한 명문이 없을 때는, 일반원칙에 따라 변제한 자가 다른 일방에 대해 전부에 대해 대위권을 행사하게 된다. 이 결과가 곧 원래 공평하다고 말할 수 없는 것은 이상에서도 논술한 바이다. 이에 따라 이 제5호의 법칙을 두어 보증인과 물상보증인 사이에서는 머릿수에 따라 상호 간의 대위를 허용하고, 물상보증인 사이에서는 오히려 제4호의 법칙에 따라 재산 가격의 비율에 따라 상호 간에 대위를 허용하는 것이다. 가령 지금 여기에서 예를 들어 설명해보기로 한다. 甲·을 두 사람의 보증인과 1,000원의 가격이 있는 부동산을 저당에 제공한 병과 500원의 가격이 있는 시계를 질물(質物)로 제공한 정이 있고, 그 채권이 1,500원이라고 가정하면, 누구의 변제인가를 불문하고 그 1인이 전액을 변제하였을 때는, 대위에 따라 끝내 각자의 분담액은 첫째 우선 甲·을·병 사이에 각자 평등비율로 375원을 분담하게 되므로, 甲·을은 실제 이 액수를 부담하게 된다. 두 번째 병·정 사이에서는 두 사람이 분담할 총액 750원을 3등분하여 병은 그 2등분 즉 500원, 정은 그 1등분 즉 250원을 부담하게 된다.

〔六〕右述ᄒᆞᆫ境遇에物上保證人의供ᄒᆞᆫ바財産이不動産되ᄂᆞᆫ時ᄂᆞᆫ保證人은其擔保登記에代位ᄅᆞᆯ附記치아니ᄒᆞ면其物上保證人에게對ᄒᆞ야代位ᄒᆞᆷ을不得ᄒᆞᆯ지니라

以上은全部의代位辨償을豫想ᄒᆞ야說明ᄒᆞᆫ者ㅣ라然이나一部代位辨償卽辨償者의行ᄒᆞᆫ辨償이債權一部에不過ᄒᆞᄂᆞᆫ時ᄂᆞᆫ是ᄅᆞᆯ許ᄒᆞᆷ이可乎아不可乎아古來로債權者ᄂᆞᆫ自己ᄅᆞᆯ違反ᄒᆞ야代位ᄒᆞᆷ을不得케ᄒᆞᆷ으로看做ᄒᆞᄂᆞᆫ格言을依ᄒᆞ야代位者ᄂᆞᆫ債權者가權利ᄅᆞᆯ行ᄒᆞᆫ後에不在ᄒᆞ면其代位權을行使ᄒᆞᆷ이不可ᄒᆞᆷ이라規定ᄒᆞᄂᆞᆫ立法例가不尠ᄒᆞᆫ대蓋此民法上에代位로써正當ᄒᆞᆫ者ㅣ라認ᄒᆞᄂᆞᆫ以上은一部辨償境遇에至ᄒᆞ야도一部의代位가有ᄒᆞᆫ者ㅣ라謂ᄒᆞᆷ이妥當ᄒᆞᆯ지로다何故오債權者ᄂᆞᆫ普通으로一部의辨償은眞正ᄒᆞᆫ履行이라不認ᄒᆞᄂᆞᆫ故로是ᄅᆞᆯ拒絶ᄒᆞᆷ은可得ᄒᆞᆯ지오拒絶치아니ᄒᆞᄂᆞᆫ境遇라도其代位ᄅᆞᆯ拒絶ᄒᆞᆷ을可得ᄒᆞᆯ지며又假令全히此等事ᄅᆞᆯ拒絶치아니ᄒᆞᆯ지라도特約上으로債權者가權利ᄅᆞᆯ行使ᄒᆞᆫ後에不至ᄒᆞ면其代位權의行使ᄅᆞᆯ不許ᄒᆞᆯ事로約束ᄒᆞᆯ事도可得ᄒᆞᆯ지오法律上에當然히代位가有ᄒᆞᆫ境遇에保證人及

(6) 위에서 서술한 경우에 물상보증인이 제공한 바의 재산이 부동산이었을 때는, 보증인은 그 담보 등기에 대위를 부기하지 아니하면 그 물상보증인에 대해 대위할 수 없다.

이상은 전부 대위변제를 예상하여 설명한 것이다. 그러나 일부 대위변제 즉 변제자가 행한 변제가 채권 일부에 불과할 때는, 이를 허용할 수 있는가 허용할 수 없는가? 예부터 채권자는 자기를 위반하여 대위할 수 없게 한다고 간주하는 격언(格言)에 따라, 대위자는 채권자가 권리를 행사한 후가 아니면, 그 대위권을 행사할 수 없다고 규정하는 입법례가 적지 않다. 그러나 대개 이 민법상의 대위를 가지고 정당하다고 인정하는 이상은, 일부변제의 경우에도 일부 대위가 있다고 하는 것이 타당하다. 그 이유는 다음과 같다. 채권자는 보통 일부 변제는 이를 진정한 이행이라고 인정하지 않는다. 따라서 이를 거절할 수 있고, 거절하지 않을 경우라도, 그 대위를 거절할 수 있다. 또 가령 전혀 이러한 것을 거절하지 아니할지라도, 특약으로 채권자가 권리를 행사한 후가 아니면 그 대위권의 행사를 허용하지 아니할 것을 약속할 수도 있다. 법률상 당연히 대위가 있는 경우에 보증인과

其他人으로債務를負擔ᄒᆞᄂᆞᆫ者가數人이有ᄒᆞᆫ境遇에至ᄒᆞ야債務가當然히分割ᄒᆞᄂᆞᆫ結果로一部의債務를不可不受ᄒᆞᆯ時ᄂᆞᆫ債權者로ᄒᆞ야곰其擔保의一部를失케ᄒᆞᆷ은些少間苛酷에偏近ᄒᆞᆫ嫌疑가不無호대此境遇에債權者ᄂᆞᆫ當初에連帶를約束ᄒᆞ야其他의一人으로全額을辨償케約束ᄒᆞᆷ을可得ᄒᆞᆯ지며且假令如此ᄒᆞᆫ約束을不結ᄒᆞᆯ지라도代位를因ᄒᆞ야擔保의一部를不失코져ᄒᆞᆯ진대豫先他擔保權을行ᄒᆞᆫ然後에保證人의게對ᄒᆞ야請求를行ᄒᆞᆷ도可ᄒᆞᆯ지라是卽一部의辨償이有ᄒᆞᆫ境遇에一部의代位를認ᄒᆞᄂᆞᆫ所以니라假令千圓債權에關ᄒᆞ야五百圓의價格이有ᄒᆞᆫ不動産을抵當ᄒᆞᆫ境遇에至ᄒᆞ야代位者가其債權의半額五百圓을辨償ᄒᆞᆫ者ㅣ라假定ᄒᆞ면抵當不動産의價格은債權者가其全部를受ᄒᆞ기不能ᄒᆞ고代位者와各各其半額二百五十圓을分割치아니ᄒᆞᆷ은不得ᄒᆞᆯ者와如ᄒᆞᆫ者ㅣ是라

以上은債權者의權利를分割ᄒᆞ야行ᄒᆞᆷ에適當ᄒᆞᆫ境遇를論ᄒᆞᆫ者ㅣ라然이나分割ᄒᆞ야行ᄒᆞᆷ에不適當ᄒᆞᆫ者ᄂᆞᆫ如何히處置ᄒᆞᆯ者歟아如此ᄒᆞᆫ境遇에至ᄒᆞ야ᄂᆞᆫ債務不履行에基因ᄒᆞᆫ契約의解除ᄂᆞᆫ債權者만此를請求케ᄒᆞ고但代位者

그 밖의 사람으로 채무를 부담하는 자가 수인이 있는 경우가 되어, 채무가 당연히 분할되는 결과에 따라 채무 일부를 어쩔 수 없이 받았을 때는, 채권자가 그 담보의 일부를 상실하게 되는 것은 다소 가혹한 것으로 치우칠 혐의가 없지 않다. 그러나 이 경우에 채권자는 처음에 연대를 약속하여 그 밖의 1인으로 전액을 변제하게 할 것을 약속할 수 있다. 또 이러한 약속을 하지 않을지라도 대위에 따라 담보의 일부를 잃지 않게 하고자 할 것이나, 사전에 다른 담보권을 행사한 후에 보증인에 대해 청구할 수 있는 것이다. 이것이 곧 일부 변제가 있을 경우에 일부 대위를 인정하는 이유이다. 가령 1,000원 채권에 관해 500원의 가격이 있는 부동산을 저당한 경우에, 대위자가 그 채권의 반액인 500원을 변제하였다고 가정하면, 저당부동산의 가격으로는 채권자가 그 전부를 받을 수 없고, 대위자와 각각 그 반액인 250원을 분할할 수밖에 없는 그것 같은 경우가 이에 해당한다.

이상은 채권자의 권리를 분할하여 행사하기에 적당한 경우를 논한 것이다. 그러나 분할하여 행사하기에 부적당한 것은 어떻게 처리할 것인가? 이 같은 경우에는 채무불이행에 따른 계약의 해제는 채권자만 이를 청구하게 하고, 다만 대위자의게對ᄒᆞ야其辨償ᄒᆞᆫ金額及其利息을償還케ᄒᆞᄂᆞ니라假令甲이代金一萬圓에其所有不動產을乙의게賣却ᄒᆞ야乙은其代金의支撥擔保로丙을保證人地位에立ᄒᆞ얏더니後日에乙이其代價를支撥치아니ᄒᆞᆷ으로써甲은丙의게對ᄒᆞ야其保證債務의支撥을請求ᄒᆞᆫ대丙은全額을辨償ᄒᆞ기不能ᄒᆞ야僅히其半額五千圓을支撥ᄒᆞᆫ者ㅣ라假定ᄒᆞ면甲은尙且五千圓의給付를受ᄒᆞᆯ權利가有ᄒᆞᆫ대其支撥을請求ᄒᆞᆷ보다寧其賣買의契約을解除ᄒᆞ야不動產을返還ᄒᆞᆷ이利益됨을自想ᄒᆞ고其解除權을行코져ᄒᆞ면其契約全部에關ᄒᆞ야解除ᄒᆞᆷ을可得ᄒᆞᆯ지라但此境遇에甲은丙으로브터先受ᄒᆞᆫ五千圓을年五分의法定利息을附加ᄒᆞ야此를償還ᄒᆞᆷ을要ᄒᆞᆯ뿐이니라

代位의辨償을依ᄒᆞ야全部의辨償을受ᄒᆞᆫ債權者ᄂᆞᆫ其債權에關ᄒᆞᆫ證書가有ᄒᆞᆫ時ᄂᆞᆫ其證書를交付ᄒᆞ고占有에在ᄒᆞᆫ擔保物이有ᄒᆞᆫ時ᄂᆞᆫ其擔保物을代位者의게對ᄒᆞ야交付ᄒᆞᆷ은當然ᄒᆞᆫ事ㅣ라然이나債權一部에關ᄒᆞ야代位辨償이有ᄒᆞᆫ境遇에ᄂᆞᆫ債權者ᄂᆞᆫ債權證書에其代位를記入ᄒᆞ고其代位者로ᄒᆞ야곰占有에在ᄒᆞᆫ擔保物의保存을監督케ᄒᆞᆯ事를要ᄒᆞᄂᆞ니라

에 대해 그 변제한 금액과 그 이자를 상환하게 한다. 가령 甲이 대금 10,000원에 그 소유 부동산을 乙에게 매각하고, 乙은 그 대금의 지급 담보로 丙을 보증인의 지위에 세웠는데, 후일 乙이 그 대가를 지급하지 않으므로, 甲은 丙에 대해 그 보증채무의 지급을 청구하였으나, 丙은 전액을 변제할 수 없어 겨우 그 반액인 5,000원을 지급하였다고 가정하면, 甲은 아직 여전히 5,000원의 급부를 받을 권리를 가진다. 그러나 그 지급을 청구하기보다 차라리 그 매매계약을 해제하고 부동산을 반환하는 것이 이익이라고 혼자 생각하여 그 해제권을 행사하고자 하면, 그 계약은 전부에 관해 해제될 수 있다. 다만 이 경우에 甲은 丙으로부터 먼저 받은 5,000원을 연 5%의 법정이자를 부가하여 상환해야 할 뿐이다.

대위변제에 따라 전부 변제를 받은 채권자는 그 채권에 관한 증서가 있을 때는, 그 증서를 교부하는 것은 당연한 일이다. 그러나 채권 일부에 관해 대위변제가 있을 경우에는, 채권자는 채권증서에 그 대위를 기입하고 그 대위자가 점유하고 있는 담보물의 보존을 감독하게 해야 한다.

辨償을行ᄒᆞᆷ에關ᄒᆞ야正當ᄒᆞᆫ利益을有ᄒᆞᆫ者가代位ᄅᆞᆯ行ᄒᆞᆯ境遇에債權者의故意及懈怠ᄅᆞᆯ依ᄒᆞ야其擔保ᄅᆞᆯ喪失ᄒᆞ거나又ᄂᆞᆫ減少ᄒᆞᆫ時ᄂᆞᆫ代位ᄅᆞᆯ行ᄒᆞᆯ者가其喪失及減少ᄅᆞᆯ依ᄒᆞ야償還ᄅᆞᆯ受ᄒᆞ기不能ᄒᆞᆷ에至ᄒᆞᆫ限度內에其責任을得免ᄒᆞᆯ지라何故오蓋此債權法上에當然히代位權이有ᄒᆞᆫ者로定ᄒᆞᆫ辨償者ᄂᆞᆫ卽皆辨償을行ᄒᆞᆷ에關ᄒᆞ야正當ᄒᆞᆫ利益을有ᄒᆞᆫ者ㅣ되ᄂᆞᆫ故로法律上保護程度에厚薄이有ᄒᆞᆫ者ㅣ아니오特히如此ᄒᆞᆫ法理ᄂᆞᆫ當事者間에極히公平ᄒᆞᆫ者ㅣ되ᄂᆞᆫ故로其適用을擴充ᄒᆞᆯ지라도過히不當ᄒᆞᆫ結果ᄂᆞᆫ不生ᄒᆞᆯ所以니라

第三節　相殺

第一、相殺의性質

相殺란者ᄂᆞᆫ二人이互相間에債權者ᄅᆞᆯ成ᄒᆞ고債務者ᄅᆞᆯ成ᄒᆞᆫ境遇에各自의債權으로써各自債務辨償에充ᄒᆞ야兩便의債權債務ᄅᆞᆯ同時에消滅케ᄒᆞᄂᆞᆫ者ᄅᆞᆯ指ᄒᆞᆷ이라然이나蓋當事者가任意의契約으로써相殺ᄅᆞᆯ行ᄒᆞᆷ은元來隨意的行爲오但第三者의權利ᄅᆞᆯ不害ᄒᆞᆷ을要ᄒᆞᆯ뿐이라假令業已債權을質入ᄒᆞᆫ者가此로써其債務ᄅᆞᆯ相殺ᄒᆞᆯ事로契約을締結ᄒᆞᆯ지라도其契約은元來質權者의게對

변제하는 것에 관해 정당한 이익을 가진 자가 대위를 할 경우에. 채권자의 고의와 게으름에 따라 그 담보를 상실하거나, 감소하였을 때는, 대위를 할 자가 그 상실과 감소에 따라 상환을 받을 수 없게 된 한도 내에서 그 책임을 면할 수 있다. 왜냐하면 대개 이 채권법상에 당연히 대위권이 있는 자로 정해진 변제자는 곧 모두 변제하는 것에 관해 정당한 이익을 가진 자로 되고 그에 따라 법률상 보호의 정도에 두꺼움과 얇음이 있는 것이 아니며, 특히 이와 같은 법리는 당사자 사이에 매우 공평한 것이어서 이에 따라 그 적용을 확장하더라도 극히 부당한 결과는 발생하지 않기 때문이다.

제3절 상계

I. 상계의 성질

상계란 2인이 상호 간에 채권자가 되고 채무자로 되었을 경우에 각자의 채권으로 각자 채무 변제에 충당하여 쌍방의 채권·채무를 동시에 소멸하게 하는 것을 말한다. 그러나 대개 당사자가 임의 계약으로 상계를 하는 것은 원래 자의적(自意的) 행위이다. 다만 제3자의 권리를 해칠 수 없을 뿐이다. 가령 이미 채권을 입질한 자가 이로써 그 채무를 상계할 것으로 계약을 체결할지라도, 그 계약은 원래 질권자에게 대

抗ᄒᆞᆷ을不得ᄒᆞ대此一條件範圍以內에在ᄒᆞ야ᄂᆞᆫ契約을依ᄒᆞ야相殺ᄅᆞᆯ自由로可行ᄒᆞᆯ者ㅣ되ᄂᆞᆫ故로各國의立法例ᄂᆞᆫ特히法典上에明文을設ᄒᆞ야規定치아니ᄒᆞ니法律上에當然히相殺가有ᄒᆞᆯ者ㅣ라ᄒᆞ고又ᄂᆞᆫ當事者의一便意思ᄅᆞᆯ從ᄒᆞ야相殺ᄒᆞᆷ을可得ᄒᆞᄂᆞᆫ者ㅣ라ᄒᆞ면此ᄂᆞᆫ特히法典上에規定이有ᄒᆞᆷ을要ᄒᆞᄂᆞ니是以로各國法典上에特히相殺에關ᄒᆞᆫ規定을別設ᄒᆞ야適用ᄒᆞᄂᆞᆫ者ㅣ니라當事者契約以外에特히相殺ᄅᆞᆯ認ᄒᆞᄂᆞᆫ所以ᄂᆞᆫ債權의當事者가互相間에債權이有ᄒᆞ고債務가有ᄒᆞᆫ境遇에相殺ᄅᆞᆯ認ᄒᆞᆷ은實際에便利ᄒᆞ고且公平ᄒᆞᆫ結果가有ᄒᆞᆫ所以니라假令甲으로브터乙의게辨償ᄒᆞ고乙은甲의게辨償ᄒᆞ야二重의煩勞ᄅᆞᆯ省略ᄒᆞᆯ뿐아니라實際에至ᄒᆞ야ᄂᆞᆫ二重의辨償을行ᄒᆞᆷ과同一의効力이有ᄒᆞᆫ故로互相間에煩勞ᄅᆞᆯ省略ᄒᆞ고債權債務의落着을見ᄒᆞᆯ지니是卽實際의便利라云ᄒᆞᄂᆞᆫ者ㅣ오又若法律上에相殺ᄅᆞᆯ不認ᄒᆞᄂᆞᆫ時ᄂᆞᆫ當事者의一便은速히履行을完了ᄒᆞᆷ에不拘ᄒᆞ고他一便은履行을不爲ᄒᆞ야誠實ᄒᆞᆫ者ᄂᆞᆫ被損ᄒᆞ고怠慢者及狡猾者ᄂᆞᆫ見利ᄒᆞᄂᆞᆫ弊端이不無ᄒᆞᆯ지니然則是豈不公平ᄒᆞᆫ者ㅣ아니라오然이나相殺ᄅᆞᆯ認ᄒᆞᄂᆞᆫ時ᄂᆞᆫ兩便이履行을不爲ᄒᆞ고도猶且履行이有ᄒᆞᆷ과

항할 수 없다. 그러나 이 하나의 조건 범위 이내에서는 계약에 따라 상계를 자유롭게 할 수 있다. 따라서 각국의 입법례는 특히 법전에 명문을 두어 규정하지 않는다. 법률상에 당연히 상계가 있다고 하거나, 당사자의 일방적 의사에 따라 상계할 수 있다고 하면, 이는 특히 법전에 규정이 있어야 한다. 이에 따라 각국 법전에 특히 상계에 관한 규정을 따로 두고 적용하는 것이다. 당사자의 계약 외에 특히 상계를 인정하는 까닭은, 채권 당사자가 상호 간에 채권이 있고 채무가 있을 경우에, 상계를 인정하게 되면 실제 편리하고 또 공평한 결과가 있기 때문이다. 가령 甲으로부터 乙에게 변제하고 을은 甲에게 변제하는 이중의 번거로운 수고를 생략할 수 있다. 그뿐만 아니라 실제에서는 이중의 변제를 하는 것과 동일한 효력이 있다. 따라서 상호 간에 번거로운 수고를 생략하고 채권·채무의 결말이 맺어지는 것을 보게 되므로, 이는 곧 실제의 편리라고 말하는 것이다. 또 만약 법률상에 상계를 인정하지 않을 때는, 당사자 일방은 속히 이행을 완료하였음에도 불구하고, 다른 일방은 이행하지 않아 성실한 자는 손해를 입고 게으른 자와 교활한 자는 이득을 보는 폐단이 없지 않다. 그렇다면 이는 어찌 불공평한 것이 아니겠는가. 그러나 상계를 인정할 때는 쌍방이 이행하지 않고도 오히려 또한 이행이 있는 것과

同一ᄒᆞᆫ結果ᄅᆞᆯ可得ᄒᆞ야如右ᄒᆞᆫ弊端을可히得避ᄒᆞᆯ지라是以로相殺에關ᄒᆞ야取ᄒᆞᄂᆞᆫ바의主義ᄂᆞᆫ或不同ᄒᆞᆷ이有ᄒᆞ대羅馬法以來로各國이皆相殺ᄅᆞᆯ不認ᄒᆞᄂᆞᆫ法典이殆無ᄒᆞ니라

第二、相殺의條件

相殺의條件도亦各國法典上에均一ᄒᆞᆫ바ᄂᆞᆫ아니로대相殺에關ᄒᆞ야ᄂᆞᆫ不可不左記ᄒᆞᆫ條件은具備ᄒᆞᆷ을要ᄒᆞᆯ者로信ᄒᆞ노라

一、兩便의目的種類가同一ᄒᆞᆷ을要ᄒᆞᄂᆞ니라

相殺에關ᄒᆞ야ᄂᆞᆫ不可不兩便의目的種類가同一ᄒᆞᆷ을要ᄒᆞᄂᆞ니假令兩便의債權目的이皆金錢給付ᄅᆞᆯ指ᄒᆞ거나又ᄂᆞᆫ同品質의米穀을指ᄒᆞᆷ과如ᄒᆞᆫ者ㅣ卽是類니라然이나是와相反ᄒᆞ야一便은金錢을目的ᄒᆞ고他一便은米穀을目的ᄒᆞ거나又一便은土地ᄅᆞᆯ目的ᄒᆞ고他一便은勞役을目的ᄒᆞᆷ과如ᄒᆞᆫ境遇에ᄂᆞᆫ到底히相殺ᄅᆞᆯ行ᄒᆞ야互相間의債權債務ᄅᆞᆯ消滅ᄒᆞ기不能ᄒᆞᆯ지로다何故오如此ᄒᆞᆫ境遇에相殺ᄅᆞᆯ强行코저ᄒᆞ면金錢을可得ᄒᆞᆯ者ᄂᆞᆫ米穀을得ᄒᆞ고米穀을可得ᄒᆞᆯ者ᄂᆞᆫ金錢을得ᄒᆞᆯ지며土地ᄅᆞᆯ可得ᄒᆞᆯ者ᄂᆞᆫ勞役을得ᄒᆞ고勞役

동일한 결과를 얻을 수 있어서 위와 같은 폐단을 피할 수 있다. 이에 따라 상계에 관해 취하는 바의 주의는 때로 같지 않으나, 로마법 이래로 각국은 모두 상계를 부인하는 법전을 거의 채택하지 않고 있다.

II. 상계의 조건

상계의 조건도 또한 각국 법전 상 균일하지는 않다. 그러나 상계에 관해서는 반드시 다음에 기술한 조건을 갖춰야 할 것으로 믿는다.

1. 쌍방의 목적·종류가 같아야 한다.

상계에 관해서는 반드시 쌍방의 목적·종류가 같아야 한다. 가령 쌍방의 채권 목적이 모두 금전급부를 가리키거나, 같은 품질의 쌀을 가리키는 그것 같은 경우가 곧 이러한 종류이다. 그러나 이에 반해 일방은 금전을 목적으로 하고 다른 일방은 노무를 목적으로 하는 것 같은 경우에는, 도저히 상계하여 상호 간의 채권·채무를 소멸시킬 수 없다. 왜냐하면 이 같은 경우에 상계를 강행하고자 하면, 금전을 취득할 수 있는 자는 쌀을 취득하고, 쌀을 취득할 수 있는 자는 금전을 취득하게 된다. 또 토지를 취득할 수 있는 자는 노무를 취득하고, 노무을可得홀者는土地를返得홈에遂至ᄒᆞ야相殺의目的되는兩便의履行과均一홀利益을得코저ᄒᆞ는趣旨에違反될뿐아니라法律은空然히當事者의法律關係를干涉ᄒᆞ야當事者로ᄒᆞ야곰意外의損失을被케홀不當의結果가可生홀지니라

二、兩便의債權이共히辨償期에在홀事를要ᄒᆞᄂᆞ니라

兩便의債權이共히辨償期에不在홀지라도相殺를可行홀者ㅣ라ᄒᆞ면當事者一便의意思를因ᄒᆞ야相對者의期限利益을可奪홈에遂至ᄒᆞ야不當홀結果를釀成ᄒᆞ고乃已홀지니라

三、兩便의債權性質이相殺를可許홀者ㅣ됨을要ᄒᆞᄂᆞ니라

假令甲乙兩名의農民이互相間에其田地의耕作을助力홀目的으로써各各每年에若干日間의勞力을供홀事로約束홀境遇에若其相殺를行ᄒᆞ는時는全히其契約의目的을達ᄒᆞ기不能홀지며又假令貨幣交換所에至ᄒᆞ야甲種의貨幣로써乙種의貨幣와交換코저홀時를當ᄒᆞ야縱令其交換所는其人에게對ᄒᆞ야他債權이有홀지라도敢히其間에相殺를行使홈을不得홀지니是

를 취득할 수 있는 자는 도리어 토지를 취득하게 되어, 상계의 목적으로 되는 쌍방의 이행과 균일한 이익을 얻고자 하는 취지에 반한다. 그뿐만 아니라 법률이 공연히 당사자의 법률관계에 간섭하여 당사자가 의외의 손실을 보게 되는 부당한 결과를 빚어내고 말 것이다.

2. 쌍방의 채권이 모두 변제기에 있어야 한다.

쌍방의 채권이 모두 변제기에 있지 않을지라도 상계를 할 수 있다고 하면, 당사자의 입방의 의사에 따라 상대방의 기한의 이익을 박탈할 수 있게 되어 부당한 결과가 발생할 수 있다.

3. 쌍방의 채권 성질이 상계를 허용할 수 있어야 한다.

가령 甲·乙 두 명의 농민이 상호 간에 그 논밭의 경작을 조력할 목적으로 각각 매년 며칠 동안 노동력을 제공할 것을 약속하였을 경우에, 만약 그 상계를 할 때는 전혀 그 계약의 목적을 달성할 수 없다. 또 가령 화폐교환소에서 甲종의 화폐로 乙종의 화폐와 교환하고자 할 때, 설령 그 교환소가 그 사람에 대해 다른 채권이 있을지라도 감히 그 사이에 상계를 할 수 없다. 이것이

卽其債權의性質이相殺를不許ᄒᆞᄂᆞᆫ所以니라

四、當事者가反對의意思를表示치아니홈을要ᄒᆞᄂᆞ니라

蓋此相殺ᄂᆞᆫ特히當事者의利益을爲ᄒᆞ야設定ᄒᆞᆫ制度ㅣ라故로若特別ᄒᆞᆫ理由가有ᄒᆞ야當事者가是를不欲ᄒᆞᄂᆞᆫ時ᄂᆞᆫ法律은是를强히抑制ᄒᆞᆯ理由ᄂᆞᆫ專無ᄒᆞ니假令甲이乙에게對ᄒᆞ야金錢을寄托ᄒᆞ고所用이有ᄒᆞᆫ時ᄂᆞᆫ何時라도其金額의全部或一部의返還을請求ᄒᆞ기爲ᄒᆞ야特히其債權은相殺를不許ᄒᆞᆯ事로約束ᄒᆞᆯ事가有ᄒᆞᆯ지며又或은一定ᄒᆞᆫ期日에一定ᄒᆞᆫ金額의所用이有홈으로써甲은乙로브터償還을受ᄒᆞᆯ債權에特히相殺를不許ᄒᆞᆯ事로約束ᄒᆞᆯ事가有ᄒᆞᆯ지라然而此等의契約은皆公益을不害ᄒᆞᆯ뿐아니라特別ᄒᆞᆫ理由가有ᄒᆞ야當事者間에特히便利ᄒᆞᆫ者ㅣ되ᄂᆞᆫ故로有效히成立홈을可得ᄒᆞᆯ事ᄂᆞᆫ無論이로대但此等의特約은第三者를不害홈을要ᄒᆞᄂᆞ니是以로若第三者가如此ᄒᆞᆫ特約이有ᄒᆞᆫ事를不知ᄒᆞᄂᆞᆫ時ᄂᆞᆫ其債權으로써相殺의目的을可作ᄒᆞᆫ者로信ᄒᆞ고是를讓受ᄒᆞ거나又ᄂᆞᆫ是를保證ᄒᆞᆫ時ᄂᆞᆫ善意의第三者가其債權에關ᄒᆞ야利害의關係가有홈으로如此ᄒᆞᆫ境遇에至ᄒᆞ야ᄂᆞᆫ其特約으로써

곧 그 채권의 성질이 상계를 허용하지 않는 이유이다.

4. 당사자가 반대의 의사를 표시하지 않아야 한다.

대개 이 상계는 특히 당사자의 이익을 위해 설정된 제도이다. 따라서 만약 특별한 이유가 있어서 당사자가 이를 의욕 하지 않을 때는, 법률이 이를 억지로 강제할 이유는 전혀 없다. 가령 甲이 乙에 대해 금전을 임치하고 쓸 곳이 있을 때는, 언제라도 그 금액의 전부 또는 일부의 반환을 청구하기 위해 특히 그 채권은 상계를 불허할 것으로 약속할 경우가 있으며, 또는 일정한 기일에 일정한 금액을 쓸 곳이 있으므로, 甲은 乙로부터 상환을 받을 채권에 특히 상계를 불허할 것을 약속하는 경우도 있는 것이다. 그런데 이들 계약은 모두 공익을 해치지 않는다. 그뿐만 아니라, 특별한 이유가 있고 당사자 사이에 특히 편리하므로, 유효하게 성립할 수 있는 것은 물론이다. 다만 이와 같은 특약은 제3자를 해쳐서는 안 된다. 이에 따라 만약 제3자가 이와 같은 특약이 있는 것을 알 수 없었을 때는, 그 채권으로써 상계의 목적으로 삼을 수 있는 것으로 믿고 이를 양수하거나, 이를 보증하였을 때는, 선의의 제3자가 그 채권에 관해 이해관계가 있으므로 이 같은 경우에는 그 특약을 가지고

善意의第三者를對抗치못홀지니라

五、法律이特히相殺를不禁호事를要ᄒᆞᄂᆞ니라

此條件은元來說明을不待ᄒᆞ고可知홀者ㅣ니라

兩便의債權은恒常同額되ᄂᆞᆫ事가甚尠홈으로其債權額이不同호時ᄂᆞᆫ其寡額에關ᄒᆞ야相殺를可行홀지니라

第三、相殺의方法

相殺를行ᄒᆞᄂᆞᆫ方法에關ᄒᆞ야ᄂᆞᆫ從來로三主義가有ᄒᆞ니一、法國民法及日本舊民法과如히相殺ᄂᆞᆫ法律上에當然히可行홀者ㅣ라云ᄒᆞᄂᆞᆫ立法例도有ᄒᆞ며二、羅馬法과如히相殺ᄂᆞᆫ法廷에셔是를對抗홈을依ᄒᆞ야始行홀者ㅣ라云ᄒᆞᄂᆞᆫ主義도有ᄒᆞ며三、德國民法과如히當事者一便의意思表示를依ᄒᆞ야可行홀者ㅣ라云ᄒᆞᄂᆞᆫ主義도有ᄒᆞ니라然而第一主義ᄂᆞᆫ法律上에便利ᄒᆞ고且公平ᄒᆞ되往往히當事者의意思에違反될念慮가不無ᄒᆞ고第二主義ᄂᆞᆫ最히正確ᄒᆞ야誤錯이無홀뜻ᄒᆞ되必其裁判所에不訴홈을不得홈과如호者ᄂᆞᆫ事實上에頗히不便홀뿐아니라苛酷者及狡猾者ᄂᆞᆫ速히相殺의利益을受ᄒᆞ고純良者及寬

선의의 제3자에게 대항할 수 없다.

5. 법률이 특히 상계를 금지하지 않아야 한다.

이 조건은 원래 설명하지 않아도 알 수 있는 것이다.

쌍방의 채권은 항상 같은 액수로 된 경우가 매우 적으므로, 그 채권액이 같지 않았을 때는 그 적은 액수에 관해 상계를 할 수 있다.

III. 상계의 방법

상계하는 방법에 관해서는 예부터 세 가지 주의가 있다. 첫째는, 프랑스와 일본 구민법과 같이 상계는 법률상 당연히 할 수 있다고 하는 입법례이다. 둘째는, 로마법과 같이 상계는 법정(法廷)에서 이를 대항하는 것에 따라 비로소 행하는 것이라고 하는 주의이다. 셋째는, 도이치 민법과 같이 당사자 일방의 의사표시에 따라 할 수 있다고 하는 주의이다. 그런데 첫 번째 주의는 법률상 편리하고 또 공평하나, 때로 당사자의 의사에 반할 우려가 없지 않다. 두 번째 주의는 가장 정확하여 착오가 없을 듯하나, 반드시 재판소에 제소해야 하는 것과 같은 점은 사실상 매우 불편하다. 그뿐만 아니라 가혹한 자나 교활한 자는 빠르게 상계의 이익을 받고, 순진하고 선량한 자와 관

大者는其利益을難受홈에遂至ᄒᆞ야頗히不公平의弊端이有홀지며第三主義는全히當事者의意思를依ᄒᆞ야行ᄒᆞ는者ㅣ되는故로極히便利홈과如ᄒᆞ되此亦第二主義와同一히苛酷者及狡猾者는利ᄒᆞ고純良者及寛大者는不利ᄒᆞᆫ弊端이有홀지니要컨대右述ᄒᆞᆫ三個主義는各各一利一害가包含ᄒᆞᆫ者ㅣ로되立法論上으로는第一主義를贊成ᄒᆞ노라然이나德國民法及日本新民法은第三의主義를採用ᄒᆞ야相殺는當事者一便으로브터其相對者에게對ᄒᆞ야表示ᄒᆞᆫ意思表示를依ᄒᆞ야是를行ᄒᆞ되但其意思表示에는條件及期限을附ᄒᆞ는事를不許ᄒᆞ니라何故오相殺를行ᄒᆞ는意思表示에條件及期限을附ᄒᆞ는時는當事者間의關係가確定치못ᄒᆞ야立法者의相殺로ᄒᆞ야곰迅速히債務를消滅케홀趣旨上으로設定ᄒᆞᆫ目的에違反될事가有홀所以니라

第三主義의法式을採用ᄒᆞ는法典上에意思表示의効力은兩便의債務가相殺에必要ᄒᆞᆫ條件이具備ᄒᆞᆫ時에遡及ᄒᆞ야効力을生ᄒᆞᄂᆞ니假令甲이乙에對ᄒᆞᆫ債權은光武十年一月三十一日로써期限을定ᄒᆞ고乙이甲에對ᄒᆞᆫ債權은同二月二十八日로써期限을定ᄒᆞᆫ者ㅣ라假定ᄒᆞ면同三月一日은兩便의債務가相殺

대한 자는 그 이익을 받기 어렵게 되어 매우 불공평한 폐단이 있다. 세 번째 주의는 전적으로 당사자의 의사에 따라 하는 것이다. 따라서 매우 편리한 것 같다. 그러나 이 또한 두 번째 주의와 마찬가지로 가혹한 자와 교활한 자에게는 이롭고 순진하고 선량한 자와 관대한 자에게는 불리한 폐단이 있다. 요컨대 세 가지 주의는 각각 장단점을 포함하고 있다. 다만 입법론상으로는 첫 번째 주의에 찬성한다. 그러나 도이치 민법과 일본 신민법은 세 번째 주의를 채택하여 상계는 당사자 일방으로부터 그 상대방에 대해 표시한 의사표시에 따라 이를 한다. 그러나 다만 그 의사표시에 조건과 기한을 붙이는 것을 허용하지 않는다. 왜냐하면 상계하는 의사표시에 조건과 기한을 붙일 때는, 당사자 사이의 관계가 확정되지 않아 입법자가 상계를 신속하게 채무를 소멸시키려는 취지에서 설정한 목적에 반할 수 있기 때문이다.

세 번째 주의의 방식을 채택하는 법전에서 의사표시의 효력은 쌍방의 채무가 상계에 필요한 조건이 갖춰진 때에 소급하여 효력이 발생한다. 가령 甲이 乙에 대한 채권은 광무 10년(1906년) 1월 31일로 기한을 정하고, 乙이 甲에 대한 채권은 같은 해 2월 28일로 기한을 정한 것이라고 가정하면, 같은 해 3월 1일은 쌍방의 채무가 상계를行홈에適當홈으로써假令當事者의一便이相殺의意思表示를行훈은同年三月三十日이라도業已三月一日에相殺가有훈者라看做ᄒᆞᄂᆞ니라

債務의履行地가相殊훈境遇에는相殺에關ᄒᆞ야影響이有훌者歟아否歟아蓋此債務의履行地가相殊훈時는其利益이不同훈故로純然훈理論上으로論홀진ᄃᆡ全히同種의目的을有훈債務라謂홈은不得훌지로ᄃᆡ事實上으로論ᄒᆞᄂᆞᆫ時는履行地가相殊훈所以로當事者의受홀便利ᄂᆞᆫ相殺를依ᄒᆞ야當事者의受홀利益에比ᄒᆞ야同一히論홀者ㅣ아님으로各國의法律은大槪此債務의履行地가相殊훈境遇에至ᄒᆞ야도互相間에相殺를許ᄒᆞᄂᆞ니라然이나但債務의履行地가相殊홈으로多小間當事者의利益을害ᄒᆞᄂᆞᆫ事가有홀境遇에ᄂᆞᆫ相殺를對抗ᄒᆞᄂᆞᆫ當事者ᄂᆞᆫ相對者에게對ᄒᆞ야是로因ᄒᆞ야出來ᄒᆞᄂᆞᆫ損害를賠償케ᄒᆞᄂᆞ니라假令甲은乙에게對ᄒᆞ야漢城에셔履行홀者ㅣ오乙은甲에게對ᄒᆞ야仁川에셔履行홀者ㅣ되ᄂᆞᆫ境遇에萬若甲이乙에게對ᄒᆞ야相殺를對抗ᄒᆞ면乙은恰然히漢城에셔領收홀者를仁川에셔領收홈과同一훈結果를生ᄒᆞᄂᆞᆫ故로乙이更히其債權의目的을仁川으로브터漢城에輸送ᄒᆞᄂᆞᆫ費用은是를賠償치아니홈을不得홀지오且金錢에

를 하기에 적당하므로, 가령 당사자 일방이 상계의 의사 표시를 한 것은 같은 해 3월 30일이라도 이미 3월 1일에 상계가 있었던 것으로 간주하는 것이다.

채무의 이행지가 서로 다른 경우에는 상계에 관해 영향이 있는가 그렇지 않은가? 대개 이 채무의 이행지가 서로 다를 때는, 그 이익이 같지 않다. 따라서 순수한 이론상으로 논하면 전적으로 같은 종류의 목적을 가진 채무라고 말할 수 없다. 그러나 사실상으로 논할 때는, 이행지가 서로 다르다는 이유만 가지고, 당사자가 받을 편리가 상계에 따라 당사자가 받을 이익에 비해서 같다고 논할 것은 아니다. 그러므로 각국의 법률은 대개 이 채무의 이행지가 서로 다른 경우에도, 상호 간에 상계를 허용하고 있다. 그러나 다만 채무의 이행지가 서로 다르므로, 다소 당사자의 이익을 해치는 일이 있을 경우에는, 상계로 대항하는 당사자는 상대방에 대해 이에 따라 발생하는 손해를 배상하게 한다. 가령 甲은 乙에 대해 한성(漢城)에서 이행할 것이고, 乙은 甲에 대해 인천에서 이행할 것인 경우에, 만약 甲이 乙에 대해 상계로 대항하면 乙이 흡사 한성에서 수령할 것을 인천에서 수령하는 것과 동일한 결과가 발생한다. 따라서 乙이 다시 그 채권의 목적을 인천으로부터 한성으로 수송하는 비용은 이를 배상해야 한다. 또 금전에

關ᄒᆞ야ᄂᆞᆫ往往히替換時勢의差異ᄅᆞᆯ因ᄒᆞ야損害ᄅᆞᆯ受ᄒᆞᆯ事가有ᄒᆞᆯ지니此境遇에도元來其差額은賠償치아니ᄒᆞᆷ을不得ᄒᆞᆯ지며又特別境遇에至ᄒᆞ야ᄂᆞᆫ其他의損害라도賠償치아니ᄒᆞᆷ을不得ᄒᆞᆯ지라假令前例에乙이漢城에셔領收ᄒᆞᆫ金錢을卽時漢城에셔他人에게辨償ᄒᆞᆫ者ㅣ어ᄂᆞᆯ甲이相殺ᄅᆞᆯ對抗ᄒᆞᆫ所以로乙은特히仁川으로브터漢城에其金錢을送致ᄒᆞᆷ을因ᄒᆞ야數日을遲滯ᄒᆞ야他債權者로브터違約金及遲滯利息의徵收ᄅᆞᆯ當ᄒᆞᆫ事가專無ᄒᆞ리라謂ᄒᆞᆷ은不得ᄒᆞᆯ지니如此ᄒᆞᆫ境遇에至ᄒᆞ야ᄂᆞᆫ甲은其違約金及遲滯의利息을賠償치아니ᄒᆞᆷ을不得ᄒᆞᆯ지니라

以上은債務의履行地가相殊ᄒᆞᆫ境遇에關ᄒᆞᆫ說明이라然이나時効ᄅᆞᆯ因ᄒᆞ야消滅ᄒᆞᆫ債權은相殺의目的을可成ᄒᆞᆯ者歟아此問題에關ᄒᆞᆫ各國의立法例ᄂᆞᆫ大概時効ᄅᆞᆯ因ᄒᆞ야消滅ᄒᆞᆫ債權이其消滅以前에相殺에適合ᄒᆞᆫ境遇에至ᄒᆞ야ᄂᆞᆫ其債權者ᄂᆞᆫ相殺ᄅᆞᆯ行得ᄒᆞᆷ이라規定ᄒᆞ니라純然ᄒᆞᆫ理論上으로說明ᄒᆞᆯ진ᄃᆡ業已消滅ᄒᆞᆫ債權은雖他債權과相殺코져ᄒᆞᆯ지라도到底히相殺ᄒᆞᆷ을不得ᄒᆞᆯ지로ᄃᆡ新進ᄒᆞᆫ法典上에ᄂᆞᆫ實際의便利와公平을特念ᄒᆞ야써如此ᄒᆞᆫ債權이라도相殺의目的을可成ᄒᆞᆯ者로規定ᄒᆞ니假令甲이乙에게對ᄒᆞ야金千圓의債權이有ᄒᆞ고乙도亦甲에

에 관해서는 때로 환시세(換時勢)의 차이에 따라 손해를 받을 경우가 있다. 이 경우에도 원래 그 차액은 배상해야 한다. 또 특별한 경우에는 그 밖의 손해라도 배상해야 한다. 가령 앞의 예에서 乙이 한성에서 수령한 금전을 곧바로 한성에서 다른 사람에게 변제할 것이었는데, 甲이 상계로 대항하였기 때문에 乙은 특히 인천으로부터 한성으로 그 금전을 보내는 것으로 말미암아 여러 날을 지체하여 다른 채권자로부터 위약금과 지연이자의 징수를 당할 경우가 전혀 없다고 말할 수 없다. 이 같은 경우에는 甲은 그 위약금과 지연이자를 배상해야 한다.

이상은 채무의 이행지가 서로 다른 경우에 관한 설명이다. 그러나 시효로 인해 소멸한 채권은 상계의 목적으로 될 수 있는가? 이 문제에 관한 각국의 입법례는, 대체로 시효로 인해 소멸한 채권이 그 소멸 이전에 상계에 적합하였을 경우에는, 그 채권자는 상계를 할 수 있다고 규정한다. 순수한 이론상으로 설명해보면, 이미 소멸한 채권은 비록 다른 채권과 상계하고자 할지라도 도저히 상계할 수 없다. 그러나 새로운 법전에서는 실제의 편리와 공평을 특별히 생각하여 이와 같은 채권이라도 상계의 목적으로 삼을 수 있다고 규정한다. 가령 甲이 乙에 대해 일금 1,000원의 채권이 있고 乙도 또한 甲

게對ᄒᆞ야同額의債權이有ᄒᆞᆫ者ㅣ라假定ᄒᆞᆯ진ᄃᆡ甲의債權은光武十年一月三十日에期限이到來ᄒᆞ고乙의債權은同年十二月三十一日에期限이到來ᄒᆞ면光武十一年一月一日로브터兩便의債務ᄂᆞᆫ相殺ᄒᆞᆷ에適當ᄒᆞᆫ者ㅣ라然이나兩便이皆履行을不爲ᄒᆞ고又相殺도不行ᄒᆞ야光武二十年二月에至ᄒᆞᆯ지라此時ᄅᆞᆯ當ᄒᆞ야乙로브터甲에게對ᄒᆞ야其債權의履行을請求ᄒᆞᆫ時ᄂᆞᆫ乙의債權은아직時效時期에不在ᄒᆞᆷ으로써甲은元來履行의責任이有ᄒᆞ되甲의債權은業已期限後에十年을經過ᄒᆞᆷ으로써時效ᄅᆞᆯ因ᄒᆞ야消滅ᄒᆞᆫ지라是以로法典上에特히如此ᄒᆞᆫ境遇에關ᄒᆞᆫ法則을不設ᄒᆞ면甲은相殺로써乙에게對抗ᄒᆞᆷ을不得ᄒᆞᆯ지니然則相殺ᄂᆞᆫ殆히陷穽과同一ᄒᆞᆫ結果ᄅᆞᆯ生ᄒᆞ야狡猾者ᄂᆞᆫ往往히自己의債務가時效에幸罹ᄒᆞᆯ事ᄅᆞᆯ苦待ᄒᆞ야其債權의請求ᄅᆞᆯ行ᄒᆞᆯ者ㅣ되ᄂᆞᆫ故로相對者ᄂᆞᆫ其相殺로ᄒᆞ야곰對抗ᄒᆞᆷ을不得ᄒᆞᆯ地位에陷케ᄒᆞᆯ事가有ᄒᆞ야不公平의結果ᄅᆞᆯ做出ᄒᆞᆯ者ㅣ되ᄂᆞᆫ所以니라

相殺에關ᄒᆞᆫ一般條件이具備ᄒᆞᆯ지라도特別ᄒᆞᆫ理由가有ᄒᆞᆫ時ᄂᆞᆫ相殺ᄅᆞᆯ不許ᄒᆞᄂᆞᆫ境遇가有ᄒᆞ니卽債務가不法行爲ᄅᆞᆯ因ᄒᆞ야生ᄒᆞᆫ時ᄂᆞᆫ其債務者ᄂᆞᆫ相殺로써債權

에 대해 같은 액수의 채권이 있다고 가정해보면, 甲의 채권은 광무 10년(1906년) 1월 3일에 기한이 도래하고 乙의 채권은 같은 해 12월 31일에 기한이 도래하면, 광무 11년(1907년) 1월 1일부터 쌍방의 채무는 상계에 적당하다. 그러나 쌍방이 모두 이행하지 않고 또 상계도 하지 않은 채 광무 20년(1916년) 2월에 이르렀는데, 이때 乙로부터 甲에 대해 그 채권이 이행을 청구할 때는, 乙의 채권은 아직 시효가 완성되지 아니하여 甲은 원래 이행 책임을 진다. 그런데 甲의 채권은 이미 기한 후 10년이 지났으므로 시효로 인해 소멸한 것이다. 이에 따라 법전에 특히 이 같은 경우에 관한 법칙을 두지 아니하면, 甲은 상계로써 乙에게 대항할 수 없다. 그러면 상계는 거의 함정과 동일한 결과를 낳아, 교활한 자는 때로 자기 채무가 시효로 요행에 걸리기를 고대하다가 그 채권을 청구할 것이다. 따라서 상대방은 그 상계로써 대항할 수 없는 지위에 빠질 경우가 있고, 불공평한 결과를 만들어 내기 때문이다.

상계에 관한 일반조건이 갖춰졌을지라도, 특별한 이유가 있을 때는 상계를 불허하는 경우가 있다. 즉 채무가 불법행위로 인해 발생하였을 때는 그 채무자는 상계로써 채권

者에게對抗ᄒᆞᆷ을不得ᄒᆞᄂᆞ니라何故오債務가不法行爲에基因ᄒᆞ야發生ᄒᆞᆫ時ᄂᆞᆫ被害者로ᄒᆞ야곰損害ᄅᆞᆯ不被케ᄒᆞᆯᄲᅮᆫ아니라加害者로ᄒᆞ야곰其不法行爲에基因ᄒᆞᆫ債務ᄅᆞᆯ行케ᄒᆞᆷ이法律의本旨ᄅᆞᆯ成ᄒᆞᄂᆞᆫ故로若其債務者가被害者에게對ᄒᆞ야債權이有ᄒᆞᆷ을幸事로信ᄒᆞ고不法行爲ᄅᆞᆯ行ᄒᆞ야債務가發生ᄒᆞ면自己의債權과相殺ᄒᆞᆯ思想으로豫測ᄒᆞ고行ᄒᆞᆯ事가有ᄒᆞᆯ지라是以로不法行爲에基因ᄒᆞᆫ債務ᄅᆞᆯ負擔ᄒᆞᆫ債務者ᄂᆞᆫ相殺에關ᄒᆞᆫ法律의保護ᄅᆞᆯ享受ᄒᆞᆯ理由가無ᄒᆞᆫ所以니라然이나若不法行爲에基因ᄒᆞᆫ債權者가其債務者로브터他債權의履行請求ᄅᆞᆯ當ᄒᆞᆫ境遇에其自己의有ᄒᆞᆫ바債權으로써是와相殺ᄒᆞᆷ이便利ᄒᆞᆷ으로認ᄒᆞᄂᆞᆫ時ᄂᆞᆫ無論相殺ᄅᆞᆯ行ᄒᆞᆷ을可得ᄒᆞᆯ지로다何故오若此境遇에至ᄒᆞ야如此ᄒᆞᆫ事項을不認ᄒᆞᄂᆞᆫ時ᄂᆞᆫ不法行爲에基因ᄒᆞᆫ債權者ᄅᆞᆯ保護ᄒᆞ기爲ᄒᆞ야設定ᄒᆞᄂᆞᆫ法則이反히其人을爲ᄒᆞ야不利益되ᄂᆞᆫ境遇가有ᄒᆞᆯ所以니라

又執留ᄅᆞᆯ禁ᄒᆞᆫ債權과支撥의停止ᄅᆞᆯ當ᄒᆞᆫ債務ᄂᆞᆫ是로써互相間에相殺ᄅᆞᆯ行ᄒᆞᆷ을不得ᄒᆞᄂᆞ니何故오執留ᄅᆞᆯ禁ᄒᆞᆫ債權은假令法律上에扶養을受ᄒᆞᆯ權利勞役者가受ᄒᆞᆯ報酬等에關ᄒᆞᆫ權利가是라此等權利ᄂᆞᆫ債權者에게必須ᄒᆞᆫ者ㅣ되ᄂᆞᆫ故로法

자에게 대항할 수 없다. 왜냐하면 채무가 불법행위로 인해 발생하였을 때는 피해자가 손해를 보지 않게 할 뿐만 아니라, 가해자가 그 불법행위에 따른 채무를 이행하게 하는 것이 법률의 근본 취지를 이루기 때문이다. 또한 만약 그 채무자가 피해자에 대해 채권이 있다는 것을 요행으로 믿고, 불법행위를 하여 채무가 발생하면 자기 채권과 상계할 생각으로 예측하고 행하는 경우가 있을지라도, 불법행위에 따른 채무를 부담한 채무자가 상계에 관한 법률의 보호를 누릴 이유가 없기 때문이다. 그러나 만약 불법행위에 기인한 채권자가 그 채무자로부터 다른 채권의 이행청구를 당하였을 경우에, 그 자기가 가진 바의 채권으로 이와 상계하는 것이 편리하다고 인정될 때는 물론 상계를 할 수 있다. 왜냐하면 만약 이 경우에 이와 같은 사항을 부인할 때는, 불법행위에 기인한 채권자를 보호하기 위해 설정된 법칙이 오히려 그 사람을 위해 불이익으로 될 경우가 있기 때문이다.

또 압류가 금지된 채권과 지급 정지를 당한 채무는 이로써 상호 간에 상계할 수 없다. 그 이유는 다음과 같다. 압류가 금지된 채권은 가령 법률상 부양을 받을 권리와 노무자가 받을 보수 등에 관한 권리가 이에 해당한다. 이들 권리는 채권자에게 필수적이다. 따라서 법

律上에特히執留를禁ᄒᆞᄂᆞᆫ者ㅣ어ᄂᆞᆯ若他債權과同一히相殺를許ᄒᆞᄂᆞᆫ時ᄂᆞᆫ其債權을有ᄒᆞᆫ者에게非常ᄒᆞᆫ困難을感케ᄒᆞ야當初에其債權의執留를禁ᄒᆞᆫ趣旨에相反ᄒᆞᄂᆞᆫ所以오支撥의停止를當ᄒᆞᆫ債務ᄂᆞᆫ民事訴訟法上의規定을依ᄒᆞ야其債務者의債權支撥을停止ᄒᆞ야其債務者ᄂᆞᆫ債權의辨償을受ᄒᆞᆯ權利를失ᄒᆞ고其債權者ᄂᆞᆫ辨償을代受ᄒᆞᆯ權利가有ᄒᆞᆫ故오其債務者의債務者되ᄂᆞᆫ第三者ᄂᆞᆫ支撥의停止가有ᄒᆞᆫ後에至ᄒᆞ야ᄂᆞᆫ自己의債權者에게對ᄒᆞ야取得ᄒᆞᆫ債權이有ᄒᆞᆯ지라도是로써自己의債務와相殺ᄒᆞᆷ을不得ᄒᆞᆯ事實은說明을不待ᄒᆞ고分明ᄒᆞᆯ者ㅣ되ᄂᆞᆫ所以니라

相殺ᄂᆞᆫ二重의辨償과同一ᄒᆞᆫ結果를生ᄒᆞᄂᆞᆫㅣ되ᄂᆞᆫ故로辨償에關ᄒᆞᆫ法理及法典上에規定이有ᄒᆞᆫ時ᄂᆞᆫ其法理及規定을準用ᄒᆞᆷ을可得ᄒᆞᆯ者ᄂᆞᆫ元來當然ᄒᆞᆫ者ㅣ라然而相殺ᄒᆞᆷ을可得ᄒᆞᆯ債權이數個가有ᄒᆞᆫ境遇에至ᄒᆞ야ᄂᆞᆫ相殺를因ᄒᆞ야何者를消滅케ᄒᆞᆯ事를知ᄒᆞᆯ必要가有ᄒᆞᆯ지로다然이나此에關ᄒᆞ야ᄂᆞᆫ辨償의充當과性質에相殊ᄒᆞᆫ點이無ᄒᆞᆷ으로全히辨償의充當法理를準用ᄒᆞᄂᆞ니라

第四節　更改

률상 특히 압류를 금지하는 것이다. 그런데 만약 다른 채권과 마찬가지로 상계를 허용할 때는, 그 채권을 자진 자에게 예사롭지 않은 곤란을 느끼게 하여 본래 그 채권의 압류를 금지한 취지에 반하기 때문이다. 지급 정지를 당한 채무는 민사소송법상의 규정에 따라 그 채무자의 채권 지급을 정지하여, 그 채무자는 채권을 변제받을 권리를 상실하고 그 채권자는 변제를 갈음하여 받을 권리를 가진다. 따라서 그 채무자의 채무자로 되는 제3자는 지급 정지가 있고 난 뒤에는, 자기 채권자에 대해 취득한 채권이 있을지라도 이로써 자기 채무와 상계할 수 없다는 사실은 설명하지 않아도 분명하기 때문이다.

상계는 두 번의 변제와 같은 결과를 낳는다. 따라서 변제에 관한 법리와 법전에 규정이 있을 때는 그 법리와 규정을 준용할 수 있는 것은 원래 당연하다. 그런데 상계할 수 있는 채권이 여러 개가 있는 경우에는, 상계에 따라 어떤 것을 소멸시킬 것인가를 알 필요가 있다. 그러나 이에 관해서는 변제의 충당과 성질이 서로 다른 점이 없으므로, 전부 변제의 충당 법리를 준용한다.

제4절 경개

第一、更改의性質

更改란者ᄂᆞᆫ債權의要素ᄅᆞᆯ變更ᄒᆞ야써舊債務ᄅᆞᆯ消滅케ᄒᆞ고新債務ᄅᆞᆯ發生케ᄒᆞᄂᆞᆫ當事者의契約이니假令甲이乙에게對ᄒᆞ야金百圓의債務ᄅᆞᆯ負擔ᄒᆞᆫ境遇에金百圓代에時計一個ᄅᆞᆯ給付ᄒᆞᆯ事로約束ᄒᆞᆷ과如ᄒᆞᆫ者ㅣ是니라如此ᄒᆞᆫ境遇에至ᄒᆞ야ᄂᆞᆫ甲乙間의契約을因ᄒᆞ야新히時計ᄅᆞᆯ傳授ᄒᆞᄂᆞᆫ債權의關係ᄅᆞᆯ生ᄒᆞᄂᆞᆫ同時에百圓의給付ᄅᆞᆯ目的ᄒᆞ던舊債權은消滅에歸ᄒᆞᄂᆞ니今에更히其重要ᄒᆞᆫ性質을擧ᄒᆞᆯ진ᄃᆡ左와如ᄒᆞ도다

一、更改ᄂᆞᆫ債務의消滅을目的ᄒᆞᄂᆞᆫ契約이니라

更改ᄂᆞᆫ當事者의契約으로其債務의消滅을目的ᄒᆞᄂᆞᆫ者ㅣ니法律은但其契約의自由原則을從ᄒᆞ야其効力을認ᄒᆞᆷ에不外ᄒᆞᄂᆞᆫ故로更改의契約이當事者間에有効히成立ᄒᆞᄂᆞᆫ時ᄂᆞᆫ當然히債務의消滅을生ᄒᆞᄂᆞ니是卽債權、債務ᄅᆞᆯ甲으로브터乙、乙로브터丙에게移轉케ᄒᆞᄂᆞᆫ債權의讓與와相殊ᄒᆞᆫ點이니라

二、更改ᄂᆞᆫ新債務가發生ᄒᆞᆷ을因ᄒᆞ야舊債務ᄅᆞᆯ消滅케ᄒᆞᄂᆞᆫ契約이니라

I. 경개의 성질

경개란 채권의 요소를 변경하고 이에 따라 구채무를 소멸하게 하고 신채무를 발생하게 하는 당사자의 계약이다. 가령 甲이 乙에 대해 일금 100원의 채무를 부담하였을 경우에 일금 100원에 갈음하여 시계 1개를 급부할 것을 약속하는 그것 같은 경우가 이에 해당한다. 이 같은 경우에는 甲·을 사이의 계약에 따라 새로 시계를 전해 줄 채권관계가 발생하는 동시에 100원의 급부를 목적으로 하던 구채권은 소멸하게 된다. 이제 다시 그 중요한 성질을 들어 보면 다음과 같다.

1. 경개는 채무의 소멸을 목적으로 하는 계약이다.

경개는 당사자의 계약으로 그 채무의 소멸을 목적으로 한다. 법률은 다만 그 계약자유의 원칙에 따라 그 효력을 인정하는 것에 지나지 않는다. 따라서 경개 계약이 당사자 사이에 유효하게 성립할 때는 당연히 채무의 소멸이 발생한다. 이는 곧 채권, 채무를 甲으로부터 乙, 乙로부터 丙에게 이전하게 하는 채권양도와 서로 다른 점이다.

2. 경개는 신채무가 발생하는 것에 따라 구채무를 소멸하게 하는 계약이다.

債務消滅의原因으로更改에固有ᄒᆞᆫ點은新債務가發生ᄒᆞᆷ을因ᄒᆞ야舊債務를消滅케ᄒᆞᆷ에在ᄒᆞ니換言ᄒᆞ면卽更改ᄂᆞᆫ一便으로觀察ᄒᆞᆯ진ᄃᆡ新債權의關係를創設ᄒᆞ고他一便으로觀察ᄒᆞᆯ진ᄃᆡ舊債權의關係를消滅케ᄒᆞᄂᆞᆫ者ㅣ되ᄂᆞᆫ故로舊債權의存在ᄂᆞᆫ新債權發生에前提條件을成ᄒᆞᄂᆞᆫ同時에新債權의成立은舊債權의消滅의必要ᄒᆞᆫ條件을成ᄒᆞ야互相間에密接ᄒᆞᆫ因果의關係가有ᄒᆞ니라是卽更改가債權消滅의原因으로辨償及其他의原因과相殊ᄒᆞᆫ點이니라

三、更改ᄂᆞᆫ債務의要素를變更ᄒᆞ야써新債務를發生케ᄒᆞ고舊債務를消滅케ᄒᆞᄂᆞᆫ契約이니라

玆에所謂債務의要素란者ᄂᆞᆫ債權關係에在ᄒᆞᆫ當事者及目的을意味ᄒᆞᆷ이라此二者ᄂᆞᆫ債權存立에可히欠缺ᄒᆞᆷ을不得ᄒᆞᆯ者ㅣ되ᄂᆞᆫ故로當事者間에在ᄒᆞ야此等要素의一이라도變更ᄒᆞᄂᆞᆫ契約이有效히成立ᄒᆞᄂᆞᆫ時ᄂᆞᆫ玆에所謂更改가成立ᄒᆞ야當事者間에新債權의關係를生ᄒᆞᄂᆞᆫ同時에舊債權의關係ᄂᆞᆫ消滅에歸ᄒᆞᆯ지로다然이나是와相反ᄒᆞ야債權要素에變更이無ᄒᆞᆫ時卽當事

채무소멸의 원인으로 경개에 고유한 점은 신채무가 발생하는 것에 따라 구채무가 소멸하는 것에 있다. 바꾸어 말하면 곧 경개는 한편으로 살펴보면 신채권 관계를 창설하고, 다른 한편으로 살펴보면 구채권 관계를 소멸하게 하는 것이다. 따라서 구채권의 존재는 신채권 발생에 전제조건을 이루는 동시에, 신채권의 성립은 구채권 소멸의 필요조건을 이루어 상호 간에 밀접한 인과관계가 있는 것이다. 이는 곧 경개가 채권소멸의 원인으로 변제와 그 밖의 원인과 서로 다른 점이다.

3. 경개는 채무의 요소를 변경하고 이에 따라 신채무를 발생하게 하고 구채무를 소멸하게 하는 계약이다.

여기에서 이른바 채무의 요소란 채권 관계에 존재하는 당사자와 목적을 의미한다. 이 두 가지는 채권 존립에 흠결될 수 없는 것이다. 따라서 당사자 사이에서 이들 요소의 하나라도 변경하는 계약이 유효하게 성립하였을 때는, 이에 이른바 경개가 성립하여 당사자 사이에 신채권 관계가 발생하는 동시에 구채권 관계는 소멸하게 된다. 그러나 이에 반해 채권 요소에 변경이 없을 때 즉 당사

者及目的에關ᄒᆞ야何等의變更이無ᄒᆞᆫ時ᄂᆞᆫ更改의契約이成立지못ᄒᆞᄂᆞ니假令甲이乙로브터金百圓을借入ᄒᆞᆫ後期日이到來ᄒᆞ야도返還의義務를完히履行키難ᄒᆞᆫ境遇에至ᄒᆞ야甲乙間의其金百圓은返還ᄒᆞᆫ者로定ᄒᆞ고貸借의關係를終了ᄒᆞᆫ後에更히兩人間에金百圓의新貸借關係를創設ᄒᆞᆯ事로約束ᄒᆞᆫ境遇ᄂᆞᆫ當事者及目的에關ᄒᆞ야何等의關係가無ᄒᆞᆷ으로써如此ᄒᆞᆫ契約은更改의契約이라謂ᄒᆞᆷ을不得ᄒᆞᆯ지로다債務의目的을變更ᄒᆞᄂᆞᆫ契約은恒常舊債務를消滅케ᄒᆞ고新債務를發生케ᄒᆞᄂᆞ니라何故오債務關係의實質을組成ᄒᆞᄂᆞᆫ者ᄂᆞᆫ債務의目的이니其目的이相殊ᄒᆞᆫ債務ᄂᆞᆫ卽其實質이相殊ᄒᆞᆫ者ㅣ라是以로目的의變更은自然의結果로畢竟債務關係의更新을發生케ᄒᆞᄂᆞᆫ者ㅣ로대是와相反ᄒᆞ야當事者卽債權者債務者ᄂᆞᆫ債權關係를成立ᄒᆞᆷ에要件은要件이로대當事者의甲됨과乙됨은債務의關係를成立ᄒᆞᆷ에影響이不及ᄒᆞᆷ으로써債務의關係를依然히存立케ᄒᆞ고債權者及債務者를變更ᄒᆞᄂᆞᆫ事ᄂᆞᆫ元來拘碍ᄒᆞᆯ處가無ᄒᆞᆯ지로다是卽債權債務의移轉을生ᄒᆞᄂᆞᆫ債權의讓與를學說及立法例에均一히認ᄒᆞᄂᆞᆫ所以로대日本新民法과如히債

자와 목적에 관해 어떠한 변경도 없을 때는 경개계약이 성립할 수 없다. 가령 甲이 乙로부터 일금 100원을 차입한 후 기일이 도래해도 반환의 의무를 완전히 이행하기 어려운 경우에, 甲·乙 사이의 그 일금 100원은 반환된 것으로 정하고 대차(貸借) 관계를 종료한 후 다시 두 사람 사이에 일금 100원의 신대차관계를 창설할 것을 약속한 경우는, 당사자와 목적에 관해 어떠한 관계도 없으므로, 이와 같은 계약은 경개계약이라고 말할 수 없다. 채무의 목적을 변경하는 계약은 항상 구채무를 소멸하게 하고 신채무를 발생하게 한다. 왜냐하면 채무 관계의 실질을 구성하는 것은 채무의 목적이고, 그 목적이 서로 다른 채무는 곧 실질이 서로 다르기 때문이다. 이에 따라 목적의 변경은 자연적인 결과로 끝내 채무 관계의 갱신을 발생하게 한다. 그러나 이에 반해 당사자 즉 채권자·채무자는 채권 관계가 성립할 때의 요건은 요건이지만, 당사자가 甲으로 되는 것과 을로 되는 것은 채무 관계가 성립하는 것에 영향을 미치지 않으므로, 채무 관계를 여전히 존립하게 하고, 채권자와 채무자를 변경하는 것은 원래 구애되는 바가 없다. 이것이 곧 채권 · 채무의 이전이 발생하는 채권양도를 학설과 입법례 모두 한결같이 인정하는 이유이다. 그러나 일본 민법과 같이 채

權者交替에基因ᄒᆞᆫ更改外에債權의讓與ᄅᆞᆯ認ᄒᆞᄂᆞᆫ民法上에至ᄒᆞ야ᄂᆞᆫ債權者의交替ᄂᆞᆫ如何ᄒᆞᆫ境遇에債權의移轉을生ᄒᆞ고如何ᄒᆞᆫ境遇에債務ᄅᆞᆯ消滅케ᄒᆞ야써新債務ᄅᆞᆯ發生케ᄒᆞᄂᆞᆫ點에關ᄒᆞ야ᄂᆞᆫ未嘗不疑義ᄅᆞᆯ生ᄒᆞᆯ지로다同民法上에此等點은畢竟當事者意思에基因ᄒᆞ야解決ᄒᆞᆯ外에ᄂᆞᆫ他道理가無ᄒᆞᆯ지니卽當事者의意思가債務의關係ᄅᆞᆯ依然히存續ᄒᆞ야써是ᄅᆞᆯ新債權者에게移轉ᄒᆞᆷ에在ᄒᆞᆯ時ᄂᆞᆫ債權의讓與ᄅᆞᆯ成ᄒᆞᆯ지오是와相反ᄒᆞ야當事者의意思가舊債務ᄅᆞᆯ消滅케ᄒᆞ고更히新債權者ᄅᆞᆯ爲ᄒᆞ야債權을創設ᄒᆞᆷ에在ᄒᆞᆫ時ᄂᆞᆫ債務의更改ᄅᆞᆯ成ᄒᆞᆯ지라然이나立法論上으로觀察ᄒᆞᆯ진ᄃᆡ債權者交替에基因ᄒᆞᆫ更改ᄂᆞᆫ債權의移轉을原則的으로不認ᄒᆞ던羅馬法의餘弊니業已債權의移轉制度ᄅᆞᆯ確認ᄒᆞᄂᆞᆫ今日에在ᄒᆞ야ᄂᆞᆫ特히此ᄅᆞᆯ認ᄒᆞᆯ必要가無ᄒᆞᆯᄲᅮᆫ外라此二者ᄅᆞᆯ區別ᄒᆞᆷ에關ᄒᆞ야實際上에難問題ᄅᆞᆯ生ᄒᆞᆷ으로써如此ᄒᆞᆫ法理ᄂᆞᆫ採用치아니ᄒᆞᆷ이妥當ᄒᆞᆯ지로다

第二、更改의條件

債權의當事者가債務의要素ᄅᆞᆯ變更ᄒᆞᄂᆞᆫ契約을締結ᄒᆞᆫ時ᄂᆞᆫ其債務가更改ᄅᆞᆯ

권자의 교체에 따른 경개 외에 채권양도를 인정하는 민법에서는, 채권자의 교체는 어떤 경우에 채권의 이전이 발생하고, 어떤 경우에 채무가 소멸하여 그에 따라 신채무를 발생하게 하는가 하는 점에 관해서는 아닌 게 아니라 의문점이 발생한다. 일본 민법상 이러한 점은 끝내 당사자의 의사에 따라 해결하는 방법 외에는 다른 도리가 없다. 즉 당사자의 의사가 채무 관계를 계속 존속시켜 이를 신채권자에게 이전하는 것에 있을 때는, 채권양도가 성립하는 것이고, 이에 반해 당사자의 의사가 구채무를 소멸하게 하고 다시 신채권자를 위해 채권을 창설하는 것에 있을 때는, 채무의 경개가 성립하는 것이다. 그러나 입법론상으로 살펴보면, 채권자의 교체에 따른 경개는 채권의 이전을 원칙적으로 인정하지 않았던 로마법의 잔존 폐단이다. 이미 채권의 이전제도를 확실하게 인정하는 오늘날에는 특히 이를 인정할 필요가 없다. 그뿐만 아니라 양자를 구별하는 것에 관해 실제 상 어려운 문제가 발생하므로, 이와 같은 법리는 채택하지 않는 것이 타당하다.

II. 경개의 조건

채권의 당사자가 채무의 요소를 변경하는 계약을 체결하였을 때는, 그 채무가 경개에

依ᄒᆞ야消滅홈을未免ᄒᆞᄂᆞᆫ者ㅣ되ᄂᆞᆫ故로更改ᄅᆞᆯ成立홈에ᄂᆞᆫ當事者間에契約이有ᄒᆞᆫ事及其契約은債務의要素ᄅᆞᆯ變更홈으로目的ᄒᆞᄂᆞᆫ事ᄅᆞᆯ要홈은分明ᄒᆞᆫ者ㅣ라是以로左에當事者와目的을區別ᄒᆞ야說明코져ᄒᆞ노라

一、當事者

債務關係에在ᄒᆞᆫ當事者ᄂᆞᆫ債權者及債務者가是라故로玆에甲을債權者로定ᄒᆞ고乙을債務者로定ᄒᆞᆫ一債權의關係가有ᄒᆞ다假定ᄒᆞᆯ진ᄃᆡ此境遇에甲債權者代에ᄂᆞᆫ丙債權者、乙債務者代에ᄂᆞᆫ丁債務者로써定ᄒᆞᆯ事ᄅᆞᆯ約束ᄒᆞᆫ時ᄂᆞᆫ所謂當事者交替에基因ᄒᆞᆫ更改가成立ᄒᆞᆯ지니此契約은丙을債權者로定ᄒᆞᄂᆞᆫ바의新債權을成立케ᄒᆞᄂᆞᆫ同時에甲을債權者로定ᄒᆞ얏던債權을消滅케ᄒᆞ고又丁을債務者로定ᄒᆞᄂᆞᆫ新債權ᄅᆞᆯ發生케ᄒᆞ야乙을債務者로定ᄒᆞ얏던舊債權을消滅케ᄒᆞᄂᆞᆫ者ㅣ라然而第一境遇에關ᄒᆞᆫ契約의當事者ᄂᆞᆫ更改의結果로其權利의喪失ᄒᆞᄂᆞᆫ舊債權者甲과舊債務ᄅᆞᆯ免脫ᄒᆞ고新債務ᄅᆞᆯ負擔ᄒᆞᄂᆞᆫ債務者乙과更改ᄅᆞᆯ依ᄒᆞ야新히債權을取得ᄒᆞᄂᆞᆫ新債權者丙三者間의契約으로써是ᄅᆞᆯ行ᄒᆞᄂᆞᆫ者ㅣ니是卽債務者의承諾을不要ᄒᆞᄂᆞᆫ債權의

따라 소멸할 수밖에 없는 것으로 된다. 따라서 경개가 성립하기 위해서는 당사자 사이에 계약이 있을 것과 그 계약은 채무의 요소를 변경하는 것을 목적으로 해야 한다는 것은 분명하다. 이에 따라 다음에 당사자와 목적을 구별하여 설명하고자 한다.

1. 당사자

채권관계에 있는 당사자는 채권자와 채무자이다. 따라서 이제 甲을 채권자로 정하고 乙을 채무자로 정한 채권 관계가 있다고 가정해보면, 이 경우에 甲 채권자를 갈음하여 丙 채권자로, 乙 채무자를 갈음하여 丁 채무자로 정할 것을 약속하였을 때는, 이른바 당사자의 교체에 따른 경개가 성립한다. 이 계약은 丙을 채권자로 정하는 바의 신채권을 성립하게 하는 동시에, 甲을 채권자로 정하였던 채권을 소멸하게 한다. 또한 丁을 채무자로 정하는 신채권을 발생하게 하여 乙을 채무자로 정하였던 구채무를 소멸하게 한다. 그런데 첫 번째 경우에 관한 계약의 당사자는, 경개의 결과에 따라 그 권리를 상실하는 구채권자 甲과 구채무를 면하고 신채무를 부담하는 채무자 乙 및 경개에 따라 새로 채권을 취득하는 신채권자 丙이고, 이 3자 사이의 계약으로 이를 행하는 것이다. 이는 곧 채무자의 승낙이 필요하지 않다고 하는 채권

讓與境遇와相殊ᄒᆞᆫ바ㅣ오又第二境遇에關ᄒᆞᆫ更改의契約은舊債務者乙에게對ᄒᆞ야權利ᄅᆞᆯ喪失ᄒᆞᄂᆞᆫ債權者甲과新히債務ᄅᆞᆯ負擔ᄒᆞᄂᆞᆫ債務者丁의承諾을依ᄒᆞ야成立ᄒᆞ고舊債務者乙의承諾을不要ᄒᆞᄂᆞ니何故오舊債務者乙은第三者되ᄂᆞᆫ丁의出捐을依ᄒᆞ야其債務ᄅᆞᆯ得免홈에止ᄒᆞᆯ뿐이오別로更改가有홈을依ᄒᆞ야損失을不被홈으로써第三者가債務者의承諾을不經ᄒᆞ고도辨償을行ᄒᆞ야債務ᄅᆞᆯ消滅케홈을得케홈과同一ᄒᆞᆫ理由ᄅᆞᆯ依ᄒᆞ야債務ᄅᆞᆯ消滅ᄒᆞᄂᆞᆫ更改도亦債務者의承諾을不經ᄒᆞ고도行使홈을可得ᄒᆞᆯ者ㅣ니라然이나第三者가債務者의意思에違反ᄒᆞ야辨償을行홈을不得ᄒᆞᆯ事ᄂᆞᆫ辨償에關ᄒᆞ야도業已說明ᄒᆞᆫ바ㅣ어니와更改의境遇에至ᄒᆞ야도亦債務者의意思ᄅᆞᆯ尊重ᄒᆞᆯ事ᄂᆞᆫ辨償의境遇와毫末도相殊ᄒᆞᆫ點이無홈으로써舊債務者가更改에對ᄒᆞ야反對의意思ᄅᆞᆯ表示ᄒᆞᆫ時ᄂᆞᆫ更改의契約이効力을不生ᄒᆞᄂᆞ니라

債權者交替에基因ᄒᆞᆫ更改ᄂᆞᆫ債權의讓與와酷似ᄒᆞᆫ點이頗多ᄒᆞ대就中舊債權者가其權利ᄅᆞᆯ喪失ᄒᆞ고新債權者가同一의內容이有ᄒᆞᆫ權利ᄅᆞᆯ取得ᄒᆞᄂᆞᆫ

양도의 경우와 서로 다른 점이다. 또 두 번째 경우에 관한 경개계약은, 구채무자 乙에 대해 권리를 상실하는 채권자 甲과 새로 채무를 부담하는 채무자 丁의 승낙에 따라 성립하고, 구채무자 乙의 승낙은 필요하지 않다. 그 이유는 다음과 같다. 구채무자 乙은 제3자로 되는 丁의 출연에 따라 그 채무를 면할 수 있게 될 뿐이다. 따로 경개가 있는 것에 따라 손실을 보지 않고, 이에 따라 제3자가 채무자의 승낙을 거치지 않고도 변제하여 채무를 소멸시킬 수 있는 것과 같은 이유에서, 채무를 소멸하는 경개도 또한 채무자의 승낙을 거치지 않고도 행사할 수 있는 것이다. 그러나 제3자가 채무자의 의사에 반하여 변제할 수 없는 것은, 변제에 관해서도 이미 설명한 바이고, 경개의 경우에서도 또한 채무자의 의사를 존중할 것은 변제의 경우와 조금도 다른 점이 없으므로, 구채무자가 경개에 대해 반대의 의사를 표시할 때는 경개계약이 효력을 발생하지 않는다.

채권자의 교체에 따른 경개는 채권양도와 유사한 점이 매우 많다. 그러나 그 중 구채권자가 그 권리를 상실하고 신채권자가 같은 내용을 지닌 권리를 취득하는

點은全히相同ᄒᆞᆷ으로써債權讓與의境遇와同一히權利의得喪으로브터出來ᄒᆞᄂᆞᆫ結果에對ᄒᆞ야第三者의利益을保護ᄒᆞᆯ必要가有ᄒᆞ니라然而債權者交替에基因ᄒᆞᆫ更改ᄂᆞᆫ恒常債務者의承諾을要ᄒᆞᆷ으로써第三者에게對ᄒᆞᄂᆞᆫ公示의要件은更改의契約이成立ᄒᆞᄂᆞᆫ當時에每樣具備ᄒᆞ야第三者로ᄒᆞ야곰意外의損害를被케ᄒᆞᆯ念慮가無ᄒᆞᆫ대當事者ᄂᆞᆫ互相通謀ᄒᆞ야日時를遡及ᄒᆞ야第三者의既得權利를侵害ᄒᆞᄂᆞᆫ弊端을防禦ᄒᆞᆯ必要가有ᄒᆞ니是卽各國의民法이債權讓與의境遇와同一히第三者間에確定日子의證書로써是를明確히ᄒᆞ게ᄒᆞᆷ을要ᄒᆞᄂᆞᆫ者ㅣ오此要件이具備치아니ᄒᆞᆫ更改ᄂᆞᆫ是로써第三者에게對抗ᄒᆞᆷ을不得ᄒᆞᄂᆞᆫ所以니라

第二、目的

債權의目的이란者ᄂᆞᆫ債務者가債權者를爲ᄒᆞ야行ᄒᆞᆯ給付를謂ᄒᆞᆷ이니債務者가債權者에게對ᄒᆞ야元債權給付代에他給付로行ᄒᆞᆯ事로約束ᄒᆞ야債權者가是를承諾ᄒᆞᆫ時ᄂᆞᆫ債務의目的이變更ᄒᆞᆷ에基因ᄒᆞᆫ更改를成ᄒᆞᆯ지로다假令債權이金錢의給付를目的ᄒᆞᄂᆞᆫ境遇에當事者가其給付代에他物品을給

점은 완전히 서로 같으므로, 채권양도의 경우와 마찬가지로 권리의 취득·상실로부터 비롯하는 결과에 대해 제3자의 이익을 보호할 필요가 있다. 그런데 채권자의 교체에 따른 경개는 항상 채무자의 승낙이 필요하고, 이에 따라 제3자에 대한 공시의 요건은 경개계약이 성립할 당시에 매번 갖추어져 제3자가 의외의 손해를 입게 할 우려가 없게 된다. 그러나 당사자가 서로 통모하여 일시(日時)를 소급하여 제3자의 기득권을 침해할 폐단을 방어할 필요는 있다. 이것이 곧 각국 민법이 채권양도의 경우와 마찬가지로 제3자 사이에 확정일자의 증서로써 이를 명확하게 할 것을 요구하는 이유이고, 이 요건이 갖춰지지 아니한 경개는 이를 가지고 제3자에게 대항할 수 없게 하는 까닭이다.

2. 목적

채권의 목적이란 채무자가 채권자를 위해 할 급부를 말한다. 채무자가 채권자에 대해 원채권의 급부에 갈음하여 다른 급부를 할 것을 약속하고 채권자가 이를 승낙하였을 때는, 채무의 목적이 변경된 것에 따른 경개가 성립한다. 가령 채권이 금전 급부를 목적으로 하였을 경우에 당사자가 그 급부에 갈음하여 다른 물품을 급

付홀事로契約ᄒᆞ거나又ᄂᆞᆫ債權이物品의給付를目的ᄒᆞᄂᆞᆫ境遇에債務者가其給付代에純然ᄒᆞᆫ行爲의作爲或不作爲의債務를負擔홀事로約束홈과如ᄒᆞᆫ者ㅣ是니라

要컨ᄃᆡ債權要素의變更不變更은舊債權及當事者의新設코저ᄒᆞᄂᆞᆫ債權이具體的構成要素의比較對照를依ᄒᆞ야可定홀者ㅣ니라然이나各國의民法은一二個疑點境遇에關ᄒᆞ야特別히規定을設置ᄒᆞ야解釋上의疑點을防禦코저ᄒᆞᄂᆞ니卽左와如ᄒᆞ도다

甲、附條件債務를無條件으로定ᄒᆞ거나無條件債務를附條件債務로定ᄒᆞ거나又ᄂᆞᆫ條件을變更ᄒᆞᄂᆞᆫ事ᄂᆞᆫ債務의要素를變更ᄒᆞᄂᆞᆫ者로看做ᄒᆞᄂᆞ니라債務의發生、消滅이條件에關ᄒᆞᆫ境遇에其條件이債務關係의要素를成ᄒᆞ고不成홈은學說及立法例에아직解決치못ᄒᆞᆫ疑問이라盖債務의要素란者ᄂᆞᆫ普通當事者及其目的卽債務者가債權者에게對ᄒᆞ야履行홀給付其物을指홈이니條件은此에對ᄒᆞ야何者에도不屬ᄒᆞᆯ뿐아니라債權의關係를成立홈에欠缺이有홀지라도能히成立홈을可得홀者ㅣ됨으로써債務의要素를形

부할 것으로 계약하거나, 채권이 물품의 급부를 목적으로 하였을 경우에 채무자가 그 급부에 갈음하여 순수한 행위의 작위 또는 부작위의 채무를 부담할 것으로 계약하는 경우와 같은 것이 이에 해당한다.

요컨대, 채권 요소의 변경·불변경은, 구채권과 당사자가 신설하고자 하는 채권의 구체적 구성요소의 비교·대조에 따라 정할 수 있다. 그러나 각국 민법은 한두 가지 의문점의 경우에 관해 특별한 규정을 두어 해석상의 의문점을 방어하고자 한다. 다음과 같다.

(1) 조건부채권을 무조건으로 정하거나, 무조건부채권을 조건부채권으로 정하거나, 조건을 변경하는 경우는 채무의 요소를 변경하는 것으로 간주된다. 채무의 발생, 소멸이 조건에 관한 경우에, 그 조건이 채무 관계의 요소를 이루는지와 그렇지 아니한지는 학설과 입법례에서 아직 해결하지 못한 의문이다. 대개 채무의 요소란 보통 당사자와 그 목적 즉 채무자가 채권자에 대해 이행할 급부 그 자체를 가리킨다. 그러므로 조건은 이에 대해 어떤 것에도 속하지 아니할 뿐만 아니라, 채권 관계를 성립할 때 흠결이 있을지라도 얼마든지 성립할 수 있는 것이므로, 채무의 요소를 형

成ᄒᆞᄂᆞᆫ者ㅣ라謂ᄒᆞᆷ은不得ᄒᆞᆯ者와如ᄒᆞᄃᆡ債務가附條件되ᄂᆞᆫ時ᄂᆞᆫ其條件이債務의目的과密接ᄒᆞᆫ關係가有ᄒᆞ야債務者가債權의目的되ᄂᆞᆫ給付ᄅᆞᆯ行ᄒᆞ고不行ᄒᆞᆷ과債務의關係가成立ᄒᆞ고不成立ᄒᆞᆷ은全히條件의成不成을依ᄒᆞ야解決ᄒᆞᆯ者ㅣ되ᄂᆞᆫ故로此點으로브터觀察ᄒᆞᄂᆞᆫ時ᄂᆞᆫ條件이債務의目的되ᄂᆞᆫ給付에附帶ᄒᆞ야共히債權의實質을組成ᄒᆞᄂᆞ니是卽各國의民法이附條件債務ᄅᆞᆯ無條件으로定ᄒᆞ거나無條件債務ᄅᆞᆯ附條件債務로定ᄒᆞ거나又ᄂᆞᆫ條件을變更ᄒᆞᄂᆞᆫ者로써債務의要素ᄅᆞᆯ變更ᄒᆞᄂᆞᆫ者로看做ᄒᆞᄂᆞᆫ所以니라

乙、債務履行代에遞換魚驗을發生ᄒᆞᆷ은債務의要素ᄅᆞᆯ變更ᄒᆞᄂᆞᆫ者로看做ᄒᆞᄂᆞ니라

債務者가直接으로債務ᄅᆞᆯ履行치아니ᄒᆞ고遞換魚驗을發行ᄒᆞᆷ과如ᄒᆞᆫ行爲ᄂᆞᆫ要컨ᄃᆡ支撥人으로써主債務者ᄅᆞᆯ定코져ᄒᆞᆷ에不外ᄒᆞᆷ으로是ᄅᆞᆯ債務者交替에基因ᄒᆞᆫ一種의更改라謂ᄒᆞᆷ을可得ᄒᆞᆯ지라然이나支撥人이아직支撥行爲ᄅᆞᆯ擔當치아니ᄒᆞ야債權이發生치아니ᄒᆞᆫ以上은更改의契約이아직成立치아니ᄒᆞᆫ者로論ᄒᆞᆷ을可得ᄒᆞᆯ者ㅣ되ᄂᆞᆫ故로各國의民法은特히此點에關ᄒᆞ

성한다고 할 수 없는 것과 같다. 그러나 채무가 조건부인 때는 그 조건이 채무의 목적과 밀접한 관계가 있고, 채무자가 채권의 목적으로 되는 급부를 하고 하지 않는 것과 채무 관계가 성립하고 성립하지 않는 것은 전적으로 조건의 성취 · 불성취에 따라 해결된다. 따라서 이 점으로부터 살펴볼 때는, 조건이 채무의 목적인 급부에 덧붙여져 함께 채권의 실질을 조성한다. 이것이 곧 각국 민법이 조건부채무를 무조건으로 정하거나, 무조건부채무를 조건부채무로 정하거나, 조건을 변경하는 것을 가지고 채무의 요소를 변경하는 것으로 간주하는 이유이다.

(2) 채무이행에 갈음하여 환어음을 발행하는 것은 채무의 요소를 변경하는 것으로 간주된다.

채무자가 직접 채무를 이행하지 않고 환어음을 발행하는 것과 같은 행위는, 요컨대 지급인으로 주된 채무자를 정하고자 하는 것에 지나지 않으므로, 이를 채무자 교체에 따른 일종의 경개라고 말할 수 있다. 그러나 지급인이 아직 지급행위를 담당하지 아니하여 채권이 발생하지 아니한 이상은, 경개계약이 아직 성립하지 않은 것으로 논할 수 있다. 따라서 각국 민법은 특히 이 점에 관해야如此ᄒᆞᆫ疑點을豫防ᄒᆞᆯ目的으로遞換魚驗의發行이有ᄒᆞᆫ時ᄂᆞᆫ債務要素에變更이有ᄒᆞᆫ者로看做ᄒᆞᄂᆞᆫ規定을法典上에設定ᄒᆞᄂᆞ니라然이나是와相反ᄒᆞ야約束魚驗의發行은普通의債權을魚驗債權으로變ᄒᆞᄂᆞᆫ外에ᄂᆞᆫ當事者及目的에關ᄒᆞ야何等의變更이無ᄒᆞᆷ으로써玆에所謂債務의更改ᄂᆞᆫ不成ᄒᆞ고其約束魚驗의發行은債務支撥의一方法을成ᄒᆞᆷ에不過ᄒᆞᆯ지며銀行의小推票와如ᄒᆞᆫ者도亦支撥의一方法으로利用ᄒᆞ야其小推票를書出ᄒᆞᆫ人은結局銀行으로ᄒᆞ야곰自己의預金으로써出給케ᄒᆞᄂᆞᆫ者ㅣ오當事者를變更ᄒᆞᆫ者ᄂᆞᆫ아니라故로此等魚驗의書出은皆債務의要素를變更ᄒᆞᆫ性質이不有ᄒᆞᆷ으로써舊債權을消滅ᄒᆞ고魚驗債權이新히發生치아니ᄒᆞᆷ은多辯을不待ᄒᆞᆯ지라도可히知得ᄒᆞᆯ지로다

以上境遇外에有期限債務를無期限債務로定ᄒᆞ거나其期限을伸縮ᄒᆞ야目的物의數量을增減ᄒᆞ거나履行의處所를變更ᄒᆞ거나擔保를加除增減ᄒᆞ거나執行方法을變更ᄒᆞ거나債務의原因을變更ᄒᆞᆷ과如ᄒᆞᆫ者ᄂᆞᆫ何者를不問ᄒᆞ고債務의要素를變更ᄒᆞᆫ者ㅣ라謂ᄒᆞ기不能ᄒᆞᆷ으로更改部類에同一히論ᄒᆞᆯ者ᄂᆞᆫ아니

이와 같은 의문점을 예방할 목적으로, 환어음의 발행이 있을 때는 채무 요소에 변경이 있는 것으로 간주하는 규정을 법전에 두고 있다. 그러나 이에 반해 약속어음의 발행은 보통의 채권을 어음채권으로 변경하는 것 외에는, 당사자와 목적에 관한 어떠한 변경도 없으므로, 여기에서의 이른바 채무의 경개는 성립하지 않고, 그 약속어음의 발행은 채무 지급의 한 방법을 이루는 것에 불과하다. 은행의 수표와 같은 것도 또한 지급의 한 방법으로 이용하여 그 수표를 발행한 사람은 결국 은행이 자기 예금으로 출급하게 하는 것이고, 당사자를 변경하는 것은 아니다. 따라서 이들 어음의 발행은 모두 채무의 요소를 변경하는 성질을 지니지 않으므로, 구채권을 소멸시키고 어음채권이 새로 발생하지 않는다는 것은 많은 말을 하지 않아도 알 수 있다.

이상의 경우 외에 유기한의 채무를 무기한의 채무로 정하거나, 그 기한을 연장하여 목적물의 수량을 증감하거나, 이행의 장소를 변경하거나, 담보를 추가·제거, 증감하거나, 집행방법을 변경하거나, 채무의 원인을 변경하는 그것 같은 경우는 어떤 경우를 불문하고, 채무의 요소를 변경하는 것이라고 말할 수 없으므로, 경개의 부류와 마찬가지로 논할 것은 아니

니라

第三、更改의効力

更改는新債務를發生케홈을因ᄒᆞ야舊債務를消滅게홈으로써目的ᄒᆞᄂᆞᆫ當事者間의契約으로法律은契約의自由原則을依ᄒᆞ야其契約에對ᄒᆞ야効力을與홈에不外ᄒᆞᄂᆞᆫ故로更改ᄂᆞᆫ當事者의希望ᄒᆞᄂᆞᆫ新債務를成立케ᄒᆞ고舊債務를消滅케ᄒᆞᄂᆞᆫ効力이生ᄒᆞᄂᆞ니라今에各國立法例를從ᄒᆞ야其効力의重要ᄒᆞᆫ者를擧ᄒᆞᆯ진ᄃᆡ卽左와如ᄒᆞ도다

一、舊債務ᄂᆞᆫ更改를依ᄒᆞ야消滅ᄒᆞᄂᆞ니라

舊債務ᄂᆞᆫ更改를依ᄒᆞ야絕對的으로消滅ᄒᆞᄂᆞ니換言ᄒᆞ면卽更改가目的의變更을依ᄒᆞ야行ᄒᆞᄂᆞᆫ境遇ᄂᆞᆫ無論이오單히當事者의變更을生홈에不過ᄒᆞᆯ지라도舊債務ᄂᆞᆫ消滅ᄒᆞ고新히當事者間의舊債務와同一ᄒᆞᆫ內容이有ᄒᆞᆫ債務의關係를發生케ᄒᆞ야舊債務와ᄂᆞᆫ全히相殊ᄒᆞᆫ新債務를發生케ᄒᆞᄂᆞᆫ者ㅣ니是卽債務의關係ᄂᆞᆫ依然히存立케ᄒᆞ고單히主體만變更ᄒᆞᄂᆞᆫ債權의讓與와相殊ᄒᆞᆫ點이니라

다.

III. 경개의 효력

경개는 신채무를 발생하게 하는 것에 따라 구채무를 소멸하게 하는 것을 목적으로 하는 당사자 사이의 계약으로, 법률은 계약자유의 원칙에 따라 그 계약에 대해 효력을 부여하는 것에 불과하다. 따라서 경개는 당사자가 희망하는 신채무를 성립하게 하고, 구채무를 소멸하게 하는 효력을 발생하게 한다. 이제 각국 입법례에 따라 그 효력의 중요한 것을 들어 보면 다음과 같다.

1. 구채무는 경개에 따라 소멸한다.

구채무는 경개에 따라 절대적으로 소멸한다. 바꾸어 말하면 곧 경개가 목적의 변경에 따라 행해지는 경우는 물론이고, 단순히 당사자의 변경을 발생하는 것에 불과할지라도, 구채무는 소멸하고 새로 당사자 사이의 구채무와 동일한 내용을 지닌 채무 관계를 발생하게 하여, 구채무와는 완전히 서로 다른 신채무를 발생하게 하는 것이다. 이는 곧 채무 관계는 계속 존속하게 되고 단순히 주체만 변경되는 채권양도와 서로 다른 점이다.

更改를依ᄒᆞ야舊債務ᄂᆞᆫ消滅ᄒᆞᄂᆞᆫ故로其舊債務에伴在ᄒᆞᆫ擔保도亦消滅치아니ᄒᆞᆷ을不得ᄒᆞᆯ지로다換言ᄒᆞᆯ진ᄃᆡ舊債務에關ᄒᆞ야保證人이有ᄒᆞ거나又ᄂᆞᆫ抵當權、質權의設定이有ᄒᆞᆫ時ᄂᆞᆫ保證人이其義務를免脫ᄒᆞ고抵當權及質權도亦當然히消滅ᄒᆞᆯ지니라然이나大槪民法은物權上質權、抵當權에關ᄒᆞ야例外를設ᄒᆞ야更改의當事者ᄂᆞᆫ舊債務目的의限度內에在ᄒᆞ야其債務擔保에供ᄒᆞᆫ質權及抵當權은新債權에移轉ᄒᆞᆷ을得ᄒᆞᆷ이라規定ᄒᆞᄂᆞ니是以로更改의當事者ᄂᆞᆫ舊債權目的의範圍內에在ᄒᆞ야此等의物上擔保를移轉ᄒᆞ야新債務의擔保로定ᄒᆞᆷ을可得ᄒᆞᆯ지로다此等事ᄂᆞᆫ要컨ᄃᆡ當事者利害에全關ᄒᆞᆫ問題라故로法律은實際의便宜를圖謀ᄒᆞ야當事者로ᄒᆞ야곰設定行爲의新設을不要ᄒᆞ고是를新債務에移付ᄒᆞ야擔保로定케ᄒᆞᆷ에不外ᄒᆞᄃᆡ其質物及抵當物이債務者自身을爲ᄒᆞ야供ᄒᆞᆫ者ㅣ아니오第三者를爲ᄒᆞ야供ᄒᆞᆫ者ㅣ되ᄂᆞᆫ時ᄂᆞᆫ更改의當事者가自己의意思로써一次消滅ᄒᆞ얏던抵當權及質權을存續케ᄒᆞᆷ은第三者의旣得權利를侵害ᄒᆞᄂᆞᆫ者ㅣ됨으로써如此ᄒᆞᆫ境遇에ᄂᆞᆫ其擔保를保存코저ᄒᆞᆯ진ᄃᆡ恒常其第三者의承諾이有ᄒᆞᆷ을要ᄒᆞ고若

경개에 따라 구채무는 소멸한다. 따라서 그 구채무에 수반하는 담보도 또한 소멸될 수밖에 없다. 바꾸어 말하면 구채무에 관해 보증인이 있거나, 또는 저당권, 질권의 설정이 있었을 때는, 보증인이 그 의무를 면하게 되고, 저당권과 질권도 또한 당연히 소멸하게 된다. 그러나 대부분의 민법은 물권 상의 질권, 저당권에 관해 예외를 두고, 경개의 당사자는 구채무의 목적 한도 내에서 그 채무 담보에 제공된 질권과 저당권은 신채권에 이전될 수 있다고 규정한다. 이에 따라 경개의 당사자는 구채권의 목적 범위 내에서 이들 물상담보를 이전하여 신채무의 담보로 정할 수 있다. 이러한 사항은 요컨대 당사자의 이해에 전적으로 관련된 문제이다. 따라서 법률은 실제의 편의를 도모하여 당사자가 설정행위의 신설을 요구하지 않고, 이를 신채무로 이전하게 하여 담보로 정하는 것에 지나지 않는다. 그러나 그 질물과 저당물이 채무자 자신을 위해 제공된 것이 아니고 제3자를 위해 제공된 것이었을 때는, 경개의 당사자가 자기 의사에 따라 일단 소멸되었던 저당권과 질권을 존속하게 하는 것은, 제3자의 기득권을 침해하는 것이므로, 이 같은 경우에는 그 담보를 보전하고자 하려면, 항상 그 제3자가 승낙해야 한다. 만약

承諾이無ᄒᆞᆫ時ᄂᆞᆫ其質權及抵當權은一般의原則을依ᄒᆞ야當然히消滅에歸ᄒᆞᆫ者ㅣ며保證人도亦其保證의債務를免脫ᄒᆞᆯ지니若其保證人이更히新保證人되ᄂᆞᆫ事를承諾ᄒᆞᆫ境遇ᄂᆞᆫ特別이어니와承諾이無ᄒᆞᆫ以上은更改를行ᄒᆞᆫ當事者間의契約을因ᄒᆞ야保證人은新債務에對ᄒᆞᆫ保證債務를得免ᄒᆞᆯ事ᄂᆞᆫ玆에多辯을不要ᄒᆞᆯ者ㅣ니라

二、新債務ᄂᆞᆫ更改를依ᄒᆞ야發生ᄒᆞᄂᆞ니라

更改ᄂᆞᆫ新債務를發生케ᄒᆞᆷ으로써舊債務를消滅케ᄒᆞᄂᆞᆫ者ㅣ니一種特別ᄒᆞᆫ債務의消滅原因을成ᄒᆞᆯ지며舊債務의消滅은新債務를發生ᄒᆞᆷ에關係ᄒᆞ고新債務의發生은舊債務를消滅ᄒᆞᆷ에係關ᄒᆞ야二者互相間에可히分離ᄒᆞᆷ을不得ᄒᆞᆯ因果의關係가有ᄒᆞᆷ으로如左ᄒᆞᆫ効力을生ᄒᆞᄂᆞ니라

甲、新債務가發生치아니ᄒᆞᄂᆞᆫ時ᄂᆞᆫ舊債務도消滅치아니ᄒᆞᄂᆞ니라

舊債務의消滅은債務의要素를變更ᄒᆞᆷ에基因ᄒᆞᆫ新債務를發生ᄒᆞᆫ結果라故로更改에基因ᄒᆞ야發生ᄒᆞᆫ債務가他原因이有ᄒᆞ야成立치못ᄒᆞᄂᆞᆫ時ᄂᆞᆫ更改의契約은其成立에必要ᄒᆞᆫ新債務의發生條件이欠缺ᄒᆞᆷ으로써舊債

승낙이 없을 때는 그 질권과 저당권은 일반원칙에 따라 당연히 소멸하는 것으로 귀결되며, 보증인도 또한 그 보증채무를 면하게 된다. 만약 그 보증인이 다시 새로 보증인으로 되는 것을 승낙한 경우는 특별한 경우이고, 승낙이 없는 이상은 경개를 한 당사자 사이의 계약에 따라 보증인은 신채무에 대한 보증채무를 면하게 되는 것은 여기에서 많은 말을 필요로 하지 않는다.

2. 신채무는 경개에 따라 발생한다.

경개는 신채무를 발생하게 함으로써 구채무를 소멸하게 한다. 일종의 특별한 채무소멸 원인으로 되며, 구채무의 소멸은 신채무가 발생하는 것과 관계가 있고, 신채무의 발생은 구채무가 소멸하는 것과 관계가 있어 양자 상호간에 분리할 수 없는 인과관계가 있으므로, 다음과 같은 효력이 발생한다.

(1) 신채무가 발생하지 않을 때는 구채무도 소멸하지 않는다.

구채무의 소멸은 채무의 요소를 변경하는 것에 따른 신채무 발생의 결과이다. 따라서 경개에 따라 발생한 채무가 다른 원인이 있어서 성립하지 않을 때는, 경개계약은 그 성립에 필요한 신채무의 발생 조건이 흠결되어 그에 따라 구채

務를消滅케ᄒᆞᄂᆞᆫ効力이不生ᄒᆞᆯ지며又更改에基因ᄒᆞ야發生ᄒᆞᆫ債務를繳消ᄒᆞᆫ境遇에도亦其効力이不生ᄒᆞᆯ지니라何故오繳消ᄂᆞᆫ既往에遡及ᄒᆞ야効力을生ᄒᆞᄂᆞᆫ者ㅣ되ᄂᆞᆫ故로其債務ᄂᆞᆫ元來成立치아니ᄒᆞᆫ者로看做ᄒᆞᆷ을可得ᄒᆞᆯ所以니라然而此點에關ᄒᆞ야ᄂᆞᆫ更改에基因ᄒᆞ야發生ᄒᆞᄂᆞᆫ債務가不法의原因을成立치못ᄒᆞ거나又ᄂᆞᆫ繳消ᄒᆞᆫ境遇에ᄂᆞᆫ絶對的으로以上의原則을適用ᄒᆞᆯ지며更改에基因ᄒᆞ야發生ᄒᆞᆯ債務의不成立及繳消가不法原因以外事由에在ᄒᆞᆫ時ᄂᆞᆫ當事者가其事由를不知ᄒᆞᆫ境遇에限ᄒᆞ야以上의原則을適用ᄒᆞ고此等의事由를知ᄒᆞᆫ境遇에ᄂᆞᆫ更改를依ᄒᆞ야新債務ᄂᆞᆫ發生치못ᄒᆞ야도舊債務ᄂᆞᆫ尙且消滅에歸ᄒᆞᆯ지니何故오此境遇에至ᄒᆞ야ᄂᆞᆫ當事者가新債務의不成立事實을熟知ᄒᆞᆷ에不拘ᄒᆞ고尙且舊債務의消滅을目的ᄒᆞᄂᆞᆫ更改를甘諾ᄒᆞᆫ者ㅣ되ᄂᆞᆫ故로當事者ᄂᆞᆫ新債務의成立、不成立을拘關치아니ᄒᆞ고絶對的으로舊債務를消滅케ᄒᆞ고져ᄒᆞᄂᆞᆫ意思라推測ᄒᆞᆷ을可得ᄒᆞᆯ所以니라

乙、舊債務가存在치아니ᄒᆞᆫ時ᄂᆞᆫ新債務가發生치아니ᄒᆞᄂᆞ니라

무를 소멸하게 하는 효력이 발생하지 않는다. 또 경개에 따라 발생한 채무를 취소한 경우에도 또한 그 효력이 발생하지 않는다. 왜냐하면 취소는 기왕에 소급하여 효력이 발생하고 이에 따라 그 채무는 원래 성립하지 않았던 것으로 간주될 수 있기 때문이다. 그런데 이 점에 관해서는 경개에 따라 발생하는 채무가 불법의 원인으로 성립하지 않거나, 취소되었을 경우에는 절대적으로 이상의 원칙을 적용한다. 또한 경개에 따라 발생할 채무의 불성립과 취소가 불법원인 이외의 사유일 때는, 당사자가 그 사유를 알 수 없었던 경우에 한해 이상의 원칙을 적용하고, 이들 사유를 알았던 경우에는 경개에 따라 신채무는 발생하지 않아도 구채무는 또한 소멸하는 것으로 귀결된다. 왜냐하면 이 경우에는 당사자가 신채무의 불성립 사실을 충분히 알고 있었음에도 불구하고, 오히려 구채무의 소멸을 목적으로 하는 경개를 흔쾌히 승낙한 것이고, 이에 따라 당사자는 신채무의 성립, 불성립에 구애받지 않고 절대적으로 구채무를 소멸하고자 하는 의사를 가진 것으로 추측할 수 있기 때문이다.

(2) 구채무가 존재하지 않을 때는 신채무가 발생하지 않는다.

更改에基因ᄒᆞ야發生ᄒᆞᆯ債務ᄂᆞᆫ舊債務에可代ᄒᆞᆯ者ㅣ니舊債務의存在를前提의條件으로定ᄒᆞᆫ後에始生ᄒᆞᆯ事ᄂᆞᆫ以上에屢陳ᄒᆞᆫ바ㅣ라是以로業已消滅ᄒᆞᆫ債務를消滅케ᄒᆞᆯ目的으로써行ᄒᆞᆫ更改ᄂᆞᆫ當事者間에在ᄒᆞ야新히債務의關係를發生ᄒᆞᄂᆞᆫ効力이不生ᄒᆞᄂᆞ니라然而當事者交遞에基因ᄒᆞᆫ更改境遇에至ᄒᆞ야ᄂᆞᆫ新債務가舊債務의存在를前提의條件으로定ᄒᆞᆷ은無論이오其範圍及體樣에至ᄒᆞ야도亦舊債務와同一ᄒᆞᆫ者ㅣ되ᄂᆞᆫ故로更改가債權者의交遞를因ᄒᆞ야行ᄒᆞᄂᆞᆫ時ᄂᆞᆫ債務者가舊債權者에게對ᄒᆞ야有ᄒᆞᆫ抗辯의事由ᄂᆞᆫ總히是를新債權者에게對ᄒᆞ야抗辯ᄒᆞᆷ을可得ᄒᆞᆯ事ᄂᆞᆫ債權讓與의境遇와別로相殊ᄒᆞᆫ바ㅣ無ᄒᆞ니라何故오新債權의內容及範圍가全히同一ᄒᆞᆫ者ㅣ되ᄂᆞᆫ所以니라然이나債務者가異議를主張치아니ᄒᆞ고承諾ᄒᆞᆫ時ᄂᆞᆫ舊債權者에게對ᄒᆞ야有ᄒᆞ얏던抗辯으로써新債權者에게對ᄒᆞ야對抗ᄒᆞᆷ을不得ᄒᆞᆯ事도亦債權의讓與境遇와同一케ᄒᆞᆷ을要ᄒᆞᄂᆞ니何故오此境遇에至ᄒᆞ야도債務者의無條件承諾을信用ᄒᆞ야舊債權者와交遞ᄒᆞᆫ新債權者의利益을保護ᄒᆞᆯ必要가有ᄒᆞᆫ所以오是卽各國의民法

경개에 따라 발생할 채무는 구채무에 갈음할 수 있는 것이다. 구채무의 존재를 전제조건으로 정한 후에 비로소 발생하는 것은 이상에서 여러 번 말한 바이다. 이에 따라 이미 소멸한 채무를 소멸시킬 목적으로 하는 경개는 당사자 사이에 새로 채무 관계를 발생하는 효력이 발생하지 않는다. 그러나 당사자의 교체에 따른 경개의 경우에는, 신채무가 구채무의 존재를 전제조건으로 정하고 있는 것은 물론이고, 그 범위와 모습에서도 또한 구채무와 같다. 따라서 경개가 채권자의 교체에 따라 행해지는 경우에는, 채무자가 구채권자에 대해 가진 항변 사유는 모두 이를 신채권자에 대해 항변할 수 있다고 하는 것은 채권양도의 경우와 별로 서로 다른 점이 없다. 왜냐하면 신채권의 내용과 범위가 전적으로 같기 때문이다. 그러나 채무자가 이의를 주장하지 않고 승낙하였을 때는, 구채권자에 대해 가지고 있었던 항변으로써 신채권자에 대해 대항할 수 없는 것도 또한 채권양도의 경우와 마찬가지로 보아야 한다. 왜냐하면 이 경우에도 채무자의 무조건 승낙을 신용하여 구채권자와 교체된 신채권자의 이익을 보호할 필요가 있기 때문이다. 이것이 곧 각국 민법이債權讓與에關ᄒᆞ야債務者가異議ᄅᆞᆯ不留ᄒᆞ고承諾을行ᄒᆞᆫ境遇의法則을此境遇에至ᄒᆞ야도適用ᄒᆞᆯ趣旨로規定ᄒᆞᄂᆞᆫ所以니라

第五節 免除

免除란者ᄂᆞᆫ債權者의意思ᄅᆞᆯ因ᄒᆞ야自己의債權을抛棄ᄒᆞᄂᆞᆫ者ㅣ니是亦債務ᄅᆞᆯ消滅ᄒᆞᆷ에一原因을成ᄒᆞᆯ지니라

債權은元來財產權의一種이니財產權本來의性質을從ᄒᆞ야是ᄅᆞᆯ抛棄ᄒᆞᆷ을可得ᄒᆞᆷ이原則이니라然而債權의抛棄卽免除ᄂᆞᆫ債務者에게利益을成ᄒᆞᆯᄲᅮᆫ이오損害ᄅᆞᆯ及ᄒᆞᄂᆞᆫ性質이無ᄒᆞᆷ으로ᄡᅥ債權者의片面的意思ᄅᆞᆯ依ᄒᆞ야効力을生ᄒᆞᆯ지오特히債務者의承諾을不要ᄒᆞ고但其意思ᄅᆞᆯ債務者에게對ᄒᆞ야表示ᄒᆞᆷ을要ᄒᆞᆯᄲᅮᆫ이니라何故오盖此意思의表示ᄂᆞᆫ漠然ᄒᆞᆫ表示로ᄡᅥ確實ᄒᆞᆫ者ㅣ라謂ᄒᆞᆷ을不得ᄒᆞᆫ者ㅣ되ᄂᆞᆫ故로特히債務者에게對ᄒᆞ야是ᄅᆞᆯ表示ᄒᆞᆷ을要ᄒᆞᄂᆞᆫ所以라然이나但其意思表示ᄂᆞᆫ一般의原則을從ᄒᆞ야明示或默示의方法으로表示ᄒᆞᆷ을可得ᄒᆞᆯ지오表示의方法如何ᄂᆞᆫ不問ᄒᆞᄂᆞ니要컨ᄃᆡ片面的으로表示ᄒᆞᆫ意思에關ᄒᆞᆫ一般効力은此免除境遇에關ᄒᆞ야도適用ᄒᆞᆷ을可得ᄒᆞᆯ지로다

이 채권양도에 관해 채무자가 이의를 유보하고 승낙한 경우의 법칙을 이 경우에도 적용할 취지로 규정하는 이유이다.

제5절 면제

면제란 채권자의 의사에 따라 자기 채권을 포기하는 것이다. 이 또한 채무를 소멸하는 한 원인을 이룬다.

채권은 원래 재산권의 일종이므로 본래의 성질에 따라 이를 포기할 수 있는 것이 원칙이다. 그러나 채권의 포기 즉 면제는 채무자에게 이익이 될 뿐이고 손해를 끼치는 성질이 없으므로, 채권자의 일방적 의사에 따라 효력을 발생한다. 특히 채무자의 승낙을 필요로 하지 않고, 다만 그 의사를 채무자에 대해 표시하라고 요구할 뿐이다. 왜냐하면 대개 이 의사표시는 막연한 표시로써 확실하다고 할 수 없고, 그에 따라 특히 채무자에 대해 이를 표시해야 하기 때문이다. 그러나 다만 그 의사표시는 일반원칙에 따라 명시 또는 묵시의 방법으로 표시할 수 있고, 표시의 방법이 어떠한가는 묻지 않는다. 요컨대 일방적으로 표시한 의사에 관한 일반효력은 이 면제의 경우에 관해서도 적용될 수 있는 것이다.

第六節　混同

混同이란者ᄂᆞᆫ一權利關係에到底히並立홈을不得홀二個의資格이同一人에게歸着홈을謂홈이라然而一債權關係에關ᄒᆞ야ᄂᆞᆫ債權者及債務者가互相對立ᄒᆞ야各其相殊ᄒᆞᆫ債權의成立要素를成홈으로써此二者ᄂᆞᆫ恒常各立홈을要홀者ㅣ오同一人이同時에債權者及債務者의資格을並有ᄒᆞ기不能홈은特히說明을不待홀지라도分明홀지니라是以로其事由의如何ᄂᆞᆫ不問ᄒᆞ고此二個의資格이同一人에게歸着ᄒᆞᄂᆞᆫ時ᄂᆞᆫ債權은其存立에必要ᄒᆞᆫ條件을欠缺홈에至ᄒᆞ야消滅치아니홈을不得홀지로다故로各國의民法은均一히此混同을債權의消滅原因으로認ᄒᆞ야法典上에債權及債務가同一人에게歸ᄒᆞᄂᆞᆫ時ᄂᆞᆫ其債權은消滅홈이라規定ᄒᆞᄂᆞ니假令債權者가債務者의相續人을成ᄒᆞ거나債務者가債權者의相續人을成홈과如ᄒᆞᆫ境遇ㅣ是니라

混同은債權을消滅케ᄒᆞᄂᆞᆫ効力은生홀지라도是로因ᄒᆞ야第三者의既得權은侵害홈이不當홈으로써第三者의權利에目的을成ᄒᆞᆫ債權은混同이有홀지라도是를存立케ᄒᆞ야第三者로ᄒᆞ야곰其權利를行케홀必要가有홈으로써以上原則에

제6절 혼동

혼동이란 하나의 권리관계에 도저히 양립할 수 없는 두 개의 자격이 동일인에게 귀속되는 것을 말한다. 그런데 하나의 채권 관계에 관해서는 채권자와 채무자가 상호 대립하여 각각 서로 다른 채권의 성립 요소를 이루므로, 이 양자는 항상 따로 독립해야 하고, 동일인이 동시에 채권자와 채무자의 자격을 같이 가질 수 없는 것은 특별한 설명을 하지 않아도 분명하다. 이에 따라 그 사유가 무엇인가는 묻지 않고 이 두 개의 자격이 동일인에게 귀속할 때는, 채권은 그 존립에 필요한 조건을 흠결하게 되어 소멸하지 않을 수 없는 것이다. 따라서 각국 민법은 한결같이 이 혼동을 채권의 소멸 원인으로 인정하여, 법전에 채권과 채무가 동일인에게 귀속할 때는 그 채권은 소멸한다고 규정한다. 가령 채권자가 채무자의 상속인이 되거나, 채무자가 채권자의 상속인으로 되는 것 같은 경우가 이에 해당한다.

혼동이 채권을 소멸하게 하는 효력을 발생하게 할지라도, 이에 따라 기득권이 침해되는 것은 부당하므로, 제3자의 권리의 목적이 된 채권은 혼동이 있을지라도, 이를 존속하게 하여 제3자가 그 권리를 행사하게 할 필요가 있으므로, 이상의 원칙에

對ᄒᆞᆫ例外를認ᄒᆞᄂᆞ니假令甲이乙에對ᄒᆞ야金千圓을貸與ᄒᆞ고更히丙으로브터金千圓을借用ᄒᆞᆯ時에借用金의擔保로乙에게對ᄒᆞᆫ債權을質權으로設定ᄒᆞᆫ者ㅣ라假定ᄒᆞᆯ진ᄃᆡ如此ᄒᆞᆫ境遇에乙이甲을相續ᄒᆞᆫ時ᄂᆞᆫ甲乙間의貸借關係ᄂᆞᆫ混同을依ᄒᆞ야消滅ᄒᆞᆯ지라도甲의貸金은丙되ᄂᆞᆫ第三者의質權目的을成ᄒᆞᆫ者ㅣ라故로該貸金의質權은混同이有ᄒᆞᆷ을不關ᄒᆞ고存續ᄒᆞ야丙은乙로브터其債權을推尋ᄒᆞ야自己의債權辨償에補充ᄒᆞᆷ을可得ᄒᆞᆯ지니라

債權法第一部完

대한 예외를 인정한다. 가령 甲이 乙에 대해 일금 1,000원을 대여하고 다시 丙으로부터 일금 1,000원은 차용할 때에 차용금의 담보로 乙에 대한 채권을 질권으로 설정한 것이라고 가정한다면, 이 같은 경우에 을이 甲을 상속하였을 때는 甲·乙 사이의 대차관계는 혼동에 따라 소멸할지라도, 甲의 대여금은 丙인 제3자의 질권의 목적으로 된 것이다. 따라서 해당 대여금의 질권은 혼동이 있음에도 불구하고 존속하여 丙은 乙로부터 그 채권을 추심하여 자기 채권의 변제에 충당할 수 있는 것이다.

채권법 제1부 (끝)

채권법 제1부

초판 발행 1쇄 2023년 8월 14일

지은이 석진형
옮긴이 명순구
www.kupress.com
kupress@korea.ac.kr
(02841) 서울특별시 성북구 안암로 145
Tel 02-3290-4230, 4232
Fax 02-923-6311
찍은곳 (주)동화인쇄

ISBN 979-11-6956-036-8 93360

값 45,000원